运动防护概论

Concepts of Athletic Training 第7版

运动伤害预防与处理的观念与实践

原　著　Ronald P. Pfeiffer　Brent C. Mangus　Cynthia A. Trowbridge

主　审　詹　晖（国家体育总局反兴奋剂中心）

主　译　李豪杰（温州大学体育与健康学院）

　　　　柳　华（武汉体育学院运动医学院）

　　　　付德荣（广东体育职业技术学院体育健康学院）

副主译　顾大伟（吉林体育学院运动健康技术学院）

　　　　涂文坚（广东体育职业技术学院体育健康学院）

　　　　慕容嘉颖（广州体育职业技术学院）

　　　　郑彩霞（华中科技大学同济医学院附属同济医院）

译　者（按编译章节顺序）

　　　　马法超（中央财经大学体育经济与管理学院）

　　　　付　全（首都体育学院运动科学与健康学院）

　　　　李　雪（成都体育学院运动医学与健康学院）

　　　　王　梅（武汉体育学院运动医学院）

　　　　李跃华（深圳市宝安区人民医院）

　　　　王　勇（武汉体育学院运动医学院）

　　　　吴卫兵（上海体育学院运动健康学院）

　　　　王雪强（温州医科大学附属第二医院）

　　　　陈　建（武汉体育学院运动医学院）

　　　　黄　鹏（北京体育大学运动医学与康复学院）

　　　　秦　智（武汉体育学院运动医学院）

　　　　胡晓燕（广东体育职业技术学院体育健康学院）

翻译秘书　李佳芸　冯钰莹

人民卫生出版社

·北　京·

图书在版编目（CIP）数据

运动防护概论 /（美）罗纳德·P.菲佛·布伦特
（Ronald P. Pfeiffer），（美）布伦特·C.曼格斯
（Brent C. Mangus），（美）辛西娅·A.特罗布里奇
（Cynthia A. Trowbridge）原著；李豪杰，柳华，付德
荣主译 . —北京：人民卫生出版社，2024.2
ISBN 978-7-117-35865-1

Ⅰ．①运… Ⅱ．①罗…②布…③辛…④李…⑤柳
…⑥付… Ⅲ．①运动保护 – 高等学校 – 教材 Ⅳ.
①G819

中国国家版本馆 CIP 数据核字（2024）第 022670 号

人卫智网	www.ipmph.com	医学教育、学术、考试、健康，购书智慧智能综合服务平台
人卫官网	www.pmph.com	人卫官方资讯发布平台

图字：01-2016-4656号

运动防护概论

Yundong Fanghu Gailun

主　　译：李豪杰　柳　华　付德荣
出版发行：人民卫生出版社（中继线 010-59780011）
地　　址：北京市朝阳区潘家园南里 19 号
邮　　编：100021
E - mail：pmph @ pmph.com
购书热线：010-59787592　010-59787584　010-65264830
印　　刷：北京盛通数码印刷有限公司
经　　销：新华书店
开　　本：889×1194　1/16　印张：20
字　　数：620 千字
版　　次：2024 年 2 月第 1 版
印　　次：2024 年 2 月第 1 次印刷
标准书号：ISBN 978-7-117-35865-1
定　　价：158.00 元

打击盗版举报电话：**010-59787491**　**E-mail：WQ @ pmph.com**
质量问题联系电话：**010-59787234**　**E-mail：zhiliang @ pmph.com**
数字融合服务电话：**4001118166**　**E-mail：zengzhi @ pmph.com**

作者简介

● Ronald P.Pfeiffer 教育学博士,退休运动防护师

博伊西州立大学(Boise State University)

体育科学教授,教育学院代理副院长,

骨科和生物力学研究中心执行主任

● Brent C.Mangus 教育学博士,退休运动防护师

德州农工大学(Texas A&M University)

健康与人类表现系荣誉教授

● Cynthia A.Trowbridge 博士,运动防护师,体能训练师

得克萨斯大学阿灵顿分校(University of Texas at Arlington)

副教授,兼临床教育协调员

译者简介

- **李豪杰** 教育学博士,教授,正高级运动防护师,劳工卫生管理师
  温州大学体育与健康学院休闲体育系主任

- **柳 华** 医学博士,医师,副教授
  武汉体育学院运动医学院特种医学教研室主任

- **顾大伟** 硕士,骨科副主任医师
  吉林体育学院运动健康技术学院运动防护专业负责人

- **马法超** 教育学博士,律师
  中央财经大学体育经济与管理学院副教授

- **涂文坚** 生物医学工程博士
  广东体育职业技术学院体育健康学院教师

- **付 全** 教育学博士
  首都体育学院运动科学与健康学院教授

- **李 雪** 医学博士
  成都体育学院运动医学与健康学院教授

- **王 梅** 医学博士
  武汉体育学院运动医学院副教授

- **李跃华** 医学硕士,运动医学副主任医师
  深圳市宝安区人民医院运动医学科主任

- **王 勇** 医学博士,医师
  武汉体育学院运动医学院副教授

- **慕容嘉颖** 硕士,医师,康复治疗师
  广州体育职业技术学院康复治疗技术专业负责人

- **吴卫兵** 博士,医师、教授
  上海体育学院运动健康学院运动康复系主任

- **王雪强** 博士,副主任康复治疗师,教授
  温州医科大学附属第二医院康复学科带头人

- **陈 建** 教育学博士,康复医学科医师
  武汉体育学院运动医学院副教授

- **黄 鹏** 运动医学博士,骨科副主任医师
  北京体育大学运动医学与康复学院副教授

- **秦　智**　教育学博士,副教授
  武汉体育学院运动医学院副院长
- **郑彩霞**　康复医学与理疗学博士
  华中科技大学同济医学院附属同济医院康复医学科主治医师
- **付德荣**　教育学博士,医师,教授
  广东体育职业技术学院体育健康学院院长
- **胡晓燕**　运动人体科学博士,研究员
  广东体育职业技术学院体育健康学院体能训练专业带头人

推荐序一

    体能训练是建设体育强国、实现健康中国不可或缺的重要基础。中国体育科学学会体能训练分会作为中国体能训练的最高学术组织,自成立以来,积极推进体能训练的普及应用、学术研究、专业教育,以及职业标准建设。在中国体育科学学会的领导下,体能训练分会委员会的专家、体育院校、体育科学研究所、体育职业技术学院以及全国会员的努力下,成功打造具备国际水准的中国体能训练师认证体系、引进大量国际权威认证教材和体能专著,打造中国体能高峰论坛、中国冰雪体能高峰论坛、中国青少年体能高峰论坛等具有全国影响力的专业平台,多措并举、求真务实、开拓创新,责任担当,带动了中国体能训练的全面腾飞。

    随着国际专业交流的深化,我们意识到体能训练还需要有运动防护作为基础支撑。因此在引进系列国际主流体能训练教材时,李丹阳秘书长特意选取国际体能训练专业较常采用的《运动防护概论》纳入"中国体能训练师培训指导教材",借此提升体能训练专业人员的运动防护基本知识与技能。该书在人民卫生出版社大力支持下,由体能训练分会常务委员、运动防护专家李豪杰教授组织来自多个院校的骨干精英共同翻译,并由国家体育总局反兴奋剂中心副主任、中国体育科学学会运动医学分会副主任委员詹晖博士担任主审,现在正式出版。本书适用于体能训练师、运动教练、体育教师,以及准备攻读运动康复、运动防护专业的学生,特此推荐。希望能让更多体育人具备运动防护的观念,通过体能训练促进全民健康。

教授、博士生导师

武汉体育学院　院长

中国体育科学学会体能训练分会　主任委员

2023 年 10 月

推荐序二

  运动防护涵盖运动损伤与疾病的预防、评估、急救、治疗、康复等内容,是保障竞技体育和全民健身运动顺利开展的重要基础。在我担任国家体育总局运动医学研究所所长期间,就积极推动运动防护工作的立项和开展,并以全国政协委员的身份多次谏言提案,有力促进了运动防护工作在我国的普及和发展。经过全国同道多年的共同努力,运动防护的知识与技术不仅在专业运动队得到广泛运用,而且运动防护师专业岗位也在 2020 年进入体育类专业技术人员职称改革的序列。在建设体育强国、实现健康中国的道路上,我们还应该让运动防护的观念与基本技术向下扎根,成为所有体医融合从业人员,甚至是全体国民的基本常识,我们任重道远。

  本书源自美国体育专业人员学习运动防护的经典教材,由长期推动运动防护工作的李豪杰教授组织来自多个院校运动防护与运动康复等专业的青年骨干教师共同翻译,并由中国体育科学学会运动医学分会副主任委员詹晖博士担任主审。经过近两年的认真翻译和审校,现由人民卫生出版社正式出版。本书适用于体育教师、运动教练、康复师,以及准备攻读运动防护专业的学生。我衷心希望能有更多体医融合专业人士与广大运动爱好者掌握运动防护的基本知识和技术,让运动促进健康理念深入人心。

教授、博士生导师

中华医学会运动医疗分会　创始主委

中国体育科学学会副理事长

中华运动康复医学教育工程　主任委员

2023 年 10 月

7

主审序

李豪杰教授组织翻译了《运动防护概论》一书,并邀请我担任本书主审,深感荣幸。

近二十年以来,在国家体育总局运动医学研究所原所长、中国体育科学学会运动医学分会主任委员、第十二届全国政协委员李国平教授的直接推动下,经过以李豪杰教授为核心的、国内众多专家学者的共同努力,2015年运动防护师纳入《中华人民共和国职业分类大典》,并被明确列为专业技术类新职业;2020年国家人力资源和社会保障部会同国家体育总局下发"关于深化体育专业人员职称制度改革的指导意见",将运动防护师列入体育专业人员职称序列,是运动防护事业在中国生根发芽的两项重大标志性成果。"运动防护"在体育界不再是一个陌生的概念,国内也很少再将"Athletic Trainer"翻译或理解为"运动训练员",这是这些年来大家工作成效的具体体现。

时至今日,脑海中时常会浮现1999年下半年我在深圳平安足球俱乐部担任队医时的工作场景:当队员在足球场上刻苦训练时,而我一个人坐在场边,一边观察队员训练,一边将一大片白胶布用手撕成一条一条,缠成一卷一卷,以方便队员下次训练前"打固定"使用。二十多年过去了,现在运动队的医务人员再也不用做这些费时费力的简单重复性工作了,各类白贴、肌贴、支具、护具可以轻易买到,质量上乘,许多运动员不需要队医的帮助也能打得一手好"固定",这些也是近年来运动防护理念与实践逐渐在竞技体育领域深入人心的具体体现。

在国内,运动防护生根于竞技体育,但绝不能局限于竞技体育。运动防护在伤病预防、运动风险评估以及运动现场急救方面的理念与技能,更应向群众体育、学校体育拓展。运动防护专业人才的培养与培训就显得尤为重要与紧迫。我们深刻认识到在人才教育培养上的诸多不足,特别是师资力量不足,完整受过运动防护教育的教师有限,而且教材稀缺,虽有适应国情、以技术为主的自编教材,但也失去了一些原味。李豪杰教授组织多个院校的专家学者,完成了本书的翻译与审校,并由人民卫生出版社出版,体现了运动防护人的责任与担当。希望通过这本书的出版,能让更多体育专业人员、医务人员了解运动防护的理念与技术,加强彼此的沟通与合作,共同照顾好所有喜欢体育、参与运动的人们,共同为建设体育强国、实现健康中国而努力。

博士

国家体育总局反兴奋剂中心　副主任

中国体育科学学会运动医学分会　副主任委员

2023年10月

主译序

  运动防护包括运动损伤与疾病的预防、诊断、急救、治疗与康复。对于国外"运动防护"的正确理解是巧用后发优势，发展运动防护，乃至体育运动事业的基础，这也是翻译本书的初心。从一般大众到专业运动防护师，运动防护可以概略分为 3 个层次。

  第一层是作为国民生活素质的基本常识，例如：美国中小学生必修课程"健康与幸福"中，对于健康促进、运动安全、基本急救的内容就在小学阶段的三年级，持续到初中阶段的八年级。第二层是作为体育从业人员的运动风险预防与现场急救的基本能力，这部分体现在各种体育职业鉴定的规范中，例如：美国运动教育计划的"运动伤害防护与急救课程"，以及大学教育的"运动防护概论"课程。第三层是运动防护师专业人员的专业教育与职业发展，这包括专业技术人员从本科到硕士的一系列专业教育与实习、实践。

  本书正是前述第二个层次的重要书籍，在美国获得体育从业人员培训、体育类大学教育的普遍使用。在中国体育科学学会运动训练分会秘书长、武汉体育学院体能训练中心主任李丹阳博士的规划下，人民卫生出版社获得本书的中文版权，并交给我组织翻译，作为"中国体能训练师认证指导教材"。希望能加速中国体能训练专业的发展、推进运动防护在体育职业中的深化，让运动参与者在受过训练的体育职业人员指导下，安全、高效地获得体育运动的效益，即便出现意外事故，也能妥善处理、避免损害扩大。

  承蒙中国体育科学学会支持、李国平教授指导、中国体育科学学会运动医学分会副主任委员詹晖博士审校，以及人民卫生出版社的编辑们襄助，本书经过长时间的奋斗终于面世。本书如有可取之处，归功于原著与全体参与翻译、审校的伙伴们。如有未尽之处，实属本人失误，还请大家不吝指正。希望通过我们共同的努力为建设体育强国、实现健康中国，达成中华民族伟大复兴略尽心力。

李豪杰

教授、博士、正高级运动防护师、劳工卫生管理师

2023 年 10 月

原著前言

美国有超过 300 万的 14 岁以下儿童在参加有组织的学校体育活动或进行运动娱乐时受伤，其中约 75 万的伤害需要在急诊护理机构接受治疗。好消息是受雇于全国各高中的通过认证委员会认证的运动防护师多于美国历史上任何其他时期。但是，现实情况是，大多数学校，特别是中学，仍然没有聘用运动防护师，因此，在大多数运动伤害情况下，教练或体育教师很可能充当"第一反应人"。由于教练和体育教师会与各个年龄段的孩子互动，并且他们的运动队或班级包括青春期前和青春期后的年轻人，要求对两种人群预防和处置伤害的"最佳实践"有所了解，给他们施加了巨大的压力。为了作出正确的决定，这些人员不仅必须接受基本的急救培训，还必须接受更进阶的知识培训，诸如极其复杂的通过头盔、口罩、护齿和其他设备等运动器材和个人防护设备以正确处置伤害。

本书的主要目标是预防、照护和处置体育与体力活动有关的伤害。因为教练或非高水平运动医学专业人士很可能是第一反应人，《运动防护概论》的目标受众包括任何计划从事教练、体育教师或私人教练职业的人。第 7 版对于有志主修运动防护专业的高中生或大学生也非常有用。运动医学的整体领域仍然是一个快速发展的研究领域。本书内容将为在这一令人兴奋且不断发展的大健康专业领域进行更深入的研究打下坚实的基础。

此版本的新内容

作者已竭尽全力更新全文中的关键材料，以使内容尽可能最新。最新版本包括有关运动损伤流行病学的大量更新（第一章运动损伤的概念，第二章运动健康照护团队），包括应急计划在内的适当预防策略（第七章应急预案和初步伤害评估），法律议题（第三章运动伤害法律问题），参与前的身体检查以及力量训练和训练周期技术（第四章运动损伤的预防），以及增加与更新了有关营养在预防伤害中重要性的最新信息（第六章营养方面的问题）。对伤害的反应，包括教练或体育教师的初步决定和后续行动，对于决定伤害的结果至关重要。因此，对章节的内容进行了重大更新，重点针对头部、颈部、面部、口腔（第九章头、颈和面部损伤），上肢和下肢，皮肤的伤害（第十七章运动中的皮肤问题），以及腰背、胸部和腹部（第十章胸椎至尾椎损伤，以及第十三章胸、腹部损伤）。因为大多数与运动和活动有关的伤害都涉及肌肉骨骼系统，所以本书的大部分内容都致力于诸如扭伤、拉伤、脱臼和四肢骨折等伤害的识别，应急照护和处置。为了帮助教练和体育教师为肌肉骨骼损伤的居家处置提供适当的建议，第八章损伤过程包括有关炎症处置的最新信息。幸运的是，只有很少一部分与运动和活动有关的伤害会危及生命或导致永久性残疾。但在少数案例中，结果仍然不幸的是死亡和永久性残疾。这些伤害大多数与头部、颈部的创伤，或与热有关。"第九章头、颈和面部损伤"和"第十八章温度伤害"中提供了有关头部和颈部受伤以及预防热疾患的详细信息。这些章节已根据有关脑震荡、颈部受伤和热病的辨识、治疗和处置的最新出版信息进行了更新。有关心脏病、糖尿病、运动性哮喘、镰状细胞危机和耐甲氧西林金黄色葡萄球菌（methicillin-resistant staphylococcus aureus，MRSA）的新信息也包含在"第十九章其他医疗问题"中，因为教练和体育教师可能是第一个对这些事件作出反应的人，正确识别和激活应急行动计划至关重要。最新版本还包括与运动参与和伤害心理学有关的重要信息（第五章运动员和运动损伤心理），并包括提供经历运动参与、运动伤害或来自照护者施加的过大压力等心理问题的青少年有关症状识别的建议和转诊的说明。

由于教练和体育教师通常负责青少年运动员，因此本书最新版本继续提供专门针对青少年运动员的章节（第二十章青少年运动员的特殊医疗问题）。这样做的理由很简单：事实上，绝大多数学龄运动员（7~12 年级）是青少年，甚至是未成年人。因此，与成年运动员相比，他们代表了解剖上不同的种群。在制定有关伤害管理的决策时，以及在设计和实施伤害预防程序时，教练人员都必须认识并考虑到这些差异。

不涉及的内容与原因

作者总是被询问：为什么这本教材中不包括贴扎／包扎，以及关节评估等进阶技术的详细信息？答案很简单，这些工作程序显然超出了教练或体育教师的实践范畴。由于我们已将本书设定为面向这些人群，因此，我们认为向学生介绍不应在该领域尝试执行的临床技能是不负责任的。我们还将本书出售给运动防护预科专业的学生，但是完成运动防护教育认证委员会（Commission on Accreditation of Athletic Training Education，CAATE）认证的运动防护专业课程的学生，将通过其他进阶教材，并在临床教师的指导下，接受更多、更广泛的进阶技能培训。

结语

这本书是学生学习成为体育教师、教练和运动防护师的优质资源。负责为运动员提供应急救护的人员必须接受合适的运动伤害急救程序培训。本书的内容将为师生提供与运动伤害的照护和预防有关的大量信息。当然，目标是给予教练和教学人员必要的知识和批判性思维能力，从较严重的运动伤害中，识别和区分次要的。一旦决定了伤害的性质，就可以进行适当的急救护理和／或医疗转诊。

原著致谢

　　熟悉本教科书先前版本的人会注意到,我们有一位新的合著者,美国得克萨斯州大学阿灵顿分校运动防护专业的体育科学副教授兼临床教育协调员 Cynthia Trowbridge 博士。Trowbridge 博士是拥有 20 多年经验的临床专家、教育家和学者。除了是杰出的作家,她还为我们的团队带来了丰富的专业知识和经验!我们真的很幸运能让 Trowbridge 博士成为第七版的合著者。我还要感谢另一位合著者 Brent Mangus 博士,近 20 年来跨越七个版本,他确保了本书具有现代性,并代表"最佳实践"。Brent 的知识、优秀的才智和智慧使本书的演进成为可能。我也想感谢那些多年来影响我的专业人士。空间有限,无法让我逐一提及你们所有人的姓名。但是我作为学生的那些年,中央密歇根大学、俄勒冈大学和杨百翰大学为我提供了得到许多杰出和敬业的专业人员指导的机会。

　　谢谢你们!

Ron Pfeiffer

爱达荷州博伊西

审稿人

- Richard A.Bingham　硕士,运动防护师

  爱达荷州双子瀑布,南爱达荷学院(College of Southern Idaho)

- Kimberly Calvert　硕士,运动防护师,体能训练师

  威斯康星州奥什科甚,威斯康星大学奥什科甚分校(University of Wisconsin Oshkosh)

- Bruce E.Ferguson　硕士,运动防护师

  加州塔夫脱,塔夫脱学院(Taft College)

- Dave Hammons　教育学博士,运动防护师

  爱达荷州博伊西,博伊西州立大学(Boise State University)

- George D.Harris　医师,硕士

  密苏里州堪萨斯市,UMKC 医学院(UMKC School of Medicine)

- Kris Hinnerichs

  内华达州韦恩,韦恩州立大学(Wayne State College)

- Dani Moffit　博士,运动防护师

  宾夕法尼亚州费城,天普大学(Temple University)

- Christopher Nightingale

  缅因州奥罗诺,缅因大学(University of Maine)

- Patricia M.Patane　硕士,运动防护师,物理治疗师,体能训练师

  纽约州石溪,石溪大学(Stony Brook University)

- Rebecca Lewis Schultz　博士

  南达科他州苏福尔斯,苏福尔斯大学(University of Sioux Falls)

- Hal Strough　博士,运动防护师

  明尼苏达州德卢斯,圣斯考拉斯蒂卡学院(The College of ST.Scholastica)

- Scott Sunderland　硕士,运动防护师

  伊利诺伊州加勒斯堡,诺克斯学院(Knox College)

如何使用本书

- "本章主旨"部分提供了介绍,为每一章奠定了基础,并提供了后面内容的概述。

- "怎么办?"特点是以真实世界的情景题鼓励学生学习关键的决策技能。这些部分提供和教练员讨论损伤相关的问题时,通常是有用的信息。应用范围从简单的决策练习会议到教室中的角色扮演练习。

- "运动防护师开讲"的特点是在每章中都有一位不同的运动防护师探讨运动员照护和伤害预防的要点。

- "拓展知识"提供了与文本相关的其他信息,例如美国运动防护师协会(National Athletic Trainers' Association, NATA)运动头盔拆卸指南,与受伤运动员合作的指南,如何识别脑震荡的症状等。

- 所有相关的章节以"解剖概述"开始,向不熟悉人体解剖学的学生介绍身体部位,并为以前学过的解剖学课程的人提供复习。

- "关键词"在文本中以粗体显示并在框中定义,以帮助学生快速识别和理解新术语。

- 每章以"复习题"作为结尾,是吸引学生在课后继续认真复习本章的重要材料。

目录

第一章

运动损伤的概念

本章主旨

　　通过阅读和研习本章,读者将熟悉运动损伤这一主题的范围和广度。本章讨论当前最常用的运动损伤定义,以及与损伤的类型和严重性有关的各种最常用的医学术语。这些术语将在本文的其余部分中使用,并且在教练与医界成员就运动损伤进行沟通时也有用。本章的最后几节介绍了流行病学的概念,并适用于运动损伤的研究。介绍了一种基于通常发生在活动期间的身体接触量的简捷运动分类系统。本章以美国最流行的校际运动的具体参与和伤害数据作为结尾。

有组织的竞技性高中校际体育运动在美国孩子中仍然非常受欢迎。最近的研究表明,每年大约有 770 万的公立学校学生参与这些活动(National Federation of State High School Associations[NFSH], n.d.)。随着高中体育项目数量的适度增长,青少年和儿童在校外从事体育运动的数量上大量增长。结果是,在美国大约有 3 800 万学龄儿童参与有组织的体育运动(Mickalide 和 Hansen,2012 年)。尽管这些运动可能涉及 5 岁以下的儿童,但竞争的程度非常高,正如事实证明的,团队常常远赴千里之外才能参加比赛。此外,像选择网球和体操这些运动的孩子每周投入多达 20 小时在运动上并不罕见(Maffuli 和 Caine,2005 年)。

随着 1972 年第九教育修正案的实施,据研究,20 世纪 80 年代,美国女性运动员的参与人数增长了 700%(Stanitski,1989 年)。具有讽刺意味的是,由于外勤和教练团体中对女生们不够坚强不能参加体育运动的成见根深蒂固,很多年轻的女运动员历来也不被鼓励去参加比赛。有效的证据证明,对于一些体育运动,女生的损伤率更高,而在其他运动中,男生的比例更高。例如,高中的数据表明,在男女双方都参与比赛的运动中,例如足球和篮球,基于性别的伤害率存在一些差异。例如,在篮球中女生承受更多的脑震荡和膝部损伤,而男生则承受更多的骨折和挫伤(Borowski 等,2008 年)。高中足球的伤害数据表明,总体而言,男女之间的受伤率非常相似。然而,有一个明显的例外,那就是女生的膝关节韧带扭伤率要高得多。膝关节韧带完全扭伤需要手术的女生是男生的 13 倍(Yard,Schroder 等,2008 年)。大多数的完全韧带扭伤由非接触性损伤机制引起,这一现象在运动医学界仍然是一个研究热点。数据支持这样一个假设:就严重伤害(例如,导致损失超过 21 天的运动参与)而言,男生的运动总发生率高于女生(Darrow 等,2009 年)。但是,当数据仅限于比较篮球、足球和棒球 / 垒球时,发现女生的可以视为严重伤害的受伤率更高。该研究作者得出的结论是,此发现是男生与女生的篮球参与率差异产生的结果(Darrow 等,2009 年)(请参见图 1.1 和图 1.2)。

尽管父母、教练和官员尽了最大努力,但对许多参与者来说,损伤仍然是不可避免的。在最近的一项调查中,青年教练报告说,他们的球队中至少有一名球员有伤。从那些与 8~14 岁的孩子们一起工作的教练中了解到,最常见的损伤类型是伤口或瘀伤。

图 1.1　从历史上看,基于对性别的易受损伤的恐惧,女性不愿参加体育活动

图 1.2　虽然有数据显示,在一些体育运动中,女性相对男性运动员有更高的损伤率,但在其他体育运动中,男性运动员的比例比女性更高

与年龄较大的球员(不超过 18 岁)一起工作的教练报告说,诸如骨折和脑震荡/头部受伤等受伤比例更高。家长报告说,擒抱橄榄球(tackle football,亦称为美式橄榄球)受伤最多,而游泳、垒球、田径和啦啦队受伤数最少。还报告了导致球员被迫错过比赛或练习(时间损失,time-loss)的各种伤害数据,并得出结论,踝关节扭伤占了时间损失伤害的 18%(Mickalide 和 Hansen,2012 年)。

Damore 和同事(2003 年)进行了更广泛年龄分布的研究,他们分别在 4 家医院研究了急诊部的住院患者,年龄为 5~21 岁不等,一共两次,每次 1 个月(1999 年 10 月和 2000 年 4 月)。他们在研究的年龄范围内总共记录了 1 275 名患者的 1 421 例损伤。在这些损伤中,有 41% 是由于参与体育运动造成的。在他们的研究中,患者的平均年龄为 12.2 岁,扭伤、挫伤和骨折是最常见的损伤。相对女性,男性遭受肌肉骨骼系统的损伤更常见(62%)。

Radelet 和同事(2002 年)研究了一群参与社区体育项目的儿童在 2 年时间里所受的损伤情况。特别监测涉及棒球、垒球、足球和擒抱橄榄球的 7~13 岁的儿童损伤情况。伤病被定义为"需要教练进行现场评估,或者导致球员停止任何一段时间的参赛或者在比赛中需要急救"。他们进一步将"运动员暴露"定义为一名运动员参加一项赛事(比赛或训练)。他们的结果表明,每 100 次运动员曝露的损伤率中,足球运动员的伤病发生率最高,达到 2.1,其次是棒球 1.7,擒抱橄榄球 1.5,垒球 1.0。在所有的运动中,比赛中的伤病比训练中多,挫伤是最常见的损伤。有趣的是,在足球方面,损伤率没有性别差异。

第一节 运动损伤的定义

目前大多数运动损伤的定义都将无法参与的时间(时间损失)作为损伤严重程度的主要决定因素。1982 年,美国大学体育协会(National Collegiate Athletic Association,NCAA)建立了伤害监视系统(Injury Surveillance System,ISS),该系统建立了一套通用的伤害和风险定义,用于追踪大学运动损伤。要符合 ISS 规定的伤害,伤害必须满足以下条件:

1. 因参加有组织的校际训练或比赛而发生。
2. 需要团队运动防护师或医师的医疗照顾。
3. 结果是损伤日起限制学生运动员一天或更多天的参与或表现(Benson,1995 年)。

NCAA 监测全国所有地区Ⅰ级、Ⅱ级、Ⅲ级机构的伤病情况,并提交年度报告。

美国运动防护师协会(National Athletic Trainers' Association,NATA)委托进行了两次全国性高中运动损伤调查,每项调查跨越 3 年(1986—1988 年和 1995—1997 年)。在 NATA 研究中使用的损伤定义类似于 ISS 中使用的损伤定义,因为依赖于从比赛中损失的时间来判断损伤严重程度(Foster,1996 年)。

尽管时间损失是确定损伤的便利方法,但这种定义并不能准确反映损伤的严重程度。损伤严重程度可以由包括教练、医生或其他运动医学人员、父母,甚至运动员自己来进行确定。一个相关的问题是,所有监测运动损伤的组织都没有规定运动损伤的时间长度(小时、天、周、月)必须达到何种程度才能被认定为严重。

从科学的角度来看,运用无法参与的时间作为运动损伤的定义容易造成重大错误,正如前所述,是由于所采用的数据收集和损伤定义的方法所生。具体取决于数据收集方法和采取的伤害定义。但是,当伤害被识别,就可以使用几个限定词来使体育医务人员更好地描述伤害的精确特征。包括所涉及的组织类型、受伤部位,以及受伤时间,即急性或慢性。

以急性和慢性两大类来分类是常用的损伤医疗分类系统。急性伤害被定义为"特点是起因于创伤事件而迅速发病"(American Academy of Orthopaedic Surgeons[AAOS],1991 年)。急性伤害通常与严重的创伤事件相关(图 1.3),紧接着是诸如疼痛、肿胀和功能丧失等体征和症状。急性损伤的情况下,临界力被定义为"破坏特定解剖结构的单一力大小"(Nigg 和 Bobbert,1990 年)。临界力造成随后的急性

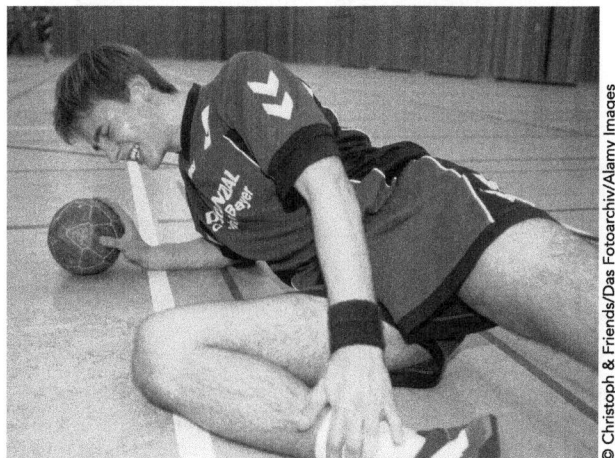

图 1.3 一名运动员发生急性损伤

损伤的潜在性,在擒抱橄榄球比赛中显而易见。据估计,人类颈椎的椎体的临界力极限为340~455kg。研究人员利用设备模拟一个典型的擒抱(tackle),作用在颈椎上的压力可以超过这些极限(Torg,1982年)。

慢性损伤被定义为"以缓慢、隐匿的发作为特征,意味着结构性损伤逐渐发展"(American Academy of Family Physicians[AAFP],1992年)。与急性发作相比,慢性运动损伤与单一创伤事件无关;相反,它们随着时间的推移逐渐发展。在许多情况下,它们发生在运动员参与需要重复并连续的运动中,如跑步(图1.4)。因此,这种损伤有时被称为过度使用的损伤,意味着运动员过度的参与已经超过了身体从重复的活动中恢复过来的能力。当运动量超过肌腱组织的恢复能力时,肌腱出现过度使用损伤(Hess等,1989年)。因此,活动引起组织逐渐分解,最终导致功能丧失。过度使用损伤的常见部位是跟腱、髌韧带和肩袖肌腱(Hess等,1989年)。跟腱在奔跑和跳跃时承受巨大的压力(图1.5)。研究表明,这些力可能会超过肌腱的生理极限,从而导致损伤(Curwain和Stanish,1984年)。同样的,髌腱必须在运动期间承受反复的压力。例如,跳跃和着陆,以及踢足球(图1.6),在肌腱中产生的压力比正常训练步态中产生的力量大许多倍(Gainor等,1978年)。肩袖肌腱,特别是冈上肌腱,也容易受到过度使用

图1.5 跟腱损伤在田径赛事中很常见

图1.6 跳跃和着陆,以及踢足球。使髌腱承受压力

图1.4 慢性损伤在跑步这样的高冲击运动中很常见

的损伤。任何需要手臂反复高举的运动,例如网球(图1.7)的高手击球,都会给这条肌腱施加很大的压力。在手臂达到峰值速度之后,在挥杆或投掷的减速阶段尤其如此。在这段运动期间,肌肉会经历离

心收缩,这种收缩被认为是肌腱损伤的一个致病因素(Curwain 和 Stanish,1984 年)。这种压力会引起冈上肌腱损伤,导致慢性损伤。

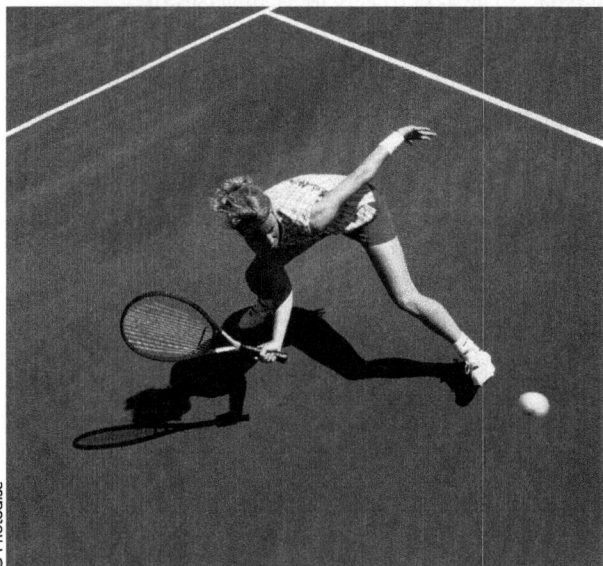

图 1.7　网球给肩袖带来很大的压力

DiFiori(1999 年)将导致过度使用损伤的因素归类为内在因素,如(生长)软骨未成熟、缺乏柔韧性、缺乏适当的限制,心理因素或外在因素,包括过度训练或缺乏适当恢复,不正确的技巧,以及在不平的场地或太硬的场地上运动。

软组织与骨骼组织大概是最常用来区分特定损伤中的组织的术语。软组织包括肌肉、筋膜、肌腱、关节囊、韧带、血管和神经。大多数软组织损伤包括挫伤(瘀伤),扭伤(韧带/关节囊)和拉伤(肌肉/肌腱)。骨骼组织包括身体内的任何骨结构。因此,在这个系统下,一个普通的踝关节扭伤将被定性为软组织损伤;手腕的骨折会被认为是骨骼损伤。

关键词

损伤(injury): 损害或损伤的行为。

急性损伤(acute injury): 特征为快速发作,由创伤事故引起。

临界力(critical force): 引起解剖结构受损的力的大小。

慢性损伤(chronic injury): 特征为缓慢、徐发,意味着结构损伤的逐渐发展。

离心收缩(eccentric contraction): 外力作用下,肌肉收缩与肌肉-肌腱单元拉长同时进行。

明显例外是在定义那些普遍让人困惑于怎么会造成如此严重损伤的运动损伤,也就是所谓的灾难性损伤。灾难性损伤往往涉及对大脑和/或脊柱的损伤,并有潜在的生命威胁或永久性损伤。另一组灾难性损伤涉及与热相关的疾病。在高中和大学体育的背景下,灾难性的损伤被定义为"在参加学校/学院发起的体育运动期间发生的任何严重损伤"(Mueller 和 Cantu,2009 年)。

自 1982 年以来,由北卡罗莱纳大学(Mueller 和 Cantu,2009 年)设立的国家灾难性运动损伤研究中心(National Center for Catastrophic Sports Injury Research,NCCSIR)对学校和大学的灾难性损伤进行了研究。Mueller 和 Cantu 将直接的灾难性损伤定义为直接由于参与某项运动的技能而产生的损伤。间接性灾难性损伤是指在参加体育活动时由于劳累而引起的全身性缺陷或继发于非致命性损伤的并发症(Mueller 和 Cantu,2009 年)。鉴于这些定义,灾难性的损伤可能发生于直接参与的结果(在擒抱橄榄球的擒抱时造成颈部骨折)或间接的结果(在越野跑中遭受全身性中暑)。

虽然灾难性运动损伤只占了所有与运动有关的损伤的一小部分,但运动医学界成员越来越意识到它们潜在的严重并发症。NCCSIR(1982—2011 年)的最新数据表明,2010 年擒抱橄榄球赛季在高中阶段造成 2 人死亡,10 人受伤致残,10 人从灾难性伤害中恢复。在同一赛季的大学排名中,有 1 人死亡,2 人受伤致残疾,2 人受伤恢复。尽管可以轻易地争议这些数字太高,但应在美国每年约有 150 万中学生和高中擒抱橄榄球参与者的背景下考虑它们。考虑到大量参与者,基于每 100 000 名参与者的发生率,高中擒抱橄榄球的长期直接灾难性伤害发生率低于 1/100 000。在美国,大学擒抱橄榄球每年大约有 75 000 名参与者,虽然非致命和严重伤害的发生率高于高中水平,但低于冰球和体操运动中的发生率。还值得注意的是,与 20 世纪 60 年代末和 20 世纪 70 年代初的数据相比,在所有类别的擒抱橄榄球中,灾难性伤害的发生率都大大降低了。这种趋势的产生是由于改变规则、提高头盔标准、提高参与者医疗照护,以及更好教导适当的阻挡和拦截技术。

第二节　损伤的分类

无论造成伤害的具体力量是什么,至关重要的是,参与体育和身体活动监督的所有人员,特别是教练,必须熟悉并熟练使用结缔组织伤害的基本术语。人员能够识别任何伤害,并在可能发生伤害后尽快识别出任何伤害,然后在与运动医学团队的其他成员(例如队医或运动防护师)进行沟通时清楚地描述它。运动人员掌握运动医学团队所有成员通用的标准化术语词汇也是至关重要的。

1968年,美国医学会(American Medical Association, AMA)的运动医学委员会(Committee on the Medical Aspects of Sports)发布了运动损伤的标准命名法(Standard Nomenclature of Athletic Injuries, SNAI)。尽管此文本不再印刷,但提供了明确定义的标准化术语,这些术语至今仍在使用,而且应该在提供运动损伤照护时被使用。由于绝大多数运动损伤涉及结缔组织损伤,因此以下列出了适用于这些常见问题的术语。显然,在任何临床定义中都不可避免地存在一定程度的变异性。但是,这些术语如果使用得当,可以大大减少在特定伤害上经常出现的混乱。

一、扭伤

扭伤是围绕着体内所有滑膜关节的韧带损伤。扭伤的严重程度取决于所涉及的力。SNAI根据严重程度将扭伤分为3级。

(一)一级扭伤

根据SNAI,一级扭伤是最轻微的扭伤形式,只有轻微的疼痛和活动受限。这些扭伤伴有轻微的韧带损伤,没有或仅出现轻微的肿胀。

(二)二级扭伤

二级扭伤更为严重,意味着所涉及的韧带的实际损害更大,伴随着更强烈的疼痛和更严重的功能障碍。肿胀更明显,出现异常动作。这种伤害有复发的趋势。

(三)三级扭伤

三级扭伤是最严重的扭伤形式,意味着所涉及的韧带完全撕裂。考虑到广泛的损伤,会有明显的疼痛、肿胀和血出血(hemorrhage),并伴随大幅失去关节稳定性。

二、拉伤

拉伤是对肌肉、肌腱或通常称为肌腱联合(musculotendinous junction, MTJ)的两者连接点的伤害。最常见的拉伤位置是MTJ,然而,确切原因还不清楚。就像扭伤一样,拉伤的严重程度有着巨大差异。SNAI将拉伤分为3级。

(一)一级拉伤

SNAI描述一级拉伤为最轻微的形式,对肌肉和肌腱结构有很轻微的损伤。肌肉使用过程中明显感觉疼痛,可能呈现出轻度肿胀和肌肉痉挛。

(二)二级拉伤

二级拉伤意味着对软组织结构的损伤更大。疼痛、肿胀、肌肉痉挛更明显,伴随中度的功能损失。这类损伤伴随肌群的过度、强力拉伸或与动作不协调有关。

(三)三级拉伤

三级拉伤是最严重的形式,并意味着所有涉及的软组织结构完全断裂。损伤可能发生在各种位置,包括肌腱在骨上的附着点(撕脱性骨折),肌腱与肌肉之间的组织(MTJ)或肌肉本身。在皮肤可能见到明显的缺陷,并伴随明显的肿胀。显然,这类损伤会造成严重的功能丧失。

📖 关键词

软组织(soft tissue): 包括肌肉、筋膜、肌腱、关节囊、韧带、血管和神经。

筋膜(fascia): 覆盖、支撑和分隔肌肉的纤维膜。

关节囊(joint capsule): 将可动关节中的两端骨骼封闭在一起的囊状结构。

灾难性损伤(catastrophic injury): 损害大脑和/或脊柱的损伤,存在可能危及生命的潜在情况或永久性残疾的可能。

扭伤(sprain): 关节和周围结构的损伤,主要是韧带和/或关节囊。

出血(hemorrhage): 血液流出。

拉伤(strain): 涉及肌肉和肌腱或两者之间俗称肌腱联合(MTJ)的损伤。

三、挫伤

无论哪种活动,通常瘀伤或挫伤都是最常见的运动损伤。挫伤是由于直接击打身体表面而引起的,这些击打会压缩下面的组织以及皮肤(O' Donoghue,1984年)。它们几乎可以发生在任何活动中,但在碰撞和接触运动方面(如擒抱橄榄球、篮球和棒球)更为重要。奇怪的是,许多运动员和教练将挫伤视为例行性的轻伤,但当这些组织涉及如肾脏或大脑等重要器官,它们可能是严重的甚至危及生命的伤害。

挫伤典型的特征是疼痛、僵硬、肿胀、瘀斑(变色)和血肿(血液积聚)。如果没有得到适当的治疗,同一部位的肌肉再度挫伤,可能会导致肌肉组织中骨样结构的形成,也就是所谓骨化性肌炎(myositis ossificans)。

四、骨折

骨折和脱臼代表涉及骨骼或关节的两类损伤。尽管此类伤害可能发生在任何活动中,但在会有很大的力量发挥作用的碰撞运动中更为常见。骨折被定义为"骨的破裂不连续"(Venes 和 Taber,2009年)。复合性骨折可能会因为存在开放性伤口的感染风险而更严重。而且,根据伤口的严重程度和位置,可能需要控制出血。

急性骨折是相对少见的运动损伤。但当骨折发生时,必须进行适当的急救以防止并发症,例如休克、失血过多或永久性损害。幸运的是,通过现代诊断程序,确定创伤性骨折相对容易。美国国家安全委员会(National Safety Council,1991年)提供了以下体征和症状的描述:

● 肿胀。出血引起的;在骨折后迅速出现。

● 畸形。这并不总是显而易见的。在检查畸形时与伤员对侧身体部位进行比较。

● 疼痛和压痛。通常仅在受伤部位发现。运动员通常可以指出疼痛的部位。检测骨折的有效方法是沿骨骼轻轻触摸,抱怨疼痛或压痛的是可靠的骨折体征。

● 丧失功能。损伤的部位无法使用。由于动作产生疼痛,运动员会拒绝使用损伤的肢体。然而,有时运动员可微痛或无痛地移动肢体。

● 摩擦感。不要移动损伤的肢体,试着感觉(有时甚至会听到)断骨两端摩擦在一起的捻发音。

● 损伤的病史。每当涉及强大的力量时,都要怀疑骨折,特别是高风险的运动,如擒抱橄榄球、高山滑雪和冰球。运动员可能已经听到或感觉到骨头折了。

骨折也可以根据骨骼破裂特质的术语来描述。外伤性骨折的主要类型显示在图1.8。

(一)应力性骨折

应力性骨折(stress facture)通常与运动有关,因为应力性骨折会在相对长的时间内发展,而不是由单一创伤引起的其他骨折。当骨骼承受超过其恢复速率的反复超负荷(应力)时,就会发生应力性骨折。效应是骨骼开始分解,并最终失效。由于应力性骨折的发展需要时间,因此其体征和症状容易与其他不太严重的运动相关问题相混淆。这对于小腿骨的应力性骨折尤其如此,经常与外胫炎(shin splints,亦称为外胫夹)混淆。尽管应力性骨折可发生于全身,但大多数发生在下肢。运动员中的应力性骨折的高危人群是那些体能不佳或超重的人。然而,即使是体能良好的参与者也可能会出现应力性骨折,特别是在他们最近突然增加了训练计划的强度时。应力性骨折甚至可能与饮食有关。

应力性骨折的症状大部分是模糊不清的,但当问题出现时,通常会显示一些状况:

● 疼痛/压痛。运动员抱怨疼痛和/或压痛。持续的疼痛不会因为休息而缓解。

● 没有创伤。没有疑似的骨折创伤病史,而症状持续存在。

● 重复性活动。运动员参与了一项活动,让可疑区域有反复承受压力的状况。

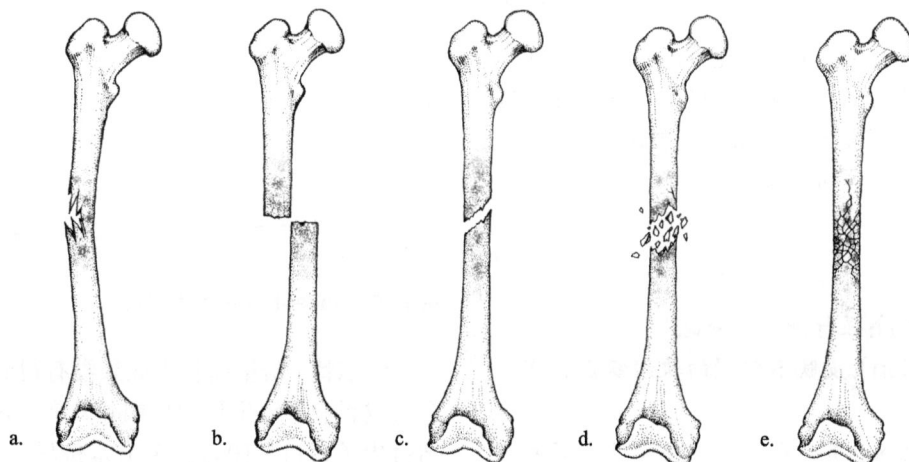

图1.8　骨折的分类

a. 青枝骨折;b. 横行骨折;c. 斜行骨折;d. 粉碎性骨折;e. 嵌插骨折

● 持续时间。症状在几天、几周甚至几个月内都在逐渐发展。

应力性骨折常常使医师难以诊断,因为在初始阶段,X 射线检查可能不会显示骨折。实际上,在出现症状后可能要花几周或更长时间才能在 X 射线上看到骨折(Venes 和 Taber,2009 年)。这个愈合过程涉及骨折区域周围形成透明的软骨,术语称之为骨痂,如果可以在 X 线片上看到就表示发生了骨折(图 1.9)。结果是,医师必须根据先前列出的状况进行诊断。因此,医师必须以先前列出的因素为基础进行诊断。最好的治疗方法是把运动员当作应力性骨折对待,每周或者每 2 周重复 X 线检查,直到出现骨痂。在难以判断的情况下,可以使用骨扫描(bone scan)或磁共振成像(MRI)获得阳性诊断。

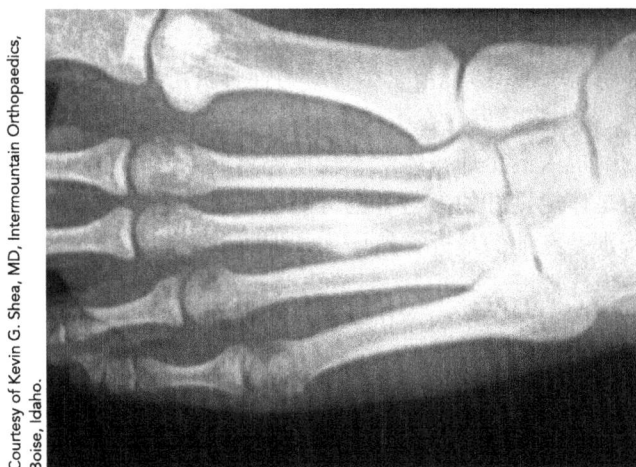

Courtesy of Kevin G. Shea, MD, Intermountain Orthopaedics, Boise, Idaho.

图 1.9　左脚的第三跖骨(约中段)应力性骨折。注意骨折部位周围的愈伤组织形成

当必要的时候,应力性骨折的治疗包括休息和视需要以夹板或石膏固定,然后缓慢、逐步恢复运动参与。运动员经常被鼓励通过交叉训练来维持体能水平,即骑健身车,在浅水中慢跑或游泳。所有这些活动提供良好的有氧训练刺激,同时减少对骨骼系统的压力。任何恢复方案都必须由教练、运动防护师和医师在个人的基础上构建。

关键词

撕脱(avulsion):强行撕下或分离。
挫伤(contusion):皮肤不破损的软组织击打伤或损伤。
瘀斑(ecchymosis):由出血使皮肤变色成黑色或蓝色。

血肿(hematoma):局部聚集的渗血,通常会凝结,并局限在器官、组织或空间内。
骨化性肌炎(myositis ossificans):肌肉骨化造成的肌炎。
骨折(fracture):骨骼的破裂或裂缝。
捻发音(crepitation):断骨移动时出现的摩擦声。
应力性骨折(stress fracture):骨头上的小裂纹或断裂,与过度的、重复的超负荷有关;也称为过度使用骨折或行军骨折。

(二)索尔特 - 哈里斯骨折

青少年运动员特有,涉及骨骺生长板的骨折,被称为索尔特 - 哈里斯骨折(Salter-Harris fractures)。此类骨折可根据骨折线通过骨骺区的具体位置进行分类。被分为五种类型(Ⅰ、Ⅱ、Ⅲ、Ⅳ、Ⅴ)(图 1.10):

● Ⅰ型涉及骨骺完全从干骺端分离。
● Ⅱ型涉及骨骺从干骺端分离,且骨折穿过一小部分干骺端。
● Ⅲ型涉及骨骺的骨折。
● Ⅳ型涉及骨骺和干骺端一同骨折。
● Ⅴ型涉及骨骺的挤压伤,但无移位。

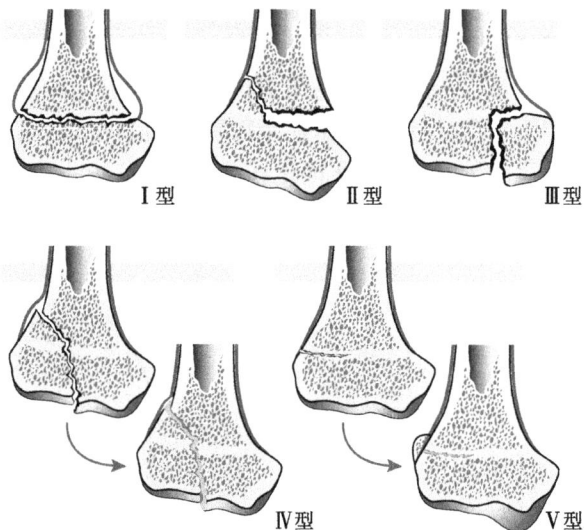

图 1.10　Salter-Harris 骨骺骨折

索尔特 - 哈里斯骨折如果没有得到恰当的照顾会造成影响骨骼生长的长期并发症。这些并发症包括过生长板过早闭合或关节定位异常,这可能导致生长停止时腿长不同。这些伤害必须由医师评估,医师将确定最佳的治疗方法。如果骨折存在碎片异

运动防护师开讲

预防运动损伤是运动防护师的基础。运动损伤的预防始于由合格的医务人员进行针对运动的全面身体检查,然后通过设备的选择和正确安置,以及开发体育竞赛的实体部件来进行。我总是说,如果运动防护师可以将身体带伤的个体康复到可以完全参与运动的状态,那么运动防护师为什么不能将身体未受伤的运动员,引领到最高水平身体活动与竞赛的体能状态?通过认证的运动防护师具备运动损伤预防方面的知识、技能和经验,可以协助教练并为运动员进行提高柔韧性、力量、弹跳和有氧体能的工作,以预防运动损伤和提高运动表现。

——Malissa Martin,教育学博士,运动防护师,体能训练师

Malissa Martin 博士是圣约瑟夫山学院(College of Mount St.Joseph)健康科学系运动防护专业负责人。

位,则需要复位。由医师依据病理特征来决定通过外科手术或不进行手术治疗来完成。

五、脱位

脱位(dislocation)被定义为"骨骼在关节中从其正常位置的临时移位"(Venes 和 Taber,2009 年)。根据损伤的严重程度,会发生两种类型的脱位。当关节的骨骼仅部分移位时,发生半脱位(subluxation)。当关节的骨骼完全移位时,会发生脱臼(luxation)。从某种意义上说,任何脱位,无论是半脱位还是脱臼,都应视为严重的扭伤类型。回想一下,扭伤会损伤关节周围的组织,即关节囊和韧带。因此,脱位表现出许多与扭伤相同的体征和症状。脱位的急救治疗结合了扭伤和骨折的照护。

脱位可能发生在任何关节;然而,特定的关节似乎更脆弱。肩部复合体(肩带)的盂肱和肩锁关节,这两个关节在运动中经常受伤,如擒抱橄榄球和摔跤。手指上的小关节经常在棒球和垒球中脱臼。幸运的是,这相对容易评估,因为它们最明确的体征是关节的畸形。畸形通常容易辨认,因为该关节可以快速地与身体另一侧的同一关节或手指或脚趾的相邻关节相比较。脱位的症状包括关节功能紊乱,以及关节被强迫脱离正常位置的感觉。通常情况下,运动员也会听到一声"啪"的断裂声或"啵"的脱位声。如果处理得当,则通常会完全恢复。重要的是要注意,教练在任何时候都不应实施复位,无论它可能看起来是多么轻微。所有的脱位都应该在完整的医学评估后,由医师诊断及复位。

怎么办?

一名学生运动员问你半脱位和关节脱位的区别。

第三节　损伤鉴别

从实际的角度来看,无论使用哪种分类系统,学会识别伤害都是教练必须掌握的一项基本技能。运动员的健康和安全在很大程度上取决于教练的决定和后续动作,因为教练通常是第一个到达受伤现场的人。此外,运动伤害诉讼的急剧增加,进一步激励教练人员为紧急情况做好准备。至少可以说,以"逃跑"为面对大多数伤害的前提是危险的。因此,现在的教练应该直面处理所有可能的损伤,直到证明还有更好的方法。当务之急是教练人员要发展知识和技能,从看似轻微的状况中,鉴别出需要医疗转诊的伤害。此外,应该指出的是,这些决定最好留给合格的医疗保健专家,例如由运动防护师认证理事会(Board of Certification for Athletic Trainer,BOC)认证的运动防护师。应尽一切努力,由学校或赞助体育项目的机构长期或兼职聘用此类专家。

第四节　运动损伤的流行病学

科学的运动损伤研究是相对新的事。大多数早期研究,有时被称为病例系列研究,是根据医院或诊

所医务人员收集的信息进行研究（Walter 等，1985年）。虽然这些数据提供了有价值的信息，但是这种类型数据收集也带来了很明显的问题。通常情况下，只有严重损伤的运动员才会到医院或诊所寻求医疗帮助。因此，大量有轻度至中度损伤的运动员可能不会被纳入研究。案例系列研究的另一个问题是无法准确识别定损伤的原因。例如，某特定诊所的研究人员可能会得出经验较少的运动员更容易发生损伤的结论。然而，在不了解所有运动员（受伤和未受伤）一般水平的情况下，就无法确定什么是缺乏经验。

更好的运动损伤研究方法涉及流行病学原理的应用。流行病学涉及"研究人口中疾病、损伤或其他健康状况的分布，以确定和执行防止其发展和传播的措施"（Caine，Caine 和 Lindner，1996 年）。运动流行病学家收集信息，以识别可能导致特定伤害的危险因素。然后提出假设并进行测试以确定统计关系。碰撞是诸如擒抱橄榄球或冰球之类的运动的固有危险因素。诸如设计有缺陷的安全帽，或者游泳池边太近的跳板等设备可能会增加损伤的风险。运动员也可能存在诸如肌肉失衡、肥胖、技能水平低下，或各种先天性疾病的风险因素。

通过识别可疑危险因素与特定损伤之间的数据关系，体育监管机构可以实施旨在减少或消除运动损伤风险的策略。在 1976 年实施的一项规则改变导致了在擒抱橄榄球中脊柱损伤的发生率明显降低，这个规则规定使用头盔撞人的方法（spearing，在擒抱与阻挡时以头部作为接触的起始点）是犯规的（Torg，1982 年）。在这个案例中，现有的数据表明，使用头盔撞人的方法会让运动员的脊柱（颈部）处于风险之中。奇怪的是，也有人假设 20 世纪 70 年代初头盔技术的改进可能导致了颈椎损伤的增加，因为运动员倾向于低着头擒抱，其本质上是用头作为武器，因为他们相信不会遭受头部损伤。

自 20 世纪 70 年代初以来，美国的几个组织都赞助了大规模的伤害监测系统。最早采用流行病学方法的是国家运动伤害 / 疾病报告系统（National Athletic Injury/Illness Reporting System，NAIRS），该系统于 1974 年建立。

最近，美国国家大学体育协会伤害监测系统（National Collegiate Athletic Association Injury Surveillance System，NCAA-ISS）和名为报告信息在线（Reporting Information Online，RIO）的基于互联网的高中报告系统（https://highschool.riostudies.com），

已经建立了持续的运动损伤监测体系。诸如美国国家擒抱橄榄球联盟（National Football League，NFL）和美国国家曲棍球联盟（National Hockey League，NHL）之类的体育组织每年也进行持续的伤害监测。

美国国家灾难运动损伤研究中心（National Center for Catastrophic Sports Injury Research）于 1982 年开始运作，重点关注高中和大学的灾难性伤害记录（Mueller 和 Cantu，1993 年）。该中心监视以下运动中的重大伤害：棒球、篮球、越野滑雪、曲棍球、擒抱橄榄球、体操、冰球、长曲棍球、足球、垒球、游泳、网球、径赛、排球、水球、摔跤。

所有参与运动损伤研究的组织的主要目标是确定伤害的危险因素，并在可能的情况下制订并实施消除或减少这些危险的策略。希望这些组织收集的信息将能继续降低运动损伤的频率和严重程度。

关键词

索尔特 - 哈里斯骨折（Salter-Harris fracture）： 涉及生长板的骨折。
骨骺（epiphysis）： 骨骼的软骨生长区。
干骺端（metaphysis）： 位于骨干与骨骺之间，骨骼生长软骨的部分。
脱位（dislocation）： 组成一个关节的相邻骨骼的连续面发生移位。
半脱位（subluxation）： 部分或不完全的关节脱位。
脱臼（luxation）： 关节完全脱位。
流行病学（epidemiology）： 疾病或损伤在人口与环境中分布状况研究。
风险因素（risk factor）： 运动损伤的致病因子。
用头盔撞人（spearing）： 擒抱橄榄球中的一种做法，其中球员以头部作为初始接触点进行擒抱或阻挡。

第五节　运动的分类

就像损伤可以用各种医学和科学术语来定义和描述一样，运动可以根据相对危险损伤程度来分类，例如，参与者之间的身体接触量或者活动的相对强度。美国儿科学会（American Academy of Pediatrics，AAP）根据与参与者或无生命体的碰撞的可能性，将许多流行的运动分为三类，这些分类包括：接触 /

碰撞、有限接触和非接触。第一类，接触／碰撞，结合了涉及参与者之间的有意接触的碰撞运动，例如：擒抱橄榄球、摔跤、武术和冰球，以及通常涉及参与者之间的某种接触的接触运动，例如：篮球、长柄曲棍球和足球，而不同之处在于所涉及的力量大小（AAP，2001 年）。有限接触是一项运动参与者或无生命物体之间的接触是"罕见的或者无意的"（AAP，2001 年）。此类运动包括棒球和垒球，速降滑雪和排球。非接触运动顾名思义通常不涉及参与者之间的接触。这些运动的例子包括羽毛球、保龄球、高尔夫和跑步（AAP，2001 年）。因此，在有限接触和非接触运动中，与碰撞相关的伤害的可能性要比接触／碰撞运动更低。但是请注意，此分类系统并不意味着分类为接触／碰撞以外的运动是完全安全的。相反，并非所有伤害都与参与者之间的身体接触量有关。例如，如果忽略适当的预防措施，几乎在任何运动中都可能发生与温度有关的伤害，例如热衰竭和中暑。另请注意，AAP 声明不建议参加拳击运动（AAP，1994 年）。

体育医务人员、教练、行政人员和父母可以在运动员参加运动前身体评估（preparticipation physical evaluations，PPE）期间，发现运动员存在与健康相关的特定问题时，使用此信息。例如，将识别出具有脑震荡等头部受伤病史的儿童，并要求其接受全面的神经系统评估，之后医师提出继续进行竞技运动，尤其是接触／碰撞运动的建议。然而，与普遍看法相反，非接触式运动也可能对运动员构成风险。例如，可能建议已经在临床上确诊为先天性心脏病的儿童避免进行有氧运动，例如田径、游泳和有氧舞蹈。

怎么办？

一个学生运动员问你她最喜欢的 3 个运动的分类，例如垒球、高尔夫球和足球。

第六节　损伤的范围：一些例子

本节将介绍当前校际运动中六种受欢迎的运动的损伤统计信息，先从擒抱橄榄球说起。

一、擒抱橄榄球

擒抱橄榄球（tackle football）（图 1.11）持续受欢迎，2012 年在美国估计有 4 200 000 名参与者。这包括大约 100 000 名 NFL、竞技场和半职业联赛

以及大学级别的高中毕业球员。据 USA Football（美国擒抱橄榄球在青少年和业余水平上的全国治理机构）估计，美国有 300 万青年球员（Mueller 和 Colgate，2013 年）。全国州立高中协会联合会（National Federation of State High School Associations，NFHS）提供的最新数据显示，2011—2012 年，高中（9~12 年级）的参与者为 1 095 993 名（NFHS，n.d.）。

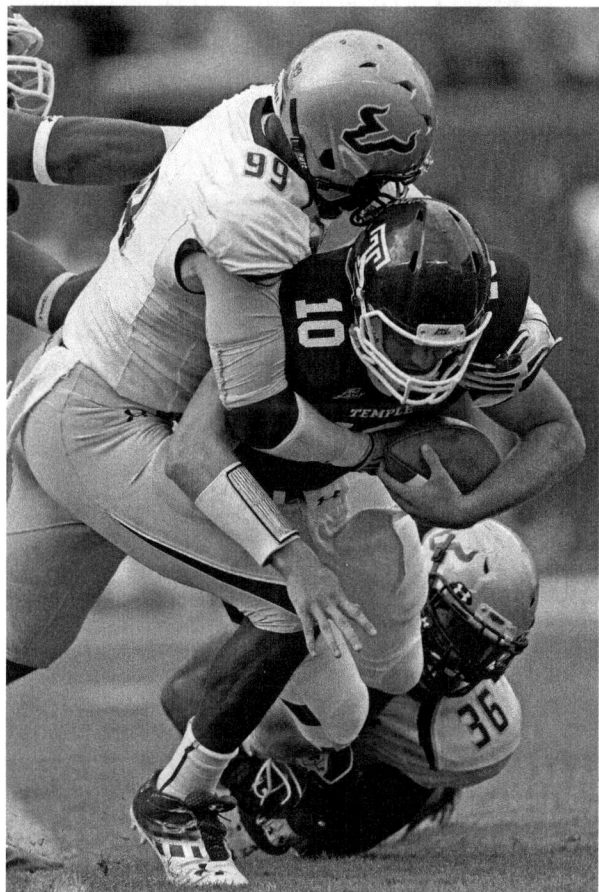

图 1.11　多达 34% 的校际橄榄球球员可能会损伤

Ramirez 和同事（2006 年）对高中擒抱橄榄球的伤害进行了为期 2 年的研究，调查了加利福尼亚州的 87 所学校。他们报告说，每 100 名球员的总受伤率为 25.5 受伤，而比赛中受伤的发生率最高。由美国运动防护师协会（NATA）资助的一项在中学阶段进行的研究发现 34% 的参与者受伤（Powell 和 Barber-Foss，1999 年）。NATA 调查表明，与 1985—1987 年的 3 年期相比，每年受伤的高中水平运动员的比例略有下降。

Shankar 及其同事（2007 年）在高中阶段进行的最新研究估计，在 2005—2006 赛季，擒抱橄榄球发生了 517 726 起受伤。在这项研究中，研究人员将伤害定义为发生在练习或比赛中，需要运动防护

师或医师的照顾,并且严重到运动员受伤日之后需要错过一天或以上的参与时间。他们将"运动员暴露"定义为参与比赛或练习。因此,本研究中的伤害率表示为每 1 000 名运动员暴露的伤害数。这是表达受伤率的最常见方法,它使研究人员可以在受伤来源之间进行比较,例如在练习和比赛之间进行比较。这些伤害中的大多数(88.2%)被归类为"新伤害",这意味着它们并非先前伤害的再伤害(Shankar 等,2007 年)。身体最常见的受伤部位是膝部和踝部,韧带损伤(扭伤)是两个关节最常见的损伤类型。总体而言,下肢受伤占所有伤害的 46.9%。就上肢而言,肩部占受伤的 12.4%,其次是手的 9.3%。头部 / 面部和躯干 / 脊椎 / 颈部合计占受伤的 23.1%(Shankar 等,2007 年)。与 Ramirez 及其同事(2006年)的发现类似,Shankar 及其同事还发现,比赛中的受伤率是练习中的 5 倍。这是一个发人深省的发现,并且无疑可以突显出尽可能让训练有素的体育医务专业人员出现在比赛中的重要性。

青少年擒抱橄榄球受伤的研究提供了大量信息。例如,Stuart 及其同事(2002 年)研究了分布在 42 个运动队中的 915 名 9~13 岁球员的受伤率。在一个赛季的过程中,这些研究人员在比赛中共记录了 55 人受伤。其中,大多数为挫伤(60%),其中肌肉拉伤、扭伤、骨折、擦伤和脑震荡分别占 20%、9%、7%、2% 和 2%。大多数受伤涉及下肢,包括 4 例骨折,都是 Salter-Harris 骨折(图 1.10)。有趣的是,他们的数据还表明了年龄与伤害之间的关系:发现年龄较大的球员受伤的风险更高。此外,发现依球员位置的最高相对受伤风险依序是跑卫和四分卫,接下来是防守后卫,然后是线卫。

Malina 及其同事(2006 年)在连续两个赛季中研究了 678 名 9~14 岁美式小马擒抱橄榄球联赛(PONY Football League)的球员。伤害定义为"在发病后第二天导致球员停止常规参加比赛的任何伤害"。在现场,经过运动防护师认证理事会认证的运动防护师会记录主场比赛和练习中的所有受伤情况,以确保数据的准确性。在两个赛季中,总共记录到 259 次受伤,其中 178 人在练习中受伤,其余 81 人是在比赛中。大多数伤害(64%)是轻伤,中度和重度伤害分别为 18% 和 13%。4 年级和 5年级球员的受伤率相近,每千次暴露分别为 13.3 和 12.9,而 7 年级和 8 年级运动员的受伤率分别为每千次暴露 26.1 和 27.4。还值得注意的是,除 6 年级外,比赛受伤率是其他所有年级水平的练习受伤率

的 2 倍以上。此外,7 年级和 8 年级的比赛伤害率与 Powel 和 Barber-Foss(1999 年)报道的高中生的比赛伤害率相同。但是,与来自 Shankar 等人(2007年)的最新高中数据相比,似乎青少年运动员的受伤率大大超过了高中水平。Shankar 等(2007 年)研究显示,练习受伤率是每 1 000 次暴露 2.56 伤害而比赛是每 1 000 次暴露 12.04 伤害。这些数字明显低于 Malina 等(2006 年)研究显示的比率。总体而言,这些发现强化了这样的观念,即青少年级别的擒抱橄榄球教练人员必须接受急救和心肺复苏术(cardiopulmonary resuscitation,CPR)的培训,并且在可能的情况下,应为训练和比赛提供经 BOC 认证的运动防护师(Powell 和 Barber-Foss,1999 年)。

可以理解,擒抱橄榄球一个被持续关注的领域是涉及大脑和脊髓的伤害发生率。最近,Mueller 和 Cantu(2013 年)发现,尽管自 1976 年以来与擒抱橄榄球相关的死亡和非致命性灾难性伤害已显著减少,但 2010 年的数据显示,共有 12 例永久性残疾案例(高中 10 例,大学 2 例)。这些伤害中有 7 宗涉及颈椎,5 宗涉及脑部伤害。2006 年,上报了 4 起此类伤害。然而,这一数字在 2007 年跃升至 19 起(Mueller 和 Cantu,2009 年)。Powell 和 Barber-Foss(1999 年)对高中运动的较早研究表明,报道的头部 /颈部 / 脊柱受伤的发生率有所增加。特别是,作者发现在 1995—1997 年的 3 年期间上报的所有伤害中,有 10.3% 被归类为神经创伤(神经系统损伤,如轻度脑损伤)。在这一类别中,擒抱橄榄球超过了其他许多运动,包括摔跤、棒球、足球和篮球。

考虑到这项运动固有的暴力性质,可能无法完全消除擒抱橄榄球造成的头部和颈部受伤。但是这些数据无疑表明,需要做更多的工作来实施有效的策略,以减少与擒抱橄榄球相关的严重伤害的发生率。

二、篮球

近 100 万的高中男生和女生,在 2011—2012学年参加了在美国的篮球项目(NFHSA,n.d.)。Borowski 和同事(2008 年)的研究与 Powell 和 Barber-Foss(1999 年)的早期工作是一致的。数据表明,对于男女来说,篮球仍然与下肢高比例的损伤有关。例如,踝 / 足,膝,髋 / 大腿 / 大腿占男女损伤的 62.8%(Borowski 等,2008 年)。

请注意,篮球膝部受伤率始终是女生高于男生(图 1.12)。此外,女生还显示出需要手术的膝部受

伤比例更高(Powell 和 Barber-Foss,1999 年)。值得
注意的是,Borowski 及其同事(2008 年)发现,膝部
受伤是需要手术的最常见伤害。这一发现令人担
忧,原因有很多,其中包括严重的膝韧带损伤通常发
生在赛季将结束之时,甚至可能危及运动员恢复这
项运动的能力。除财务影响外,证据表明,对于那些
前交叉韧带(Anterior cruciate ligament,ACL)受伤的
运动员,很大一部分人将继续发展为过早的膝部骨
性关节炎。数据表明,这种情况将在多达 25% 的外
科手术重建韧带患者和多达 60%~100% 的未外科
手术重建患者中发生(Louboutin,2009 年)。

图 1.12　女子篮球运动员的下肢特别危险

　　根据 NCAA-ISS 收集的 2005—2006 赛季数据
得出的结果与高中数据相似,但也许更为惊人。女
大学生的篮球运动员被发现膝部损伤的发生率,特
别是 ACL,比男性还要高。具体而言,训练中的女
性损伤率大约是男性训练中的 2 倍。女运动员和
男运动员在比赛中的 ACL 损伤之间的差异更加显
著,女运动员的 ACL 损伤率是男子的 3 倍。因此,
就大学篮球而言,女子运动员似乎比男子运动员更
容易发生 ACL 的损伤。虽然大量的研究已经并将
继续集中在对这些差异的解释上,但还没有确定明
确的原因。迄今为止的研究试图找出女运动员相
关的危险因素,其中非接触性 ACL 损伤的风险更高
(Arendt 和 Dick,1995 年;Griffin 等,2000 年;Harmon
和 Ireland,2000 年;Hewett,Myer 和 Ford,2006 年;
Hewett,Ford 和 Myer,2006 年;Kirkendall 和 Garrett,
2000 年)。

三、棒球和垒球

　　2011—2012 赛季的参赛数据显示,在高中阶
段,有 474 219 名棒球参赛者和 367 023 名垒球运动
员(NFHS,n.d.)。在 2005—2007 年棒球赛季期间收
集到的最新可用损伤数据显示,每 1 000 运动员暴
露总损伤率为 1.26(Collins 和 Comstock,2008 年)。
为了比较,在相同的时间段内使用相同的数据收集
系统(高中 RIO),篮球男生的总体损伤率为 1.83,
足球为 2.34,擒抱橄榄球为 4.36(Borowski 等,2008
年;Shankar 等,2007 年;Yard,Schroder 等,2008 年)。
因此,在这里描述的四项运动中,棒球总损伤率最
低。在所报告的损伤中,扭伤和拉伤综合占损伤的
41.1%,其中挫伤和骨折占总数的 30.3%。

　　最常见的受伤部位是肩部、踝部、头部和面部,
占所有损伤的 43.5%。然而,尽管损伤的总体比例
较低,但最新的研究结果强调一个发现,有 11.6%
的受伤是由于被击出的球击中造成的。更令人震
惊的是,发现有 48% 的损伤是头部 / 脸(Collins 和
Comstock,2008 年)。 与 Powell 和 Barber-Foss(1999
年)的早期工作相比,Collins 和 Comstock(2008 年)
发现头部和面部损伤的发生率显著增加,骨折的发
生率也明显增加。根据这些研究结果,作者建议投
手、内野手和连击球手都戴带面罩的头盔或配戴护
齿和护目镜(Collins 和 Comstock,2008 年)。

　　最近高中垒球的伤病数据不可用;然而,
Marshall 和同事(2007 年)公布了与大学级垒球有
关的长期研究(1988—1989—2003—2004 年)的结
果。无论 NCAA 部门如何划分,都一致认为在比赛
中受伤率几乎是平时的双倍;例如,在第 I 分区,这
些比例分别达到每 1 000 运动员暴露 4.45 和 2.98。
总体而言,下肢占所有损伤的 42%,而上肢占 33%。
对于比赛和训练来说,踝关节是最常见的损伤部
位,两种情况下的损伤类型都是扭伤。固定脚接触
在踝关节损伤中占有重要地位:导致的 9% 比赛损
伤都是因为固定脚接触,43.3% 是踝关节韧带损
伤(Marshall 等,2007 年)。许多这种踝部扭伤都是由
于跑垒时脚先着地造成的。

　　类似于棒球的数据,Marshall 和同事(2007 年)
指出在 2003—2004 年被击球击中的比例占所有比
赛损伤的 11.8%。其中投手和击球手最常受到击
球的损伤(Marshall 等,2007 年)。被击球击中的头
部损伤在击球手和三垒手中频率最高(Marshall 等,
2007 年)。就像棒球一样,谨慎的做法是,那些被证

明有危险的球员应该随时配戴合适的安全设备。

大约有 480 万 5~14 岁的儿童每年都会打棒球、垒球或软式垒球（tee-ball，亦称为乐乐棒球）（AAP，2001 年）。根据 AAP 的统计，每年可能有多达 8% 的儿童受伤。在这些伤害中，26% 为骨折，37% 为挫伤 / 擦伤。值得注意的是，AAP 已确定儿童胸部遭受到球的撞击的脆弱性较高，这可能是因为这些年轻运动员的胸部弹性较大（AAP，2001 年）。在 1973—1995 年之间，该年龄段有 88 人因棒球死亡。43% 是由于球直接撞击胸部造成的。AAP 提出了一些建议，旨在降低这种损伤的风险，包括在棒球和垒球时使用击球头盔和面罩；捕手配备头盔，面罩，胸部和颈部保护装备；取消了击球员准备区；并在球员休息区和运动员长椅周围增加防护网。眼睛受伤是棒球的主要问题，棒球是最容易在这方面受伤的运动。这些伤害的三分之一是由投球击中造成的。

几十年来一直关注的一个问题是青少年投手肘部受伤的风险。这种恐惧显然是基于这样一个事实，即许多年轻的投手抱怨肘部疼痛，随后的医学评估有时发现这些儿童过度使用受伤的证据。认为这些伤害与投掷过多的曲球和 / 或变化球有关。具体而言，关注的区域是肱骨内上髁和附着在该位置的肌肉。在青春期肘部，这些附着点代表了一个生长板；因此，它们可能容易受到投球可能产生的重复应力的影响。Adams（1965 年）对小联盟投手的肘部受伤表示严重关注。这种情况被称为小联盟肘，在 20 世纪 60 年代后期引起了父母的极大担忧。20 世纪 70 年代两个主要医学团体进行的研究考察了投球机制与损伤之间的关系。这些研究人员发现，投球和肘关节损伤之间没有关系（Gugenheim 等，1976 年；Larson 等，1976 年）。与这些研究相反，Micheli 和 Fehlandt（1992 年）试图找出什么原因导致 445 名 8~19 岁儿童的肌腱和肌腱（肌腱附着物）损伤。他们的结论是，对男生来说，棒球的损伤发生率最高。此外，垒球是女生损伤的第四大常见运动。总体而言，他们发现在其研究组中，最常见的损伤是肘部（Micheli 和 Fehlandt，1992 年）。据研究，那些用侧臂技术（图 1.13）进行投球的人比用传统的上手方式投球的人患肘部疾病的可能性高出 3 倍（Stanitzki，1993 年）。

一个常见假设是垒球投球（所谓的下手或"风车"风格投球）本质上比与棒球有关的反手投球更安全。但是，虽然在棒球的业余水平上规定了限制投球总数的规则，垒球却没有这样的限制。

图 1.13 正确的投球技术加上每周投球次数的限制可以减少肱骨内侧上髁炎性等肘部损伤

事实上，有一项研究指出，女子投手在周末的比赛中打了 6 场比赛，3 天超过总共投 1 200~1 500 球（Werner 等，2006 年）。据研究，前肩部疼痛是垒球投手中的常见症状，并且与"风车"式俯仰过程中产生的过高压力相关，这强调了肱二头肌的长头与肩盂唇的连接（Rojas 等，2009 年）。发现肱二头肌附着力高于上手投掷（Rojas 等，2009 年）。与之前在肱骨内侧上髁炎引用的案例相反，Lyman 等（2002 年）在 9~14 岁年龄段的 476 名青年投手中确实发现了手肘疼痛和投球之间的关系。他们发现，随着赛季的增加，肘部疼痛的风险也随之增加。Fleisig 和 Colleagues（2009 年）认为，青少年球员有四种因素会增加肘关节损伤的风险：①投球次数；②投球手法；③球场类型；④球员的身体状况。然而，值得注意的是，许多试图将曲线球与肘部损伤联系起来的研究未能找到一致的联系。

四、摔跤

在 2011—2012 赛季中，摔跤运动在高中阶段吸引了 272 149 名参赛者（NFHS，n.d.）。它的持续流行部分原因是参与者与体重相匹配，因此允许所有体型的儿童参与。然而，鉴于这项运动的性质，碰撞 / 接触对手或垫子会造成各种损伤。此外，在摔倒和解脱技术以及作为该项运动基本部分的角力（图 1.14）中都会发生关节损伤。

Yard、Collins 和 Colleagues（2008 年）研究了 2005—2006 赛季高中和大学摔跤运动员的伤病数据，总体上发现大学生摔跤运动员的损伤率是高中生的 3 倍。膝部损伤在大学生运动损伤中最常见，占所有损伤的 17.1%，其中肩部拉伤 / 扭伤和脱位 / 半脱位占 16.2%。头部损伤占损伤的 7.4%，脑震荡占 5.8%。在高中阶段,肩部拉伤/扭伤占损伤的 8.5%,紧随其后的是 7.6% 的踝关节扭伤/扭伤和 7.0% 的膝部扭伤/扭伤。令人奇怪的是,高中脑震荡占损伤的 5.4%,在大学比例的 0.4% 以内(Yard,Collins 和同事 2008 年)。发现在高中和大学参与者的比赛中,损伤发生率比实际情况高得多(分别是 2 倍和 5 倍;Yard,Collins 和 Colleagues,2008 年)。

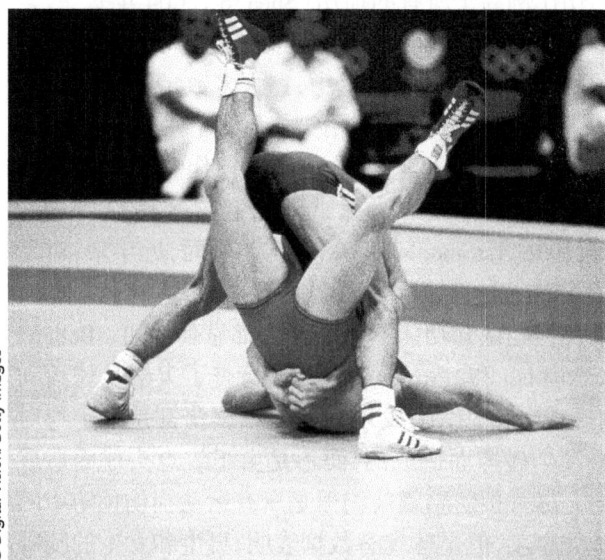

© Digital Vision/Getty Images

图 1.14　在摔跤运动中,摔倒和解脱技术中可能会造成损伤

摔跤运动中常见的损伤包括皮肤摩擦伤、皮肤感染和外耳刺激(有时称为菜花耳)。提供耳部保护的强力头带,垫子表面的改进以及注意设施的清洁和维护,大大降低了这些问题的发生率。由于近年来由耐甲氧西林金黄色葡萄球菌(MRSA)引起的皮肤感染报道病例的发病率增加,所有参与摔跤运动的人,包括运动员在内,都对及早发现皮肤感染提高了警惕。现有的数据表明,虽然 MRSA 仍然是一个威胁,但许多其他与皮肤有关的感染发生频率更高。例如,高中摔跤比赛的数据显示,皮肤感染占所有报道损伤的 8.5%,脓疱疮占 30.0%,疱疹 20.5%,癣占 20.0%(Yard,Collins 等,2008 年)。同一项研究发现,在大学阶段,皮肤感染占所有报道"损伤"的 20.3%。疱疹是最常见的,占所报道的皮肤感染的 47.1%,脓疱疮占 36.8%,体癣 7.4%,蜂窝织炎 5.9%,MRSA 2.9%。

在高中阶段,大部分皮肤感染发生于头部/面部和颈部(Yard,Collins 等,2008 年)。许多皮肤感染通过与感染者直接接触而感染,沾染的垫子和衣物等受污染的设备也具有高度传染性。教练、运动员和辅助人员,如运动教练必须保持警惕以发现潜在的感染,在可能传播给他人前对其进行相应地治疗。患有皮肤感染的运动员应该退出比赛,并转交给医师进行诊断,并在必要时进行治疗,这些运动员在医师批准后才能返回赛场。摔跤垫应在每天训练后清洁,并使用适当的消毒剂产品来杀死 MRSA 和其他常见病原体。美国运动防护师协会《关于社区接触性 MRSA 感染的立场声明》可在 http://nata.org/sites/default/files/MRSA.pdf 网站获得。

由于摔跤包含了特定体重类别,一直以来都存在着参与者快速和过度减重的问题。

关键词

小联盟肘(Little League elbow): 与过度投掷有关的情况导致肘内上髁肿胀,即内肱骨外上髁炎。

骨突(apophysis): 肌肉附着处的骨赘疣。(原文此处为 apophysis,意为隆起,与文中不同)

前部(anterior): 之前或在前面。

摩擦(friction): 产热。

怎么办?

一位家长要求你提供建议哪些运动对他读高中的女儿最安全。

根据现有的数据,你会告诉他是什么?

五、排球

排球运动持续在高中阶段非常受欢迎。最新的参与数据显示,2011—2012 赛季有 418 903 名参赛者(NFHS,n.d.)。排球运动涉及跳跃、俯冲和仰摆臂(发球和扣球),这是一项有限接触的运动。1995—1997 年的 NATA 研究(Powell 和 Barber-Foss,1999 年)发现,14.9% 的排球参与者遭受某种类型的参与性损伤。其中,大部分(51.5%)被列为扭伤,在所调查的 10 项运动中扭伤的比例最高。在这些扭伤中,41.8% 涉及踝部/足部,在同一调查中超过女篮。排球膝关节损伤占调查报道的 11.1%(Powell 和 Barber-Foss,1999 年)。

大约 10 年后(2005—2008 年)的高中数据显示,排球运动员的踝部损伤比例惊人地相似,为 42.6%,比女子篮球运动员低约 2%,比女子足球高 20%(Swenson 等,2009 年)。在对高中运动员的严重损伤(导致超过 21 天的参与损失)的研究中,Darrow 等(2009 年)研究说,在所有被调查研究的男子擒抱橄榄球,男子和女子足球,女子排球,男子和女子篮球,男子摔跤,男子棒球和女子垒球运动中,排球造成的重伤率最低(3.9%)。膝关节和踝关节约占排球有关的严重损伤的60%,其中韧带断裂和韧带撕裂占上报事件的82%以上(Darrow等,2009年)。

六、足球

足球运动(Soccer,美国之外通常称为football)(图1.15)在全美国越来越流行,最近估计有近1 400万名参赛者年龄小于18岁。

图1.15　足球运动中最常见的损伤包括膝部损伤、小腿损伤和踝部损伤

据NFHS统计,在2011—2012赛季,共有782 732名男生和女生参加了各自的高中足球项目(NFHS,n.d.)。

尽管足球运动不涉及球员之间有意的碰撞,但是偶然的碰撞经常发生,因此,它被AAP分类为接触/碰撞运动(AAP,1994年)。足球运动的保护装备是有限的,大多数外部创伤是暴露处的损伤。代表2005—2007年参加调查的高中数据显示,每1 000次体育运动中总体损伤率(男女混合)为2.39运动暴露。这被进一步划分为比赛中的损伤,其发生率为4.77/1 000运动暴露,而练习中的发生率为1.37(Yard,Schroder等,2008年)。不完全的和完全韧带扭伤连同挫伤,男女合起来约占全部损伤的60%。下肢(大腿,膝部,踝部)和头部/面部的损伤合并约69%。一个令人惊讶的发现是,在比赛中,女生承受韧带完全扭伤的比率为26.4/10万运动暴露,而男生的比例为1.98(Yard,Schroder等,2008年)。

关于膝关节损伤,特别是ACL,现有的资料显示,女性青年参与者损伤比男性损伤的人数更多。根据青少年足球保险索赔的研究发现,女性参与者在14岁时ACL损伤的索赔数量大幅增加,与男性相比,女性膝关节损伤的比例高于所有损伤,ACL损伤比例高于所有的损伤(Shea等,2004年)。

这项运动的一个独特之处在于一种被称为"头球"的技术,在这种技术中,在大多数情况下在球被踢入空中之后,运动员用头接触球。一些医学专家假设这种做法可能会导致头部损伤。从历史上来看,很少有可靠的研究试图证实这个假设(Jordan等,1996年;Smodlaka,1984年)。然而,近年来,对足球运动中各种原因导致的头部损伤发生率的研究,以及神经认知功能下降的证据都显著增加。Boden、Kirkendall和Garrett(1998年)检查了大学足球运动中脑震荡的比例,发现大部分脑震荡都是由于与对手发生碰撞而造成的,而不是由于故意头球而造成的。尽管预防脑震荡仍然是所有运动损伤预防中的优先事项,但足球现有数据表明,男生和女生的脑震荡发生率没有太大差别,脑震荡占所有损伤事件的3%(Le Gall,Carling,Reilly,2008年)。研究还显示,虽然头球是导致脑震荡的原因,但球员之间的碰撞才是造成脑震荡的最常见的原因(Koutures,Gregory和Council on Sports Medicine and Fitness,2010年)。近年来,为了减少头部损伤的发生,引入了足球运动员专用头盔。然而,基于可靠科学的数据表明,目前还不能支持其普遍使用(Koutures等,2010年)。

大量的死亡和严重的伤病与不正确的修建可移动的球门有关。在1979—1994年期间,据报道至少有21人死亡与可移动球门直接相关,另外还有120起非致命损伤(Consumer Product Safety Commission [CPSC],1995年)。这些伤亡大多发生在当球门被打翻并击中受害者时。最后,许多足球组织——例如国际足球联合会、美国州立高中联合会和全国大学体育协会已经制定了严格的球门建设标准。此外,消费者产品安全委员会还出版了有关可移动足球球门设计和建造的指导方针。

复习题

1. Damore和同事(2003年)对年龄在5~21岁之间的患者进行了急诊科入院研究。这些入院的哪些百分比是归因于运动损伤?

2. 定义运动损伤最常用的标准是什么?

3. 简要描述运动损伤最常用定义中出现的两个主要问题。

4. 将损伤纳入 NCAA 的损伤监测系统（ISS）所需的三个标准是什么？

5. 确定和区分急性和慢性的损伤形式。

6. 什么构成了灾难性的运动损伤？

7. 什么样的特定组织类型参与了扭伤和拉伤？这些损伤的严重程度如何定义？

8. 与其他类型的骨折相比，应力骨折由什么造成？

9. 定义和区分半脱位和脱位。

10. 运用本章提出的运动分类体系，篮球运动的分类是什么？

11. 流行病学的科学是什么？

12. 根据 Shankar 等（2007 年），在擒抱橄榄球最常损伤的部位是什么？

13. 判断题：根据 Shankar 等（2007 年），擒抱橄榄球训练中的伤病率是比赛中的 5 倍。

14. 在篮球运动中，什么损伤最经常需要手术？

15. Micheli 和 Fehlandt（1992 年）关于肘部损伤和参加棒球运动之间关系的结论是什么？

16. 在这项运动中，有哪些与足球有关的设备被发现在大多数死亡事件中扮演了直接角色？

（温州大学　李豪杰）

参考文献

Adams JE. (1965). Injury to the throwing arm: A study of traumatic changes in the elbow joint of boy baseball players. *California Med.* 102:127–132.

Adirim TA, Cheng TL. (2003). Overview of injuries in the young athlete. *Sports Med.* 33(1):75–81.

American Academy of Family Physicians. (1992). *Preparticipation Physical Evaluation* (1st ed.). Chicago, Ill: American Academy of Family Physicians.

American Academy of Orthopaedic Surgeons. (1991). *Athletic Training and Sports Medicine* (2d ed.). Park Ridge, Ill: American Academy of Orthopaedic Surgeons.

American Academy of Pediatrics. (1994). Committee on Sports Medicine and Fitness. Medical conditions affecting sports participation. *Pediatrics.* 94(5):757–760.

American Academy of Pediatrics. (2001). Risk of injury from baseball and softball in children. *Pediatrics.* 107(4):782–784.

American Medical Association. (1968). *Standard Nomenclature of Athletic Injuries* (1st ed.). Chicago, Ill: American Medical Association.

Arendt E, Dick R. (1995). Knee injury patterns among men and women in collegiate basketball and soccer: NCAA data and review of literature. *Am J Sports Med.* 23(6):694–701.

Benson M. (1995). *1995–96 NCAA Sports Medicine Handbook* (8th ed.). Indianapolis, Ind: National Collegiate Athletic Association.

Boden BP, Kirkendall DT, Garrett WE Jr. (1998). Concussion incidence in elite college soccer players. *Am J Sports Med.* 26:238–241.

Borowski LA, Yard EE, Fields SK, Comstock RD. (2008). The epidemiology of US high school basketball injuries, 2005–2007. *Am J Sports Med.* 36(12):2328–2335.

Caine DJ, Caine CG, Lindner KJ (eds.). (1996). *Epidemiology of Sports Injuries.* Champaign, Ill: Human Kinetics.

Collins CL, Comstock RD. (2008). Epidemiological features of high school baseball injuries in the United States, 2005–2007. *Pediatrics.* 121(6):1181–1187.

Consumer Product Safety Commission. (1995). Guidelines for movable soccer goal safety. CPSC Document #326. Available: http://www.cpsc.gov/en/Safety-Education/Safety-Guides/Sports-Fitness-and-Recreation/Guidelines-for-Movable-Soccer-Goal-Safety/.

Curwain S, Stanish WD. (1984). *Tendinitis: Its Etiology and Treatment.* Lexington, Mass: D. C. Heath and Company.

Damore DT, Metzl JD, Ramundo M, Pan S, Van Amerongen R. (2003). Patterns in childhood sports injury. *Pediatr Emerg Care.* 19(2):65–67.

Darrow CJ, Collins CL, Yard EE, Comstock RD. (2009). Epidemiology of severe injuries among United States high school athletes: 2005–2007. *Am J Sports Med.* 37(9):1798–1805.

DiFiori JP. (1999). Overuse injuries in children and adolescents. *Phys Sportsmed.* 27(1):75–89.

Fleisig GS, Weber A, Hassell N, Andrews JR. (2009). Prevention of elbow injuries in youth baseball pitchers. *Curr Sports Med Rep.* 8(5):250–254.

Foster T. (1996, April). NATA releases results from high school injury study. *NATA News.*

Gainor BJ, Piotrowski G, Puhl JJ, Allen WC. (1978). The kick: Biomechanics and collision injury. *Am J Sports Med.* 6:185–193.

Griffin LY, et al. (2000). Noncontact anterior cruciate ligament injuries: Risk factors and prevention strategies. *J Am Acad Orthop Surg.* 8(3):141–150.

Gugenheim JJ, Agel J, Albohm MJ, Arendt EA, Dick RW, Garrett WE, Garrick JG, Hewett TE, Huston L, Ireland ML, Johnson RJ, Kibler WB, Lephart S, Lewis JL, Lindenfeld TN, Mandelbaum BR, Marchak P, Teitz CC, Wojtys EM. (1976). Little-League survey: The Houston study. *Am J Sports Med.* 4:189–199.

Harmon KG, Ireland ML. (2000). Gender differences in noncontact anterior cruciate ligament injuries. *Clin Sports Med.* 19(2):287–302.

Hess GP, Cappiello WL, Poole RM, Hunter SC. (1989). Prevention and treatment of overuse tendon injuries. *Sports Med.* 8:371–384.

Hewett TE, Myer GD, Ford KR. (2006). Anterior cruciate ligament injuries in female athletes: Part 1, Mechanisms and risk factors. *Am J Sports Med.* 34:299–311.

Hewett TE, Ford KR, Myer GD. (2006). Anterior cruciate ligament injuries in female athletes: Part 2, A metaanalysis of neuromuscular interventions aimed at injury prevention. *Am J Sports Med.* 34:490–498.

Jordan SE, Green GA, Galanty HL, Mandelbaum BR, Jabour BA. (1996). Acute and chronic brain injury in United States national team soccer players. *Med Sci Sports Exerc.* 24:205–210.

Kirkendall DT, Garrett WE Jr. (2000). The anterior cruciate ligament enigma. Injury mechanisms and prevention. *Clin Orthop.* 372:64–68.

Koutures CG, Gregory AJ, Council on Sports Medicine and Fitness. (2010). Clinical report—Injuries in youth soccer. *Pediatrics.* Available: http://pediatrics.aappublications.org/cgi/reprint/peds.2009-3009v1.

Larson RL, Singer KM, Bergstrom R, Thomas S. (1976). Little-League survey: The Eugene study. *Am J Sports Med.* 4:201–209.

Le Gall F, Carling C, Reilly T. (2008). Injuries in young elite female soccer players: An 8-season prospective study. *Am J Sports Med.* 36(2):276–284.

Louboutin H, Debarge R, Richou J, Selmi TA, Donell ST, Neyret P, Dubrana F. (2009). Osteoarthritis in patients with anterior cruciate ligament rupture: A review of risk factors. *Knee.* 16(4):239–244.

Lyman S, Fleisig GS, Andrews JR, Osinski ED. (2002). Effect of pitch type, pitch count, and pitching mechanics on risk of elbow and shoulder pain in youth baseball pitchers. *Am J Sports Med.* 30(4):463–468.

Maffulli N, Caine DJ (eds.). (2005). Epidemiology of pediatric sports injuries. Individual sports. *Med Sports Sci.* 48:1–7.

Malina RM, Morano PJ, Barron M, Miller SJ, Cumming SP, Kontos AP. (2006). Incidence and player risk factors for injury in youth football. *Clin J Sport Med.* 16(3): 214–222.

Marshall SW, Hamstra-Wright KL, Dick R, Grove KA, Agel J. (2007). Descriptive epidemiology of collegiate women's softball injuries: National Collegiate Athletic Association Injury Surveillance System, 1988–1989 through 2003–2004. *J Athl Train.* 42(2):286–294.

Micheli LJ, Fehlandt AF. (1992). Overuse injuries to tendons and apophyses in children and adolescents. *Clin Sports Med.* 11:713–726.

Mickalide AD, Hansen LM. (2012). *Coaching Our Kids to Fewer Injuries: A Report on Youth Sports Safety.* Washington, DC: Safe Kids Worldwide.

Mueller FO, Cantu RC. (1993). *National Center for Catastrophic Sport Injury Research—tenth annual report—fall 1982–spring 1992.* Unpublished manuscript. Chapel Hill, NC: University of North Carolina, Department of Physical Education.

Mueller FO, Cantu RC. (2009). *National Center for Catastrophic Sport Injury Research—twenty-sixth annual report—fall 1982–spring 2008.* Chapel Hill, NC: University of North Carolina, Department of Physical Education. Available: http://www.unc.edu/depts/nccsi/AllSport.pdf.

Mueller FO, Cantu RC. (2013). *National Center for Catastrophic Sport Injury Research—twenty-ninth annual report—fall 1982–spring 2011.* Chapel Hill, NC: University of North Carolina, Department of Physical Education. Available: http://www.unc.edu/depts/nccsi.

National Center for Catastrophic Sports Injury Research. (1982–2011). Catastrophic sports injury research: Twenty-ninth annual report. Available: http://www.unc.edu/depts/nccsi/2011Allsport.pdf.

National Federation of State High School Associations. (n.d.). 2011–12 high school athletics participation survey. Available: http://www.nfhs.org/content.aspx?id=3282.

National Safety Council. (1991). *First Aid and CPR* (1st ed.). Sudbury, Mass: Jones and Bartlett.

Nigg BM, Bobbert M. (1990). On the potential of various approaches in load analysis to reduce the frequency of sports injuries. *J Biomech.* 23(Suppl. 1):3–12.

O'Donoghue DH. (1984). *Treatment of Injuries to Athletes.* Philadelphia, Pa: W. B. Saunders.

Powell JW, Barber-Foss KD. (1999). Injury patterns in selected high school sports: A review of the 1995–97 seasons. *J Athl Train.* 34:277–284.

Radelet MA, Lephart SM, Rubinstein EN, Myers JB. (2002). Survey of the injury rate for children in community sports. *Pediatrics.* 110:e28.

Ramirez M, Schaffer KB, Shen H, Kashani S, Kraus JF. (2006). Injuries to high school football athletes in California. *Am J Sports Med.* 34:1147–1158.

Rojas IL, Provencher MT, Bhatia S, Foucher KC, Bach BR Jr, Romeo AA, Wimmer MA, Verma NN. (2009). Biceps activity during windmill softball pitching: Injury implications and comparison with overhand throwing. *Am J Sports Med.* 37(3):558–565.

Shankar PR, Fields SK, Collins CL, Dick RW, Comstock RD. (2007). Epidemiology of high school and collegiate football injuries in the United States, 2005–2006. *Am J Sports Med.* 35(8):1295–1303.

Shea KG, Pfeiffer R, Wang JH, Curtin M, Apel PJ. (2004). Anterior cruciate ligament injury in pediatric and adolescent soccer players: An analysis of insurance data. *J Pediatr Orthop.* 24:623–628.

Smodlaka V. (1984). Medical aspects of heading the ball in soccer. *Phys Sportsmed.* 12:127–131.

Stanitski CL. (1989). Common injuries in preadolescent and adolescent athletes—recommendations for prevention. *Sports Med.* 7:32–41.

Stanitski CL. (1993). Combating overuse injuries—a focus on children and adolescents. *Phys Sportsmed.* 21:87–106.

Stuart MJ, Morrey MA, Smith AM, Meis JK, Ortiguera CJ. (2002). Injuries in youth football: A prospective observational cohort analysis among players aged 9 to 13 years. *Mayo Clin Proc.* 77(4):317–322.

Swenson DM, Yard EE, Fields SK, Comstock RD. (2009). Patterns of recurrent injuries among US high school athletes, 2005–2008. *Am J Sports Med.* 37(8):1586–1593.

Torg JS. (1982). *Athletic Injuries to the Head, Neck and Face.* Philadelphia, Pa: Lea & Febiger.

Venes D, Taber CW. (2009). *Taber's Cyclopedic Medical Dictionary* (21st ed.). Philadelphia, Pa: F. A. Davis.

Walter SD, Sutton JR, McIntosh JM, Connolly C. (1985). The aetiology of sport injuries—a review of methodologies. *Sports Med.* 2:47–58.

Werner SL, Jones DG, Guido JA Jr, Brunet ME. (2006). Kinematics and kinetics of elite windmill softball pitching. *Am J Sports Med.* 34(4):597–603.

Yard EE, Collins CL, Dick RW, Comstock RD. (2008). An epidemiologic comparison of high school and college wrestling injuries. *Am J Sports Med.* 36(1):57–64.

Yard EE, Schroeder MJ, Fields SK, Collins CL, Comstock RD. (2008). The epidemiology of United States high school soccer injuries, 2005–2007. *Am J Sports Med.* 36(10):1930–1937.

第二章

运动健康照护团队

本章主旨

管理与运动和活动有关的伤害的最佳基础是由各种训练有素的医学和医疗保健人员以及其他专业人员组成的运动健康照护团队（athletic healthcare team，AHCT），并与包括教练、管理人员、父母和运动员等非医务人员现场协调。本章概述了该团队的主要成员，并回顾了运动医学领域的发展。此外，还描述了运动健康照护团队提供的特定服务，特别关注了由认证委员会（Board of Certification，BOC）认证的团队医师和运动防护师。另外，概述了BOC认证的教育要求以及运动防护师的就业选择。

© Photos.com

通过全面的团队合作方法,包括 BOC 认证的运动防护师、医师总监和急救医疗服务系统(emergency medical services,EMS)人员,最好地为体育活动和其他身体活动的参与者有效提供医疗保健,然后与其他人员(如学校护士、医学专家、牙医、顾问和其他人员)一起工作(Almquist 等,2008 年)。该小组由运动健康照护团队(AHCT)组成,并与教练、管理人员、运动员和父母现场协调,为特定的环境(通常是中学环境)下综合医疗保健计划的所有方面进行准备(Almquist 等,2008 年)。

在《运动防护杂志》上的一篇文章中,一个特别的工作小组详细地概述了 AHCT 的关键功能,确定和定义了中学有效提供医学处理的必要的组成成分(Almquist 等,2008 年)。他们的文章包括了 AHCT 的 11 个具体功能,确保在这一情况下提供"适当的医疗保险"的必要,如建立保健管理系统、使用准备的身体评估、促进安全设施和其他关键因素(Almquist 等,2008 年)。国家运动防护师协会(the National Athletic Trainers' Association,NATA,n.d.)在提供适当的医疗照护方面也已制定了一份共识声明。尽管执行这一简要声明中列出的组成部分需要投入大量的时间和精力,但长期的结果得到改善,即为运动员提供全面的保健服务。此外,通过制订这样的计划,学校和相关人员可以减少与运动损伤相关的诉讼。

由于时间限制和相关花费,在高中校园里,医师每天都在为运动员提供医疗服务是不实际的。因此,一个划算的选择是雇佣一名 BOC 认证的运动防护师。他每天都可以在学校里,并且损伤一旦发生就能观察到损伤的情况。这个人可以作为"关键人"来协调运动健康照护团队的日常运作和指示。至少,在运动防护师不在场的情况下,受过急救和心肺复苏(CPR)培训的教练可以并且应该为他们负责的运动员提供基本的急救和生命支持服务。

AHCT 应协调其在以下方面的工作,通过持续对话预防损伤;设备检查、采购及维修和环境条件。AHCT 应该提供诸如准备健康检查、制订和实施紧急计划、对训练和比赛进行医疗监督、损伤识别和治疗(包括康复)、适当的年龄和具体的运动损伤的预防方案的实施、详细记录保存,教练、运动员、父母的教育项目。同样重要的是,AHCT 与当地的紧急照护提供者,如医护人员或紧急医疗技术员(救护车)沟通,提前计划有关问题,如进入比赛和训练设施、训练和比赛时间表和具体程序如橄榄球比赛中头盔

的去除。

第一节　运动医学

运动医学被定义为"一个对从事体育运动或休闲活动的人使用全面、综合、多学科的医疗方法的领域"(Dirckx,1997 年)。从历史上看,那些经常与运动医学联系在一起的人包括直接与运动员一起工作的医师,典型的骨科医师和运动防护师。随着运动医学领域在过去几十年的发展,许多相关专业人士被列入运动医学领域的潜在从业者名单。包括初级保健医师(家庭训练,内科,妇产科,儿科),骨科医师,脊椎治疗医师,运动理疗师,运动按摩师,牙医,运动心理师,运动营养师,运动生理师,体能训练师,以及学校设置的学校护士。

在专业水平上,今天的运动员可以获得各种各样的运动医疗服务。这些通常包括完整的赛季前身体检查;运动技能的适当指导;体能调整方案监督;心理评估;营养教育和饮食咨询;帮助进行预防性的贴扎、包扎和护具;经医疗转诊的急性损伤照护和损伤的康复照护。在校际水平运动医学服务通常很有限,但他们至少包括一些类型所需的季前赛身体评估。此外,全国范围内越来越多的高中聘请了 BOC 认证的运动防护师。然而,在某些缺乏运动防护师的情况下,运动项目可能由医师或其他健康专业人员监督,或由教练组人员自行决定。NATA(n.d.)发表了一份共识声明,标题为"中学生年龄运动员的适当医疗保健",概述了 AHCT 的基本组成部分和成员。从历史上看,专业和大学运动员的医疗保健服务是由医师,通常是骨科医师提供的。这是合乎逻辑的,因为很多严重的损伤都是在骨骼和关节处形成的。然而,随着各年龄组体育的普及和对服务需求的增加,现在许多不同的医学专家为运动医学提供服务。

人们普遍认为,未来的运动医学服务将由初级保健医师(家庭训练、内科、儿科)提供给运动社区。由于医学院通常不提供体育和运动相关损伤的专门训练,如今在运动医学领域合格的初级保健医师可以获得额外的研究生教育。接受运动医学教育每年至少会获得一项额外的证书,即运动医学的附加资格证书(the Certificate of Added Qualifications in Sports Medicine,CAQ)。CAQ 对任何初级照护从业者开放,并在顺利完成研究生教育和结业考试后颁

发。美国急诊医学委员会、美国内科学委员会和美国儿科委员会（美国家庭医学委员会，2013年）每年向家庭医师提供CAQ。

第二节 团队的关键成员

虽然AHCT的每个成员都很重要，但有三个人是必不可少的：教练、队医和BOC认证的运动防护师。虽然教练通常不被认为是运动损伤方面的专家，但是其在损伤预防过程中是至关重要的，而且在很多情况下，当运动员损伤时，教练也是可以充当"第一反应人"。不管他们的学术背景如何，公立学校的教练员应该接受基本的训练程序，包括基本调整程序、防护设备的维护和修理，急救和心肺复苏（cardiopulmonary resuscitation，CPR），自动体外除颤器（automated external defibrillator，AED），以及对常见运动损伤的识别和管理。此外，教练应能向运动员传授正确的体育技能。这在接触/碰撞运动中尤其重要，因为这些运动本来就很危险，而且运动员的技巧不正确也会导致危险性增加。

尽管所有的公立学校体育项目都应有一名队医和一名经过BOC认证的运动防护师，这是很理想的，但事实是，在大多数情况下，教练必须单独为他或她的运动员提供基本的运动医疗服务。即使一所学校确实聘请了一位运动防护师，一个运动防护师也不可能出现在所有训练和比赛中。在许多高中里，聘请了一名BOC认证的运动防护师，学校里有一个项目，让学生们开始学习一些基本的运动防护技能。这些学生通常是初级和高级水平的学生，通常需要通过急救和心肺复苏认证，并可以在没有运动防护师的情况下充当急救人员。尽管有这些努力提供保险，但是在大多数学校里，当发生损伤时，通常教练是第一个出现在损伤现场的，必须对运动员的状态作出最初的判定并执行适当的急救程序。当决定受伤运动员的恢复计划和回归计划时，教练必须善于沟通，并且愿意遵循运动防护师和队医的建议。同时，运动防护师和队医需要让教练和其他体育部门的人员参与到训练计划和应急计划的制订中来。

根据最新的"队医共识声明2013更新版"，队医必须是医学博士（medical doctor，MD）或是骨学博士（doctor of osteopathy，DO）并持有不受限制的执照（American College of Sports Medicine[ACSM]，2013

年）。队医同意为某一特定的体育项目或机构提供（自愿或支付报酬）最低限度的医疗服务。例如，这些服务范围从一名自愿参加当地高中家庭橄榄球比赛的儿科医师，到大赛联盟棒球队签约担任队医的全国知名骨科医师。队医必须愿意投入必要的时间和精力为每个运动员和团队提供照护。此外，队医必须开发和维护一个他或她承担责任的当代体育知识库。ACSM（2013年）共识声明还详细列出了队医的执业资格和工作职责。

关键词

运动医学（sports medicine）： 关注涉及体育参与领域的医学分支。

骨外科医生（orthopedic surgeon）： 矫正肌肉骨骼系统畸形的医生。

队医（team physician）： 同意为某个体育项目或机构提供最低限度医疗保障的医生。

一个合格的队医对运动损伤的了解是大多数医师根本不具备的。此外，队医一般都知道运动损伤的常见风险因素，熟悉运动员，并且应该真正关心每个参与者的安全和健康。这些特质对教练和运动员来说都是一个巨大的优势。

获得队医的服务可能不是一件容易的事，特别是在农村社区和资金很少或没有的情况下。历史上，团队医师报告他们参与体育运动的主要原因是强烈的个人兴趣（Rogers，1985年）。今天这种情况很可能仍然存在，因此，可能会在志愿者的基础上获得一名队医，至少是为了在运动会上提供医疗服务。期望更多的是，在所有的可能性中，要求被安排某种合同付款计划。联系你的州医学协会或委员会可能提供如何找到感兴趣的医师信息。另外，如果附近有学院或大学，它的队医也可能愿意为你的项目提供服务。如果没有，他可能知道该地区的其他医师是否愿意这样做。

目前，可以通过讲习班、研讨会和由医院、医学院及专业团体提供的研究生课程为队医提供各种各样的继续教育项目。此外，还有许多医学组织通过会员资格来促进运动医学的研究。其中包括美国运动医学学会、美国家庭医师学会、美国骨科运动医学学会、美国运动医学学院、美国骨科运动医学学院、美国骨科医师学会。

在运动医学领域内，关于为学生运动员在训练和比赛中提供全面的医疗照护的最佳方式的普遍共识是聘请一位认证的运动防护师,由他与队医一起工作。运动防护师是公认的医疗保健专业人员,他们取得了运动损伤的照护和预防领域的学士学位或硕士学位,拥有广泛的学术和临床训练能力。BOC(2012b)将运动防护师定义为"与医师合作的医疗保健专业人员"。运动防护师提供的服务包括预防、紧急照护、临床诊断、治疗干预以及创伤和医疗条件的康复。在高中教职员工中包括一名 BOC 认证的运动防护师可以极大提高运动医学服务的整体质量(图 2.1)。

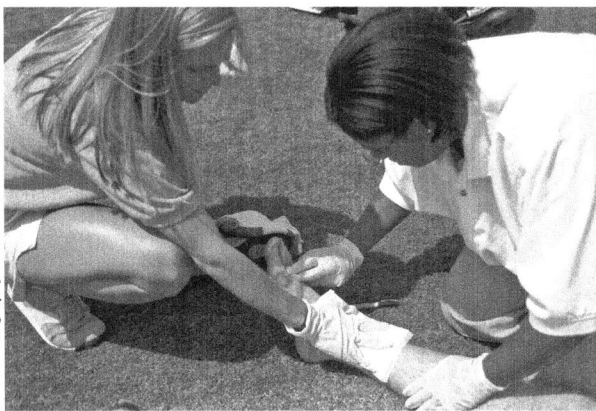

图 2.1　运动防护师对运动员急性损伤的评估

　　BOC 阐述的运动防护师的训练领域(2012a),如下:

- 损伤 / 疾病预防和健康保护。
- 临床评价与诊断。
- 紧急与应急照护。
- 治疗与康复。
- 有组织地、专业地提供健康保障。
- 专业的准备。

　　国家运动防护师协会是美国职业运动防护专业会员协会,成立于 1950 年。成为一名 BOC 认证的运动防护师需要通过 BOC 认证考试,该考试基于网络(网上完成),每年 2 月、4 月、6 月、8 月和 11 月通过全国计算机考试中心网络提供 5 次考试。为了获得参加考试的资格,你必须完成被运动防护教育认证委员会(CAATE)认可的入门级项目的教育项目。申请人必须在其 CAATE 项目主管的考试申请中获得认可。此外,申请人必须具备紧急心脏照护认证的有效证明。BOC 考试考生手册可在 BOC 网站提供审查和免费下载(http://bocatc.org/candidates/candidate-handbook)。

　　在运动防护中发展和实施入门级教育项目的指导方针已经制订出来,CAATE 发表《运动防护专业认证标准》的文件(Commission on Accreditation of Athletic Training Education[CAATE],2012 年)。运动防护中的教育项目必须通过现场访问和年度报告,对初步鉴定和持续认可进行深入审查。审查程序由 CAATE 执行。

　　CAATE 认证课程提供了专门的课程,旨在为学生们准备必要的认知、情感和心理运动领域。超过 500 种特殊技能已经被确定,并必须通过课堂教学和临床教育的方式将其纳入教育项目。临床教育包括学生在临床指导员的直接监督下获取技能,这是一项典型的学校校园内支持教育项目的运动防护设施。此外,通过正式的从属关系,学生们可能会在校外环境如高中、其他学院、大学以及在支持教育项目的机构附近的专业体育组织中获得额外的临床经验。入门水平运动防护教育项目必须结合基于能力的课堂和临床教育经验。CAATE 认证的项目必须包括"专业内容"领域的正式指导:

- 循证实践。
- 预防与健康促进。
- 临床检查与诊断。
- 急性损伤和疾病照护。
- 治疗性干预。
- 心理社会干预和转介。
- 医疗保健管理。
- 专业发展与责任。

怎么办?

一名高中生问你成为一名运动防护师需要的学术要求和认证过程的信息。

　　除了常规教学,学生还必须完成至少 2 年的学术临床教育,并且必须包括处理常见医学问题、男女性、不同程度的风险和使用防护设备的患者(NATA,2009 年)。

　　为了获得认证,一个运动防护师被要求获得继续教育单位(continuing education units,CEUs),并每 2 年参加 1 次与运动医学有关的专业会议、撰写期刊论文、发表演讲、参加大学课程的体育课等活动,将这些活动报告给 BOC。此外,在每两年的 CEU 周期中,必须维持紧急心脏照护(emergency cardiac care,ECC)的当前认证。具体来说,认证必须包括成人和儿科 CPR,AED 使用,第二救助者 CPR,气道阻塞和屏障设备。提供这类的培训被 BOC 接受的组织包括美国红十字会、美国心脏协会和美国骨科医师学会。关于 BOC 认证考试和继续教育要求的更多信息,联系 BOC(http://www.bocatc.org/contacts)。

第三节　运动防护专业的工作环境

从以往来看,运动防护仅限于大学体育环境,重点是处理橄榄球运动方面的伤病。直到 20 世纪 70 年代,这种情况发生了重大的改变,运动防护师的服务在中学体育比赛中开始被认为是非常有价值的(本章稍后将讨论中学环境)。随着 20 世纪 80 年代运动医学领域的发展,美国出现了一种名为运动医学诊所的新型医疗诊所。这些实践中通常配备了骨科医师和健康专业人员,包括运动防护师和理疗师。他们的患者包括高中、大学和休闲运动员。服务包括门诊理疗、健康评估和运动处方、生活方式咨询、损伤评估和治疗,甚至运动医学研究(Weidner, 1988 年)。在 20 世纪 80 年代,这些诊所的数量增长被认为是爆炸性的,许多运动防护师都找到了工作(Weidner,1988 年)(图 2.2)。

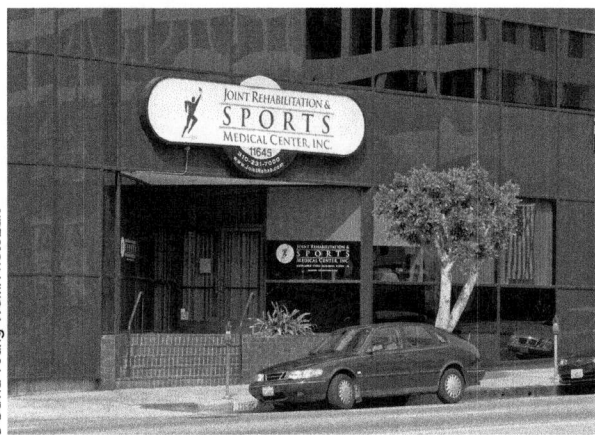

图 2.2　20 世纪 80 年代,运动医学诊所的数量呈爆炸性的增长

如今,运动防护师的工作环境已经大幅增加,因为这个职业获得了更多的公众认可。在中学中继续增长,且运动防护师继续在诸如诊所(私立诊所和医院的门诊)这样的环境中找到工作。

在过去的几十年里,运动医学诊所的数量增长并没有被国家医院忽视。因此,最近在医院的运动医学门诊服务也有了增长。由于 BOC 认证的运动防护师在运动和休闲活动中照顾损伤者方面有专

长,他们在这些新环境中找到了就业机会。另一个相对新的专业环境是企业/公司环境。大公司发现,聘请运动防护师为其员工提供现场健康和健身项目或人体工程学方面的直接服务是有益且合算的。在最近的 NATA 薪资调查中,根据具体职责,在公司设定的运动防护师的平均年薪从最低 44 252 美元到最高 61 837 美元(NATA,2013 年)不等。虽然公司为运动防护师仍只提供了一小部分就业比例,但预计在未来这个职位将有所增加。

在职业运动环境中工作往往是运动防护专业的理想工作。尽管与高收入、杰出的运动员一起工作的兴奋感可能对某些人很有吸引力,但在这种环境下,还有一些不那么吸引人的地方。这些因素包括赢得比赛的巨大压力,这些压力来自于教练组的工作人员,他们经常会影响运动医学的工作人员,经常出现的教练工作人员的变化也会影响到职业水平。预期这个职场的就业状况在未来不会有显著增长。

(一)中学环境

"你的学校为什么不雇佣运动防护师?"当被问到这个问题时,大多数管理者回答说他们雇用不起这样的人。现在这个论点已经不再像以前那样有效了。如今,如果学校想聘请一名 BOC 认证的运动防护师,他们有各种各样的选择。最具成本效益的方法似乎是雇用一个人兼任教师和运动防护师。这个人通常被聘为教师,并在课后提供运动防护服务。在理想的情况下,教师的负荷可以调整,在下午或早晨给老师/运动防护师时间,让他们在训练前观察运动员。这为康复、损伤恢复、咨询以及其他无法有效完成的任务提供了机会。管理人员发现这个方法非常经济,因为老师/运动防护师可以得到一份标准的教学合同,并且可以为普通学生提供教学服务。额外的货币津贴,类似于那些在同一学校或地区担任主教练的人,有时通过协商支付所提供的运动防护服务。最近一项针对 2011 年工资的研究发现,公立高中运动防护师的平均年薪为 52 935 美元(NATA,2013 年)。

对于学校来说,更经济且有效的选择是雇佣一名全职运动防护师。这个人在学校没有正式的教学职责,但负责实施一个综合的运动医学项目。这可以包括在训练前的早晨(例如,在学习大厅)对损伤运动员的后续照护和康复。此外,全职运动防护师可以安排一个时间表,使其工作时间更接近于学校的其他人员每周提供的正常的小时数。尽管这一选择往往会给学生运动员带来最好的医疗保健,但学

区通常不愿意承诺开发这样一种职位所需的财务支出。考虑到全国许多学区的经济实力,这种选择在未来可能不会有显著的增长。

学校也有其他选择;但是,他们为学校和运动员提供比较少的服务。一些替代方案包括雇用一名兼职运动防护师或一名研究生/运动防护师(如果附近有一所大学),与当地的运动医学诊所一起承办提供服务各个方面的在职培训,或者使用代课老师/运动防护师。尽管所有这些选择都可能在短期内为学校节约资金,但他们显然不足以在运动医学服务的可用性方面给学生运动员提供更好的服务。

在工作人员中拥有一名 BOC 认证的运动防护师为学校提供了许多间接的好处。从法律的角度来看,学校不容易受到运动损伤相关的索赔。这是因为这种索赔的前提常常是学校被认为未能为运动员提供足够的医疗服务。一个合格的运动防护师也为学校提供了许多独特的教育机会。例如,这样的专业人员可以教授基本的运动损伤照护课程,急救和心肺复苏(CPR),营养和体能训练。运动防护师还可以在学校实施一个学生运动防护师学习计划,为那些对运动医学职业感兴趣的高中生提供教育机会。希望继续接受大学教育的高中学生运动员可以

获得奖学金或其他类型的助学金。这些资金通常通过赞助机构的运动医学项目获得。最后,运动防护师可以为教练组提供不同方面的在职培训。很明显,当学校聘请了一名 BOC 认证的运动防护师时,它可以实现许多投资回报(拓展知识 2.1)。

无论在哪种竞技水平中,BOC 认证的运动防护师都能使提供给运动员的医疗照护显著改善。这在一定程度上是因为即使在最好的情况下,队医通常也只能为运动员提供兼职服务。BOC 认证的运动防护师可以对接受伤运动员和适当医疗服务。这样,教练就不再承担照顾受伤学员的大部分责任。

(二)找到一位 BOC 认证的运动防护师

一旦决定雇佣一名合格的运动防护师,学校管理部门可以通过在 NATA 的职业中心就业服务处列出该职位来找到潜在的申请者。这可以通过访问 NATA 网站来实现(http://www.nata.org/career-center)并点击就业服务的链接。另一个选择是联系那些提供 CAATE 认可的运动防护课程的大学,列出他们最近的毕业生名单。拥有 NATA 批准课程的所有大学的清单可在 NATA 网站上获得或通过拨打 214-637-6282 联系 NATA 国家办公室。

拓展知识 2.1

1998 年 6 月,美国医学会(AMA)为在中学设立 BOC 认证的运动防护师提供了主要的支持,AMA 通过了下列声明作为政策:

1. AMA 认为:①各州教育委员会和卫生部门应鼓励在每一所开展体育项目的学校设立适当的运动医学单位;②运动医学单位应有一个无行医许可证限制的对抗疗法或骨科主任医师,一个运动健康协调员(最好是 BOC 认证的运动防护师)和其他必要的人员;③运动医学单位的职责是预防损伤,在家庭医师和社区医疗队其他人员的配合下提供医疗护理,并对受伤者进行康复;④除极端紧急情况外,选择治疗医师是父母或监护人的选择,因此任何有指示的转诊都需要他们的同意;⑤各运动医学单位应将所有损伤的报告提交给指定机构;⑥应该敦促医学院校和大学合作建立运动健康协调员的教育项目(BOC 认证的运动防护师),以及继续医学教

育和体育医学研究生项目。

2. AMA 敦促高中管理人员、体育主管和教练与当地医师、医疗团体、医疗专业协会以及政府官员和社区团体合作,采取适当措施,确保为所有高水平的运动员提供合格的运动防护师的协助。

3. 认识到并非所有的高中都有资源获得认证的运动防护师的服务,进一步认识到运动防护师不能出席所有训练和比赛,AMA 鼓励高等学校管理者和体育董事确保所有教练都适当地接受应急救护和基本生命支持培训。

Source: Reproduced from Lyznicki J M, Riggs JA, Champion HC (1999). Certified athletic trainers in secondary schools: Report of the Council on Scientific Affairs, American Medical Association. J Athl Train. 34(3): 272-276 Reprinted with Permission.

运动防护师开讲

Courtesy of Forrest Pecha, MS, ATC, LAT, OTC, CSCS, St. Luke's Sports Medicine.

几十年来,运动防护师一直在预防、诊断、照护和治疗运动员和运动人群的肌肉骨骼损伤方面发挥了重要作用。运动防护的前辈们投入许多时间,并不知疲倦地工作于运动场边,尽职尽责。今天,随着运动防护的发展,运动防护师(ATs)正在接触一些新兴的环境,并继续为病人提供同样水平的照护,就像我们从职业生涯开始时一样。

运动防护师有肌肉骨骼照护的背景,这在我们的职业中是独一无二的,这让我们与许多其他医疗保健提供者不同。作为"医师的延伸"工作并非我们专业独有的;我们一直与医师并肩工作,通过我们专业扎根基层,继续在运动防护室处理运动员。"医师的延伸"职业生涯已经发展,并从运动场边到医师诊间。在临床治疗中,运动防护师已经在当今的医疗保健病人照护模式中,扮演着越来越重要的角色。在诊所内,运动防护师需要承担很多责任,从获取病人的病史、完成身体检查和视诊、帮医师写病例、打石膏、上支具、做准备,与教导居家训练,到提供病人教育、围手术期病患照护、手术协助等,而且清单还在增加。在这方面的工作对他们的诊所产生了积极的财务影响,提高了诊所的效率,提高了病人的满意度。运动防护师正以越来越快的速度被聘请到医师诊所工作,成为医疗团队的成员。

——Forrest Q.Pecha,理学硕士,运动防护师,执业运动防护师,作业治疗师,体能训练师

Forrest Q.Pecha 是圣路加运动医学(St.Luke's Sports Medicine)的临床培训与外联总监。

复习题

1. 定义运动医学术语。

2. 什么是 CAQ,它与队医有什么关系?

3. 列出队医应提供给运动员的具体服务。

4. BOC 认证的运动防护师的六个实践领域是什么?

5. 列出几个促进运动医学研究的专业医疗机构。

6. 近年来最大的运动防护师就业市场是什么?

7. 简要介绍一下在学校设置的 BOC 认证运动防护师的六种不同的就业选择。详细说明每个选项的优缺点。

8. 判断题:普遍承认未来的运动医疗服务将由医学专家提供,而不是由初级保健医师提供。

9. 列出 CAATE 认可的运动防护专业课程的八大内容。

(吉林体育学院 顾大伟)

参考文献

Almquist J, Valovich McLeod TC, Cavanna A, Jenkinson D, Lincoln AE, Loud K, Peterson BC, Portwood C, Reynolds J, Woods TS. (2008). Summary statement: Appropriate medical care for the secondary school-aged athlete. *J Athl Train*. 43(4):416–427.

American Board of Family Medicine. (2013). Certificates of added qualifications (CAQs). Available: https://www. theabfm.org/caq/index.aspx.

American College of Sports Medicine. (2013). Team physician consensus statement: 2013 update. Available: http://www.acsm.org/docs/other-documents/team_physician_consensus_statement___2013_update-24.pdf.

Board of Certification, Inc. (2012a). Defining athletic training. Available: http://bocatc.org/resources/index.php?option=

com_content&task=view&id=114&Itemid=122.

Board of Certification, Inc. (2012b). What is an athletic trainer? Available: http://www.bocatc.org/public/what-is-an-athletic-trainer.

Commission on Accreditation of Athletic Training Education. (2012). Standards for the accreditation of professional athletic training programs. Available: http://caate.occutrain.net/wp-content/uploads/2013/07/2012-Standards-with-glossary-posted.pdf.

Dirckx JH (ed.). (1997). *Stedman's Concise Medical Dictionary for the Health Professions*. Baltimore, Md: Williams & Wilkins.

National Athletic Trainers' Association. (2009). Athletic training education overview. Available: http://www.nata.org/athletic-training.

National Athletic Trainers' Association. (2013). NATA 2011 athletic training salary survey results. Available: http://www.nata.org/sites/default/files/2011-AT-Salaries.pdf.

National Athletic Trainers' Association. (n.d.). Appropriate medical care for secondary school-age athletes. Available: http://www.nata.org/sites/default/files/AppropriateMedicalCare4SecondarySchoolAgeAthletes.pdf.

Rogers CC. (1985). Does sports medicine fit in the new health-care market? *Phys Sports Med*. 13(1):116–127.

Weidner TG. (1988). Sports-medicine centers: Aspects of their operation and approaches to sports-medicine care. *Athletic Training*. 23(1):22–26.

3

第三章
运动伤害法律问题

本章主旨

　　运动医学领域见证了最近十几年数量激增的诉讼案件。本章旨在向读者介绍体育教师、教练员和裁判员在与运动员打交道的过程中承担的相关义务及法律术语。以此罗列出教学、训练和比赛执法中法律责任的大致类型，并辅以降低诉讼风险的知识。本章还给出涉诉时推荐采取的步骤，并对运动伤害防护进行伦理探讨。

© Creative Studio Heinem/age fotostock

体育教师或教练员一般是运动伤害现场的第一见证人。裁判员因为接近比赛场地也有可能被起诉。体育教师、教练员或裁判员的决定和临场反应将对运动员的安全保障产生极为重要的影响（图3.1）。这些决定和行为系基于如下的保护标准：一个合理谨慎的人在同样场合也会采取的、以避免伤及运动员的措施。不合理或不谨慎的决定和行为可能危及和伤害运动员，并将面临由运动员和/或其父母、法定监护人（未成年人受伤害的情况下）提起的诉讼。或许体育史上的任何时期都不会像现在这样，体育教师、教练员、裁判员以及其他体育专业人员有如此大概率的成为被告的潜在诉讼风险。"拓展知识3.1"列出了最近发生的几起侵权案。

诉讼案件激增的原因众多。根据 Appenzeller（2000年）的研究，一方面是基于如下简单的事实：在美国，人们有权提起诉讼。美国人建立起了这种体育文化，即运动员相信他们应在无受伤风险的前提下参与体育运动，而各种运动损伤均伴随着大量的金钱开支，这就导致了那些受伤的人希望通过起

图3.1   教练员在帮助受伤的运动员

诉弥补医疗支出，而保险公司也一般倾向于通过支付一笔费用而庭外和解。另一方面则源于美国庞大的律师数量。根据美国律师协会的统计，2010年美国有 1 225 452 名执业律师（Podgers，2011年）。此

拓展知识 3.1   最近结案的运动过失伤害案

● Blake Hunt（Flushing，NY，2007年）案

Blake Hunt 是一所中学毕业班的学生，在一次橄榄球比赛中，因一名跑卫的膝盖从后面撞击其头部，导致其颈部 C₅ 脊柱断裂。此运动损伤造成其腰部以下截瘫。Hunt 随后起诉公园管理部门、教育管理部门以及公立学校运动员联盟没有履行适当和充足的监管、职权及医疗服务。Hunt 还认为自己的年龄偏小，不足以与年长的队员同场竞技。该案以支付 800 万美元赔偿而庭外和解（Wolohan，2010年）。

● Mackenzie Clay（Seattle，WA，2007年）案

Mackenzie Clay 是中学毕业班的一名摔跤手，在学校礼堂训练时，因两名摔跤手坠落到他身上而伤及脊髓，留下不得不以轮椅代步的后遗症。Clay 起诉了学校所在的区政府，声称学校教练员当时不具备华盛顿州校际运动协会颁发的资格认证，并且没有使用数量和尺寸足够的训练垫。Clay 获得了西雅图公立学校联盟支付的 100 万美金以及区保险公司运营的华盛顿学校风险管理基

金中支付的 1 400 万美元的和解费（Cohen，2009年）。

● Antonio Reyes（Wenatchee，WA，2011年）案

时年 14 周岁的 Antonio Reyes 在一堂体育课后被发现溺水于游泳池池底。他的家人提起了过失诉讼，认为没有对被害人的游泳能力进行评估，且未提供足够的监管措施——如配备有资质的救生员等。2012年 Wenatchee（WA）学区与其达成了支付 200 万美元的和解协议（Popke，2013年）。

● Max Gilpin（Louisville，KY，2008年）案

时年 15 岁的 Max Gilpin 在 Louisville 一所中学组织的橄榄球训练后 3 天因中暑死亡。他的家人以过失损害为由起诉了学校所在的区政府以及主教练，声称其疏忽大意地无视相关安全要求。保险公司通过支付 175 万美元结案。而该案主教练成为全美第一个以"过失杀人"和"恣意危害"被提起刑事诉讼的教练员。该教练员于 2009年被宣告无罪（Beahm，2010年）。

外，年轻运动员以及他们的父母，对成功的运动职业生涯的未来潜在经济收入有越来越高的期待。如果受伤，被害人可能会起诉以弥补其未来的经济损失。当然还包括其他因素：如体育运动参与者数量激增；运动损伤的严重程度增加；体育运动在媒体上有更多的曝光度；越来越多的人关注过失致人伤害案；有诸多体育组织能获取巨额的收入，使人们越来越意识到体育是一个产业；消费者对体育产品有越来越高的关注度等（Wong，2010 年）。

第一节　运动伤害照护伦理

运动员的健康和安全应该是所有参与有组织的体育活动的人最优先考虑的。教练员的活跃程度及职业生涯经常与比赛的胜负、成绩等息息相关，因为体育已经被视为一个越来越注重胜利和取得金钱回报的产业。此外，运动员（经常包括他们的父母或法定监护人）也会给教练员压力以求得上场表现的机会。因此，教练员可能会承受让运动员在没有足够医疗保护和替补队员的情况下返回赛场的压力。

根据州立中学协会全国联盟的统计：全美 50 个州中有 38 个州，要求教练员在执教前或被任命履职 1~2 年内，需完成急救认证。此外，每个学区经常会自行制定专门的政策，以及可能要求教练员取得急救（甚至是心肺复苏）的相关认证。可惜的是，上述要求并不意味着教练员完全掌握了急救保护的细节以及运动损伤后的处置。就教练员是否具备足够的急救知识以达到全国范围内制定指南的要求，有关调查的结果令人十分扫兴（Braun 等，2009 年；Dunn 和 Ransone，1999 年；McLeod 等，2008 年）。加州 104 个中学的运动队教练员中，有 36% 通过了基于全国范围内制定指南的急救测试（Dunn 和 Ransone，1999 年）。在亚利桑那州，156 名年轻的教练员中仅有 3% 通过了同样的急救测试（McLeod 等，2008 年）。总体来说，教练员很有可能不让受伤的年轻运动员上场比赛（Dunn 和 Ransone，1999 年；McLeod 等，2008 年）。然而分析了"比赛形势数据单"的具体数据，仍然可以解读出：如果比赛比较焦灼且结果非常重要，教练员仍会冒险将受伤的年轻队员派上场。两个研究结果都表明（Dunn 和 Ransone，1999 年；McLeod 等，2008 年）：在竞争焦灼、情况紧急的比赛中，若首发队员受伤但仍被要求参与比赛，50% 以上的受访教练员都面临着艰难的利益权衡。更令人警醒的是，有

75%"了解急救知识"的教练员在关键比赛中作出了错误的带伤上场的决定（Dunn 和 Ransone，1999 年）。因此，教练员必须拒绝规避急救保护标准的诱惑。在决定受伤运动员是否重返赛场参赛时，客观和公正的意见变得十分关键。在没有适格医疗专业人员（如经认证的防护人员或者临床医师）同意的情况下，受伤运动员将无论如何都不得重新参与体育比赛。教练员不符合运动伦理的行为，将很有可能在法庭上被认定为过失致人伤害。因此，所有参与监管或指导青年学生参与体育运动的人员，都应了解适用于体育侵权责任的基本法律概念。

关键词

侵权行为（tort）：是指因他人行为致使某人遭受的私法上的伤害或不利行为。

过失伤害（negligence）：是指没有尽到合理谨慎和小心的注意义务采取某种行为而导致他人伤害，或者过于谨慎和小心没有采取某种行为而导致他人伤害的行为。

第二节　侵权行为的基本概念

侵权行为（tort）是指因他人行为致使某人遭受私人上或民事上的伤害或不利行为（Ray 和 Kolin，2011 年；Wong，2010 年）。侵权行为大体分为两类：故意的和非故意的（过失损伤；Wong，2010 年）。两种侵权行为的区别在于是否有致人伤害的意图。过失伤害（negligence）是一种最典型的侵权行为，指没有尽到合理谨慎和小心的注意义务采取某种行为而导致他人伤害，或者过于谨慎和小心没有采取某种行为而导致他人伤害的行为（Ray 和 Kolin，2011 年；Wong，2010 年）。合理理性人的行为并不是最完美的，但应与类似人群成员所具备的专业技能水准相匹配（Wong，2010 年）。因此，队医应比照的合理理性人标准不同于教练员或体育教师的标准。在体育运动中，受伤运动员可能会声称是因他人行为受到伤害——如对手、官员、体育教师或教练员的行为。这些侵权行为很有可能并非存在故意的伤害，只不过是没有采取合理的保护措施，而可能构成非故意的侵权或过失致人伤害（Wong，2010 年）；然而，如果原告（plaintiff）认为因伤害意图（如运动员和运动员之间）使其受伤，那么并非不可能出现故意侵权

（Wolohan，2008年）。运动伤害相关侵权案件一般旨在寻求补偿金以弥补因被告被指控的过失伤害，给运动员造成的损失（如医疗支出）。

证明过失伤害侵权的目的在于确证他人而非运动员（受害方）实施了过失伤害的行为，并且行为导致了事实损害。Wong（2010年）界定了过失伤害成立须证明的四个要件。要件参见"拓展知识3.2"列表。过失伤害包括"越权行为"（采取不合适方式行动的行为）和"不作为"（没有为特定行为或不履行义务）。"越权行为"又可以进一步细分为"不当行为"和"不法行为"。过失损害侵权的要旨是证明在所致损害、保护义务和违反义务之间存在近因或因果关系。

拓展知识3.2 过失伤害的四要件

● 注意义务

法律确认的、要求人们遵守一定行为标准，以保护他人免于不合理危险的义务。即有义务以合理的方式采取特定的行为；不得以不合理方式为特定行为。

● 失职

违反已确立的义务（直接证据），未达到需遵守的标准；间接证据推知的其他情况。

● 实际或直接原因

行为（违反义务）和遭致伤害之间存在合理的直接因果关系。

● 伤害

实际损失被认为具有可补偿性（如医疗开支，收入损失，精神压力等）。

举一个过失伤害中"越权行为"侵权的案例：中学橄榄球队队员（原告）诉称，在演练非法阻断和躲避擒抱等技术时，主教练抛掷的假人导致其膝盖严重损伤。本例中，运动员或许会指称教练员的行为造成毫无必要的膝盖损伤。教练员有权利这么做（教授擒抱技术），但他的行为十分草率并且技术上存在瑕疵，运动员也可能基于教练员的上述行为主张过失伤害。需要厘清的问题是，"向运动员腿部抛掷假人，是教练员试图教授橄榄球技术时的合理行为吗？"这即是要确定合理保护，即避免可能导致伤害风险的一般愿景（Wong，2010年）。

再举一个因"不作为"导致过失伤害的例子：一所地方中学未能为上游泳课的泳池配备有资质的救生员而发生学生溺毙的情况。将以其他学区水上设施的惯常做法为依据评判被告（地方中学），至少部分是这样。体育教师、运动防护师以及学区被要求对其所有监管对象适用预先制定的保护标准。需要考虑的问题是，"学区是否本应估计到游泳课参加者溺水身亡的风险？"也就是人们所知的损伤的可预见性，其本质即是判断学区或体育教师是否为游泳课学员提供了合适标准的保护。如果没有做到这一点，那么被告将被认为存在过失。

学校体育案件，侵权诉讼请求将可能涉及非常多的被告。上述案件中，可能出现在被告名单中的人有：体育教师、主教练、助理教练、运动防护师、校长、训练处主任以及学区的管理机构，甚至有时还包括全美中学生体育协会。一般情况下，侵权诉讼请求均要求支付金钱补偿。因此，部分案件基于支付能力选择被告是合情合理的。这通常被称为"深口袋原则"。

根据Wong（2010年）的研究，只要证明任一法律原则成立，被告即可抗辩对方的过失伤害指控。需要注意的是，每个州都有可能允许或不允许其中一种抗辩理由的法律，特别是在有未成年人参与的情况下。

● 不存在过失。被告通过利用"拓展知识3.2"中列明的四个要件中的一个，来反驳对方提出的过失伤害赔偿的诉讼请求。这种情况下，被告要么不负任何义务、要么没有违反任何可适用的保护义务。不可抗力（自然力）也可以用作不存在过失的抗辩，亦即容忍超出被告控制因素导致的伤害，即使谨慎、小心或勤勉的措施也不能避免的损害。比如在越野赛跑中因地震致伤致死的，无论如何都被认为是不可抗力。

● 与有过失。原告被发现对损害承担部分或全部责任。因此，被告必须证明原告没有对自身安全进行相应的保护。

● 比较过失。将过错归咎于双方，以此为基础确定原告损失的赔偿。依原告过失程度的判断为分派的基础，允许原告获得部分赔偿。换句话说，赔偿数额以归咎于原告的过失比例为基础确定。

● 自甘风险。这意味着原告自愿同意承担受损的后果。包括两种类型：明示的和默示的自担风险。明示的自担风险是指原告事先通知（签署弃权书）而甘冒已知的风险。默示的自担风险是一种推论,即通过参与可能存在过失伤害的、有风险的活动,以此原告免除被告的保护义务。自甘风险原则只能在不存在比较过失制度的州适用。而且需预先注意的是,签署自甘风险的各种协议并不总是能免除被告的法律责任,因为针对这些协议仍有其他的法律限制。

● 诉讼时效。法律规定了特定的时限,在此期间原告可以提起诉讼。大部分的时限都是基于发现损害事实的那个时间点开始的。

● 豁免。由于被告与其自身权限和能力相关的地位或者与原告的关系,而免于被告受到侵权指控的法定条件。每个州都有权决定豁免成立的条件类型。主权豁免是许多侵权案件中地方政府机构得以豁免的理由。然而,现在一般认为,受雇地方政府(如州立大学)的老师和教练员不享有主权豁免,因为他们的法律地位在各个州立法上界定不一。

● 好撒玛利亚人法(见义勇为法)。此类豁免专门用于那些帮助因第三人原因陷入危险境地的施救人。大部分的州均有见义勇为法,旨在保障自愿给伤者提供急救的公民(甚至是医疗人员)。制定这个法律,部分原因是鼓励普通民众及医务人员在紧急时刻提供急救护理,尽管他们并没有义务提供相关救助。只要施救者提供的保护不存在草率行为或没有使受害人的伤情变得更糟,他们就会受到法律的保护。各州立法关于见义勇为法保护人的类型、适用的情境规定差异很大(Quandt,2009 年)。然而,教练员和学校教学人员有提供合适急救措施的义务,因此他们一般不在见义勇为法的覆盖范围,不能享受免于侵权诉讼的待遇。

📖 **关键词**

原告(plaintiff):受到伤害并提起诉讼的人。
越权行为(commission):做出不符合法律规定的行为时产生的法律责任。
不作为(omission):没有采取应当采取的行动时产生的法律责任。
不当行为(misfeasance):合法但不恰当的行为。
不法行为(malfeasance):完全不合法的行为。

第三节 体育教师和教练员的法律责任

任何以教练身份服务的人,无论是志愿服务还是职务行为,都对运动员的健康和安全承担相当大的法律责任。以往来看,受雇于学区或大学等政府机构的教练员可基于主权豁免原则免于受到侵权诉讼指控。这在本质上保护了政府机构及其工作人员不受赔偿责任的指控。然而一些州通过立法,认定在特定情况下可以对这些机构提起侵权诉讼(Wong,2010 年)。由此导致了越来越多针对教练员提起的损害责任案件成功地得到支持。因此,主权豁免原则的保护也显得越来越不那么牢靠(Wong,2010 年)。

教练员必须经常采取合理的保护措施,以避免对他人造成可预见的损害风险(Wong,2010 年)。教练员和体育教师用以自我保护的法律机制随着时间的变化而不断演进。无论他们是在职人员、抑或是志愿者,教练员及其他人员都应当熟悉他们对体育参与者负有的义务(McCaskey 和 Biedzynski,1996 年)。他们还必须了解雇主或当地政府机构提供的有关工作职责的任何书面文件和合同协议。教练员防止被置于承担法律责任困境的最好办法就是:知晓体育运动所伴随的风险,熟悉并时刻准备应对可以被估计到的、可预见的后果(McCaskey 和 Biedzynski,1996 年)。教练员和体育教师并不是体育参与者的安全担保人,只要满足了作为教练员或教学者应尽的义务,他们对竞技或体育活动中的固有危险引致的损害将不承担任何责任(McCaskey 和 Biedzynski,1996 年)。Wong(2010 年)、Quandt(2009 年)以及 McCaskey 和 Biedzynski(1996 年)列举了涉及教练员和/或体育教师的一些特殊的义务,以尽量减少体育参与者受伤的风险。"拓展知识 3.3"对此有详尽的解读。

第四节 教练员和体育教师是否受保护

教练员或体育教师面对诉讼风险最好的保护措施即是避免犯"拓展知识 3.3"中例举的问题。如今的教练员或体育教师必须时刻警惕体育参与者面临的潜在风险,并且要采取恰当的措施减少或消除这类风险。坚持不间断的风险管理流程,保持对参与者面临风险的高度警觉,消除可预见的伤害风险,这样才可能达到保护标准的要求,将来有助于减少原告胜诉的可能性。由于教练员和学校职员负有提供合理急救措施的义务,因此一定要注意豁免规则和见义勇为法适用的局限。

拓展知识 3.3　教练员可能存在的过失伤害行为

- 未提供足够的监管

教练员被要求监督体育活动,其监管注意程度部分地由体育参加者的年龄、技能、经验所决定。因此,没有运动经验的孩子参加诸如橄榄球这样高风险的运动,需要比参加同样项目的大学校队年长的运动员投入更高水准的监督和管理措施。任何时候,只要孩子参与了无论何种体育项目,教练员都有义务提供适当的监管。提供适当监管的要求不仅限于训练和比赛的全过程,在其他情境下(如更衣室或摆渡大巴)亦是如此。教练员需意识到,刺激运动员或其他人员在竞技范畴外实施的暴力行为、危险行为甚至是好战行为,都将被视为未提供足够的监管。

- 未配备有资质的人员

当主教练雇佣助理教练、官员聘用体育老师时,主教练和官员则需对助理教练和体育教师的能力等负责。如果助理教练或老师没有给运动员以适当的指导或管理,主教练或官员则被认为存在过失。

- 没有提供合适的训练和指导

教练员或体育教师应具备执教的具体项目的教学资质。其中包括参与体育活动所需的入门及进阶运动技术,以及防止受伤的技能。教练员必须确保参与者针对运动表现接受了足够的适应性训练。教练员还需教授运动员参与比赛的规则。使用政府部门提供的、已经成熟的相关指引,并对所有训练活动做日志,是防止过失伤害的最好应对。

- 未供用合适的安全保护装备

由于教练员可能负责挑选和购买防护装备,因此他必须确保任何装备不能危及运动员的安全。教练员或体育老师还可能对未及时维护或更换受损装备负责。必须建立个人保护装备和体育设施的定期检查程序。

- 未预警潜在危险

教练员有义务提醒运动员注意可能不那么显而易见的危险。教练员和体育老师有义务就活动的性质和所涉及的技术、场地的状况和设备的使用等提出警告。例如教练员有义务预警不利的场地条件,拒绝队员在其监管下在有潜在风险的场地上比赛。在有未成年人的情况下,预警还需向其父母或法定监护人发出。

- 未提供及时有效的医疗服务

教练员应对何种医疗人员在场了如指掌,并提前部署其就位。如果没有医疗人员在场,教练员则必须为受伤的运动员提供医疗救护。针对这一强制规定,教练员须接受常见运动损伤的急救规程训练。教练员还需对未提供适当急救、错误地移动受伤队员、转移受伤队员进一步治疗中未给予适当护理、适用了正确护理流程但操作不当等行为负责。若可能影响到运动员当下的健康状况,教练员做出让其退出比赛的决定是十分关键的。注意:一些州现在已经通过法律,强制规定所有的竞技活动现场必须配备有资质的医疗人员(详见本章后运动防护师的评论)。

- 没有阻止受伤队员参与比赛

尽管受伤运动员返回比赛需要有资质的医疗人员作出决定,但是如果有进一步受伤的风险,无论如何不能允许运动员参加比赛,教练员必须确保运动员能够以先前状态或同先前团队重新参赛。

- 没有匹配竞技水平相当的运动员竞赛

教练员和体育老师有义务搭配竞技技能相同,身材、体重或者力量相当的运动员在训练或比赛中同场竞技。降低发生严重伤害的可能性是运动员配对比赛的最优先考虑。同时,教练员必须注意不能因自身具有较高的技能,而使运动员在训练中受伤。

资料来源:McCaskey & Biedzynski,1996;Quandt,2009;Wong,2010

由于大部分的侵权诉讼请求系寻求金钱赔偿,因此一旦法庭作出不利于被告的判决,教练员的个人资产则陷入危险境地。因此,教练员选择某种形式的责任保险非常有必要(McCaskey 和 Biedzynski,1996 年)。在中学和大学任职的教练员一般有雇主提供的保险保护。然而,明确保险提供的具体保险范围才是明智之举。教练员和体育教师必须要清楚的是，并不是所有的责任保险都属于保险公司的承保范围。志愿者性质的教练员则可能完全不在保险范围之内，故建议在这种情况下教练员要购买个人责任险或灾难事故保险。

万全之策是，教练员不要想当然地认为自己的责任保险在承保范围内。在赛季开始之前，教练员应主动联系其雇主、赞助机构或保险公司，确认其保险的具体类型、判断是否为其提供了最完备的保护（McCaskey 和 Biedzynski，1996 年）。

第五节　降低被诉的可能性

以下是教练员可以采取的一些重要的保护性步骤，以降低其被诉的可能性：

1. 书面合同

该文件应详细载明教练员提供服务的预期目标和限制（建议让律师帮助审查全部合同条款，决定哪些责任应当被纳入）。

2. 基础或进阶水平的急救、心肺复苏或自动体外除颤器操作资质证明

教练员应确保其证书有效，并定期操练相关技能。很多机构都会提供相关培训，如美国心脏病协会、美国红十字会、全美安全咨询会等。一些青年体育协会和中小学体育协会也会提供旨在帮助教练员温习技能的训练。

3. 应急行动方案

无论是在主场或客场比赛，制订正式的应急行动方案都是关键。这些方案应采取书面方式，并张贴于公共场所。方案实施的所有相关方均应有方案的复印件。更重要的是，应急行动方案应当定期演练，以确保在真正发生危机时能有效运作（Almquist等，2004 年；Casa 等，2013 年）。

4. 父母知情通知书（适用于未满 18 周岁的年轻运动员）

该文件提供了绝佳的机会，让运动员及其父母（或法定监护人）了解参与比赛潜在的受伤风险。然而，这些文件并不能在发生过失伤害时，免除工作人员的法律责任（Wong，2010 年）。

5. 参与运动前强制性的全面身体检查

通过参与运动前身体检查（PPE），是所有参加体育运动者的必备条件。应当由获得医学学位或骨科医学学位的专业人员执行这一评估，并且所有的

相关信息应以合适的方式记录在案。不经过体质测试的运动员均不应被允许参加体育活动。大部分的学区、学院和大学都有标准化的体质测试表格。美国运动防护师协会（NATA）推荐的题为"为低龄运动员提供适当的医学保护"的资料中，列出了一份应包含在综合 PPE 表格中的具体项目清单（Almquist等，2004 年）。收集的信息应在体育官员的参与下归档并保密。必要的时候，全面身体检查还可以包含神经心理或举止行为稳定性的测验，以备将来运动员遭受脑部损伤，以此作为比较的基准（Osborne，2001 年）。

一些医学会的委员会已经印制了体质评价的综合指引，如美国家庭医师协会、美国儿科协会、美国运动医学临床医学会、美国运动医学整形外科学会、全美运动防护协会、美国运动医学骨科学会。美国家庭医师协会的"参与运动前身体检查（第 4 版）"是极具价值的读物，推荐一读。因为按照这本指南进行体质评估，极有可能被法庭认为对运动员尽到了合理保护的义务。

6. 所有的受伤记载资料

无论严重程度，对所有伤病的最初治疗和处置——包括伤病原因的详尽记录必须以规范化的形式记录在册。学校教学人员必须确保所有相关信息在体育官员的参与下收集并整理归档。如果运动防护师并非在岗人员而记录了相关医疗记录，建议管理机构负责保存运动员的伤病记录。这样一来，教练员和医疗团队对某一运动员最近遭受的所有伤病均了如指掌。像《健康保险携带和责任法案》《家庭教育权及隐私法案》等联邦层面的立法，对青少年的医疗保健（包括运动医学领域）有着巨大的影响（Quandt，2009 年）。尽管对上述两个法案做全方位的探讨并非本文的任务，但是教练员、体育教师以及体育保健团队的其他成员，需要熟悉影响他们雇佣关系和职业操作的相关规定。例如，法案对泄漏个人健康信息给第三人（如家人、队友、媒体）设置了严格的限制。由于体育关系到公众的重大利益，并且由于运动损伤究其本质具有公众事件的属性，因此，如果有的话，学校工作人员应当谨慎地监督运动员健康信息的传播。

7. 修完相关研讨课程和／或研究生课程

很大部分源于激增的运动伤害诉讼，许多州要求与青少年运动员有关的所有人员必须接受专门的安全培训。这些培训通常包括针对中暑和跌打损伤的专门救护。学区一般通过开展有关运动损伤的

运动防护教育如何适应体育运动爱好者不断变化的医疗保健需求？

《运动防护教育职能要求》（第5版）是当前运动防护专业学生进行职业教育的红宝书。这些职能要求是由美国运动防护师协会（NATA）发布的，旨在确定学生参加专业运动防护教育计划后应掌握的知识、技能和临床能力。协会每5年对职位要求进行有针对性的更新和修订，以确保它们能反映出运动防护伤病护理中的最新理念和最佳实践。

与前几版相比，第5版增加了很多对运动员和其他体育运动爱好者突发意外情况的急救护理等方面的拓展知识和技能。例如，要求运动防护专业的学生现在必须会评估氧饱和度和血糖水平，必须掌握使用雾化器、血糖仪和补充氧气的能力等。这些与哮喘和糖尿病等病症管理相关的新技能的结合只是本书如何继续确保入门级运动防护师准备为他们的服务对象（运动员、患者和客户）提供高质量医疗服务的一个例子。

—A.Louise Fincher，教育学博士，运动防护师，执业运动防护师
得克萨斯大学阿灵顿分校（The University of Texas at Arlington）
运动科学系（Department of kinesiology）系主任

Courtesy of A. Louise Fincher, EdD, ATC, LAT, Department Chair-Kinesiology, The University of Texas at Arlington.

护理和预防的培训或要求学校合作人员完成由不同群体提供的在线培训来满足这一要求。全美州立中学联合会（NFHS）提供了一套更为全面的模块教学内容（您可在以下网址获取：http://www.nfhs-learn.com）。对志愿者性质的教练员而言，全美青少年体育联盟提供了包括伤害预防、急救及跌打管理模块的在线视频课程。您可以在http://www.nays.org中找到这些课程模块。此外，学校管理者经常鼓励教练员参加有关运动损伤保护和防范的研究生课程班。完成这些自愿参与的培训或课程，彰显了教练员跟进了解运动损伤防护最新标准的意愿。

8. 检查设备和/或设施

通过例行巡查确保纠正所有的潜在威胁，使事故在发生前即被预见。所有设备在每次使用前均需进行检查。一般情况下，运动员负责自己的防护装备；而教练员或体育教师负责设施和一般设备的检查。建议教练员以书面形式向体育设备管理员通知任何尚未纠正的危险。

9. 建立和保持有效的沟通渠道

与运动员、家长、体育管理人员、医务人员的沟通是为体育参与者提供安全活动环境的关键。

10. 毫不动摇地执行规章制度，尤其是保护学生运动员人身安全的制度

告知参与者特定体育项目的固有风险。在训练场上利用教学时间教授实战中受伤风险的防范。

11. 熟悉适用于体育活动的有关法律

对于任何参与训练、教学、比赛执法的人员来说，梳理一下州立法中有关体育运动参与和相关法律责任的规定，都是大有裨益的。比如，有44个州（以及哥伦比亚特区）通过了青少年和/或中学生运动员脑震荡法（concussions laws）。这些法律特别为以下事项提供了指南：换下受伤的运动员，医疗人员许可伤员重返比赛，以及教练员、运动员及家长的教育等。

怎么办？

假如您是当地一所初中的兼职女排教练，如果您的一名运动员受伤，您可以采取哪些具体步骤来保护自己免受潜在的诉讼风险？

第六节　教练员或体育教师被起诉该怎么办

如果教练员因侵权案件而被起诉，采取合适的措施保护自己是十分重要的。推荐教练员或体育教师首先联系自己的律师以及通知自己的保险公司（Appenzeller，2000年）。这使得教练员或体育教师

能够得到进一步保护自己的专业建议。而且因为事发不久,还可以保存与案件相关的事实资料。

对教练来说,对引起伤害及其后不久发生的所有事件做详尽的描述是十分重要的。如果可能的话,这些描述的记载应配有在场证人的签名。同样建议在没有律师支招的情况下,教练员不要对媒体或其他人做任何说明或评论(Appenzeller,2000 年)。这样可以避免教练员在以后的庭审或上诉中处于不利的地位。

第七节　运动防护师的角色定位

美国运动防护师协会(NATA)将经过认证的运动防护师定义为"专门从事预防、识别、处置和康复因运动训练造成伤害的专业医疗保健人员"(Quandt,2009 年)。理想情况下,教练和体育教师可以直接与他们所在学校或地区的运动防护师联系。运动防护师也可以协助学校工作人员为运动员和学生维护安全的场地环境,还可以协助预防因疏忽大意而导致的伤害。少数几个州已经要求在中学阶段必须配有运动防护师,但是现在随着哥伦比亚特区

以及 44 个州通过了脑震荡管理方面的法案,所有注意力都集中到对体育运动中青少年安全的需求上。NATA 和全美青少年体育联盟(National Alliance for Youth Sports)等组织正在推动立法,鼓励学校制定标准和采用预防措施来处理学生运动员伤害问题。

目前,50 个州中的 48 个州已经制定了几种类型的关于运动防护师的规定。"许可证"普遍被认为是运动防护专业的"硬核标准",目前那些已制定规章的州大多数(48 个州中的 41 个)要求运动防护师必须获得某种形式的许可证。州立法的目的是保护公众免受不称职从业者的侵害。其他形式的国家监管包括注册和认证。

一般来说,州法定义了特定州的运动防护的范围和实践。经认证理事会(BOC)认证的运动防护师,如果计划在该州执业,就必须联系州监管机构,以确定在该州执业所需的步骤。大多数情况下,申请流程是必需的,并且将严格执行。配备一名运动防护师,并确保他获得了国家认证并具有适当的国家资质证明,是最符合教练或学校工作人员最大利益的。有关运动防护的更多信息,请访问美国运动防护师协会的网站(http://www.nata.org/)或认证理事会的网站(http://www.bocatc.org)。

复习题

1. 给"侵权"和"过失"下一个定义。

2. 简要描述本章中讨论的两种过失类型:越权行为和不作为。

3. 过失伤害的四要件是什么?

4. 简要描述过失诉讼被驳回的方式。

5. 专职教练与志愿者的责任是否有所不同?

6.《好撒玛利亚人法》是否保护学校人员(例如教练)免受诉讼?

7. 列出并描述教练员或体育老师"过失伤害"产生的原因。

8. 概述可以降低教练员被起诉概率的步骤。

9. 觉察到即将发生的诉讼,教练员应该做的前两件事是什么?

10. 详细说明当今教练员所承受的社会压力,这些压力可能会挑战他／她的职业道德意识。

11. 是非题:法院发现,教练员有责任向运动员提供有关参赛的规则和规定的指导。

12. 首字母缩略词"HIPAA"和"FERPA"代表什么?

13. 运动防护师可以为中学做什么?

14. 各个州对运动防护师进行监管的目的是什么?目前有多少州对这一职业进行监管?

(中央财经大学　马法超)

推荐阅读

Bernhardt DT, Roberts WO (eds). (2010). *American Academy of Family Physicians' Preparticipation Physical Evaluation* (4th ed.). Leawood, Kan: American Academy of Family Physicians. Available: https://nf.aafp.org/Shop/forms-downloads/preparticipation-physican-evaluation-monograph.

参考文献

Almquist JL, Valvovich McLeod T, Cavanna A, et al. (2004). Appropriate medical care for the secondary school-age athlete: Communication. Available: http://www.nata.org/sites/default/files/AppropriateMedCare4SecondarySchoolAgeAthlete.pdf.

Appenzeller T. (2000). *Youth Sport and the Law*. Durham, NC: Carolina Academic Press.

Beahm J. (2010). Max Gilpin school football death suit settles. Available: http://blogs.findlaw.com/injured/2010/09/max-gilpin-school-football-death-suit-settles.html.

Braun MJ, Powell JW, Ewing ME, Nogle SE, Branta CF. (2009). First aid and injury prevention knowledge of youth basketball, football, and soccer coaches. *Int J Coach Sci*. 3(1):55–67.

Casa DJ, Almquist JL, Anderson SA, Baker L, et al. (2013). The inter-association task force for preventing sudden death in secondary school athletics programs: Best practices recommendations. *J Athl Train*. 48(4):546–553.

Cohen A. (2009). High school to pay $15 million settlement to paralyzed wrestler. *Athletic Business*. 33(6):24.

Dunn LR, Ransone JW. (1999). Assessment of first aid knowledge and decision-making of high school coaches. *J Athl Train*. 34(3):267–271.

McCaskey AS, Biedzynski KW. (1996). A guide to the legal liability of coaches for a sports participant's injuries. *Seton Hall J. Sport L*. 6(1):8–97.

McLeod TCV, McGaugh JW, Boquiren ML, Bay RC. (2008). Youth sports coaches do not have adequate knowledge regarding first-aid and injury prevention. *Applied Research in Coaching and Athletics Annual*. 23:130–146.

National Federation of State High School Associations. (n.d.). NFHS Learning Center (State Requirements). Available: http://www.nfhslearn.com/StatePricingRegs.aspx.

Osborne B. (2001). Principles of liability for athletic trainers: Managing sport-related concussion. *J Athl Train*. 36(3):316–321.

Podgers J. (2011). State of the Union: The nation's lawyer population continues to grow, but barely. *ABA Journal*. June issue. Available: http://www.abajournal.com/magazine/article/state_of_the_union_the_nations_lawyer_population_continues_to_grow_but_bare/.

Popke M. (2013). Supervision Quest. *Athletic Business*. 37(2):40–44.

Quandt EF, Mitton MJ, Black JS. (2009). Legal liability in covering athletic events. *Sports Health*. 1(1):84–90.

Ray R, Konin J. (2011). *Management Strategies in Athletic Training* (4th ed.). Champaign, Ill: Human Kinetics.

Wolohan JT. (2008). By the boards. *Athletic Business*. 32(10): 28–32.

Wolohan JT. (2010). Settling scores. *Athletic Business*. 34(12): 20–22.

Wong G. (2010). *Essentials of Sports Law* (2nd ed.). Santa Barbara, Calif: Praeger.

第四章
运动损伤的预防

本章主旨

　　如何防护运动相关的损伤是所有体育运动参与者会优先考虑的事，尤其是对于教练、体育教师、体育相关的官方组织及其管理人员、体育相关的医务工作者、运动员及其家人。本章描述了为减少可能产生的运动损伤，所必须采取的关键步骤。首先，区分了两大类危险损伤因素——内在因素（年龄、性别、技能水平）和外在因素（装备、环境、运动类型）。其次，区分了与内在因素有关的两个基本预防策略：运动前的身体检查（PPE）和在年度训练周期内的体能训练。如本章所述，周期性的有目标的强化训练在提升体能表现的同时，能帮助避免训练所引起的损伤。本章最后对与运动损伤相关的常见外在危险因素进行了描述。

仅在美国就有超过 760 万学生参加有组织的中学体育运动（Courson 等，2013 年）。体育运动提升了青少年的全面成长，在合适的教练的指导下参与体育运动，可以学习到成功的人生经验和在学术成就上有更好的表现（National Federation of State High School Associations[NFHS]，2013 年）。因此，令运动员感兴趣的运动计划，是运动防护良好的运动计划，既可减少运动损伤又能保持运动表现良好。然而，在这样的努力能够有成效之前，必须确定造成损伤的原因。因为运动损伤的风险和范围以及其灾难性的损伤的法律含义，所有方面包括运动医疗团队、教练、体育教育工作者、官员、父母，和运动员应该采取措施消除或至少降低风险和损伤的严重程度。起初，对于普通的运动损伤来说，这似乎是一个简单的过程。例如，当一个球员与一个后卫相碰撞并致使其一个膝关节韧带扭伤时，造成这种损伤的原因似乎是与碰撞或者比赛场地条件有关（图 4.1）。然而，其他因素可能在造成损伤方面发挥了作用，包括球员的技能、年龄、力量与体重比、鞋的类型、疲劳状态以及之前的伤病情况。

© Larry St. Pierre/ShutterStock, Inc.

图 4.1 在一些运动中，受伤的原因可能看起来很明显，但其他因素也可能起作用

第一节 致伤因素

运动专家已经收集了大量关于损伤的信息，有些专家还进行了研究以确定造成损伤的因素。他们提出了两大类风险因素：外在因素和内在因素。外在因素包括运动装备、环境、运动的类型和运动场地条件。内在因素包括年龄，性别，体型，受伤史，健康状况，肌肉力量（尤其是不平衡），韧带松弛度，技巧，心理状态，甚至是整体智力等（Taimela，Kujala 和 Osterman，1990 年）。例如，一些类型的伤病与大学运动员的性别有关。男性运动员的急性损伤的几率高于女性运动员，而女性运动员的疲劳性损伤几率则高于男性运动员（Yang 等，2012 年）。

为了明确外在因素和内在因素之间的关系，一些研究试图调查特定运动（Badgeley 等，2013 年；Steinberg 等，2012 年）和身体部位的风险因素（Murphy 等，2003 年）。例如，Badgeley 和他的同事们（2013 年）确定了两种外在因素作为高中足球运动员受伤的主要机制，包括球员之间的碰撞和球员与地面的碰撞。相反，年轻舞者的损伤机制往往与内在因素有关，包括关节较高的灵活性，解剖异常和技术水平（Steinberg 等，2012 年）。两项调查还发现，运动场上所处位置与损伤类型密切相关，比如在表演过程中长时间脚尖站立的舞者更容易受伤（Steinberg 等，2012 年），而进攻性的足球运动员则会更易中暑（Badgeley 等，2013 年）。在身体方面，Murphy 和同事们（2003 年）发现了 5 种外在的和超过 18 种内在的危险因素，这些因素通常会导致下肢的损伤。外在因素包括运动的场地、防护装备、比赛水平。内在因素包括肌肉紧张或薄弱、肢体优势、关节畸形、肌肉无力和损伤后的无效康复。上肢也有与损伤相关的内在危险因素包括运动范围、非优势与优势四肢之间的强度差异、年龄、性别和损伤机制（Hjelm 等，2012 年；Sytema 等，2010 年）。

很显然，并不是所有这些因素都能被消除或改变。但确实有可能减少或消除一些问题，如设备不良或故障，肌肉力量不足，技能不佳，以及训练错误。

第二节 干预策略

在运动员受伤发生之前，运动医疗队伍的所有成员都有责任保持警惕，以确定致病因素。许多外在因素比内在因素更容易辨认；然而，有些技术和方

法可以用来预防损伤。例如,定期检查防护设备和运动设施,提醒人员注意潜在的问题,并要求在体育参与前进行体格检查,都是减小风险的便捷方法。根据个人或运动设备和设施的类型,对设备和设施的定期检查有不同的含义。在个人防护装备方面,定期检查需要经常对其安全性进行日常评估,而运动设施只需要在比赛前进行定期检查,或者维修人员每月进行一次的检查。

一、外在因素

外在运动损伤的危险因素包括:练习/比赛环境、设施、防护设备,以及裁判和教练。关键是教练、体育教师、体育项目管理者和认证委员会(BOC)认证的运动防护师,这些工作人员要监控所有的风险因素,以确定和消除运动员的任何潜在风险。

(一)练习/比赛环境

无论是在室外还是在室内,必须评估环境,以确定它是否有潜在的健康风险。当运动员在相对高的温度和湿度条件下运动时尤其如此。重要的是要记住,室内活动也会有严重的热损伤风险,特别是在参与者没有适当的补水,或者室内的温度和湿度都很高的情况下。

(二)设施

所有运动设施必须严格设计、维护和经常检查以确保使用者的安全。必须考虑预算和当地的建筑标准,但是,永远不应该因为这些因素而降低安全标准。共用设施是很常见的,例如,足球场地经常被室外跑道包围,球场上的田赛项目设备(跳高和撑杆跳高场地,铅球场地等)可能位于足球场上或场地边,棒球场位于足球场旁边甚至可能使用相同的场地。不管具体情况如何,重要的是要确保所有设施都符合安全使用的最低要求。这些要求包括安全栅栏的完整性,击球笼,棒球和垒球场的除尘器的位置,使用的地基类型(分离或固定),正确建造和固定的足球的球门,水和卫生设施的位置以及紧急医疗服务通道(EMS)。对于教练、体育教育工作者和管理者来说很重要,要记住,一些死亡是由于体育器材的完整性出现了问题,包括足球运动的球门和棒球等的击球笼。

关于室内的设施,关注的重点在于照明条件、场地地面和场地大小。因为光线不好,能见度低可能会造成事故。不能定期清洁的或者没有铺装妥当的地板可能会变得很容易打滑,从而导致摔倒等事故。预算的限制可能导致已经建成的体育馆中篮筐和墙面之间没有足够的空间。这种情况在初中和小学尤为常见。在这种情况下,保护是至关重要的,篮筐后面的墙上添加填充物可以减少球员与墙面碰撞导致的损伤。

更衣室和淋浴设施应该设计成能够让使用者可以安全的通行、有足够的通风设施、合适的照明设施和防滑的地板。要有一些医疗设施,如漩涡浴等。其他的设施像超声波和热疗仪不能在更衣室使用,这类设备有严重的安全隐患,会大大增加学校的法律责任。

(三)防护装备

防护装备在预防损伤中起着至关重要的作用。在诸如足球、冰球、棒球和垒球等运动中,这一点尤其重要。然而,几乎所有的运动都能从使用某种形式的安全设备中获益——即使是像足球、篮球或摔跤运动员使用的护踝那样简单的装备。大多数防护用具公司为安装和维护包括头盔在内的保护设备提供了指导。国家协会还会定期检查运动头盔和其他防护装备是否符合标准。

二、内在因素

许多内在因素不容易识别,因此运动员在高风险的运动中必须被告知存在潜在的危险及其预防策略。例如,在处理橄榄球的拦截方面,球员应该学会正确拦截技术,以避免使用头盔作为武器。研究发现,正确的拦截技术可以大大降低头部和颈部损伤的发生率(Cantu 和 Mueller,2000 年)。运动员还必须进行一项运动前的身体检查(PPE),目的是识别与体育参与者相关的风险因素。

从历史上看,运动前的身体检查(PPE)通常包括对主要生理系统的简单快速检查。因此,为了在全国范围内提高运动前身体检查(PPE)的整体质量,一个由专业医疗组织组成的联盟(美国家庭医师学会与美国儿科学会、美国运动医学学会、美国运动医学学会、美国骨科运动医学协会和美国骨科运动医学学会)在 1992 年制定并发表了一套名为“运动前的身体检查(PPE)”的全面指导方针。该指南已经更新了几版,最新的专著是第四版,最近的版本是 2010 年出版的(AAFP 等,2010 年)。

有两个因素促成了这些关于运动前的身体检查(PPE)的标准的制定。首先,自 20 世纪 70 年代末以来,体育参与者的数量出现了爆炸性增长。对于学校管理者来说,每年都要监控所有学生运动员的健康状况,这已经变得越来越困难了。其次,近年来,美国社会的诉讼越来越多,因此,教练、教育机构和体育协会更担心,如果一名运动员因健康检查不当而受伤,就会被起诉。因此,运动前的身体检查(PPE)是所有相关的健康检查中一个非常重要的工具。运动前的身体检查(PPE)的主要目的是识别是否有受伤的潜在的危险因素,并确定任何可能导致学生运动员因参与运动而产生问题的损伤或疾病。

全国大学体育协会(NCAA)和全国州立高中协会联盟(NFHS)都制定并实施了关于学生运动员的医疗评估的指导方针。全国大学体育协会(NCAA)的指导方针是要求所有的学生运动员在进入该机构的运动项目的最初阶段都要接受体格检查(医学评估)。运动前的身体检查(PPE)刚开始应该包括一个全面的病史检查,一个疫苗检查[由疾病控制和预防中心(CDC)检测]和一个包括强调肌肉骨骼、神经系统和心血管评估(NCAA,2012年)的身体检测。第一级别和第二级别学校也要求新的学生运动员在参与运动前,完成镰状细胞溶解性试验。从那以后,每年更新医疗记录是必须的。除非根据最新的病史或新的医疗状况进行额外的医疗检查(NCAA,2012年)。全国州立高中协会联盟(NFHS)一直建议在参加校际体育活动之前每年进行1次医学评估。医学评估需要包括体格检查和病史,涉及心血管疾病的个人和家族史等检查,以及关注任何神经系统或肌肉骨骼问题的病史(Kurowski和Chandran,2000年)。心脏病史非常重要,因为在18岁以下的青少年中,每年会有12~36例心脏猝死(Small,2010年)。拓展知识4.1包括了用于心脏病史的常见问题。

关于运动前的身体检查(PPE)的频率存在着相当大的争论。许多学区每年都进行1次运动前的身体检查(PPE)。然而,随着此类程序的成本增加,有声音要求修改现行的方式,当运动员达到不同竞技水平时,就需要进行新的身体检查。也有人建议,每当运动员受到更严重的损伤,如头部或脊髓损伤,应该在重返比赛之前接受医师的全面身体检查。AAFP和其他五个共识团体建议,较年轻的中学水平的运动员每年都要接受1次全面的运动前的身体检查(PPE),对年龄较大的运动员来说,每隔2~3年接受1次。此外,建议对进入初中或高中或者转向新学校的运动员进行全面的运动前的身体检查(PPE)管理。此外,所有运动员都应该进行包括综合病史、身高、体重和血压评估在内的年度检查。对发现的任何问题建议进行后续检查(Bernhardt和Roberts,2010年)。

一个管理良好的运动前的身体检查(PPE)提供了大量关于运动员备赛的信息,通过病史和身体检查技术评估心脏、神经和肌肉骨骼系统。常见的症状包括先天性疾病,如脊柱裂(脊椎神经弓的不完全闭合),缺失成对器官(眼睛,肾脏,睾丸)中的一个,姿势问题如脊柱畸形异常,上下肢异常,肌肉不平衡,肥胖,高血压,心脏缺陷或心律失常,呼吸疾病如哮喘,药物过敏,皮肤感染和视力问题。典型的体格检查包括一般的外观检查、形态检查、心脏听诊和血压测量、呼吸系统评估、腹部触诊、皮肤评估、疝检查(男性)和肌肉骨骼评估,包括活动范围、一般强度和关节松弛度(Kurowski和Chandran,2000年)。运动前的身体检查(PPE)的结果将能否参与体育活动,分成三个类别,其中之一:运动员将得到获准,如未获准,则需要进一步的评估。最容易混淆

拓展知识4.1　有关心脏病史最重要的问题

1. 你在运动中或运动后是否出现过昏迷/晕倒的状况(或差点晕倒)?

2. 你在训练时胸部是否感到不适、疼痛、紧张或有压力?

3. 你的心脏在运动中是否会加速跳动或不规律跳动?

4. 你会感到头晕,感觉呼吸急促,或者在运动中感觉比预期更疲惫吗?

5. 有医师告诉过你:你有心脏的疾病吗?

6. 是否有家庭成员或亲属因心脏问题死亡或出现意外或者在50岁之前无征兆的猝死?

7. 你家里有没有人有心脏疾病,如肥厚性心肌病或扩张型心肌病,马凡氏综合征,心律失常或长QT综合征?

资料来源:Small E(2010)。正确提供预防服务:光明的未来手册。Elk Grove Village,Ill:美国儿科学会;Bernhardt DT Roberts WO(合编),(2010),美国家庭医师参与前身体评估学会(第四版)。堪萨斯州利伍德:美国家庭医师学会。

的地方是需要进一步评估,因为这通常是由于骨科损伤,脑震荡或全身性疾病(单核细胞增多症)引起的。所有接受"需要进一步评估"的运动员都必须通过与家庭和相关运动医学团队的协调方式进行转诊(Bernhardt 和 Roberts,2010 年;Small,2010 年)。

目前推荐两种基本的运动前的身体检查(PPE)方式。一种选择是让运动员在私人医师的工作室里做运动前的身体检查(PPE);这被认为是理想的选择。然而,随着 20 世纪 90 年代以来运动参与者数量的增加,对这些服务的医疗社区的需求也在增加。显然,随着医疗保健费用的增加,接受运动前的身体检查(PPE)的费用也会增加。因此,许多年轻的运动员根本就不能负担由私人医师(假设他们有一个)做这样的评估的费用。甚至有报道称,运动前的身体检查(PPE)通常是健康的孩子在这一年里唯一的一次接触到医师(Koester,1995 年)。另一种选择是一组运动员一起检查,这个被称为"协调医疗小组"(Bernhardt 和 Roberts,2010 年)方式。

这两种方式都可以成为完成运动前的身体检查(PPE)非常有效的方式。运动员的私人医师所做的个人运动前的身体检查(PPE)的优点包括医师熟悉运动员的病史,并立即得到包括免疫病史在内的医疗记录。此外,运动员的私人医师都已经与运动员建立了信任关系,这将允许对诸如吸毒和性行为等健康风险行为进行一些讨论。但是,在某些情况下,去私人医师办公室访问可能是不可能的。例如,当诸如篮球或排球队的一组运动员都需要运动前的身体检查(PPE)时,队医可能更愿意安排由包括初级保健医师,运动防护师,物理治疗师,运动生理学家和营养学家组成的临床医师队伍进行检查。根据 AAFP 的说法,这种对运动前的身体检查(PPE)管理的方法有一些优势。这些措施包括为运动员节省费用,以及为没有私人医师的运动员提供运动前的身体检查(PPE)。为了加快运动前的身体检查(PPE)过程,建议运动员在实际评估前完成运动前的身体检查(PPE)的病史的填报。有条件的情况下,病史应尽量由运动员和父母或监护人一起完成。

无论采用哪种方式的运动前的身体检查(PPE),这个过程都可以提供与运动员参加比赛意愿相关的有价值的信息。教练,以及运动医学人员,必须意识到任何可能使运动员容易受到特殊医疗问题的先决条件。一个完整的医学病史,包括先前的伤病,及代表了对运动员福利至关重要的信息。

患有哮喘、糖尿病、癫痫和药物过敏等疾病的运动员,应在随后的受伤或其他与病情有关的问题上予以确认。特殊人群需要根据可能不在普通人群中存在的损伤危险因素进行评估。建议由熟悉每种特定疾病的医疗影响的医师来评估特殊人群。显然,在体检中获得的所有信息都应根据《家庭教育权利与隐私法》(FERPA)和《健康保险可携性与责任法案》(HIPPA)进行保密处理。

在运动医学社区中,人们对那些缺少了成对器官中的一个的运动员的安全进行了关注,例如,那些只有一只眼睛、一个肾脏或睾丸的运动员。这个问题是由美国儿科学会(AAP)提出的,它已经发布了新的政策声明,在考虑一系列可能影响运动员参与比赛的医疗条件(Rice,2008 年)时,给医师提供了指导方针。人们认识到,这是一个复杂的问题,必须考虑许多变量,包括与特定运动相关的相对风险,例如,限制碰撞与接触运动。这可能是考虑一个缺少一组成对器官的运动员的一个重要因素。因此,AAP 关于如单个肾脏和睾丸的政策声明给出了一个合格的运动员缺少一个成对的器官,基于这样一个前提:通过适当的保护,甚至限制参与碰撞和接触体育可以接受适当的防护设备存在(Rice,2008 年)。美国儿科学会(AAP)的政策声明还建议,如果医师建议不要参与运动,而家庭选择允许孩子参与,需要签署知情同意书,最好是有父母的(或监护人的)亲笔签名,以得到证实他们被告知风险的信息。此外,医师建议,运动员也应该了解这些风险(Rice,2008 年)。

怎么办?

作为一名当地高中足球教练,当一些家长请你建议如何完成当地高中协会要求的最佳的赛季前身体评估检查,你将给出的建议是?

第三节 伤害预防与体能调控

任何损伤预防计划最重要的一个方面,就是保持运动员身体状况得到最佳发展,因为许多内在的危险因素可以通过有效的训练程序得到有效的改善。俗话说"你不是因为健康而运动,而是因为运动才健康",这句话用在今天十分适宜。教练在涉及通过适当训练方案进行损伤预防的作用不可低估,因为最近的数据显示,年轻运动员在一名教练的监督下平均能够达到326小时的训练时间,这一数据远远超过了独立的教师,医师或其他联合医疗保健专职人员所花费训练时间的总和(Koester,2000年)。

鼓励学龄儿童每天参加60分钟或更多的中等强度以上的体育运动(Carter和Micheli,2011年;Faigenbaum,2013年)。这些活动应该是适应身体发育,令人愉悦和安全的。孩子们可以安全地参加各种有氧运动,比如游泳、跑步和骑自行车,与此同时,越来越多的证据表明,力量训练对儿童来说也是一种安全有效的活动。有大量证据支持了这样的论点,即损伤预防策略应该集中在整个赛季的季前的体能和机能训练中,包括力量,平衡和功能性的特定运动技能训练(Abernathy和Bleakley,2007年)。同时证明了监督训练计划的重点是:通过加强肌肉力量来增强下肢的神经肌肉控制,而强化本体感觉可以预防前交叉韧带(ACL)损伤。

体适能训练的组成部分包括心肺(有氧)训练,肌肉力量和耐力训练,柔韧性和身体成分改善(Fulton等,2004年)。对任何运动专项的运动员都建议设计一个全面体能训练计划以监控所有指标和营养情况。如此下来,对运动员有两方面的好处——提高成绩并减少损伤。最重要的是要记住,体能训练计划有两个主要组成部分,即基础体能训练和专项体能训练。一般基础体能训练方案的重点是前面列出的主要健康指标,而专项体能训练侧重于特定运动或活动的各个方面。例如,网球运动员的肩胛带和肩关节肌肉需要特别注意,应避免重复性正手击球动作相关的过度使用损伤,这是这一运动所固有的损伤。为了使训练切实有效,体能训练方案应该包含全年性的基础训练和力量训练。这最好通过在整个训练计划中加入周期化的概念来实现,这是一个围绕特定目标和预定的训练及休息时间安排训练的过程。周期化的目的是使训练方案适应运动员个人的特殊需要,以在比赛中获得最好的成绩,同时避免训练造成的伤害。周期化的过程将在本章后面部分讨论。

一、有氧适能

有氧适能,通常也称为有氧能力,是指利用氧化系统将营养物质转化为能量所能完成的功。有氧能力(最大摄氧量$VO_2 max$)可以在实验室进行测试,通常用一个公式表示,表示每单位时间内每单位重

量所消耗的氧气体积。最常见的表现是以每千克体重/分钟[$ml/(kg \cdot min)$]为单位。一个高的最大摄氧量对更好地进行有氧运动很重要;然而,良好的运动经济性、燃料底物使用(脂肪的使用和葡萄糖的使用)、肌纤维类型(1型)和高乳酸阈值等其他因素也有助于有氧性能在有氧运动中更好地发挥(Reuter和Hagerman,2008年)。持续时间超过1分钟或更长时间的持续活动依赖于给肌肉能量作用的有氧能力。然而,参与短期无氧(无氧能量生产)运动的运动员可以间接获益于高水平的有氧运动。身体健康状况不佳除了在健康方面具有负面后果外,也是造成运动损伤的一个危险因素(Carter和Micheli,2011年)。研究表明,有氧运动可以通过防止一般的疲劳来帮助避免损伤,疲劳会降低肌肉力量,反应时间和神经肌肉协调性(Carter和Micheli,2011年)。

总而言之,不管是什么运动项目,在赛季开始进行高水平有氧运动训练的运动员都不太容易受伤。通过定期参加跑步,骑自行车,游泳,越野滑雪,单排轮滑,阶梯运动和有氧舞蹈等活动,都可以增强有氧运动能力。然而,任何有氧项目都需要根据单个年轻运动员的优势、弱点和需求进行调整。一般来说,为了提高有氧能力而设计的训练项目必须使生理系统负荷超量,超过它在休息或低水平活动时所习惯的负荷。除了有氧运动的模式或类型之外,包括训练强度、训练频率、运动持续时间和运动进度在内的四个主要程序设计变量对于成功都至关重要(Reuter和Hagerman,2008年)。训练强度通常由心率或感知力度来评估。超过最大心率60%的百分比最常用于诱发训练适应(Reuter和Hagerman,2008年)。训练强度、频率和持续时间具有独特的相互作用,并且彼此间相互变化。在高强度的训练阶段,频率和持续时间通常较低。通常,非有氧项目的运动员应该每周至少有3天进行一些有氧训练。所有训练计划应对应运动员制订的目标定期进行。一般来说,训练频率、强度和持续时间改变在1周内不应超过10%(Reuter和Hagerman,2008年)。

二、无氧适能

无氧适能是使用磷酸肌酸或糖原系统(非氧化)来产生能量,能完成的功。无氧训练通常包括抗阻训练、增强式训练、速度、敏捷性和速度-耐力训练(Baechle,Earle和Wathen,2008年)。本章的重点是抗阻训练。肌肉和结缔组织(筋膜、肌腱、韧带)经

历生理和形态的变化,因而组织由于阻力运动而变得更强(Ratamess,2008年),这一观点被广泛接受。此外,骨密度增加,并且骨头受到因为过度使用而造成的创伤和骨折的影响减小。改善的肌肉力量也被发现有助于减少肌肉骨骼损伤的机会,因为加强围绕关节的肌肉可以帮助运动员保护关节免受损伤。提高相对肌肉群(比如股后肌群和股四头肌)之间的强度,越来越普遍地被认为是有效防止损伤的技术。

鼓励教练和体育教师在设计年轻运动员的体能训练计划时,使用美国国家体能协会(National Strength & Conditioning Association,NSCA)(Faigenbaum 等,2009年)开发的青少年抗阻训练立场声明。Faigenbaum及其同事(2009年)指出,正确设计和监督抗阻训练计划对青年来说相对安全,可以增强青少年的肌肉力量和体力,改善青少年的心血管的风险状况,提高运动技能表现,并有助于提高运动成绩,增加年轻运动员对运动损伤的抵抗力,有助于提高青少年的社会心理健康水平,促进和发展青少年时期的运动习惯。最近的科学证据也消除了以下误区:①力量训练将阻碍儿童的成长;②力量训练会使孩子的骨骼生长板遭受损伤;③由于没有足够的雄性激素,孩子不能增加力量训练(Faigenbaum,2013年)。

关键词

训练周期(periodization): 将训练组织周期化,以达到运动员运动能力的最佳发展。

有氧适能(aerobic fitness): 利用氧化供能系统将营养素转化为能量所能完成的功。常称为有氧能力。

无氧适能(anaerobic fitness): 使用肌酸磷酸盐或糖原系统(非氧化)来产生能量可以完成的功。常称为无氧能力。

运动前的身体检查(PPE)在开始抗阻训练计划之前仍然受到推荐。至少任何身体或症状表现出损伤、疾病或已知的损伤和疾病的青少年应由其私人医师进行体格检查(Faigenbaum 等,2009年)。了解儿童和青少年独特的生理和心理需求,在对抗阻训练计划的进行指导和监督方面至关重要。鼓励教练通过地方和美国青年运动防护师协会提供的各种资源来指导这项训练。

三、肌肉力量、暴发力和耐力

力量(抗阻)训练是指:旨在提高个人能力或抗阻力量的系统化训练(Faigenbaum 等,2013年)。肌肉力量(strength)被定义为在一次重复动作中可以产生的最大力量,通常被称为最大重复值(1RM)。爆发力(power)可以定义为"完成工作的时间速度",可以用下面公式表示:

爆发力 = 力·速度

实质上,对于大多数运动应用来说,肌肉的爆发力对于运动表现而言比单纯的肌力要重要得多,因为运动表现具有时间依赖性。也就是说,运动员在运动中的表现需要更快,更具爆发性。与强度相反,肌肉耐力被定义为维持肌肉活动的能力。肌肉力量,爆发力和耐力通常通过某种形式的抗阻训练来改善,通常称为重量训练。每一种都需要不同的训练类型,并且必须以需求分析为基础(Baechle 等,2008年)。通过对训练量、训练强度、训练频率、休息(恢复)时间的频率和时长、训练选择、训练顺序的把握,来实现有效的训练(Baechle 等,2008年)。

训练量表示重量的重复次数,简单地通过将组数乘以重复次数来计算总重复次数。但是,另一个分量可能更重要:负荷量。负荷量被定义为在给定的训练时间内中举起的总重量。计算包括除了重复次数乘以举起的重量(Baechle 等,2008年)。使用逐渐增加的重量值175磅,185磅和195磅的3组10次重复(组)的运动负荷量,可以通过将组的总数和重复次数乘以每组举起的重量来计算。因此,第一组将有175磅×10组=1 750单位,第二组185磅×10组=1 850单位,第三组195磅×10组=1 950单位,总训练量为1 750+1 850+1 950=5 550单位。要计算每次训练每次重复的平均重量,请将负荷量除以训练量。一般来说,平均的权重将代表训练期间的工作质量。在给定的训练中平均重量越高,总训练的真实强度越高(Baechle 等,2008年)。

训练强度通常被定义为每组提升的重量,因此每次50磅重复10次(5个强度单位)的强度将只是每次100磅重复10次的一半(10个强度单位)。通常,强度是以运动员一次能举起的最大重量的百分比来表示的(1次最大重量,1-RM)。一个练习可以执行的次数(训练量)与所举起的重量呈反比。负重越重的组完成的重复次数越少,负重较轻的组重复次数较多(Baechle 等,2008年)。训练目标决定训练强度。当训练目标主要是肌肉力量时,训练强度通常≥85%1-RM,当训练目标主要是肌肉耐力时,训练强度通常为≤65%1-RM(Baechle 等,2008年)。因此,运动员肌肉力量训练将使用较重的负荷和更少的重复(6~12 次),而运动员训练肌肉耐力将使用更轻的负荷和更多的重复(≥12 次)。另一种定义训练强度的方法是根据运动速度;也就是说,重复执行的速度越快,强度越高(Baechle 等,2008年)。以高速进行的练习通常称为肌肉力量练习。爆发力训练只能在方案设计专家的指导下进行,因为不合格的爆发力训练可能导致损伤。

训练频率是指定时间内完成的训练次数(Baechle 等,2008年)。表达频率的最常见方法是记录每周的训练次数,或者在某些情况下记录每天训练的次数。在确定训练频率时必须考虑许多因素。这些包括运动员的训练目标和当前的体能状况,训练量和强度,以及计划的具体训练类型(Baechle 等,2008年)。作为一般规则,大多数力量训练计划每周都有进行 3~5 次的训练。随着方案变得越来越复杂,频率可以增加。然而,这种方案通常将训练划分为腿部,躯干或手臂等部分,使得每个部分在 1 周内都是分开单独训练的。要重点记住的是,肌肉组织适应特定锻炼的速度在生理上是有限制的。一般来说,中等到高强度的训练需要 24~48 小时才能完全恢复。在运动员的训练计划中,身体或特定肌肉群恢复的时间与训练的频率同样重要。没有考虑到这些生理适应可能会导致与训练计划相关的过度使用损伤。

休息时间通常是在一个特定的训练过程中的特定的时间间隔。然而,休息可以在更广泛的意义上用来描述训练之间的恢复。在一个特定的训练过程中,每组动作之间的休息时间在很大程度上决定了该训练的具体效果。例如,当训练的目标是绝对力量或爆发力时,训练强度就会很高,因此,组间的恢复期应该相对长,例如 2~5 分钟(Baechle 等,2008年)。相反,在肌肉耐力训练时,两组之间的休息时间可能会短一些,有时短至 15~30 秒。另一种方法是使用工作与休息的比率来帮助计算每组之间的休息时间。因为力量练习通常是重复次数少,时间少,但需要较长时间的肌肉再生,所以工作休息比例通常为 1∶5~1∶12。对于肌肉耐力练习,工作休息比通常为 1∶1~1∶3。

运动选择是根据运动的动作和运动的肌肉要求选择一种阻力训练。它还取决于运动员的经验,可用的设备和可用于训练的时间量(Baechle 等,2008

年)。训练通常分为两类,包括核心(结构)训练与辅助训练。核心训练集中在较大的肌肉群(臀部,背部,胸部和肩部),辅助训练(上臂,小腿 / 胫骨,腹部)集中在较小的肌肉群上。核心练习通常是多关节练习,辅助练习通常是单关节运动,可以分离出特定的肌肉或肌肉群。在计划训练时,核心练习应得到优先地位,并应在年轻运动员不疲劳时进行(Baechle 等,2008年)。在项目中也必须保持肌肉平衡,原动肌和拮抗肌均应根据运动需求进行相对比例的训练。

训练顺序是指在一个训练时段内进行阻力训练的顺序(Baechle 等,2008年)。肌肉的适应需要超负荷;然而,在阻力训练阶段过早的肌肉群疲劳会妨碍运动员在整个训练过程中产生最大力量的能力。在训练中有几种常见的安排抗阻训练方法,包括交替进行上半身和下半身的运动,在单关节运动前进行多关节运动,交替推拉运动,或在原动肌 / 拮抗肌组之间进行成对运动(Baechle 等,2008年)。

四、柔韧性

柔韧性是单关节或多关节组合的活动范围(range of motion,ROM)的量度(Baechle 等,2008年)。柔韧性分为静态和动态。静态柔韧性是关节及其周围肌肉作为被动(非自愿)运动的结果;它是通过在肌肉放松时被另一个人的被动操纵来实现的。动态柔韧性需要自愿肌肉活动,并且在主动运动期间的运动范围;它通常大于静态柔韧性(Baechle 等,2008年)。Baechle 及其同事(2008 年)指出,若干因素决定了特定关节的活动度(ROM),包括年龄;性别;骨结构;围绕关节的组织质量;以及关节周围的肌腱,韧带,肌肉和关节周围皮肤的伸展性。一般来说,柔韧性随着年龄的增长而下降,尽管保持积极的生活方式可以大大减少这种变化。此外,研究发现,女性比男性更为灵活。由新陈代谢,局部血流量和外部(环境)温度介导的组织温度也可以影响关节的 ROM。研究发现,热身运动可以使心率高于静止状态,可以有效暂时提高组织温度。

静态和动态拉伸已被证明可以改善目标关节的 ROM;然而,在肌肉和周围结缔组织中产生永久或可塑性变化需要大量的时间(McHugh 和 Cosgrave,2010 年)。在静态和动态拉伸方案之后,ROM 中的弹性或非永久性变化是明显的,但是这些变化是有时间限制的,并且组织将在活动停止后很快恢复到正常的静息长度(McHugh 和 Cosgrave,2010 年)。

因此,拉伸方案在应用后可以有效改善 ROM,但有限的证据表明,在活动之前进行简单拉伸的应用实际上可以长期改善 ROM。因此,教练,体育教育者和健身专业人员在拉伸减轻损伤的有效性方面存在争议。然而,最近关于拉伸对损伤预防有效性研究的科学回顾表明,在身体活动之前和之后的拉伸并不会明显降低全身损伤风险,但是似乎降低了对肌肉,韧带和肌腱的一些损伤的风险(Jamtvedt 等,2010 年)。证据表明,与没有伸展作为其活动计划的一部分的训练者相比,长时间(12 周)拉伸计划比任何其他方法更有可能减少受伤的概率;还确定了拉伸活动可以降低恼人的酸痛风险(Jamtvedt 等,2010 年)。因此,运动前后的拉伸活动应继续进行;但是,必须了解防止所有运动损伤的局限性。

关键词

柔韧性(flexibility): 单关节或多关节的活动度(ROM)。

根据所采用的方法,拉伸练习可以分为四种不同的类别。弹振式伸展法涉及强大的肌肉收缩,迫使关节有一个更大的活动范围。一个典型的例子就是通常所说的站立式脚趾接触,运动员弯曲并努力迫使双手接触他或她的脚趾。运动员通常反复地将躯干重新拉起,然后再次强制性地向下弯曲,以使手部更靠近脚部。可能这个伸展目标的肌肉是股后肌群以及躯干伸肌(竖脊肌)。不推荐弹振式伸展法,因为它会触发肌肉痉挛,这违背了拉伸的目的(Baechle 等,2008 年)。静态拉伸,顾名思义,包括将关节移动到被拉伸的目标肌肉中可以感觉到张力的位置,其位置应被维持(保持)30 秒至 1 分钟或更长的时间(Baechle 等,2008 年)。静态拉伸持续时间长短经常被争论;然而,静态拉伸需要保持至少 30 秒,以使组织长度明显改变(McHugh 和 Cosgrave,2010 年)。动态拉伸涉及关节活动度训练,并强调将要进行的体育活动。训练被用来模仿运动员在运动过程中可能经历的动作,包括通过控制全面的活动范围来进行关节活动,以便为将来的活动做好准备(Baechle 等,2008 年)。例子包括提膝卷腹,周期练习,振臂和活动躯干。动态拉伸和弹振式伸展法的关键区别在于没有弹振并且使用关节的全部活动范围。本体感觉神经肌肉促进(Proprio ceptive neuromuscular facilitation,PNF)涉及一种最初开发用于瘫痪患者的技术。本质上,PNF 使用身体的本体感受系统来刺激肌肉放松。已经开发了各种手动技术,都采用 PNF 原理。要有效地使用 PNF 技术,需要进行专门的训练。然而,通常受益于拉伸的肌肉(例如股后肌群)的基本 PNF 技术,比如腘绳肌,可以被教给非医疗专业人员,并且可以在训练或比赛之前的预热期间由队友有效地执行。

对这些技术进行比较的研究,在不同拉伸技术改善 ROM 的效果方面产生了不同的结果。静态拉伸可能是最有效的,效果持续 90 分钟(Safran,Seaber 和 Garrett,1989 年)。有证据表明,使用静态拉伸的最佳时间是在锻炼结束时,由于血液流动增加,组织升温(Weaver,Moore 和 Howe,1996 年)。弹振式伸展法被认为是最无效的方法,甚至可能导致损伤。

五、身体成分

无论何种运动,任何运动员的饮食习惯和身体构成,都会对整体表现和伤病恢复产生深远的影响。维持瘦体重(骨骼,肌肉,器官)和脂肪量之间的健康成分对于获得最佳性能至关重要。营养在维持年龄,性别和运动的适当身体成分方面起着非常重要的作用。当日常饮食中摄入足够量的必需营养素时,身体会以更积极的方式响应训练计划。在今天社会中,两种截然不同的体质状态正在影响着年轻的体育参与者。许多男孩和女孩在参加学校主办的运动,身体成分超过健康成长的推荐水平。还有一批青年运动员过分强调消瘦的体型,特别是在体操,跳水,举重等运动项目中。一般的统计数据表明,20 世纪 80 年代初以来,儿童肥胖比率增加了 1 倍多,青少年肥胖的比例增加了 2 倍(Center for Disease Control[CDC],2013 年)。自 21 世纪初以来男孩和女孩为了控制体型而出现的饮食紊乱现象也有所增加(National Institute of Mental Health,n.d.)。

六、周期训练

正如本章前面提到的,体能训练的设计应该将所有身体各方面发展达到最佳水平,同时允许休息和恢复有足够的时间间隔。周期模型包括代表越来越小的训练时间单位的几个部分,最大的单位为大循环,通常为 1 年。大循环可以被划分为几个更小的单位,称为中循环,持续数周至 1 个月或更长时间,具体取决于大循环中赛季的数量。最小的组成部分称为小循环(微循环),由强度,持续时间波动和频率波动的 2~4 周的训练组成（Wathen，Baechle 和 Earle，2008 年）。一个中周期由几个连续的小循环组成，其专注于特定的目标，例如增大腿部肌肉。过渡阶段是训练季之间或连续的中循环之间发生的 2~4 周的时期。在过渡阶段，训练是逐步调整的，要么使运动员达到体能高峰，要么让运动员在竞争激烈的赛季后得到休息和恢复。简而言之，过渡阶段的作用是给身体时间，使其从之前的循环中恢复，为下一个阶段的训练做准备。

大循环的组成部分取决于给定日历年所包含的赛季数。对于每年在一个赛季参加一项比赛的运动员来说，大周期通常包括季后赛，休赛季，季前赛，赛季中。相反，对于在同一个年度有不止一个赛季的运动员，可能会有两组或更多组由休赛季，季前赛和赛季中组成的训练周期。每年有两个赛季的大学水平橄榄球运动员的"春季球"和"常规赛"的是其典

运动防护师开讲

Courtesy of Skylar Richards, ATC, LAT, Head Athletic Trainer and Director of Sport Science, FC Dallas Football Club (Major League Soccer).

运动防护师和体能训练师如何一起训练运动员以应对激烈的竞争？

运动防护工作的三大主体是伤害评估，伤害康复和伤害预防。其中，伤害预防往往是最易被忽视，但可以说是最重要的。通过与先前测量的参数进行比较，可以评价连续照护中的所有领域的成功经验。体能（S&C）专家可以通过收集基线表现指标来与运动防护师合作，这些指标为我们的连续性护理提供起点和终点。这些措施让我们能够使用定量数据来做出更好的临床决策。基础生物力学，心血管和神经肌肉／力量测量还提供特定的运动目标来量化显示运动员能力恢复的百分比。使用运动员最佳运动状态时收集的数据，可以降低再次受伤（相同肌纤维受伤）或继发性损伤（因先前受伤而导致的受伤或代偿所造成的损伤）的可能性，二次伤害或继发性损伤会延长离开赛场的时间。

尽管运动防护师和体能（S&C）专家可以在整个连续的护理过程中结合，但是我认为完整的互动最好的两个地方是在伤害预防和伤害康复阶段。伤害预防：通常情况下，典型的预防是由体能（S&C）专家负责的。尽管发展力量和耐力对于预防来说是重要的，但运动防护师对损伤史，损伤机制和生物学的知识可以帮助提升任何预防计划。将在不平衡表面上练习添加到典型的力量练习中，改变关节位置以避免过度使用损伤，或者使用个人受伤史来定制预防方法，运动防护师可以在这些方面加强体能教练的预防计划。伤害康复：我已经看到了两个不同的系统的整合。在其中一个项目中，体能（S&C）专家只监督康复的最后阶段。这个系统相当普遍，易于集成。第二点，让体能（S&C）专家以有计划的方式参与每个阶段。

阶段 1：肿胀控制和桌面训练，体能（S&C）专家负责基本力量维护和发展纯有氧系统能力。阶段 2：运动防护师——负责关节的活动范围，软组织活动性和本体感觉的改善。体能训练师——负责力量发展的进程，稳定性，吸收力和肌肉耐力与糖酵解能源系统的发展。阶段 3：AT- 偏心运动控制，组织监测与容量进展，与基线数据比较。S&C 特定运动动作，高级步态分析和能量系统集成。

最后，如果我们将康复连续过程理解为：预防→健康的运动员→过度训练→损伤康复→健康的运动员，那么我们意识到运动防护师与体能训练师是一个团队，合作会带来最好的结果，让他们重返赛场，让他们面对激烈的竞争。

——Skylar Richards，理学硕士，运动防护师，执业运动防护师

Skylar Richards 是美国足球大联盟（Major League Soccer）达拉斯足球俱乐部（FootballClub Dallas）首席运动防护师与运动科学总监。

型代表。

包括肌肉力量发展目标在内的阶段性项目有一个准备期,通常在训练年的淡季部分,运动员要经历三个不同的阶段。这些是增肌/耐力,力量,最后是爆发力。这一进展的理由是基于健康的肌肉生理学科学。肌肉增大肥厚/耐力期的目的是加强围绕肌肉纤维的结缔组织和将肌肉附着在骨骼上的肌腱。结缔组织的这种发展使得运动员能够安全进行更高强度的训练,而不会冒受训练相关的伤害风险。肥胖/耐力阶段的强度水平一般较低,但容量较高,这相当于每次练习完成的重复次数更多,每次练习的1-RM 重量的百分比较小。接下来的力量训练阶段是目标和协议的重大变化。这个阶段的目的显然是增加肌肉群的力量。运动强度水平逐渐提高到最大力量的(1-RM)的80%。相反,数量减少到若干5-RM 到 8-RM 的水平(每组重复 5~8 次;Wathen,Baechle 和 Earle,2008 年)。称为冲刺阶段的最后阶段着重于开发更高速度的运动,冲刺阶段的强度非常高——每次练习的强度通常高达 90%,训练量也较少。

对于每年两个赛季的运动员来说,典型的周期训练,可以用准备春季橄榄球赛季的大学水平橄榄球运动队员的训练来说明。在季前赛阶段,他可能会花费前 3 周来锻炼肌肉力量和肌肉增大(微循环),接下来是 3 周的高强度,低总量的力量训练,以发展肌肉力量(微循环)。这两个微循环构成了一个以改善下肢力量为目标的中循环。然后在竞争季节开始之前插入过渡阶段。在春季,球员会减少每周的重量训练频率,以保持在季前赛阶段取得的成绩。这个球员也会为常规赛准备一个类似的计划,并且会在上述计划中取得进展。

关键词

弹性拉伸(ballistic stretching):使用重复的弹性动作的拉伸。

静态拉伸(static stretching):被动地伸展一个拮抗肌,并保持最大伸展状态。

动态拉伸(dynamic stretching):一种自由伸展的技巧,使全身的肌肉热身以达到最大的伸展性。

本体感觉神经肌肉促进疗法(proprioceptive neuromuscular facilitation)(PNF):使肌肉交替性收缩和拉伸的伸展技术。

被动拉伸(passive stretching):由另一个人来进行拉伸。

肥大(hypertrophy):由细胞增加而引起的变大。

怎么办?

有一位越野长跑者长期腿部肌肉紧张,向你请教如何提高其腿部柔韧性,你有什么建议?

复习题

1. 区分导致运动损伤的内在和外在风险因素类型。提供两种类型的示例。

2. 列出医师可能在进行身体测试时发现的四种与运动损伤有关的内在风险因素。

3. 私人医师进行赛前身体测试的两个缺点是什么?

4. 列出本章所描述的训练的部分。

5. 简要地描述训练量、训练的强度、训练周期和训练频率之间的关系。

6. 描述运动顺序和运动选择如何影响抗阻训练的结果。

7. 大周期、中周期和微周期的定义,因为他们与运动训练计划相关。

8. 判断题:运动员,无论任何运动,都能从高水平的有氧运动中获益。

9. ROM 缩写是什么意思?

10. 讨论 4 类拉伸的优缺点。

(广东体育职业技术学院 涂文坚)

参考文献

Abernethy L, Bleakley C. (2007). Strategies to prevent injury in adolescent sport: a systematic review. *Br J Sports Med.* 41:627–638.

American Academy of Family Physicians in association with the American Academy of Pediatrics, the American College of Sports Medicine, the American Medical Society for Sports Medicine, the American Orthopaedic Society for Sports Medicine, and the American Osteopathic Academy of Sports Medicine. (2010). Preparticipation physical evaluation: History form. Available: http://www.aap.org/en-us/professional-resources/practice- support/Documents/Preparticipation-Physical-Exam-Form.pdf.

Badgeley MA, McIlvain NM, Yard EE, Fields SK, Comstock RD. (2013). Epidemiology of 10,000 high school football injuries: Patterns of injury by position played. *J Phys Act Health.*10(2):160–169.

Baechle TR, Earle RW, Wathen D. (2008). Load assignment. In Baechle TR, Earle RW (eds.), *Essentials of Strength Training and Conditioning* (3rd ed.). Champaign, Ill: Human Kinetics. pp. 381–411.

Bernhardt DT, Roberts WO (eds.). (2010). *Preparticipation Physical Evaluation* (4th ed.). Leawood, Kan: American Academy of Family Physicians.

Cantu RC, Mueller FO. (2000). Catastrophic football injuries: 1977–1998. *Neurosurgery.* 47(3):673–677.

Carter CW, Micheli LJ. (2011). Training the child athlete: physical fitness, health and injury. *Br J Sports Med.* 45:880–885.

Centers for Disease Control and Prevention. (2013). Childhood obesity facts. Available: http://www.cdc.gov/healthyyouth/obesity/facts.htm.

Courson R, Goldenberg M, Adams K. (2013). Inter-association consensus statement on best practices for sports medicine management for secondary schools and colleges. Available: http://www.nata.org/sites/default/files/SportsMedicineManagement.pdf.

Faigenbaum AD, Kraemer WJ, Blimkie CJ, Jeffreys I, Micheli LJ, Nitka M, Rowland TW. (2009). Youth resistance training: Updated position statement paper from the National Strength and Conditioning Association. *J Strength Cond Res.* 23(5 Suppl):S60–79.

Faigenbaum AD. (2013). Youth strength training: Facts and fallacies. American College of Sports Medicine. Available: http://www.acsm.org/access-public-information/articles/2012/ 01/13/youth-strength-training-facts-and-fallacies.

Fulton JE, Garg M, Galuska DA, Rattay KT, Caspersen CJ. (2004). Public health and clinical recommendations for physical activity and physical fitness: Special focus on overweight youth. *Sports Med.* 34(9):581–599.

Hjelm N, Werner S, Renstrom P. (2012). Injury risk factors in junior tennis players: a prospective 2-year study. *Scand J Med Sci Sports.* 22:40–48.

Jamtvedt G, Herbert RD, Flottorp S, Odgaard-Jensen J, Håvelsrud H, Barratt A, Mathieu E, Burls A, Oxman AD. (2010). A pragmatic randomised trial of stretching before and after physical activity to prevent injury and soreness. *Br J Sports Med.* 44:1002–1009.

Koester MC. (1995). Refocusing the adolescent preparticipation physical evaluation toward preventative health care. *J Athl Train.* 30(4):352–360.

Koester MC. (2000). Youth sports: A pediatrician's perspective on coaching and injury prevention. *J Athl Train.* 35(4):466–470.

Kurowski K, Chandran S. (2000). The preparticipation athletic evaluation. *Am Fam Physician.* 61(9):2683–2690.

McHugh MP, Cosgrave CH. (2010). To stretch or not to stretch: the role of stretching in injury prevention and performance. *Scand J Med Sci Sports.* 20:169–181.

Murphy DF, Connolly DAJ, Beynnon BD. (2003). Risk factors for lower extremity injury: A review of the literature. *Br J Sports Med.* 37:13–29.

National Collegiate Athletic Association. (2012). *2012–13 NCAA Sports Medicine Handbook.* Indianapolis, Ind: Author.

National Federation of State High School Associations. (2013). The case for high school activities. Available: https://www.nchsaa.org/intranet/downloadManagerControl.php?mode=getFile&elementID=7680&type=5&atomID=9981.

National Institute of Mental Health. (n.d.). Eating disorders among children. Available: http://www.nimh.nih.gov/statistics/1eat_child.shtml.

Ratamess NA. (2008). Adaptations to anaerobic training programs. In: Baechle TR, Earle RW (eds.), *Essentials of Strength Training and Conditioning* (3rd ed.). Champaign, Ill: Human Kinetics. pp. 93–118.

Reuter BH, Hagerman PS. (2008). Aerobic endurance and exercise training. In: Baechle TR, Earle RW (eds.), *Essentials of Strength Training and Conditioning* (3rd ed.). Champaign, Ill: Human Kinetics. pp. 490–504.

Rice SG. (2008). Medical conditions affecting sports participation. *Pediatrics.* 121:841–848.

Safran MR, Seaber AV, Garrett WE. (1989). Warm-up and muscular injury prevention: An update. *Sports Med.* 8(4):239–249.

Small E. (2010) *Performing preventative services: A bright futures handbook.* Elk Grove Village, Ill.: American Academy of Pediatrics.

Steinberg N, Siev-Ner I, Pelegi S, Dar G, Masharas Y, Zeev A, Hershkovitz, I. (2012). Extrinsic and intrinsic risk factors associated with injuries in young dancers aged 8–16 years. *J Sports Sci.* 30(5):485–495.

Sytema R et al. (2010). Upper extremity sports injury: Risk factors in comparison to lower extremity injury in more than 25,000 cases. *Clin J Sport Med.* 20:256–263.

Taimela S, Kujala UM, Osterman K. (1990). Intrinsic risk factors and athletic injuries. *Sports Med.* 9(4):205–215.

Wathen D, Baechle TR, Earle RW. (2008). Periodization. In: Baechle TR, Earle RW (eds.), *Essentials of Strength Training and Conditioning* (3rd ed.). Champaign, Ill: Human Kinetics. pp. 507–522.

Weaver J, Moore CK, Howe WB. (1996). Injury prevention. In: Caine DJ, Caine CG, Lindner KJ (eds.), *Epidemiology of Sports Injuries* (Chapter 26). Champaign, Ill: Human Kinetics.

Yang J, Tibbetts AS, Covassin T, Cheng G, Nayar S, Heiden E. (2012). Epidemiology of overuse and acute injuries among competitive collegiate athletes. *J Athl Train.* 47(2):198–204.

第五章
运动员和运动损伤心理

本章主旨

　　运动损伤不仅包括物理创伤,还包括韧带、肌腱和肌肉损伤。在康复过程中,运动员的心理健康先于运动损伤,其对损伤的知觉和反应对康复起着重要作用。本章将向读者介绍运动员心理的开创性研究,呈现运动损伤和康复的心理效应。该研究起源于对主要人格变量的考察,如特质焦虑、一般人格和控制点等。在探索运动员与社会环境关系的研究中,聚焦在一般生活压力下从事竞技运动如何使运动员产生生理或心理疲劳以及运动损伤。本章还特别关注竞争性压力对青少年运动员的影响,以及在减少运动参与消极影响中教练和父母的作用。体育社区中可能存在的抑郁、季节性情绪失调等研究也将被介绍。本章还将深入讨论影响当今运动员的饮食失调问题,包括神经性厌食症、暴食症、肌肉成瘾症以及相关的早期预警信号和建议处置方法。

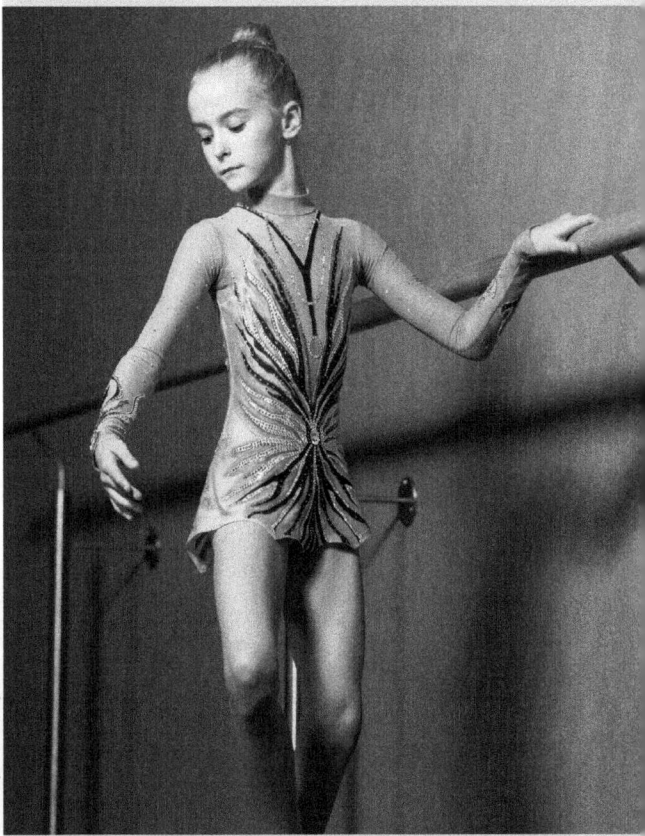

诸如环境条件、场地类型、防护装备质量、运动员技能水平、训练年限、相对肌肉力量以及运动类型等均被视为导致运动损伤的原因或风险因素。为减少或消除这些风险因素的影响而设计的策略的执行，则成为组织体育规划的行政部门的主要责任。然而，尽管在执教和体能训练技术方面有了显著提升，规则的改变、更好的执裁，以及先进的保护性装备技术和体育设施，但是运动损伤仍然会发生。尽管这一现象的部分原因在于参加者人数的增加和报告损伤系统的完善，但是对大部分青少年和大学生运动员而言，急性和慢性损伤仍旧是重要威胁。

多种心理因素可以影响个体的心理和生理健康，针对一般人群的心理压力与疾病的关系的早期研究表明，经历高水平压力的个体更容易产生疾病（Homes 和 Rahe，1967 年）。为考察运动员群体是否也存在类似关联，运动科学家一直以来不断探索着心理变量与运动损伤间可能存在的关系（图 5.1）。例如，有证据表明运动员压力水平高会导致生理疲劳和外周视野狭窄，还会增加伤病的风险（Hanson，McCullugh 和 Tonymon，1992 年；Perna 和 McDowell，1995 年）。Vetter 和 Symonds（2010 年）也报道了大学生运动员运动损伤与生理疲劳的关系。一项对

149 名大学生运动员的调查表明：与男运动员相比，女运动员的急性和慢性运动损伤的比例更高。在赛季中女运动员报告疲劳发生的频率为 30%，有时达 66%；而男运动员的疲劳发生频率为 23%，有时达 59%。研究者得出结论：女运动员的高损伤比例可能是由于产生了更多的疲劳和耗竭。新近报道（Malinauskas，2010 年）还表明，在运动损伤较重（1 周以上恢复时间的）和损伤较轻（1 周以内恢复时间的）的大学生运动员之间，心理社会变量上也存在差异。较重损伤与知觉到的更大的压力和更少的社会支持以及生活满意度有关。因此，知觉到的压力、社会支持水平和疲劳均与运动损伤密切相关并需要深入阐明，因为这给运动员的运动和生活提出了问题。然而，重要的是理解生活情境、个性和当前状态间的非常复杂的相互作用，因此探索变量之间关系的典型研究目的是要提升处置和认识水平。为更好地理解这些关系，运动员的心理特质被分为两大类：人格变量和社会心理变量。

第一节　人格变量

Matthews、Deary 和 Whiteman（2003 年）认为，人格特质的概念与人类语言一样古老，特质理论认为个体的人格是由显著的个性构成的，具有时间上的稳定性，并影响个体的行为（Matthews 等，2003年）。特质具有稳定性的人格特征，而人格状态是人格特征的临时性变化。特质人格的类型在科学界一直争论了很多年。然而，在探讨一般特质人格维度时，大五人格特质得到了较为一致的使用。这五个一般特质是：外向性、亲和性、尽责性（可靠性）、神经质（情绪稳定性）和开放性（Goldberg，1990 年）。关于运动参与，广泛接受的观点是没有哪一种完美的人格特质可以预测运动选择（Flaming，2009 年）。关于人格和运动选择的报道不尽一致，通常认为外向型运动员更可能选择集体项目，而内向型运动员经常会选择个人项目。Eagleton、McKelvie 和 deMand（2007 年）提供了一些观察证据。然而，Dobersek 和 Bartling（2008）发现了相反的情况。因此，人格特质非常复杂，可能仅是决定运动倾向的一部分。

关于运动损伤，对运动员来说人格的特质与状态均很重要，正是人格的不同方面复杂的相互作用可能导致损伤。例如，那些倾向于焦虑并觉得自己没有足够的资源来成功参加一项具有高强度

图 5.1　竞赛可以产生较大心理压力

和重大后果的体育赛事的运动员可能更容易受伤（Kleinert，2002 年）。Williams 和 Andersen（1998 年）提出了一个压力 - 损伤模型，把状态和特质变量整合到解释运动损伤发生的理论中。该模型认为，当一个潜在的压力情境被认知之后，就会产生一个压力反应，该反应受认知评估（例如，是否严重）和生理 / 注意变化的影响（如心率和注意焦点）。当压力反应产生一个有害的评估和生理变化时，会导致运动表现下降，之后可能是运动损伤。Williams 和 Andersen（1998 年）提出，运动员的人格特质、历史压力源和应对策略决定了他们对压力情境的反应是否会导致受伤。人格的三个方面：特质焦虑、控制点和自我概念常作为探索与压力反应的关系时的主要变量。特质焦虑与人格特质中的神经质（情绪稳定性）相关联，与一个人把某些情境知觉为威胁并产生焦虑反应（生理的和情绪的）的性格或倾向有关。（Matthews 等，2003 年）。运动特质焦虑是在体育运动中，对承受运动损伤的广泛的、不确定的担心和忧虑（Kleinert，2002 年）。控制点与人们对发生在生活中的事件感到能够控制或缺乏控制的信念有关。个体的控制点一般分为两种类型：外部控制点和内部控制点。前者很少感受到对生活中的事件的控制，这些人相信定数、运气、命运等因素决定生活事件。内部控制点的个体认为他们应对发生在自己身上的事负责——他们自己负责。尝试揭示损伤概率和严重性与控制点关系的研究迄今为止仍未得到确切的结果。这种关联的证据如果确实存在，也可能是具有运动特异性的——即控制点和特质焦虑可能在某种类型运动的损伤中起作用。例如，Petrie（1993 年）发现在特质焦虑和大学足球运动员因受伤而导致的缺席之间具有正相关。相反，田径运动员的损伤和控制点间没有发现相关的证据。（Hanson 等，1992 年）。自我概念也可能是与损伤相关的风险因素。研究发现，低自我概念的运动员与运动损伤之间具有统计学意义上的显著相关（Lamb，1986 年）。例如，Lamb 发现在曲棍球女大学生运动员群体中，自我概念和运动损伤间具有很高的负相关性（−0.917）。尽管这些发现支持了低自我概念是运动员损伤的重要风险因素的理论，研究者仍在努力通过更多证据确定其真实关系（Kleinert，2002 年）。显然，低自我概念的运动员较少能够有效处理高竞赛压力，尤其是获胜压力。应对能力不足可能是导致受伤行为的原因。在极端情况下，受伤可能是一种主动选择，因为这样运动员就找到一个合理的借口

逃避比赛。谨慎的教练会采用筛选测试（如，田纳西自我概念量表 Tennessee Self-Concept Scale）判定运动员是否具有较低自我概念。缺少此类测试经验的教练员应该寻求专业人士帮助，如运动心理学家、学校心理学家或咨询顾问。对于低自我概念的运动员应通过多种干预策略给予帮助。有证据表明，低自我概念可以通过个别化的咨询和练习得到提升。显然，教练员应该高度关注并采用任何可能的咨询手段避免情况的恶化。一旦确定，低自我概念的运动员应该被建议去咨询职业运动心理学家、咨询顾问，甚至寻求临床心理治疗师的帮助。教练员必须具备较好的判断力并巧妙地避免以消极的方式给运动员贴标签。

📖 **关键词**

特质焦虑（trait anxiety）：把某些情境知觉为威胁并产生焦虑反应的性格或倾向。
控制点（locus of control）：人们对发生在生活中的事件感到能够控制或缺乏控制的信念。
自我概念（self-concept）：个体源于自我信念构建起的自我形象。

📋 **怎么办？**

假如你是北密歇根高中的摔跤教练，在 12 月初，你的一个队员向你抱怨慢性疲劳、渴望甜食，没有运动兴趣。这些抱怨是心理失调的信号吗？如果是，你将如何帮助运动员？

第二节 社会心理变量

尽管人格特质和运动损伤之间的总体关系偏弱，但在探索社会心理因素（如社会环境、生活压力和情绪）与受伤概率之间关系的研究中发现了更多的证据（Wiese-Bjornstal，2010 年）。我们生活在社会环境持续变化的时代，必然会产生经济和家庭压力。因此，在运动损伤的方程式中，考虑不断变化的社会心理因素尤为重要。特别应高度关注压力性生活事件对运动员影响效果的研究。压力性生活事件是指通常能够引起个体的适应或应对行为，或生活方式产生发生重大改变的积极或消极事件（Holmes 和

Rahe,1967 年)。该理论认为,生活事件可以导致很大的压力,即使是那些多数人认为的好事,如结婚、度假或赢得彩票。研究者努力探索生活事件对不同人群的影响效果,包括运动员。研制出了多种问卷,包括:社会再适应等级量表(the Social Readjustment Rating Scale,SRRS)、社会和运动员再适应等级量表(the Social and Athletic Readjustment Rating Scale,SARRS)、青少年生活事件量表(the Life Event Scale for Adolescents,LESA)、生活事件问卷(the Life Event Questionnaire,LEQ)、大学生运动员生活事件调查(the Life Event Survey for Collegiate Athletes,LESCA)和运动员生活经验调查(the Athletic Life Experience Survey,ALES)等。

Williams 和 Andersen(1998 年)提出了压力 - 损伤模型,认为两种社会心理变量,即历史压力源和应对资源在对压力情境进行认知评估和生理反应时起到重要作用,两者都可能影响运动损伤的发生。大量研究揭示了压力性生活事件和运动损伤之间的关系(Andersen 和 Williams,1988 年;Hanson 等,1992 年;Ivasson 和 Johnson,2010 年;Lamb,1986 年;Malinauskas,2010 年;Petrie,1993 年;Williams 和 Andersen,1998 年)。例如,新近关于瑞典优秀足球运动员的研究表明,受伤运动员有较高的自责水平,面对压力更脆弱,更易"感同身受",有更多的躯体焦虑症状以及易怒(Ivasson 和 Johnson,2010 年)。Malinauskas(2010 年)也证实了受伤严重程度和社会心理因素的关系。与受伤较轻(恢复时间少于 1 周)的运动员相比,受伤较重(恢复时间多 3 周)的运动员知觉到了更大的压力和更低的生活满意度(Malinauskas,2010 年)。有证据表明,当运动员正经历个人重大变故,尤其是消极变故时受伤的概率会增加。教练团队可以找到诸如自我概念状态评定的方法,评估运动员的生活压力状态,而这应该在赛季的开始进行,并作为后续评估的基础。这样,那些高风险的运动员,即高生活压力分数的运动员可以被确定并求助于顾问,从而提高应对技能。有证据表明,具有较高应对技能的运动员受伤的可能性更小(Hanson 等,1992 年)。心理测验的实施和解释最有效的途径是由运动心理学家和其他专业人士来进行。教练人员应避免临时充当业余心理学家对运动员进行测试,因为这可能会使情况变得更糟。

除了压力性生活事件外,抑郁和季节性情感障碍也可能导致受伤。大学生中可能经历抑郁的女性人数是男性的 2 倍,1 年之内有十分之一的学生有抑郁症状(国家大学生运动员协会;NCAA,2012 年)。数据还表明,学生运动员经历的抑郁症状和疾病与非运动员相似或更多(NCAA,2012 年)。尽管与非运动员相比,运动员具有更高的自尊水平和良好的社会关系,有趣的是,这些积极的社会心理品质并没有明显减少抑郁症状。因此,教练员、父母、康复师应关注运动员的抑郁症状并提供必要的帮助(Armstrong 和 OoMen-Early,2009 年)。运动员经历的事件有可能触发或恶化他们的情绪,包括意外冲击、成绩不佳、比赛时间短、被退队或因伤停训等(NCAA,2012 年)。关于因伤停训超过 1 周的运动员,Appaneal 和同事(2009 年)曾报道男女运动员在受伤 1 周后检测到比健康运动员更高的抑郁症状得分;而这些差异在 1 个月或 3 个月后就不存在了。因此在受伤的急性和次急性阶段,教练人员对运动员的处置对认识抑郁症状起着重要的作用。

一、抑郁

抑郁和其他心理疾病的识别、转诊和治疗是极为重要的,但在运动员文化中可能会有所禁忌。不像身体伤害更易于检测,由于历史和传统保护原因,运动员管理部门没有足够的资源以及运动员的高调身份可能会阻止他们报告出相关症状。团体动力也可能是认识抑郁的因素,因为寻求帮助通常被看作是软弱或失败的标志,而不是强大的象征(NCAA,2012 年)。

抑郁性疾病形式多样,症状的数量、严重性和持续时间也不同。抑郁比犹豫或其他日常困扰导致的情绪低落更严重些(NCAA,2012 年)。重性抑郁、心境恶劣和双相障碍是最常见的抑郁形式。重性抑郁最严重,但持续较短;心境恶劣较严重,持续时间较长;双相障碍的典型特征是伴有狂躁行为。表 5.1 列举了抑郁症的一般信号。

运动员管理部门应通过心理健康检查了解学生运动员的心理健康状态,尤其在高风险时期,如失去教练或队友、重伤、被退队或其他重大事件发生时。心理健康检查可以很简单,如通过体恤的倾听,鼓励运动员谈论可能触发抑郁的事件等。也可以向尝试改善中等抑郁症状的学生运动员提供几种自助策略(拓展知识 5.1)。

表5.1

抑郁信号和症状

- 学习或运动表现下降
- 躁动不安
- 体重明显下降或增加
- 几乎每天食欲变化

他们可能会说：

- 压抑、难过或几乎每天的大多数时候都感到空虚
- 犹豫不决或难以集中注意
- 感到悲伤或经常哭
- 对曾经喜欢的活动（和朋友闲逛、锻炼、学习或性）缺少兴趣或丧失乐趣
- 经常感到无价值、低自尊、没有希望、无助或不适当的愧疚
- 经常想到死或自杀

拓展知识5.1　改善中度抑郁症状的自助策略

- 加强积极思维。
- 寻求家庭、朋友、教练或康复师的帮助。
- 把艰巨的任务化整为零；设置现实的目标。
- 饮食规律，注意营养。
- 养成规律和充足的睡眠习惯。
- 减少酗酒。
- 参加使你感觉良好的活动。

开展心理健康行动计划很重要，尤其是大学生运动员管理部门，因为很多运动员都会经历适应障碍。此外，在校园内、校区和当地社区内培育与心理健康资源关系网，可以使教练员、体育教师和康复师发展出有效的学生运动员参考计划（NCAA，2012年）。对于更高级的筛选，建议由运动医学团队采用美国国家心理卫生研究院（the National Institute for Mental Health，NIMH）出版的流行病学研究中心修订版抑郁量表（the Center for Epidemiological Studies Depression Scale Revised，CESD-R）进行。CESD-R可以在 HTTP://cesd-r.com 网址免费下载使用。然而，解释任何筛查工具都需要谨慎。运动员出现任何有关抑郁的困扰，都应该咨询医师、心理治疗师、

顾问等专业人士。

关键词

重性抑郁（major depression）：具备5种或5种以上的症状，且在睡眠、饮食、工作和学习等日常功能上发生显著改变。

心境恶劣（dysthymia）：以非失能性症状为特征，长期但不导致日常功能的改变。

双相障碍（bipolar disorder）：表现为个体从重性抑郁到充满能量的狂躁的循环性情绪。

适应障碍（adjustment disorders）：对特定事件产生的中度抑郁或焦虑症状的失调反应。

二、季节性情绪失调

季节性情绪失调（seasonal affective disorder，SAD）是一种精神病学紊乱，影响一般人群，包括运动员，主要发生在秋冬季节。以前，SAD被划归为情绪失调。然而，SAD有别于重性抑郁，明显与秋冬季节更冷的月份有关，那时阳光更少。SAD有广泛的症候群，包括：身体能量和能力的缺乏、食欲增加（尤其是嗜糖癖）、性欲下降、嗜睡（过度睡眠或困倦）、快感缺乏（对通常愉快的活动缺乏兴趣）和社交障碍等（Rosen等，1996年）。

Rosen和同事（1996年）研究了68名NCAA一级冰球运动员以确定SAD的发生频率。具体来说，这些运动员都位于北纬地区，那里的秋冬季节日照减少。研究持续整个赛季，其间运动员要填写一整套问卷，用以判断其是否表现出SAD的症状或亚综合症状（轻度功能失常状态，强度上未达到重性抑郁的标准，Kasper等，1989年）。研究结果令人震惊，68名队员中有22人被发现有SAD症状（n=6［9%］）或亚综合症状（n=16［25%］）。

鉴于这种失调的多种症状会产生消极影响，甚至导致运动损伤，谨慎的父母、教练和康复师应该熟悉SAD症状的特殊信号。尽管SAD的亚综合症状意味着不很严重的危害，但是如果运动员没有获得医学关注，出现问题的潜在风险仍会很高。对SAD的准确诊断测试是可以做到的，任何表现出在此描述的症状的人都应该得到专家的评估。关于治疗，Rosen和同事（1996年）认为，通过光线疗法（phototherapy）可以得到满意的效果。

运动防护师开讲

在康复过程中,为什么强调运动损伤心理学的重要性? 运动防护师最好怎样做?

作为运动防护师,我认为重要的不仅是要关注我的学生运动员的损伤,也要关注他们对运动损伤的心理及其影响。这是康复过程的重要组成部分。很多时候,在我处置运动损伤的过程中,可能是运动员第一次受伤。运动员心里会想很多问题,诸如:伤病会持续多久? 我能比赛吗? 我能训练吗? 等。很多时候这是对未知的恐惧。作为运动员的运动防护师,我尽全力让他们建立自信,不仅相信自己,也相信我和我的团队有能力使他们重返赛场和帮助他们克服伤病。这可以通过多种方式,最重要的是在与他们说话和帮助他们恢复的过程中表现出的自信和充满力量的语调。在面对运动员心智问题时,经常性的积极反馈可以起到更好的效果。使他们的注意集中在小目标和小的成果上,让他们看到他们正在恢复"正常"的过程中取得的实实在在的进步。与此同时,很多时候我会问他们关于功课、家庭、朋友、近况、运动或其他主题,从而使他们的注意力从损伤状况中转移。我们不仅仅恢复他们的肌肉和骨骼损伤,也恢复他们的心理。

—John Erwin,理学硕士,运动防护师,执业运动防护师

John Erwin 是美国东南路易斯安那大学(Southeastern Louisiana University)运动医学助理竞技总监。

第三节　竞赛压力与儿童／青少年

体育是最受儿童和青少年喜欢的成就领域之一(Treasure,2001 年)。即使在今天,大多数儿童参与体育运动的原因仍可能是出于娱乐和社会需要。但是,一些项目的竞赛强度在很小的年龄段就变得异常激烈也是不争的事实。如女子体操、网球、花样滑冰、小轮车(bicycle motocross,BMX)和职业滑板等项目在 16 岁以下就有例行的地区和全国锦标赛。由于很多年轻运动员把胜负视为得失,很多心理学和社会学的专业人士开始高度关切竞赛的青少年的心理影响(Nash,1987 年)。

获胜的压力来自父母、教练、同辈群体、赞助商,甚至媒体。Jowett 和 Cramer(2010 年)新近研究表明,运动员的身体自我概念(技术套路和表现)受他们与教练关系质量的影响,而不是与父母关系的质量。但是,父母对青少年体育的影响是深入和可见的。由于父母能提供及时和专门的反馈,他们也能对孩子产生积极或消极的影响(Frederic 和 Eccles,2004 年)。总之,运动员与教练或父母发生冲突会使运动员的身体自我概念显著下降(Joweet 和 Cramer,2010 年)。除身体自我概念外,运动员对失

败的恐惧也受父母的做法和社会化的影响,包括惩罚行为、控制行为和高成就期望(Sagar 和 Lavellee,2010 年)。根据 Sagar 和 Lavellee(2010 年)的解释,这些行为源于父母自己对孩子失败的恐惧,结果会影响孩子未来的运动参与及成功。

尽管孩子身上这些压力的即时效果难以计量,但是假设儿童和青少年还不具备成人的心理应对技能是比较安全的。因此,竞赛压力可以使一些青少年产生严重的问题。年轻运动员可能更易受到伤病、身心疾病、情绪倦怠以及其他压力相关问题的影响。父母和教练必须注意不要强迫孩子做超出他们能力范围的事。想到一些孩子因为过难或过早的压力而被迫退出他们原本喜欢的体育运动,对当今这种社会价值观的评论未免让人伤感。

教练员认识自身对儿童和青少年的行为很重要,父母也需要注意他们的行为。在使青少年竞赛压力最小化的问题上,教练员和父母有很多资源可以利用。依据应用运动心理学会的说法,以下警示信号意味着运动员可能在家里遇到麻烦或正承受着竞技训练相关的压力:如果在家里谈论的都是运动话题应引起注意;孩子没时间和朋友在一起;竞赛和潜能开发比孩子的教育还重要;孩子对比赛过度紧

张,尤其父母在场时(Lauer,n.d.)。为给教练和父母提供帮助,此处列举一些有关青少年运动参与该做与不该做的建议。

应该做的:

1. 要允许孩子喜欢和玩任何他们自己所选的运动。

2. 要教育孩子尊重教练和家长。

3. 要允许孩子犯错,并从错误中得到学习。

4. 要对孩子的学习过程和运动能力充满兴趣、支持、启发、乐趣、理解和包容。

5. 要灵活地呈现你的观点。

不该做的:

1. 不要试图让你的青春在孩子们身上重演。

2. 不要在团队表现不好或者失败的时候抱怨设备、队员、同事或者天气。

3. 不要一味地对孩子施加压力,如果压力超过他们本身的能力,可能会导致他们失去信心,产生抵抗和厌恶心理,进而对自己的能力产生怀疑而不会再努力寻求突破。

4. 不要对孩子的表现过于苛求完美,或者把你的自我意识和想象强加在孩子身上。

第四节 受伤运动员的心理

运动损伤对运动员来说是一种强大的心理应激。通常,由于受伤而退出是运动员一直以来最为恐惧的(图5.2)。相关研究支持了上述论断:对于大多数运动员来说,受伤产生了一系列可预测的心理反应(Wiese-Bjornstal,2010年)。Wiese和Troxel(1986年)的一项开创性的研究指出:运动损伤会使运动员产生典型的应激反应模型,进而产生一系列心理、生理反应(图5.3)。

如图5.3所示,在应激过程的第一阶段,受伤作为潜在的应激源,要求运动员适应正常活动的约束;第二阶段涉及对受伤的短期和长期的评估。Wiese和Troxel(1986年)报道,这一阶段运动员可能会产生消极的自我怀疑(如果下次比赛前我不能恢复怎么办?);第三阶段主要是情绪反应所引起的一系列生理和心理反应。如,强烈的焦虑、抑郁和愤怒,以及肌肉紧张度的增加、血压的升高和心率的加快等。Ermler和Thomas(1990年)以及Pedersen(1988年)提出的运动损伤反应模型也很好地契合了该阶段的

图5.2 对大多数运动员来说潜在的受伤是一直存在的恐惧

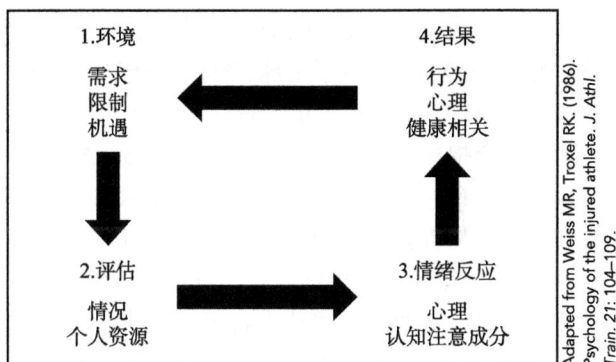

图5.3 应激过程

应激反应模型。Ermler和Thomas推论:运动损伤会导致运动员产生疏远感。Pedersen将运动员受伤的情绪反应比作失去至爱的悲伤;第四阶段是第三阶段情绪反应的长期后果。如果一名运动员没有对运动损伤作出积极的应激反应,那么他将很可能产生多方面的问题,包括:睡眠障碍、食欲缺乏,还可能产生运动减少的后果(Wiese和Troxel,1986年)。由于这些运动损伤反应模型的发展,人们通过确定如何能更好地帮助受伤运动员对待伤病提出了一些建议。Wiese和Troxel(1986年)列出了一些应对受伤运动员的指导方法,如拓展知识5.2。

一些以受伤大学生运动员为访谈对象的研究也开始出现,研究内容包括:以丧失感为主要特征的情绪波动,以及自尊感的下降,沮丧和愤怒等(Tracey,2003年)。这些心理症状甚至在运动员恢复重返赛场后依然存在。即使他们可能在生理方面准备好了,但在心理上却还没准备好。Podlug和Eklund(2006年)发现,受伤和恢复过程中的运动员会产生对再次受伤或长期损伤的恐惧,以及愈发严重的焦虑和紧张心理。

拓展知识 5.2　应对伤后运动员的指导方法

- 治疗人,而不仅仅是伤病。
- 将运动员以独特的个体对待。
- 教练员与运动员的沟通技巧也十分重要。
- 牢记生理和心理技能之间的关系。
- 向运动心理学家寻求后期的方法和策略上的帮助。

研究发现,严重的运动损伤对青少年也产生了消极影响。通过对足球、女子足球、篮球和排球等项目中平均年龄为 16.7 岁的青少年的研究,确定了全国大学生运动协会损伤监控系统(National Collegiate Athletic Association Injury Surveillance System,NCAA-ISS)规定的严重损伤是否会对青少年产生伤后压力。研究发现,回避行为和侵入性思维在受伤群体中普遍存在。研究者还指出,这些影响可能在物理治疗结束后依然会出现(Newcomer,Perna,2003 年)。因此,教练、家长和运动治疗师在运动员损伤恢复过程中除了要关心运动损伤的物理治疗层面,还要保护运动员的心理健康。

建议:

对于运动员伤后恢复过程中的心理需求,运动心理学家们提出了几点建议。对恢复的坚持是复杂多维的,因此,提供一个多重的治疗选择十分重要(Fischer,1999 年)。其中,社会支持一直被认为是运动员伤后心理恢复的关键因素。Ievlera 和 Orlick(1991 年)对比了恢复较慢和恢复较快两组运动员,他们发现后者呈现出更加积极的评价,在恢复过程中的学习也让他们对运动有了更加深刻的认识。更快恢复的运动员对恢复本身有更强的责任感,有希望和决心,保持积极的态度,运用创造性想象,且有更多的社会支持。因此,运动心理学家建议,给伤后运动员与团队之间的联络。当运动员伤后重返赛场时,应及时给予期望以及对完成每日恢复任务的支持(Shelley,Trowbridge 和 Detling,2003 年)。社会支持应该是富有感情的、有教育意义的、切实的。

第五节　饮食障碍

无一例外,几乎所有的体育运动对成功运动员

的身体参数都有着严格的选择标准。很难想象,一个世界级的体操运动员身高 1.82m、体重 109kg,或者一个成功的长跑运动员或花样滑冰运动员过度肥胖。

现实情况是,特殊运动要求特殊的体型,这样才能有竞争力。上述提到的一些运动项目都要求运动员偏瘦,原因是:首先,生物力学标准认为偏瘦且肌肉强健的身体能更有效地做出高难度动作。其次,社会和体育界普遍认为,成功的运动员应该看起来瘦一些,肌肉发达一些。近年来,媒体也聚焦于那些顶级运动员的身材,这也就促使运动员渴望拥有更加符合标准的体型(图 5.4)。对女运动员来说更是如此,但男运动员也同样受到扭曲的身体形象的影响。

关键词

压力源(stressor): 影响个体生理或心理状态并破坏原有平衡的任何事件。
生物力学(biomechanics): 从内部或外部研究生物体力学规律的分支学科。
致病的(pathogenic): 导致疾病。

图 5.4　许多运动员觉得自己必须符合某种体型

© John Lumb/ShutterStock, Inc.

心理学家开始发现,这种对理想身材的过度强调,已经在体育界产生了严重的消极影响。越来越多的运动员已经显示出异常的饮食行为(饮食障碍),甚至出现致病性饮食行为。这可能有深层的心理学起因。这些致病性的饮食行为以及神经性贪食症和神经性厌食症在运动员中越来越多。其中,致病性的饮食行为更加普遍。总之,青年运动员组比对照组的异常饮食行为更加突出。女性运动员比男性运动员的异常饮食行为更高(Marinsen,Sundgot和Borgen,2013年)。尽管多数有饮食障碍的运动员为女性,但近年来的相关研究证明,男性也容易受影响,在后续的研究中不应将男性除外(Chatterton和Petrie,2013年)。为了更好地了解饮食障碍及其他饮食疾病,读者可以在美国饮食失调协会(National Eating Disorders Association)的官网,或者全国神经性厌食症和相关疾病协会(National Association of Anorexia Nervosa and Associated Disorders)的网站上进行详细了解。另外,读者还可以通过国家运动教练协会(National Athletic Trainers' Association)的声明《声明:预防、检测和管理运动员的饮食失调》一文("*Position Statement:Preventing,Detecting,and Managing Disordered Eating in Athletes*")作进一步了解。影响运动员产生饮食障碍的最重要因素有四个:①运动任务的特性,如:需要穿特殊的服装或需要做身体评估;②运动环境因素,包括:队友、教练、父母、裁判以及观众的评价;③生物学特性,如:新陈代谢和体型;④运动员个人心理特点,包括:自尊、身体形象以及被他人评价的焦虑(也即所谓的社会性体格焦虑;Monsma,2006年)。Stirling和Kerr(2012年)还描述了人格特质,如完美主义、追求成功的动机,自我吸收(self-absorption)对饮食障碍行为的影响。有趣的是,容忍疼痛和享受饥饿痛(hunger pain)的能力也增加了饮食障碍的风险。

一、神经性畏食和神经性贪食

值得注意的是,饮食障碍行为并不代表神经性畏食和神经性贪食。许多亚临床的饮食障碍(非特异性饮食障碍)与一些警示信号有关,如表5.2所示。

神经性厌食症对青少年来说是第三大最普遍的疾病。主要是对保持苗条和对肥胖的过度担忧而引起的自我饥饿状态(National Association of Anorexia Nervosa and Association Disorders,2013年)。每天几百卡路里的摄入量是不正常的。神经性厌食患者普遍有一个扭曲的身体表象。他们明明异常消瘦,却

还总觉得自己很胖。一些警示信号包括:用饥饿减肥、对发胖的过分担忧、拒绝饮食或过分节食、怕冷以及闭经或月经失调。以上这些都是神经性厌食症患者的典型特征。在体重方面,神经性厌食症患者并不满足于保持理想体重的 85%(Bonci 等,2008年)。神经性贪食是一种以发作性地重复暴饮暴食和随后的催吐、吃泻药、禁食以及过度运动为特点的饮食疾病(Bonci 等,2008 年)。这种暴饮暴食和催吐腹泻需要至少连续 3 个月以上每周发作 2 次才能确诊。由于一般情况下这些神经性贪食患者的体重是正常的,所以,需要关注一些特别的警示信号,如:对食物的过分关注、偷吃、清洗(puring)、肠胃问题、对泻药的依赖、龋齿、唾液腺肿大、眼内血管破裂(ANAD,2013 年)。神经性贪食被认为是严重的心理问题,并且被美国心理学会(American Psychological Association)归类为心理障碍。

表5.2

非特异性饮食障碍的警示信号

- 体重并不超重却过分节食
- 事实上并不超重,却总感觉自己胖
- 过分关注食物、热量、营养和烹饪等
- 过度活跃
- 频繁地称体重
- 奇怪的饮食行为
- 体重急剧下降
- 抑郁
- 思维迟缓,记忆力下降
- 掉头发
- 疲劳、易怒
- (女性)月经失调

二、研究

研究表明,超过三分之一的运动员报告曾使用过至少一种节食方法。51% 的运动员在过去的1 个月内曾试图减肥,77% 的运动员有减肥的想法(Montenegro,2006 年)。当被问及为何要采取异常饮食行为的时候,运动员们普遍回答是为了有更好的运动表现,或为了使自己的外表看起来更好,或者两种目的皆有。更加令人担忧的是,一项研究发现,在运动员中有 70% 的上述致病性饮食行为被认为是无害的(Rosen 等,1986 年)。

Rosen 和他的同事(1986 年)对 182 名女性大

学生运动员的饮食习惯做了一项调查。研究发现，32% 的女大学生运动员经常出现致病性饮食行为，包括：1 周超过 2 次的暴饮暴食以及之后的清洗（purging），如催吐，或经常使用泻药、减肥药、利尿剂等。最近的一项研究显示，在 204 名女性被试中，有 25% 的人被确认有饮食障碍的临床症状（Greenleaf 等，2009 年）。审美运动（aesthetic）和力量型运动员，包括：体操、跳水、啦啦操、赛艇、举重、高山滑雪运动员中出现该症状的比率最高（33%~40%）。赛艇运动以及球类运动员中症状出现比率为 21%~27%（Greenleaf 等，2009 年）。

近来，一些研究与前人的研究相比产生了不同的结果。Sanford-Martens 和他的同事（2005 年）发现，多年来，男性亚临床疾病增加（21%），女性亚临床饮食障碍减少（14%）。尽管有这些人口变化，女性仍然比男性表现出更多的临床饮食障碍（5% 的女性和 2% 的男性）。

关键词

神经性贪食症（bulimia nervosa）：一种以重复性暴饮暴食及随后的清除如催吐、使用泻药、禁食、剧烈运动、过度运动为特征的一种障碍。

神经性厌食症（anorexia nervosa）：一种与自我饥饿伴随的对瘦的痴迷和对肥胖的极度恐惧的行为模式。

然而，Chatterton 和 Petrie（2013 年）发现，男性中多数的饮食失调都处于亚临床水平，而力量型运动员与耐力型和球类运动员相比更容易产生致病性饮食行为、控制体重行为和过度运动行为。研究还发现，在审美运动（如：跳水、舞蹈、体操）中，低体脂更有利。长跑和一些需要运动员控制体重的运动（如摔跤和赛马）中，男性运动员的致病性饮食行为风险更大（Baum，2006 年）。历来，摔跤运动员在这方面的问题就比较受关注。我们都知道，许多摔跤运动员日常会进行一些奇怪的饮食和训练行为，尤其是在大赛前。包括禁食、体液限制（restriction of fluids）、使用泻药、催吐和通过穿橡胶衣服蒸桑拿来发汗减重。这在短期内最多会造成水分缺失，更严重的情况下会引起严重的疾病，甚至死亡。因此，需要有更多的研究来确定，在相同的维持体重的压力状态下，男性运动员是否比女性运动员更容易患上述疾病。另外，还需要确定这些报告出的男性运动

员的低临床饮食障碍发生率是否准确反映了该总体的真实情况。

三、运动特异性和饮食失调

研究表明，某些运动更容易使运动员产生饮食障碍，这些运动包括审美型运动，如：体操、芭蕾、游泳、跳水和花样滑冰。所有这些运动都特别强调苗条和肌肉健美的体型。Dummer 和他的同事（1987 年）研究了 9~18 岁有竞争性的游泳运动员，研究发现，在 289 名月经初潮后的女运动员中，有 25% 的人在进行一些致病性饮食行为。对 29 篇已发表的有关饮食障碍的文献进行元分析发现，那些格外重视身体外形的运动（审美型运动）中，女运动员的饮食障碍症状的发生率显著高于女性非运动员（Hausenblas 和 Carron，1999 年）。Greenleaf 和他的同事（2009 年）调查了几所不同类型体育大学的女运动员，研究发现，在力量型和审美型运动中确实存在饮食障碍的高发病率（分别为 40% 和 33%）。但两者之间并不存在统计学意义上的显著差异。

越来越多的证据表明，饮食障碍在运动员中已经司空见惯，他们甚至并不觉得这是个问题。Rosen 及其同事（1986 年）发现，在曲棍球、垒球、排球、田径以及网球运动员中也存在致病性饮食行为。Greenleaf 和他的同事（2009 年）报道，在球类运动中饮食障碍的发病率为 28%，在耐力型运动（如游泳）中饮食障碍的发病率为 22%。因此近年来的研究支持上述这些发现。

许多生理和心理问题与神经性厌食和神经性贪食有关。Thornton（1990 年）称，神经性厌食和神经性贪食的运动员有患食管炎、龋齿和激素失调的风险。这些生理上的变化会导致骨质疏松、月经不调、电解质紊乱，进而产生肾脏和心脏问题。21 世纪以来的医学文献表明，女性运动员三联征（female athlete triad）即饮食障碍（低能量可用性）与骨质疏松的发生以及闭经越来越普遍（Nattiv 等，2007 年）。因此，在不良饮食行为产生迹象一开始就应该让她们接受相应的教育，以认识到这些异常的饮食行为和月经不调之间的关系，并且及时采取相应的医疗干预措施（Marinsen 和 Sundgot-Borgen，2013 年）。同样，男性也应该认识到健康饮食与运动表现之间的关系。男性运动员三联征（male athlete triad）的概念包括能量不足、骨丢失和低精子数之间的联系。这与低睾酮、低雌二醇和高糖皮质激素相关的激素变化有关（Chatterton 和 Petrie，2013 年）。

四、预防

包括神经性厌食和神经性贪食在内的饮食障碍的预防应该成为这些运动组织的目标。教练在与运动员的相处过程中应尽量减少对体重、肥胖等的强调。以消极的方式谈体重、要求赛前称体重或者公然放纵运动员的体重,这些都是应该被指责的。消极的身体表象被认为是饮食障碍产生的前兆。身体表象是指个体对其体貌和体型的自我想法、感觉和认知(Greenleaf,2009年)。消极的自我认知应该被重视,因为消极的自我认知会对运动员的身体健康和生活幸福感造成损害。因此,要及时对自我身体表象差的运动员进行积极的谈话,让他们多关注身体的功能,接受健康的身体可以有很多种外在体现这一观念。

教练和家长应该多留心运动员早期出现的饮食障碍警示信号(表5.3)。可以在体检前筛查运动员是否有患饮食障碍的风险,让运动员在体检前填一份简单的问卷。如果该运动员的问卷得分显示其有

患饮食障碍的风险,就可以及时对其进行心理咨询(Koszewski,Chopak 和 Buxton,1997 年)。然而,两项研究表明,生理筛选和临床会诊要高于自我报告的测量标准。Marinsen 和 Sundgot-Borgen(2013 年)表示,临床会诊要比其他筛查工具好,尤其是在运动员群体中。Black 及其同事(2003 年)报告称,包括皮褶体脂评估、腰臀比、站立舒张压和腮腺大小在内的生理筛查效果更好,因为它是为女性设计的,而且由于评估的目的不太明显,因此偏差较小。他们鼓励对现有的筛查工具进行进一步研究,尤其是对不同运动人群的研究。

提供给教练的建议如拓展知识5.3,然而,教练应该鼓励采取同伴项目(peer-led programs)如运动员以健康锻炼和营养替代品为目标(Athletes Targeting Healthy Exercise and Nutrition Alternatives,ATHENA),该项目在倡导面向可持续饮食习惯的终身技能方面做得非常成功。总的来说,研究者们得出的结论是,关于健康、与运动相关的营养以及身体成分的教育应该在高中前进行。

表 5.3

饮食障碍问卷范例

第一部分:饮食行为对你以下行为的影响频率

	从没有	很少	有时候	经常	一直有
与队友和教练的日常交往	1	2	3	4	5
每天的自我感觉	1	2	3	4	5
日常的运动参与	1	2	3	4	5

第二部分:你多久测量一次体重和身体尺寸?

一天 5 次	一周 1 次	两个月 1 次
一天 3~5 次	一周 3 次	三个月 1 次
一天 1~3 次	两周 1 次	一年 1 次
一天 1 次	一个月 1 次	从不

第三部分:请针对你的运动项目对以下描述做出回应

	从没有	很少	有时候	经常	一直有
减肥是为了提高运动表现	1	2	3	4	5
减肥是为了达到更低的体重标准	1	2	3	4	5
减肥是为了达到更加理想和美的标准	1	2	3	4	5
教练员评论我的体重	1	2	3	4	5
我在队员面前称体重	1	2	3	4	5
强制减少脂百分比	1	2	3	4	5
如果不控制体重,担心在队里的地位不保	1	2	3	4	5

拓展知识 5.3　给教练员的几点建议

要意识到你是运动员的榜样，你会对他们的人生造成长远的影响。

如果某运动员有饮食障碍，不要监督他们吃饭，而是对个人提供帮助。

对运动员个体和团队期望的评判以及评论身体表象的方式要谨慎。

避免因体重而歧视运动员，避免要求运动员减肥或节食。

提供有关营养、生长发育、锻炼和饮食障碍的教育资源。

要积极乐观，善解人意。

五、治疗

饮食障碍的治疗范围从简单的咨询和教育（早期诊断）到严重的住院治疗。必须记住，在很多情况下，饮食障碍可能是心理问题的症状，如抑郁或焦虑。尽管有改进的方案，专家说，至少有三分之一的病例对治疗没有反应。希望后续研究能改善这些个体的预后。

关键词

月经不调（amenorrhea）： 不来月经或推迟月经。

怎么办？

你是一名高中田径教练，你的一个运动员表现出奇怪的饮食习惯和过度的锻炼模式。其他队员告诉你，她也一直在称体重。这种行为意味着什么？你最好的做法是什么？

复习题

1. 简要定义章节中描述的几个人格变量。
2. 讨论运动员自我认知和运动损伤之间的关系。
3. 简要描述社会心理变量与运动损伤风险之间的关系。
4. 探讨高水平的竞争压力与青少年运动员心理的关系。
5. 父母和教练员如何增加青少年运动员的心理压力？
6. 用章节提供的应激模型讨论运动损伤对运动员的心理影响。
7. 列出五个可能表明抑郁症发展的常见症状或行为。
8. 定义 SAD，并讨论它对竞技运动员的影响。
9. 列出与受伤运动员有关的几条建议。
10. 定义神经性厌食症和神经性贪食症。
11. 真假判断：非运动员比运动员表现出更多的饮食障碍行为。
12. 真假判断：男运动员并未表现出显著的饮食障碍模式。
13. 列出几种运动员中常见的饮食障碍行为。
14. 男女运动员的三联征（triad）分别指什么？
15. 为教练员列出三种帮助运动员预防饮食障碍的方法。

（首都体育学院　付全）

参考文献

Andersen MB, Williams JM. (1988). A model of stress and athletic injury: Prediction and prevention. *J Sport Exercise Psychol.* 10:294–306.

Appaneal RN, Levine BR, Perna FM, Roh JL. (2009). Measuring postinjury depression among male and female competitive athletes. *J Sport Exerc Psychol.* 31:60–76.

Armstrong S, Oomen-Early J. (2009). Social connectedness, self-esteem, and depression symptomatology among collegiate athletes versus nonathletes. *J Am Coll Health.* 57(5):521–526.

Baum A. (2006). Eating disorders in the male athlete. *Sports Med.* 36(1):1–6.

Black DR, Larkin LJS, Coster DC, Leverenz LJ, Abood DA. (2003). Physiologic screening test for eating disorders/disordered eating among female collegiate athletes. *J Athl Train.* 38(4):286–297.

Bonci CM, Bonci LJ, Granger LR, Johnson CL, Malina RM, Milne LW, Ryan RR, Vanderbunt EM. (2008). National Athletic Trainers' Association position statement: Preventing, detecting, and managing disordered eating in athletes. *J Athl Train.* 43(1):80–108.

Chatterton JM, Petrie TA. (2013). Prevalence of disordered eating and pathogenic weight control behaviors among male collegiate athletes. *Eat Disord.* 21(4):328–341.

Dobersek U, Bartling C. (2008). Connection between personality type and sport. *Am J Psychol Res.* 4(1):21–28.

Dummer GM, Rosen LW, Heusner WW. (1987). Pathogenic weight-control behaviors in young competitive swimmers. *Phys Sportsmed.* 15(5):75–84.

Eagleton JR, McKelvie SJ, deMan A. (2007). Extraversion and neuroticism in team sport participants, individual sport participants, and nonparticipants. *Percept Mot Skills.* 105(1):265–275.

Ermler KL, Thomas CE. (1990). Interventions for the alienating effect of injury. *J Athl Train.* 25(3):269–271.

Fischer AC. (1999). Counseling for improved rehabilitation adherence. In: Ray RA, Wiese-Bjornstal DM (eds.), *Counseling in Sports Medicine.* Champaign, Ill: Human Kinetics.

Fleming S. (2009). The riddle of personality and sport. Psychology in the News. Available: http://intro2psych.wordpress.com/2009/05/15/the-riddle-of-personality-and-sport/.

Fredricks JA, Eccles JS. (2004). Parental influences on youth involvement in sports. In: Weiss MR (ed.), *Developmental Sport and Exercise Psychology: A Lifespan Perspective.* Morgantown, WV: Fitness Information Technology. pp. 145–164.

Goldberg LR. (1990). An alternative "description of personality": The big-five factor structure. *J Pers Soc Psychol.* 59(6):1216–1229.

Greenleaf C, Petrie TA, Carter J, Reel J. (2009). Female collegiate athletes: Prevalence of eating disorders and disordered eating behaviors. *J Am College Health.* 57(5):489–495.

Hanson SJ, McCullugh P, Tonymon P. (1992). The relationship of personality characteristics, life stress, and coping resources to athletic injury. *J Sport Exercise Psychol.* 14:262–272.

Hausenblas HA, Carron AV. (1999). Eating disorder indices and athletes: An integration. *J Sport Exercise Psychol.* 21:230–258.

Hedstrom R. (n.d.). With a little help from my friends: Using your social support network when dealing with injury. Association for Applied Sport Psychology. Available: http://www.appliedsportpsych.org/resource-center/injury-rehabilitation/with-a-little-help-from-my-friends/.

Holmes H, Rahe RH. (1967). The Social Readjustment Rating Scale. *J Psychol Res.* 11:213–218.

Ievleva L, Orlick T. (1991). Mental links to enhanced healing: An exploratory study. *Sport Psychologist.* 5(1):25–40.

Ivarsson A, Johnson U. (2010) Psychological factors as predictors of injuries among senior soccer players. A prospective study. *J Sports Sci Med.* 9:347–352.

Jowett S, Cramer D. (2010). The prediction of young athletes' physical self from perceptions of relationships with parents and coaches. *Psychol Sport Exerc.* 11:140–147.

Kasper S, Wehr TA, Bartko JJ, Gaist PA, Rosenthal NE. (1989). Epidemiological findings of seasonal changes in mood and behavior. *Arch Gen Psychiatr.* 40:823–833.

Kleinert J. (2002). An approach to sport injury trait anxiety: Scale construction and structure analysis. *Eur J Sport Sci.* 2(3):1–12.

Koszewski W, Chopak JS, Buxton BP. (1997). Risk factors for disordered eating in athletes. *Athletic Therapy Today.* 2(2):7–11.

Lamb M. (1986). Self-concept and injury frequency among female college field-hockey players. *J Athl Train.* 21(3):220–224.

Lauer L. (n.d.). Keeping perspective in youth sport. Association for Applied Sport Psychology. Available: http://www.appliedsportpsych.org/resource-center/resources-for-parents/keeping-perspective-in-youth-sport/.

Malinauskas R. (2010). The associations among social support, stress, and life satisfaction as perceived by injured college athletes. *Soc Behav Pers.* 38(6):741–752.

Marinsen M, Sundgot-Borgen J. (2013). Higher prevalence of eating disorders among adolescent elite athletes than controls. *Med. Sci. Sports Exerc.* 45(6):1188–1197.

Matthews G, Deary I, Whiteman M. (2003). *Personality Traits.* (2nd ed.). Cambridge, United Kingdom: Cambridge University Press.

Monsma, E. (2006). Disordered eating and the controlling aspect of synchronized skating. *Synchronized Skating Magazine.* 3(2).

Montenegro SO. (2006). Disordered eating in athletes. *Athletic Therapy Today.* 11(1):60–62.

Nash HL. (1987). Elite child-athletes: How much does victory cost? *Phys Sportsmed.* 15(8):129–133.

National Association of Anorexia Nervosa and Associated Disorders. (2013). Eating disorders statistics. Available: http://www.anad.org/get-information/about-eating-disorders/eating-disorders-statistics/.

National Collegiate Athletic Association. (2012). *Sports Medicine Handbook* (2012–2013). Indianapolis, Ind: Author.

Nattiv A, Loucks AB, Manore MM, Sanborn CF, Sundgot-Borgen J, Warren MP. (2007). The female athlete triad. *Med Sci Sports Exer.* 39(10):1867–1882.

Newcomer RR, Perna FM. (2003). Features of posttraumatic distress among adolescent athletes. *J Athl Train.* 38(2):163–166.

Pedersen P. (1986). The grief response and injury: A special challenge for athletes and athletic trainers. *J Athl Train.* 21(4):312–314.

Perna FM, McDowell SL. (1995). Role of psychological stress in cortisol recovery from exhaustive exercise among elite athletes. *Int J Behav Med.* 2(1):13–26.

Petrie TA. (1993). Coping skills, competitive trait anxiety, and playing status: Moderating effects on the life stress-injury relationship. *J Sports Exercise Psychol.* 15:261–274.

Podlog L, Eklund RC. (2006). A longitudinal investigation of competitive athletes' return to sport following serious injury. *J Appl Sport Psychol.* 18:44–68.

Porter K. (n.d.). Do's and don'ts for parents of young athletes. Association for Applied Sport Psychology. Available: http://www.appliedsportpsych.org/resource-center/resources-for-parents/dos-and-donts-for-parents-of-young-athletes/.

Rosen LW, et al. (1986). Pathogenic weight-control behavior in female athletes. *Phys Sportsmed.* 14(1):79–86.

Rosen LW, Shafer CL, Smokler C, Carrier D, McKeag DB. (1996). Seasonal mood disturbances in collegiate hockey players. *J Athl Train.* 31(3):225–228.

Sagar SS, Lavallee D. (2010). The developmental origins of fear of failure in adolescent athletes: Examining parental practices. *Psychol Sport Exerc.* 11:177–187.

Sanford-Martens TC, Davidson MM, Yakushko OF, Martens MP, Hinton P. (2005). Clinical and subclinical eating disorders: An examination of collegiate athletes. *J Appl Sport Psychol.* 17:79–86.

Shelley GA, Trowbridge CA, Detling N. (2003). Practical counseling skills for the athletic therapist. *Athletic Therapy Today.* 8(2):57–63.

Stirling A, Kerr G. (2012). Development of disordered eating behaviours. *European J Sport Science*. 12(3):262–273.

Thornton JS. (1990). Feast or famine: Eating disorders in athletes. *J Athl Train*. 18(4):116–122.

Tracey J. (2003). The emotional response to the injury and rehabilitation process. *J Appl Sport Psychol*. 15:279–293.

Treasure DC. (2001). Enhancing young people's motivation in youth sport: An achievement goal approach. In: Roberts GC (ed.), *Advances in Motivation in Sport and Exercise*. Champaign, Ill: Human Kinetics. pp. 177–198.

Vetter RE, Symonds ML. (2010). Correlations between injury, training intensity, and physical and mental ex-haustion among college athletes. *J Strength Cond Res*. 24(3):587–596.

Weiss MR, Troxel RK. (1986). Psychology of the injured athlete. *J Athl Train*. 21(2):104–105.

Wiese-Bjornstal DM. (2010). Psychology and socioculture affect injury risk, response, and recovery in high-intensity athletes: a consensus statement. *Scand J Med Sci Sports*. 20(Suppl. 2):103–111.

Williams JM, Andersen MB. (1998). Psychological antecedents of sport injury: Review and critique of the stress and injury model. *J Appl Sport Psychol*. 10:5–25.

6

第六章

营养方面的问题

　　研究表明,无论何种运动,运动员的饮食对运动成绩都起着至关重要的作用。然而教练和运动员对合理的营养构成依然存在错误的理解和认知。本章首先探讨有关教练和运动员已经被证实的营养学知识和实践;然后概述健康饮食的内容,包括碳水化合物、蛋白质、脂肪、维生素和矿物质的作用;对比赛前、比赛过程中和赛后营养进行了探讨;并对损伤康复过程中的营养需求进行了综述;特别注意女性和摔跤运动。摔跤运动一直困扰着运动员的试图通过脱水快速减肥的问题,因此提供了一种简单的方法来评估运动员保持健康体重和充分补充水分的能力;最后简要讨论了运动中常用的能量增补剂和营养补充剂。

常规营养学知识必不可少,特别是对参加体育比赛的人(Jacobson,Sobonya 和 Ransone,2001 年)。运动员的饮食对其表现、训练和比赛的恢复、对极端环境的抵抗力、受伤的恢复以及某种程度上受伤的可能性都有直接的影响。从本质上讲,饮食几乎影响到运动参与的方方面面。

有研究表明,随着时间的推移,教练和运动员几乎未接受过营养学方面的教育(Corley,Demarest-Litchford 和 Bazzare,1990 年;Parr,Porter 和 Hodgson,1984 年;Sossin 等,1997 年;Torres-McGehee 等,2012 年)。Parr 和他的同事(1984 年)报道,78% 被调查的教练没有接受正规的训练,61% 的教练说他们缺乏足够的营养知识。Corley 及其同事(1990 年)的研究显示,82% 的大学体育教练从未上过大学营养课程,对他们进行基本营养知识进行测试,包括食物组、减肥、增重或维持的饮食成分、膳食的热量分布(脂肪、碳水化合物和蛋白质)以及水解技术,他们的得分约为 70%;对高中摔跤教练进行脱水和身体成分方面的营养知识测试,其得分低于 60%(Sossin 等,1997 年)。最近,Torres McGehee 和他的同事(2012 年)称:在营养知识测试中,只有 39.5% 的一级教练的得分超过 75%,该测试包括有关宏量营养素、微量营养素、水合作用、补充剂和表现、体重控制和饮食失调的问题。这些数据支持了这样的前提,即许多教练在为运动员提供良好的营养建议方面准备不足。

大多数运动员(68%)熟悉食物组,并有 71% 宣称将之纳入自己的饮食,但 Parr 和他的同事们(1984 年)也表明运动员在很大程度上依赖于父母通过电视广告和杂志提供的营养信息。虽然大多数父母对营养的了解无法衡量,但可以肯定的是,父母和媒体充其量只是目前营养信息的边缘来源。Torres McGehee 及其同事(2012 年)进一步证实了这些报告和意见,他们在 185 名一级、二级和三级运动员进行了测试,只有 9% 的运动员在营养知识测试中得分高于正确答案基准(75% 的问题正确)。好消息是,体育部门里还是有学识渊博的人。经过认证委员会(Board of Certification,BOC)认证的运动防护师(Athletic Trainers,ATs)和体能训练师(Strength and Conditioning Specialists,SCSs)在营养方面知识最丰富(Torres McGehee 等人,2012 年)。其他研究(Froiland 等人,2004 年;Jacobson 等人,2001 年)表明,运动员可能从更可靠的来源接受更好的营养教育。Jacobson 和他的同事们(2001 年)报告说,只有

55% 的大学生运动员在他们的大学生涯中经常接受营养咨询,Torres McGehee 及其同事(2012 年)报告说,71.4% 的 ATs 和 83.1% 的 SCSs 在其综合营养测试方面表现出更优异的成绩(ATs 评分 78% ± 10%,SCSs 评分 82% ± 10%)。

第一节　营养概述

以下概述了营养的基本概念,并作为本章节内容的基础。根据营养学会(2009 年)的研究,正确饮食有助于运动,表现在以下几方面:①帮助运动员长时间、高强度地训练;②延缓疲劳的发生;③有效促进恢复;④帮助运动员的身体适应训练;⑤提高身体成分和力量;⑥提高注意力;⑦帮助维持健康的免疫功能;⑧减少运动损伤的发生;⑨降低热痉挛和胃痛的风险。

本章内容并没有覆盖与营养相关调研的所有主题,但我们综述了热量摄入与体力活动,并对宏量营养素(大量需要)和微量营养素(少量或微量需要)进行了探讨。介绍了六类营养素,其中碳水化合物、脂肪和蛋白质是主要的营养素,它们在饮食中都很重要。这些因素的组合可能会根据健康水平、运动目标和个人食物偏好而改变;维生素和矿物质是微量营养素,有助于代谢反应和组织结构。最后,还讨论了水,它对基质运输、废物清除以及关节健康起着至关重要的作用(McArdle、Katch 和 Katch,2009 年)。

一、热量摄入(休息 + 活动)

关于开始运动员热量摄入量评估的一个适当的营养计划需要基于他或她的年龄、身高和体重,并应包括需要维持身体活动额外的热量。最近的美国运动防护师协会(NATA)声明,对于那些安全减肥和管理涉及在运动或锻炼表明对热量和营养素的摄入(Sammarone Turocy 等,2011 年)。

● 热量摄入应以体重目标为基础。

● 总热量摄入应通过计算基础代谢率(basal metabolic rate,BMR)和活动所需能量来确定。

● 在计算每种能产生能量的营养物(碳水化合物、脂肪、蛋白质)的需求时,应考虑到活性的代谢性质。

一个安全和健康的饮食计划,需提供足够的能量和营养,并且保持一整年,所以必须保持较为理想的体脂百分比。健康的体脂范围,男性为

10%~22%，女性为 20%~32%。然而，运动员可以维持较低的体脂百分比。体脂百分比的最低参考值，男性为 5%，女性为 12%（Sammarone Turcy 等，2011年）。为了计算目标重量，建议运动员参考下列公式：

目前身体脂肪 %– 理想的身体脂肪 %= 不必要的身体脂肪 %

当前体重 × 非必需体脂肪（十进制格式）%= 非必需脂肪（1BS）

当前体重 – 不必要的脂肪（1BS）= 理想体重（1BS）

然后根据自己的理想体重，运动员可以使用下列公式来计算休息时每日能量需要，也被称为基础代谢率（BMR）。根据 Sammarone Turocy 和他的同事指出（2011 年），Harris Benedict 公式最常用，用 kcal 来确定 BMR（千卡），也被称为热量：

女性的基础代谢率 =655.1+（9.6 × 体重［kg］）+（1.9 × 身高［cm］）–（4.7 × 年龄［年］）

男性基础代谢率 =66.5+（13.8 × 体重［kg］）+（5 × 身高［cm］）–（6.8 × 年龄［年］）

一旦计算基础代谢，在日常活动消耗的能量必须被添加到总热量（Sammarone Turocy 等，2011年）。很简单的办法做到这一点是共计收到使用特定性别的 BMR 方程添加 BMR 的比例如下

- 久坐（大多时候坐）：20%~40% BMR。
- 轻度活动（坐，站立，一些步行）：55%~65% BMR。
- 中度活动（站立和运动）：70%~75% BMR。
- 重度活动（运动）：80%~100% BMR。
- 运动参与可能达到或大于 200% 的基础代谢率（取决于时间和强度）。

应该指出的是，这些只是预测。然而，他们提供了一个开始的地方。注册营养师应执行所有详细的营养咨询。

二、碳水化合物

碳水化合物（carbohydrates，CHO）是分子，通过它们的代谢分解，为高强度运动提供能量。在体内使用的碳水化合物的具体形式是葡萄糖和糖原（葡萄糖的储存形式），在血液、肝脏和骨骼肌中发现，碳水化合物由碳、氢和氧原子组成，碳原子数从 3 到 7 不等。根据分子的复杂性，它们分为三类。碳水化合物最简单的形式是单糖（一个单一的分子），其中包括糖，如果糖、葡萄糖（血糖）和半乳糖。复杂

的碳水化合物被称为多糖（10 到数千个单糖连在一起），包括糖原、淀粉和纤维素（膳食纤维）等化合物。

大多数的饮食碳水化合物来源于植物资源，主要是谷物、种子、水果和蔬菜（图 6.1）。在实际情况下，碳水化合物被归类为单糖或多糖。在一般情况下，复杂的碳水化合物包含更多的营养和纤维，最常见的膳食碳水化合物摄入量是简单的糖，主要是高蔗糖的食物，如软饮料，糖果，谷物（高糖）。虽然热量含量高，这些食物刺激胰岛素释放，导致血糖水平波动，并提供很少的其他营养物质的方式，因此，他们通常被称为"空热量"的食物。

© Hurst Photo/ShutterStock, Inc.

图 6.1　碳水化合物有多种来源，包括面包、谷物等

📖 **关键词**

基础代谢率（basal metabolic rate，BMR）： 在休息状态下维持功能所需的能量

吃全谷物、面包、蔬菜和水果等复合碳水化合物是较好的补充碳水化合物膳食方式。在这些食物中的碳水化合物是淀粉发现在叶、茎、根、种子和植物覆盖的形式。消费复杂碳水化合物的一个额外好处是，它们通常含有膳食纤维（消化碳水化合物），可能会降低胆固醇吸收，也是有利于消化道。根据性别和年龄，每日纤维摄入量应该是 21~38g（McArdle 等人，2009 年）。

另一个极好的碳水化合物来源是水果，这可以提供大量的碳水化合物形式的一种单糖，果糖比蔗糖甜得多；然而，果糖的好处是，它不刺激胰腺胰岛素分泌，有助于稳定血糖和胰岛素的水平（McArdle 等，2009 年）。一个额外的好处是粮食面包、谷物、水果和蔬菜，它们通常包含各种各样的其他营养物

质,因此,有助于提供均衡的饮食。

虽然简单和复杂的碳水化合物的分类往往适合于描述含碳水化合物的食物,这些分类不代表方式简单和复杂的碳水化合物的水解被身体吸收(Manore,Meyer和Thompson,2009年)。食物现在也被分类为产生高、中、低血糖反应,并且通常根据它们氧化的速度来分类。被归类为具有高血糖反应的食物会很快被氧化(约60g/h),通常会导致血糖和胰岛素大幅快速升高,随后血糖迅速下降。氧化速度较慢(约30g/h)和低血糖反应较低的食物会让血糖和胰岛素的平稳上升和下降。低血糖指数CHO可改善糖尿病管理,降低心脏病风险,减少饥饿感,减少运动时的胃肠道不适,延长身体耐力,而高血糖CHO有助于运动后补充碳水化合物储存,但在运动期间可能造成胃肠道不适。表6.1列出了根据血糖指数(根据白面包100分评分)和根据氧化率划分的糖类的小清单。有关详细信息,请访问http://

www.glycometicindex.com 或 http://www.diabetes.org/food-and-fitness/food/planningmeals/the-glycemic-index-of-foods.html。

肌肉在运动过程中需要碳水化合物作为燃料来源。在饮食中推荐的碳水化合物百分比,应介于每天总热量的60%和70%。并取决于每天的锻炼频率和强度(McArdle等,2009年)。无论碳水化合物消耗的类型,它们都提供大约4kcal/g碳水化合物(千卡,有时被称为一个营养热量相当于1kg水温度升高1℃需要的能量)。一般人存储1 500~2 000kcal的碳水化合物,其中绝大多数是在肌肉和肝脏糖原,有一小部分可作为血液中葡萄糖的形式(McArdle等,2009年)。所有个人都需要消耗碳水化合物以维持身体功能或支持工作;然而,比久坐不动的人来说,运动员从事激烈活动需要消耗更高水平的碳水化合物,基于体重的摄入量建议见表6.2。

表 6.1

食物的血糖指数(GI)

高血糖指数食品(GI>70)

白面包	什锦谷物	烤土豆或土豆泥
米饼,英式松饼或百吉饼	椒盐脆饼干	西瓜
葡萄坚果™,玉米片™,脆谷乐™	运动饮料	硬糖

中度血糖指数食物(GI=569)

100% 全麦面包,皮塔面包	糙米或菰米	香蕉(全熟)
红薯	燕麦(速食燕麦)	甜玉米
迷你小麦™,葡萄干麸™,果脆圈™	葡萄干	爆米花

低血糖指数食品(GI≤55)

燕麦片(轧制或钢切)	大麦和炒熟研碎的小麦	胡萝卜
大多数水果包括苹果、葡萄、橘子和梨	豌豆、豆类和扁豆	牛奶(所有类型)
山药	全麦™谷类食品	酸奶(大多数类型)

不同类型糖的氧化速率

快速氧化 ~60g/h	缓慢氧化 ~30g/h
葡萄糖(淀粉分解形成的糖)	果糖(蜂蜜,水果等中发现的糖)
蔗糖(食糖葡萄糖加果糖)	半乳糖(甜菜中的糖)
麦芽糖(两个葡萄糖分子)	异麦芽糖(一种在蜂蜜和甘蔗中发现的糖)
麦芽糊精(从淀粉分解)	海藻糖(一种在微生物中发现的糖)
支链淀粉(从淀粉分解)	直链淀粉(从淀粉分解)

资料来源:血糖指数数据来源:http://www.glycometicindex.com 和美国糖尿病协会。氧化速率来自:Jeukendrup A.(2007年)。运动时补充碳水化合物:有帮助吗?多少是太多? Sport Science Exchange.20(3):1-6.

表6.2

推荐碳水化合物（CHO）基于高强度训练的摄入量

训练类型	每日碳水化合物需求
轻到中度训练	5~7g/kg 或 2.3~3.2g/lb
大负荷或高强度训练	7~10g/kg 或 3.2~4.5g/lb
极限训练和高强度比赛（>4~5h）	10~12g/kg 或 >4.5~5.5g/lb

肝糖超补

如前所述，身体中绝大多数的碳水化合物以糖原的形式存储在骨骼肌和肝脏中。从生理上将，如果在赛前可以增加储存的糖原总量，对运动员是有利的。参加有氧运动的运动员，尤其是那些持续时间超过 60 分钟，从增加储存的糖原中受益最大。

在本质上，肝糖超补的过程包括系统减少的饮食碳水化合物摄入量以及运动强度的显著增加。早期程序的肝糖超补，特别是严于律己的性质，需要几天的激烈运动（消耗）结合饮食限制的碳水化合物摄入量。具有讽刺意味的是，尽管这种程序通常会导致存储糖原增加，但负面影响往往大于对性能的益处。这些包括与衰竭阶段相关的重度身体疲劳，以及负面的情绪变化。例如，极度易怒。此外，与肝糖超补有关的另一个问题是储存 1g 的糖原，也会额外储存 2.7g 的水。因此，肝糖超补的结果是体重的整体增加，在长跑运动中，可能会对运动成绩造成损害。

改良后，不那么苛刻的肝糖超补方案已被开发，并已被发现是非常有效的提升了存储的糖原水平，远远高于食用高糖饮食所能达到的水平。研究证实，正确执行的肝糖超补方案可以将储存的糖原水平从正常的 1.7g 糖原 /100g 肌肉组织提高到 4~5g 糖原 /100g 肌肉组织。典型的改进方案大约在比赛前 1 周开始，包括逐渐减少的体育活动以及碳水化合物摄入量略有增加。在开始的 3 天内，运动（75% 最大摄氧量［VO_2 max］）之后，总时间（从 1.5h/d 降至 40min/d）稳定下来，而碳水化合物消耗量保持在总热量摄入量的 50%。在接下来的 3 天里，运动时间减少到 10~15 分钟，而碳水化合物的摄入量则增加到总热量摄取的 75%。保持正常的蛋白质和脂肪摄入量。然后在比赛的当天会摄取高碳水化合物的膳食（McArdle 等，2009 年）。

三、脂肪（脂类）

脂肪（脂类）在体内有多种功能，包括为肌肉收缩提供能量；隔热，主要是皮下脂肪；保护肾脏和心脏等重要器官。膳食脂肪要么简单要么复杂，取决于其具体的分子结构。脂肪，如碳水化合物，由碳、氢和氧原子组成；然而，氢与氧的比值远远大于碳水化合物。根据其分子结构，脂肪可以液态（油）或固体的形式存在。单脂包括两个组分，甘油和脂肪酸，可以是饱和的或非饱和的。饱和这个词描述了这样一个事实：在脂肪中，脂肪酸分子上所有可用的键位被氢原子占据。大多数膳食来源的饱和脂肪来源于动物来源（如牛肉、猪肉、家禽和奶制品）通常在室温下呈固态。不饱和脂肪存在两种形式，单不饱和与多不饱和脂肪酸。单不饱和脂肪分子在碳链上有一个单一的位置，那里存在双键，从而阻止氢原子在该位点的结合。多不饱和脂肪有两个或多个双键，因此，至少有两个不能被氢原子占据的位点。

在饮食中脂肪的推荐比例应该是每日总热量摄入量的 30% 或更少（McArdle 等，2009 年）。建议饱和脂肪只占总脂肪的 10%（20~25g 根据 2 000~2 500kcal/d 的饮食）；因此，大多数食用油脂应该是不饱和的。这有助于避免过度摄入饱和脂肪造成的问题，包括高胆固醇和心血管疾病。如前所述，食物的脂肪来源是诸如牛肉、家禽和猪肉之类的动物产品。其他来源包括奶制品，如牛奶、黄油；此外，植物油脂的来源包括坚果和植物油脂，如玉米油、橄榄油和大豆油。见表 6.3 常见的食物及其脂肪含量和热量。

与碳水化合物一样，在休息和运动中脂肪是重要的能量来源。碳水化合物和油脂同时被氧化为能量。来自碳水化合物和脂肪的能量比例取决于运动的持续时间、强度和类型，以及运动员的健身水平和运动前食用的膳食（Manore 等，2009 年）。不管摄入哪种脂肪，所有类型的脂肪都提供大约 9kcal/g 的能量；因此，脂肪热量密集。一汤匙黄油与 4 杯切碎的花椰菜（100kcal）一样热量。储存体脂肪的能量的可用量远远大于碳水化合物的可供使用量。例如，体重 70kg、体脂率 18% 的人的可用能量估算约为 113 400kcal（70kg × 0.18=12.6kg 脂肪；12.6 × 1 000=12 600g 脂肪；12 600 × 9kcal=113 400kcal）。

表6.3			
含脂肪食物的能量和成分			
食物	食用量	能量（kcal）	脂肪（g）
全脂奶	8盎司	150	8.2
牛奶,1%	8盎司	102	2.6
奶酪,切德干酪	1盎司	111	9.1
花生酱	1汤匙	95	8.2
饼干,奥利奥	3块饼干	160	7.0
蛋黄酱	1汤匙	100	1.0
苹果	1个中等	81	0.5
牛油果	1个中等	324	29.0
鸡蛋	1个大的	80	5.5
草莓	1杯	45	1.0
碎牛肉	3盎司	231	15.5
比目鱼	3盎司	80	1.0
鸡胸	3盎司	140	3.1

资料来源：Manore MM, Meyer NL, Thompson J.（2009）. 运动营养促进健康和表现（第二版）. 伊利诺伊州香槟市, 人类动力学自然学博士。食物中的脂肪热量获得网址：http://www.naturodoc.com/Library/nutrition/fatcontent.htm.

四、蛋白质

和碳水化合物与脂肪一样,蛋白质也包含碳、氢、氧原子。然而蛋白质也包括氮,因此相对于其他的营养成分,它们是独特的分子。蛋白质分子通过结合氨基酸,利用肽键形成大型、复杂的分子。身体有 20 种特定氨基酸,来产生所必需的蛋白质。人体的蛋白质绝大多数发现在肌肉和结缔组织中。在体液和血液中也发现了与凝血有关的数千种不同酶和结构的蛋白质,如纤维蛋白和纤维蛋白原。此外,在长时间的运动中,肌肉蛋白被用作能量来源,产生的能量占长期活动所需能量的 10%~15%。研究表明,定期进行有氧运动可以增强人体从蛋白质代谢中产生能量的能力（Sumida & Donovan, 1995）。

身体从饮食中消耗的蛋白质中获得的氨基酸构建蛋白质。在构成人体蛋白质所需的 20 种氨基酸中,有 8 种是人体不能合成的,因此必须从饮食中摄入。这 8 种氨基酸为"必需氨基酸",这意味着它们必须在饮食中摄取。它们是异亮氨酸、亮氨酸、赖氨酸、蛋氨酸、苯丙氨酸、苏氨酸、色氨酸和缬氨酸。所有必需氨基酸的最佳膳食来源是鸡蛋、肉类和奶制品,它们都被称为完全蛋白质（图 6.2）。不完全蛋白质是指缺少一种或多种必需氨基酸或含有不足的一种或多种必需氨基酸的蛋白质。它们包括在豆类和谷物类的食物。素食运动员必须注意食物中正确的组合,以提供所必需的氨基酸。解决这个问题的一个办法是让这样的运动员要么吃鸡蛋（蛋素食主义者）、奶制品（素食）或两者兼有（蛋类乳品 - 素食）,以确保必需的氨基酸供应。

图 6.2　蛋白质来源于动物和植物等

蛋白质增补剂

由于饮食蛋白质与肌肉组织相关,许多运动员对于正常饮食中超出蛋白质消耗的益处感到好奇。根据对 61 名高中足球运动员的研究报道,64% 的运动员通过摄取蛋白质补充品试图增强体能或提高运动成绩（Duellman 等,2008 年）。不幸的是,研究人员还发现,60% 以上运动员认为摄取过多的蛋白质没有风险。然而,至少两个问题与消耗额外的蛋白质相关。第一个是许多膳食蛋白质来源也含有大量的饱和脂肪,如牛肉和猪肉产品。第二个问题是,在某些情况下,身体可能无法有效地消除多余的蛋白质,因此,对肝、肾等器官都增加了负担。

现在蛋白质补充品有巨大的商业市场,它们经常在健康食品商店、连锁超市和体育商店出售,并通过邮件和互联网出售。这些产品大部分由肉类副产品加工成粉末状,然后用水或其他某种液体混合组成。不幸的是,因为这些产品作为食品补充剂销售,则它们的纯度未被美国食品和药物管理局进行监视。此外,其中许多是在非常昂贵的基础上,往往超过成本较常见的蛋白质来源,如肉类和乳制品。

不幸的是,几乎没有科学研究支持补充蛋白质促进肌肉发育的前提。肌肉质量不会仅仅通过食用高蛋白食物或特殊的氨基酸制剂来增加(McArdle 等,2009 年)。目前,现有的研究表明,运动员参与高强度的训练,特别是强度,需要消耗蛋白质 1.2~1.8g/kg(McArdle 等,2009 年),而久坐不动的人或轻度运动只需要消耗 0.83~1.2g/kg。更完整的清单见表 6.4。从实际情况来看,一名 60kg(132 磅)的运动员在进行中强度训练时计算出的蛋白质需要量从每天 72g 到 108g 不等。8 盎司(约 227g)的烤三文鱼能提供大约 65g 的蛋白质,8 盎司(约 227g)鸡胸收益率略高于 70g 的蛋白质。可以看到足够的蛋白质,以满足运动员大负荷训练的日常需求,运动员可以很容易地通过膳食获得足够的蛋白质来满足日常需要。只有不断生长的婴儿和儿童,妊娠妇女或哺乳妇女,

或患有某些疾病或受伤状态的成年人,消费量超过推荐量(McArdle 等,2009 年)。

五、维生素

维生素是身体所需的化学物质,相对少,因此被归类为微量营养素。然而,这不应该被解释为维生素在营养上几乎不重要。相反,足够量的维生素对健康和表现至关重要。维生素在身体中具有许多功能,基本代谢和细胞与组织生成,以及作为抗氧化剂(抗氧化剂保护结构,如细胞膜免受在剧烈运动期间释放的自由基的破坏作用)。维生素不含热值,因此不能直接为肌肉收缩提供能量(图 6.3)。

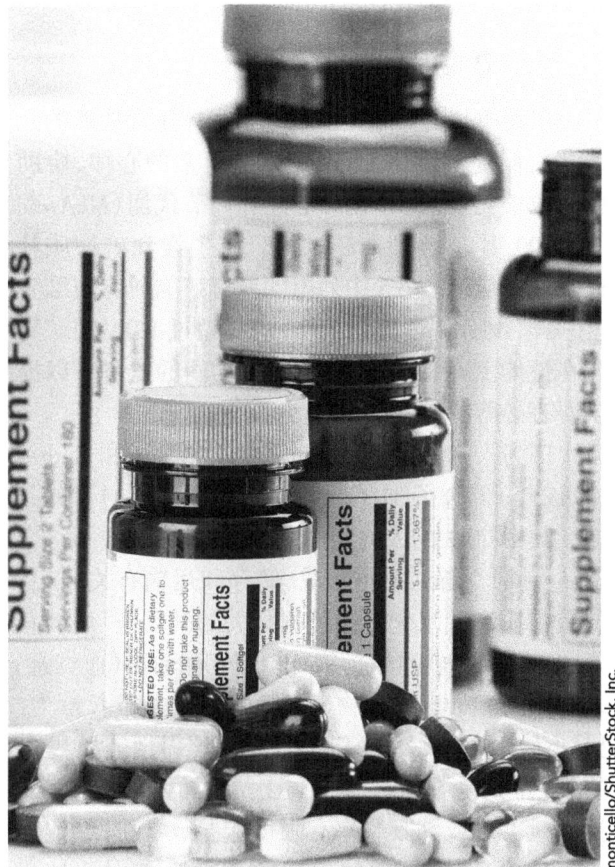

图 6.3 维生素和微量元素等

到目前为止,已经鉴定了 13 种特定的维生素,并分为两组,水溶性和脂溶性。水溶性组包括维生素 C(抗坏血酸)和 B 族维生素(B_1,B_2,B_6,B_{12},烟酸,叶酸,生物素和泛酸)。除了维生素 B_{12} 以外,水溶性维生素不存储在体内,过量的尿液通过肾脏和尿液排出。脂溶性维生素 A、D、E 和 K,由于它们的溶解性,它们被储存在身体的脂肪组织中,实际上超过了推荐的脂溶性维生素超量消耗(美国农业部推

表6.4

推荐蛋白质摄入量

不同人群	蛋白质摄入量
素食者	0.9~1g/kg 体重(0.41~0.45g/lb 体重)
一般人群	0.8~1g/kg 体重(0.36~0.45g/lb 体重)
耐力运动员	1.2~1.4g/kg 体重(0.55~0.64g/lb 体重)
力量运动员	1.7~1.8g/kg 体重(0.77~0.82g/lb 体重)
	最大(2g/kg)

资料来源:来自 Data from Torres-McGehee T,Pritchett K,Zippel D,Minton D,Cellamare A,and Sibilia M.(2012).大学生运动员、教练、运动防护师、体能训练专家,运动营养调节专家。J Athl Train.47(2):205-211. 获取:http://www.natajournals.org/doi/pdf/10.4085/1062-6050-47.2.205.

荐的每日限额 Recommended Daily Allowance，RDA）可能导致对储存的维生素的最终毒性反应的积累（McArdle 等，2009 年）。

没有证据表明，服用超过推荐量水平的维生素可提高任何类型的表现。消耗均衡饮食的运动员最有可能通过食物和饮料消费获得足够量的维生素。对于饮食不理想的运动员，建议每天补充多种维生素，以满足 RDA 对所有必需维生素的要求。没有证据表明，作为有机或天然维生素销售的维生素比那些人工合成并通常以较低成本出售的维生素有任何好处。为了有效，维生素应该在饭后服用以优化吸收，因为它们在其他营养物质存在的情况下效果最好（Clark，1997）。

六、矿物质

矿物质是必须定期摄取确保身体正常功能的元素。它们提供结构，有助于维持正常的心律，协助肌肉收缩力，促进神经导电性和调节代谢（McArdle 等，2009 年）。典型的超过每日维生素和矿物质补充剂通常包括表 6.5 中列出的所有矿物质。与维生素一样，没有科学证据表明，消耗超过 RDA 的矿物质在性能上有任何优势。此外，均衡的饮食可以提供所有必需的膳食矿物质。

广为人知的矿物质是铁和钙。Perron 和 Endres（1985 年）调查了 31 名女高中排球运动员的营养习惯。其中 70% 的人的能量（总热量）、钙和铁不符合 RDA 规定。与红细胞形成、储存和运输有关，以及与蛋白质和碳水化合物代谢相关的酶反应（Manore 等，2009 年）。铁可从植物（非母体）和动物（血红素）来源获得。最好从动物来源吸收。RDA 推荐量为：男性为 10mg，女性为 18mg。女性比男性需要更多的铁，特别是在月经期间（RDA 增加到 20mg）。铁摄入量不足或铁吸收率有限可能导致贫血，导致个人在日常饮食中只需含有 RDA 水平的铁；从事体育锻炼的个人应该避开补充剂，除非存在缺陷，因为过量的铁对身体有很大的毒性（McArdle 等，2009 年）。然而，耐力、素食者和女运动员可能希望咨询医师进行评估和维持平衡。运动科学家目前的想法是，参加耐力运动的运动员铁缺乏是常见的（Pattini 和 Schena，1990 年）。实际上，Deuster 及其同事（1986 年）报告说，即使女性跑步者服用某种铁补充剂，也发现 43% 的人铁摄入量少于成人 RDA（女性为 18mg）。据推测，铁可能通过出汗、胃肠道出血、月经出血和血管中过多的红细胞破坏（溶血）而丢失。

表6.5

主要矿物质和微量矿物质

主要矿物质（每日最低 100mg）

钙
氯
镁
磷
钾
钠
硫

微量矿物质（每日少于 15mg）

硼
铬
铜
氟
碘
铁
锰
钼
镍
锡
硒
硅
钒
锌

在月经期间，女运动员每天可能会损失多达 2mg 的铁。饮食调节含铁高的食物（如内脏肉或富含全谷物的产品）可以抵消这种损失。一种方便的补充方法是每日服用多种维生素和矿物质的片剂。有许多产品可以在柜台上买到，这些产品可以提供 RDA 推荐的成人所需的铁。

钙代谢与正常骨骼和牙齿健康有关。它是人体中最普遍的矿物，通过食用奶制品或其他人工添加钙的食品／饮料，很容易地在饮食中获得。科学证据表明，某些群体的运动员患缺钙的风险可能会增加（Deuster 等，1986 年；Moffatt，1984 年）。参与有氧跑步运动的女运动员和体操运动员都被发现摄入的钙太少。这使这些人面临骨骼发育不足的风险，并可能在以后的生活中导致骨量减少或骨质疏松。在这些高危人群中，补钙是绝对必要的。同样重要的是要注意，提供 RDA 的补充是适当的，因为超过这个水平的钙会导致其他问题。推荐的青少年女性日剂量为 1 500mg。

有证据表明，一些运动员的饮食不均衡，因此，应该建议他们在饮食中加入每日的维生素和矿物质补充剂。必须强调的是，这种补充剂应该只提供每种营养素的 RDA，而不是含有大量营养素的产品。超过 RDA 值的维生素和矿物质补充剂通常被证明是生理和经济上的浪费，并可能对健康产生不利影响（McArdle 等，2009 年）。

七、水

运动医学界对水的重要性几乎没有争议，不仅对人类的表现而且对于生存也是如此！水在体内有多种功能，因为对于细胞的功能、热调节和代谢废物是必不可少的。水一般存在于体内的两个位置——细胞外液（细胞外的这些液体，通常称为间质液）和细胞内液。水分通过正常的身体功能（如呼吸、排泄废物和出汗）不断流失。

在休息时，成人对水的要求是每天约 2.5L 水。在剧烈运动的条件下，特别是在环境温度高的条件下，水需求量可升高至每日 5~10L（McArdle 等，2009 年）。在运动过程中，大量身体水分损失以消除代谢热。循环系统通过血液将这种多余的热量运送到皮肤，在那里，再与人体的汗腺协调，热量通过蒸发的方式从表面传递。汗水从皮肤表面蒸发的过程很容易导致身体每小时锻炼有 2L 或更多的水分流失。大量出汗的最严重后果是丧失身体水分。2%~5% 的体重减轻可能导致内脏器官的表现和压力降低。为了计算由于水分流失而引起的体重下降，请在练习之前和之后称重运动员。用因运动而损失的磅数，除以运动之前的磅数。这种液体必须补充，否则可能会导致严重的甚至危及生命的后果。目前的建议表明，每 1 磅水重量损失，运动员应消耗 20~24 盎司（oz）的液体（McArdle 等，2009 年）。运动过程中控制身体的核心温度称为体温调节。

怎么办？

女性高中体操运动员（17 岁，110 磅，5 英尺 1 寸，体脂率 14%）咨询你关于训练饮食的建议。基于保持竞技状态，你建议她应该摄取多少热量？碳水化合物、蛋白质、脂肪该如何分配？

第二节　关于运动员和教练的营养知识：研究的提示

如前所述，运动员在适当的营养方面基本上没有受过指导，即使他们了解遵守优质饮食的重要性（Torres-McGehee 等，2012 年），为此，这可能会导致破坏性的营养做法，因为他们常常没有健全的营养原则纳入他们的训练饮食。例如，一级大学运动员会使用各种各样的资源来获取营养与增补剂信息，如家庭成员（32%），其他运动员（32%）、运动教练（30%）、营养师（30%），教练（28%）和电视、广播或互联网（10%）（Froiland 等，2004 年）。好消息是，他们更多地依赖训练有素的专业人士，运动防护师和体能训练师证明了他们对运动员坚持高质量饮食的重要性的深刻理解，他们也理解运动员的营养需求（Torres-McGehee 等，2012 年）。

只有 3%、12% 和 29% 的大学生运动员（330 人）分别正确确定了蛋白质、脂肪和碳水化合物的总热量摄入量的推荐百分比（Jacobson 等人，2001 年）。这些运动员低估了他们的碳水化合物需求，并高估了他们的脂肪和蛋白质需求。事实上，21% 的人认为蛋白质能够提供即时的能量。为了进一步支持运动员缺乏营养知识的观点，希尔顿（2005 年）报道说，70% 的大学生运动员（345 人）的日常热量摄入都不足，81% 的女性、90% 的男性没有按照推荐碳水化合物量饮食。这些报道的百分比肯定与专家建议相关，建议分配 60%~70% 的碳水化合物，12%~15% 的蛋白质和少于 30% 的脂肪（McArdle 等，2009 年）。除了大量营养素混乱外，只有 35%~40% 的人正确地认识到维生素的作用，30% 的人认为维生素能提供即时能量（Jacobson 等，2001 年）。

大部分教练也不了解一个科学的饮食和营养计划。Corley 等（1990 年）报告说，只有 20% 的大学教练（n=105）对碳水、脂肪和蛋白质对摄入比例了解，15% 的人仍然认为增加体重的最佳方法是服用蛋白质补充剂。Sossin 和他的同事们（1997 年）报告说，91% 的摔跤教练（n=311）认为摔跤运动员应该限制碳水，而不是饮食中的脂肪。在这些研究中，运动员摄入的脂肪水平升高可能表明他们食用了高比例的红肉和其他高脂肪蛋白质来源（Jacobson 等，2001 年）。这样的饮食习惯可能会引起一些心血管问题，包括动脉硬化和心脏病。

职业美式橄榄球联盟（NFL）运动员的预期寿命是 52~55 岁，这可能不是一个巧合（Nelson，1989 年）。

这些研究结果表明,大学生运动员和教练坚持围绕营养和运动成功的神话。然而 Jacobson 和他的同事(2001 年)报告说,与前十年的一项类似研究相比,运动员的基础知识和营养知识来源有所改善。最近的研究(Torres-McGehee 等,2012 年)报告说,55% ± 13% 的运动员在宏观营养素、微量营养素、补充剂、体重控制和水合作用的综合测试中得分高于足够知识的基准。总的来说,对体重控制和饮食失调的了解程度最低,只有 47% ± 22% 的运动员得分高于基准。

第三节　特别注意事项

一、女运动员

最近对高中生样本(n=5 740)的研究报告称,15% 的女孩比 4% 的男孩在饮食态度测试(Eat-26)中得分高于担心的门槛(Austin 等,2008 年)。随着越来越多的女性参与到有组织的体育运动,对女性运动员,特别是涉及体操、跳水、舞蹈等运动,重视体育美学的运动员的特殊营养因素引起特别关注。根据对青少年女子体操运动员的调查显示,这些年轻运动员的维生素和矿物质消耗量低于 RDA,而且消耗的热量太少,特别是碳水化合物(Loosli 和 Benson,1990 年)。Moffatt(1984 年)调查了 13 名参与高级水平比赛的高中女体操运动员的饮食习惯,显示她们的维生素 B_6、叶酸、铁、钙、锌和镁的膳食摄入量过低(低于 RDA)。因为体操非常强调减肥,所以大多数女孩表现出热量摄入不足和微量营养素消耗改变的情况。

然而,这一现象并不只存在于体操。Greenleaf 和同事(2009 年)对来自于 17 种运动项目的 204 名女大学生运动员进行研究,发现其中 54% 的运动员对现在的体重不满意。Torstveit,Rosenvinge 和 Sundgot-Borgen(2008 年)还报道说,47% 的"精益"运动(即越野、游泳、潜水、船员、划船和啦啦队)运动员与 20% 的"非精益"运动(即篮球、垒球和长曲棍球)的运动员相比,有临床饮食无序的现状,包括热量限制。

二、耐力性运动项目

Upgrove 和 Achtenberg(1990 年)调查了高中男女越野赛跑者的营养习惯。讽刺的是,在饮食中,碳水化合物的高消耗成为成功的先决条件,这些年轻人不太了解这种必需营养素的作用。此外,报道说,教练是他们营养信息来源的首选。令人担忧的是,许多教练无法对运动员如何摄入营养问题给出合理的建议。

Deuster 及其同事(1986 年)研究了 51 名顶级女子长跑运动员的饮食习惯。报告显示,运动员的蛋白质、脂肪和碳水化合物摄入量分别为 13%、32% 和 55%。这些百分比显示饮食中脂肪含量偏高,碳水化合物偏低。即使脂肪含量高,他们的饮食热量仍然太低。实际上,这些妇女在训练和比赛时秉承饮食规则,导致没有为此类活动提供足够热量。

运动员,无论是男性还是女性,都没有摄入足够的卡路里,这一情况在田径运动中出现了一个新的问题,称为运动能量缺乏。当运动员摄入了足够的卡路里来维持身体机能,与他或她的卡路里输出量不匹配时,就会出现运动能量不足。通常情况下,当为了实现运动目标而改变饮食习惯的压力下,就会出现运动能量不足(美国骨健康,2010)。除了没有足够的能量来适当地为运动提供燃料外,运动能量不足的运动员将无法支持包括骨骼生长在内的重要身体功能。在许多运动能量缺乏的情况下,运动员每天缺乏 1 000kcal(Deutz 等人,2000 年)。当运动后的自然修复能量不足时,激素就会受到负面影响。在女性中,雌激素会显著降低,导致闭经和骨骼生长减慢。在男性和女性中,运动能量不足可能会导致维生素 D 和钙的短缺,这两种物质都是骨骼生长所必需的。因此,可能会出现骨骼生长不良,这可能会导致男性和女性的应力性骨折和早发性骨质疏松症。运动能量不足还会导致一系列其他与健康相关的不良后果,包括抑郁、嗜睡、注意力缺陷、睡眠障碍和体脂增加。

三、摔跤

虽然官员、家长甚至许多运动员在努力改变,但摔跤运动员仍然被练习过快和不健康的减肥手段的问题所困扰。摔跤是少数以运动员体重为基础的运动项目之一。然而,为了获得优势,许多摔跤手试图快速减肥,以在较轻的重量级别里比赛。不幸的是,手术去除组织有很多不足,所以快速减肥的唯一方式是脱水。水重量约为每加仑 3.18kg;因此,运动员可以通过减少身体的含水量使体重显著减少。我们知道摔跤手使用各种方法快速减肥,包括液体限制、使用泻药和利尿剂,人为引起的出汗甚至饥饿。没有明确的证据表明这种策略具有实际性的优势,并且有很多因素可以表明不应该参与这些行为。重复快速地减轻体重会产生一些短期影响,包括强度消耗、血液黏度增加(血液增厚)、血块、肾脏和肝脏问题、胰腺肿胀(产生胰岛素)和溃疡(Nelson,1989年;Williams,1992年);长期影响现在尚不明确,但是科学家们猜测这些技术会影响青少年运动员的正常生长和发展。

为了减少高中摔跤手使用不健康的减肥方法"减肥",威斯康星州在1989年制订了摔跤最小重量项目(Wrestling Minimum Weight Project,WMWP)(Applier 等,1995年)。该项目设立了最低体重和身体组成标准,将所有参与者的身体脂肪限制在不低于7%,每周最多减轻1.36kg的体重。经过训练的志愿者对运动员进行了测试,并为全州教练提供了广泛的营养教育。95%的教练对该计划的反馈是积极的,而且威斯康星州的摔跤比赛的参与度也增加了。WMWP颁布后,从1996—1997赛季开始,全国高中协会联合会(High School Associations,NFHS)修改了摔跤规则1-3-1,包括以下声明:"理想的计划是,医疗专业人员通过检查体脂和水分来帮助确定最低体重。推荐的最低体脂不应低于7%"(NFHS,2011年)。

此外,美国运动医学学会(ACSM;Applier 等,1996年,更新于2010年)发表了关于竞争性摔跤的减肥的立场声明。ACSM 指出"重量切割"可以对性能产生若干生理影响,包括肌肉力量的降低、无氧能力的降低、耐力能力降低、体温调节过程受损和氧气消耗降低。"重量切割"也可以消耗液体,电解质和糖原,导致蛋白质分解增加,协调受损和心律失常。根据重量切割带来的各种健康风险,ACSM 就摔跤运动提出了以下建议:

● 响应为教练和摔跤运动员提供关于长期禁食和脱水对身体功能和身体健康会带来不良影响的教育。

● 橡皮套、蒸汽房、热箱、桑拿、泻药和利尿剂不宜用于减轻体重。

● 应采用国家或国家管理立法机构规定在比赛前进行合理体重管理。

● 需要在练习前后安排日常体重监测减肥和脱水。应通过充足的食物和液体摄入来恢复练习中失去的体重。

● 每个摔跤手的身体组成需要在赛季之前使用有效的方法进行评估。需要对16岁以下体脂率低于7%,16岁以上体脂率低于5%和青年男性体脂率低于12%~14%的运动员进行医疗清查。

● 热量摄入需要支持年轻摔跤手的正常发育需要。强调大量营养素的标准含量,以及最低热量摄入量1 700~2 500kcal/d。提醒摔跤手,严格的训练将每天额外增加1 000kcal热量的要求。

摔跤是一项历史悠久的运动,但过去为了减轻重量使用的技术不仅仅是过时的,而且会有危及生命的后果。因此,这些建议要在各等级参与者和竞争中认真落实。最后,许多建议可以适用于任何运动,而且对男性和女性摔跤手都很重要。

关键词

运动能量不足(athletic energy deficit):持续的体力活动与营养摄入的相对增长值失衡时,即能量的消耗与摄入失衡。

怎么办?

你被要求对高中摔跤运动员的简章进行有效减重技术的简报。你会给家长哪些关于孩子们日常饮食的特定建议?

四、结论

根据运动员营养行为研究结果,可以得出一些运动员饮食习惯的重要结论(ACSM,2009年):

1. 许多运动员没有摄取适当比例的蛋白质、碳水化合物和脂肪。运动员应至少食用 RDA 为所推荐的微量营养的饮食。

2. 碳水化合物消耗量应为6~10g/kg体重(2.7~4.5g/lb体重)。碳水化合物在运动过程中维持血糖水平,并取代肌肉糖原。所需数量取决于运动员的总能源消耗、运动类型、性别和环境条件(表6.2)。

3. 耐力和力量训练运动员的蛋白质建议范围为1.2~1.8g/kg体重(0.5~0.9g/lb体重)。这些建议的蛋白质摄入通常可以通过饮食来满足,而不使用蛋白质或氨基酸补充剂。例如,为了计算38.6kg女式体操运动员建议的1天蛋白质摄入量,进行以下计算:

体重(千克)=38.6(85lbs ÷ 2.2=38.6lbs/kg)

38.6 × 1.2g 蛋白质 =46.4g 每日蛋白质需求量

鸡胸肉(8 盎司 =226.8g)将提供蛋白质需求。

4. 为了方便,运动员往往会以垃圾食品的形式摄入过多的热量,因为它们含有脂肪和多余的蛋白质（图 6.4）。脂肪摄入量应在总能量摄入量的 20%~30% 之间。消耗少于或等于 20% 来源于脂肪的能量对机体没有好处，因为脂肪是能量、脂溶性维生素和必需脂肪酸的来源。

图 6.4　快餐有很多热量，同时也包括很多脂肪

5. 饮食中强调瘦身和低体脂肪的运动员倾向于遵循饮食中总卡路里过低的饮食。限制能量摄入，采取严格的减肥措施或从饮食中消除一种或多种食物的运动员，存在大量营养素和微量营养素缺乏的风险最大。长时间严格限制可能导致运动能量不足。

6. 甚至许多运动员的饮食里某些重要的矿物质，如钙、铁和锌，都是不足的。然而，最好的来源是天然食物，而不是补充剂，除非得到医师的指导。短期和长期补充超过推荐剂不能改善运动表现或训练反应。

第四节　教育运动员：教练能做什么

研究表明，许多运动员认为教练有责任提供正确饮食的指导方针。如本章前面所述，Froiland 及其同事（2004 年）指出，28% 的运动员通常通过教练获得营养信息。不幸的是，大多数教练缺乏基本营养的正式培训（Corlcy 等，1990 年）。好的一方面是进入教练职业并在体育或相关领域中获得专业或辅修的学生可能需要至少上一堂营养课。对于那些获得教练证书的人来说，情况往往也是如此。

如果计划成为教练的人没有主修健康相关专业，那么他们应该继续学习至少一门营养学课程。教练可以参加在职会议、专业会议和关于营养相关主题的社区教育。订阅教练或运动科学领域的专业杂志，是目前获得营养信息的一个很好的来源。此外，市场上有许多优秀的书籍，医院经常雇用训练有

素的注册营养师，他们可能非常乐意为教练的运动员提供营养信息。为帮助找到他们所在地区的专家，教练可以联系营养和营养学院（以前的美国饮食协会；http：www.eatright.org/public/fard.aspx）。

住在大学附近的教练的另一个选择是，联系该机构的运动医学或权威的管理人员。通常，都是经 BOC 认证的运动防护师或通过认证的教练［由国家强度和调理协会（NSCA）］。此外，大学经常聘请具有营养科学研究生学位的教授，他们也很乐意提供资源。教练应鼓励甚至要求运动员记录饮食。这些信息可以与训练日记组合。

教练或其他专业人员（运动防护师、运动科学教授或注册营养师）应定期检查运动员正在吃什么，并根据健全的营养原则提出建议。不需要复杂、详细的记录文件。运动员只需记录每顿食物消耗的食物和饮料的含量及大概数量，大多数食品包装都提供有关产品营养成分的信息。通过实践，用这个方法确定运动员消耗营养物是否正确是相对简单的。

最近，开发了旨在教授运动员营养和生活技能的项目。国家 NCAA 与 ACSM 合作，美国营养和饮食协会为运动员提供有关营养和表现的最新信息。俄勒冈州健康和科学大学为女性运动员制订了一个名为针对健康的运动和营养替代品方案的（Athletes Targeting Healthy Exercise and Nutrition Alternatives，ATHENA）的计划。这个项目是由同伴领导的，涉及年轻女性在运动、饮食行为紊乱和身体塑造药物使用之间的联系（Elliot 等，2008 年）。学生学习态度和技能，将帮助他们在体育和一生中做出健康的选择。教练和学生团队负责人接受培训，教授目标设定和营养行为的自我监测。长期随访研究表明，接受 ATHENA 培训的女性的营养习惯更好，减肥药和补充剂的使用也减少了。该项目的网站是 http：www.oiisu.eduixd/Hpsm/research/athena.cf。

面对儿童时，教练应与家长讨论儿童运动员的营养需求。大量的营养信息可在网上从运动，心血管和健康营养实践小组 - 营养和饮食学院的一个部门（http：//www.scandpg.org/）；运动损伤预防（http：//www.stopsportsinjuries.org/sports-nutrition.aspx）；美国农业部（U.S.Department of Agriculture's，USDA）营养数据实验室网站（http：//www.ars.usda.gov/）获得大量的在线营养信息。USDA 提供了广泛的可搜索的不同食物的营养列表。这些信息对食物的选择有很大帮助。USDA 营养政策和促进中心（http：//www.cnpp.usda.govt）创立了另一个有用的网站，该网站提供在

线饮食分析。注册并输入所有必要的饮食信息后，会生成详细的营养评估。因为这个分析是在网上完成的，所以鼓励运动员在家里完成；未成年人应该在父母陪同下完成。

第五节 运动员膳食指南通则

一、每日饮食：营养维持

虽然每项运动和每位运动员都有特定的营养需求和偏好，但是可以根据当前的知识作出一些通用性的建议。非运动员和运动员饮食之间的基本差异在于，运动员需要额外的能量来支持身体活动和额外的液体来弥补汗水损失，但应该注意的是，运动员的饮食应量身定制（像调节程序一样），以满足个人需求。体操运动员可能需要在一个非常狭窄的参数范围内控制她的身体成分；足球边锋可能希望增加额外的瘦体重。因此，营养计划必须以运动员的身体特征和运动的个人需求为基础。

所有的运动营养计划都应该为运动员的训练和比赛做好准备，鼓励运动员在比赛期间摄入食物和饮料以保持能量来源，并确保在训练期间和比赛后有足够的恢复（Brotherhooa，1984 年）。

运动员需要接受正确选择饮食的教育，以保持碳水化合物、脂肪和蛋白质的正确比例。运动科学家推荐以下每日总热量分解：60%~70% 的碳水化合物，12%~15% 的蛋白质和少于 30% 的脂肪。关于碳水化合物的最好饮食建议是尽可能简单，因为大多数食物含有大量的碳水化合物。重要的是运动员要了解许多蛋白质来源含有大量脂肪；因此：这些食物的消耗频率应低于优质蛋白质来源（豆类、蛋类和乳制品）。大多数专家认为，即使是高度活跃的运动员，每千克身体质量每天也只需要 1.2~1.8g 的蛋白质（ACMS，2009 年）。这意味着一个体重 195 磅（88.6kg）的足球运动员每天最多需要摄入 177g 蛋白质。一顿大餐可以提供这么多（很多足球运动员的典型）。例如，看看这顿简单的膳食提供的蛋白质：

4 杯牛奶	32g
90 盎司瘦牛肉	72g
通心粉和奶酪	72g
总计 =	176g

毫不奇怪，研究表明，大学的足球专业运动员和

国际橄榄球运动员每天每千克体重消耗的蛋白质超过 2g。虽然许多足球教练为了最佳效果，建议运动员摄取高碳水化合物和低脂肪的饮食，但他们也主要向想要获得瘦体重的足球运动员推荐牛肉、鸡肉、鱼、豆类、奶制品和蛋白质补充剂。不幸的是，这些建议是相互矛盾的，因为摄入过多的肉类产品以及补充蛋白可能含有更多的热量和脂肪。这些饮食不但价格昂贵，它们也可能是不健康的。如本章前面所述，过量的蛋白质产生代谢废物，特别是氮，所有这些都对肾脏和肝脏施加压力。随着肾脏尿量的增加，脱水也可能发生。

假设运动员坚持均衡饮食，则无须担心他们摄入了足够的维生素和矿物质。这些化合物的用量很少，几乎没有证据表明运动员需要消耗额外的维生素和矿物质才能进行运动（McArdle 等，2009 年）。但是，在发现缺乏的情况下，膳食补充是很有必要的。如前所述，可能被证明是例外的两种矿物质是铁和钙。保证充足的饮食和休息后，仍然发生慢性疲劳，反复应力性骨折，失去健身或无力进行训练的运动员应转交给医师进行评估。简单的血液检查可以确定铁或钙是否存在缺乏的问题。研究人员建议应定期对高危人群定期进行铁缺乏检测，并在医师的指导下合理补充铁（Magazanik 等，1988 年）。

在提供饮食建议时，特别是对年轻的运动员，教练应该谨慎。提供一些经过验证的简单指南是最有效的方法。美国农业部向公众提供了一个优秀的互动网站 http：chocxsern yplaite.gov：/（图 6.5）。该网站能够根据用户年龄、性别和身体活动水平等因素制

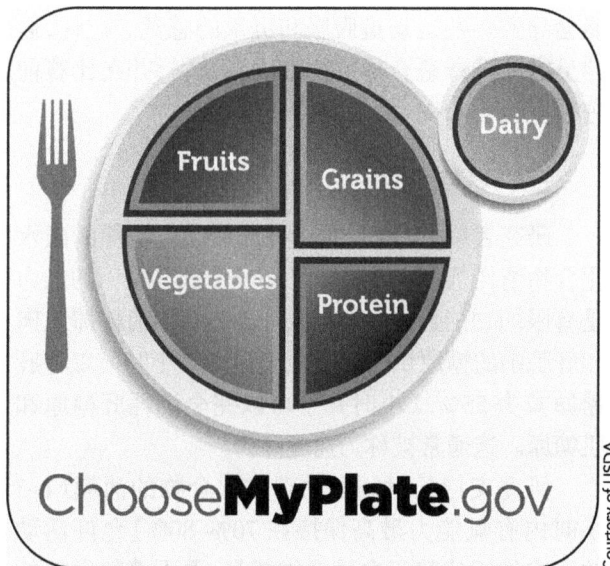

图 6.5 我的食物选择

订个性化膳食计划；它已经取代了食物指南金字塔。然而，有兴趣开发更复杂的膳食方案的运动员应该考虑使用运动营养师的膳食分析。

二、赛前饮食

预赛饮食应根据运动或活动来确定。作为一般规则，建议运动员，无论从事什么运动，都不要在比赛前立即进餐。消化过程需要 2~3 小时或更长时间；因此，在比赛之前吃的食物几乎对运动表现没有任何帮助。还应该指出的是，如果在训练或比赛前吃饭，那么胃肠不适是常见的，因为一旦运动开始，身体就将血液重新分配到远离胃肠系统的肌肉（McAnile 等，2009 年）。赛前饮食应提供足够的液体以维持正常水分，相对高的碳水化合物（低升糖指数）、中等的蛋白质、低脂肪、低纤维，这样易于消化。还有利于胃排空，并在维持血糖的同时最大限度减少胃肠不适（ACSM，2009 年）。专家建议任何运动的赛前餐，应该在赛前 1~4 小时进食，并在 20~30 分钟内摄入非常清淡的膳食（容易消化的食物）和液体。

如果运动员可以接受，流质饮食较传统的赛前餐具有明显的优势。商业制造的流质膳食通常含有高百分比的碳水化合物，这种形式有助于快速消化和吸收。此外，它们含有水，有助于运动员在赛前获得足够的水分。建议赛前摄入 150~300g 的碳水化合物（3~5g/kg）（McArdle 等，2009 年）。这些指南对参加耐力运动的运动员来说尤其重要。然而，参与足球运动的运动员也将受益于这种方案。赛前吃牛排和土豆这种传统膳食只会产生心理上的影响，可能会导致一些运动员腹胀和沉重的感觉。记住，运动员需要选择适合他们的食物和饮料，并在比赛前进行实验（ACSM，2009 年）。

三、赛中营养

研究表明，无氧运动和有氧运动中消耗的碳水化合物消耗都是有益的。已知身体储存糖原的能力是有限的，并且在比赛之前运动员可能消耗掉肌肉和肝脏中的糖原供应。高强度运动 1 小时可以将肝糖原减少 55%，2 小时几乎可以完全消耗肝糖原和肌糖原。这通常被称为速度障碍。

研究支持长时间运动碳水化合物的消耗（1~3小时内有氧能力最高保持在 70%~80%）允许活动的肌肉组织依赖于血糖提供能量，而不消耗重要的肝脏和肌肉储备（Coyic，1988 年）。许多商业化的碳水化合物产品现在是可用的，教练和运动员也可以准备自己喜欢的饮料。运动饮料通常以体积提供 6%~8% 的碳水化合物溶液，每 15~20 分钟（30g/h 和 60g/h）消耗约 8 盎司。这一点对于那些在隔夜禁食后早上锻炼的运动员来说尤其重要，因为此时肝糖原水平会降低。

虽然摄入碳水化合物对于最佳表现是必不可少的，但是运动中摄入的碳水化合物相对高可能会增加上消化道症状（恶心、胃灼热或打嗝）和肝脏（腹胀、腹泻和腹部抽筋）不适的发生。两种理论被用于解释这种胃肠道的不适，包括由于有限的血液流向肠道而导致内容物吸收不良，或是血液中过量的液体被吸收到肠道以平衡多余的电解质（Jeukendrup，2007 年）。假设太多的碳水化合物可以快速氧化（表 6.1），以超过 60g/h 的速率摄取，这将导致胃内容物的高渗性，之后就会发生胃肠道不适（Jeukendrup，2007 年）。

四、赛后营养

运动后，饮食目标是补充肌肉糖原，并确保快速恢复。恢复膳食的时间取决于锻炼时间的长短和强度（ACSM，2009 年）。在 60%~80% 最大摄氧量下运动 2~3 小时后，糖原就会耗尽。运动后膳食需要提供足够的液体、电解质、碳水化合物和蛋白质。在前 30 分钟内，碳水化合物摄取量 0.1~1.5g/kg 体重（0.5~0.7g/lb），然后每隔 2 小时再摄入一次，持续 4~6 小时，就足以替代糖原储备（ACSM，2009 年）。碳水化合物摄取的时间是重要的，因为如果食物在 30 分钟至 1 小时内摄入，糖原水平可以更快得到补充。食物的类型也是重要的，因为与等量的低糖指数碳水化合物相比，摄入高糖指数的糖水化合物会在糖原耗竭运动后 24 小时导致肌肉糖原水平更高。此外，单独进食碳水化合物或与蛋白质和脂肪搭配进食时，糖原替代没有差别。运动后摄入的蛋白质为肌肉组织的构建和修复提供氨基酸（ACSM，2009）。建议食用碳水化合物和蛋白质的比例为 4g 和 1g 的食物（如低脂巧克力奶、运动营养棒）。

有关运动前、运动中和运动后饮食的营养信息小册子可在运动、心血管和健康营养实践小组（http://www.scandpg.org）的网上获得。

关键词

高渗性（hyperosmolality）：溶液浓度增加。

第六节 营养与损伤恢复

显然,适当的营养对组织愈合和恢复至关重要。虽然没有证据表明补充维生素和矿物质缩短恢复时间,但必须充分摄取维生素和矿物质(Wilmore 和 Costill,1998 年)。

许多受伤运动员的主要问题是在被迫不活动期间体重增加。一些运动员发现在不锻炼的时候很难调整饮食习惯来减少热量的摄入。在损伤康复过程中,活动可能已经停止,但随着机体自我修复,新陈代谢也在不断增加;因此,应该建议运动员在康复期间不要因为担心体重增加而显著减少总热量摄入(每日热量推荐为 35kcal/(kg·d);Harrison,n.d.)。教练建议受伤运动员在恢复过程中的饮食变化,这是非常重要的。有些受伤的运动员可能会以某种形式的替代活动继续锻炼。跑步者通常可以骑着固定自行车或在游泳池里跑步,从而保持有氧健身并燃烧多余的卡路里。患有传染性疾病的运动员可能无法运动,应该建立一种基于其 BMR 来确定卡路里摄入量,直到他们健康。

不幸的是,很少有在营养和运动损伤恢复领域的出版物;然而,关于营养在疾病康复中的作用有大量的出版物。因此,许多建议是在整个生命周期和疾病期间的组织愈合和营养研究得出的(Bucci,1995 年)。对于大量营养素的简单建议包括:根据康复过程和康复活动水平保持碳水化合物的摄入量,只要蛋白质水平超过 1g/(kg·d),就保持蛋白质水平,并摄入含有"好"脂肪的脂肪(橄榄油、鳄梨、坚果和种子、亚麻和亚麻油)。当然,在整个康复过程中也应保持足够的水分,增加出汗时会出现体液流失。

碳水化合物是细胞新陈代谢的直接能量,也能刺激胰岛素和胰岛素生长因子,这有助于组织的建立。蛋白质含有结缔组织和肌肉。蛋白质中的氨基酸是必需的。几个氨基酸,其中精氨酸、鸟氨酸 -α-酮戊二酸(ornithine-α-ketoglutarate,OKG)、谷氨酰胺、亮氨酸都被推荐(Harrison,n.d.);然而,补充氨基酸时必须注意(在本章后面详细讨论)。有抗炎作用的食物也是推荐的,但炎症是愈合过程中的一个必要过程,不应该被阻止。大蒜、可可、茶、蓝莓和菠萝因其抗炎作用而闻名(Bucci,1995 年)。菠萝、木瓜、奶酪、面包、黑麦也都提供蛋白水解酶(Harrison,n.d)。这些酶是已知的抑制缓激肽,减少细胞外液的黏度(肿胀),并帮助分子清除(Bucci,1995 年)。

最后,游离脂肪酸,特别是 ω-3 脂肪酸(抗炎)和 ω-6(促炎),是已知含有二十烷类化合物,可减轻疼痛,也可以造成血管扩张和增强免疫系统。ω-3 脂肪酸可以在鱼油和冷水鱼类(鲑鱼、鲱鱼)发现,ω-6 脂肪酸(亚油酸)也可以在种子、坚果和各种植物油中发现。重要的是保持 ω-3 和 ω-6 脂肪酸的平衡,而不是过量摄入其中的一种。目前建议在从受伤中恢复时每天摄入 3~9g。

第七节 体重管理

想要增重或减重的运动员必须了解改变体重的各种方式。为了保持体重,运动员的卡路里摄入量必须等于卡路里消耗(基本代谢需求加上运动需求)。不安全的体重管理做法除了影响运动员的运动表现外,还会对运动员的整体健康产生负面影响。通过限制热量或特殊的营养物质进行体重管理,运用致命的体重控制方法,或者干脆不吃或喝太多,对任何人都是非常危险的行为方式,特别是运动员(Sammarone Turocy 等,2011 年)。安全的减肥和管理可以使用科学证据和可靠的资源来完成。首先,当体重管理有问题时,鼓励运动员、教练和家长去看注册营养师;然而,运动教练、力量和调理专家也可能是宝贵的资源。全国田径教练协会关于"运动和锻炼中的安全减肥和维持实践"的立场声明(Sammarone Turocy 等,2011 年)是一个极好的资源,可从以下网址下载:http://www.nata.org/position-statements。

体重可以分为三种基本形式:水、脂肪组织和瘦组织。水几乎占体内所有组织的大部分。从实际的角度来看,骨骼肌占大多数瘦肉组织重量。体的大部分脂肪就在皮下,被称为皮下脂肪。人体已经设计出一种高效的方法来储存多余的饮食卡路里。当运动员每天摄入的卡路里超过身体在特定活动水平下所需的卡路里时,多余的卡路里就会转化为脂肪。相反,如果一个运动员没有摄入足够的热量以满足日常需要,储存的脂肪就会被代谢以形成能量。奇怪的是,当运动员严重限制热量摄入,如空腹时,身体消耗肌肉组织产生能量(Williams,1992 年)。因此,运动员将减少瘦组织的质量,这在大多数情况下会导致成绩的下降。

如果运动员正在努力保持理想的体重,他们应该每周称一次体重,大约在一天中的同一时间,在上完厕所后。他们的体重不应该每周波动太大,但是由于身体活动会出汗,每天可能会波动。同样重要的是要记住,女运动员在月经前可能会体重增加。然而,站在磅秤上测量体重的价值可能有限,因为给定体积的肌肉组织比相同体积的脂肪重。脂肪与瘦体重的比率是一种更好的测量方法;这通常被称为身体成分。它以身体脂肪的百分比表示;男性必需脂肪的百分比为 2%~5%,女性为 10%~13%,青春期男孩为 7%,青春期女孩为 14%。最活跃的年轻女性的肥胖范围是 14%~24%,活跃的年轻男性的肥胖范围是 7%~17%;然而,肥胖在全社会以流行的比例增加,女性的平均体脂为 25%~31%,男性的平均体脂为 18%~24%(Muth,2009 年)。

有些运动员,由于各种各样的原因,渴望改变他们的体重。那些需要特定体重的运动员,例如摔跤、拳击、轻量级的运动员,可能会尝试迅速减掉体重,以便以较轻的体重中进行比赛。这些竞赛者需要明白,快速的体重波动通常涉及脱水,并且显著的水分流失可能导致许多不良后果,从而导致整体性能下降。摔跤运动一直非常积极地防范这种情况,并为男性和女性运动员制定了最低体脂肪标准。在高中阶段中,男性摔跤手体脂率不得低于 7%,女性不得低于 12%。当前,当运动员适当地补水时,必须获得所有官方的脂肪和体重测量值。为了确定适当的水合作用,可以使用折射仪和 / 或尿液试纸来评估尿比重或蛋白质含量。尿液试纸评估可分别用于测量尿比重或蛋白质含量。尿液试纸法对急性脱水更敏感(Sammarone Turocy 等,2001 年)。如果尿的比重小于 1.025(NFHS,2011 年),则达到适当的水合作用。应使用这项运动所需的最低体脂或基本脂肪准则来确定最低竞技体重。摔跤运动员和其他体重级运动员应在淡季确定自己的健康体重和身体成分,然后集中精力在即将到来的季节中为该体重类别做准备。重要的是要记住,当前的建议是将体重减轻限制为每周当前体重的 1.5%(NFHS,2011 年)。

最小的竞技重量

然后可以通过将运动员瘦体重除以 1 减去所需脂肪(1-%)的百分比来计算最小竞技体重(Wilmore 和 Costill,1988 年)。脂肪需要受运动规则、最小基本脂肪或个人选择的约束。男性摔跤手的最低脂肪百分比为 7%。要使用这个公式,必须确定运动员

的体重和脂肪百分比。尽管有许多方法可以估算身体脂肪,但最实用的方法是使用皮肤褶皱测量。然而,这项技术只有在管理测试的人身上才是最好的。因此,身体组成的测试应由经过适当训练的人员进行,如运动生理学家或 BOC 认证的运动防护师。在身体脂肪百分比确定后,瘦体重(lean body weight,LBW)可以用以下公式计算:

脂肪重量 = 体重 × 体脂 %

LBW= 总体重 – 脂肪重量

如果一个运动员体重 135lbs,体脂率为 14%,脂肪量可以通过脂肪的百分比乘以体重确定:0.14 × 135=18.9lbs。因此,脂肪的重量约为 20lbs。确定这名运动员瘦体重的计算方法是从总体中减去脂肪重量:135–20=115lbs。要确定该运动员的最低竞技体重,应进行如下计算:

最低竞技体重(MCW)= 瘦体重 ÷(1– 所需的脂肪 %)

MCW=115 ÷ 0.93(1–0.7)=124lbs

因此,如果体重低于 124lbs,这个运动员不应该比赛。使用相同的公式,一个有 17% 的身体脂肪的 115lbs 的女摔跤手不应该允许去比赛,如果她的体重低于 108lbs。

115 × 0.17(身体脂肪百分比 %)=19.5lbs 脂肪

115–19.5lbs 脂肪 =95.5lbs LBW

MCW(Minimal competitive weight)=95.5 ÷ 0.88(1–0.12)=108lbs

📖 关键词

LBW(lean body weight):去脂体重。

参加其他体育活动的运动员,如体操、跳水等有审美成分的人,在试图改变容貌时,也会面临两难境地。这些运动员永远不应该低于身体成熟所必须的体脂百分比(见上一章)。对这些运动员来说,重要的是要记住,饥饿的代价和其他致命的体重控制方法很可能会攻击他们的肌肉质量。由于这些活动被认为是无氧运动,是从工作肌肉中的糖原供应中获取所需的能量,因此它们的运动能力和潜在的运动损伤可能会更多地下降。任何表现出异常饮食行为或对异常过量脂肪表现出异常或不必要的担忧的运动员都应转介给专家进行评估和饮食咨询。

第八节　补充剂和增强剂

运动营养补充剂受到各种项目的运动员欢迎。补充剂也称为增强剂。要想具有普遍性,它必须具备增加工作产出的潜力。当工作量增加时,人能够以更高的强度进行运动,工作时间更长,能够给身体施加更大的压力。根据超负荷训练的原则,运动员使用力所能及的辅助手段可以提高训练能力,从而提高运动潜力(体型、速度等)。通常情况下,补充剂制造商声称,这些物质要么在正常饮食中不可用,要么运动员需要的量超过了身体通过正常饮食习惯所能获得的量,这些物质对于提高成绩是必要的。

补充剂的使用,曾经基本上只局限于专业或奥林匹克运动员,现在已经成为一种流行技术,为所有年龄和类别的运动员创造优势。许多教练或家长告诉他们的运动员,通过使用营养补充剂,他们可以变得更大、更强、更快,这正是运动员想得到的,所以他或她会花大量的钱购买各种补充剂,以达到成为最佳运动员的目标。对许多高中运动员来说,成为顶级运动员意味着更多的大学奖学金。大学生运动员可能想要变得更好,这样他或她就可以获得一份职业合同。市场上销售的许多补充剂都是为了让运动员认为,服用一片药丸或粉末,或者喝一种令人兴奋的饮料,他们就可以提高个人成绩,更快地达到目标。这些只是运动员服用营养补充剂的众多原因中的一小部分。运动员必须记住,并不是所有市场上的补充剂都会产生更大、更强壮或更快的运动员,而且许多补充剂会带来不利的健康风险或是非法的,使用这些补充剂将导致取消资格或其他处罚。运动员的营养补充可能是对毒性的个别研究,结果几乎没有好处,而且可能产生许多后果。

补充剂和增强剂(表6.6)包括合法和非法的物质。一般来说,体育运动中补充剂的合法性并不取决于补充是否被认为是自然的,或者运动员可以通过柜台(通过零售店、目录、杂志和互联网)购买,或者通过医生处方提供。重要的是要注意,在零售商店或网上销售的补充剂不能保证在特定的联赛或运动中是合法的。补充剂通常包括多种成分,如果一种补充剂包含由美国食品和药物管理局(FDA),世界反兴奋剂机构(World Anti-Doping Agency,WADA),或美国反兴奋剂机构(U.S.Anti-Doping Agency,USADA)禁止使用的成分,那么运动员或教练应该认为它是非法的。同时,含有下列一种或多种成分的补充剂通常属于非法类别。这些成分包括但不限于合成代谢类固醇、激素或代谢调节剂、利尿剂和兴奋剂。有关非法(违禁)成分的完整列表,世界反兴奋剂组织(World Anti-Doping Agency,WADA)(http://www.wada-ama.org)和反兴奋剂机构(Anti-Doping Agency,USADA)(http://www.usada.org)提供了最新清单。这取决于教练、运动员和/或家长是否意识到可以合法购买但会导致球队和赛事禁赛的物质。为了确定营养补充剂的整体安全性,由美国反兴奋剂机构开发的一种相当新的工具现已向公众开放,名为补充剂411(http://www.usada.org/supplement411)。它包含了因使用各种营养补充剂而被禁止参加运动的运动员的证明,它还提供了关于常见补充剂的安全性和有效性的准确和官方信息。最后,它调查了运动员的主要困境,考虑到使用各种营养补充剂可能导致阳性的兴奋剂检测或包括死亡在内的严重健康后果,使用各种营养补充剂的风险和回报。

自20世纪90年代以来,营养补充剂的受欢迎程度大大提高,因此被认为有益于运动表现的成分数量也大幅增加。因此,一些国家组织在体育补充剂方面形成了立场。并且最近,NATA发布了两个全面的立场文件,评估膳食补充剂(Buell等,2013年)和合成代谢雄激素类固醇(Kersey等,2012年)。Buell和他的同事(2013年)强调食品应当首先满足营养和性能需求的理念,因为膳食补充剂标签不需要第三方验证;不能假定纯度(标签中的真相)和无污染。食物至上的立场表明,必需的营养素可以从健康的饮食中自然获得。同时作者接着解释了1994年的《膳食补充剂的健康与教育法》(Dietary Supplement Health and Education Act,DSHEA),该法案允许营养补充剂在市场的急剧增长。并且DSHEA要求膳食补充剂制造商和分销商应当确保他们的产品在上市前是安全的,但一旦上市,就不需要第三方筛选来确保其有效性或安全性。如果为了使产品从市场上下架,FDA必须证明该补充剂实际上是不安全的(导致严重的健康后果或死亡),然后才能将其市场上移除(Buell等,2013年)。使用和滥用合成雄激素远远超出了营养补充剂和非法药物使用的边界,因此没有必要对此进行广泛的讨论。这一类中最值得注意的补充剂是合成类固醇、生长激素和促红细胞生成素(erythropoietin,EPO)。这些产品无法在零售店购买,因此通常只能通过地下渠道获得。所以最终导致运动员只能采取极端措施获取和使用这些补充剂。同时,他们也会极力掩盖这些非法补

表6.6

运动员使用的各种增能物质示例

处方和非处方物质

通用名称（S牌名称各不相同）	感知利益	潜在的不良影响
雄烯二酮	肌肉质量的发展	睾酮生成减少 被美国政府（2005年），国际奥林匹克委员会（国际奥委会）和国家足球联盟（NFL）禁用 在美国可凭处方买到
脱氢表晰（DHEA复合体）	肌肉质量的发展，减少身体脂肪和"抗衰老"	被国际奥委会和全国大学体育协会（NCAA）禁用 胃部不适、高血压、月经周期改变、女性面部,毛发增多、女性声音加深、胆固醇变化不利、攻击性行为
羟甲基丁酸（HMB,亮氨酸的衍生物）	肌肉修复	目前尚未确定
氨基酸（支链氨基酸[BCAA]）	剧烈运动后肌肉的发展和修复 疲劳失去协调性	与肝脏和肾脏相关的各种风险
肌酸	肌细胞通过将ADP转化为ATP而产生的能量	肾脏损伤，液体潴留，肌肉痉挛，胃部不适和腹泻
硝酸盐	降低静息血压,降低次极大值运动的氧气消耗,并可能提高整体运动表现（例如:提升肌肉耐力）	与硝酸盐摄入有关的健康风险可导致心血管衰竭、昏迷或死亡
雌激素抑制剂	抑制雌激素活性以促进肌肉发育（通常与雄烯二酮一起使用）	男性和女性的雌激素活性降低
γ-羟基丁酸（GHB）	促进深度睡眠——据称可以促进生长激素的释放。也被称为"约会强暴药物"	非法物品:可能导致死亡,在美国可以凭处方买到

草药

草药（俗名）	感知利益	潜在的不良影响
麻黄	强力刺激神经系统和心脏,用于减肥。增强活力,提高运动成绩	美国食品药物管理局禁用 癫痫、焦虑、心律失常、脑卒中、心脏病发作和死亡
山金车（山烟）	肌肉疼痛,僵硬,骨关节炎	可能会加强抗凝剂的效果
紫锥菊（紫松果菊或印度头）	减弱的免疫系统,感冒,感染	可能会干扰免疫抑制剂
姜	恶心,呕吐,晕车,骨关节炎	可能与抗凝剂和抗糖尿病药物相互作用
红景天（黄金根）	嗜睡、疲劳、耐力差	可能与其他草药相互作用
人参（俄罗斯根）	耐力差,能量低,免疫系统弱	可能会干扰抗凝剂
瓜拉纳（可可粉,巴西可可）	体脂过多,无精打采	含有咖啡因

关键词:ADP,二磷酸腺苷:ATP,三磷酸腺苷。

充剂的使用。不幸的是,当医疗专业人员出于适当的理由开出处方时,许多药物可能是合法的物质。Kersey 和他的同事(2012)指出,合成代谢 - 雄激素产品在治疗性剂量下可以安全使用;然而,运动员使用非治疗性和无管制的使用可能会造成严重的健康风险。

关键词

增强剂(ergogenic aids):人们用于增加潜在运动量的食物或饮料。

一、营养补充剂

兴奋剂通常是最普遍的增能补充剂。在许多情况下,产品中会混合各种兴奋剂。三种常见的产品包括咖啡因、瓜拉纳和麻黄,它们都将在运动过程影响大脑对疲劳的认识。这些补充剂,以不同的方式,超越大脑在运动过程中对疲劳的认识,并允许运动员在大脑告诉身体疲劳时继续训练。咖啡因通常被吹捧为一种安全的辅助物质,可以为运动员提供能量的提升。它旨在通过辅助底物新陈代谢和延缓疲劳来辅助耐力活动。然而,据报道,在所有的研究中,咖啡因的表现都有很大幅度的提高,进一步的研究应该确定咖啡因成为人体辅助物质的各个因素(Ganio 等,2009 年)。目前,咖啡因仍受NCAA 管控,但取消资格剂量远远超出了典型饮料中提供的剂量。另一方面,瓜拉纳和麻黄是非常有争议的人体工学助剂。最近麻黄已被禁止,因为它与 155 多人死亡有关(汉普顿,2005 年)。在 2004年初,FDA 禁止使用麻黄作为补充剂。然而,2004年的 FDA 禁令在法庭受到质疑,该物质于 2005 年再次在非处方药(OTC)中进行销售,但是政府在2006 年再次终止了含有麻黄碱物质的 OTC 销售。并且,麻黄酮在国外仍然可以使用,可以通过互联网或其他非法手段进行购买。对于教练或运动防护师来说,重要的是在运动情况下不要使用瓜拉纳或麻黄。在每天两次提高能量水平的练习中,使用这些混合物是比较最普遍的,并被怀疑是几名运动员死亡的原因。因为当在特殊环境条件下,如过高的热量和湿度,加上过度的训练方案,加上运动员不愿意在适当的时间停止,使用它们是危险的,甚至是致命的。

运动员可能使用的其他常见的补充剂是睾酮前体。雄烯二酮是一种睾酮前体,由运动员服用,目的是建立肌肉组织。雄烯二酮(andro)是因职业棒球运动员 Mark Mcgwire 而著名。2005 年 1 月,美国政府禁止安德罗的非处方药销售;然而,运动员可能能够通过互联网购买该药物,并且也可以通过处方获得,因此运动员可能能够合法获得该药物。目前流行于运动员的另一种睾酮前体是脱氢表雄酮(dehydroepiandrosterone,DHEA),一种在血液中被发现的激素,其被转化为雄烯二酮,然后转化为睾酮(Brown 等,1999 年,Wallace 等,1999 年)。睾酮可以增加蛋白质合成并减缓蛋白质分解,这可以通过适当的训练增加肌肉量。但是使用睾酮或睾酮前体的不利影响是减少身体天然雄激素的产生。所以,安德罗被国际奥委会(IOC)、全国橄榄球联盟(NFL)和职业棒球大联盟(Major League Baseball,MLB)所禁止;DHEA 被国际奥委会,NFL,国家篮球协会(National Basketball Association,NBA),MLB 和NCAA 禁止。同时,许多使用睾酮前体的运动员也使用雌激素抑制剂减少体内的雌激素。在女性运动员中,雌激素的减少与长期睾酮总量的增加相结合,会导致男性特征的增加。

肌酸是强身健体的援助,是目前使用最广泛的补充剂,主要用于恢复和增加肌肉质量(ACSM,2009 年)。大多数教练和运动员都熟悉它,因为它可以使能量产生增加,能够使运动员训练时间延长。在一项对 167 名男大学生运动员的调查中,肌酸的使用量是其他任何营养补充剂的 3 倍。肌酸通过转换成二磷酸腺苷(ADP),从而为细胞产生能量。同时,通过在系统中增加肌酸,细胞可以产生更多的能量,运动员可以延长训练时间。因此,运动员可以使身体超载,产生更大的肌肉质量。但是关于肌酸产生肌肉质量的有效性的科学证据是模棱两可的。许多发表的研究报道结果相互矛盾。因此,许多运动员在决定是否使用肌酸时,会听从其他运动员的建议。研究已经证明肌酸相较于耐力运动员(足球运动员、游泳运动员等)而言,对使用短能量爆发的运动员(短跑、举重等)更有帮助(Bemben 和 Lamont,2005 年)。现在,肌酸与 β- 丙氨酸结合,使运动员可以体验到更高质量的锻炼,这可能会导致更大的强度增益。此外,β- 丙氨酸作为补充剂,似乎对瘦组织的积累和身体脂肪组成有积极的影响(Hoffman 等人,2006 年)。但是与肌酸有关的不利影响是肾脏损害、体液潴留、肌肉痉挛、胃部不适、腹泻。肌酸有许多不同的形式,但大多数运动员使用粉状状的果汁。这是一个昂贵的补充剂,没有医师的处方时可以在柜台购买。应鼓励考虑使用肌酸的运动员在开始使用之前仔细权衡使用本补充剂或任何补充剂的目的,因为补充肌酸的长期作用尚未确定(Rawson和Clarkson,2003年)。

氨基酸(包括乳清蛋白)以及 β- 羟基 β- 甲基丁酸酯(Hydroxymethylbutyrate,HMB)被销售用于肌肉构建和修复。在严格的研究中,用于肌肉构建目的分离氨基酸尚未显示有效(McArdle 等,2009年)。均衡的饮食可以为大多数人提供必需的氨基酸。鼓励需要额外氨基酸的运动员在训练和调理期间吃更多的食物以获得它们。氨基酸是水溶性的,当摄入过量时,它们通过肾脏清除并通过尿液排出。但是这些过程可以对泌尿系统施加额外的压力,并导致永久性损伤。

一氧化氮(NO)是一种较新的补充剂,现在运动员可以通过各种产品轻松获得。它旨在降低静息血压,降低亚极限运动的氧气消耗(即提高肌肉效率),并提高整体运动表现(Jones,2013年)。一氧化氮在绿叶蔬菜和甜菜中容易获得;然而,最近的证据表明,通过通过饮食中添加无机硝酸盐可以提高 NO的利用率(Jones,2013年)。目前,为运动员产生有益变化所需的硝酸盐尚未确定;因此,有各种各样方案被推荐。虽然 NO 似乎有好处,但其无管制的剂量引起了医疗界关注。过量硝酸盐的补充可能有健康风险,包括胃癌。目前,以食物为先的理念(多叶蔬菜和甜菜根汁)是在运动员的饮食中添加过量NO 的最佳方法(Jones,2013年)。

运动员也可以方便购买和使用草药补充剂作为助长剂。草药的标准化是不需要的,不同制造商不同批次的草药几乎没有一致性(Buell 等,2013年)。一些草药产生刺激作用(ginseng,guarana,ephedra,etc.),其他的草药产生放松作用,减少运动员(chamomile,arnica,etc.)的肌肉骨骼应力。一些运动员不明白,将草药与非处方药或处方药联合使用会导致药物和草药的有效性降低,或者会增加草药和药物在体内的作用,这可能会对健康造成不利影响。

二、合成代谢类固醇产品

合成代谢类固醇是合法的产品,许多医师和兽医使用治疗剂量时,以帮助治疗肌肉损伤,但有非法使用的运动员用更高的剂量锻炼肌肉。运动员可以使用口服或注射类固醇,许多时候,他们使用这两种

类型的“堆叠”例程(Kersey 等,2012年)。由于运动员是通过非法来源获得这些补充剂,所使用的剂量有时高达100倍或以上的治疗剂量。类固醇直接注射到肌肉比口服更有效,因为注射后直接输送到肌肉的比例较高。口服摄入可使药物在消化和肝脏系统中代谢和降解。不幸的是,许多运动员注射类固醇没有适当的注射设备,必须共享针头和注射器,这是非常危险的。通过大量使用合成代谢类固醇,运动员可以通过血液传播疾病,损害内脏,增加心脏病发作的风险,发展不必要的侵略和继发性疾病,并改变身体组成,这可能对他们喜欢的运动没有帮助。公平竞争的基础上,美国国家体能协会(NSCA)拒绝使用合成代谢类固醇,并表示出对运动员健康的担忧。它还鼓励研究和资助促进合成代谢类固醇滥用的短期和长期影响的教育计划和方案(Hoffman 等,2009年)。

EPO 是由肾脏产生的刺激红细胞增殖的天然物质,能刺激红细胞的生成。EPO 现在可以在实验室中合成,并用于化疗的癌症患者和其他患有慢性疾病的患者,用于提高他们的红细胞水平。参加耐力活动的运动员可以从循环系统中红细胞数量的增加中获益(Hoffman 和 Stout,2008年)。红细胞携带氧气;血液输送的氧气越多,细胞运作时间就会越长。细胞运作时间越长,运动员可以在更高水平上竞争力就会越大。耐力运动员,如游泳运动员、马拉松运动员、骑自行车者等都会使用这种药物。使用EPO 的不利影响是运动员可能摄取太多,并使太多红细胞循环,这种情况会增加血液的黏度,使心脏更难以将这种浓稠的血液输送到身体各处。如果心脏必须工作太长时间,运动员可能会感到心力衰竭从而导致死亡。

兴奋剂,包括安非他明在内的兴奋剂也可以由运动员获得,并且在疲劳时被用来给他们提供一些能量。运动员可以通过合法和非法途径获得处方兴奋剂,如德克西汀(右旋苯丙胺),阿德尔达(苯丙胺)和右旋苯丙胺(R)和利他林(哌甲酯),以提高能量和注意力。一般来说,苯丙胺通常在一天两次的运动中或激烈的比赛之前使用。这些处方兴奋剂与 OTC 兴奋剂(咖啡因,瓜拉那)一样影响大脑和身体,因为它们阻止了对大脑的疲劳信息,并增强了注意力,所以运动员可以表现超出其常规的能力。然而,像其他兴奋剂一样,这些药物可能使身体对高温或心脏问题更加敏感。美国职业棒球联盟正在采取积极的方法对过度使用注意缺陷多动障碍

（Attention deficit and hyperactivity disorder，ADHD）兴奋剂（Ritalin 和 Adderall）采取积极措施，现在要求豁免的球员服用 ADHD 诊断用处方药，以获得专家小组三分之二的批准（Thurm，2012 年）。

γ- 羟基丁酸（Gamma-hydroxybutyrate，GHB）是一种违规的兴奋剂（又称为神仙水），一些运动员可以获得。那些向运动员出售 GHB 的人声称，它能帮助运动员进入最深度的睡眠，并可以保持更长的时间。深睡眠被认为是人体生长激素释放的周期，长时间的深睡眠对肌肉生长有潜在的价值（Van Cauter 等，1997 年）。但是 GHB 是一种非法兴奋剂，长期使用对运动员来说是致命的，应该对所有运动员禁止使用。

应该提醒教练、运动员和家长，尽管政府机构试图改善监管，但对营养和补充剂的管理控制非常差。因此，对于消费者而言，重要的是评估与补充剂相关的营销声明及安全问题（Buell 等，2013 年；Kersey 等，2012 年；Manore 等，2009 年）。一些研究已经确定了未被识别的补充风险，因此消费者应该意识到欺骗性营销技术，包括未决索赔、专利、推荐和媒体宣传活动。在同行评审期刊之外提出的研究报告不应该被信任。如果提供研究，应当评估作者是否报告受试者的人口统计学，方法和研究的局限性。最后，始终意识到与补充剂使用有关的安全问题。不要尝试通过补品来弥补营养不良或摄入能量不足，并且应当非常小心毒性作用。全食品提供个体身体活动所需的基本的宏观和微量营养素，使用非法物质或单剂补充剂的数量超过建议水平可能会对健康组织和营养素的正常吸收产生不利影响（Buell 等，2013 年）。运动员和教练应该记住，与营养有关的对健康有益的最有希望的领域是饮食结构而不是营养补充（Lichtenstein & Russell，2005）。

运动防护师开讲

Courtesy of Paula Sammarone Turocy, EdD, LAT, ATC, Associate Professor, Rangos School of Health Sciences, Duquesne University.

　　一位刚刚经历青春期的 15 岁运动员和他的父母在教堂后找到我，因为他们听说我可以帮助他们的儿子在足球赛季体重增加（主要是肌肉）。这位运动员告诉我，他已经购买并正在使用肌酸强身补充剂，并在跟踪大孩子们的力量训练，以使自己变得更大、更强壮，但他还是无法再变大或增加肌肉重量。我第一个关注的是补充剂的安全性。所以，我检查了包装为国家卫生基金会（NSF；http://www.nsf.org）盖章，然后上网查看是否有人对产品提出投诉或担忧。我还查了世界反兴奋剂机构的网站（http://www.wada-ama.org），无毒品运动（http://www.drugfreesport.com），并检查了最近的文献，包括系统的审查，以验证关于成分的说法。帮助这个年轻人和他的父母了解肌肉的建立和力量的发展，我讨论过不仅身体会产生自己的肌酸，而且肌酸是天然存在于蛋白质含量较高的食物中的。我们讨论了他最近才经历青春期，无论他在力量和肌肉发育方面多么努力，他增加肌肉 / 大小的能力都受到发育阶段的限制。为了最大限度提高他的肌肉质量，我帮助他调整了训练计划，以便更好地增强力量。我还评估了他目前的身体成分，然后计算出他需要额外 6.8kg 肌肉和大约 2.3kg 脂肪的体重所需的总热量。最后，我建议，在他花大钱购买个人补充剂之前，他应该考虑调整饮食结构，以确保他从所有食物组中摄取食物，摄入足够的热量来满足身体的能量需求，并最大限度增加蛋白质（最高 2.0g/kg 体重）和液体摄入。好消息是，按照这个简单的计划，运动员能够在大约 3 个月内增加额外的肌肉和额外的脂肪。

　　—Paula Sammarone Turocy 教育学博士，执业运动防护师，运动防护师

Paula Sammarone Turocy 是杜克斯内大学（Duquesne University）兰戈斯健康科学学院（Rangos School of Health Sciences）副教授。

复习题

1. 描述碳水化合物、脂肪和蛋白质基本分子结构的相同与不同。

2. 描述膳食蛋白过度消耗的主要问题。

3. 根据这一部分,一项对教练、运动员和BOC认证的运动防护师的调查发现运动员对于营养信息的来源是什么?

4. 青少年运动员膳食蛋白质的推荐水平是多少?

5. 在高环境温度剧烈运动的条件下你需要多少水?

6. 计算体重90.7kg,身高6英尺,体脂18%的18岁男性运动员的BMR。

7. 如果他想要有16%的体脂,就从问题6计算运动员的MCW。

8. 简要讨论重复性极端,快速减肥的短期影响。

9. 运动营养计划的三个目标应该是什么?

10. 理想的训练饮食中蛋白质、脂肪和碳水化合物的推荐百分比是多少?

11. 利用本部分提供的公式,计算一个94kg的足球运动员的蛋白质需求量。

12. 简述一个关于赛前餐组成的一般准则。

13. 判断题:在剧烈运动的时候,每小时运动不可能损失超过0.5~1L的水。

14. 计算练习后体重(79.4kg)的运动员体液减少2.5kg(脱水百分比和适当补充所需的液体量[kg])。

15. 禁食对肌肉组织有什么影响?

16. 判断题:体育科学家推荐一种训练饮食,其中30%~40%的每日消耗热量是蛋白质形式。

17. 受伤的运动员从伤病中恢复的营养问题是什么?

18. 命名与营养补充有关的风险。

19. 在体育运动中,通常使用什么药物来获取优势?

20. 运动员应该使用哪些资源来获得有关助力剂的可靠信息?

(成都体育学院　李雪)

参考文献

Academy of Nutrition and Dietetics. (2009). *Eat Right for Sports and Performance.* Available: http://www.eatright.org/Public/content.aspx?id=7056&terms=Sports%20performance.

American Bone Health. (2010). Athletic energy deficit. Available: http://www.americanbonehealth.org/young-adults/about-aed.

American College of Sports Medicine. (1996). Position statement on weight loss in wrestlers. *Med Sci Sports Exerc.* 28(6):ix–xii.

American College of Sports Medicine. (2009). Position statement on nutrition and athletic performance. *Med Sci Sports Exerc.* 41(3):709–731.

American Diabetes Association. (2013). The glycemic index of foods. Available: http://www.diabetes.org/food-and-fitness/food/planning-meals/the-glycemic-index-of-foods.html.

Austin S, Ziyadeh N, Forman S, Prokop L, Keliher A, Jacobs D. (2008). Screening high school students for eating disorders: Results of a national initiative. *Prev Chronic Dis.* 5(4). http://www.cdc.gov/pcd/issues/2008/oct/07_0164.htm.

Baer JT, Dean DJ, Lambrinides T. (1994). How high school football coaches recommend their players gain lean body mass. *J Strength and Cond Res.* 8(2):72–75.

Bemben MG, Lamont HS. (2005). Creatine supplementation and exercise performance: Recent findings. *Sports Medicine.* 35(2):107–125.

Brotherhood JR. (1984). Nutrition and sports performance. *Sports Med.* 1:350–389.

Brown GA, Vukovich MD, Sharp RL, Reifenrath TA, Parsons KA, King DS. (1999). Effect of oral DHEA on serum testosterone and adaptations to resistance training in young men. *J Appl Physiol.* 87(6):2274–2283.

Bucci L. (1995). *Nutrition Applied to Injury Rehabilitation and Sports Medicine.* Boca Raton, Fla: CRC Press.

Buell J, Franks R, Ransone J, Powers ME, Laquale KM, Carlson-Phillips A. (2013). National Athletic Trainers' Association position statement: Evaluation of dietary supplements for performance nutrition. *J Athl Train.* 48(1):124–136.

Clark N. (1997). Eating for vitamins: Do you need supplements? *Phys Sportsmed.* 25(7):103.

Corley G, Demarest-Litchford M, Bazzarre TL. (1990). Nutrition knowledge and dietary practices of college coaches. *J Am Diet Association.* 90(5):705–709.

Coyle EF. (1988). Carbohydrates and athletic performance. *Sports Science Exchange.* 1(7).

Deuster PA, Kyle SB, Moser PB, Vigersky RA, Singh A, Schoomaker EB. (1986). Nutritional survey of highly trained women runners. *Am J Clin Nutr.* 44:954–962.

Deutz R, Benardot D, Martin D, Cody M. (2000). Relationship between energy deficits and body composition in elite female gymnasts and runners. *Med Sci Sports Exerc.* 32(3):659–668.

Duellman MC, Lukaszuk JM, Prawitz AD, Brandenburg JP. (2008). Protein supplement users among high school athletes have misconceptions about effectiveness. *J Strength Cond Res*. 22(4):1124–1129.

Elliot DL, Goldberg L, Moe EL, DeFrancesco CA, Durham MB, McGinnis W, Lockwood C. (2008). Long-term outcomes of the ATHENA (Athletes Targeting Healthy Exercise and Nutrition Alternatives) program for female high school athletes. *J Alcohol Drug Educ*. 52(2):73–92.

Froiland K, Koszewski W, Hingst J, Kopecky L. (2004). Nutritional supplement use among college athletes and their sources of information. *Int J Sport Exerc Meta*. 14(1):104–120.

Ganio MS, Klau JF, Casa DJ, Armstrong LE, Maresh CM. (2009). Effect of caffeine on sport-specific endurance performance: A systematic review. *J Strength Cond Res*. 23(1):315–324.

Glycemic Index. (2013). Available: http://www.glycemicindex.com/index.php.

Greenleaf C, Petrie TA, Carter J, Reel JJ. (2009). Female collegiate athletes: Prevalence of eating disorders and disordered eating behaviors. *J Am College Health*. 57(5):489–496.

Hampton T. (2005). More scrutiny for dietary supplements? *JAMA*. 293(1):27–28.

Harrison B. (n.d.). Nutritional considerations in athletic injury rehabilitation. Available: https://www.signup4.net/Upload/MIDA11A/MAAT12E/Nutritional_considerations_in_athletic_injury_rehabilitation.pdf.

Hilton P. (2005). Running on empty. *Training Conditioning*. 15(6):11–18.

Hoffman J, Ratamess N, Kang J, Mangine G, Faigenbaum A, Stout J. (2006). Effect of creatine and beta-alanine supplementation on performance and endocrine response in strength/power athletes. *Int J Sport Nutr Exercise Metabol*. 16:430–446.

Hoffman J, Stout J. (2008). Performance-enhancing substances. In: Baechle T, Earle R (eds.), *NSCA Essentials of Strength Training and Conditioning* (3rd ed., pp. 189–190). Champaign, Ill: Human Kinetics.

Hoffman JR, Kraemer WJ, Bhasin S, Storer T, Ratamess NA, Haff GG, Willoughby DS, Rogol AD. (2009). Position stand on androgen and human growth hormone use. *J Strength Cond Res*. 23(5):S1–S59.

Holway FE, Spriet LL. (2011). Sport-specific nutrition: Practical strategies for team sports. *J Sports Sciences*. 29(sup1):S115–S125.

Jacobson BH, Sobonya C, Ransone J. (2001). Nutrition practices and knowledge of college varsity athletes: A follow-up. *J Strength Cond Res*. 15(1):63–68.

Jeukendrup A. (2007) Carbohydrate supplementation during exercise: Does it help? How much is too much? *GSSI: Sport Science Exchange*. 20(3):1–6.

Jones A. (2013). Dietary nitrate: The new magic bullet? *GSSI: Sport Science Exchange*. 26(110):1–5.

Kersey R, Elliot DL, Goldberg L, Kanayama G, Leone JE, Pavlovich M, Pope HG Jr. (2012). National Athletic Trainers' Association position statement: Anabolic-androgenic steroids. *J Athl Train*. 47(5):567–588.

Lichtenstein AH, Russell RM. (2005). Essential nutrients: Food or supplements? Where should the emphasis be? *JAMA*. 294(3):351–358.

Loosli AR, Benson J. (1990). Nutritional intakes in adolescent athletes. *Pediatr Clin North Am*. 37(5):1143–1152.

Magazanik A, Weinstein Y, Dlin RA, Derin M, Schwartzman S, Allalouf D. (1988). Iron deficiency caused by 7 weeks of intensive physical exercise. *Eur J App Phys*. 57:198–202.

Manore MM, Meyer NL, Thompson J. (2009) *Sport Nutrition for Health and Performance* (2nd ed.). Champaign, Ill: Human Kinetics.

McArdle WD, Katch FI, Katch VL. (2009). *Sports and Exercise Nutrition* (3rd ed.). Philadelphia, Pa: Lippincott Williams & Wilkins.

Moffatt RJ. (1984). Dietary status of elite female high-school gymnasts: Inadequacy of vitamin and mineral intake. *J Am Diet Assoc*. 84(11):1361–1363.

Muth N. (2009). What are the guidelines for percentage of body fat loss? *American Council on Exercise (ACE)*. Available: http://www.acefitness.org/acefit/healthy-living-article/60/112/what-are-the-guidelines-for-percentage-of/.

National Federation of State High School Associations. (2011). Weight management in wrestling. *Sports Medicine Handbook* (4th ed.). Indianapolis, Ind.

Nelson RA. (1989). Nutrition for the athlete. In: Ryan AJ, Allman FL (eds.), *Sports Medicine* (pp. 165–181). San Diego, Calif: Academic Press.

Oppliger RA, Harms RD, Herrmann DE, Streich CM, Clark RR. (1995). The Wisconsin Wrestling Minimum Weight Project: A model for weight control among high school wrestlers. *Med Sci Sports*. 27(8):1220–1224.

Oppliger R, Case S, Horswill C, Landry G, Shetler A. (1996). American College of Sports Medicine position stand: Weight loss in wrestlers. Med Sci Sports Exerc. 28(6):ix–xii.

Parr RB, Porter MA, Hodgson SC. (1984). Nutrition knowledge and practice of coaches, trainers, and athletes. *Phys Sportsmed*. 12(3):127–138.

Pattini A, Schena F. (1990). Effects of training and iron supplementation on iron status of cross-country skiers. *J Sportsmed Phys Fit*. 30:347–353.

Perron M, Endres J. (1985). Knowledge, attitudes, and dietary practices of female athletes. *J Am Diet Assoc*. 85(5):573–576.

Rawson E, Clarkson P. (2003). Scientifically debatable: Is creatine worth its weight? *GSSI: Sport Science Exchange*. 16(4):1–8.

Sammarone Turocy P, DePalma BF, Horswill CA, Laquale KM, Martin TJ, Perry AC, Somova MJ, Utter AC. (2011). National Athletic Trainers' Association position statement: Safe weight loss and maintenance practices in sport and exercise. *J Athl Train*. 46(3):322–336.

Slavin JL, Lanners G, Engstrom MA. (1988). Amino-acid supplements: Beneficial or risky? *Phys Sportsmed*. 16(3):221–224.

Sossin K, Gizis F, Marquart LF, Sobal J. (1997). Nutrition beliefs, attitudes, and resources use of high school wrestling coaches. *Int J Sport Nutr*. 7(3):219–228.

Sumida KD, Donovan CM. (1995). Enhanced hepatic gluconeogenic capacity for selected precursors after endurance training. *J Appl Physiol*. 79:1883–1888.

Thurm W. (2012). Is there an ADHD epidemic in major league baseball? *Baseball Nation*. Available: http://www.baseballnation.com/2012/6/29/3104332/is-there-an-adhd-epidemic-in-major-league-baseball.

Torres-McGehee T, Pritchett K, Zippel D, Minton D, Cellamare A, Sibilia M. (2012). Sports nutrition knowledge among collegiate athletes, coaches, athletic trainers, and strength and conditioning specialists. *J Athl Train*. 47(2):205–211.

Torstveit MK, Rosenvinge JH, Sundgot-Borgen J. (2008). Prevalence of eating disorders and the predictive power of risk models in female elite athletes: A controlled study. *Scand J Med Sci Sports*. 18:108–118.

Upgrove NA, Achterberg CL. (1990). The conceptual relationship between training and eating in high-school distance runners. *J Nutr Educ*. 23(1):18–24.

Van Cauter E, Plat L, Scharf MB, Leproult R, Cespedes S, L'Hermite-Balériaux M, Copinschi G. (1997). Simultaneous stimulation of slow-wave sleep and growth hormone secretion by gamma-hydroxybutyrate in normal young men. *J Clin Invest*. 100:745–749.

Wallace MB, Lim J, Cutler A, Bucci L. (1999). Effects of dehydroepiandrosterone vs androstenedione supplementation in men. *Med Sci Sports Exerc*. 31(12):1788–1792.

Williams MH. (1992). *Nutrition for Fitness and Sport*. Dubuque, Ia: William C. Brown.

Wilmore JH, Costill DL. (1988). *Training for Sport and Activity: The Physiological Basis of the Conditioning Process*. Dubuque, Ia: William C. Brown.

7

第七章

应急预案和初步伤害评估

本章主旨

教练和运动员及相关人员有制订急救行动预案的法律责任,运动员受伤时,应严格遵照它来执行。为了获得高效的急救,所有相关人员(队医及急救人员)应共同制订应急预案。在中小学,体育老师、校长都应该参与制订预案。大学校园内,体育老师、保卫处、副校长及学校董事也应参与其中。制订的方案必须不受人员、设施、场地限制,应能够在不同情况下灵活应对。另外,它必须包含教育内容,比如定期演练来确保紧急情况下能够有效应对。要确定各人员的职责要求,要详细描述各自岗位与职责。要仔细考虑急救中的细节,如急救设备清单、通信设备和交通设备等。此外,应急预案不仅要包括平常的比赛日和训练时段,而且应覆盖到整个休赛期的各个环节,如夏季的空调设备。假如只是单独的设备,还应考虑它的强度和能调节空间的大小。应急预案必须也包括处理观众受伤或生病、场外人员、工作人员的问题处理。在如何制订高效的应急预案方面,本章节提供了环环相扣的重要内容大纲,也探讨了在不同体育环境中评估损伤的程序。

© Jones & Bartlett Learning.

每年对于数百万的中学生运动员和数以千万计的大学生运动员来说，运动损伤不可避免。一些中学生运动员的健康和安全问题包括缺乏紧急预案和政策，缺乏医护人员，以及缺乏适当的紧急设备（Casa 等，2013 年）。适当的应急预案可确保减少对身体和危及生命的损伤。由于这些运动损伤常突然发生，所以进行合适的早期急救至关重要（Andersen 等，2002 年）。这里为运动伤员制订正规的应急救预案有两个理由。第一，任何可以改善受伤人员的健康状况的方法都可以优先考虑。第二，从法律角度考虑，缺乏应急预案而致运动损伤会被当作触犯法律而引起诉讼（Quandt，Mitton 和 Black，2009 年）。据调查（McCaskey 和 Biedzynski，1996 年），教练的主要责任来源是因为没有及时发现并妥善处理受伤的部位，导致损伤加重或出现并发症。

应急预案（Emergency action plans，EAPs）是为处理紧急情况而制订的计划，它应通俗易懂，相关人员应明确履行急救管理的义务（Andersen 等，2002 年）。国家体育教练协会（Andersen 等，2002 年）提出了关于 EAP 制订的几个关键因素，如下：

1. 应急预案要确定参与应急预案的人员，确定执行人员的资格。运动医学专业人员，相关领导，体育老师和教练都应接受学会使用体外除颤仪（automatic external defibrillator，AED），心肺复苏（cardiopulmonary resuscitation，CPR），急救和预防疾病传播知识的培训。

2. 应急预案应规定紧急情况下所需的各种设备，并标出各急救设备的位置。此外，要保证相关人员经过培训，会使用相关急救设备。

3. 关于急救医疗服务，在重要比赛中尽可能安排急救人员（emergency medical services，EMS）到场（图 7.1）。如果条件限制导致比赛中没有急救人员

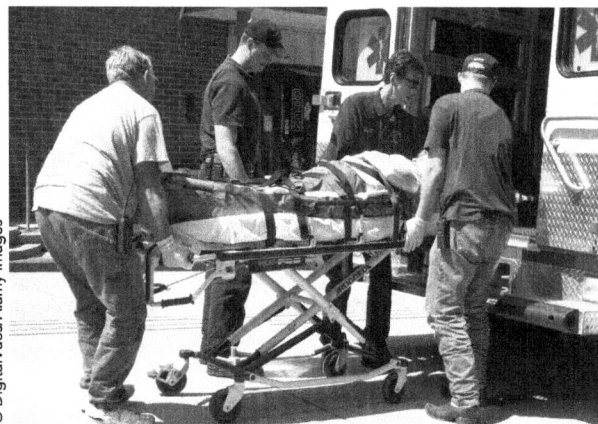

图 7.1 体育赛事尽可能安排 EMS 人员到场极为重要

跟随，则应提供急救电话信息，并让所有工作人员知晓。由于各个部门均有可能会遇到不同状况，所有重要人员都应知道急救电话号码，以及可以打电话的地方，如手机或可用的固定电话。在一些情况下，紧急呼叫装置可以直接传呼 EMS。除通知 EMS 外，如果 EMS 不能直接进入场地，应急预案也必须确定如何运送伤者到急救车上。

4. 应急预案应适用于不同场地。每个运动场所都应该有一个特定的应急预案，应急预案应由单位统一制订。应急预案中应描述每个场地的具体地址，以及从周围各路到运动场地的路线。如果路上有可能阻碍急救的门，还应将门钥匙的位置标记出来。

5. 应急预案应包括能接收伤员的紧急救护场所。在活动和比赛之前，应通知急救中心。如有可能，急救中心的人员应加入到制订应急预案的机构中。

6. 应急预案应详细叙述急救预案的实施和评估要求。该文件应该确认急救、急救反应评估和相关人员培训期间各自担负的责任。

7. 应急预案应每年进行 1 次审查和演练，若工作人员变动，则需要更频繁地进行审查和演练。工作人员、急救设施、比赛时间表、急救人员和赛季的变化都可能影响应急预案的效果。年度审查和演练的结果应该记录在案，并且应该说明应急预案有无修改，以及修改内容。

8. 应急预案应由管理机构或各单位的行政和法律顾问进行审查。

第一节 应急团队

建议学校里所有直接参与体育项目的人员，都参与应急预案的制订和实施。这包括教练、主管行政人员、队医、运动防护师、校医、急救人员、学生中的运动防护师（如果有的话）以及参与该预案的其他工作人员（经理和行政助理）。通常，运动员、学生中的运动防护师（如果有的话）、队医、教练和经理组成一个应对事故的急救队。关于应急预案他们应负责四项任务：①运动员的及时救治；②维护急救设备；③特别严重情况下，出动急救人员；④如果他们已经在场，指示 EMS 到现场，或者如果他们不在场，联系并指引 EMS 到受伤现场。应提前作出决定，留下谁陪受伤的运动员一起，谁给急救人员打电话，以

及谁将急救设备解锁或打开,送到急救的地点。应急团队应提前规定使用哪些信息,如:①提醒急救人员进入现场,必要时给予提示帮助;②提醒队医到现场;③指出现场需要的具体设备(Andersen 等,2002 年)。

第二节　运动员应急预案最佳实践

目前已有报道在运动中如何实施应急预案,并取得较好结果的实践经验,以指导中学、大学和社区减少相关障碍,为社区提供最佳的安全和预防措施(Casa 等,2013 年;Courson 等,2013 年):

1. 不定期的急救演练,包括召开培训会议,直到确认管理人员、教练和所有相关人员完全熟悉急救预案。

2. 在每个场地张贴具体的急救预案。

3. 建立有效的通信系统,能使急救队员迅速到达场地。

4. 建立一个先进的通信系统,在急救人员不在现场时,让急救工作在电话指导下能有效发挥作用。

5. 标出所有应急设备的具体位置,并在演练前,指定负责各急救设备的相关人员。

6. 放置 AED 和其他 CPR 设备,以便在紧急情况发生时,1~3 分钟内可拿到。

7. 急救团队要正确使用和维护所有设备,包括记录电池更换和维护设备。

8. 确定每个急救人员的不同职责,如对伤员的评估和护理。

第三节　急救技能培训

要明确所有参与有组织体育活动的人员,必须接受基础急救和心肺复苏训练。有关体外除颤仪的最新规定,使在学校和运动娱乐场所应提供这些设备。因此,运动医疗团队的成员均应接受使用体外除颤仪的培训。国家安全委员会、美国心脏协会、红十字会和紧急救护和安全研究所等全国几个不同机构提供急救、心肺复苏和体外除颤仪培训。强烈提倡所有人员按照建议,由各机构进行不同级别的培训。同时,还应该做一些实践和周期性的模拟急救演练,以验证应急预案的效果。由于急救技能可能会遗忘,所以应该定期复习(图 7.2)。除了完成急救

技能培训之外,还应接受训练,识别危及生命的情况,并学习导致猝死的因素(Casa 等,2013 年)。

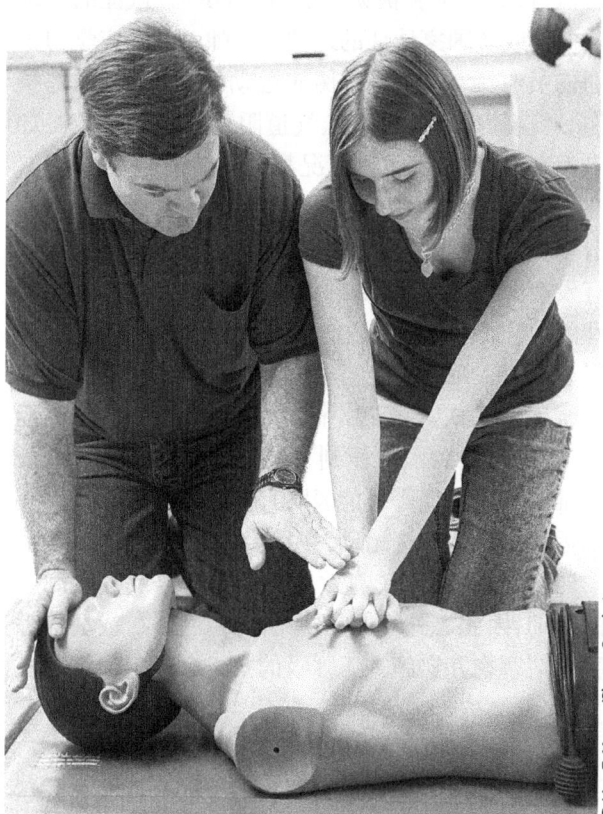

图 7.2　CPR 训练

第四节　受伤评估流程

一、教练的责任

与其他专业人员不同,教练处理急性运动损伤有一定难度。教练的首要目标是为伤员提供早期处理,必要时帮助伤员维持生命,直到其他运动教练或急救人员到达现场。早期处理的关键是确定损伤的严重程度。由于运动损伤发生时,比赛或练习现场多是一片混乱,所以教练必须保持清醒的头脑,并在损伤评估中保持客观态度。根据法律,教练是运动防护师或医师不在场时负责伤员的最主要人员。因此,在各种不同情况下,教练必须向伤员附近的每个人明确表示他是负责人,除非有紧急危险,否则运动员不应该被移动。

教练通常是对伤员的"第一反应人"。教练的重点是提供早期急救处理与相关知识,而且教练在评估伤员时必须避免超出教练的受训水平。例如,

教练不应检测韧带是否完整,这种临床测试超出了大部分教练的培训内容,只能由经过高级培训的人员执行,如医师和被认证委员会(BOC)认证的运动防护师或者国家认证的运动防护师。教练应学习识别伤员有无生命危险,例如运动性卒中、头颈部损伤、运动障碍、心搏骤停、气道阻塞和呼吸停止。如果无人看管,任何这些情况都可能导致猝死。第一,在无意识的患者中,首先考虑有无颈髓损伤。在搬运伤员之前,除了有意识的患者,其他人都要考虑有没有颈髓损伤。第二,万一运动员可能遭受疲劳性的热应激,应在搬运伤员前由急救人员实施即刻降温处理。冷水浸泡是首选,也可以使用其他任何降温处理方式。第三,所有教练都需要知道哪些运动员有贫血特征,并识别下肢痛或腰痛、乏力、恢复困难或呼吸急促等可能表明有贫血致缺氧症状。要求运动员立即停止运动,并且接受高级护理如吸氧。第四,教练必须接受有效处理心搏骤停或呼吸问题的培训,因此心肺复苏和使用体外除颤仪,或清除呼吸道堵塞物并实施人工呼吸的技术必须定期练习。

二、评估流程

为了在应急预案中对损伤的早期处理能高效运作,急救人员必须有一个提前准备好的方案来遵照执行。急救治疗方案必须适用于各种损伤,通用有效。按照应急预案的形式,教练应首先评估生命体征,并逐步检查以确定运动员可能遭受的严重损伤。只有这样,才能避免悲剧发生。例如,假如由于没有评估和判定呼吸道的情况下运动员没有呼吸,或是把贫血症状当作热病或无意识运动员的头部损伤来治疗,均可能会导致突然死亡。

怎么办?

如果你是亚利桑那州图森的足球教练。您接受过心肺复苏、急救和体外除颤仪使用的培训,您的所有运动员已经通过了他们的赛前体检。您应从运动员负责人那里要求哪些设备和运动员信息,以防止在温度高于37.8℃(100℉)时发生猝死?

如前所述,无论哪种损伤、在各种不同的状况下发生,教练的职责都是一样的。教练必须掌握运动损伤的基础知识,更重要的是要有判断威胁生命的重大损伤和轻微损伤的能力。本文其余部分的中心主题是初步评估的技能,这些评估技能可以判断哪

些损伤应转给医务人员,哪些可以用简单的急救来治疗。这些决定是许多教练在职业中的难点。当不能立即找到运动防护师或医师时尤为如此,而情况往往是这样。在缺乏医疗人员的情况下,教练必须熟悉应急预案,并能够有效地作为运动医疗团队的"第一反应人"来行动。

第五节　评估伤员:初步检查

受伤人员的评估由两个阶段组成:初步检查(初级调查)和体检(二次调查)。初步检查的目的是确定运动员的生命是否立即受到威胁。根据美国矫形外科医师协会(AAOS,2006年),初步检查必须包括以下(按重要性顺序)的评估:

- 反应
- 气道
- 呼吸
- 严重出血

一般来说,最好不要移动受伤运动员,除非特殊的理由,比如有加重损伤的风险情况下。因此在初步检查中,教练应尽力进行评估,不移动运动员也不允许其他人移动运动员;不过若要将伤员的身体摆正以便实施救命的心肺复苏,这种情况下是可以移动的。无论何时移动运动员,都应遵循正确的急救程序,并且通常高级人员到达之前,不必移动运动员,尤其是运动员正在吸氧的时候。如果运动员不需要救生措施,那么可以进行包括体格检查在内的一般检查。同样,提醒教练不用诊断损伤,只对骨骼或关节行基本固定,止血,或为明显的非开放性损伤(扭伤或痉挛)或开放损伤(割伤,擦伤)提供正确的急救处理。

一、确定反应

在做对伤员进行急救处理之前,必须确定伤员的反应能力。即使对有经验的医疗人员来说,评估受伤人员的神经状态,也是艰巨的任务。中枢神经系统的复杂性是不可争议的;从评估的角度来看,将中枢神经系统分为脑和脊髓是有帮助的。根据国家安全委员会(2001年)的建议,可以通过使用意识评估量表(AVPU scale)快速完成,A(alert 与 aware)=有警觉和意识,V(verbal)=对声音刺激有反应,P(pain)=对疼痛刺激有反应,U(unresponsive)=对任何刺激无反应。

在评估"警觉性"时,教练应注意运动员的眼睛是否能睁开,看他是否可以准确地说出日期、时间或地点以及他的姓名。如果运动员能够顺利完成这些简单的任务,那么他是有警觉的。如果运动员没有出现警觉,那么教练必须尝试确认运动员对言语刺激作出反应的能力。如果能建立言语交流,无论交流的准确性如何,运动员都被认为是"对言语刺激"有反应。如果伤员似乎不能做任何水平的言语交流,教练必须通过掐皮肤来验证对疼痛刺激的反应,例如锁骨或上臂或大腿内侧的皮肤。如果教练观察到对这些刺激的反应,通过言语上、面部手势,或通过尝试移动肢体以避免被掐,运动员被认为是"只对疼痛刺激有反应"。如果运动员没有显示任何形式的反应,即使眼睛睁开,言语交流或对疼痛刺激的反应,运动员被认为是"对任何刺激无反应"。如果怀疑是脊髓或头部受伤,必须立即采取措施,固定头部颈部防止损伤加重。

二、呼吸系统

呼吸系统评估是对伤员进行急救时的首要任务。这一部分的初步检查只需要几秒钟(不超过5~10秒),如果在可视范围内,即可以途中对受伤运动员开始检查。如果运动员有明显的反应,那么可以推测气道开放呼吸正常。如果反应水平有问题或者运动员根本没有反应,那可能需要其他的气道和呼吸评估方法。

(一)气道评估

可以通过向运动员提出一个简单的问题来初步评估。如果运动员有言语反应,这意味着气道是开放的,反应程度高,这表明气道的流通是充分的(Hargarten,1993年)。如果伤员没有反应,教练在不移动伤员的情况下通过观察胸廓的起伏评估呼吸情况。如果伤员是趴着或者侧着的体位不好观察呼吸状况,那么优先考虑把身体摆成仰卧位。教练应该小心地将伤员的身体作为一个整体,滚动到仰卧位后继续评估。

如果没有严重的头部或脊柱损伤的迹象,应使用仰头举颌技术(图7.3)。程序如下:一只手放在运动员的前额上,另一只手轻轻地抬起下颌。对于运动员如橄榄球运动员来说,不要拆下头盔或面罩打开气道。打开气道并检查是否呼吸可以通过隔着头盔检查完成。尝试取下头盔可能会加剧现有的脊柱损伤。

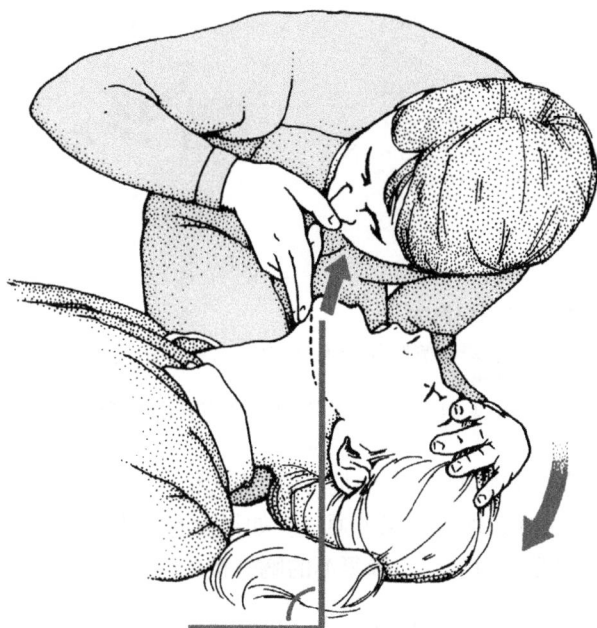

图7.3 仰头举颌法

当显示有脊柱损伤时,打开气道的首选方法是双手托下颌的技术(图7.4)。程序如下:在伤员侧,将手指放在耳垂下方,轻轻地向上托起下颌,且不要移动头部,这样可以打开气道。

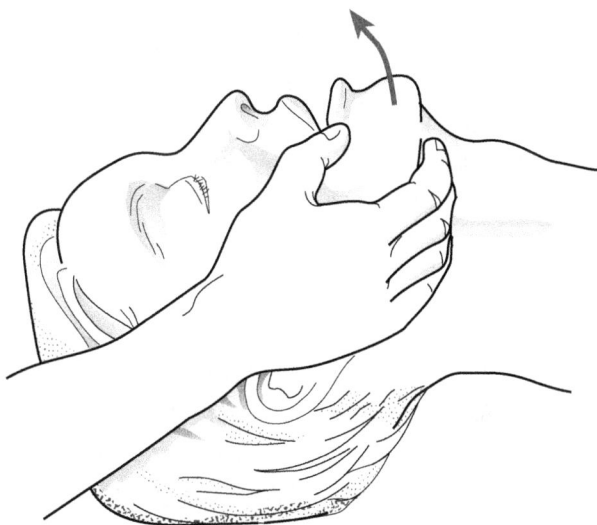

图7.4 双手托颌法

教练应记得检查气道内异物,例如口香糖、嚼烟、义齿或其他材料。如果有,这是异物,要用手指扫探法取出(图7.5)。

(二)呼吸评估

反应灵敏的运动员明显有呼吸,但教练应该继续观察有无呼吸困难,并听有无异常声音,例如有喘息可能表明有问题。由于气流的出入,我们很容易

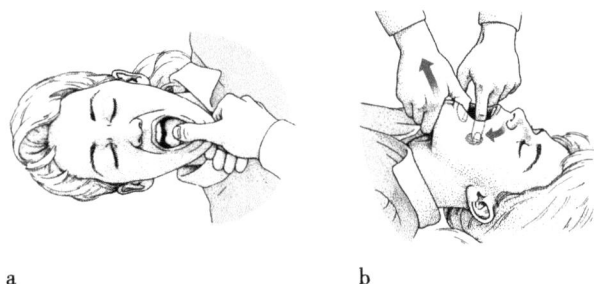

图 7.5　手指扫探法
a. 用示指沿着一侧脸颊伸入口腔中,再钩手指到另一侧脸颊清除出异物。
b. 手指伸进去掏异物的时候,注意不要把异物弄到更深处。

观察到胸廓的起伏运动。无反应的伤员可能没有呼吸,这时必须首先保障通气。如果没有呼吸的迹象,则需要立即开始心肺复苏的胸外按压。

三、循环系统

循环系统状态的确定是初步检查的关键组成部分,目的在验证心脏和血管的完整性。主要的两个问题是在内部或外部有无循环表现(呼吸和心率)以及有无出血。循环评估应通过观察皮肤的颜色和感受颈动脉脉搏来快速执行。通过观察血液也能快速识别外出血。准确判断有无内出血可能对教练来说有一定难度。皮肤颜色和硬度的变化以及失血性休克表现都表明有内出血的迹象。

(一)循环评估

有反应有呼吸的伤员具有循环的表现,这些表现包括脉搏和血液流动。教练应确定打开气道后是否存在流通迹象,并迅速检查呼吸状况。如果教练看不到流通的迹象,那应立即开始心肺复苏的胸外按压。最近的美国心脏协会指导方针(Fields 等,2010 年)强调改变无反应性急救治疗的顺序。首字母 AB-CABS 用于为急救工作者提供任务顺序记忆。如前所述,气道应小心打开,迅速评估呼吸(5~10秒),然后在向无反应的伤员提供通气之前应先行胸外按压。按 C-A-B 的顺序,胸外按压(C)、打开气道(A)、人工呼吸(B)继续进行,直到高级救护人员到达、伤员复活或营救人员精疲力竭。在没有伤员没有反应的情况下,教练的主要责任是保持伤员活着,并确保呼喊救助。不要将受伤运动员在运动场或练习区域内移动。担心延迟比赛或练习,均不能成为移动伤员的理由。

(二)出血评估

广泛的外出血在运动中极为罕见。大多数外出血是明显的,可以通过正确的急救程序如使用直接

压迫止血、抬高患肢、压迫出血点、使用弹力绷带或止血带来控制。在直接压迫止血和抬高患肢都不能停止肢体出血的时候,推荐使用止血带(Krag 等,2008 年)以挽救肢体和生命。有时候教练可能还不会使用止血带,所以新的急救培训中应包括止血带的教学。无论什么时候有出血或其他体液暴露体外时,教练都应尽可能采取预防措施,防止血源性疾病的传播。鼓励教练戴医用手套和护目镜防护,以防止接触感染。

在初步检查期间,有可能会检测到内出血,但是一般较困难。严重内出血的最早迹象之一是低血容量休克,这是心血管系统内血液量过少引起的。严重内出血的两个重要表现是快速、较弱的脉搏和快速的浅呼吸。皮肤表面状况的改变也可能说明这个问题。皮肤的湿冷,嘴唇和手指甲床颜色发紫,表明发生休克。这种情况代表了真正紧急的医疗情况,主要目标必须是治疗休克,并立即安排运送到医疗机构。

📖 **关键词**

低血容量休克(hypovolemic shock):心血管系统没有能力维持身体各部分的充足血液循环。

四、小结

请记住,初步检查的目的是确定是否存在危及生命的损伤。如果气道无阻塞,呼吸和脉搏正常,未见出血,那么评估的下一步是身体检查。身体检查的目的是给受伤运动员对初次检查期间未发现的任何其他损伤进行全面评估。为了检查效果,体检必须按应急预案里的顺序方式进行。如果伤处明显,可能会跳过身体检查的某些部分,以提供适当的急救。但是,即使在看到明显的伤处之后,教练应尽量完成检查的剩余部分排除其他状况。典型的例子是篮球运动员在得到一个篮板球后摔倒,如果教练注意到此事,看到运动员抓住脚踝并且明显很痛苦,教练的正确做法是依照脚踝视觉评估进行快速初步检查,以确定是否有明显的骨折或开放伤口。如果受伤不严重,就应采用冰敷、加压包扎和抬高受伤的脚踝。这整个过程不应超过几分钟,之后如果其他医务人员没有到达,教练应该进行更全面的身体检查。

第六节　受伤运动员检查:身体检查

身体检查应包括详细的内容,使教练能够在这种情况下收集尽可能多的有关受伤的信息。调查的重要内容如下:

● 病史:向运动员和/或旁观者讨论受伤的机制。向运动员询问他或她目前的症状和体征。

● 视诊:观察与损伤相关的明显迹象或症状。

● 触诊:触摸受伤部位收集更多信息。

总体而言,身体检查的目的是使教练注意到与受伤相关的症状和体征。重要的是,在进行身体检查时,教练要不断地观察伤员呼吸和循环的表现。虽然初步检查的目的是验证循环和呼吸,但这两个重要功能可能会随着身体对损伤的反应而迅速变化。例如,一名头部受伤严重的运动员,最初可能会有正常的循环和呼吸,而且随着颅内出血的持续进行,呼吸迅速下降。因此,在身体检查期间,教练必须对危及生命状况的变化保持警惕。教练也要对休克的体征和症状有所了解,这些现象可能会升级为危及生命。关键是能识别各种客观体征,如出血、肿胀、变色和畸形。症状本质上是主观的,在确定损伤的性质方面可能不完全可靠,症状包括头痛、恶心、疼痛和点压痛等表现。教练一开始就要观察运动员的症状和体征,而不是等其他救援人员到了以后再评估。教练接近伤员时,要看伤员的身体位置,并寻找损伤相关的迹象,例如奇怪的行为或举动。如果教练目击损伤发生,则有助于了解致伤力量和受伤机制,有助于了解损伤类型如骨折或扭伤。

一、病史

无论伤员是否有反应,采集病史都是伤员评估的第三部分。如果伤员无反应,教练需要收集旁观者信息,通常是队友或其他教练提供的信息。无论何时,对无反应的伤员进行处理时,教练应假设伤员有严重的头部和脊髓损伤,应固定伤员头部和颈部以保持稳定。重点必须是基本的生命支持,如心脏功能、气道和呼吸,然后再联系急救人员。运动员有意识的情况下,教练一到达现场就应开始进行病史采集(图7.6)。其目的是收集关键信息,识别身体受伤部位以及严重程度和受伤机制(Booher和Thibodeau,1989年)。创伤性损伤通常比慢性损伤有更明显的症状,受伤原因更清晰。

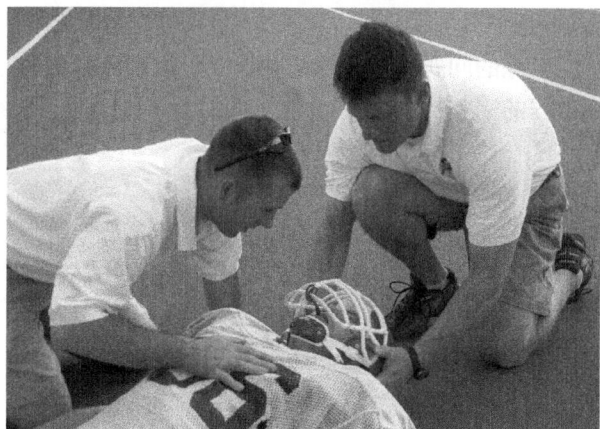

图7.6　运动防护师固定头部和颈部,教练询问受伤运动员的病史

虽然每种受伤状况都不同,但教练对运动员的问题应该用简单易懂的话来表达,可以得到想要的信息,注意不能引导运动员给出一个优选的答案。教练应避免使用对于运动员来说太复杂的话,始终注意保持镇静,不要加重伤员的焦虑程度。问题只需要简短的答复,最好是一个是或否。最初,教练可以尝试通过让伤员知道自己在做什么,在这里是为了确保他们的安全从而增强他们的信心。教练不认识伤员时,教练应向伤员作自我介绍,说明自己在这里是为了给他们实施急救护理,要求运动员解释发生了什么和描述受伤的感觉,询问是否有疼痛。如果有,哪里疼。还要问运动员是否在受伤期间,有无听到任何奇怪的声音或感觉到任何异常。关于四肢受伤,教练应该询问运动员是否感觉到弹出或咯啪的声音,好像在关节或肢体其他地方的"脱位"一样。如果可能,将受伤的一侧与身体相对的健侧未受伤区域进行比较。运动员的答案可以提供必要的信息,以协助教练评估受伤的位置和程度。不要忘记询问长期和短期的损伤病史。过去受伤史的信息对帮助诊断疑似肩部半脱位是典型案例。这种损伤可能非常难以评估,但是如果在病史采取过程中,运动员承认过去一年内有过多次肩关节脱位,教练可能会主要检查肩关节的完整性,因为这种损伤往往有很高的复发率。关于运动员伤病史的信息,应报告给之后接诊的医务人员。

在某些情况下,医疗急救可能难以确定病因,如糖尿病、运动性哮喘和头部损伤。如果在问病史过程中方法正确,就有可能找到问题的线索。在代谢急症情况下,问题应明确。如:"你有糖尿病吗?如果是,你今天注射胰岛素了吗?你有癫痫症吗?如果是,你是否吃过什么药物?"等。对于可能头部受伤,有意识的运动员的情况,行为可能与情况不一致。教练的问题是协助确定意识水平以及更高级思维过程的完整性。

二、视诊和触诊

体检的目标是确定所有的损伤。无论严重程度如何,必要时对它们进行适当处理,并把作伤员送去医疗部门。对于反应敏捷的运动员,教练可以要求他或她指出受伤的部位。然后教练可以观察并检查受伤的表现,包括畸形、开放性伤口、压痛和肿胀。无反应的运动员,只要有呼吸和循环,身体检查要从头到脚进行。教练应该从头部开始并通过颈部,胸部,腹部,骨盆和四肢进行观察(触诊)异常或开放伤口。国家安全委员会(2001 年)将触诊定义为"用手来确定皮肤表面下硬度的感知行为"。通过触诊可发现任何明显的不规则,可能表示骨折、脱位或其他类型的组织损伤。通过实践可以将触诊技巧精炼到识别损伤相关问题,如肿胀、肌肉痉挛、局部发热、腹部僵硬(腹腔内出血迹象)、畸形、折痕(皮肤表面下的摩擦感),并且可以容易地检测皮肤张力。

触诊是有较高难度的技术,与伤员有大量的接触(图 7.7)。触诊时要非常小心,避免加重现有的损伤。评估有意识的运动员时,对评估目的的解释有助于缓解焦虑。建议无论什么时候,触诊都应从远离明显受伤的区域开始(Booher 和 Thibodeau,1989年)。这可以让运动员对教练在实际评估损伤之前的触诊中建立信心。在肢体受伤的情况下,首先还要评估健侧未受伤的肢体。当评估实际受伤肢体时,两侧比较提供了直接的基础。

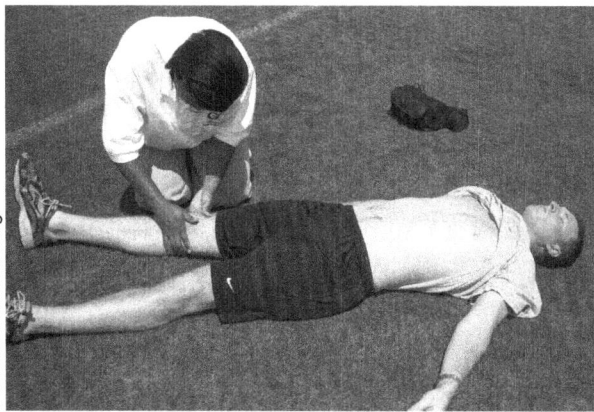

图 7.7 膝关节损伤触诊

在可能有严重损伤的情况下,若大部分身体被防护服和衣服覆盖,最好是用剪刀将伤口周围的衣

物剪开后除去,而不是以正常方式去脱衣物,以免加重损伤。以这种方式,可以避免伤员不必要的关节运动。显然,必须注意不要让运动员感到尴尬,可以拿浴巾在周围遮挡。当然,在生死攸关的情况下,拯救运动员的生命必须始终优先。

关键词

身体检查(physical exam):检查紧急情况时患者与损伤或疾病相关的体征和症状。

体征(sign):身体异常时的客观证据。

症状(symptom):身体异常时的主观证据。

点压痛(point tenderness):当触诊受伤部位时产生疼痛。

运动性哮喘(exercise-induced asthma,EIA):运动期间或运动后发生急性的可逆性的自限性支气管痉挛。

触诊(point tenderness):用手接触局部进行诊断,了解组织的情况。

三、休克

休克是一种紧急的威胁生命的状况,身体不能维持重要器官的充足血液循环。如前所述,休克可能由严重出血引起,同时休克也可以由许多其他条件引起,包括心源性(心力衰竭)、神经源性(血管扩张)和简单的心理(昏厥)状况。休克的体征和症状可以包括以下任何组合:大量出汗、皮肤湿冷、瞳孔散大、脉搏和呼吸速率升高、易怒的行为、极度口渴、恶心或呕吐。休克治疗包括使运动员在仰卧位,双腿抬高 20~30cm。教练还应尝试呼喊运动员。为了避免身体温度的进一步下降,教练可以用毯子覆盖运动员。在怀疑脊髓损伤的情况下,不要将运动员从所在位置移开。如果环境条件可能导致身体失温,则要监视生命体征并盖上毯子。

四、从赛场／运动场搬离

在运动员检查过程的所有阶段,都应记录重要发现以备将来之用。正常情况下,整个评估过程应在几分钟内完成,然后开始正确的急救治疗。如果认为有必要进一步评估,则必须作出决定,把运动员从赛场或运动场中搬离。那些神志清醒、反应灵敏、没有明显下肢损伤的运动员,可以自行离开该地区(在协助之下)。如果存在下肢受伤,最好使用器材进行搬运,例如担架、脊柱板、甚至两人搬运,从受伤地点搬运运动员。对于无意识的运动员或可能遭受头部或颈部受伤的运动员,最好的方案是留守运动员,监视生命体征,治疗休克,召唤急救人员。除非运动员有再次受伤的直接危险,否则在急救人员到达之前不能进行移动。

第七节 重返赛场

当现场无医疗专业人员,如医师或 BOC 认证的或国家授权的运动防护师的情况下,教练必须回答"该运动员是否应该被允许重返赛场?"的问题。在伤情严重时,如怀疑头部、颈部受伤或骨折时,这个问题非常容易回答。在其他情况下,当运动员医疗情况与运动员、球队或父母的表现期望发生冲突时,教练经常会表现得进退两难。更重要的是教练要明白,若自己对可疑损伤疏忽治疗,应承担相关的法律责任。例如,任何由于神经损伤(脑震荡)而必须离开训练或比赛的运动员,除非经过训练有素的医疗专业人员进行评估,否则不得返回赛场。如果允许运动员在没有医疗评估的情况下重新参与运动,那么这样的情况可能会危及生命。同样,一名运动员出现发热相关的问题,应该立即退出比赛或训练,由医疗专业人员进行治疗。

毫无疑问,最困难的判断包括肌肉骨骼系统的损伤,例如关节损伤、肌肉痉挛和挫伤。一般来说,如果运动损伤导致了任何程度的功能损失,运动员均不应重返赛场。下肢的功能损伤可以对运动员进行简单的测试来检查,如用单足跳或完成 8 字跑等。上肢肩部受伤时,要求运动员将手放到背后,尽量靠近肩胛骨,以此检测肩关节活动范围。为了测试肌肉力量和关节完整性,让运动员做俯卧撑。不能完成任何简单功能测试的运动员,应当天取消运动并医疗转诊。这种情况下,运动员只有得到医师的医疗许可后,才被允许参加比赛。

重要的是要始终记住,肿胀、变色、跛行等症状以及与疼痛有关的面部表情和诸如关节疼痛、爆裂声、咔嗒声或不受控制的肌肉痉挛等症状都可能预示着更严重的损伤。当有疑问时,教练该持保守态度,应取消运动员的训练,直到医务人员完成全面评估。

第八节 教练的局限性

在 BOC 认证或获国家认可的运动防护师、医师或其他指定医疗人员缺乏的情况下,教练负责对运动员的初步受伤处理。但是,教练们必须特别小心,不要超越他们的训练、经验和专业知识的界限。总之,教练应避免试图提供超出他们受训范围处理的冲动。到目前为止,所有之前讲述的过程

运动防护师开讲

应急预案有多重要?可以描述你曾经做得很好的一次经历吗?

制订一个针对特定场所的应急预案,并且实施该预案对运动员来说至关重要。当不可避免的紧急情况发生时,运动防护师必须果断地启动预先安排的 EAP。这可以并有助于尽可能减少个人(可能包括医疗保健提供者、教练、学生或其他工作人员)在操作中可能发生的问题。若没有 EAP,潜在的危及生命的事件可能会产生灾难性的后果。

在我的学校,曾经有一个年轻人,在休赛锻炼期间,他的脚踝部骨折脱位。我们立即将应急预案付诸实施,从治疗开始一直到患者转运到医院,一切都非常顺利。这个年轻人的母亲(是护士)对该地区如此专业地处理每件事表示称赞。儿子被照顾得这么好,作为母亲的她感到很欣慰。

——Michael Carroll,教育硕士,运动防护师,执业运动防护师

Courtesy of Michael Carroll, MEd, ATC, LAT, Head Athletic Trainer/Assistant Athletic Director, Stephenville, Texas.

Michael Carroll 是斯蒂芬维尔高中(Stephenville High School)首席运动防护师与助理竞技总监。

均为正确的急救处理。运动员受伤时,教练人员应该执行急救预案。关键一点要记住,教练不应该完成医师或运动防护师等医疗人员的工作。例如,对关节进行特殊检查以确定韧带的损伤,试图给脱位关节进行手法复位,以及拆除缝线、夹板或石膏等,这些是受过训练的医疗人员的工作,而不是教练的工作。

怎么办?

您正在教练初级大学橄榄球,尤其是线卫,当突然有人大喊运动员在练习场的另一端受伤时。当您到达现场时,运动员脸朝下趴在场地上,没有动弹。在这种情况下,您应采取的初步行动是什么?

复习题

1. 应急预案(EAP)的关键要素是什么?

2. 列出有助于消除健康和安全障碍的应急预案的若干最佳方法。

3. 在应急预案中,急救团队应在比赛或其他比赛之前规定的四项是什么?

4. 当参赛者看起来似乎没有呼吸或没有脉搏时,评估和执行急救技能的顺序是什么?

5. 简要描述受伤运动员的初步评估相关的初步检查和全面的身体检查。

6. 对受伤的运动员进行初步检查时,怀疑颈部受伤时,开放气道的推荐步骤是什么?

7. 判断题:足球运动员受伤后无反应时,应尽快摘下头盔,然后开放气道。

8. 可能发生内出血的最早表现之一是什么?

9. 列出身体检查的基本内容。

10. 症状和体征的区别是什么?

11. 判断题:对伤员收集病史记录时,必须保持简明扼要,避免使用复杂的术语。

12. 判断题:教练应首先考虑团队利益,其次才是运动员健康。

(武汉体育学院 王梅)

参考文献

American Academy of Orthopaedic Surgeons. (2006). *First Aid, CPR, and AED* (5th ed.). Sudbury, Mass: Jones and Bartlett Publishers.

Andersen J, Courson RW, Kleiner DM, McLoda TA (2002). National Athletic Trainers' Association position statement: Emergency planning in athletics. *J Athl Train.* 37(1):99–104. Adapted with permission.

Booher JM, Thibodeau GA. (1989). *Athletic Injury Assessment.* St. Louis, Mo: Times Mirror/Mosby.

Casa DJ, Almquist J, Anderson SA, Baker L, Bergeron MF, Biagioli B, Boden B, Brenner JS, Carroll M, Colgate B, Cooper L, Courson R, Csillan D, Demartini JK, Drezner JA, Erickson T, Ferrara MS, Fleck SJ, Franks R, Guskiewicz KM, Holcomb WR, Huggins RA, Lopez RM, Mayer T, McHenry P, Mihalik JP, O'Connor FG, Pagnotta KD, Pryor RR, Reynolds J, Stearns RL, Valentine V. (2013). The inter-association task force for preventing sudden death in secondary school athletics programs: Best-practices recommendations. *J Athl Train.* 48(4):546–553.

Courson RC, Goldenberg M, Adams KG, Scott A, Anderson SA, Colgate B, Cooper L, Dewald L, Floyd RT, Gregory DB, Indelicato PA, Klossner D, O'Leary R, Ray T, Selgo T, Thompson C, Turbak G. (2013). Inter-association consensus statement on best practices for sports medicine management for secondary schools and colleges. Available: http://www.nata.org/sites/default/files/Sports MedicineManagement.pdf.

Fields JM, Hazinski MF, Sayre MR, Chameides L, Schexnayder SM, Hemphill R, Samson RA, Kattwinkel J, Berg RA, Bhanji F, Cave DM, Jauch EC, Kudenchuk PJ, Neumar RW, Peberdy MA, Perlman JM, Sinz E, Travers AH, Berg MD, Billi JE, Eigel B, Hickey RW, Kleinman ME, Link MS, Morrison LJ, O'Connor RE, Shuster M, Callaway CW, Cucchiara B, Ferguson JD, Rea TD, Vanden Hoek TL. (2010). Part 1: Executive summary: 2010 American Heart Association guidelines for cardiopulmonary resuscitation and emergency cardiovascular care: *Circulation.* 122(Suppl 3):S640–S656.

Hargarten KM. (1993). Rapid injury assessment. *Phys Sportsmed.* 21(2):33–40.

Kragh JF, Walters TJ, Baer DG, Fox CJ, Wade CE, Salinas J, Holcomb JB. (2008). Practical use of emergency tourniquets to stop bleeding in major limb trauma. *J Trauma.* 64(Suppl 2):S38–S50.

McCaskey AS, Biedzynski KW. (1996). A guide to the legal liability of coaches for a sports participant's injuries. *Seton Hall J Sport L.* 6(1):8–97.

National Safety Council. (2001). *First Aid and CPR* (4th ed.). Sudbury, Mass: Jones and Bartlett Publishers.

Quandt EF, Mitton MJ, Black JS. (2009). Legal liability in covering athletic events. *Sports Health.* 1(1):84–90.

第八章
损伤过程

本章主旨

　　本章节主要讨论了创伤反应中组织愈合过程的复杂问题。从复习运动损伤中所涉及的组织和力的类型开始,一步一步详细阐述损伤的修复过程,包括炎症反应、纤维性修复以及成熟/重塑阶段。在炎症反应阶段中,通常最为受限是运动或体育活动;所以,对教练或体育教育者而言,掌握此过程的基本生理反应可以更好地了解炎症的治疗方法,这一点非常重要。治疗是否有效取决于炎症反应过程是急性还是慢性,正确认识此阶段相关的体征和症状可以帮助指导治疗。根据体征和症状,治疗方法有:冷疗法(例如碎冰或者冰袋),加压包扎,抬高患肢或热疗法(热敷或热水浴),药物(例如抗炎药或镇痛药,需要在医师或者医护人员的指导下使用)。尽管许多药物可以从药店柜台上直接购买,但是最近有证据表明,错服药物剂量的情况很常见,这可导致严重副作用,甚至死亡。本章节还讨论并总结了运动在康复过程中的作用。

第一节 运动损伤的物理学机制

人体是由许多类型作用各异的组织构成。某些组织有高度的特异性(例如眼内对光线敏感的视网膜细胞,它不存在于其他部位),而另一些类型的组织可分布全身各处。例如,结缔组织,是体内最常见的类型(Cailliet,1977年)。结缔组织分为网状结缔组织(排列松散、不规则)和致密结缔组织(紧凑、排列规则),帮助形成韧带、支持带、关节囊、骨骼、软骨、筋膜和肌腱(Houglum,2010年)。Cailliet(1977年)把其他的一般组织分类为:上皮组织(保护、分泌和吸收)、肌肉组织(收缩)和神经组织(感觉和传导)。结缔组织是组成骨骼肌肉系统的基本成分,经常会在急性或慢性损伤中涉及。大学生运动员会发生各式各样的急性或慢性损伤,最近的研究中表明,其中很大一部分损伤是骨骼肌肉系统损伤(Yang等,2012年)。例如,急性损伤最常见的类型是扭伤和拉伤(占总数的62%);慢性损伤最常见于肌腱炎(占总数的15%)。

影响结缔组织的三种基本的力:拉力、压力和剪切力(图8.1)。肌腱的作用是抵抗拉力,但是当其受到剪切力作用时,则抗拉效果不佳。并且肌腱几乎不能抵抗压力。相反,骨骼的作用是承受压力,但是对于拉力和剪切力的作用较小(Curwin和Stanish,1984年)。韧带与肌腱类似,最适合抵抗拉力,同时也更容易受到压力与剪切力的损伤。

肌腱是非常牢固的结构,能承受612~1 267kg/cm² 的力。但是进行体育活动时,例如跑步、跳跃,组织应力能达到自己体重的9倍,超过机体的生理极限(Curwin和Stanish,1984年)。因此,当肌肉组织及其周围结缔组织(筋膜)处于收缩(缩短)状态时,由于承受过大的拉力而最容易撕裂。另外,一般认为肌肉和肌腱在离心收缩时易发生损伤,因为"外力同时引起了肌肉收缩和肌肉-肌腱单元拉伸的过程"(Safran,Seaber和Garrett,1989年)。拉伤常见的位置在近端肌肉肌腱接头处(Muscle tendon junction,MTJ;Ingersoll和Mistry,2006年)。但是,每种组织承受的力都有一个极限,这个极限被称为临界力(Nigg和Bobbert,1990年)。机体各类组织的临界力都不同。甚至在同一种组织内,也可能由于组织结构的变化而导致临界力不同。韧带力学性质的影响因素有很多,如年龄、温度、骨成熟度、性别和体重等(Akeson,Amiel和Woo,1986年)。软组织损伤在体育锻炼中非常常见(Yang等,2012年),

针对肌肉骨骼损伤原因的相关研究项目很多得到批准。

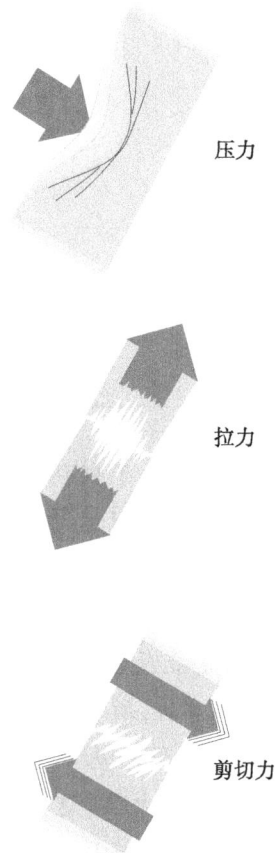

图8.1 损伤的机械力。压力(向内推力)、拉力(向外拉力)和剪切力(引起相反方向进行性平行滑动的力)

第二节 运动损伤生理

当组织受伤时,机体会快速产生一系列的生理反应,旨在最终促进损伤消除、组织再生以及损伤修复。损伤消除是指细胞碎片和死亡细胞的清除以及组织功能保持不变的完全愈合。组织再生是指受损细胞被同类细胞和瘢痕组织代替,并保留了大部分原有结构。损伤修复是指组织丧失原有的结构和功能,被瘢痕组织代替。

不管是什么组织结构损伤,机体的初始反应就是炎症,并在损伤后即刻发生。炎症的常见症状包括损伤部位的肿胀、疼痛、皮肤变红(被称为红斑)、皮温升高以及功能缺失(Ingersoll和Mistry,2006年),见图8.2。但是,愈合过程包括一些特定的阶段。开始阶段是炎症反应,接着是纤维性修复阶段,最后是成熟和重塑阶段(Ingersoll和Mistry,2006年)。每个阶段都有特定目的,所有的过程对损伤结构的正确修复都有重要的作用。

一、炎症反应阶段

当组织受到创伤时,虽然破坏了数以百万计的细胞,但是同时也会引起机体的愈合反应。这个阶段的特点是最小化初始损伤以及促进生成新组织。此过程包括了血管、细胞和代谢的变化,并被多种化学物质(组胺、缓激肽和前列腺素)所调节(图 8.2)。用一个例子来理解这个过程,就好比是建造新结构。第一步是对旧结构的拆除(损伤),然后开始建造新建筑。拆除(损伤)之后,圈定地点,工人开始清理残骸。残骸被清理后才能建立新的地基。从根本上来说,炎症反应阶段就是破坏坏死的组织,控制受伤区域,确定实际损伤部位,保护受伤组织,防止伤口感染(Houglum,2010 年)。整个急性炎症阶段将受伤部位与其他部位隔离开来,随着机体产生大量的细胞残骸、酶和化学物质,一方面帮助清理受损结

构,另一方面提供组织修复的必要成分。损伤引起的急性炎症反应阶段会持续到新组织材料的到达(大约损伤后的 3~4 天;Amheim,1989 年)。如果运动员太早返回赛场或恢复训练,正在修复的受伤区域会再次受到损伤,从而导致炎症阶段会持续更长的时间。所以,运动处方一般包括保护(悬吊或拄拐)和休息。例如,对大部分的骨折而言,必须使用如悬吊、普通石膏或是树脂石膏等固定措施。

而对于严重的移位性骨折,可能需要进行植入手术,如金属板和钢钉来固定骨骼碎片以促进愈合。机械应力常常会导致大量软组织损伤,包括血管的损伤。使得组织间隙(细胞之间)突然增加血流量而导致形成血肿。组织中的血液淤积,临床上诊断为血肿,定义为"血液在受伤区域的集中聚集"(Delforge,2002 年),这一现象代表炎症反应阶段中很重要的一步。血肿会迅速发展,因此血管收缩减少了血流量,促进受损血管凝血。然而,仅仅几分钟之后,就会发生血管舒张。血管直径的增加同样增

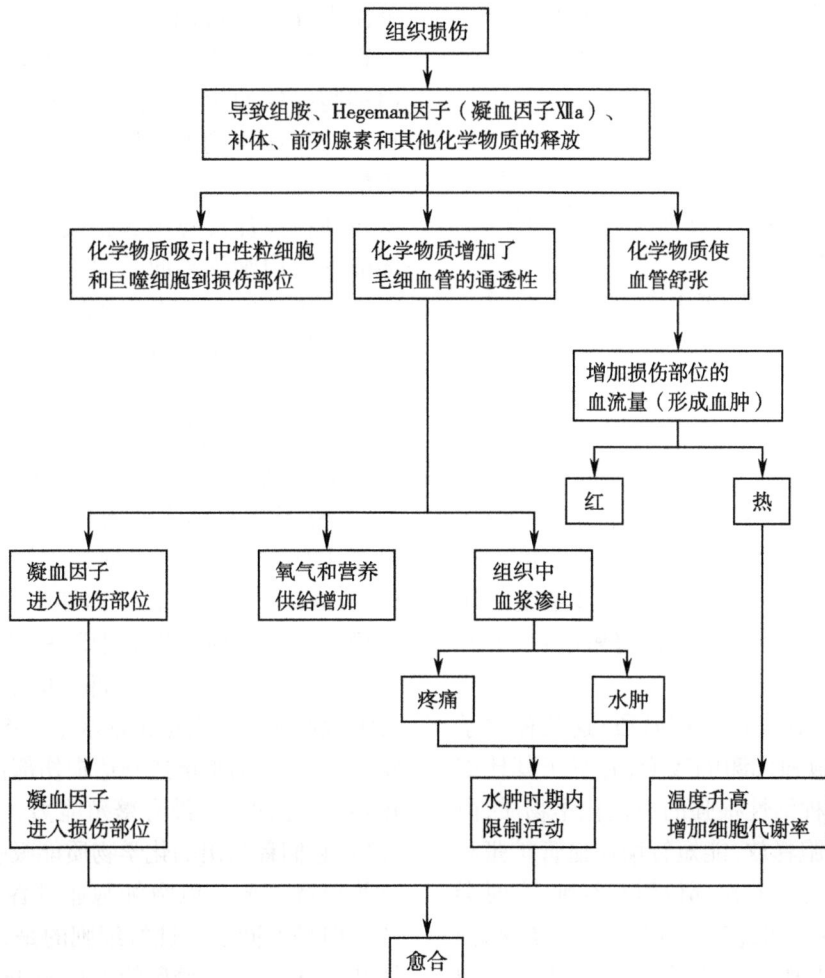

图 8.2 炎症过程

Adapted from Chiras DD. 1999. *Human Biology: Health, Homeostasis, and the Environment*, 3rd ed. Sudbury, Mass: Jones and Bartlett.

加了血管的通透性,从而将必要的化学物质和特定细胞运输到损伤部位来帮助修复损伤。

📖 关键词

结缔组织(connective tissue):体内最常见的组织,包括韧带、骨骼、支持带、关节囊、软骨、筋膜和肌腱。

创伤(trauma):创处或损伤。

消除(resolution):细胞碎片和死亡细胞的清除以及组织功能保持不变的完全愈合。

再生(regeneration):受损细胞被同类细胞和瘢痕组织代替,并保留了大部分原有结构。

修复(repair):组织丧失原有的结构和功能,被瘢痕组织代替。

红斑(erythema):皮肤异常红色。

组胺(histamine):一类强力的炎性化学物质,可以引起血管扩张和血管通透性增加。

缓激肽(bradykinin):一类炎性化学物质,当组织损伤时释放,会导致受伤区域疼痛的增加,同时是产生其他炎性化学物质例如前列腺素的原料。

前列腺素(prostaglandins):可能是体内产生的最强的化学物质之一,与炎症反应有关,可以造成一系列的影响包括:血管舒张、血管通透性增加、疼痛、发热及凝血。

血管收缩(vasoconstriction):血管直径的减小,使血流量减少。

血管舒张(vasodilation):血管直径的扩大,使血流量增加。

在炎症反应的急性期,起作用的特殊化学物质已确认有3组。它们分别是引起血管舒张的血管活性物质,有介导功能并吸引其他类型细胞的化学趋化因子,以及促使细胞分解的降解酶(Fick 和 Johnson,1993 年)。

正如前文所述,在炎症反应阶段,这几种化学物质负责血管、细胞和代谢的改变,并早于其他细胞变化。组胺是一种活性很强的炎性化学物质,由不同类型的多种细胞释放,能短暂增加血管扩张和血管通透性。组胺会在外伤部位引起红肿,有时会发痒,尤其是昆虫叮咬的伤口。除了组胺,组织损伤时,在血液中会出现一种活跃的酶,称为凝血因子(Hageman XII a)。此因子可引起损伤部位包括补

体系统激活等局部变化。关于完整的补体系统不在本文的涉及范围内。但是补体包括许多化学相似结构的因子(例如细胞因子)。这些因子在炎症反应中发挥着激活白细胞、溶酶体和吸引构建细胞物质到损伤的部位等重要作用。白细胞是一组损伤时主要反应的细胞,通过血管运输到受伤部位,对愈合至关重要。通过血管舒张等复杂过程,这些白细胞(如中性粒细胞、巨噬细胞和单核细胞)黏附在血管壁上,然后由于血管的舒张和通透性产生的间隔,而落入组织间隙(Wilkerson,1985 年)。溶酶体中含有活性很强的酶,释放后可加速细胞结构的分解(降解作用)。吸引溶酶体、白细胞和其他细胞构建物质的过程被称为趋化性,在炎症过程中必不可少。Hageman 因子负责另一种强活性的炎症化学物质的生成——缓激肽,增加血管通透性同时也会引起了疼痛反应。此外,缓激肽还引起前列腺素的释放。前列腺素是人体中最强大的化学物质之一(Wilkerson,1985 年),在受损部位产生包括舒张血管、增加血管通透性、促进疼痛和刺激凝血机制等作用(Lachmann 和 Jenner,1994 年)。在急性炎症过程中另一重要的化学介质是花生四烯酸,它是由白细胞提供的相应的酶与破坏的细胞膜中的磷脂相互作用而得到的产物(AAOS,1991 年)。花生四烯酸作为一系列反应的催化剂,产生各种物质,其中包括在炎症反应中起积极作用的白三烯。白三烯能促进白细胞趋向受损组织。最后与以上炎症介质、血流动力学变化(血管收缩和血管舒张)和代谢改变等一起,加快了清理受损组织和促进生成新细胞。

血流动力学的变化可由化学介质引起,可能与组织清理过程中血管通透性的增加有关。重要的是,大分子物质如血浆蛋白、血小板和白细胞(主要是中性粒细胞)可以通过毛细血管进入受损组织(Wilkerson,1985 年)。白细胞和溶酶体通过吞噬(细胞吞噬)处理受损的细胞和组织碎片。在急性炎症最初几小时内,损伤部位的中性粒细胞的数量会大大增加——高达正常水平 4~5 倍(Guyton,1986 年)。中性粒细胞迅速到达损伤部位,但存活时间很短(约 7 小时),且没有繁殖能力。当中性粒细胞消失后,它们释放出的化学物质能吸引第二类白细胞,称为巨噬细胞。巨噬细胞通过吞噬来清理细胞碎片。但是不同于中性粒细胞的是,巨噬细胞可以存活几个月,并具有繁殖能力(Knight,1995 年)。

关键词

补体系统（complement system）：免疫系统的一部分。与生俱来，与抗体和清洁细胞互补，以清除受损组织中的病原体。

白细胞（leukocytes）：白血球。

溶酶体（lysosomes）：细胞器中含有可降解废物和细胞碎片的酶。

花生四烯酸（arachidonic acid）：当细胞受损时，化学物质被释放出来作为炎症反应的直接前体，包括白细胞三烯和前列腺素。

吞噬作用（phagocytosis）：吞噬细胞（白细胞）破坏有害的细胞或粒子。

不幸的是，炎症反应可能会持续更久或出现更大的损伤。在组织修复过程中，原本正常的组织被炎症反应所破坏，称为二次损伤。二次损伤可发生在整个受伤部位。举一个二次损伤的例子：踝关节扭伤后，出血（肿胀）和随后的水肿经常会影响到小腿和脚趾。当水肿（积液）及其相关的化学物质、溶酶体以及白细胞开始浸润正常的组织，就会造成组织的破坏。积液和原先破坏的血管会进一步造成周围组织血液循环阻碍。血流量的减少又阻碍了损伤区域以及周围健康组织的氧气和其他营养物质的供给。这导致一种特殊类型的二次损伤称为继发性代谢损伤。该类型的二次损伤是由于机体提供的能量不能满足组织需要，缺少基本代谢所需能量供给，从而导致健康组织的"死亡"所致（Knight，1967年；Merrick，2002年）。在吞噬过程中，中性粒细胞和一些巨噬细胞还会造成另一种继发性损伤，称为继发性酶损伤。基本上正常细胞的细胞膜会因为吞噬组织碎片产生的化学废物而受损（Merrick，2002年）。当细胞膜受损时，就不能再维持体内的平衡，很可能会发生细胞凋亡（程序性细胞死亡）。除了细胞凋亡之外，一些健康的细胞甚至会被具有过度侵略性的中性粒细胞和巨噬细胞所吞噬，因为它们不能区分组织碎片和周围正常的组织。

如上所述，如果没有进一步的刺激或创伤，炎症反应阶段通常只会在初次损伤后持续3~4天。与此同时，早期组织修复开始，同时一些特殊细胞转移到损伤区域，包括中性粒细胞、单核细胞（白细胞特殊形态）和组织细胞（属于巨噬细胞的一种），继续降解细胞碎片，为新生细胞的生成做准备。新生组织的形成总是由组织破坏（细胞溶解）和组织生成（细胞合成）两个过程组成。两个过程之间的平衡使得能正常地形成新的组织。接下来是纤维性修复阶段。

二、纤维性修复阶段

除骨骼之外，体内的结缔组织通过用相似的细胞替代受损细胞（消除和再生），或形成瘢痕组织（再生和修复）来自我愈合。当炎症反应阶段快结束时，新的结缔组织开始形成。如果我们继续以建造新结构来类比，则此阶段是将脚手架（墙）固定到地基上，形成"新"建筑的整体结构。组织现在已经有了一定的结构并且可以承受一些压力。因此，此时可以进行早期的关节和肌肉的活动。在损伤几天后，纤维性修复阶段始于受损的毛细血管自行修复。从技术上称这个过程为血管再生，涉及生成新毛细血管和形成相互联连接。随着新血供的形成，新组织能吸收有用的营养和蛋白质，以协助重建过程。随后成纤维细胞转移至损伤区域继续进行修复过程。成纤维细胞是位于正常结缔组织中不成熟的纤维生成细胞，它们在组织愈合过程中负责产生胶原和其他结构（Ingersoll和Mistry，2006年）。由于化学物质的调节（补体系统），此时成纤维细胞变得活跃，产生胶原纤维和蛋白聚糖（蛋白质大分子），这些可帮助组织保留水分。对于像关节软骨这类组织特别重要，当关节暴露在液体中时，其作用类似于海绵。骨骼的损伤修复与软组织相似；但是，被称为破骨细胞的特殊细胞会迁移到损伤区域，来清除受损细胞和其他碎片，接下来被称为成骨细胞的特定成纤维细胞从相邻的骨膜和骨组织上迁移到受损区域。新的成骨细胞也会在同一部位大量产生（Guyton，1986年）。成骨细胞的功能是形成一个有血管的胶原和软骨区，这被称为骨痂。骨痂填充在骨折断端之间，在标准的X线片上可清楚看到（图8.3）。在建筑物的比喻中，骨痂就是脚手架，还不具有足够的力量来代替原骨骼。这只是一个初始阶段，骨痂会逐渐成熟变成功能完全的骨骼。

三、成熟和重塑阶段

用建造新结构比喻，成熟和重塑阶段就是在建筑物上进行最终的完善工作。例如，建筑物外墙的加固（成熟）和美化（重塑）工作，使该建筑具有功能性。成熟和重塑是愈合的最终阶段，可能会持续12个月，这取决于组织损伤的类型（Houglum，2010年）。肌腱和韧带通常所需的时间最长，因为它们血

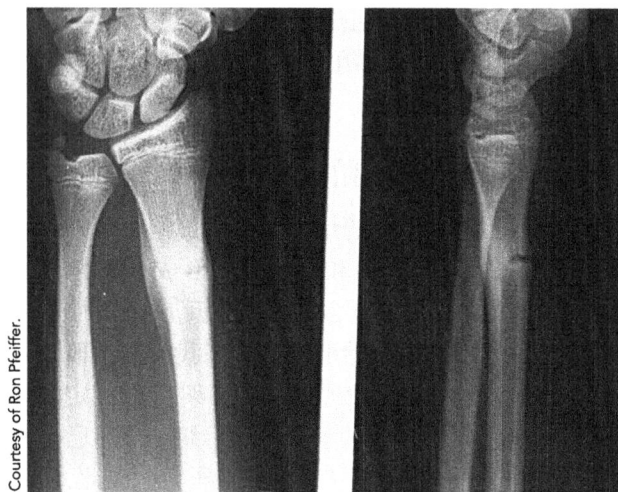

Courtesy of Ron Pfeiffer.

图 8.3 远端骨折周围形成的骨痂

供有限,同时又需要恢复力量和弹性。另外,肌肉组织因其拥有一个非常广泛的毛细血管网和能触发肌肉生长的特定细胞,可以相对迅速地愈合。如果需要用瘢痕组织(胶原蛋白)来修复受伤部位,也要经过成熟和重塑阶段。在理想的条件下,瘢痕组织的强度可以达到原有组织的95%;但实际上,它的强度可能会大大降低,可能降低30%(AAOS,1991年)。

压力在这个阶段必不可少;新组织将沿着应力线来适应新的胶原蛋白和组织特异性纤维,以形成更坚固的结构。合适的康复训练对这个过程来说非常重要。两个康复训练的指导原则:超负荷原则和专项特异性适应原则(specific adaptations to imposed demands,SAID)。组织必须承受超过正常需求的负荷来适应和生长。组织同样对所施加的负荷的类型产生特定的适应(SAID)。例如,康复训练必须以挑战个人能力为目标,并且必须按照特定需求的方向或模式完成(力量、耐力和爆发力)(Houglum, 2010年)。

第三节　疼痛和急性损伤

虽然肿胀或水肿是急性损伤中最明显的表现,但是从运动员的角度来看,疼痛通常是最直接的问题。重点记住,尽管每个人都曾有过与损伤有关的疼痛经历,但是每个人应对疼痛的处理方式不同,且疼痛在心理上(认知和情感)和生理上(组织损伤)一样重要(Thomas,1997年)。疼痛作为一种生理学现象,本质上是感觉输入的结果,由神经系统接收并指示了疼痛的位置。

关键词

水肿(edema): 液体在皮肤和体腔之间的组织间隙异常聚集,体内的液体平衡被打破。

继发性代谢损伤(econdary metabolic injury): 组织创伤的间接结果。由于缺乏血流和代谢的供应造成损伤周围的健康组织的死亡。机体所能提供的能量不能满足组织所需要的能量。

继发性酶损伤(secondary enzymatic injury): 组织创伤的间接结果。在原有的损伤处侵略性的吞噬,导致周围的健康组织的死亡。废弃产物会损伤正常细胞的细胞膜而造成细胞死亡。

细胞凋亡(apoptosis): 细胞编程性死亡的过程。生物化学的因素可以导致细胞特性的改变,从而造成细胞死亡。

血管再生(angiogenesis): 相互连接的毛细血管的形成,促使新血管的形成。

成纤维细胞(fibroblast): 结缔组织中未成熟的纤维产生细胞,可成熟为几种不同的细胞类型之一。

破骨细胞(osteoclasts): 通过分解有机骨来清除骨组织的骨细胞。

成骨细胞(osteoblasts): 合成骨骼的细胞。用于连接细胞群。

疼痛被定义为"个体对不舒服刺激的感知或者对刺激的感知或反应"(Thomas,1997年)。同样的,需要牢记每个人对疼痛的反应是不同的。对损伤的初步评估过程中,教练熟悉运动员对疼痛的典型反应是非常重要的。对一个具有极高痛觉耐受性的运动员来说,可能会低估损伤的严重性,相反的,具有低痛觉耐受性的运动员可能会异常夸大损伤的严重性。受伤的运动员也可能因为担心失去队伍的首发位置而轻描淡写地承受疼痛。通常使用不同的量表来主观测量疼痛,来评定其严重程度和质量。一个常见的量表是数字评定量表,其中没有疼痛的评分为0级,最强烈的疼痛评分为10级(Houglum,2010年)。最新证据表明,科学家可以用大脑的磁共振成像的客观方法来测量疼痛(Wager等,2013年)。但是这种技术应用于临床还需要很长一段时间。简言之,由于疼痛在很大程度上是主观的,它可能不是衡量损伤严重程度的有效指标。当教练必须对损伤的严重性作出决定时,最好保守一些,如果有疑问,应将运动员转诊医疗组治疗。疼痛也可被认为是运动

运动防护师开讲

为什么预防损伤对运动防护师来说是一项重要的任务?

当帮助运动员发挥最高水平实现目标时,预防是运动防护师的首要职责。在训练和练习中,通过预防,防止受伤和减少时间损失,使运动员获得最佳表现。

你所学的大学专业课中有什么方法可以预防损伤?

在坎贝尔大学((Buies Creek,NC),针对男子篮球队,我们采用三个层次的方法预防损伤。当一个新球员加入球队时,首先进行骨科筛查(早期检查的一部分 PPE),检查骨科旧伤,以及肌肉失衡或缺陷和解剖结构异常的病史。我们还会评估常见运动相关的生物力学模式,确定是否存在可能会导致运动员遭受新伤的问题。使用功能性运动进行早期平衡评估,还可提供运动员的神经肌肉控制的信息,包括其本体感觉和运动知觉。我们利用早期的评估检查收集的信息,开发个性化的治疗性训练,旨在帮助每位运动员预防受伤。例如,一个有跟腱旧伤的运动员可能需要进行腓肠肌/比目鱼肌群的伸展和力量训练。我将与力量训练专家合作定制运动员特定的力量训练计划,旨在解决因篮球运动特殊的需求造成的肌肉失衡。预防损伤的最后一步是给参与运动的易受损关节进行强制性的贴扎或支具保护。然而,要鼓励运动员在没有贴扎和支具保护下参加力量训练、技巧训练和其他练习,以加强和发展关节及周围肌肉的本体感觉。

—Troyce Solley,理学硕士,运动防护师,执业运动防护师

Troyce Solley 是北卡罗来纳州坎贝尔大学(Campbell University)助理运动防护师。

员的朋友,因为它是一个减少运动员活动水平,直到组织完全愈合的方法。关键是要记住,疼痛的治疗应该属于运动医学的研究领域。即使主要目标是为了重返比赛,教练、运动员和家长也不应该试图用药物治疗或通过未经证实的技术方法治疗损伤相关的疼痛。运动医护员可以采用多种方式治疗与损伤相关的疼痛。表8.1展示了控制损伤相关疼痛的常用方法。

表8.1

常见治疗疼痛的方法

方法	刺激传入神经
冰敷	温觉感受器
加热	温觉感受器
电刺激	触觉感受器
按摩	触觉感受器
预防性包扎	触觉和本体感受器

第四节 预防过程

虽然急性炎症过程是损伤愈合的必要组成部分,但是运动员、教练,甚至许多运动医护人员通常认为要不惜一切代价避免出现炎症。这种情绪在体育界非常普遍,以至于建议的急救治疗措施种类繁多。建议治疗炎症方法包括冷疗法(低温治疗),如碎冰包、按摩冰杯、冰水浴、商用化学冰袋、间歇性加压冷敷和气雾冷却(氯乙烷)。在急性炎症后期(无泛红或发热),冷疗对愈合没有显著作用(Starkey,2013年),此时温热疗法(高温治疗)可能比较合适,包括商用的湿热治疗敷带、温湿毛巾和超声波透热法。但是,应当指出这些治疗方法如超声波、透热疗法需要在专业医疗人员的监督下进行,例如专家委员会和BOC认证的医师、理疗师或运动防护师。

除了冷、热疗法,还经常使用治疗炎症反应的药物,包括预防肿胀(抗炎药)或止痛药(镇痛药)。这些药物必须由医师开出处方,代表着教练训练以外的治疗。但是一些抗炎药是可在药店直接买到的(非处方类药物;OTC),对轻微的急性损伤是有效

的,如阿司匹林、布洛芬和萘普生。对 18 岁以下的运动员,教练在训练时尤其需要谨慎处理。在推荐任何药物前,他或她应该咨询父母,包括非处方药。

专家们认为,除了简单的休息外,其他的一些治疗方法也适用于炎症反应阶段以及后期愈合阶段。现有的研究支持在炎症反应阶段使用例如冰敷、加压和抬高患肢的治疗方法。同样,临床证据强烈支持在纤维性修复和成熟/重塑阶段可以使用一些理疗方法如冰冻和温热疗法(湿热敷、旋涡、石蜡),以及更复杂的疗法,如超声热疗(射频)和电疗,如经皮神经电刺激(transcutaneous electrical nerve stimulation,TENS)、神经肌肉电刺激(neuromuscular electrical stimulation,NMES)和干扰电刺激(interferential stimulation,IFS)。通常任何理疗方法的应用都需经过每个州医学实践的许可;因此,它们只能在符合条件的专职医疗人员直接监督下使用,并按照规定的参数操作。

一、冷疗法和温热疗法

目前发现,损伤组织温度的改变会对愈合产生显著影响。首先,炎症的出现是愈合过程中的基本组成部分,不应该认为它有负面影响;然而,长时间持续的血管过度扩张和血管通透性增加可引起肿胀和水肿。因此,在炎症阶段的最初几分钟,直接使用冷疗法(通常以碎冰的形式)可以减少血管扩张,从而减少最初的肿胀或水肿。此外,在肢体受伤的情况下,保护(protection)、休息(rest)、冰敷(ice)、加压包扎(compression)和抬高(elevation)对损伤的恢复有很大的帮助和效果,取其英文字首,称为"PRICE 原则"。在扭伤、拉伤、脱位、挫伤和骨折的情况下,PRICE 原则是一个标准的损伤后急救步骤。但是,最新研究表明,不要进行彻底的放松休息,早期进行关节或肌肉的活动将有助于愈合(Bleakley,2009 年)。

尽管冷疗法的应用存在许多差异,但专家建议,进行冷疗的最有效方法是使用装满碎冰的塑料袋(图 8.4)。不需要其他外来的工具,一个塑料袋就非常管用。用制冰机制造碎冰相对便宜,对于学校体育部来说是一个很好的投资。比赛或训练之前可以购买碎冰,将其储存在冰柜中方便以后使用。市面售卖的化学冰袋和气雾剂(氯乙烷)比碎冰的效果差,甚至在某些情况下存在危险(Starkey,2013 年)。研究表明,使用碎冰袋的冻伤风险最小。人体组织的冻伤温度是 −3.89℃,而一袋碎冰达到的低温只有

0℃。建议将冰袋放置在皮肤上一般 20~30 分钟后拿开。但是,只有一篇在动物身上的文献表明,连续冰敷 5~6 小时后可显著降低新陈代谢和防止继发性损伤(Bleakley,2009 年)。因此,我们实际上并没有明确冷疗法最适合的持续时间或使用类型。最新一项研究将间歇性冰敷治疗(敷 10 分钟,停 10 分钟,再敷 10 分钟)和 20 分钟持续冰敷治疗进行了比较,结果证实,使用间隙技术在运动员损伤的第一周更能减轻疼痛(Bleakley 等,2006 年)。因此,目前建议通过降低皮温来缓解疼痛,以起到镇痛作用并可促进早期活动(5~15 分钟)。但是,关于炎症反应期冷疗的应用以及降低组织温度减缓继发性损伤所需的时间(Bleakley 和 Hopkins,2010 年),还需要进行更多的对照研究。

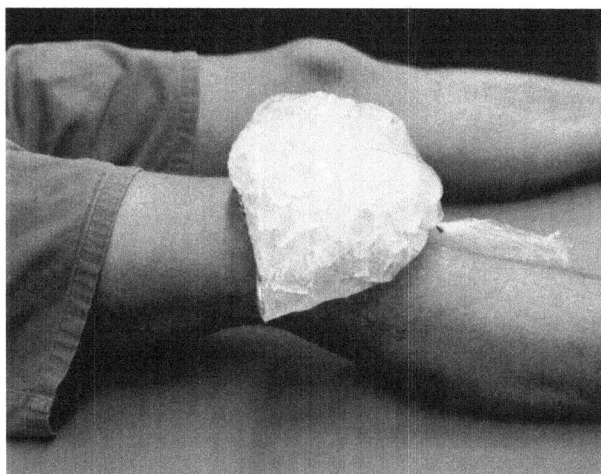

Courtesy of Ron Pfeiffer.

图 8.4　损伤后使用装满碎冰袋子的冷疗法最为方便

关键词

理疗(modalities):帮助损伤最大限度恢复的物理因子疗法。

冷疗法(cryotherapy):低温治疗。

温热疗法(thermotherapy):高温治疗。

抗炎药(anti-inflammatories):防止肿胀的药物。目前正在使用的两个基本类别:甾体类和非甾体类。

镇痛药(analgesic):缓解疼痛而没有完全失去感觉的药剂。

加压最好使用商用弹性绷带(图 8.5A)(Tomchuk,2010 年)。绷带有各种尺寸和不同的宽度,几乎所有的解剖部位和体型都可满足。最好把冰袋直接放在皮肤上,再用弹性绷带固定住冰袋。绷带以封闭螺

旋方式缠绕,从远端开始到近端结束。千万注意不要缠绕过紧,保证血液正常循环。固定完成之后检查末端肢体的循环。在弹性固定后应该能够轻松将两个手指滑入绷带下。保留绷带固定,直到医护人员看到受伤处为止。除此之外,新的加压方法也可用。通过袖套提供间歇性充气式加压和冷空气的新系统,在运动医学领域越来越流行(图 8.5B)。从本质上讲,加压提高制冷效果,因为它增加了皮肤表面接触。

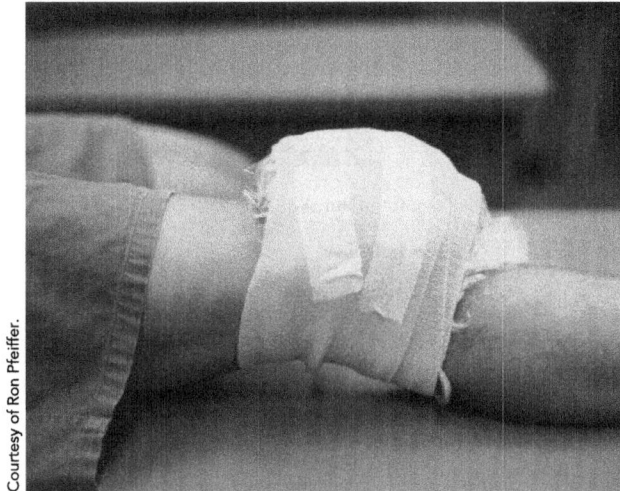

图 8.5A　弹性绷带提供了一种方便的加压方法

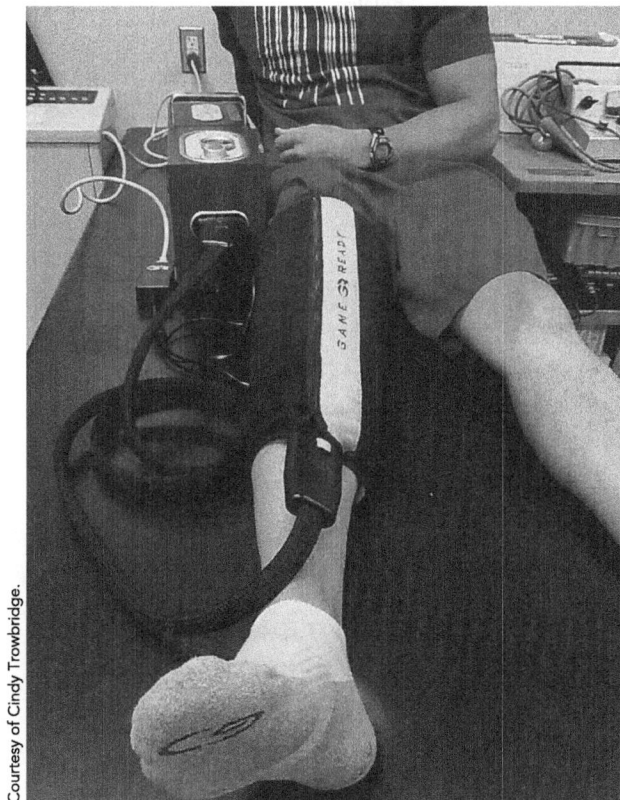

图 8.5B　一个常见的连续冷却和间歇加压装置

损伤的加剧是不言而喻的,但是,采取一些预防措施是必要的。当抬高损伤的下肢时,要确保附近的关节有衬垫支撑。睡觉时,可以将床脚抬离地面十几厘米。

通常将参赛者从赛场运送到场外,或者距离治疗区域可能较远,时间会有一些耽搁。受伤发生后的时间通常被认为是评估损伤程度的最佳时间。但是教练应抵挡住对运动员进行医学测试的诱惑,如韧带松弛评估等。在急性损伤的评估中,测试只能由接受过专业培训的医务人员进行,如医师、BOC 认证的运动防护师或受过额外培训的物理治疗师。如果不恰当地执行这些测试,可能会加重损伤。

Knight(1985 年)称在炎症反应阶段,使用冰敷可帮助损伤加速愈合。有两个原因。第一,组织的温度下降减缓了中性粒细胞和巨噬细胞的攻击性,有助于防止产生过多的废物和对正常细胞的不必要破坏。第二,组织降温降低了受损区域健康细胞的新陈代谢能力,从而降低了对氧气的需求(Merrick, 2002 年)。因此,当氧气供应不足时,冷疗法可以使正常细胞更好地在炎症初期存活。在损伤区域中,这种细胞的保留可有助于收集较小的细胞碎片,从而促进早期修复阶段。本质上,正如本章前面所述,立即使用冰疗有助于减少急性炎症的症状和体征,以及继发性损伤的总体严重程度。虽然可能无法达到显著降低新陈代谢所需的温度,但是教练在急性损伤中正确使用冰来治疗是明智的,因为这种治疗最有可能减轻与炎症相关代谢变化,从而防止过度炎症反应和继发性损伤(Bleakely 和 Hopkins,2010年)。最后,教练可以利用寒冷来进行止痛,减轻肌肉痉挛,促进早期活动。这两种效果最终都可以使运动员更有效地参与治疗活动。

热疗工具如湿热包、透热疗法或超声波也有可能对软组织损伤有良好效果。但是现有的研究一致认为,这种治疗方法不应该被应用在出现发红和热的急性炎症期。在损伤的早期阶段,通过对组织的热疗,炎症代谢活动可增强,从而导致炎症增加(Wilkerson,1985 年)。热疗法通过刺激血管扩张和增加损伤组织部位的供氧,对损伤修复后期可能有效。此外,热疗还能增加局部代谢活动,包括促进组织再生的物质。因此,如果教练很自信地认为急性炎症症状(红、肿、热)已经不存在了,那么可以推荐队员使用热疗法。

二、药物因子

目前治疗炎症的药物种类繁多。根据基本化学结构，它们可以分为两类：甾体类抗炎药和非甾体类抗炎药（nonsteroidal antiinflammatory drugs，NSAIDs）。这两类药可以干预炎症过程，从而减少肿胀量（抗炎药）或疼痛（镇痛剂）。

（一）甾体抗炎药

甾体药物的制造方式类似于一组在体内称为糖皮质激素的天然化学物质，与糖、脂肪和蛋白质的代谢有关。奇怪的是，炎症性过程的甾体药物作用机制尚不清楚。有证据证明，类固醇能降低细胞内溶酶体释放的化学物质的总量，降低毛细血管的通透性，减少白细胞的吞噬能力和局部发热情况（Guyton，1986 年）。最好的类固醇制剂可能是可的松，其他常用制剂还包括氢化可的松、泼尼松、泼尼松龙、醋酸曲安奈德和地塞米松。

类固醇制剂一般口服或注射。人们甚至可以用超声波药物透入法（利用超声能量）通过皮肤导入或离子导入法（利用电流；Fick 和 Johnson，1993 年）。类固醇化合物对胶原蛋白的形成可产生负面影响。本质上，类固醇可降低损伤部位的结缔组织结构的整体强度。用此药物时必须非常小心。由医师开处方，在治疗之前运动员（如果是未成年人）要与父母商量风险和获益。

（二）非甾体类抗炎药

非甾体类抗炎药阻断炎症过程中的特异性反应；却似乎不能显著延缓胶原的形成。这类药品在医学界广受欢迎。表 8.2 列出常用的非甾体类抗炎药。作为一组药物，这些似乎阻止了花生四烯酸分解为前列腺素，从而降低了伤口的炎症反应（AAOS，1991 年）。阿司匹林，即乙酰水杨酸，可以产生多种效用，例如消除炎症、镇痛和退热。药品泰诺，严格意义上来说是一种镇痛 / 退热药（给机体降温），不是非甾体类抗炎药。但是人们现在越来越担心泰诺的安全性。美国食品药品监督管理局（FDA）考虑其对肝脏的损害以及致死威胁，给出了使用剂量的建议和新的警告（Gerth 和 Miller，2013 年）。

尽管非甾体类抗炎药对炎症的生理作用已经广为人知，但是该类药物对愈合速度和完整性的影响（如果有的话）仍有待探寻。科学家与内科医师们担心，非甾体类抗炎药在急性损伤期用药，可能会延缓甚至阻碍非常重要的炎症反应阶段。不使用这类药物可以促进新组织生长，因为受损组织必须要经历

表 8.2	
非甾体类抗炎药	
属名	品牌名
水杨酸类	
阿司匹林（乙酰水杨酸）	Ascriptin，Bayer，Ecotrin
丙酸类	
布洛芬	Advil，Motrin，Nuprin
萘普生	Aleve，Anaprox，Naprelan，Naprosyn
奥沙普秦	Daypro
酮洛芬	Actron，Orudis，Oruvail
乙酸类	
双氯芬酸钠	Cataflam，Voltaren
吲哚美辛	Indocin
烯醇酸类	
美洛昔康	Mobic
吡罗昔康	Feldene，Fexicam
灭酸类	
甲氯芬那酸	Meclomen
甲灭酸	Ponstel Napthylalkanones
萘丁美酮	Relafen
芘甲酸类	
依托度酸	Lodine
吡咯类	
酮咯酸	Toradol
COX-2 抑制剂	
塞来昔布	Celebrex

来源：Data from Ullrich P.Types of NSAIDs.
网址：http://www.spine-health.com/treatment/pain-medication/types-nsaids.Accessed：September 28，2013.

一个完全的炎症反馈过程。一旦愈合的过程受到阻止，没有经历早期的炎症反馈过程，新生的组织就会出现一些问题（Hertel，1997 年）。尽管非甾体类抗炎药被广泛用于治疗急性软组织受伤，却无法在科学文献中查证他们的效用。事实上，该类药物的副作用往往会引起更多的关注。非甾体类抗炎药的过度使用可能会产生肠胃、肾脏以及肝脏的损坏和结缔组织畸形（Hertel，1997 年）。也有少部分证据支

持非甾体类抗炎药物可以加速受伤的运动员返回赛场（Hertel，1997 年）。

通过更多的调查研究，在急性炎症期，大多数软组织损伤的最好治疗方法是使用 PRICE 原则，其次是结合 PRICE 原则，适当地进行康复训练并配合使用规定的药物。从法律和道德角度考虑，教练首先应对任何软组织损伤采取急救措施，然后将运动员转介至适当的医疗机构治疗。非卫生医务人员应避免开任何种类的药物，即使是非处方药，如阿司匹林或者泰诺。在进一步诊疗（以任何形式）之前，最好让医务人员看到伤者所有损伤。

怎么办？

一位家长为帮助他女儿从二度踝关节扭伤中恢复，咨询服用哪种药物最好。你有什么建议？

第五节　康复训练的作用

对运动损伤（尤其是对软组织创伤）最有效的医疗方法是体育训练。似乎看上去有点矛盾，例如要求一个脚踝受伤的运动员去跑步很明显不对。但当遵循超负荷与 SAID 原则时，在适当的安排和指导下的康复训练，对康复过程有着巨大的影响（图 8.6）。研究指出，恢复性训练可以为胶原的形成带来许多积极的作用（AAOS，1991 年）。胶原蛋白是跟腱和韧带的主要组成成分。康复性训练是一种合乎逻辑的治疗方法。根据 Knight 的观点（Knight，1995 年），有两个原因支持"运动是运动损伤康复的基础"这一论点。其一，运动促进机体循环加快，同时增加愈合组织的供氧。其二，运动会对愈合的组织施压，实质上是"引导"胶原蛋白的正确构建。重要的是要记住，虽然运动对组织愈合必不可少，但在康复过程中，有句老话也值得铭记在心："短时间内别做太多"。胶原形成和组织重生的过程最起码需要 2~3 周（Page，1995 年）。此外，在康复后期的运动员也应该在适当的时候，用贴扎、包扎和支撑适当保护该区域。是否可以回到正常的运动强度需要由专业并富有经验的医学专家来做决定。教练们不能因为他或她对球队胜利起决定性作用，就让运动员过早地返回赛场。

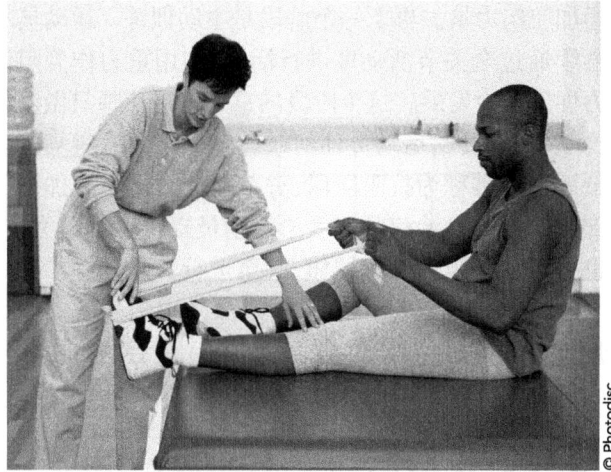

图 8.6　对有慢性运动损伤的运动员来说，运动是最有效的治疗方法

任何严重到需要医学诊断的损伤都应该进行全面的运动康复治疗。该计划必须包含必要的组成部分，须由受过适当培训的专业人士（BOC 认证的运动防护师，或接受过运动医学培训的物理治疗师）来制订。履行和监督康复计划的重任一般由教练或体育教师承担。因此，运动员、教练和医护人员之间良好的沟通对任何康复计划的有效实施都是至关重要的。

关键词

超声药物透入疗法（phonophoresis）：通过超声将可溶性盐离子导入人体。
离子导入法（iontophoresis）：用电流通过皮肤直接导入化学物质。
NSAID（nonsteroidal anti-inflammatory drug）：非甾体抗炎药。
退热药（antipyretic）：缓解或减轻发热的药剂。
胶原蛋白（collagen）：结缔组织的主要蛋白。

康复训练，通常称作运动疗法，包含四个阶段，基于损伤严重程度和恢复的连续性，由不同种类的运动组成。如果运动员的伤情很严重，最初的运动方案可能是让运动员成为被动参与者；治疗师实际上通过一系列的被动练习来活动受伤的肢体。其优点是可以恢复正常的关节活动度，降低肌肉痉挛和肿胀。随着伤势逐渐好转，下一个阶段为主动协助训练阶段。在此阶段中，运动员成为训练过程中的一名工作伙伴，在治疗师的帮助下，做一些受伤关节的主动活动。这个阶段的优点是改善关节活动度和增加肌肉力量。再下一个阶段是主动训练。运动员继续通过全关节活动度进行活动,利用重力作为阻力促进肌力发展。这个阶段的重点是治疗师只做监督工作,不要给运动员任何肢体上的帮助。康复的最后阶段被称为抗阻阶段:关节运动时同时施加外部阻力。通过治疗师用手给运动员提供一个阻力,也可以使用阻力训练器械,甚至进行负重训练。这个阶段的主要目标是改善损伤部位周围的肌肉力量,以保护损伤部位防止继续受伤。最后的阶段还必须包括"功能性"活动练习,包括运动员运动项目

动作,例如篮球,橄榄球和足球的跑步和切球动作训练。运动医学专家一致认为,这样的方案对充分愈合损伤的软组织结构是必要的,尤其是下肢的损伤(Delforge,2002 年)。

损伤康复应被视为一个持续的过程:损伤专项训练应是运动员训练和计划中永久组成部分。如果没有这样一个过程,在很多情况下,再次损伤的可能性会增高。教练必须与运动医疗团队的适当成员沟通,包括运动防护师、物理治疗师和 / 或医师,共同计划和实施有效的治疗性运动计划。

复习题

1. 在何种类型的肌肉收缩中大多会出现肌肉和 / 或筋膜的损伤?

2. 判断题:近端肌肉肌腱联合点已被证实是最常见的受伤部位。

3. 列出三种可能导致软组织损伤的机械力。

4. 定义:临界力。

5. 描述一下损伤愈合过程中的主要步骤——特别强调血管收缩、血管舒张和血肿形成。

6. 定义:趋化性。

7. 简述在急性损伤阶段中出现的两种化学介质及其生理作用。

8. 简要描述损伤中炎症阶段的治疗总体目标。

9. 列出几种在消除早期输送到损伤部位的细胞类型。

10. 哪种组织不能用瘢痕组织自愈?

11. 什么是成纤维细胞?

12. 什么是血管再生?

13. 被称为骨痂的骨形成与骨折愈合之间的关系是什么?

14. 简述 Knight(1967 年)和 Merrick(2002年)描述的继发性损伤的机制。

15. 冰敷对继发性损伤有什么作用?

16. 简要说明冰敷、加压和抬高患肢对急性炎症的生理作用。

17. 在损伤中,同时应用冷敷和加压的简单而有效的方法是什么?

18. 急性炎症期疼痛治疗的持续时间建议为多久?

19. 人体组织的冻结温度是多少?

20. 在损伤修复过程中,何时使用热疗法最有效?

21. 区分甾体类和非甾体类抗炎药。

22. 非甾体抗炎药在急性炎症阶段的作用机制是什么?

23. 缩写 OTC 的定义。

24. 在一段时间内对非甾体抗炎药的管理有什么担心?

25. 概述本章中提到的四种运动疗法:被动运动,主动协助,主动运动和抗阻运动。

(武汉体育学院　柳华)

参考文献

Akeson WH, Amiel D, Woo SL-Y. (1986). Cartilage and ligament: Physiology and repair processes. In: Nicholas JA, Hershman EB (eds.), *The Lower Extremity and Spine in Sports Medicine* (pp. 3–41). St. Louis, Mo: Mosby.

American Academy of Orthopaedic Surgeons. (1991). *Athletic Training and Sports Medicine* (2nd ed.). Park Ridge, Ill: American Academy of Orthopaedic Surgeons.

Arnheim DD. (1989). *Modern Principles of Athletic Training* (7th ed.). St. Louis, Mo: Times Mirror/Mosby; pp. 198–231.

Bleakley C, McDonough S, MacAuley D. (2006). Cryotherapy for acute ankle sprains: A randomized controlled study of two different icing protocols. *Br J Sports Med.* 40: 700–705.

Bleakley C. (2009). Current concepts in the use of PRICE for soft tissue injury management. *Physiotherapy Ireland.* 30(2):19–20.

Bleakley C, Hopkins J. (2010). Is it possible to achieve optimal levels of tissue cooling in cryotherapy? *Phys Ther Rev.* 15(4):344–350.

Cailliet R. (1977). *Soft-Tissue Pain and Disability*. Philadelphia, Pa: F. A. Davis.

Curwin S, Stanish WD. (1984). *Tendinitis: Its Etiology and Treatment*. Lexington, Mass: D. C. Heath and Company.

Delforge G. (2002). *Musculoskeletal Trauma: Implications for Sports Injury Management*. Champaign, Ill: Human Kinetics; p. 110.

Fick DS, Johnson JS. (1993). Resolving inflammation in active patients. *Phys Sportsmed*. 21:55–63.

Gerth J, Miller TC. (2013). Use only as directed. *ProPublica*. Available: http://www.propublica.org/article/tylenol-mcneil-fda-use-only-as-directed/.

Guyton AC. (1986). *Textbook of Medical Physiology*. Philadelphia, Pa: W. B. Saunders.

Hertel J. (1997). The role of nonsteroidal anti-inflammatory drugs in the treatment of acute soft tissue injuries. *J Athl Train*. 32(4):350–358.

Houglum P. (2010). *Therapeutic Exercise for Musculoskeletal Injuries* (3rd ed., pp. 122–127). Champaign, Ill: Human Kinetics.

Ingersoll CD, Mistry DJ. (2006). Soft tissue injury management. In: Starkey C, Johnson G (eds.), *Athletic Training and Sports Medicine* (p. 24). Sudbury, Mass: Jones and Bartlett Publishers.

Knight KL. (1976). Effects of hypothermia on inflammation and swelling. *Athl Train*. 11:7–10.

Knight KL. (1985). *Cryotherapy: Theory, Technique, and Physiology*. Chattanooga, Tenn: Chattanooga Corp.

Knight KL. (1995). *Cryotherapy in Sport Injury Management*. Champaign, Ill: Human Kinetics.

Lachmann S, Jenner JR. (1994). *Soft Tissue Injury in Sport*. Oxford, England: Blackwell Scientific.

Merrick MA. (2002). Secondary injury after musculo-skeletal trauma: a review and update. *J Athl Train*. 37(2):209–217.

Nigg BM, Bobbert M. (1990). On the potential of various approaches in load analysis to reduce the frequency of sports injuries. *J Biomech*. 23:3–12.

Page P. (1995). Pathophysiology of acute exercise-induced muscular injury: Clinical implications. *J Athl Train*. 30: 29–34.

Safran MR, Seaber AV, Garrett WE. (1989). Warm-up and muscular injury prevention—an update. *Sports Med*. 8: 239–249.

Starkey C. (2013). *Therapeutic Modalities* (4th ed.). Philadelphia, Pa: F.A. Davis; pp. 125–127.

Thomas CL (ed.). (1997). *Taber's Cyclopedic Medical Dictionary* (18th ed.). Philadelphia, Pa: F. A. Davis.

Tomchuk D. (2010). The magnitude of tissue cooling during cryotherapy with varied types of compression. *J Athl Train*. 45(3):230–237.

Wager T, Atlas L, Lindquist M, Roy M, Woo C, Kross E. (2013). An fMRI-based neurologic signature of physical pain. *N Engl J Med*. 368:1388–1397.

Wilkerson GB. (1985). Inflammation in connective tissue: Etiology and management. *Athl Train*. 20:298–301.

Yang J, Tibbetts AS, Covassin T, Cheng G, Nayar S, Heiden E. (2012). Epidemiology of overuse and acute injuries among competitive collegiate athletes. *J Athl Train*. 47(2):198–204.

9

第九章
头、颈和面部损伤

本章主旨

与运动损伤相关的头部、颈部和面部的伤害，会出现一些最复杂的问题。关于这些损伤知识的现状正在不断更新，同时鼓励读者始终寻找与这些伤害识别、治疗和处置相关的最新的经过同行评审的研究。本章首先回顾一下头部、颈部和面部的大体解剖学。接着描述中枢神经系统，需要特别注意这个结构，头颈部损伤经常会涉及中枢神经系统，以及各种运动中这类损伤的发生率和严重程度的数据。提供关于脑震荡检测、治疗和返回赛场方案相关的循证材料。介绍了严重的颅脑损伤形式，包括颅内损伤和第二冲击综合征，并就如何最好地避免这些潜在的致命问题提出了建议。此外，本章还包含有关戴头盔擒抱橄榄球运动员的专节，其中包括有关疑似头部受伤的初始治疗指南。

接下来，本章概述了颈椎损伤的主要机制，其次是讨论可能发生的各种类型的损伤，既包括简单的扭伤和拉伤，也有严重的损伤，如椎间盘突出症、椎体滑脱和骨折。此外，提供了关于臂丛神经损伤的机制、体征和症状的信息。与头部损伤一样，重点介绍疑似颈椎受伤初步治疗的指南。

本章的其余部分涉及对颌面部区域（面部，牙齿，眼睛，鼻子和耳朵）损伤的识别和照顾。

© Jones & Bartlett Learning. Photographed by Dan Evans Photography.

第一节　解剖概述

在实际意义上,头部可看作一个具有复杂功能的结构。这里面住着大脑;为眼睛提供眼窝,为耳朵、鼻子和嘴巴提供出口;并为脊柱提供附着点。颈部充当头部和身体连接的结构。对我们个体而言,虽然这种排列在日常功能中运作良好,但在运动的情况下,这样的解剖学排列是造成多种损伤的严重潜在风险。大脑由容易受损的神经组织构成,必须受到保护,特别是考虑到许多不同的运动和活动中所涉及的潜在暴力。

一、头骨

头骨由 8 块颅骨和 14 块面部骨骼组成,是一个复杂的结构。大脑(脑髓)位于头盖骨里面,并通过一个巧妙的骨性结构和软组织结构系统给予良好的保护。头骨的骨头(图 9.1)为大脑组成一个坚固的外壳,并由关节缝这种专门的关节连接在一起。奇怪的是,头盖骨的关节缝在出生时并不是闭合的;事实上,直到 20 岁到 30 岁之间,它们才完成骨化过程(Gray,1985)。不管怎么样,颅骨和它们各自的关节的这种解剖排列为大脑提供了一个外部保护的结构。

具有保护功能的软组织结构包含头皮的五层组织,如图 9.2 所示;它们包括皮肤,一层致密的结缔组织,帽状腱膜(实质上是一个宽阔、扁平的肌腱),疏松结缔组织和颅骨骨膜。

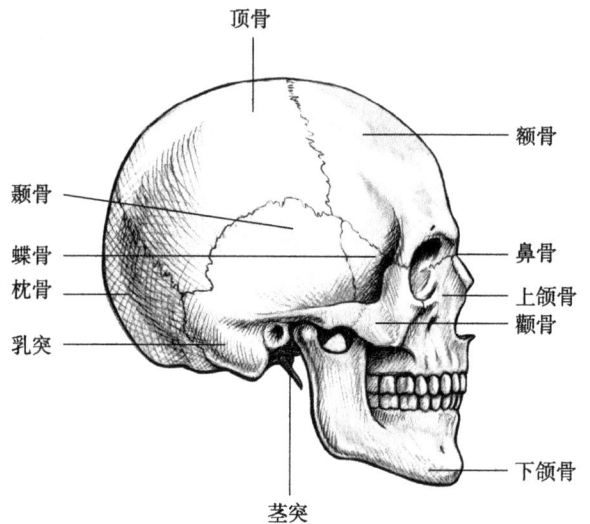

图 9.1　人类头骨的骨骼

二、脑膜

在头盖骨下面还有一组软组织结构同样可以保护大脑,这些统称为脑膜(图 9.3)。

它们由三个不同层次的组织组成,位于颅骨底部和大脑表面之间。最外层被称为硬脑膜,它由坚韧的纤维结缔组织组成,在颅骨的内部表面起到骨膜的作用,对大脑起到保护膜的作用(Gray,1985)。硬脑膜有丰富的血管,含有动脉和静脉,将血液输送到头盖骨。脑膜中间层为蛛网膜,与硬脑膜相比,强度明显降低,而且没有血供,蛛网膜由少量的液体与硬脑膜分离。蛛网膜下腔位于蛛网膜的下面,含有脑脊液(CSF)。脑脊液的作用是保护大脑免受急

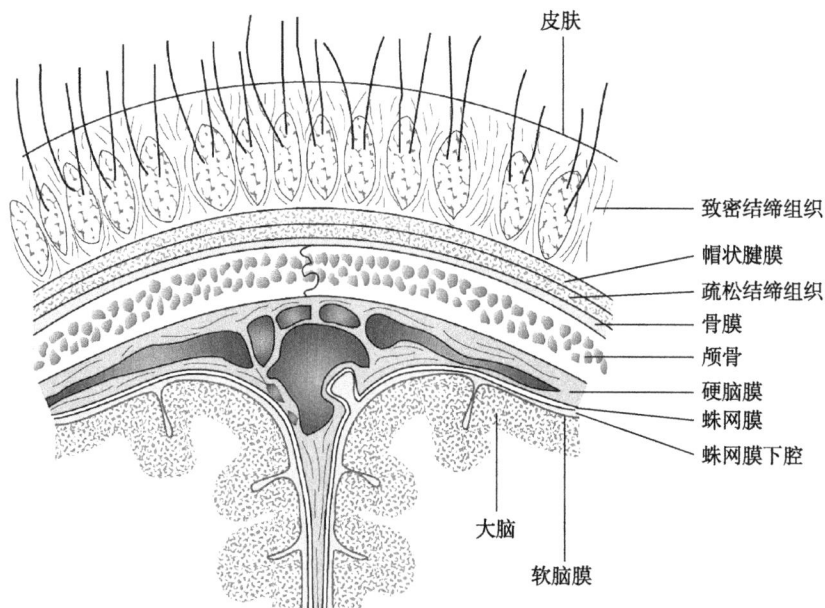

图 9.2　人类头皮:横截面

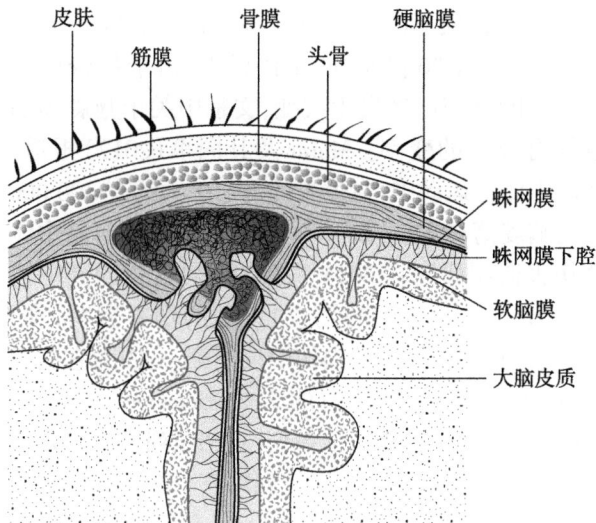

图 9.3　脑脊膜

性的血压变化,输送化学物质,并缓冲大脑和脊髓的外力,如碰撞和接触运动中所遇到的那些。脑脊液给予大脑天然的浮力,因此,它的神经元密度不会因为大脑的重量而损害自身的血液供应。脑脊液支撑了大脑的重量,所以即使大脑重量高达 1 400g,但感觉只有 25g(Saladin,2007)。儿童的大脑在发育的某些阶段通常有较少的脑脊液,这可能会造成大脑额外的重量。因此,任何头部的打击都可能会导致更多的血供障碍,因为大脑无法吸收这些冲击力(Chatelin 等,2012)。

最内层的脑膜是软脑膜,它在生理上与脑组织相连接,为大量供应大脑的脉管系统提供了一个架构。软脑膜是一个非常疏松的、脆弱的薄膜,和蛛网膜一样,它比硬脑膜更容易受到创伤。

三、中枢神经系统

脑(脑髓)和脊髓一起组成中枢神经系统(CNS),大脑和脊髓都受到脑膜和颅骨与脊椎的骨性结构的保护。中枢神经系统要保持它的功能,必须接受大量的血液供应,而且要维持不变,因此,仅仅缺血几分钟,神经组织就可能会被破坏。中枢神经系统组织由灰质和白质组成,它们代表两种不同类型的神经组织。成人的大脑重 1.3~1.6kg,包含大约 1 000 亿个神经元(Van De Graaff,1998)。大脑由三个基本部分组成:大脑、小脑和脑干。大脑是三者中最大的,包含认知、推理和智力等复杂功能。小脑位于头颅的后下部,完成与复杂运动技能相关的功能。脑干位于大脑的底部,用于连接大脑和脊髓。

儿童的大脑看上去好像比成人的大脑柔软三到

四倍;因此,儿童的大脑比成人的大脑更具可塑性,也更加敏感(Chatelin 等,2012),在成熟过程中,这显然有积极的影响,但有脑损伤的情况下可能有负面影响,因为儿童的大脑不能耐受创伤。由于较少的髓磷脂数量(覆盖神经的脂肪细胞)和较低的代谢敏感性,儿童的大脑可能恢复比较缓慢(Field 等,2003)。由于髓磷脂在成人大脑中更加集中,它可以在损伤后更快地修复神经,并能控制更多的代谢反应。

四、外周神经系统

从中枢神经系统传出的神经冲动经过外周神经系统传向外周神经。脑神经、脊椎神经和自主神经共同构成了外周神经系统。脑神经直接从大脑发出,而脊椎神经则从脊髓发出。自主神经包括交感神经和副交感神经,这个系统帮助支配我们不随意反应的兴奋和放松。交感神经与"或战或逃"反应(心率增加和血压升高)相关,副交感神经与降低心脏和呼吸的速率有关。有 12 对脑神经直接连接到大脑的底部,并在颅骨底部从中枢神经系统的开口(孔)中穿过。脊髓神经连接到脊髓两侧,并于精确的间隔从脊椎的椎间孔穿过而离开中枢神经系统。有 31 对脊神经:颈椎 8 对、胸椎 12 对、腰椎 5 对、骶椎 5 对、尾椎 1 对。

五、面部

人的面部是由浅层皮肤和深层的骨骼组成,皮肤疏松地覆盖在骨骼上,有一些皮下肌肉、软骨和脂肪层在创伤中提供最低的保护。面部骨骼包括上颌骨(上颌),左右腭骨,左右颧骨,左右泪骨,左右鼻骨,右左下鼻甲,犁骨,下颌骨(下颌)和舌骨。面部周围的几个区域特别突出,因而容易受伤。眼眶,特别是眼眶上部区域,容易遭受挫伤。鼻骨位于面部中央,也可遭受直接暴力,常常导致骨折。下颌(下颌骨)也容易受到过度的外力作用。

六、颈部(颈椎)

颈部的骨骼由 7 个颈椎构成(图 9.4),这些颈椎可以提供头部的支撑和上段脊髓的保护。第一颈椎(C$_1$)(寰椎)直接与枕骨形成左、右寰枕关节。头骨和 C$_1$ 共同形成一个单位与第二颈(C$_2$)椎(枢椎)形成寰枢关节,允许头颈部做旋转动作。当越来越接近胸椎时,其余的 5 个颈椎逐渐变大。

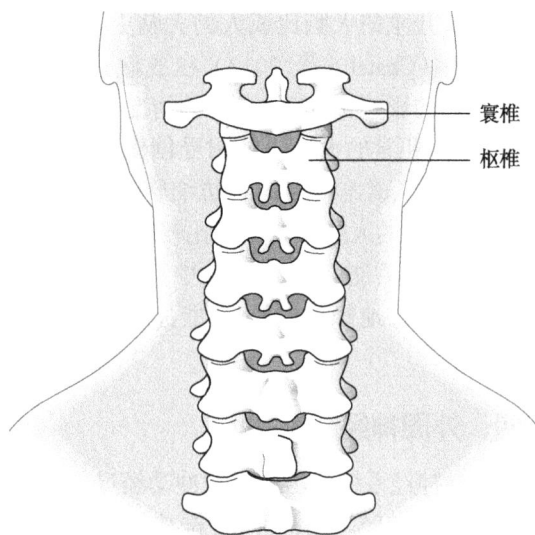

图 9.4　颈椎（后面观）

寰椎
枢椎

关键词

CSF（cerebrospinal fluid）：脑脊液
CNS（central nervous system）：中枢神经系统。
髓磷脂（myelin）：起到神经轴突的绝缘功能。由蛋白质和脂肪组成。
PNS（peripheral nervous system）：外周神经系统。

第二节　头部运动损伤

一、背景信息

虽然身体大部分部位的多数挫伤会导致损伤，但这些损伤能够自我修复，并不会造成严重的后果，但是即使轻微的头部外伤都可导致严重的、有时甚至是危及生命的损伤，这是因为脑组织不能自我修复，任何脑组织受损都会导致短暂的或永久性的残疾。如果伤势严重，会导致死亡。在运动中头部损伤可能的机制、类型和严重程度是近乎无限的。然而，在最近几年，我们对关于运动中头部受伤的认识取得了重大进展。因此，教练和体育教师可以通过适当的学习来识别头部损伤，并在必要的时候提供有效的急救。

头部损伤几乎可以发生在任何运动或活动，科学调查为哪些运动似乎具有更高的风险提供了更加深入的了解。随着最近赛季提供的准确数据，头部、

大脑和颈部的发病流行病学研究正在不断进行。然而，自 20 世纪 90 年代以来，由于报告标准和大家的意识已经发生改变，文献中关于脑震荡的事件有较大的变率。Marar 及其同事（2012）报道，在高中体育运动中，在过去的两年中大约有 300 000 例的脑震荡（2008—2010）。最近的数据来自高中体育伤害监测研究在 2011—2012 年男女生的高中体育季节（174 所高中的调查）记载的伤害表明，头 / 面部的脑震荡在 10 种损伤中位列第一，因为它们占了 6 203 例损伤记录中的 21%（Comstock, Collins, & Fletcher, 2013）。踝关节拉伤 / 扭伤位列第二（14%），髋关节或大腿拉伤 / 扭伤位列第三（8%），膝关节拉伤 / 扭伤位列第四（7%；Comstock 等, 2013）。在表 9.1 中可以看到脑震荡在每项运动调查中的百分比。在大学体育中，包括第一级、第二级和第三级的机构（1988—1989 赛季至 2003—2004 赛季），在女子冰球中发生脑震荡的人数最高（18%），男子棒球的人数最低（2.5%）（Daneshvar 等, 2011）。男子足球、女子曲棍球和女子足球所记录的脑震荡，占了损伤总数的 5%~6%（Daneshvar 等, 2011）。来自 180 所全国大学生体育协会（NCAA）学校一年的数据（2005—2006）显示，与练习相比，所报道的 482 例的脑震荡（0.43‰ 的运动员风险）多发生在比赛中（Gessel 等, 2007）。

显然，脑震荡在高中和大学的运动中都有很高的发生率。更重要的是，教练和体育工作者都需要知道，与没有受过脑震荡的队友相比，遭受过一次脑震荡的运动员再次发生脑震荡的风险增加了 3 倍（Guskiewicz 等, 2000）。因此，这是立即识别和转诊治疗能产生出最大不同的地方。

从美国国家严重体育伤员研究中心（http://www.unc.edu/depts/nccsi/）获得的最新研究显示：致命性、非致命性（完全恢复）和严重的头颈部损伤在许多运动中持续发生。其中，啦啦队就占了高中和大学女子运动中死亡人数的 65%~66%，而这些死亡多数是由于颈部和脑损伤（Mueller & Cantu, 2011）。从 1983 年到 2011 年，在高中和大学的运动参与者中，啦啦队有 3 人死亡，非致命性伤害 45 人，重伤 71 人（Mueller & Cantu, 2011）。2 010 例单独头部和颈部的损伤占了啦啦队受伤总人数的 19.3%，其中 1 579 例是脑震荡；但是只有 1 例死亡事件。不过，与啦啦队事件相关的急诊人数每年都在稳步增加；2010 年就有 36 288 个（Mueller & Cantu, 2011）。好消息是，98% 的人接受治疗后出院了。啦啦队相关

表9.1

脑震荡的统计 *

高中体育（2011—2012）	脑震荡占总损伤的百分比 %	排名（10 大损伤）	最常见的运动情况
男子橄榄球	22.6	1	冲撞 / 被冲撞
男子足球	29	1	头球
女子足球	31	1	多数是头球 / 常规动作
男子排球	18	2	常规动作
女子排球	15	2	垫球 / 常规动作
男子篮球	15	2	防守
女子篮球	22	1（并列）	篮板
摔跤	23	1	抱摔
棒球	12	1	跑垒 / 击球
垒球	18	1	投球和击球
女子体操	5	6	翻滚
男子冰球	40	1	阻截
啦啦队	37	1	特技
男子游泳 / 跳水	17	2	转身 / 跳台
女子游泳 / 跳水	11	3	入水 / 跳台
男孩田径	<2	10	跳跃 / 落地
女孩田径	<2	10	跳跃 / 落地
女子曲棍球	19	2	常规动作
男孩曲棍球	34	1	常规动作

* 在 2011—2012 学年期间,高中体育便利抽样的脑震荡统计（n=174 high school；n=4 126［males］；n=1 857［females］）

来源：数据来源于 Comstock R，CollinsC，Flecher E.（2013）.Covenience sample summary report：National high school sports-related injury surveillance study（2011-2012 school year）.Available at：http://www.nationwidechildrens.org/cirp-rio-study-reports.

的死亡和损伤是由于啦啦队套路难度的增加,这是因为它已经成为一项竞技运动。此外,自 20 世纪 80 年代以来,啦啦队的人数也在急剧增加。

当分别审查高中和大学体育时,Mueller and Cantu（2011）通过在赛季（秋季、冬季、春季）中划分运动项目提供直接的灾难性损伤的相关数据。在美式橄榄球运动（专业、半专业,高中,大学）中直接与大脑损伤相关的数据是一些有趣的数字。表明从 1961 年以来,在美式橄榄球场上死于大脑损伤的人数已经下降;然而,与脑损伤相关的残疾人数却在上升（Mueller & Cantu,2012）。例如,从 1961—1970 年的十年里,在美式橄榄球运动中与大脑损伤相关的死亡人数有 128 人,在 1991—2000 年和 2001—2010 年这个数字分别下降到了 37 和 32。相比之下,从 1991—2000 年的美式橄榄球运动中有 52 例大脑损伤导致

的永久性残疾,但在 2001—2010 年的十年里有 66 例。较少的死亡人数证明在比赛规则、冲撞技术和损伤管理上有显著的进步;但是,事实上,有更多导致残疾的损伤仍然让人非常不安（Mueller & Cantu,2012）。因此,医务团体人员、教练、体育教师和家长都需要更好地了解脑损伤及正确管理的重要性。

二、损伤的类型和机制

头部损伤有许多分类性的描述,不管怎样,头部受伤可分为三大类:轻度脑损伤或脑震荡、颅内出血和颅骨骨折（Shultz,Houglum,& Perrin,2000）。与运动有关的头部损伤包含直接或间接损伤的机制。直接机制包含击打头部造成撞击侧的大脑损伤,被称为撞击型损伤。损伤也会发生在头部撞击点的对侧面,这种损伤被称为对侧型损伤,对侧型相关的损伤

发生在头部移动中突然停下,例如,当在足球比赛中受到冲撞,大脑继续在颅内移动,它随后被压缩到最初撞击的对侧面。间接损伤的机制包括从身体其他部位传达而来的伤害暴力,如击打面部或下颚。颈椎迅猛的动作,如与汽车事故有关的挥鞭样损伤,也可能造成大脑的间接伤害。运动医学界反复使用的老话能更好地理解这些损伤机制,"对待每一个的头部损伤就好像同时伴有颈部损伤,对待每一个颈部受伤也好像同时伴有头部受伤一样。"

三、脑震荡(轻度脑外伤)

脑震荡,有时也被称为轻度脑外伤,已被定义为一种能够影响大脑的复杂的病理生理过程,包括通过生物力学因素引起(McCory 等,2013)。脑震荡经常会导致即刻的和通常是短暂的神经功能损害(拓展知识 9.1),但很多时候症状和体征可以持续数分钟甚至数小时(McCory 等,2013)。实质上,任何一种足以造成大脑在颅骨内移动的外在重击或间接暴力都会引起正常神经功能的短暂中断。

最近的证据表明,大多数脑震荡损伤的发生是由于大脑里复杂的代谢危机,通常与血流量受限有关;然而,一些可能有结构层面的损伤(Harmon 等,2013)。神经细胞(轴突)遭到代谢和化学离子的损害,导致能量不足和神经传导问题,因此,轴突在受伤之后不能有效地传递必要的信号(Harmon 等,2013)。研究人员现在知道,没被破坏的脑组织对于接下来的创伤或其他应力都是非常脆弱的(生理、认知、情绪),这可能会导致如血流量、颅内压或缺氧的细微变化的现象(Cantu,2001;Harmon 等,2013)。

目前的科学已经摒弃了脑震荡的分类系统,任何导致一个或多个症状和体征(拓展知识 9.1)的创伤都被认为是脑震荡,连续监测体征和症状包括强度和持续时间是目前判断病情和治疗所需的最佳方式(Gusldewicz 等,2004)。最近的证据表明,意识丧失(LOG)和创伤后失忆(PTA)不能很准确地表明脑震荡的严重程度,因为只有 9% 的脑震荡会发生 LOG、27% 的脑震荡会发生 PTA(Guskiewicz 等,2000)。然而,需要注意的是,任何意识丧失或创伤后遗忘症的延长都是重要的症状和体征,这些应该得到重视,即使它们的存在并不能表明严重的程度。分级系统的目的是让运动医疗团队的成员在评估怀疑有持续头部损伤运动员的状况时可以简化决策过程。在这样的情况下做出错误的决定会有潜在的影响,目前的建议指出任何出现脑震荡症状和体征

拓展知识 9.1　脑震荡的体征(轻度脑外伤)

身体(体征或症状)

撞击引起的头痛

头晕 / 平衡问题

麻木 / 刺痛

疲劳

视觉问题(追踪,深度,复视)

瞳孔反应减弱

茫然或震惊

耳朵嗡嗡作响(耳鸣)

对光和 / 或噪声敏感

疲劳

呕吐

恶心

意识丧失

不稳定步态

认知

混乱 - "迷惑";"迟钝"

无法快速回答问题或重复问题

注意力差

遗忘最近的信息 / 谈话

睡眠

嗜睡

入睡困难

比平时睡得多或少

情感

烦躁

个人的行为异常

焦虑

悲伤

的运动员都应该被禁止当天返回参加比赛和训练。(Harmon 等,2013;McCory 等,2013)。要由有资质的医疗人员来帮助教练做出以后返回赛场的决定,避免教练人员做出错误的判断(Harmon 等,2013;McCory 等,2013)。

大部分人中的大多数脑震荡的状况(80%~90%)将在 10 天内缓解;然而,青少年和儿童可能需要更长的时间(McCory 等,2013)。且可能会发生脑震荡后综合征(在后面的部分进行更详细的讨论);脑震荡后综合征通常包括长期的体征和症状,

如头痛和平衡障碍依然存在,记忆问题(PTA)、注意力不集中、疲劳、睡眠问题、情绪变化。有两种类型的PTA已被确定为由头部受伤所导致:顺行性和逆行性。顺行性遗忘是指不能回忆起损伤以后发生的事情。当运动员无法回忆起在受伤之前刚发生的事情时,那么就存在逆行性遗忘。然而,现在人们普遍认为,逆行性遗忘是难以估量的,不能很好地反映头部损伤的严重程度。最近的证据表明,所有脑震荡后的症状持续的时间,或失忆持续的时间才提示有神经系统的问题,而不是脑震荡的出现和类型(McCory等,2013)。所有脑震荡病例的症状持续超过10天以上的,都应该进行多学科的综合管理(包括医师、神经心理学家、精神病学家和教练)。

四、脑震荡后综合征

脑震荡后综合征(post-concussive syndrome,PCS)包括损伤之后脑震荡的体征和症状持续几周、几个月,甚至几年的病例(Harmon等,2013)。不幸的是,PCS难于明确和知之甚少,因为症状和体征两者都是主观的和客观的,也通常都是不够清晰的(Harmon等,2013)。几种常见的体征和症状包括头痛、焦虑、抑郁,对光和噪声敏感,记忆丧失、注意力差、难于解决问题、失眠(Harmon等,2013;Mueller & Cantu,2012)。最近的两项研究强调,脑震荡后的症状可以持续数年。针对退役的NFL橄榄球运动员的调查,那些经历过脑震荡的运动员更加可能出现认知功能障碍和忧郁症(Guskiewicz等,2005;Hart等,2013),与年龄、智商和教育程度相匹配的对照组相比,同样出现脑血流量和一些白质的异常改变(Hart等,2013)。

虽然已经有PCS相关的重要研究,但是脑震荡的严重程度与初始症状和PCS身体、认知或情绪恶化的可能性之间的相关性还没有被证实或接受。然而,也有一些风险因素应得到重视,但需要更多的科学研究。这些危险因素包括:女性、年轻人、有学习障碍病史、有偏头痛病史、有抑郁史、有危险的运动比赛方式(Harmon等,2013;Scorza,Raleigh和O'Connor,2012)。

如前一节所述,医疗团队应完成脑损伤持续症状的处理。只有很弱的证据支持使用药物能有助于PCS,因为一些药物可能会掩盖很多严重的后果(Scorza等,2012)。恢复会是非常令人沮丧的,因为这是一个漫长、缓慢的过程,这会让运动员远离他们的正常活动,如工作和学习。然而,有一些最近的证据表明,认知疗法、进行低强度训练计划和前庭治疗

可能在未来的治疗方案中发挥作用,但仍然需要继续收集证据(Harmon等,2013)。

由于最近的媒体报道和退役球员对NFL的重大诉讼的结果,应当要讨论慢性创伤性脑病(CTE)的情况。只能在死后做出CTE的诊断,它一直与拳击手相伴(拳击运动员一直是CTE的高危人群),但在最近几个去世美式橄榄球运动员大脑中的发现,提醒医疗界需要更进一步调查。优秀的科学家们正在努力地从事开创性的研究,这可以更好地了解CTE与脑震荡和接触性运动之间的关系。首先要了解是,科学研究尚未确立CTE和脑震荡或接触性运动之间的因果关系(McCory等,2013),因此,任何媒体压力所造成的恐惧都应该用理性的行为来缓解,直到我们有确切关系的真凭实据为止。

关键词
顺行性失忆症(anterograde amnesia):不能回忆起受伤后发生的事情。
逆行性失忆症(retrograde amnesia):无法回忆受伤前发生的事件。

五、二次撞击综合征

二次撞击综合征(second impact syndrome,SIS)是一个我们有重要因果关系证据的领域;因此,运动医学界需要关注和发展更加谨慎的护理和管理遭受脑震荡运动员的措施。

二次撞击综合征,据医学专家介绍,运动员遭受初次的头部损伤,通常是脑震荡,然后在第一次的症状完全消除之前又遭到第二次头部受伤(Cantu & Voy,1995)。从本质上讲,SIS涉及大脑血供自动调节功能的丧失,可引起大脑灾难性肿胀的迅速恶化,主要是在一个被称为颞叶沟的区域,这会对脑干直接加压(图9.5),最终,SIS会导致昏迷或死亡。研究文献仅仅报道了数量有限的SIS案例,但是,它更常见于18岁以下的青少年(Harmon等,2013)。经受脑震荡的运动员会出现典型的相关症状,包括头痛、恶心、注意力不集中、过度嗜睡等。运动员在头痛、注意力不集中等症状消除之前就返回赛场。回到赛场后,同一个运动员,在从事同样的活动时,遭到另一个相对较轻的头部打击。此后不久,运动员倒下了,变得迟钝,并被送往医疗机构,就在那里,运动员处于深度昏迷状态。结果最终死亡,进行尸体

（a）

小脑幕　　　　　颞叶

脑干

（b）

小脑

枕骨大孔

脑干

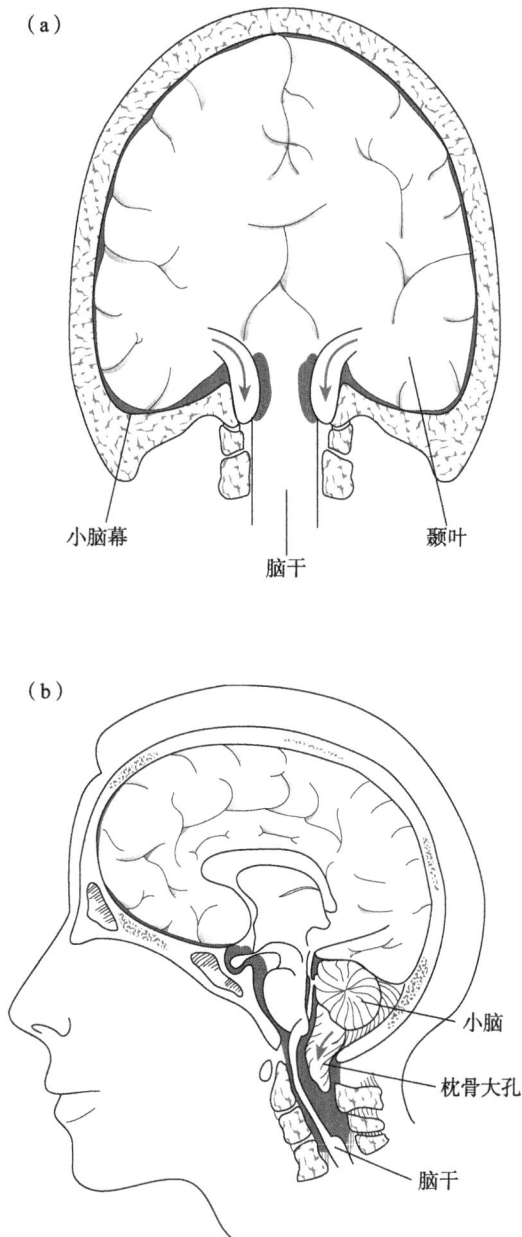

图 9.5　在二次撞击综合征中,颅内压增高,导致颞叶钩突出(箭头)在前额部幕下(a),或在中矢状切面(b)中穿过大孔至小脑顶疝(箭头)。这些变化损害了脑干、导致昏迷和呼吸衰竭迅速发展。脑干的阴影区代表压迫区。(Source; Robert Cantu,MD,FACSM,Neurological Surgery,Inc., Concord,Mass.Reprinted with permission.)

解剖,死因就会被确定为大面积脑水肿,这是由于脑组织(或 SIS)无法控制的血管充血。重要的是要意识到,任何遭受哪怕是轻微脑震荡的运动员都应该由医疗人员仔细检查,并由医生确认后才允许返回赛场。要特别关注有严重脑震荡病史的运动员。重要的是要记住,与脑震荡相关的症状可能需要几天甚至几周才能解决,因此,医务人员、运动员、教练和家长在做出让有头部受伤史的运动员重返赛场的决定时应特别谨慎。

六、颅内损伤

也有很强的证据表明,运动中的颅内损伤是一种潜在的危及生命的情况。这些损伤可由多种机制所致,包括直接打击,迅速减速,甚至是头部的快速旋转动作。到目前为止,大多数颅内损伤是由头部的钝挫伤引起的,这种损伤的特征是血管破裂,无论是静脉或动脉,导致在颅内形成血肿或肿胀。这种情况使脑组织处于危险之中,因为这些结构对压力非常敏感。

Jordan(1989)确定颅内损伤的主要形式有硬膜外血肿(在硬脑膜和颅骨之间出血),硬膜下血肿(在硬脑膜以下出血),颅内血肿(在脑组织内部出血)和脑挫伤(脑组织的挫伤)。要特别注意硬膜外血肿会涉及动脉出血,因此,损伤的症状和体征通常会迅速恶化。由于硬脑膜的血管解剖学,硬膜下血肿可伴有快速动脉出血,症状在几分钟内恶化,或可能是静脉出血,形成血栓和凝血并在数小时内恶化。

关键词

慢性创伤性脑病(chronic traumatic encephalopathy):一种只能在死后用脑解剖鉴定的状况。它是一种退行性疾病,其特征在于 tau 蛋白明显集中在大脑的几个区域,从而影响大脑功能。

颅脑损伤(intracranial injury):头部损伤的特点是血管破裂,无论是静脉或动脉,导致颅内血肿或肿胀的恶化。

硬膜外血肿(epidural hematoma):在硬脑膜与颅骨之间的出血。

硬膜下血肿(subdural hematoma):硬脑膜下出血。

脑内血肿(intracerebral hematoma):脑组织内出血。

脑挫伤(cerebral contusion):脑组织挫伤。

在某些情况下,初次损伤后的症状不会在几小时甚至几天内出现,虽然没有特别的体征和症状,但可能会恶化,任何视觉功能和瞳孔反应的变化、或定向障碍加重、或平衡障碍恶化都要特别关注。如果不能立即确认这些变化,受伤的运动员也没有立即送到医院,都可能导致一定程度的永久性神经损伤,甚至是死亡,因此,连续监测脑震荡运动员的体征和段症状（表9.1）是非常重要的。任何体征和症状的恶化都表明需要医生立即跟进，可能包括送去急诊室。

如果一名运动员被送往急救室，进行先进的扫描技术检查（磁共振成像"MRI"，计算机断层扫描"CT"），教练和家长需要知道的是：即使出血或脑结构损伤的检查结果是阴性，也并不表示能从脑震荡的并发症和后续的康复中排除它们。影像检查经常被滥用，除了用来排除更严重的脑外伤或颅骨骨折之外，对于管理脑震荡的作用有限（Scorza等，2012）。这些阴性结果只表示损伤不是结构性的，可能是代谢性的。

怎么办？

你正在进行足球训练，突然一个机翼球员在试图射门时与守门员相撞，当你到达现场时，守门员应该没问题。然而，另一名球员是有意识的，但是很困惑，无法记住她目前的得分或她所面对的球队。在这段历史和这些情况下，可能发生了什么类型的伤害？

七、颅脑损伤

颅脑损伤涉及所有的颅骨。在大多数情况下，如果造成骨骼损伤的力量足够强大，也会造成头皮组织的损伤。因此，颅脑损伤也可能伴随有出血和软组织损伤。颅骨骨折可能是单纯的骨折，线性骨折不伴有底层组织的损伤。在许多情况下，这些损伤很少产生神经系统的问题。更为严重的颅脑损伤形式包括所谓的颅骨凹陷性骨折，这些可能更严重，因为骨头碎片已经被推进颅内区域。显然，这种类型的损伤更可能造成严重的、可能会危及生命的神经损伤。颅脑损伤可能存在多种的体征和症状，这些将在本章后面的一些细节中进行讨论。

第三节　疑似头部外伤的初步治疗:指南

如前所述，一般来说，任何遭受明显头部损伤的运动员都应被视为伴有颈部受伤，反之，任何遭受颈部受伤的运动员都应视为伴有头部受伤。两者的伤害机制是相似的，因此，两者都可以同时发生。怀疑遭到头部损伤的运动员的急救护理的指南可分为下面两种情况，一种是在运动员受伤的地点，另一种

是在他或她已被移到第二个地点（边线，场边等）。关键是要明白，在运动员初始受伤的位置进行评估时，如果出现任何重要的体征和/或头部或颈部损伤的症状（麻木、刺痛、意识丧失），在急救医疗服务（EMS）人员抵达现场之前都不要移动伤员。默认情况下，任何运动员，根据初步评估，有遭受任何级别的脑震荡都不能继续比赛，在得到医生的许可之前都不允许返回赛场（Harmon等，2013；McCory等，2013；Scorza等，2012）。

当一个运动员遭受任何形式的头部损伤，包括脑震荡，经常会受到过分热心的运动员、队友、父母，甚至是教练的怂恿而提前返回赛场，这种情况是绝对不允许的，这一点非常重要。对于任何一个疑似有头部受伤的运动员最好的策略是禁止他参与运动，不管初始损伤看起来是多么轻微，以后想要参加比赛，必须给予适当的场外评估，并参考医疗团队或医生进行进一步的评估结果来获得返回赛场的随访护理和指导。虽然严格执行这种策略可能不受所有运动员、球迷甚至一些教练的欢迎，可现实是，假如不这么做的话可能会导致更严重的伤害，在某些情况下甚至是出现不可逆转的损伤。值得注意的是，针对怀疑有头部损伤的运动员的管理正成为一个国家层面的重大法律问题。在2009年，华盛顿州是第一个通过立法的，有些条文被认为是有记载以来的最严厉的法律条文。对于其他事项，法律规定，必须禁止任何怀疑有持续脑震荡的青少年体育运动员继续运动，也不能返回比赛，直到他或她得到持牌的专业医疗人员的评估，并获得书面许后方可返回继续比赛（这项立法可以在华盛顿州的立法机关网站上查到：http://apps.leg.wa.gov/rcw/default.aspx?ate=28A.600.190）。截至2013年6月，49个州和哥伦比亚特区已通过立法，以减少青少年运动员脑震荡的所有影响（Sun，2013）。很多法律（82%）要求家长在脑震荡信息表中签字（Tomei等，2012），但州立法的政策应用到不同的学校设置（公立与私立）和不同年龄组的儿童也会有所不同（Harvey，2013；Tomei等，2012）。大多数州的政策遗漏了俱乐部和休闲体育，所以给出这种类型的要求一般是留给学校或州高中联合会的（Harvey，2013）。

一、初步检查

教练走到运动员身边后，对怀疑有头部损伤的运动员的管理的第一步就包含了基本急救程序，这需要通过执行初步检查来完成。初步检查的最初几

秒应该就能提供有关受伤球员的重要信息。在抵达运动员身边后，教练应注意他的体位、动作或没有动作，不寻常的肢体位置，和（如果有的话）头盔、面罩和／或护齿的位置。为了应对这种情况，对教练团队进行适当的训练和演练是非常关键的，因为此时可能需要头部和颈部的固定。在试图唤醒受伤的运动员之前，教练应利用双手放在他的肩膀、胸部或上背部来稳定头部和颈部（图9.6），并直接大声地朝运动员头部呼叫。如果运动员有意识，气道很可能是开放的。如果运动员似乎没有意识，教练应该在心里暗暗记下时间，在紧急医疗设备抵达运动员身边后这将是非常有价值的。

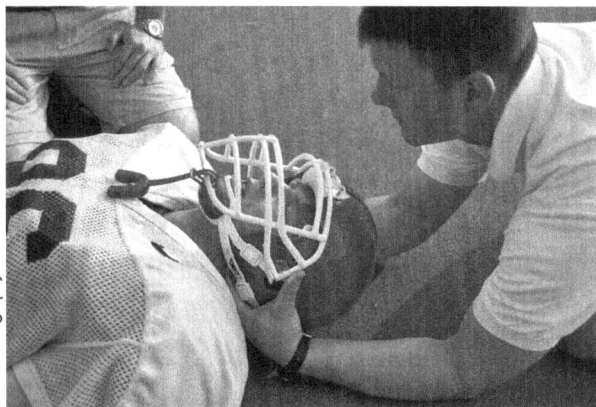

图 9.6　固定运动员的头部和颈部

现在教练需要确定运动员是否处于呼吸或心脏停止的状态。在继续进行任何进一步的损伤评估之前，必须要注意任何气道阻塞或心搏骤停的问题。

（一）呼吸评估

就一个戴头盔的美式橄榄球运动员来说，没有必要摘除头盔来确定运动员的呼吸。（请参阅这一节指南的后面部分，有关从头和／或颈部损伤美式橄榄球运动员的身上摘除面罩。）通常可以通过观察胸腔或腹部的上升和下降来检查呼吸，或把耳朵贴近运动员的面部来倾听典型的呼吸音。通过这样做，教练也可以发现有气道阻塞指征的声音，如呕吐、喘息或窒息。

（二）循环评估

一个有呼吸、有反应的运动员会有循环的体征——呼吸、咳嗽和动作。在对一个没有反应的受害者检查完呼吸之后，教练必须通过寻找四肢的其他运动和肤色变化或触摸脉搏，以确定循环的体征是否存在。如果没有循环的体征，教练人员可以开始心肺复苏（CPR），并启动应急计划，其中必须包括

联系紧急医疗服务（EMS）提供者。如果运动员是俯卧位，依据公认的急救指南小心地将运动员滚动到仰卧位，最关键的步骤是在滚动过程中稳定头部和保持气道通畅。在这种情况下，教练的主要职责是保持运动员的生命，并确保已经呼叫了救援。没有理由把运动员从比赛场地或练习场地搬运出去，在这种情况下，拖延比赛或练习的可能性并不能成为搬动伤员的理由。

二、身体检查

教练人员决不能试图通过使用吸入剂如氨胶囊来恢复没有意识的运动员，运动员可能会试图扭头远离吸入剂，导致现有颈部损伤的加重。显然，与没有意识和没有呼吸的运动员相比，一个有意识和警觉的运动员相对没有那么复杂。一旦完成初步检查，这可以在大约10~30秒的时间内完成，运动员的生命体征已经确认，教练就可以进行身体检查了，教练可以尽可能多地收集疑似脑损伤的信息。此时此刻，教练必须小心地保持头部和颈部的稳定，直到具体的症状和体征已被排除。体格检查必须包括以下的评估（详见本章后面的详细说明）：

C（Consciousness）—意识（有变化吗？）

E（Extremity）—肢体的感觉和力量（"握紧我的手"，"把你的脚缩回来。"测试时脖子不能动。）

M（Mental）—测试心智功能（"你知道你在哪里吗？""我们的对手是谁？""你能告诉我二分之一半除以四分之一是多少吗？"）

E（Eye）—眼睛的体征和运动

P（Pain）—颈部的特殊疼痛或触诊颈部结构出现的特殊疼痛

S（Spasm）—颈部肌肉痉挛（触诊测出）

当在评估戴头盔并有疑似头部损伤的运动员时，教练组的工作人员记住以下的话是很重要的：

● 不要摘除美式橄榄球运动员的头盔。只有当它会妨碍到稳定和评估的工作时，才能摘除头盔。

● 不要移动伤员。

● 不要着急结束身体检查。

如果运动员有意识，教练人员可以进行一系列快速、简单的测试，以确定是否发生了严重的神经损伤。为了帮助判断意识是否正在减弱，教练应注意运动员是否不再睁开眼睛或不再跟随口令进行回答或做动作。对于肢体的感觉和力量，评估者可以把两个手指放在运动员的一只手中，并让他或她尽可能地捏住。然后，评估者对另外一只手进行测试，并

比较两侧的握力。评估者也可以将双手放在运动员的脚面上，然后让运动员做足背屈（将脚趾／足向腿的方向勾），比较双侧的力量。教练人员应该通过捏手臂、胸部和腿部内侧的皮肤来检查身体两侧的感觉。为了确定方向，教练可以问一些简单的、容易回答的问题，有助于确定运动员自我的心理意识和方位意识。眼睛通常对神经损伤有显着的启示，教练应该通过观察运动员眼睛瞳孔的大小来确定可能的脑损伤。评估者把她的手放在运动员的一只眼睛上，然后迅速移开，以确定瞳孔是否对光有反应，对另一只眼睛进行相同的测试。瞳孔一般都是同等大小；然而，在罕见的情况下，一些人正常人会有大小不等的瞳孔，在学术上被称为瞳孔不等大。评估者可以直接用一个手指或一支笔放在运动员的面前，然后慢慢地从一边移动到另一边，告诉球员当出现看不见的时候要马上说出来。留意周边视力的差异，左右比较，还有任何的眼球颤动，尤其是当运动员的眼睛在不转头的情况下跟随一个手指或物体移动的时候。周边视力的丧失或眼球的震颤都提示可能有脑损伤。最后，教练应该询问颈部的疼痛和痉挛，轻轻触诊运动员的颈部，从颅底开始然后慢慢地到颈部的底部。注意任何的畸形，如颈椎突出或肌肉痉挛。询问运动员在评估过程中在特定的部位是否有疼痛发生。

以损伤评估的这部分结果为依据，教练应该能够判断运动员是否需要立即运送到医院。任何脑震荡都是一个潜在危险的紧急救护状况。在现场评估时出现意识持续丧失或身体状况恶化，表明这个损伤是一个紧急救护状况。如果运动员有过脑震荡的症状和体征（拓展知识9.1），不管他或她是否有意识丧失（即使只有几秒钟），他们也不能回到比赛中去。假如他或她持续出现严重的症状或意识改变，教练就不应该把运动员从初始损伤的地方搬开。相反，教练应继续监测运动员的生命体征并启动EMS。在EMS到来之前，即使运动员的状态有所改善，也不要尝试将运动员从最初受伤的地方搬运出去，因为这样会使伤势恶化。

一个遭受脑震荡的运动员十之八九都想在搀扶下走到边线或场边。在那种情况下，他或她应该受到监测，并得到一个由医疗团队或医生执行的完整的医疗评估。当然，应该在应急预案中预先制定转诊和医疗评估的程序。从受伤的地方搬运出去时应非常小心，不要匆忙。如果运动员是躺着的姿势，搬动运动员的第一步是把他或她扶起到坐姿。两名急

救团队成员分别在运动员的两侧提供协助，通过在他或她的腋窝下提供一些力量来帮助运动员坐起来，在万一他或她失去平衡的时候也可以提供帮助。在运动员坐起来之后，监测生命体征和整体状况约1~2分钟。如果他们看起来是正常的，下一步是协助运动员站起来，再次由急救团队成员在运动员左右两侧提供协助。在运动员站起来之后，再次监测他或她的生命体征和平衡感，持续1~2分钟。如果他们似乎是正常的，就让运动员离开最初受伤的地方，开始慢慢地走向他或她可以接受更加仔细检查的场所。最后，至关重要的是，急救团队成员要站在运动员的两侧，在他或她行走的过程中万一失去平衡和开始摔倒的时候提供持续的身体协助。在运动员抵达进行进一步评估的场地后，协助他或她坐下，然后开始下一阶段的检查。

（一）场边评估

一旦在运动员离开赛场后坐下来，并且可以在没有运动员同伴的干扰下进行评估的时候，必须对他或她的情况进行更详细的评估。这一阶段评估的目的是确定头部损伤存在的任何体征或症状，这些损伤可能从初始损伤之后已经恶化。这些信息对于恰当的医疗转诊的决定是非常重要的。根据貌似已经恢复到受伤前的样子，在运动员等待几分钟之后铃声响起时就离开，然后返回赛场继续比赛，不能简单地接受这样的情况。

自2000年关于处理可能有持续脑震荡的运动员的最佳做法的研究表明，即使没有经过培训的医护人员，后续评估应使用包括对典型症状的检验标准来帮助确诊疑有持续脑震荡人员的状况。尽管理想的情况是会使用技能和经过医学专业人员的培训，例如认证委员会（BOC）认证的防护师或医生，聘用没有直接受过训练的医学专业人员也是可供选择的方案（McCory等，2013）。只需要很少的培训，一种被称为袖珍型运动性脑震荡识别工具（(http://bjsm.bmj.com/content/47/5/267.fall.pdf)的工具就可以用来确定疑似脑震荡（McCory等，2013）。这是一个非常简单的工具，教导评估者去寻找脑震荡的明显的体征（晕眩或目瞪口呆的样子），确定运动员可能会出现的任何体征和症状（拓展知识9.1），并简要评估运动员的记忆力（"我们在哪里？""我们上周比赛的队手是谁？"）。它还确定了几个红旗症状（例如，癫痫发作，精神状态恶化），表明运动员需要立即送医和应该启动EMS。这是一个仅仅用于识别的基本工具。袖珍指南明确指出，任何疑似脑震荡的

运动员都应立即取消比赛,在他们接受医学评估之前不能返回活动。

目前,运动防护师和其他医疗专业人员都在使用运动脑震荡评估工具(SCAT)。SCAT 目前是它的第三版,被称为 SCAT3;它被作为第四届国际脑震荡会议的一部分进行了探讨(McCory 等,2013)。该工具的作者鼓励以印刷的形式发行。SCATS 是专为 13 岁或 13 岁以上的人员设计的,可以在以下网址免费下载:http://bjsm.bmj.com/content/47/5/259.full.pdf。为 12 岁及 12 岁以下的儿童设计的工具,儿童的 SCATS 可以在以下网址免费下载:http://bjsm.bmj.com/content/47/5/263.full.pdf。有了正确的训练,教练可以在损伤发生的地方(场边或边线)利用这两个评估工具获取危急信息,然后将信息传递给医务人员。即使教练可以通过训练来使用 SCAT3,但它不是设计用来提供诊断的,只有医学专家才能做出诊断,因为脑震荡的确诊是一个临床诊断(McCory 等,2013)。因此,即使运动员的 SCAT3 是正常的,他们也可能有脑震荡,注意到这些对于教练来说是很重要的(McCory 等,2013)。所以,应该严格遵循脑震荡后或有任何脑震荡的症状和体征都不能返回比赛的规定。

SCATS 的评估工具包括评估的 10 个基础部分。儿童 SCAT3 与 SCAT3 之间的差异是很细微的,但对于那些年龄不满 12 岁的儿童允许工具涉及父母和更多记忆相关的问题。每个工具都包含各反应能力的拉斯哥昏迷评分(GCS);通过面谈来确定是否有意识丧失,评估运动员是否有目光呆滞或一脸茫然的样子;马多克斯评分测试快速定位的能力;与以前脑震荡损伤相关的病史问题;症状分级量表;方向认知能力评估、注意力和短期记忆力;颈部检查;平衡测试(balance error scoring system,BESS),协调测试(指鼻);和延迟回忆测试。症状量表是一个非常有用的工具,可以在运动员脑震荡后反复使用。

关键词

瞳孔不等(anisocoria)这是一种罕见但自然发生的情况,在这种情况下,瞳孔大小不等,与头部外伤等急性疾病无关。

它只列出了常见的症状,并要求运动员对这些症状进行评级,分别是无、轻度、中度或重度。认知部分是通过要求受伤运动员回答一系列的问题和展示部分认知技能来完成,这些包括知道正确的月份、日期、年份和时间。记忆测试包括测试以正确的顺序复述五个单词、再按倒序背诵数字列表和一年中的月份的能力。平衡测试是通过 BESS 来完成,这是一个可靠和有效的测量,用于评估双足、单足和双足纵向站立分别在正常表面和泡沫表面上保持平衡的能力。在超过 20 秒的测试里,统计连续的错误的总数,如睁开眼睛,举起手,或绊倒。无论使用哪个特殊的场边评估方法,关键是当训练有素的医疗专业人员和接受过适当的使用这些评估工具训练的教练都不在场时,此外,教练明白他们的主要作用是保护运动员的健康和安全,"如果有疑问,那就等着。"

(二)居家指导

因为大多数的年轻运动员将交给父母或监护人照顾,大学生运动员将交给室友或朋友照顾,所以关键是要提供照顾的指导。如果医疗人员还没有见过运动员,那么应该鼓励预约。如果运动员已经见过医务人员了,那么应该安排后续的预约。事实上,为了运动员重返训练或比赛,现在大多数州都需要医生的书面说明。"带回家"的信息应该是书面的形式,并应该与运动员和合适的照顾者进行讨论(Harmon 等,2013)。最起码,指导里应该有一份必须转运到医院的红旗症状的清单,在医务人员评估之前,建议避免精力和体力的消耗。应该允许运动员睡觉,而不是每 2 小时唤醒一次。如果有人担心运动员睡着之后假如没有恢复意识,那么应该把他转送到医院。目前,没有强有力的证据表明服用阿司匹林或非甾体类抗炎药(NSAID)会增加出血,但为了安全一般还是要避免,并建议服用乙酰氨基酚(Harmon 等,2013)。也应该警告大学生运动员不要饮酒,因为这会掩盖病情的恶化。

(三)返回赛场

对于一个经受过脑震荡的运动员,目前的推荐是逐步返回赛场(RTF)(Harmon 等,2013;McCory 等,2013;Scorza 等,2012)。通过使用阶梯化分级的体力活动计划,所有 RTF 的方案应该是个性化和循序渐进的。开始实施一个 RTF 方案的时间是由负责治疗的医务人员来决定的,会考虑目前的体征和症状、脑震荡的病史和频率以及任何变化的情况的出现(Harmon 等,2013)。步骤如表 9.2 所示。所有的 RTF 方案都是从休息和解决所有体征和症状开始的。在制动期结束后(无体征和症状),执行的每一步应不少于 24 小时的时间。成功完成一个步骤是指在执行训练计划的时候,所有的症状和体征在当天或隔天都没有复发。如果在训练的其中一个步骤出现任何熟悉的体征和症状,那么运动员应停止所有的活动,并休息到第二天。假设运动员的症状在第二天消失了,他们又重新回到先前无症状的水平(McCory 等,2013),并再次开始训练。逐步返回赛场的最低时间通常是 7 天,但是,可能需要几个月运动员才能成功地返回赛场,这取决于个体的反应和任何变化的情况(Harmon 等,2013)。

表9.2

重返赛场程序

说明:

遵照循序渐进的方案,通常每一步间隔 24 小时。如果在任何时候出现脑震荡后的体征或症状,则方案的进阶步伐将被推迟。在病情再次恶化之前,所有的症状和体征都必须清除。

活动:

1. 无活动 - 有限的认知和身体活动;一般休息
2. 轻度有氧运动(<70% 最大心率);无阻力训练
3. 运动专项练习(无头部撞击活动)
4. 非接触式训练和阻力训练
5. 全接触练习
6. 返回赛场

Source:Data from McCory P,et al.(2013).Consensus statement on concussion in sport:The 4th international conference on concussion in sport held in Zurich,November 2012.BrJ Sports Med.47:250-258.

(四)电脑化神经认知评估

神经心理学的纸笔测试已被确立为脑震荡管理的"基石"(McCory 等,2013)。虽然职业体育往往能提供和利用受过训练的神经心理学家和先进的测试,但是就认为这能够评估青年和大学生体育参的脑震荡,这种逻辑是很牵强的。因此,自 21 世纪初以来,神经心理测试的计算机平台的使用已经出现。

即使这些评估工具不能代替正式评估,这些简短的认知评估工具也成为许多大学和高中体育项目的支柱。目前,在运动防护师,团队医师或神经心理学家的指导下,可以使用各种平台。每个平台包含各种评估,通常包括语言和视觉记忆,视觉运动速度,反应时间,脉冲控制和症状量表。然而,关于基

线计算机化测试的总体效益及其在脑震荡诊断中的作用及其测量准备返回体育锻炼的能力仍然存在争议(McCory 等,2013)。由于在软件程序中提供的计算机化规范的文献中有不一致的意见,所以最近有人提出关于所有运动参与者的基准测试问题。虽然几个体育项目的决定支持基线测试,最近的一项研究报告显示了进行个人基线测试(Roebuck-Spencer 等,2013)的附加价值,但神经科学界认为没有足够的证据推荐广泛的基线测试(McCory 等,2013)。关于使用它来进行连续评估以协助返回赛场,在特定的软件平台中有一些关于重复表现的可靠性的问题。最近的研究强调了假阳性数量增加的证据(软件显示运动员有脑震荡,但他或她没有脑震荡)和假阴性(软件显示运动员很好,但他或她确实有脑震荡)(Resch 等,2013)。然而,以前的研究表明,当计算机化测试作为测试组的一部分包括严重程度和持续时间分级症状量表和平衡评估时,正确和准确地诊断脑震荡的能力显著提升(Broglio,Macdocchi,& Ferrara,2007)。因此,计算机化测试可以包含在其他测试中,但不能用作独立的诊断工具。最后,临床医生,而不是电脑,需要做出返回体育锻炼的决定。

怎么办?

在一场比赛中,你遇到了一种情况:一名球员在比赛中被击昏,当你到现场时,这名球员脸朝下,一动不动,你如何确定运动员受伤的程度?你不会做什么,为什么?

(五)脑震荡的教育

运动员、家长和教练需要寻找脑震荡的继续教育,因为我们对这些损伤的理解和一般性治疗已经转变很多年了。各种方案向教练和运动员提供信息,一些高中联合会对所有参赛者进行了脑震荡的强制性教育。体育传统协会脑震荡教育(SLICE)负责青少年运动员(Bagley 等,2012)、美国疾病预防与控制中心 Heads Up 负责教练和医务人员(Sarmiento 等,2010)以及 Brainline.org 针对教练的教练培训计划(Glang 等,2010)都能够增加这群人的脑震荡知识。(SLICE 可以在这里找到:http://www.sportslegacy.org/education/slice/。Heads Up 可以在这里找到:http://www.cdc.gov/concussion/headsup/youth.html。教练培训计划可以在这里找到:http://brain101.orcasinc.com/4100/)

第四节 颈椎损伤

一、背景信息

涉及颈椎的损伤可发生在多种运动中,但经常发生在橄榄球、曲棍球、英式橄榄球、冰球、足球、跳水、啦啦队和体操当中。颈部(颈椎)损伤可涉及这个部位的多种组织,包括骨骼、韧带、椎间盘、脊髓、脊神经根和/或脊髓神经本身(Torg,1989)。发生在身体这个部位的任何损伤都可能是严重的,因此,负责为这种损伤提供紧急护理的那些人员必须尽量做好准备。即使一个灾难性的颈椎损伤是毁灭性的,但应该从长远来看总体的发病率,因为每100 000 例颈部损伤中只有 2 例符合归类为灾难性的标准(Wiesenfarth & Briner,1996)。相对而言,橄榄球会导致最多的灾难性类型的脊柱损伤(Mueller & Cantu,2011),尽管这值得关注,但也要注意足球有大量的参与者(约 180 万),这也是很重要的。因此,在众多参与者的基础上,这项运动中的灾难性伤害的相对发病率是相当低的。例如,在 2009 年,这种损伤的发病率为 0.50/100 000(Mueller & Cantu,2012)。这并不是说这些伤害并不严重,但它们确实是相对罕见的事件。从 1977 年开始,国家灾难运动损伤研究中心一直在追踪高中和大学足球的灾难性损伤。在 2012 年度报告中提出的数据(Mueller & Cantu,2012)如表 9.3 所示。这些数据代表了在颈椎损伤时导致某种程度的残疾的发生率,但是,有时候运动员可以完全康复。这些数据已被简化为一起代表年数组。抽出最近的数字,在 2008 年有 14 个灾难性损伤,但到了 2012 年的足球赛季,共有 3 例神经功能恢复不全的颈髓损伤。其中一个损伤发生在高中组,另外两个发生在大学组。因此,随着时间

的推移,在足球场上发生灾难性颈部损伤的数量在减少,在某种程度上,是由于很多规则已付诸实施以降低数量,并通过教育运动员掌握正确的冲撞和着地技术,以及提高医疗响应的准确性。

颈部损伤所引起的神经损伤的范围和严重程度取决于损伤的机制、造成的颈部动作、以及组织损伤的程度。就简单的颈部拉伤的例子来说,神经系统受累是极为罕见的。当一个完整椎骨发生移位、椎骨骨折的碎片发生移位、或椎间盘破裂等直接压在脊髓或神经根上的时候,颈椎损伤更为严重。在这种情况下,发生永久性神经损伤的可能性就很高。奇怪的是,当脊髓的周围组织发生了相当大的损伤也会出现明显的神经症状。因此,至关重要的是,教练的初步评估过程是客观和完整的,以避免可治疗的损伤转变成为一个永久性的损伤。虽然不能期望教练像运动防护师和医生一样进行一个完整的神经功能评估,在本章的前面描述的简单的现场测试(CEMEPS),往往能取得足够的信息来做出关于运动员初步管理的明智决定。

二、损伤机制

从病史来看,被认为可能是最常见和最严重的损伤机制是颈椎的过度屈曲暴力(过屈)。然而,大量的影片分析和客观的研究对这种长期以来的看法表示怀疑。大多数专家现在认为,在学术上称为轴向载荷的机制导致了大多数严重的颈椎损伤。特别是在橄榄球当中;在 20 世纪 70 年代中期之前,头盔顶部冲撞(头盔冲撞)是一种常见的做法。在撞击之前就已经低头的时候(轻微屈曲)产生了颈椎的轴向载荷—成为正常脊椎曲线变直的净效应(extension;Burstein,Otis,& Torg,1982)。在这个姿势,施加到头顶部的暴力会被脊椎骨直接吸收,而

表9.3

橄榄球灾难性颈髓损伤的年度调查,1977—2009

年份	业余	职业和半职业选手	高中	大学	合计
1977—1989	3	3	114	18	138
1990—1999	1	4	60	9	74
2000—2012	4	12	151	20	187

来源:数据源自 National Center for Catastrophic Sport Injury Research. (2011).Annual survey of catastrophic football injuries,1977—2012. 可在以下网址获得:http://www.unc.edu/depts/nccsi/FBAnnual2012.pdf.

颈椎没有受周围韧带和肌肉的保护。在 1976 年，NCAA 颁布了规则变更，禁止头盔冲撞或牵拉触碰头部，结果是令人印象深刻的，在接下来的 1 年时间里，颈脊髓损伤的数量有明显地下降。

表 9.2 中的数据似乎表明，尽管我们不断努力减少这些损伤的发生率，但他们仍然是一个问题。2000—2012 年的数据显示，与前 9 年相比，伤员总数多出 2 倍以上，直接超过了头盔冲撞规则执行后的 12 年的总数。(Mueller & Cantu,2012)。因此，甚至是改变足球规则来惩罚高危冲撞技术，例如头盔冲撞，可能也不像曾经认为的那么有效，已经有研究支持这个假设。Heck(1996)检查新泽西一所高中 1975 年和 1990 年的两个赛季的比赛视频，通过定位来确定头盔冲撞的发病率是否已经降低了。奇怪的是，头盔冲撞的总体比率的差异非常小；1975 年的发生率是 1：2.5，而 1990 年是 1：2.4。与 1975 年相比，1990 年跑卫头盔冲撞有所增加。我们注意到如果跑卫准备头盔冲撞，防守后卫更可能进行头盔冲撞。只有防守前锋和进攻前卫之间的头盔冲撞有所减少。Heck 确定大多数的头盔冲撞发生在防守后卫和中后卫。如果 Heck(1990)的研究代表了全国高中橄榄球运动员，头盔冲撞犯规率使得教会年轻运动员不使用这种极为危险的动作就更有必要。教练、官员、家长和运动医学人员都有责任在比赛和练习过程中对年轻运动员进行监督。2005 年，全美大学生体育联合会(NCAA)修改了接触性橄榄球规则，不再辨别动作的有意性，禁止运动员用头盔顶部和面罩部分接触对方。全美防护师协会(NATA)、全国橄榄球联盟(NFL)和全美大学生体育联合会(NCAA)都积极致力于教育足球参与者了解这些高危动作的风险。全美防护

师协会(NATA)发行的两个录像强调了运动员用肩部冲撞并在身体接触的全过程中抬头的技术概念。(看视频：第一部分，http://www.youtube.com/watch?v=KkBAiK7WEFA；和第二部分 http://www.youtube.com/watch?v=l87K6PoLD60)

然而头盔冲撞(轴向载荷)已被确定为一个持续的问题，在美式橄榄球运动员中是一个非常危险的做法，此外，任何颈椎的强制性运动，包括过屈、过伸、旋转和侧屈，都导致损伤。颈椎损伤的类型和严重程度是很广泛的，但是，可以根据所涉及的组织和损伤的程度进行分类。按照严重程度的顺序，范围从简单的臂丛神经复合体的挤压或牵扯，在损伤后几分钟内能够自我调整，到更严重的涉及椎间盘破裂和椎骨骨折的问题。

三、臂丛神经损伤

通常被称为"燃烧器"或"毒刺"，臂丛神经损伤在运动中经常发生，例如足球，当运动员的身体被强制在一个方向，而手臂被拉向相反方向。臂丛损伤通常会导致明显的但却是短暂的症状，从肩部、手臂和手部强烈的烧灼感到同一部位的感觉丧失。如图 9.7 所示，臂丛神经的损伤包括一个异常的拉扯，或一个或多个大神经，甚至包括整个神经丛受挤压(Sallis,Jones,& Knopp,1992)。

臂丛神经损伤的症状和体征包含以下：

● 即刻的神经症状放射到受累的手臂，通常被描述为强烈的烧灼感或刺痛感。

● 使用手臂的意愿(通常手臂出现无力)显著降低。

● 症状将会自我调整，受累肢体应在数分钟内恢复正常感觉。

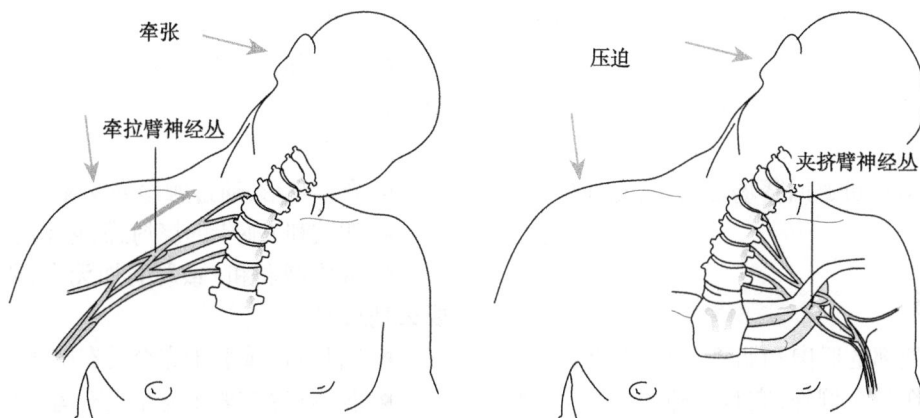

图 9.7 臂丛神经损伤的常见机制

● 在反复损伤的病例中,所描述的症状可能持续数天甚至数周。肌肉萎缩,特别是三角肌,可能很明显。在这种情况下,运动员在被允许返回赛场之前,医学评估是必不可少的。

臂丛神经损伤的急救护理包括以下内容:

1. 由于臂丛神经损伤的特性,除了禁止运动员继续比赛直到症状消退为止,急救可以做的事情很少。

2. 一旦到了边线,继续监测运动员的恢复,不允许他或她返回比赛,直到症状有所缓解和受累肢体的握力与对侧正常的手臂是一样的为止。

3. 如果描述的症状在 10 分钟后没有减轻,将运动员转诊进行医学评估,并必须在体检合格后才能返回赛场。

四、扭伤

颈椎扭伤在一些运动中很常见,一般涉及维持椎体稳定的部分主要韧带。这些损伤的常见机制是过屈、过伸、侧屈和旋转。这些伤害通常包含大量的暴力,可以在接触 / 碰撞运动中见到,如足球、冰球、摔跤。这种伤害通常能自我调整,并在一段时间内自己消退。然而,如果扭伤的机制严重到足以导致椎骨的实际位移,这可能会导致更严重的神经系统问题。

扭伤的症状和体征包括以下内容:

● 颈椎部位局部疼痛

● 损伤部位有压痛点

● 颈部活动范围受限

● 没有明显的神经功能障碍(如本章前面所述的"体格检查"一节中所述的神经学检查已经证实)

扭伤的急救护理包括以下内容:

1. 禁止运动员参加那天的练习 / 比赛。

2. 使用冰敷(最好使用一个装满碎冰的塑料袋来完成)。

3. 如果有的话,在运动员身上放置大小合适的颈托。

4. 在允许运动员返回赛场之前,需先进行医学评估。

五、拉伤

拉伤涉及颈部的肌肉和肌腱,通常有严重的疼痛。挥鞭样损伤是个例外,它是一种包含这个部位的关节扭伤和肌肉肌腱拉伤的复合伤。此外,在严重的挥鞭样损伤中,也可能有间接的头部损伤。拉伤的机制实际上和前面所述的扭伤是一样的。

拉伤的症状和体征包括以下内容:

● 颈椎部位的局部疼痛

● 肌肉痉挛

● 颈部活动范围受限

● 没有明显的神经功能障碍(如本章前面所述的"身体检查"一节中所述的神经学检查已经证实)

拉伤的急救护理包括以下内容:

1. 禁止运动员参加那天的练习 / 比赛。

2. 使用冰敷(最好使用一个装满碎冰的塑料袋来完成)。

3. 如果有的话,在运动员身上放置大小合适的颈托。

4. 在允许运动员返回赛场之前,需先进行医学评估。

六、骨折和脱位

当损伤涉及骨折或脱位导致压力直接作用在脊髓上时,这是发生颈椎损伤的最极端的形式。脊髓对这种创伤极为敏感,根据损伤的具体部位可出现永久性的神经损伤甚至死亡。由于与血液供应相关的循环问题,脊髓也可能继发于初始的创伤。当脊髓受到伤害,出血、肿胀可能随之而来,导致神经系统的问题(Bailes,1990)。之前所描述的所有机制都可导致骨折或脱位,但是,轴向载荷和许多更严重的伤害类型有关联。重要的是要记住,这些损伤代表真正的医疗紧急情况,因此需要最好的照顾。

症状和体征如下(在运动员无意识的情况下,主要目标是提供基本的生命支持,稳定头部和颈部,并启动 EMS):

● 运动员报告在受伤时感觉到颈部折断了或听到爆裂声。

● 颈椎部位有严重的疼痛,这种疼痛与肌肉痉挛有关。

● 吞咽困难

● 脊椎畸形,通过触诊去发现

● 四肢和 / 躯干的烧灼感、麻木感或刺痛感

● 握力减弱和 / 或踝背屈无力,要么是单侧或要么是双侧。

● 四肢和 / 或躯干完全没有感觉

● 肢体和 / 或躯干完全没有运动功能

● 肠道 / 膀胱功能丧失

急救护理包括:

运动防护师开讲

Courtesy of Chris H. Hummel, MS, ATC, Clinical Associate Professor and Athletic Trainer, Ithaca College.

脑震荡的识别、评估和管理的领域在过去的几年里经历了许多变化，并且每天都在不断进步。评估的发展，特别是强调多元测试平台的重要性（自我报告的体征和症状、神经心理学测试和平衡测试），极大地帮助了我们的运动员和运动防护人员做出重返赛场（RTP）的决定。评估程序质量的提高和基于证据的脑震荡管理工具的出现，使我们对RTP决策更有信心。最后，我们为伊萨卡学院的运动员提供最佳的健康和安全保障。接下来一个美式橄榄球运动员的例子说明了多元测试平台对RTP信心的好处。在我们最后一次季前训练营的足球训练结束时，一名进攻边线队员向我们抱怨类似脑震荡的体征和症状。他以前从未被诊断出脑震荡，但在听了足球开幕式上的脑震荡教育讲座后，他决定来找我们。他抱怨说，在头盔受到几次打击之后，出现典型头痛和头晕的症状。他立即与我们的队医会面来讨论管理方案。正如所料，在接下来的几天里，他的症状减轻了。在受伤后1周内，运动员说他感觉正常，准备开始RTP方案。在我们开始RTP方案之前，他接受了改良的BESS测试来评估他的平衡能力，并完成了后续的神经心理学测试。测试结果表明，他的反应时间和平衡仍然受到了损害。测试结束后，运动员对自己方案的看法发生了变化，在BESS测试期间发现他糟糕平衡的同时，他还发现了受伤后神经心理学测试的反应时间和基线测试之间的显著差异。几天后，再次进行这些测试，结果有所改善。然后，他能够成功完成循序渐进的RTP方案。通过采取更全面的方法来识别、评估和管理（例如，自我报告的体征和症状、神经心理测试、平衡测试、医师许可、RTP指南），我们可以确保运动相关脑震荡后的安全进程和恢复。

—Chris H.Hummel，理学硕士，运动防护师

Chris H.Hummel是伊萨卡学院（Ithaca College）临床副教授和运动防护师。

1. 完成初步评估和确定生命体征的状况。

2. 初步评估完成后，再进行体格检查。如果存在先前列出的任何体征/症状，接着进行下列步骤。

3. 立即稳定头部和颈部。急救计划应指定一个队长，立即用徒手稳定脊柱（图9.6至图9.9）——就一个戴头盔的足球队员来说，不要摘除头盔；相反，要使用头盔协助稳定头部和颈部。

4. 如果需要进行CPR，可以摘除前面的垫肩进行评估。推荐以前摘除其他装备的建议（Kleiner，1998）。如果决定摘除垫肩，也应该摘除头盔，以保持正确的脊柱排列。

5. 启动EMS。

6. 不要试图去移动运动员——而是在EMS人员到达后，协助他们把运动员搬到脊柱板或其他脊柱固定装置上。

7. 继续监测生命体征直到EMS到达。

第五节　疑似颈部损伤的初步治疗：指南

在对有疑似颈部损伤的运动员进行治疗的过程中，当考虑到特殊的举动时，必须立即进行区分。运动员是有意识还是无意识？这个问题的答案决定了初步治疗的方法。对于有意识的运动员，必须假设有头部和颈部的受伤。主要目的是确定运动员的生命是否处于危险之中。运动员的气道是开放的吗？运动员有呼吸吗？运动员有脉搏吗？这些问题能够在进行之前讨论的初步评估中得到答案。如果这些问题的答案是否定的，那么必须启动基本的生命支持并一直持续到EMS人员的到来。

在处理有头部和颈部损伤的运动员时，教练应该有一个预定的急救计划。必须指定一名工作人员为应急小组的队长，其主要职责是监督整个管理过程。此外，队长必须监控运动员头部和颈部的位置，

确保受伤的球员没有多余的移动。虽然运动医学文献有大量如何安全有效地搬运头部和颈部受伤的运动员的说明，但当回顾实际案例时，这些措施似乎没有太多的实践。绝大部分学校运动会的位置，通常位于人口中心，应随时可以使用紧急医疗服务。即使在乡村地区，EMS通常只需几分钟。然而重要的是教练人员应进行适当的搬运技术培训，应该要记住培训不是授权执行。如果头部或颈部的损伤处理不当，能想到的潜在的灾难性损伤就可能变成是真的。在照顾和处理戴头盔的美式橄榄球运动员时，必须给予特别的关照（在后面的部分进行更详细的讨论）。通常，在处理一个无意识的运动员时，最重要的原则应该是预防进一步的损伤（Vegso，Bryant，& Torg，1982）。队长或指派的人员应立即徒手稳定头颈部，并在整个评估过程中持续这样做（Swartz等，2009）。下一步包括检查气道、呼吸和脉搏。如果运动员有呼吸、有脉搏，下一步是在维持运动员头颈部的支撑的同时启动EMS，并持续监测气道，呼吸和循环（简称ABC）。

如果预计EMS到达的时间超过30分钟，小心地把运动员放置在脊柱板上，以确保足够的固定。这个步骤需要一个适当的脊柱板（图9.8）和一个训练有素的、至少有五人组成的、包括队长在内的工作团队。队长负责保持头部和颈部在一个中立的位置，并指示其他团队成员的行动。如图9.9至图9.12所示，队员应安置在运动员的肩部、臀部和腿部，使运动员能正确地滚动到脊柱板上。在运动员被其他队员滚动到一边后，五人团队的其中一位成员需要将脊柱板滑动他/她的身体下方。将运动员固定在脊柱板上，用沙袋或毛巾支撑头部和颈部，带子放置在适当的位置，不仅要固定头部和颈部，还要固定整

个身体。应该先固定头部，之后再固定身体的其他部位（Swartz等，2009）。胶带能很好地为头部提供额外的固定；放置一条横穿运动员前额和下巴的带子。重要的是要记住，只有在绝对必要的情况下，才

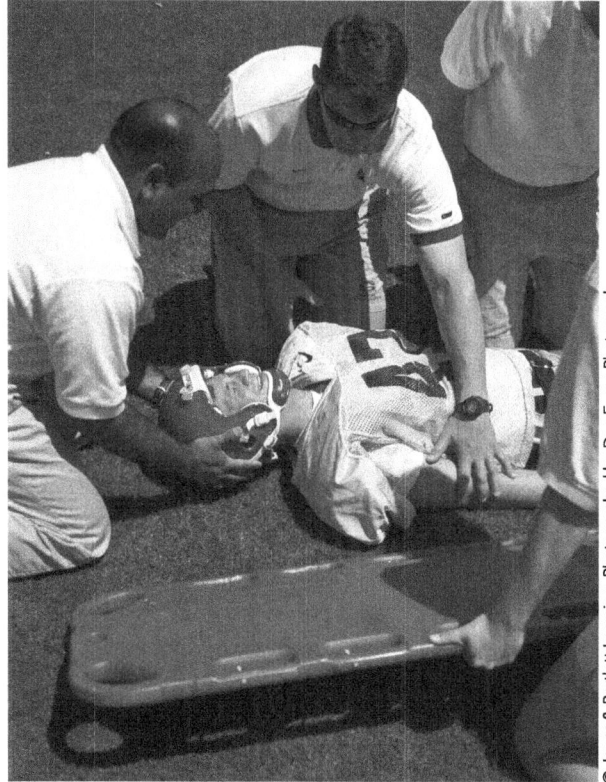

图 9.9　救援队员应安置在运动员的肩部、臀部和腿部，队长提供头部和颈部的稳定

图 9.8　用于固定受伤运动员的脊柱板的样式

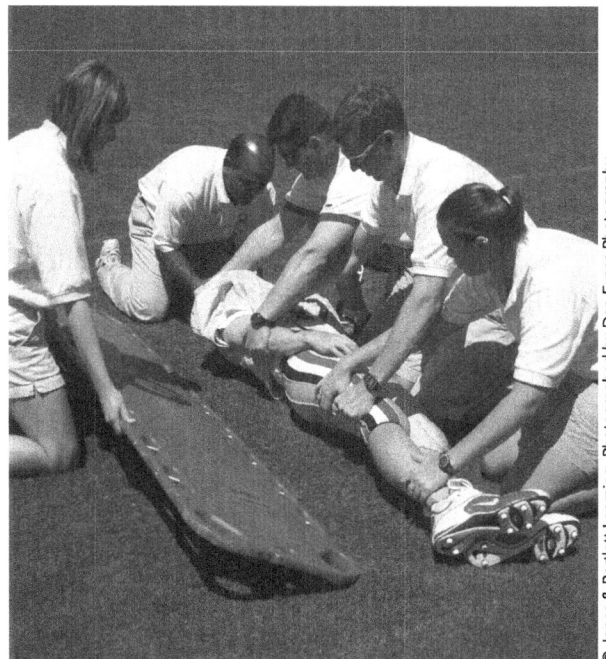

图 9.10　在队长的指挥下，队员同时转动运动员，以便让脊柱板可以移动到运动员的身下

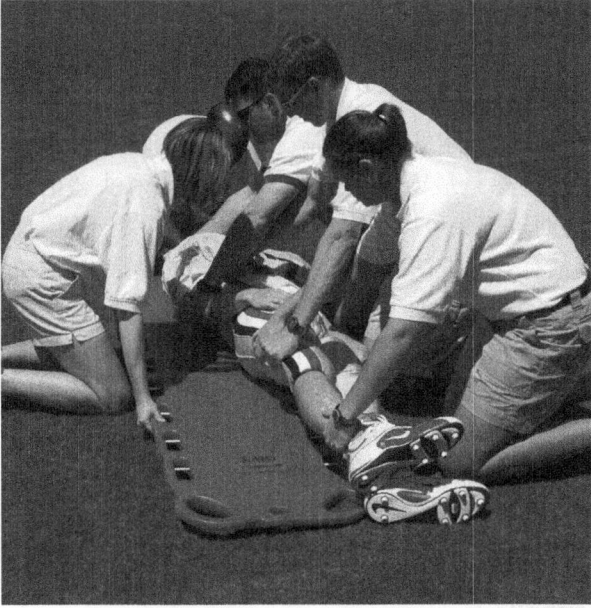

图 9.11 在队长的指挥下,队员同时转动运动员,以便让脊柱板可以移动到运动员的身下。注意如何放置带子,以便于确保运动员在脊柱板上的安全

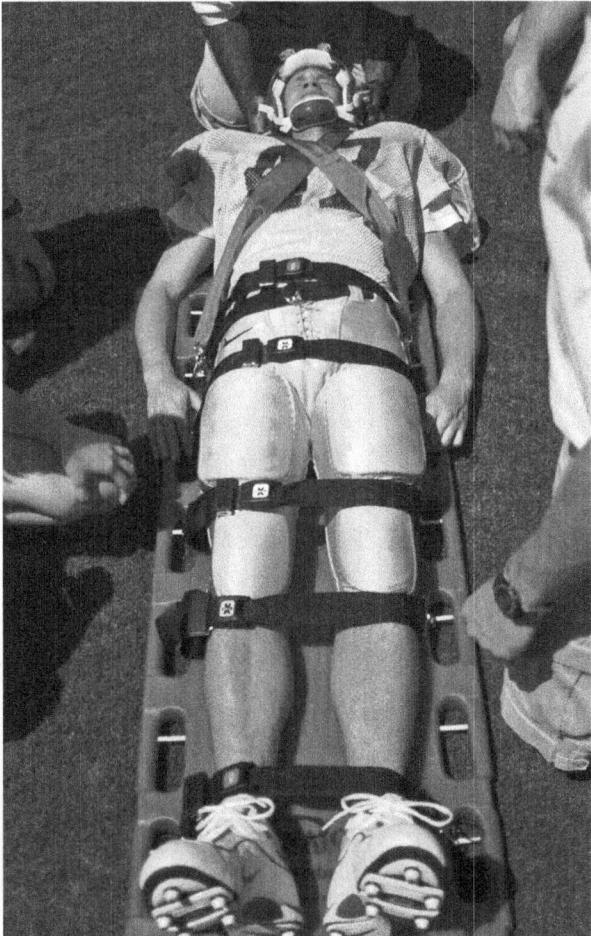

图 9.12 运动员被固定脚踝 / 脚、大腿 / 骨盆 / 手臂、肩膀和头颈部的带子牢牢固定在板上

能把受伤的运动员搬到脊柱板上,而且,根据推荐的应急计划,应该经常演练把运动员搬到这个设备上的步骤。对于有意识的运动员,初步治疗的步骤不同于那些无意识的运动员。有意识的运动员,教练可以获得有关球员情况的即时反馈。应该询问运动员是否有肢体麻木、感觉障碍(对触觉减退)、乏力或颈部疼痛(Bailes,1990)。此外,如果运动员报告丧失活动四肢的能力或严重的肌力障碍(包括握力、或跖屈或背屈),必须作出稳定头部和颈部的安排,也必须启动 EMS。

📖 **关键词**

感觉障碍(dysesthesia): 触觉受损。

第六节 美式橄榄球运动员头部和颈部损伤的急救程序

不管什么运动,头部和颈部损伤都会带来潜在的灾难性后果,美式橄榄球运动员遭受这种损伤会因为他们的设备而带来特殊的问题。保护球员头部和颈部的标准装备是带有面罩、下巴带的头盔,和某些类型的护齿(图 9.13)。该装备会导致处理气道问题变得非常困难。戴头盔的运动员的管理步骤已成为运动医学界的一个重大课题—对于如何最好地处理这些运动员有强烈的见解(Feld,1993;Putman,1992;Ray 等,2002;Segan,Cassidy,& Bentkowski,1993;Swartz 等,2009)。

图 9.13 大多数的橄榄球头盔用塑料带和螺钉固定面罩

在 1998 年,NATA 召集一个跨部门工作小组针对脊柱损伤运动员的正确照顾制定标准化的医疗指南。目的是消除当时不同医疗人员之间存在的关于怀疑有这种类型损伤的运动员什么是适当照顾的困惑。工作小组公布了一份声明,题为"脊柱损伤运动员的院前急救",随后在 2009 年更新了声明(Swartz 等,2009;整个文档可在 NATA 网站下载 HTTP://www.nata.org/position-statements)。在怀疑有颈椎损伤的戴头盔运动员的管理文档中介绍了具体的指南(见拓展知识 9.2)。更新的声明提供了关于怀疑有颈椎损伤的急性期治疗的最新信息(Swartz etal.,2009)。在作出对可能有头部或颈部损伤的戴头盔运动员的紧急照顾的决定时,建议教练要十分谨慎。除非真的有需要,不然应该避免摘除头盔,除非由医生或其他紧急救护人员如运动防护师或急救员来执行。

在必须建立气道的情况下,小心和正确地执行面罩摘除是最谨慎的做法。根据年龄和头盔的设计,面罩摘除可以用多种方法来完成。关于摘除面罩最有效的方法的研究产生了不同的结果,这取决于面罩夹方法的类型和制造商的规格是否有改变。不管怎样,推荐的技术是使用充电式螺丝刀(假设面罩连接到头盔,用螺钉固定)。如果因为一些原因失败了,进一步建议是第一急救者应该手持适当的切割工具来仅仅切断带子(Swartz 等,2009;Swartz 等,2010)。要记住的是,全程都必须稳定头部和颈

拓展知识 9.2　颈椎损伤运动员的适当的照顾指南

一般指南
- 不应该移动任何怀疑有颈椎损伤的运动员,应该像存在脊椎损伤一样进行管理。
- 应评估运动员的气道、呼吸、循环、神经功能状态和意识水平。
- 不应移动运动员,除非有必要,保持伤员的气道、呼吸和循环。
- 如果必须移动运动员以保持呼吸、呼吸和循环,应将运动员放置在仰卧位,同时保持脊柱固定。
- 当移动有疑似脊柱受伤运动员时,头部和躯干应作为一个整体同时移动。一个公认的技术是徒手固定头部到躯干上。

面罩的摘除
- 应在搬运之前摘除面罩,不管目前的呼吸状态怎么样。
- 应对涉及受伤橄榄球运动员有颈椎损伤时的紧急处理,应有现成的工具移除面罩,包括无绳螺丝刀和其他刀具(砧剪,电动螺丝刀)。

橄榄球头盔的移除
运动员的头盔和下颌带只应在下列情况下移除:
- 假如头盔和下颌带不能牢固地稳定头部,那么稳定的头盔也不能固定头部。
- 如果头盔和下颌带的设计是这样的:即使移除面罩,也无法控制气道,也不能提供通气。
- 如果面罩不能在合理的时间内移除。
- 如果头盔阻碍了适当位置的固定搬运。

头盔的移除
在移除头盔时必须保持脊柱的固定。
- 应经常在适当的监督下练习头盔的移除。
- 应急小组成员应制定具体的头盔移除指南
- 在大多数情况下,它可能有助于在移除头盔之前去除面颊衬垫和/或压缩空气垫片。

装备
- 必须要意识到头盔和垫肩在仰卧时抬高了运动员的躯干。
- 无论是移除头盔或肩垫—或者只有其中一个存在—必须保持适当的脊柱排列。
- 肩垫的前面可以打开,以允许 CPR 和除颤的评估。

额外的指南
- 当地的急救计划应包括与政府机构和那些直接参与评估和搬运受伤运动员的通讯。
- 在紧急情况下需要他们之前,所有参与急性脊髓损伤护理的人员应练习和掌握这些指南中所需的全部技能。

部,包括在面罩摘除的过程中(图 9.14a 和 b)。目前大多数头盔面罩的安全设计是用小塑料夹(带子固定)固定到头盔上,然后用螺丝固定(图 9.13),但现在新的设计包括快速释放系统,附带一个特殊的装置来松开弹簧夹。

(a)

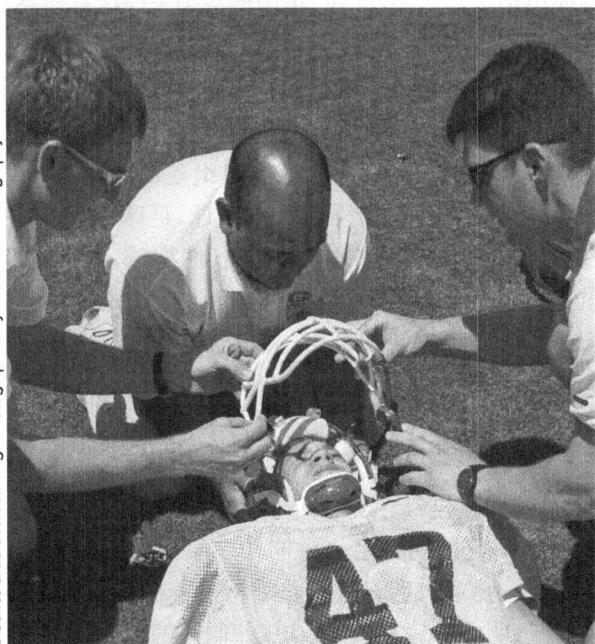
(b)

图 9.14 (a)在颈部受伤的情况下,头盔为颈椎固定提供了一个很好的方法。(b)一旦面罩已经松开,它可以从球员的脸上拿起来,然后从这个部位完全移除

移除面罩顶部和每侧的塑料带—使用的设备如电动螺丝刀、砧剪,剪钳、或铁皮剪(图 9.15),在稳定头部和颈部的同时,可以让面罩完全移除(图 9.14b)。相对于旋转来说,把面罩从头盔上抬起来是非常重要的,因为旋转导致更多的动作。在急救的情况,教练人员知道他们运动员穿的特殊类型的装备是很有必要的。请记住,在大多数情况下,EMS 人员到达之前不应该把受伤的球员搬离场地。

没有什么比赛或练习是那么重要而不能推迟的,这是为了确保伤员能得到适当的急救。

(a)

(b)

图 9.15 (a)在受伤的情况下,有资格的人员才可以使用切割工具如电动螺丝刀(FME),(b)来切断球员面罩每侧的带子或用无绳螺丝刀拧下每侧的脸夹附件

第七节　颌面部损伤损伤

有许多损伤可能发生在颌面部损伤,比如说颌部、牙齿、耳朵、眼睛、鼻子、咽喉、面部骨骼及面部皮肤的损伤。幸运的是随着现代科技的出现,一些防护性的装备应用在了高危的运动项目中。这些装备极大的减少了上颌区域损伤的发生率。

一、牙齿损伤

成人有 32 颗牙齿,大部分分布于口腔的前侧和内侧,在一些有碰撞和接触项目的运动中,这些牙齿极容易受到外部的撞击而受到损伤。牙齿通过牙根牢固地固定于上颌骨和下颌骨的牙槽中,在牙槽内分布有骨膜,有助于保护其中的牙齿。

(一)具体损伤

运动中绝大部分的牙齿损伤是源自直接撞击导致的牙齿移位、折断或者撕脱掉落。在一些极端的事例中,也有可能发生在颌骨和其他的面部骨骼骨折当中。牙齿损伤的症状、体征以及最有可能出现的损伤列在拓展知识 9.3。

拓展知识 9.3　牙齿损伤

损伤类型	症状和体征
牙齿移位	单个或者多个牙齿向前或者向后移位,牙周伴有出血。
牙齿断裂	牙冠有明显缺损(丢失碎片),或者牙齿上可见骨折线。严重的骨折,用嘴呼吸的时候会产生疼痛。更为严重的骨折(在或者在牙龈线下)不仅会导致牙齿松动,同时也会更为疼痛。
颌骨或其他骨折	颌骨骨折(上颌或者下颌)会导致根植其上的牙齿松动,伴随牙周出血和麻木。在下颌骨折的病例中,会出现明显的畸形和口腔张合障碍。
牙齿脱落	牙齿缺失、裸露的牙床出血。

(二)初步的检查和治疗:指南

无论什么时候,当给予牙齿损伤的患者急救时,注意避免接触患者的血液是非常重要的。因此,要采取一些措施来防止施救者因解除患者血液而感染疾病,包括防护手套(乳胶手套),如果可能的话还可以使用护目镜保护好眼睛。搜集病史是做物理检查中非常重要的一个环节。检查运动员是否可以很顺利地或者在无痛的情况下做口腔的打开和闭合动作。评估牙齿是否对称,也就是观察临近的牙齿有没有不规整的现象。分别检查上下牙齿,特别是注意牙龈、牙齿、牙齿缺口及牙齿折断的部位附近有无出血。

牙齿损伤的急救措施包括使用消毒纱布对出血区域直接按压。对于松动的牙齿,可以将其轻轻地推回到原来的位置。在牙齿发生撕脱掉落的病例中,尽量将牙齿保存在无菌的盐水中(Matthews,1990),然后将患者送到医生处以便植回牙齿。在这类事例中,时间是非常重要的因素,如果牙齿脱落和重新种植的时间超过 2 小时,一般预后都比较差(Godwin,1996)。

(三)损伤的预防

在体育运动中最常见的方法是使用护齿,而且护齿有许多种类。适当的口腔防护措施可以显著减少甚至阻止许多牙齿损伤、颞下颌关节脱位和下颌骨折的发生。护齿可以分为三类:普通护齿、加热咬合型护齿、定制护齿(Godwin,1996)。普通护齿最便宜,但是它们的防护效果最差。最常用的是加热咬合型护齿,这种无须通过牙医便可得到的防护装置对初中、高中学生来说是最合适的。定制的护齿可以提供最好的贴合性和防护性能,但是高昂的售价也使许多运动员望而却步。但是无论使用哪种护齿,都应该覆盖上下的牙齿和牙龈。除此之外,护齿还应该用适当的清洁剂定期清洗。

显然,在一些高危的运动项目,比如橄榄球,应该有一个好的护齿来保护运动员免受伤害。在美国,自 1966 年以来,在中学的橄榄球比赛中要求必须使用护齿。在 1974 年,美国的全国大学体育协会(NCAA)也要求在橄榄球比赛中使用护齿。从那时起,冰球、曲棍球、男子和女子长曲棍球项目也规定在高中、大学水平的比赛中需要使用护齿。在美国,口腔颌面外科医师协会和美国奥组委都强烈推荐,在各种运动项目中,比如冰上曲棍球、足球、体操、曲棍球、橄榄球、摔跤、拳击、篮球、长曲棍球、滑雪、举重、铅球、铁饼甚至马术,无论是普通的还是定制的护齿都可以提供防护作用(美国口腔颌面外科医师协会[AAOMS],2010;Kerr,1986)。

二、眼睛损伤

人体的眼睛是位于头部的一个非常复杂的结构(图 9.16),它的前部由一种叫作角膜的透明组织覆盖,后面有虹膜(瞳孔)和晶状体。眼球内部是玻璃体,由透明的、半胶质物质构成。眼睛的后表面由视网膜覆盖,它包含了专门的感光细胞,比如视杆细胞与视锥细胞。除了眼球前表面的透明组织外,大部分的眼球被包裹在一个叫作巩膜的坚韧组织当中。

据报道,在美国平均每年约有 42 000 例与运动相关的眼睛损伤,医疗费用超过 1 亿 7 500 万美元。三分之一的受伤者年龄在 16 岁以下,其中许多损伤导致了视力损伤和永久性失明(Hamill,2005)。一名儿童眼睛损伤的治疗费用平均为 3 000 美元左右。风险性最高的体育项目分别是篮球、棒球、曲棍球、网球、长曲棍球、击剑、射击、拳击、水球、橄榄球、足球,和高山滑雪。也许最令人痛心的是医疗专家得出的结论是,大多数伤害(90%)是可以通过适当的

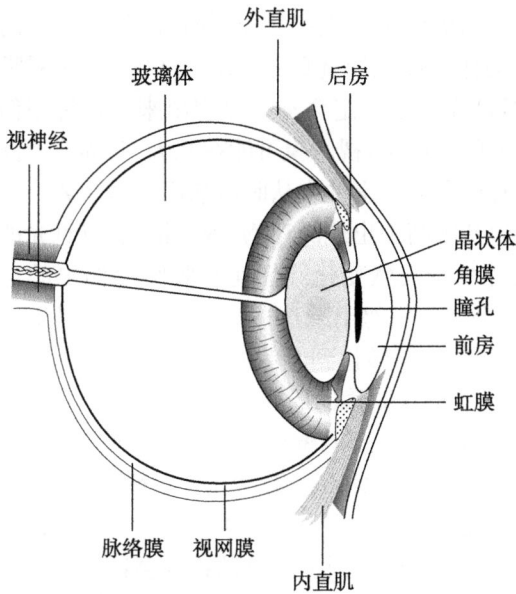

图 9.16 眼睛的解剖结构

眼睛防护来预防的（Rodriguez 等，2003）。随着短柄墙球、网球和羽毛球等运动的日益普及，这些项目中出现眼睛损伤的数量也在增加。损伤与运动中打击对象的尺寸（球和羽毛球）、速度（表 9.4）以及运动场地的大小相关。总之，这些因素极大的增加了眼睛受损的可能性。

（一）特有的损伤

琼斯（1989）将眼睛损伤分为两类：挫伤、贯穿伤。挫伤是由钝性物体比如壁球、网球打击导致的。不同的挫伤严重程度差别较大，从简单的眼角擦伤到眼球承受巨大扭曲导致的眼球破裂、内眼眶骨折或者两者皆有。此外，视网膜有可能从眼睛脱落，形成一种常见的损伤叫作视网膜脱离。眼睛的贯穿伤不常见，但在射击运动及有缺陷的护目设备使用

中可以见到。眼睛损伤的症状和体征列于拓展知识 9.4。

（二）初步治疗和检查：指南

无论任何眼睛损伤在处理前一定要考虑是否需要转诊眼科（Pujalte，2010）。如果眼睛有视野损伤或者解剖结构上的物理损伤，患者有必要转诊眼科治疗。一个简单的小手电筒就可以用来检查对比伤侧的眼睛和健侧的眼睛。大多数与运动相关的眼睛损伤只是眼角擦伤或者眼睛异物，这些问题如果没有引起视力改变就很可能不需要转诊。每个患者的症状常常都差不多：疼痛、炎症和过度的撕裂。当需要检查眼球前面的问题时，我们可以使用将患者的上眼睑翻起这个快速的检查方法（图 9.17）。小异物通常会被眼泪冲走。小异物可能藏在下眼睑或者在眼球旁叫作目内眦的地方。如果可以看到异物，可以使用湿棉签或者纱布将异物取出。如果眼睛里看不到异物，那么很肯能是眼角挫伤。在患者症状减

表 9.4

球拍运动中物体的潜在速度

球拍运动中物体的潜在速度*

壁球	62【140】
羽毛球	57【130】
短柄墙球	48【110】
网球	48【110】

---

* 速度单位：秒 / 米【公里 / 小时】

来源：资料来自 Jones NP，(1989).Eye injury in sport.Sports Med.7（3）：168.Reprinted with permission.

拓展知识 9.4 眼部损伤

损伤类型	症状和体征
眼角擦伤 / 小异物	疼痛、发炎、变红、撕裂。如果有小异物，将眼睑上翻后可看到。
眼眶血肿（撞伤 / 黑眼圈）	视力模糊、疼痛、眼睑和周围软组织变色。
眼眶骨折	同撞击相似，但是眼眶骨折。在症状体征方面，与撞击不同的是眼球活动困难（眼睛看起来无法移动）；复视；眼睛上方快速肿胀、瘀斑。
前房积血	在严重的撞击之后出现，出血汇集在眼睛的前方，看起来瞳孔中充满了血液；视力模糊或者受阻。
视网膜脱离	常常在严重的撞击或者头部挥鞭样损伤后隐匿发生。可见光的数量或者视野突然变化；闪光；视力模糊；眼睛中出现漂浮物。

轻之前不要让其再次参与运动。如果运动员坚持或者出现视力损伤，应该将患者转诊到相应的医疗专家处做进一步评估。如果出现异物疑似嵌入眼组织的情况，应该用干净纱布覆盖双眼后立即将运动员转送到医疗机构。将患眼覆盖，避免损伤的眼球活动非常重要，因为眼睛通常一起移动来产生视觉影像，这就是所谓的交感眼球运动。

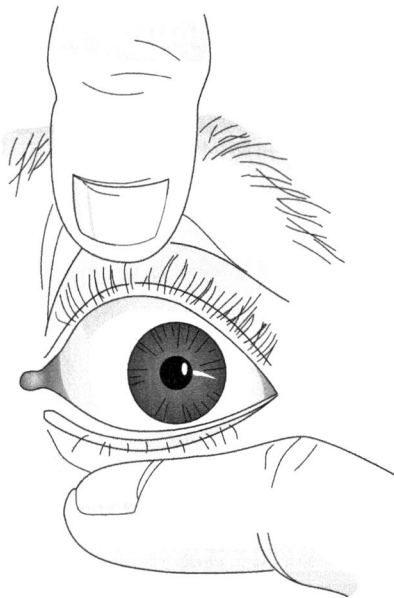

图 9.17　当开始检查眼睛时，手指放置到适当的位置

当眼睛受到强烈撞击或者挫伤，比如在篮球运动或短柄墙球中被肘关节撞击时，视觉通常会出现短暂性的损伤。大多数情况下，由于眼周的组织皮下组织出血，会出现黑眼圈的现象。这种损伤的处理是定时使用冰敷，直到急性的炎症症状消失。在一些严重挫伤的病例中，眼睛前部（眼前房出血）出血较快，通常会形成视野完全或部分受阻。这种情况暗示有可能出现了眼球血管损伤。有前房积血的运动员应当将双眼遮盖后快速运送到适当的医疗机构做进一步评估。

此外，眼部区域的挫伤可以导致眼球破裂（球体破裂）、眼窝（眼眶）处骨折（眼眶爆裂）或者视网膜脱离。有上述症状的运动员应立即转诊到适当的医疗机构做进一步评估。眼睛球体破裂的有必要做眼睛的修复。眼球破裂的症状包括疼痛（特别是眼睛尝试活动的时候）、双重视野（复视）、视力下降以及瞳孔异常（Pujalte，2010）。当眼睛内的压力增加导致眼眶的底部发生骨折时会产生眼眶爆裂伤。复视、疼痛、肿胀、眼周组织颜色明显改变伴随着眼球活动障碍（Pujalte，2010）。因为眼眶底部骨折，常常

导致其内侧的组织受到挤压，使运动员无法做向上看的动作。前面所述的机制也可以导致视网膜脱离，但是症状不一定会马上显现出来。这种损伤比较隐匿的方面是，视网膜可能在几天、几周或者甚至几个月后在某个事件中从眼睛前面慢慢脱离。早期症状包括眼睛中出现漂浮物、视觉损伤、可见光的数量或者视野突然变化。任何有眼睛挫伤史的运动员，如果后来抱怨出现这些症状就有可能是出现视网膜脱离，应该转诊到专业的医疗人士处。

（三）隐性眼镜的问题

许多运动员都有佩戴隐性眼镜（硬的或软的）。这些设备不会有什么问题，但是，一般来说，硬的镜片会问题多一点。多数是由于镜片滑动或者镜片与眼镜之间的灰尘造成的。软的镜片会覆盖整个眼睛的前部，几乎不会在眼睛表面移动。教练应该在急救包中准备好必要的材料，包括隐性眼镜护理液、一个小镜子甚至一个隐性眼镜盒来处理隐形眼镜的问题。

（四）撞击损伤的预防

尽管目前 NCAA 及中学体育管理机构并未要求，眼镜防护装备还是被强烈建议使用并日益普及。主要的眼睛防护装备是在篮球和球类运动中使用的护目镜，在橄榄球、冰球、棒球、垒球中使用的面罩（通常与安全头盔一体）。许多产品是由塑料构成的，最好的材料是聚碳酸酯，这是一种高强度的可以很好抵抗冲击的材料（Hamill，2005）。在购买护目装备时，建议购买美国材料与试验协会（ASTM；http://www.astm.org/）或者加拿大标准协会（CSA group；http://www.csagroup.org/）许可的装备。

三、鼻子损伤

受其特性和位置的影响，在运动中人体的鼻子常受到损伤。鼻出血（鼻衄）可能是体育运动中最常见的面部损伤。从解剖学上讲，鼻子是由一个骨 - 软骨复合体与覆盖其上的皮肤构成的。鼻子大部分由软组织（软骨和皮肤）构成，可以吸收大量的冲击力。鼻子的骨骼部分包括左右鼻骨、上颌骨额突（Gray，1985）。鼻骨上部与上颌骨额突相连。鼻子中间被鼻中隔软骨分为两个开口，俗称鼻孔。鼻孔内有鼻毛，可以在呼吸的过程中阻挡大的颗粒物。鼻孔的远端组织有黏膜覆盖。

初步检查和治疗：指南

当运动员的鼻子受到撞击而流血时，应立即检查鼻子是否有骨折的可能。骨折的标志是鼻梁部位

明显畸形，通常会迅速肿胀。鼻骨骨折是面部骨折里面最常见的骨折（Booher & Thibodeau，1989）。当怀疑有鼻骨骨折时，应该在控制鼻子出血后迅速送到医院做进一步评估。通常，不复杂的鼻骨骨折可以通过医师很容易的得到纠正，在肿胀消除后，任何复杂的骨折都可以很容易处理。如果运动员因为疼痛需要服药，建议他们只服用对乙酰氨基酚，因为阿司匹林和其他的非甾体类抗炎药有抗凝血的作用。

处理鼻出血一种简单的方法就是手指直接挤压出血的鼻孔。急救人员应当佩戴乳胶手套以防接触血液。如果出血持续，使用冷敷合并挤压可以使出血的血管收缩而有效止血。此外，还应该教育运动员前倾或躺在血鼻孔的那一侧。如果运动员需要继续参加比赛，可以使用纱布将鼻子塞起来，可以允许纱布稍微露出鼻孔一点，以便稍后取出。

鼻间隔损伤表现出独特的症状和后期可能出现并发症。由于外部打击，隔膜和黏膜覆盖它。这种损伤称为隔孔血肿，如果不及时纠正，可导致严重的室间隔糜烂。鼻中隔血肿的症状是肿胀，通常在鼻子内侧和外侧都可以看到肿胀。此外，鼻子可能会有变红和外部感染。特别是当运动员的鼻子被轻轻碰触的时候，他们会抱怨很痛。这种损伤应当交给专业的医务人员做进一步诊断和处理。教练或者运动员不要尝试引流血肿，因为很有可能形成感染或者永久性的损伤。

四、耳朵损伤

在解剖学上，人体的耳朵和鼻子有一些共同的特征。它的外表面是覆盖有一层皮肤的软骨，但是它有着大范围的内部结构。具体来说，耳朵在解剖结构上可分为几个部分，耳朵的外侧部分是较大的延伸结构，称作耳廓。耳洞的开口部分称作外耳道。中耳是颞骨内部的一个小空间，包含了一组向鼓膜传递震动的骨骼。内耳包含了与前庭蜗神经相连的复杂的结构被称作耳迷路或者特别的骨骼（前庭、半规管、耳蜗）（Gray，1985）。内耳的结构在维持人体平衡中也扮演了重要的角色（Van De Graaff，1998）。所以这个区域的损伤不仅会影响听力也会影响到平衡。

除了水上运动，多数与运动相关的医疗问题都会影响到外耳部位。比如说摔跤，这种与对手和台面有大量身体接触的运动经常会导致外耳擦伤。尽管防护装备的使用使得这类损伤总数有所减少，但

它们仍时有发生。因为耳廓部位有丰富的血管，创伤可以导致皮肤和软骨间出现血肿，通常被称作耳廓血肿（Matthews，1990）。如果这种情况没有得到适当的处理，或者在治疗前被反复激惹，那么会出现一种严重影响面容的叫作菜花耳的问题。在一些极端的情况下，耳廓的软骨发生损伤会导致问题更为复杂。耳廓血肿的症状和体征包括皮肤发红、局部组织温度升高、疼痛和/或烧灼感。这种情况应该立即使用冰敷。如果耳廓肿胀发生，运动员应当转诊到医生那里，以便通过抽吸技术引流，然后将耳朵用特殊材料包裹以防止肿胀再次发生。有这类伤史或者从事摔跤等高危运动的运动员必须使用适当的防护设备。

任何一个运动员，当他受到耳部冲击而出现听力受损或者眩晕时，都应该及时转诊到医生那里。外耳的打击会使耳朵内的压力急剧增加，导致骨膜或者卵圆窗破裂。当这种损伤发生的时候会出现听力的显著下降和平衡的短暂丧失。其他症状和体征可能包括耳朵出血、持续而强烈的耳鸣。卵圆窗损伤的治疗可能需要手术干预（Matthews，1990）。当运动员患有外耳或者中耳感染时，应该就诊医生，以便得到合适的药物治疗。在感染问题没有得到解决之前，不建议运动员参加水上运动。在潜水项目中尤其如此，因为耳朵的感染和随之而来的炎症反应可能使运动员无法在水下应对耳内的压力，而这常常会导致鼓膜受损。

关键词

眼科复视（diplopia）： 眼科复视。

隐伏（insidious）： 缓慢的发病或体征和症状没有明显的机制。

鼻出血（epistaxis）： 鼻出血。

五、面部骨折（非鼻）

虽然骨折可能发生在面部的任何地方，但是某些部位更容易受到运动损伤。一种常见的骨折是会发生在拳击和其他有撞击项目中的下颌骨折。这类损伤常见的症状和体征是疼痛、骨折部位肿胀、可见畸形和咬合不正（上颌牙齿和下颌牙齿错位）。这类损伤需要温柔地使用冰敷并且立即转诊给医生。如果发生骨折，需要在口腔闭合的情况下来处理颌骨；在严重的情况下，可能需要手术固定，直到骨折愈合

（Matthews，1990）。

有一种损伤是由类似机制导致的颌骨脱位。这里所涉及的关节是颞下颌关节（TMJ），它是由下颌骨骨髁和颞下颌关节窝共同形成的椭圆形关节（图9.18），颞下颌关节由众多的韧带和关节囊组成，由于其位置关系，这个关节往往容易脱位。这类损伤的症状和体征是极度的疼痛、颞下颌关节部位的畸形、下颌无法移动。在某些情况下，嘴巴可能被交锁在某个张口位。这类损伤的处理与骨折基本相同，重要的是，不要尝试在现场复位（把关节放回原位）。

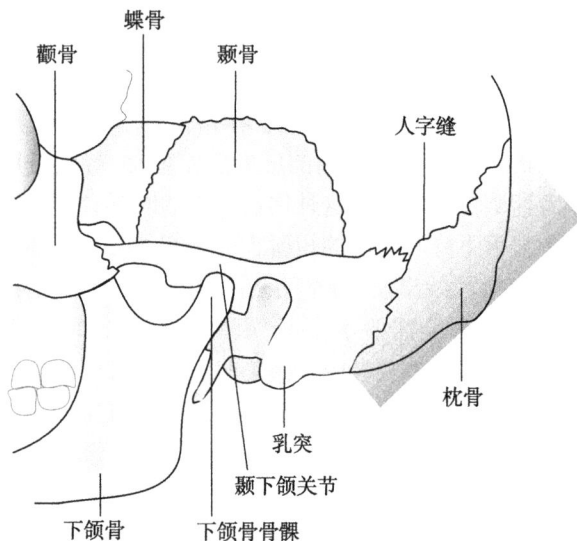

图9.18　颞下颌关节

面部的其他骨骼也有可能骨折，包括颧骨（脸颊）。一般来说，症状和体征包括损伤部位的疼痛和肿胀。在颧骨骨折的病例中，肿胀和肤色的改变可能蔓延到眼眶，运动员可能出现复视和麻木。任何

有部分或者全部以上症状，并且伴随面部撞击史的运动员都应该转诊给医生做进一步诊断和处理。

六、面部伤口

一般来说面部创伤可能有很多形式。它们的治疗应以基本急救指南为基础。用温和的皂水仔细清洗伤口，用无菌敷料（不是棉球）覆盖。对于有感染的少数损伤来说，需要转诊给医生。因为容貌的原因，面部创伤比身体其他部位受伤更为重要。因此，任何的面部创伤，无论是一个简单的擦伤（刮破皮肤）、更严重的割伤（切口边缘光滑、活动性出血）抑或撕裂（皮肤边缘呈不规则的锯齿状）都应该评估损伤对后期容貌的影响。一般来说，任何切割和撕裂造成的皮肤不对合都应该由医生进行缝合（Matthews，1990）。通常，运动员在伤口处理（必要时）缝合后可以重返赛场。一个运动员能不能重返赛场最好由随场的医生来决定（Crow，1993）。

关键词

TMJ（temporomandibular joint）：颞下颌关节。
擦伤（abrasion）：摩擦或刮掉皮肤。

怎么办？

你被要求向一名高中篮球运动员提供急救护理，他刚刚受到对手的肘部一击，她说有两颗牙齿完全被打掉了，你会为这个运动员做什么？如果牙齿被撕掉但仍在牙窝里，你会改变什么？

复习题

1. 列出骨的名称和它们之间的解剖学关系。
2. 统称为脑膜的特殊组织的正确名称是什么？
3. 蛛网膜下腔有什么结构？
4. 成人的脑大约有多重？
5. 脑的三大基本构成是什么？
6. 成人和儿童的大脑有哪些不同之处？
7. 列举颈、胸、腰、骶、尾神经的准确数量。
8. 根据文章，什么是脑震荡？
9. 脑震荡的四大类型的症状和体征是什么？写出每个类型中的其中一个名字。

10. 脑震荡中出现意识丧失的概率有多大？
11. 脑震荡中出现创伤后失忆的概率有多大？
12. 典型的脑震荡康复需要多长时间？
13. 如果被诊断为脑震荡后遗症，运动员的症状和体征会持续多长时间？
14. 判断题：运动员脑震荡当天可以返回赛场。
15. 判断题：在美国超过四分之三的州都有法律规定运动员脑震荡的护理和治疗。
16. 请描述瞳孔不等的情况。
17. 什么是脑创伤后顺行性遗忘？
18. 什么是硬脊膜下血肿、硬脊膜外血肿、颅

内血肿？什么是脑挫伤？

19. 当给怀疑有头部创伤的运动员提供急救时,首要的三大宗旨是什么？

20. 判断题:意识水平是衡量头部创伤严重程度的唯一指标。

21. 判断题:电脑化神经心理测试的基准值被推荐给所有的高中运动员。

22. 通过 SCAT3 来评估的神经认知功能的一般区域是什么？

23. 运动中最容易出现哪种颈椎损伤机制？

24. 当治疗无意识运动员时,必须假设是什么状况？

25. 当处理意识清醒,但是怀疑有头部或者颈部创伤的运动员时,要获取哪种类型的信息？

26. 判断题:专家认为,如果有足够的眼部防护,90% 的眼部创伤都可以避免。

27. 牙齿损伤多数是什么原因造成的？

28. 运动中简单、使用的牙齿防护方法是什么？

29. 判断题:大多数与运动相关的眼睛损伤出现在篮球运动中。

30. 从运动员眼睛中取出一个小的、裸露的物体最好用什么方法？

31. 什么是眼眶爆裂？

32. 教练在急救中应该携带哪些东西应对运动员佩戴隐形眼镜中出现的问题？

33. 如何定义鼻出血？

34. 描述控制鼻出血最好用什么方法。

35. 判断题:除了水上运动,大多数与运动相关的耳朵问题主要表现在耳廓上。

36. 简单描述下形成菜花耳的过程。

37. 为什么面部创伤比身体其他部位受伤更为重要？

（深圳市宝安区人民医院　李跃华）

参考文献

American Association of Oral and Maxillofacial Surgeons. (2010). Treating and Preventing Facial Injury. Available: http://www.aaoms.org/facial_injury.php.

Bagley A, Daneshvar DH, Schanker BD, Zurakowski D, d'Hemecourt CA, Nowinski CJ, Cantu RC, Goulet K. (2012). Effectiveness of the SLICE Program for Youth Concussion Education. *Clin J Sport Med.* 22(5):385–389.

Bailes JE. (1990). Management of cervical spine sports injuries. *Athl Train.* 25:156–159.

Boden BP, Tacchetti RL, Cantu RC, Knowles SB, Mueller FO. (2006). Catastrophic cervical spine injuries in high school and college football players. *Am J Sports Med.* 34(8):1223–1232.

Booher JM, Thibodeau GA. (1989). *Athletic Injury Assessment*. St. Louis, Mo: Times Mirror/Mosby.

Broglio S, Macciocchi S, Ferrara M. (2007). Sensitivity of the concussion assessment battery. *Neurosurgery.* 60(6):1050–1058.

Burstein AH, Otis JC, Torg JS. (1982). Mechanisms and pathomechanics of athletic injuries to the cervical spine. In: Torg JS (ed.), *Athletic Injuries to the Head, Neck, and Face* (pp. 139–145). Philadelphia, Pa: Lea & Febiger.

Cantu RC. (2001). Posttraumatic retrograde and anterograde amnesia: Pathophysiology and implications in grading and safe return to play. *J Athl Train.* 36(3):244–248.

Cantu RC, Voy R. (1995). Second impact syndrome—a risk in any contact sport. *Phys Sportsmed.* 23(6):27–34.

Chatelin S, Vappou J, Roth S, Raul J, Willinger R. (2012). Towards child versus adult brain mechanical properties. *J Mech Behav Biomed Mater.* 6:166–173.

Child SCAT3. (2013). *Br J Sports Med.* 47:263–268. Available: http://bjsm.bmj.com/content/47/5/263.full.pdf.

Comstock R, Collins C, Fletcher E. (2013). Convenience sample summary report: National high school sports-related injury surveillance study (2011–2012 school year). Available: http://www.nationwidechildrens.org/cirp-rio-study-reports.

Crow RW. (1993). Sports-related lacerations—promoting healing and limiting scarring. *Phys Sportsmed.* 21: 143–147.

Daneshvar D, Nowinski J, McKee A, Cantu R. (2011). The epidemiology of sport-related concussion. *Clin Sports Med.* 30:1–17.

Feld F. (1993). Management of the critically injured football player. *J Athl Train.* 28(3):206–212.

Field M, Collins M, Lovell M, Maroon J. (2003). Does age play a role in recovery from sports-related concussion? A comparison of high school and collegiate athletes. *J Pediatr.* 142:546–553.

Gessel L, Fields S, Collins C, Dick RW, Comstock RD. (2007). Concussions among United States high school and collegiate athletes. *J Athl Train.* 42(4):495–503.

Glang A, Koester M, Beaver S, Clan J, McLaughlin K. (2010). Online training in sports concussion for youth sports coaches. *Int J Sports Sci Coach.* 5(1):1–11.

Godwin WC. (1996). A tale of two teeth. *Training Conditioning.* IV(3):39–42.

Gray H. (1985). *Anatomy of the Human Body*. Philadelphia, Pa: Lea & Febiger.

Guskiewicz KM, Weaver NL, Padua DA, Garrett WE Jr. (2000). Epidemiology of concussion in collegiate and high school football players. *Am J Sports Med.* 28(5):643–650.

Guskiewicz K, Bruce SL, Cantu RC, Ferrara MS, Kelly JP, McCrea M, Putukian M, Valovich McLeod TC. (2004). National Athletic Trainers' Association position statement: Management of sports-related concussion. *J Athl*

Train. 39(3):280–297.

Guskiewicz K, Marshall SW, Bailes J, McCrea M, Cantu RC, Randolph C, Jordan BD. (2005). Association between recurrent concussion and late-life cognitive impairment in retired professional football players. *Neurosurgery.* 57(4):719–726.

Hamill M. (2005). Think "protective eyewear" when playing sports. *American Academy of Ophthalmology.* Available: http://www.sportseyeinjuries.com/docs/Think_Protective .pdf.

Harmon K, Drezner JA, Gammons M, Guskiewicz KM, Halstead M, Herring SA, Kutcher JS, Pana A, Putukian M, Roberts WO. (2013). American Medical Society for Sports Medicine position statement: Concussion in sport. *Br J Sports Med.* 47:15–26.

Hart J Jr, Kraut MA, Womack KB, Strain J, Didehbani N, Bartz E, Conover H, Mansinghani S, Lu H, Cullum CM. (2013). Neuroimaging of cognitive dysfunction and depression in aging retired national football league players. *JAMA Neurol.* 70(3):326–335.

Harvey H. (2013). Reducing traumatic brain injuries in youth sports: Youth sports traumatic brain injury state laws, January 2009–December 2012. *Am J Public Health,* 103(7), 1249–1254.

Heck JF. (1996). The incidence of spearing during a high school's 1975 and 1990 football seasons. *J Athl Train.* 31:31–37.

Jones NP. (1989). Eye injury in sport. *Sports Med.* 7(3):163–181.

Jordan BD. (1989). Head injury in sports. In: Jordan BD, Tsairis P, Warren RR (eds.), *Sports Neurology* (pp. 75–83). New York, NY: Aspen Publishers.

Kerr IL. (1986). Mouth guards for the prevention of injuries in contact sports. *Sports Med.* 3:415–427.

Kleiner DM. (1998). New guidelines for the appropriate care of a suspected spine injury. *Athl Ther Today.* 3(5):50–51.

Kleiner DM, Almquist JL, Bailes J, et al. (2001). Prehospital care of the spine-injured athlete: A document from the Inter-Association Task Force for Appropriate Care of the Spine-Injured Athlete. Available: http://www.nata.org/ sites/default/files/PreHospitalCare4SpineInjuredAthlete .pdf.

Marar M, McIlvain H, Field S, Comstock R. (2012). Epidemiology of concussions among United States high school athletes in 20 sports. *Am J Sports Med.* 40(4):747–755.

Matthews B. (1990). Maxillofacial trauma from athletic endeavors. *Athl Train.* 25:132–137.

McCory P, Meeuwisse WH, Aubry M, Cantu B, Dvorák J, Echemendia RJ, Engebretsen L, Johnston K, Kutcher JS, Raftery M, Sills A, Benson BW, Davis GA, Ellenbogen RG, Guskiewicz K, Herring SA, Iverson GL, Jordan BD, Kissick J, McCrea M, McIntosh AS, Maddocks D, Makdissi M, Purcell L, Putukian M, Schneider K, Tator CH, Turner M. (2013). Consensus statement on concussion in sport: The 4th international conference on concussion in sport held in Zurich, November 2012. *Br J Sports Med.* 47:250–258.

Mueller F, Cantu R. (2011). Catastrophic sports injury research—29th annual report Fall 1982-Spring 2011. Available: http://www.unc.edu/depts/nccsi/2011Allsport .pdf.

Mueller F, Cantu R. (2012). Annual survey of catastrophic football injuries (1977–2012). Available: http://www.unc .edu/depts/nccsi/FBAnnual2012.pdf.

Pujalte G. (2010). Eye injuries in sports. *Athletic Therapy Today.* 15(5):14–18.

Putman LA. (1992). Alternative methods for football helmet face-mask removal. *J Athl Train.* 27(2):170–172.

Ray R, Luchies C, Abfall Frens M, Hughes W, Sturmfels R. (2002). Cervical spine motion in football players during three airway-exposure techniques. *J Athl Train.* 37(2):172–177.

Resch J, Driscoll A, McCaffrey N, Brown C, Ferrara MS, Macciocchi S, Baumgartner T, Walpert K. (2013). ImPact test-retest reliability: reliably unreliable? *J Ahtl Train.* 48(4):506–511.

Rodriguez JO, Lavina AM, Agarwal A (2003). Prevention and treatment of common eye injuries in sports. *Am Fam Physician.* 67(7):1481–1488.

Roebuck-Spencer T, Vincent AS, Schlegel RE, Gilliland K. (2013). Evidence for added value of baseline testing in computer-based cognitive assessment. *J Ahtl Train.* 48(4):499–505.

Saladin K. (2007). *Anatomy and Physiology: The Unity of Form and Function.* Columbus, Ohio: McGraw-Hill. pp. 520–522.

Sallis RE, Jones K, Knopp W. (1992). Burners—offensive strategy for an underreported injury. *Phys Sportsmed.* 20:47–55.

Sarmiento K, Mitchko J, Klien C, Wong S. (2010). Evaluation of the Centers for Disease Control and Prevention's concussion intuitive for high school coaches: "Head Up: Concussion in High School Sports." *J School Health.* 80(3):112–118.

SCAT3. (2013). *Br J Sports Med.* 47:259–262. Available: http://bjsm.bmj.com/content/47/5/259.full.pdf.

Scorza K, Raleigh M, O'Connor F. (2012). Current concepts in concussion: Evaluation and management. *Am Fam Physician.* 85(2):123–132.

Segan R, Cassidy D, Bentkowski J. (1993). A discussion of the issue of football helmet removal in suspected cervical spine injuries. *J Athl Train.* 28(4):294–305.

Shultz SJ, Houglum PA, Perrin DH. (2000). *Assessment of Athletic Injuries.* Champaign, Ill: Human Kinetics.

Sun JF. (2013). See where your state stands on concussion law. Available: http://usafootball.com/news/featured-articles/see-where-your-state-stands-concussion-law.

Swartz EE, Boden, BP, Courson, RW, Decoster LC, Horodyski M, Norkus SA, Rehberg RS, Waninger KN. (2009). National Athletic Trainers' Association position statement: Acute management of the cervical spine-injured athlete. *J Athl Train.* 44(3):306–331.

Swartz E, Belmore K, Decoster L, Armstrong C. (2010). Emergency face-mask removal effectiveness: A comparison of traditional and nontraditional football helmet face-mask attachment systems. *J Athl Train.* 45(6):560–569.

Tomei K, Doe C, Prestigiacomo C, Gandhi C. (2012). Comparative analysis of state-level concussion legislation and review of current practices in concussion. *Neurosurgeon Focus.* 33(6):1–9.

Torg JS. (1989). Athletic injuries to the cervical spine. In: Jordan BD, Tsairis P, Warren RR (eds.), *Sports Neurology* (pp. 133–158). New York, NY: Aspen Publishers.

Van De Graaff KM. (1998). *Human Anatomy* (5th ed.). Dubuque, Ia: William. C. Brown.

Vegso JJ, Bryant MH, Torg JS. (1982). Field evaluation of head and neck injuries. In: Torg JS (ed.), *Athletic Injuries to the Head, Neck, and Face* (pp. 39–52). Philadelphia, Pa: Lea & Febiger.

Wiesenfarth J, Briner W. (1996). Neck injuries—urgent decisions and actions. *Phys Sportsmed.* 24:35–41.

10

第十章
胸椎至尾椎损伤

本章主旨

　　本章简要回顾胸椎和胸廓的基本解剖,然后探讨可能会发生的伤病。胸椎损伤虽然在运动中相对少见,但是也会偶尔发生。这类伤病通常为扭伤,也会出现骨折。本章讲述了胸椎损伤的典型机制以及常见的症状和体征,并介绍扭伤和骨折初始治疗方案。腰椎损伤在运动中很常见:绝大多数都与峡部裂的解剖缺陷有关。本章讲述了脊柱这一部分的常见问题,及相关腰椎疾病的症状和体征。同时还讨论了创伤性扭伤、拉伤和椎间盘损伤,重点是诊断和初始治疗。

© Photodisc

第一节　胸椎常见运动损伤

胸椎是人体脊柱的一部分,由 12 块椎骨组成,其顶部与颈椎连接,底部与腰椎连接。从侧面看,人体的脊柱包括几个对应的生理弯曲。颈椎和腰椎位置构成凹曲线,而胸椎位置呈凸形,与颈椎和腰椎生理弯曲的方向相反。脊柱的曲线以及韧带和椎间盘对整体的支撑很重要(图 10.1)。胸椎通常从 1~12 进行编号,从最上面的椎骨开始,到与腰椎交界处的 12 椎骨结束。每个胸椎之间有椎间盘。胸椎有一个独特的地方是它与 12 对肋骨相连。胸椎和对应的肋骨及胸骨共同形成一个坚固的胸廓(图 10.2),它的作用之一是保护包括心脏和肺在内的内脏器官(Gray,1985 年)。

因肋骨和相邻椎骨的骨性连接,故胸椎的活动度比颈椎或腰椎的活动度要小很多。胸部的大部分运动是由于呼吸作用引起的(Rasch,1989 年)。胸椎有限的运动有助于降低受伤概率。

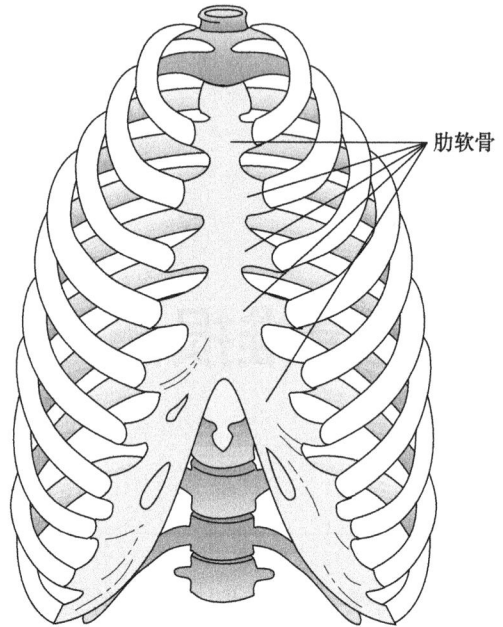

图 10.2　胸廓(正视图)

如上所述,胸椎的运动损伤是罕见的。与运动相关的损伤可分为两类:骨骼和软组织(韧带、肌肉和肌腱、椎间盘)。现有数据表明,该部位骨骼的损伤比软组织损伤更常见(美国矫形外科医学会[AAOS],1991 年)。

一、骨骼损伤

胸椎最常见的损伤是椎体压缩型骨折(O'Leary 和 Boiardo,1986 年)。这种损伤常发生在胸椎和腰椎的交汇处,且多是由于间接暴力所致。若一个运动员近期有创伤史,主诉胸椎区域剧烈疼痛或伴随有神经系统症状(疼痛或者四肢麻木),应立即请医师进行评估。

另一个与胸椎有关的是休门氏症(Scheuermann's disease),这种疾病常见于青少年,主要特征是驼背(脊柱的异常凸起)。儿童在活动时若脊柱过度弯曲也可能会出现这种情况,例如体操。如果儿童述说在活动时胸椎区域有反复疼痛,应进行评估。快速视诊可确认脊柱弯曲度的异常,当前屈即将碰到脚趾时,情况会变得更糟。在某些情况下,如脊柱侧弯(侧弯)和腰椎前凸(后倾)也可能出现,需要转给医师进行全面评估。如果诊断是休门氏症,治疗包括规定的训练和脊柱支撑。

(一)椎体骨折

胸椎骨折极其罕见,可因胸椎后侧直接撞击或胸椎极度屈曲使椎体受压所致,如在橄榄球的擒抱、碰撞或摔跤比赛中倒地时。可出现明显的软组织损

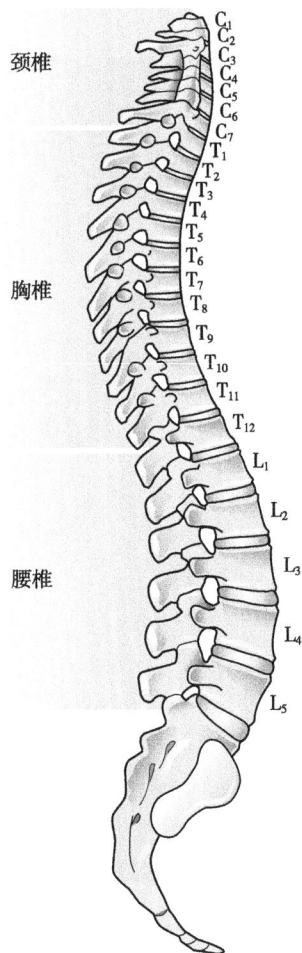

图 10.1　脊柱侧视图

伤,但神经系统的并发症比较少见。

症状和体征:

1. 受伤部位疼痛。

2. 运动员也许可以站立或行走,但在做伸展、屈曲或旋转等动作时疼痛会加剧。

3. 可出现明显的肿胀和颜色改变。

4. 肌肉痉挛。

急救处理:

1. 立刻休息、冰敷、按压和抬高患肢(最好用 6 寸(15cm)或 8 寸(20cm)宽的弹性绷带和袋碎冰进行包扎)。

2. 运动员 24 小时内不得参加比赛,并进行后续评估。

3. 如果症状没有缓解,必须转诊给医师。

4. 如果期间出现神经系统症状,评估后立刻转诊。

(二)肋骨骨折

另一种可能发生在这一部位和肋骨相关的是肋骨骨折(American Academy of Orthopedic Surgeons [AAOS],1991 年)。其损伤机制通常是直接撞击侧部或者后胸部。骨折可发生在肋骨的任何部位,多见于肋弓,此处是解剖学上的薄弱点(Booher 和 Thibodeau,1989 年)。

症状和体征:

1. 呼吸痛。

2. 畸形。肋骨向外突出或者塌陷。

3. 肿胀和颜色改变。

4. 检查时按压痛明显。

5. 严重时可导致气胸(参见第十三章)。

急救处理:

1. 立刻休息、冰敷、按压和抬高患肢(最好用 6 寸或 8 寸宽的弹性绷带和袋碎冰进行包扎)。

2. 防治休克。

3. 参考医师的医学评估。

肋骨骨折的并发症虽然不多见,但却相当危险。移位的肋骨可能损伤胸内组织,特别是肺,可导致创伤性气胸或血胸(胸腔内有血液和空气)(图 10.3)。像这样的损伤会导致呼吸的明显变化,也可能会引起休克。有关这些伤害的详细处理和治疗,请参阅第十三章。

二、扭伤

当关节超出正常的活动范围(ROM)而导致韧带和关节囊等支撑结构的破坏时,就会发生扭伤。

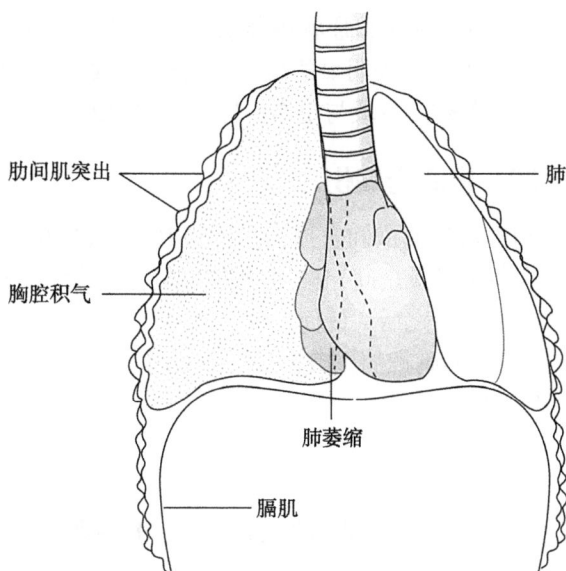

图 10.3　气胸

> 📖 **关键词**
>
> **胸廓(thoracic cage)**:胸椎,相应的肋骨和胸骨。
>
> **驼背(kyphosis)**:胸椎曲线超过正常的范围。
>
> **脊柱侧弯(scoliosis)**:脊柱的侧向和／或旋转弯曲。
>
> **前凸(lordosis)**:腰椎不正常的弯曲。
>
> **气胸(pneumothorax)**:胸膜腔因空气进入而导致肺塌陷。
>
> **血胸(hemothorax)**:胸腔里有血性液体。

因为胸椎有很好的支撑结构,允许有限的运动,从而减少扭伤的发病率。胸椎扭伤的评估比较困难,必须基于详细的损伤史作出判断。通常情况下会有一个不寻常的胸椎活动,从而出现局部疼痛,有种爆裂或者折断的感觉,有时还会肿胀。在肋骨骨折、挫伤等胸部损伤时会出现一个共同症状——呼吸痛。胸椎扭伤的急救可以实施 RICE 原则。如果出现明显呼吸困难症(呼吸困难)等症状持续超过 24 小时,运动员应转诊给医师。

三、拉伤

拉伤主要涉及收缩及支持的组织结构——肌肉、筋膜和肌腱。胸椎附近的肌肉包括竖脊肌和肋间肌。拉伤可能会出现在与大运动量有关的运动中,如橄榄球、摔跤和冰上曲棍球。其损伤机制通常与扭伤相同,体征和症状可能会与扭伤难以区分。竖脊肌会出现比较明显的痉挛,检查有较敏感的触感症状(触诊)。急救与扭伤一样:实施 RICE。

四、椎间盘损伤

胸椎部位的椎间盘损伤虽然极其罕见,但仍可发生在每个椎骨之间。椎间盘的问题可继发于胸椎的压缩型骨折之后。任何运动员如果有持续性神经系统症状,如胸椎周围或四肢出现麻木或放射性疼痛,应立即转诊进行更详细的检查。

第二节　腰椎到尾骨常见运动损伤

腰椎由五块椎骨组成,上与胸椎连接,下与骶骨连接。在颈椎、胸椎和腰椎中,腰椎的活动范围最大(Gary,1985 年)。腰椎从近端到远端编号为 L_1~L_5。如脊柱胸椎和颈段一样,椎间盘位于每节腰椎之间,从 T_{12} 和 L_1 之间到 L_5 和 S_1 之间(第一骶椎)。此外,大而结实的韧带有助于腰椎的稳定(图 10.4),前后纵韧带分别位于椎体的前后部(脊髓管内)。这两条重要的韧带均从骶骨远端的 C_2 水平(轴)跨越脊柱。

骶骨由五个融合的椎骨组成,位于两个骨盆骨之间,将脊柱连接到骨盆(图 10.5)。骶骨和骨盆联合形成左右两个骶髂关节。

脊柱的最远端部分是尾骨,形似小的箭头。

腰椎的损伤比胸椎更为常见。在腰椎的损伤中,最常发生的是峡部裂。

一、峡部裂和腰椎滑脱

在脊髓周围形成的骨环称为椎弓,峡部裂(图10.6)由椎骨的部分缺损形成(图10.7)。峡部是椎弓的一部分,亦称为关节间隙(每个椎骨上有两个,左右侧各一个)。该区域的骨缺损与邻近椎骨的关节有关。因此,椎弓的任何缺陷均可能会破坏该部位两个椎体之间关节的完整性。

在左右侧椎弓受影响的情况下,受累椎骨有向前滑动的可能,从而产生腰椎滑脱。这种情况最常见的部位是 L_5 和骶骨之间(O'Leary 和 Boiardo,1986 年)(图 10.8)。鉴于骶骨的正常坡度,使得腰椎的骨性不稳定前移成为可能,特别是在腰部区域遭受异常的压力时,例如体操、铲球或竞技举重中。

峡部裂的确切病因尚不清楚,但有证据表明,骨质缺陷可能是先天性的(出生时就存在),也可能与儿童期骨骼的过度压力有关。其症状有下腰痛,当腰椎过伸时,腰痛会变得特别严重。当缺损是单侧(仅一侧)时,单腿站立加上腰椎过伸,只会在缺损的一侧引起疼痛(Halpern 和 Smith,1991 年)。如果发展到椎体滑脱,症状将会变得更加严重。腰部疼痛在活动时会加剧,在某些情况下,可能会辐射到臀部和大腿上部(Booher 和 Thibodeau,1989 年)。

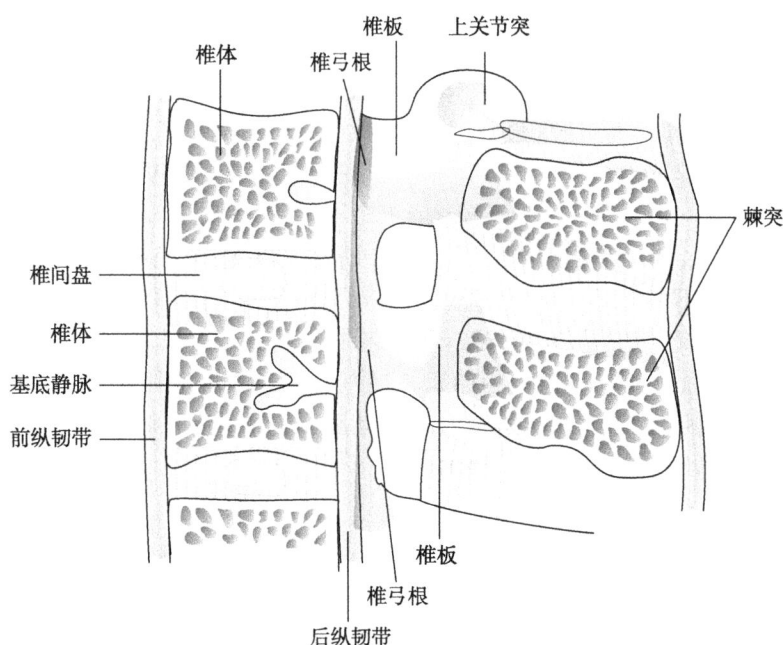

图 10.4　腰椎(侧视图)

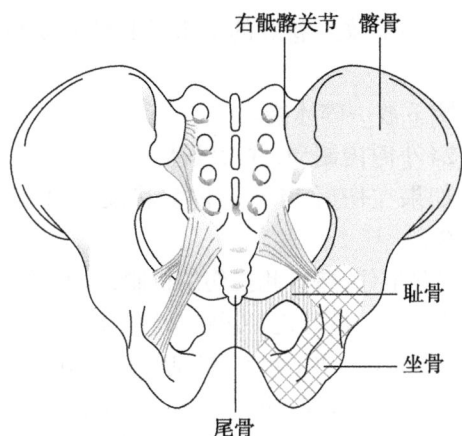

图 10.5 骨盆（正视图）

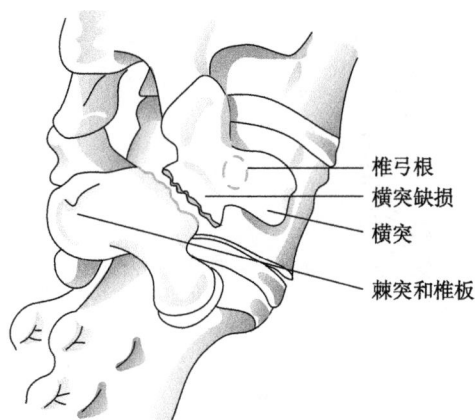

图 10.6 峡部裂

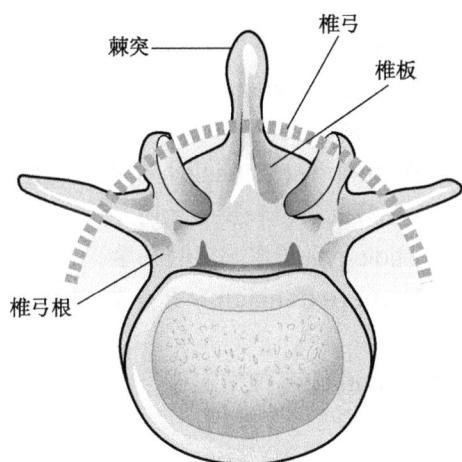

图 10.7 椎弓

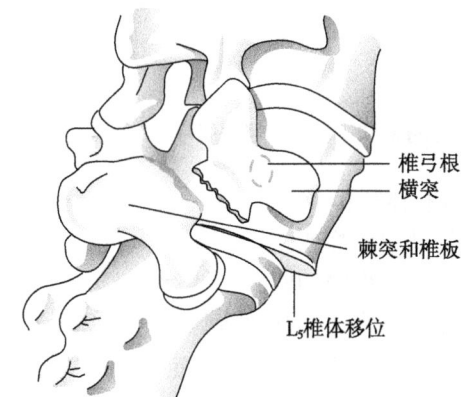

图 10.8 L₅椎体前移导致脊椎滑脱

任何主诉这种症状的运动员，特别是那些与腰椎相关的高危体育运动（体操、踢足球和举重），应转给医师进一步评估。腰椎峡和腰椎滑脱的治疗包括休息、药物治疗、腰部支撑、停止某些运动，严重时可行脊柱融合术。

二、创伤性骨折

创伤性腰椎骨折在运动中并不常见，通常与腰部受到严重打击有关。根据骨折的具体位置和类型，可出现向臀部或腿部放射疼痛的神经症状。这种情况需要非常小心地固定在脊柱板上，并运送到医院由医师进行完整的评估。必须注意，对腰部的外部打击也可能对内脏特别是肾脏造成伤害。因此，对运动员进行伤害评估时，应特别注意内脏损伤的体征和症状，如深腹痛、血尿或休克。

骶骨或尾骨的损伤一般仅限于直接打击造成的伤害。这种损伤通常是自限性的，只需要保护自己

以免加重病情。但若尾骨受到严重打击，则可能会导致骨折或严重的瘀伤。当运动员摔倒时臀部被踩踏并撞击尾骨时，可能会发生这种损伤，可见瘀伤、肿胀和压痛点。因为可能存在骨折，所以需要由医师进行评估。

三、扭伤和拉伤

到目前为止，腰部最常见的软组织损伤是扭伤和拉伤（O'Leary 和 Boiardo，1986 年），与该部位的竖脊肌或收缩组织密切相关（图 10.9）。

腰部有许多韧带和关节囊。如前所述，有将椎体结合在一起的大韧带（前、后纵韧带），还有连接相邻关节的韧带。腰部的主要关节有腰骶关节，骶髂关节和骶尾骨关节。一般情况下，关节损伤较少见，但肌肉拉伤经常发生，特别是在对腰椎产生较大压力的运动中，如体操、足球和举重等活动可以使腰椎处于异常负荷的状态。

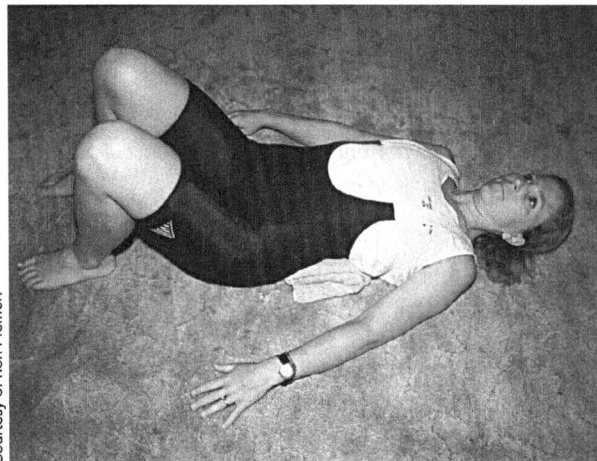

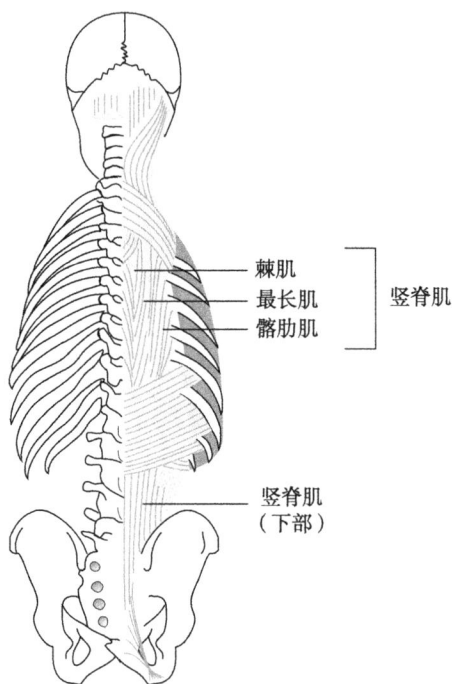

图 10.9　上背部和下背部的竖脊肌

症状和体征：

1. 局部肌肉痉挛。

2. 运动时疼痛加剧。

3. 姿势异常，常向健侧倾斜。

4. 运动员的症状发作与特定诱因有关系。

5. 轻微的扭伤或扭伤，疼痛不会放射到臀部或下肢。

急救处理：

1. 帮助运动员退出赛场，因为任何自主运动都会增加疼痛。

2. 将运动员置于仰卧位，两腿平行，双膝上抬，使膝盖和臀部弯曲（图 10.10）。

图 10.10　运动员急性下背痛时的建议姿势

3. 在腰下放置卷好的毛巾或其他软质材料做支撑。

4. 腰下放一碎冰袋。

5. 24 小时内制动，并继续冰敷。

6. 如果在伤后 24 小时内症状没有明显改善，需要转诊。

一定要记住，造成此损伤的机制，也可能会造成更严重的伤害。最好是将运动员转给医师做进一步评估（Shankman，1991 年）。特别是运动员述说疼痛延伸到一条或两条腿，说明伤病可能比较严重，如椎间盘突出（Q'Leary 和 Boiardo，1986 年）。

关键词

脊椎峡部裂（spondylolysis）：椎骨神经弓（峡部）的一个缺陷。

脊椎滑脱（spondylolisthesis）：脊椎向前滑动，通常发生在第五腰椎和骶骨之间。

病因学（etiology）：研究病因的科学。

超伸展（hyperextension）：身体部位的极度伸展。

血尿（hematuria）：小便中有血。

四、腰椎间盘损伤

在腰部更为严重的软组织损伤是椎间盘的损伤，通常称为椎间盘突出症。虽然这种损伤可以发生在脊柱的任何一个椎间盘上，但最常受伤的是在 L_4 和 L_5（Anderson，Hall 和 Martin，2000 年）。大多数情况是运动员处于某种尴尬的位置而且受到很大的压力时发生。椎间盘的外环由纤维环组成，内有髓核（Gray，1985 年）。在疝气的情况下，环面失去弹性，导致髓核穿过环面壁突出。根据疝的具体位置，压力可以直接施加在穿过这个区域较大的脊神经上（图 10.11）。

症状和体征：

1. 局部剧烈疼痛，任何试图坐起、行走或站立动作均使疼痛加剧。

2. 臀部和下肢放射痛，辐射痛遵循坐骨神经的分布。

3. 感觉丧失，或有刺痛 / 烧灼感辐射到下肢。

4. 直腿抬高或仰卧起坐等动作会使疼痛加剧。

5. 肌肉痉挛和姿势异常。

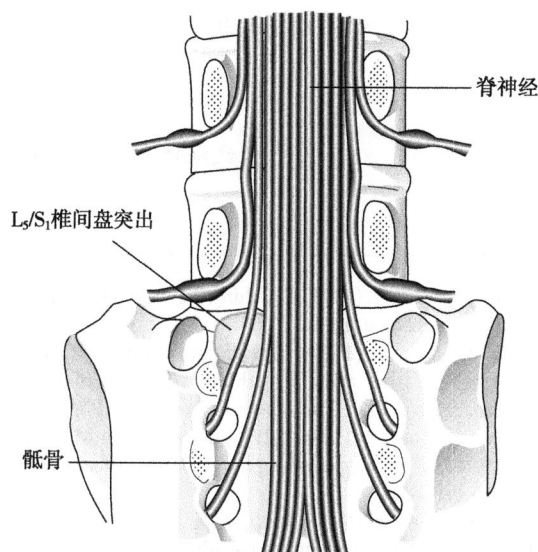

图 10.11　L$_5$/S$_1$ 椎间盘突出可影响骶神经

6. 严重情况下,椎间盘突出可能会影响到膀胱和 / 或肠道的正常功能。

急救处理:

1. 帮助运动员退出赛场,因为任何自主运动都会增加疼痛。

2. 将运动员仰卧,双腿平行且膝盖并拢的姿势平放,膝盖和臀部弯曲(图 10.10),如果这个姿势感觉不适,可以换一种痛感最轻的姿势。

3. 在腰下放置卷好的毛巾或其他软质材料做支撑。

4. 腰下放一碎冰袋。

5. 安排伤者到医疗机构进行评估。

6. 虽然在现场能做的不多,但可以通过联合物理治疗和药物治疗来缓解长期症状。其主要目的是让运动员重返赛场,避免手术。

关键词

椎间盘突出(herniated disk):椎间盘纤维环髓核破裂或突出。

怎么办?

你正在指导体操运动员。一名运动员刚刚倒在地板上,她一碰到垫子就瘫倒在地,述说腰部剧烈疼痛,同时大腿和小腿后侧有灼烧的感觉。请问她可能受了哪一种伤害? 第一时间你将会提供给她什么急救照护?

运动防护师开讲

要成为在这个领域的"一分子"必须是一个善于交际的人。良好的沟通技巧是"有效工作"的必要条件,因为作为你的职责,你要与很多个人和团体打交道。组织对运动员的照护,从预防到全面康复,涉及以"你"为核心的许多人。

——Doris E.Flores,运动防护师

Courtesy of Doris Flores, California State University, Sacramento.

Doris E.Flores 是加州大学萨克拉门托分校(California State University at Sacramento)的运动防护专业协调员与运动防护实验室主任。

复习题

1. 判断:因为肋骨和相邻椎骨之间的关系,胸椎与颈椎或腰椎相比出现移位的情况远远少于这两者。

2. 判断:现有数据表明胸椎的软组织损伤比骨损伤发生得更频繁。

3. 简述脊椎驼背的诊断和症状。

4. 脊柱侧弯、驼背和脊柱前弯的定义。

5. 什么是肋骨骨折? 它的常见的特征和症状是什么?

6. 与胸椎扭伤有关的症状是什么?

7. 判断:胸椎间盘损伤十分常见。

8. 在解剖学上,骶骨由多少椎骨融合组成?

9. 简述峡部裂。

10. 简述腰椎滑脱的体征、症状和治疗方案。

11. 对于疑似腰椎拉伤或扭伤,建议立即采取什么措施治疗?

12. 简述典型腰椎间盘的正常解剖及椎间盘突出的过程。

13. 腰椎间盘突出症的症状和体征是什么？

（武汉体育学院 王勇）

参考文献

American Academy of Orthopaedic Surgeons (AAOS). (1991). *Athletic Training and Sports Medicine* (2d ed.). Park Ridge, Ill: American Academy of Orthopaedic Surgeons.

Anderson MK, Hall SJ, Martin M. (2000). *Sports Injury Management* (2d ed.). Philadelphia, Pa: Lippincott Williams & Wilkins.

Booher JM, Thibodeau GA. (1989). *Athletic Injury Assessment.* St. Louis, Mo: Times Mirror/Mosby.

Gray H. (1985). *Anatomy of the Human Body.* Philadelphia, Pa: Lea & Febiger.

Halpern BC, Smith AD. (1991). Catching the cause of low-back pain. *Phys Sportsmed.* 19:71–79.

O'Leary P, Boiardo R. (1986). The diagnosis and treatment of injuries of the spine in athletes. In Nicholas JA, Hershman EB (eds.). *The Lower Extremity and Spine in Sports Medicine* (pp. 1171–1229). St. Louis, Mo: Mosby.

Rasch PJ. (1989). *Kinesiology and Applied Anatomy.* Philadelphia, Pa: Lea & Febiger.

Shankman G. (1991). *Athletic Injury Care and Sports Conditioning.* Woodstock, Ga: Sports Health Education.

11

第十一章
肩部损伤

本章主旨

　　本章开头先简单复习肩部的关节,讨论肩部急性和慢性创伤的常见部位。之后的章节描述锁骨骨折、肩锁关节、胸锁关节和盂肱关节的常见创伤机制、体征、症状和急救处理。

　　在后面章节中还将介绍肩部的肌腱损伤相关的常见创伤机制,如投掷和挥臂动作;概述基本的肩部运动学,确定每个运动阶段不同的肌肉收缩形式。介绍肩袖损伤相关内容,重点强调肩袖严重损伤时的体征和症状。讨论撞击综合征的解剖、体征和症状以及急救处理。

　　最后章节介绍肱二头肌肌腱问题和肩部创伤的体征、症状和急救处理的相关内容。

第一节　解剖概述

　　肩关节连接手臂和胸部,是人体关节活动度最大的关节。肩部骨包括上肢带骨和自由上肢骨(肱骨)(图 11.1)。上肢带骨又由锁骨和肩胛骨组成。之所以称为上肢带骨是因为这两块骨头在上胸周围。肱骨头与肩胛骨的关节浅窝相连,形成很灵活的盂肱关节,一般称为肩关节(图 11.2)。直接附着在关节窝上的纤维软骨环称为盂唇。肩胛骨盂唇向外伸向盂肱关节,加深了包裹肱骨头的关节窝(Snyder,Rames 和 Wolber,1991 年),为盂肱关节提供额外的稳定性(Gray,1985 年)。另外,附着于盂肱关节上盂唇和盂上结节的肱二头肌长头肌腱也可以帮助稳定盂肱关节。肩部关节还包括位于锁骨远端和肩胛骨肩峰之间的肩锁关节(图 11.2),位于锁骨近端和胸骨柄之间的胸锁关节(图 11.3),通过韧带和关节囊,一边稳固自身,一边进行有限而必要的活动。

　　很多肩部的肌肉帮助肩胛带和盂肱关节在不同方向上同时移动。几乎所有手臂动作,肩胛带和盂肱关节都要一起协同运动。因此,肩胛带的创伤会间接限制盂肱关节的活动。肩部的肌肉分成两组,一组为肩胛带肌群,一组为盂肱关节肌群(图 11.4 和图 11.5)。肩胛带肌群包括肩胛提肌、斜方肌、菱形肌、锁骨下肌、胸小肌和前锯肌。这些肌肉共同促进肩胛带的运动,包括肩胛骨前伸、后缩、上提和下降、上旋和下旋。在拓展知识 11.1 中列出了肌肉运动的神经支配。

　　盂肱关节肌群包括:胸大肌、背阔肌、三角肌、大圆肌、肩袖肌群(冈上肌、冈下肌、小圆肌、肩胛下肌)和喙肱肌。肩关节有很大的活动范围,几乎在各个方向都有活动;一般关节的运动方式有:屈曲和伸展、水平屈曲和水平伸展、内旋和外旋、外展和内收。在拓展知识 11.2 中列出了肌肉的运动和神经支配。

　　运动员的肩胛带和盂肱关节上有大量的软组织覆盖,在一定程度上可以保护肢体防止受到外部的直接撞击。但是,即使是肌肉非常发达的运动员,肩锁关节和胸锁关节上也只有一层皮肤覆盖,很容易受到外部撞击导致一系列损伤。整个上肢(包括肩膀)的血供,由锁骨下动脉及其分支供应。当锁骨下动脉进入腋区时,成为腋动脉;延伸到上臂时,成为肱动脉;并在肘部末端又分为桡动脉和尺动脉,最终延伸到前臂和手(图 11.6)。

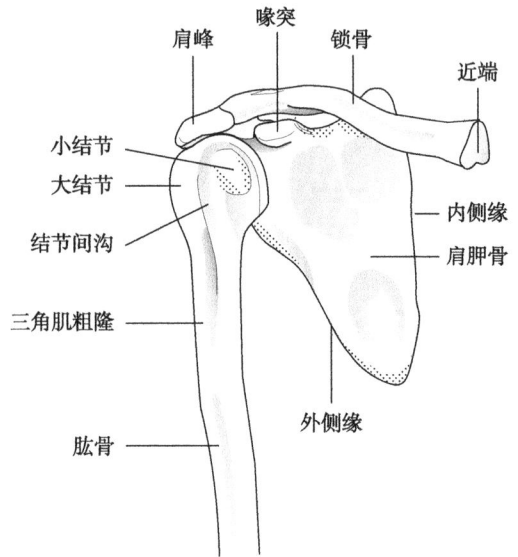

图 11.1　肩部骨骼

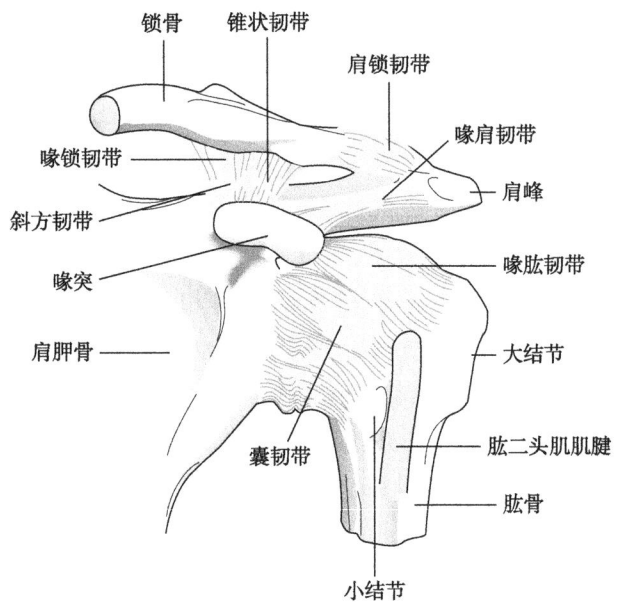

图 11.2　肩部骨骼及韧带(肩锁关节和盂肱关节的韧带)

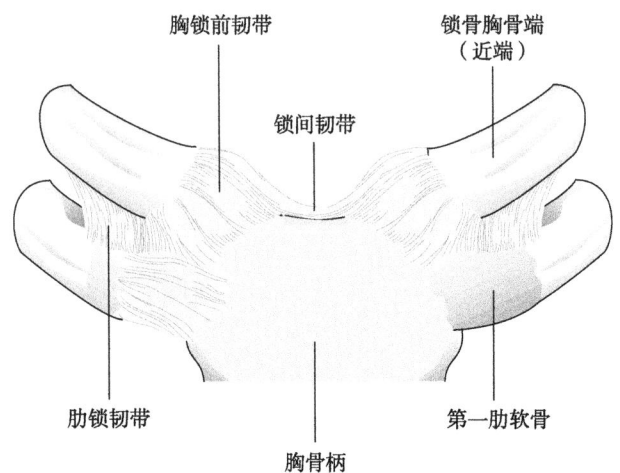

图 11.3　胸锁关节韧带

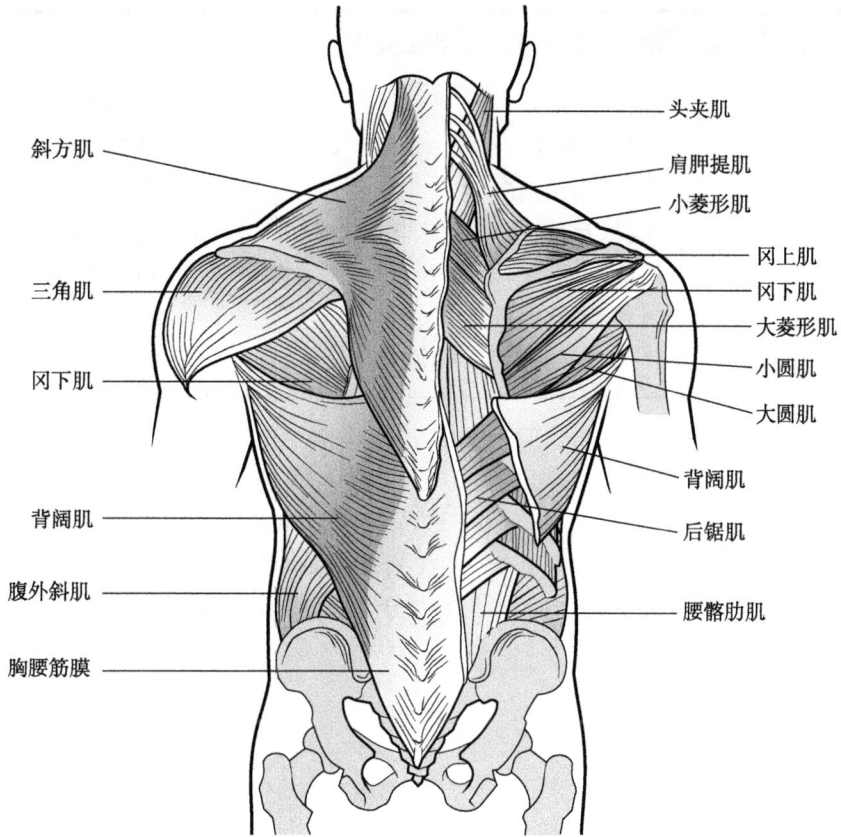

图 11.4 躯干背部肌群

斜方肌
头夹肌
肩胛提肌
小菱形肌
三角肌
冈上肌
冈下肌
大菱形肌
小圆肌
大圆肌
冈下肌
背阔肌
后锯肌
背阔肌
腹外斜肌
腰髂肋肌
胸腰筋膜

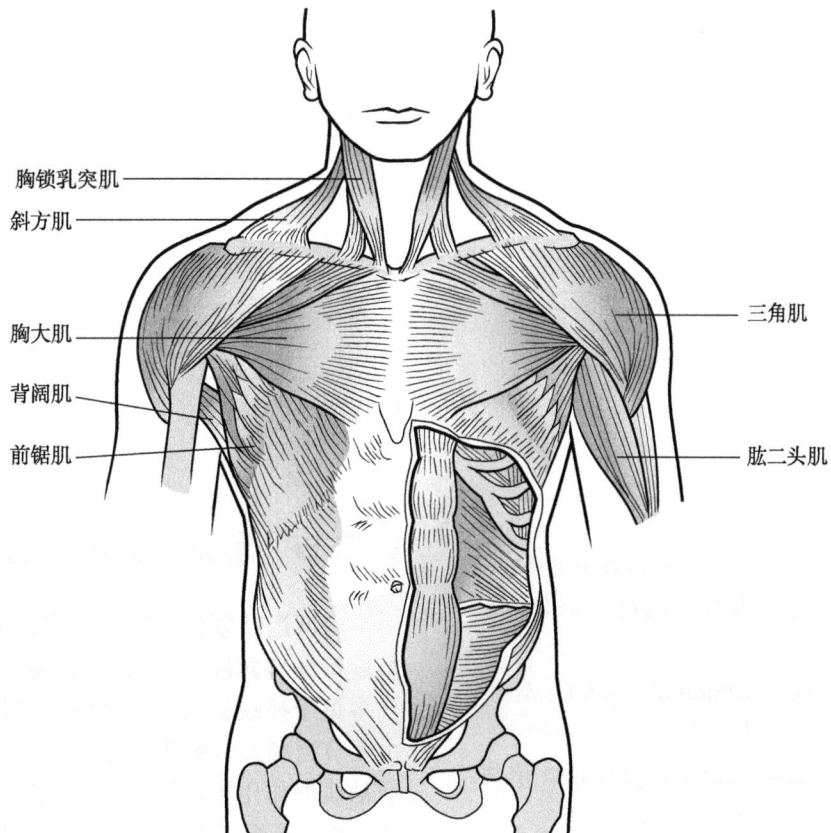

图 11.5 胸部的肌群

胸锁乳突肌
斜方肌
胸大肌
三角肌
背阔肌
前锯肌
肱二头肌

拓展知识 11.1　肩胛带肌肉、动作和神经支配

肌肉	动作	神经支配
肩胛提肌	上提肩胛骨	肩胛背神经
菱形肌	后缩、下旋肩胛骨	肩胛背神经
斜方肌	上提、后缩、上旋和下降肩胛骨	脊附属神经（副神经）
胸小肌	下降肩胛骨	胸内侧神经
前锯肌	前伸、上旋肩胛骨	胸长神经
锁骨下肌	下降肩胛骨，稳定胸锁关节	锁骨下肌神经

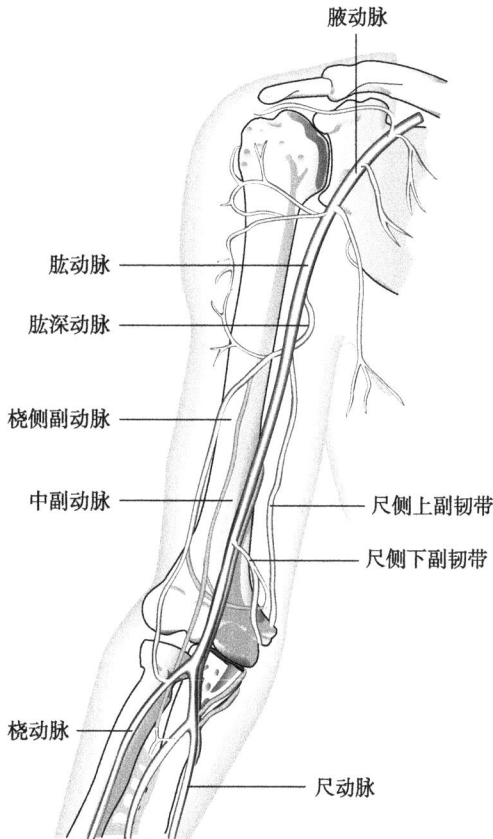

图 11.6　上肢动脉

肩臂主要的神经来源于臂丛（图 11.7）。臂丛由第 5 至第 8 颈神经前支和第 1 胸神经前支的大部分纤维组成（Gray，1985 年）。臂丛经过一系列复杂的分支后，囊括了整个上肢的所有主要神经。

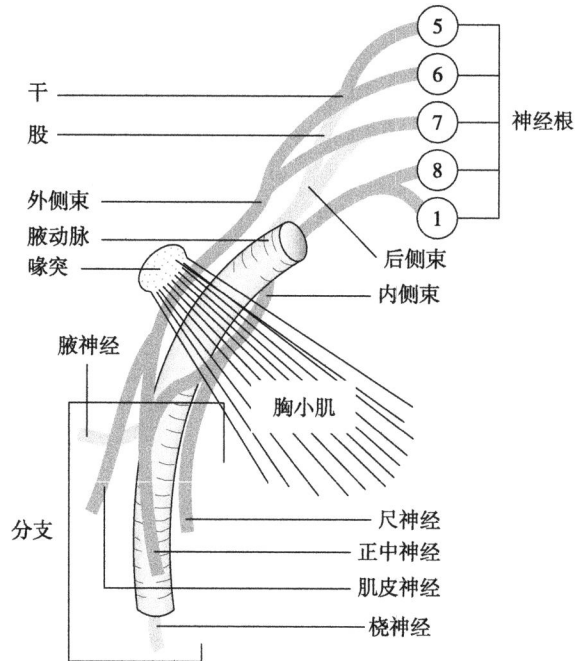

图 11.7　臂丛神经

关键词

盂肱关节（glenohumeral，GH joint）：盂肱关节是肱骨头与肩胛骨盂白之间的接联（球窝关节）。

肩锁关节（acromioclavicular，AC joint）：肩峰与锁骨肩峰端的接联（平面关节）。

胸锁关节（sternoclavicular，SC joint）：锁骨胸骨端与胸骨柄的接联（平面关节）。

第二节　常见肩部运动创伤

肩部运动创伤常见于许多特定的运动中，具有高度运动特异性。例如，盂肱关节和肩锁关节的创伤多见于摔跤运动员。盂肱关节是一种球窝关节，由关节窝和大而松弛的关节囊组合，缺乏内在力量。肩袖肌群作用于盂肱关节，对稳定盂肱关节非常重要。但是反复投掷和挥臂动作项目的运动员，会因为过度使用肩袖肌群（冈下肌、冈上肌、小圆肌、肩

拓展知识 11.2　盂肱关节的肌肉、动作和神经支配

肌肉	动作	神经支配
胸大肌	内收、旋内、前屈、后伸	胸内侧神经、胸外侧神经
背阔肌	后伸、内收、旋内	胸背神经
三角肌	内收、旋内、后伸加旋外、前屈加旋内	腋神经
大圆肌	内收、旋内	肩胛下神经
喙肱肌	前屈、内收	肌皮神经
冈上肌	外展	肩胛上神经
冈下肌	旋外	肩胛上神经
小圆肌	旋外	腋神经
肩胛下肌	内收和旋内	肩胛下神经

胛下肌)而导致肩袖损伤。还有像自行车、滚轴溜冰和滑冰项目的运动员因为摔倒而引起的锁骨骨折。肩部运动创伤可分为急性或慢性损伤。急性损伤主要是突然发病,而慢性损伤主要是因为过度使用导致。

一、肩部骨损伤

(一)锁骨骨折

肩部最常见部位的骨折是锁骨骨折(图 11.8)。可由直接暴力撞击锁骨而造成骨折,亦可由于摔倒通过手臂或肩膀支撑传达力量至锁骨而间接造成,后者为运动创伤的主要原因。锁骨骨折主要发生在中段,其次是近端或远端(AAOS,1991 年)。在青少年运动员中,常发生另外一种类型的锁骨骨折,俗称"青枝骨折"。它发生在不成熟骨中,同样也包括断裂的、粉碎性损伤。虽然骨折的锁骨对邻近的血管和神经有潜在危险,但是大多数的锁骨骨折引起的并发症较少。适当的急救处理非常重要,可以预防因骨折不必要的位移而引起的其他软组织损伤。

锁骨骨折的体征和症状包括:

- 水肿和 / 或锁骨畸形。
- 骨折部位变色。
- 骨折断端可穿透皮肤。
- 运动员主诉感到或听到啪啪或嘭的响声。
- 运动员健侧手臂会托住伤侧手臂,缓解肩胛带压力。

锁骨骨折的急救处理:

1. 治疗期间可能会存在休克。

2. 小心使用悬吊和固定绷带,如图 11.9(National Safety Council,1991)。

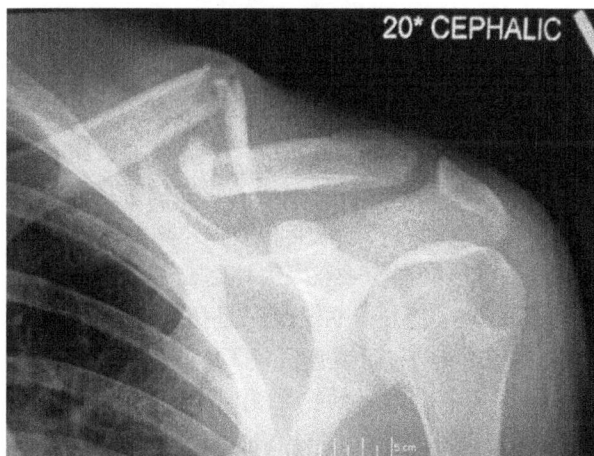

图 11.8　左侧锁骨的骨折(左肩)

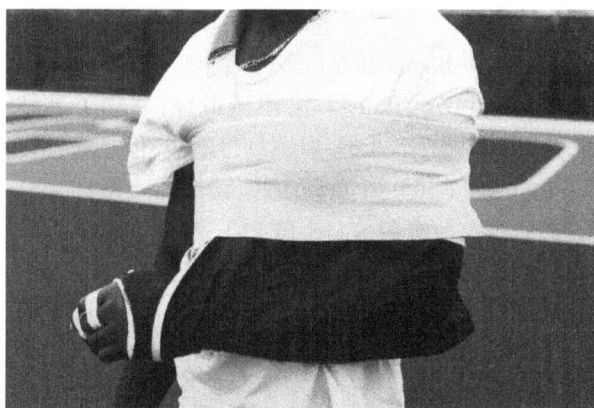

图 11.9　悬吊和固定绷带对上肢各种损伤均有效

3. 请在任何伤口上使用无菌辅料。

4. 安排转移至医疗机构。

(二)肩胛骨骨折

肩部骨折中一种较少见的类型是肩胛骨骨折。Cain 和 Hamilton(1992 年)在美国运动医学杂志里,描述了职业足球运动员会有这类特别的骨折。在其所有的病例中,骨折都来自肩部的直接暴力撞击,这类骨折的症状比锁骨骨折的症状更为明显。运动员如果肩部受到严重撞击,并产生巨大疼痛和功能丧失,应告知医师作进一步评估。通过 X 线片分析确诊是否是肩胛骨骨折。治疗方法由骨折的具体位置和程度决定。通常是将运动员的手臂用上肢悬吊带悬吊并制动 6 周,严禁运动员参加训练。

二、肩部软组织损伤

身体的各种扭伤和拉伤,都会涉及相应部位具体的韧带和肌腱损伤。虽然任何关节都会扭伤,但是盂肱关节和肩锁关节是运动中最常见的扭伤关节。

(一)肩锁关节损伤

肩锁关节仅在皮肤下,位于肩部外侧表面。属于平面关节,由上、下肩锁关节韧带固定,关节内含有软骨盘(Dias 和 Gregg,1991 年)。肩锁关节还借助于由斜方韧带和锥状韧带组成的喙锁韧带(图 11.2)加固。喙锁韧带附着于喙突和锁骨外侧。

肩锁关节的损伤一般因为摔倒或者一些外部暴力自上而下的撞击。不仅仅只是摔倒撞击到锁骨远端,使肩峰向下,而锁骨位置不变,导致肩锁关节损伤。另一个原因是间接暴力,由于向前摔倒、手撑地,力量随手臂传达至上端,结果肱骨头被推到肩峰以上,同样导致了支持韧带的紊乱(Mazzocca,Arciero 和 Bicos,2007 年)。不管是这两种原因中的哪种,都会导致不同程度的韧带受伤。依据Rockwood,Williams 和 Young(1998 年)的肩锁关节损伤分型,可分为 6 型。第 Ⅰ 型最轻,肩锁关节扭伤,无韧带损伤;第 Ⅱ 型,肩锁韧带断裂,但是喙锁韧带完整(图 11.10);第 Ⅲ 型,肩锁韧带和喙锁韧带全断裂,肩锁关节全脱位(图 11.11);第 Ⅳ 型,Ⅲ 型并伴韧带断裂,并伴随明显的锁骨后移穿入斜方肌肌肉内;第 Ⅴ 型,Ⅲ 型伴锁骨远端显著脱位,间隙增大到正常的 100%~300%,一般伴随着三角肌斜方肌筋膜的额外损伤;第 Ⅵ 型,Ⅲ 型伴远端锁骨的向下完全性脱位(位于肩峰、喙突下)(Rockwood 等,1998 年)。损伤的严重程度按具体韧带损伤程度分级;但是,任何损伤都可以属于以下 3 类其中之一:

肩锁关节创伤的体征和症状包括:

● 第 Ⅰ 型和第 Ⅱ 型扭伤,肩锁关节附近有压痛点,水肿和变色比较轻。在第 Ⅱ 型扭伤中,水肿和疼痛会严重一些。

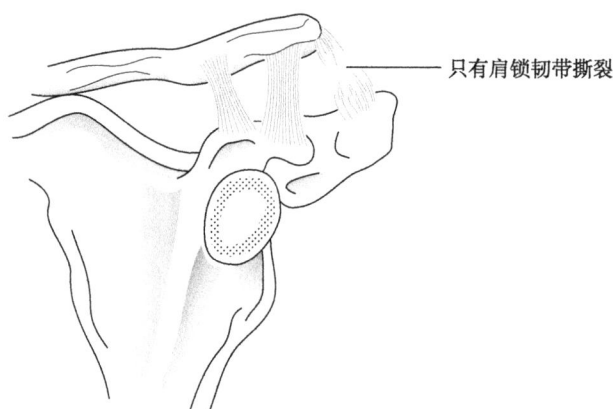

只有肩锁韧带撕裂

图 11.10 第 Ⅱ 型损伤——肩锁韧带完全撕裂,但是喙锁韧带完整

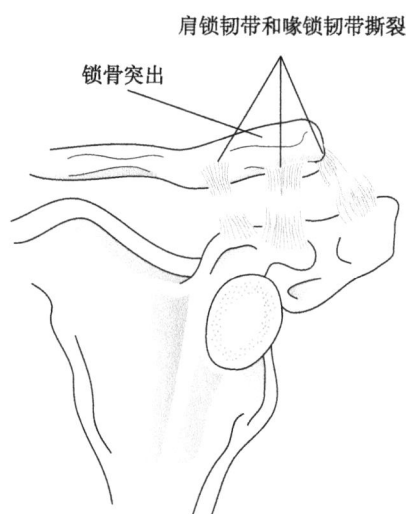

肩锁韧带和喙锁韧带撕裂

锁骨突出

图 11.11 第 Ⅲ 型损伤——肩锁韧带和喙锁韧带完全性撕裂

● 肩部的任何运动都会诱发疼痛。

● 第 Ⅲ 型及以上,肩锁关节部分有明显畸形。因为有完全的肩锁韧带和喙锁韧带撕裂,会立刻出现畸形。因为手臂的重量拉下肩膀,而锁骨趋于向上移动,锁骨会向上移位,从视诊上很容易检查出来。

● 运动员可能主诉感到突然折断或者听到有哆的声音。

肩锁关节创伤的急救处理:

1. 立即冰敷和加压包扎。最好是用碎冰袋放置在肩锁关节上方,并确保肩锁关节用弹性绷带 8 字固定。

2. 冰敷和加压包扎就位后,按照 National Safety Council(1991 年)所描述的标准用悬吊和绷带固定。这一步很关键,因为悬吊带可通过支撑手臂重量,帮助消除肩锁关节压力。

3. 立即劝告运动员到医疗机构做进一步评估。

如果受伤严重,则需要安排转移和处理休克。

　　治疗肩锁关节创伤的时间长短取决于损伤严重程度。第 I 型和第 II 型使用非手术性治疗,包括休息,使用非甾体抗炎药(NSAIDs),有一些运动员还需要三角巾悬吊,绷带支撑肩锁关节帮助愈合。愈合后,根据运动专项要求,运动员可配备三角巾或者绷带,并确保在肩锁关节上有防护垫。

　　针对第 III 型肩锁关节创伤治疗的最好方法,目前一直存在争议。但是,最近的研究建议用非手术方法,甚至对运动员(Mazzocca 等,2007 年)也是如此。如果是更严重的肩锁关节损伤(IV ~ VI型),伴随很多软组织损伤和锁骨移位,则需要手术治疗。

(二)盂肱关节创伤

　　盂肱关节由相对大的肱骨头和肩胛骨的浅关节窝组成。这种几何结构可有效提供很大的关节活动度。在前面复习解剖的部分中提到,肩胛盂唇可增加关节的稳定性。盂肱关节是一个典型的球窝关节,可在额状面、矢状面和水平面三个方向运动。但是,三个方向的运动特点也会给盂肱关节带来不稳定(Grabiner,1989 年)。盂肱关节主要的软组织结构(图 11.12)包括关节囊韧带和喙肱韧带(Gray,1985 年)。

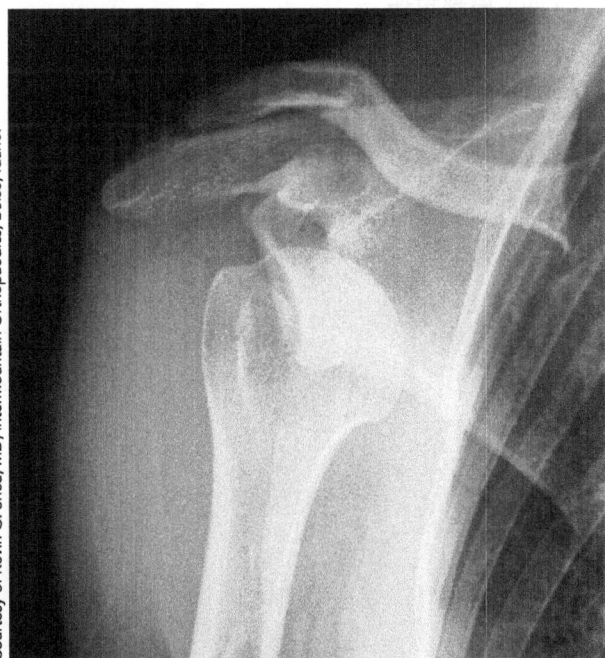

Courtesy of Kevin G. Shea, MD, Intermountain Orthopaedics, Boise, Idaho.

图 11.12　盂肱关节的前脱位(右肩)
注意肱骨头和关节窝的相对位置

　　盂肱关节创伤的典型原因是由手臂的外展和外旋造成。在这个位置上,关节囊的前部,特别是盂肱关节韧带,受到超出其承受范围的拉力。如果韧带不能承受,肱骨头向前移动,从关节囊中脱出,表现为最为常见的盂肱关节前脱位(图 11.12)。我们根据损伤的严重程度分为半脱位和完全脱位。

　　盂肱关节前脱位的体征和症状:

- 肩关节畸形:失去正常的肩部轮廓,不正常的向下倾斜。
- 受影响的一侧手臂长于正常侧。
- 在腋下可触及肱骨头。
- 运动员用正常的手托着受伤侧手臂。受伤侧手臂会轻微外展,肘部屈曲。
- 运动员会一直抗拒被动和主动的活动盂肱关节。
- 特别注意:在盂肱关节半脱位的情况下,肩膀可能看起来无异常。但是,当运动员尝试肩部任何运动时,会感到非常疼痛。另外,关节也会有压痛。

　　盂肱关节脱位的急救处理:

　　1. 立即冰敷和加压包扎。在腋下垫上毛巾卷。在肩部前面和后面放置碎冰袋,确保用弹性绷带 8 字固定。

　　2. 冰敷和加压包扎就位后,依据 National Safety Council(1991 年)所描述的标准用悬吊和绷带固定。

　　3. 立即将运动员推荐到医疗机构做进一步评估。

　　4. 如果有大范围的软组织损伤,需要防治休克。

　　盂肱关节的创伤最常见的并发症是慢性盂肱关节半脱位。据报道,随着时间的推移,高达 85%~90% 的创伤性盂肱关节前脱位会复发(Arnheim,1987 年)。运动员参与一些使肩关节压力增加的活动时,关节囊、韧带和肌肉组织持续被牵拉,会慢慢变得不稳定。最典型的运动员主诉就是每当做些特定动作时,例如肩部外展和外旋动作,肩关节先会弹出,然后又回到正常位置。

　　慢性盂肱关节半脱位常用保守的方法治疗,需要休息和训练,特别是对肩关节周围肌群(肩袖肌群)的锻炼。如果病情严重,则需要手术进行重建。

　　如前所述,肩胛盂唇促进盂肱关节的稳定性。另外,肱二头肌的长头肌穿过肱骨头顶部附着于其上的上盂唇和上结节,亦可稳定盂肱关节。上前后部盂唇称为 SLAP(a superior labrum,anterior and posterior),此处的盂唇损伤定义为 SLAP 损伤(Snyder 等,1990 年)。上盂唇可出现不同程度的损伤。严重时,还会累及肱二头肌长头腱附着处。直接撞击及反复牵拉是 SLAP 损伤的主要损伤机制,例如反复过头投掷或肩外展及轻度前屈位时,肘直臂位摔倒着地,肱骨头向上方半脱位直接撞击和挤压盂唇导致(Nam 和 Snyder,2003 年)。1990 年,Snyder 和他的同事基于不同的损伤部位和损伤程度,将 SLAP 损伤分为 4 种类型。Ⅰ型:最轻的损伤,上盂唇磨损、变性,但尚未撕脱,有完整的盂唇缘和肱二头肌腱固定点;Ⅱ型:上盂唇及肱二头肌长头腱自肩胛盂撕脱分离;Ⅲ型:上盂唇桶柄样撕脱,但有完整的肱二头肌长头腱,仍紧密附着于肩胛盂上;Ⅳ型:上盂唇桶柄样撕脱,损伤波及肱二头肌长头肌腱。

SLAP 的体征和症状:

● 损伤虽然可能来自一次事故,但是症状周期性缓解后,会反复复发。

● Ⅰ型和Ⅱ型,一些动作会使盂肱关节周围和里面疼痛,例如,一些过头动作,如投掷或向上够东西时。

● 在一些严重的情况下,运动员可能会主诉盂肱关节有绞索的感觉和弹响声音(Nam 和 Snyder,2003 年)。

● 运动员可能表现为肩袖损伤的症状,表现为盂肱关节无力和夜间疼痛。

SLAP 的急救处理:

1. 立即冰敷和加压包扎。在肩部前面和后面放置碎冰袋,确保用弹性绷带 8 字固定。

2. 冰敷和加压包扎就位后,依据 National Safety Council(1991 年)所描述的标准用悬吊和绷带固定。

3. 立即将运动员推荐到医疗机构做进一步评估。

（三）胸锁关节损伤

胸锁关节是由锁骨和胸骨柄近端组成的平面关节。被多条韧带加强(图 11.13),有关节囊韧带、胸锁前后韧带、锁间韧带、肋锁韧带和关节内的关节盘(Gray,1995 年)。

虽然胸锁关节的损伤较之肩锁关节和盂肱关节发生率较低,但是教练必须熟悉和正确处理此损伤。胸锁关节扭伤的机制是肩膀受到外来直接撞击,导致锁骨内侧向前上方脱位。损伤程度有轻微牵拉,无任何实际的组织撕裂;严重的完全性韧带撕裂和广泛软组织损伤。幸运的是,向前上的脱位会引起较少并发症,且容易治疗。胸锁关节的后脱位虽然不常发生,但是危险性更大。其锁骨近端向后移位,可能会直接压迫该部位的软组织结构,例如血管、食管和气管(AAOS,1991 年)。

胸锁关节损伤的体征和症状:

● 在大多数情况下是 2 度、3 度扭伤,胸锁关节有明显的畸形。

● 严重情况下,迅速发生水肿。

● 胸锁关节疼痛致肩关节活动受限。

● 运动员通常会主诉听到断裂的声音或胸锁关节有撕裂感。

● 注意运动员身体姿势。胸锁关节损伤时,健侧手臂抱住患侧手臂靠近躯干,头或脖子向损伤肩膀倾斜(Wroble,1995)。

胸锁关节的急救处理:

1. 立即冰敷和加压包扎。在肩部前面和后面放置碎冰袋,确保用弹性绷带 8 字固定。注意在绷带加压包扎中不要压迫气道。

2. 依据 National Safety Council(1991 年)所述的标准悬吊和绷带固定受伤的肩关节。

3. 如果有大范围的软组织损伤,需要防治休克。

胸锁关节扭伤多为保守治疗。用悬吊和绷带固定支持后 2~3 周,可减少脱位发生。即使是胸锁关节前脱位,手术矫正的情况也非常少见。有经验的运动医学专家还会开出康复训练处方,帮助运动员回归运动。

（四）肩部拉伤

附着在肩胛带上的很多肌肉,都会被拉伤。如前文所述,有一些特定的运动会导致肩部损伤。最常见的是肩袖肌群的拉伤。

1. 肩袖损伤

肩袖肌群(图 11.13 和图 11.14)作用很多,包括固定关节窝内的肱骨头,协助肩关节外展、内旋和外旋。

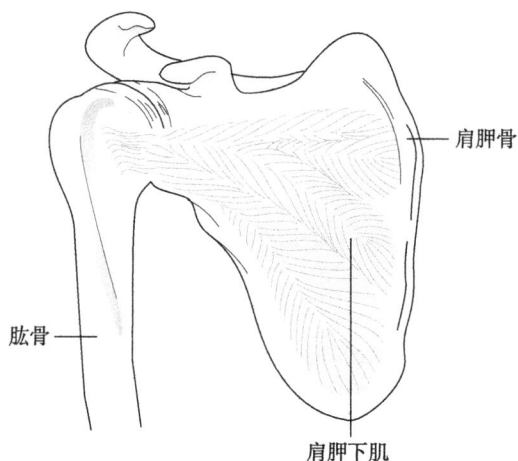

图 11.13 肩袖(前面观)

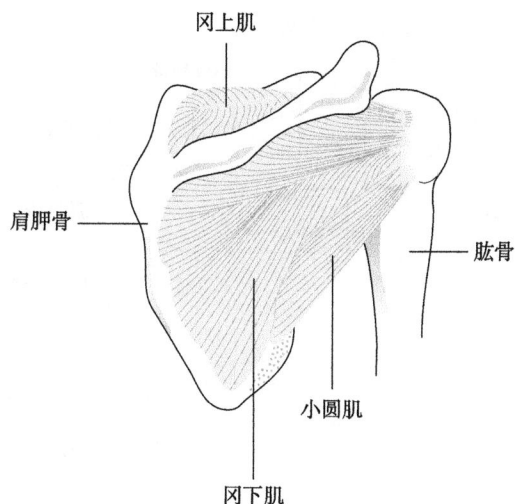

图 11.14 肩袖肌群（后面观）

冈上肌

肩胛骨

肱骨

小圆肌

冈下肌

为了更好地理解肩袖损伤机制，需复习投掷和挥臂的运动学机制。投掷分为 5 个阶段，依次为挥臂准备阶段、扬手、加速、投出、后续打姿（AAOS，1991 年）。特别是，在挥臂准备投掷阶段，需要全身最佳的姿势产生投掷力量。扬手阶段，就是伸展摆手，让盂肱关节外展外旋；这个动作会让肩袖肌群和肩关节其他肌肉产生向心收缩力。加速阶段有一个突然反向动作：手臂快速内旋、水平屈曲、内收，此时胸大肌、三角肌前部、大圆肌、背阔肌和肱三头肌产生向心收缩。在加速阶段产生的力很大，其产生取决于运动员的技巧和力量，并在后续打姿过程中得到控制。投出阶段是投掷过程中时间最短的一个阶段，用最大速度在最短时间内投出。后续打姿指上肢在投出后快速减速的过程。重点注意，手臂的减速需要激活肩袖肌群的离心收缩。

肩袖肌群的大部分拉伤发生在最后结束阶段，特别是离心收缩时。如果肩袖肌群力量比加速阶段收缩的肌肉弱，损伤则更容易发生。通过设计合理的肩袖肌群的训练方案，可以避免拉伤。

肩袖拉伤一般由过度使用导致。病情进展缓慢，几周到数月时间。有挥臂和投掷的动作需求的运动员，尤其是年老的和肩袖肌群力量薄弱的运动员是肩袖拉伤的高发人群。如果在运动前预热投掷的手臂，可以帮助降低肩胛带肌肉组织的紧张，减少拉伤。在投掷或摆动的过程中，由于过度使用，经常会导致创伤。重要的是，运动员要学习正确的运动技术，减少受伤的机会。

肩袖肌群损伤的体征和症状：

● 肩膀疼痛，特别是在投掷或挥臂的结束阶段。

● 在投掷或挥臂的扬手阶段，很难将手臂举起

和放下。

● 在投掷或游泳训练和比赛后 12~24 小时后，肩部发生僵硬和疼痛。

● 肱骨头部位有压痛点，可能在三头肌深部（特别应该注意的是肩袖损伤和其他肩部损伤如滑囊炎、肌腱炎症状相似）。

肩袖损伤的急救处理：

（1）过度使用造成的损伤需要详细彻底的医学评估，否则很难有效治疗。当症状发生后，冰敷和加压包扎可有效减少损伤导致的疼痛和功能降低。

（2）在大多数情况下，运动员主诉在数周和数月内症状反复发生，因此，医疗转诊的全面评估很重要。

关键词

肩袖（rotator cuff）：包含盂肱关节周围的四块肌肉，肩胛下肌、冈上肌、冈下肌、小圆肌。
向心收缩（concentric contraction）：发生于对抗阻力肌肉收缩，致使肌肉缩短、关节移动。
滑囊炎（bursitis）：滑囊的炎症。
肌腱炎（tendinitis）：肌腱的炎症。

2. 肩关节撞击综合征

撞击意味着被动"接触或对抗某物"（Guralnik 和 Friend，1966 年）。综合征意思是"在一个特定的疾病中同时发生的一些症状"（Guralnik 和 Friend，1966 年）。肩部撞击综合征发生于软组织结构，如滑囊和肌腱，在关节活动时反复被挤压，产生刺激和疼痛感。在盂肱关节，撞击最常发生在冈上肌肌腱，此肌腱穿过肩关节的顶端（Lo，Hsu 和 Chan，1990 年），因此常发生摩擦、挤压。正常的盂肱关节解剖结构是相对紧凑的，直接在肩峰下方只有一个有限的可利用的空间，为肩峰下间隙。肩峰下间隙下界是盂肱关节囊，上界是肩峰和喙肩韧带。由盂肱关节的顶部形成的一个拱形结构，称为肩峰弓（图 11.15）。

无论是先天的还是运动导致的，在任何条件下，只要减少了肩峰下空间的大小就可能会演变为撞击综合征。很多运动医学的研究表明，最常见的盂肱关节撞击综合征是由"喙肩弓的解剖变异"导致，造成肩峰下间隙的结构损伤（Burns & Turba，1992 年）。

肩部撞击综合征的发生率在注重肩部活动的运动员中会更高。有项调查问卷，发现经常反复使用

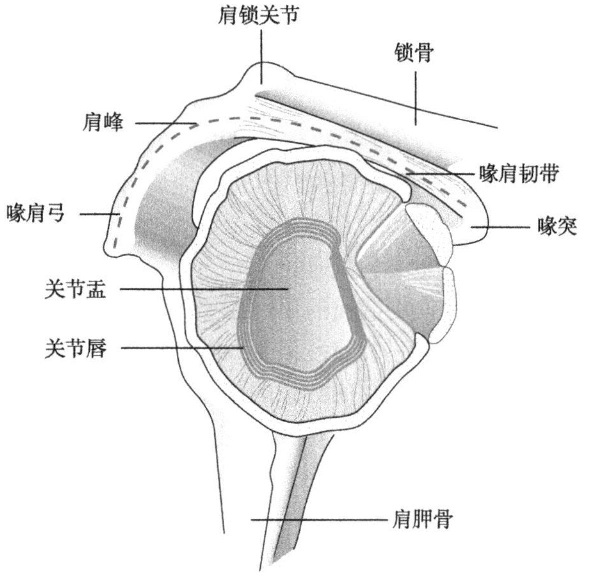

图 11.15 肩峰弓和盂肱关节（侧面观）

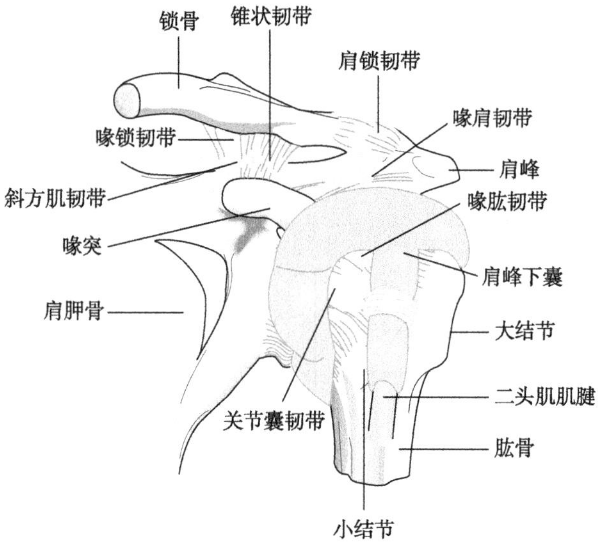

图 11.16 盂肱关节（前面观）

手臂的运动员，例如，排球、羽毛球、篮球、体操、壁球、游泳、乒乓球、网球和田径项目运动员，容易发生肩部撞击综合征（Lo, Hsu 和 Chan, 1990 年）。

肩部撞击综合征的体征和症状：

- 盂肱关节外展和外旋时，出现疼痛、无力。
- 肩膀外展 80°~90° 以上时，出现明显疼痛。
- 夜间疼痛（AAOS, 1991 年）。
- 肩膀下深部疼痛（AAOS, 1991 年）。

涉及盂肱关节的肩部撞击综合征病程长，发病要数周甚至数月，因此不需要急救处理。但是，如果有运动员出现以上所列的症状和体征时，需要完成一套完整的医疗评估。治疗方法包括休息、服用抗炎药和物理治疗。如果没有什么效果，则需要手术介入。一般使用关节镜手术。包括去除肩峰骨刺、减压喙肩韧带，或切除肩峰下表面的一部分这几个内容（AAOS, 1991 年）。

3. 肱二头肌肌腱问题

盂肱关节的解剖中涉及肱二头肌的长头肌腱（图 11.16）。该肌腱深入关节囊，被关节滑膜的一部分包绕。然后穿过肱骨头上表面，继续通过关节。肱二头肌长头肌腱的这个解剖位置在肩关节外展时可以帮助稳定肱骨头。肱二头肌长头肌腱起于肩胛骨盂上结节（Grat, 1985 年），肱二头肌短头起源于旁边的喙突。但是在解剖学上，肱二头肌肌腱与盂肱关节是分离的。

肱二头肌长头肌腱直接位于肩峰下，它受到的撞击症状类似于冈上肌撞击症状。当关节外展时，肩峰下间隙内的肌腱会受到挤压。然后出现冈上肌相似的撞击症状。反复做一些过头举动作的运动员有高风险得此病。

肱二头肌长头肌腱的另一个问题是肌腱炎。可能会导致肌腱从沟槽内半脱位。大多数情况下，肱二头肌肌腱炎发展较慢，数周或数月。因为炎症可导致肌腱变大，所以肌腱在沟中变得不稳定，容易脱出。

在慢性情况下，突然的暴力，如投掷，会导致肌腱出槽半脱位，韧带会被拉长或拉断。如果出现半脱出，运动员会出现明显症状。

肱二头肌肌腱问题的体征和症状：

- 肩关节外展时疼痛与肩部撞击综合征相似。
- 当运动员前臂抗阻时出现肩关节疼痛。
- 当主动地进行前臂屈曲和抗阻时，运动员会出现肱二头肌长头肌腱的破裂音或有强烈的感觉。

对肱二头肌肌腱进行急救处理没有实际意义，它是一个慢性损伤范畴的疾病，随时间推移逐渐出现症状。但是，如果运动员肱二头肌肌腱从肌腱沟中脱出是首次发作，则需要急救处理，立即用冰敷和加压包扎。肱二头肌肌腱损伤的长期治疗则包括休息、抗炎、渐进式康复训练。如果症状一直持续，肌腱继续从肌腱沟中脱出，那么则需要手术进行固定肌腱。

4. 肩部挫伤

在许多运动中都会出现肩关节部位的外部撞击损伤。盂肱关节一般会受到周围肌肉，例如三角肌的良好保护。但是，周围的肩锁关节直接暴露皮下，外部撞击容易使其受伤。如果运动员强行忍耐关节挫伤，结果该部位可能会疼痛难忍，例如指针肩。

运动防护师开讲

当运动员出现紧急情况时,每个人都应该受认证运动防护师的指引,自信地处理这些情况。平时可以通过简单的任务练习帮助自己,正所谓熟能生巧:每天走到场地时,考虑可能会发生最坏的情况,心里复习每一个环节,才能成功处理问题。因为每一天和每一次练习的不同体验,在紧急情况下心理技能的训练可以很好地应对突发事件。我每天都要做这样的训练,为田径运动场上出现的任何情况做准备。我强烈建议你们能将其付诸日常练习。

—Katie Walsh,教育学博士,运动防护师,执业运动防护师

Courtesy of Katie Walsh, East Carolina University.

Katie Walsh 是东卡罗来纳大学(East Carolina University)运动医学／运动防护专业主任。

关键词

综合征(syndrome): 一组典型的症状或表现为一种缺陷或疾病的状况。

指针肩(shoulder pointer): 肩锁关节区挫伤及随后的血肿。

怎么办?

您正在高中学校的摔跤比赛中对一位刚刚肩部受伤的运动员进行检查。您注意到腋窝处有非常大的肿块,且运动员斜肩,抱住手臂,轻度外展。他说手臂像要弹出来一样,基于以上信息,您能得出什么样的结论?将如何处理这种损伤?

肩部挫伤的体征和症状:

● 近期有肩膀受撞击史,伴随着疼痛和关节活动度下降。

● 如果损伤到肌肉组织,还会发生肌肉痉挛。

● 特别是骨性组织,如肩锁关节周围出现脱位和水肿。

肩膀挫伤的急救处理:

(1)立即在受伤部位直接冰敷和加压包扎。使用碎冰袋和弹性绷带。

(2)如果疼痛剧烈,悬吊肩膀减少肩部压力。

(3)如果肩锁关节持续72小时水肿明显,告知运动员需要就医。肩锁韧带在某些情况下可能扭伤。

怎么办?

您正在给一个棒球运动员做身体检查(中场手),他主诉肩膀后面有长期疼痛。特别是扔球后疼痛会出现,并指向肩胛区后面有疼痛点的部位。请问在这个损伤中涉及哪个结构?

复习题

1. 哪两个骨头组成肩胛带?

2. 什么结构附着于关节唇上?

3. 以下哪个选项供给上肢和肩部的血供?

A. 髂总动脉　　B. 尺动脉　　C. 颈内动脉

D. 锁骨下动脉　E. 腋动脉

4. 以下哪个选项是臂丛的起源?

A. C_5/T_2　　　B. C_3/T_1　　C. C_1/T_5

D. C_1/T_1　　　E. C_5/T_1

5. 肩袖肌群的四块肌肉和每块肌肉的动作。

6. 锁骨骨折的体征和症状,列举4个。

7. 锁骨骨折的急救处理。

8. 肩锁关节的主要韧带。

9. 举出两个肩锁关节损伤的机制。

10. 肩锁关节损伤的主要体征和症状。

11. 肩锁关节的急救处理。

12. 盂肱关节的主要韧带。

13. 判断题：盂肱关节最常见的脱位是关节后脱位。

14. 盂肱关节脱位的主要体征和症状。

15. 疑似有盂肱关节的脱位的运动员的急救处理。

16. 慢性肩关节半脱位的定义。

17. 胸锁关节的主要韧带。

18. 胸锁关节损伤的主要体征和症状。

19. 疑似胸锁关节损伤的运动员的急救处理。

20. 举手过肩扔东西和／或游泳的 5 个阶段，简单介绍每个阶段肌肉收缩的类型。

21. 判断题：肩袖肌群的主要扭伤发生在准备投掷和扬手阶段。

22. 肩袖肌群损伤的体征和症状。

23. 肩峰下间隙的顶的解剖结构？

24. 判断题：强调低于肩水平的手臂活动的运动员，发生撞击综合征的几率较高。

25. 肩关节撞击综合征的体征和症状。

26. 以下哪个结构（韧带）固定肱二头肌长头肌腱在肌腱沟内？

A. 环状韧带　　　　　　B. 内侧副韧带

C. 关节囊韧带　　　　　D. 肱横韧带

（武汉体育学院　柳华）

参考文献

American Academy of Orthopaedic Surgeons (AAOS). (1991). *Athletic Training and Sports Medicine* (2nd ed.). Park Ridge, Ill: American Academy of Orthopaedic Surgeons.

Arnheim DD. (1987). *Essentials of Athletic Training* (1st ed.). St. Louis, Mo: Times Mirror/Mosby.

Bach BR, VanFleet TA, Novak PJ. (1992). Acromioclavicular injuries—controversies in treatment. *Phys Sportsmed.* 20:87–101.

Burns TP, Turba JE. (1992). Arthroscopic treatment of shoulder impingement in athletes. *Am J Sports Med.* 20:13–16.

Cain TE, Hamilton WP. (1992). Scapular fractures in professional football players. *Am J Sports Med.* 20:363–365.

Dias JJ, Gregg PJ. (1991). Acromioclavicular joint injuries in sport—recommendations for treatment. *Sports Med.* 11:125–132.

Grabiner MD. (1989). The shoulder complex. In: Rasch PJ (ed.), *Kinesiology and Applied Anatomy.* Philadelphia, Pa: Lea & Febiger.

Gray H. (1985). *Anatomy of the Human Body.* Philadelphia, Pa: Lea & Febiger.

Guralnik DB, Friend JH (eds.). (1966). *Webster's New World Dictionary of the American Language.* Cleveland, Oh: The World Publishing Company.

Lo YPC, Hsu YCS, Chan KM. (1990). Epidemiology of shoulder impingement in upper-arm sports events. *Br J Sports Med.* 24:173–177.

Mazzocca AD, Arciero RA, Bicos, J. (2007). Evaluation and treatment of acromioclavicular joint injuries. *Am J Sports Med.* 35(2):316–329.

Nam EK, Snyder SJ. (2003). The diagnosis and treatment of superior labrum, anterior and posterior (SLAP) lesions. *Am J Sports Med.* 31(5):798–810.

National Safety Council. (1991). *First Aid and CPR.* Boston, Mass: Jones and Bartlett.

Rockwood CJ, Williams G, Young D. (1998). Disorders of the acromioclavicular joint. In: Rockwood CJ, Matsen FA, III (eds.), *The Shoulder.* Philadelphia, PA: WB Saunders.

Snyder SJ, Karzel RP, Del Pizzo W, Ferkel RD, Friedman MJ. (1990). SLAP lesions of the shoulder. *Arthroscopy.* 6:274–279.

Snyder SJ, Rames RD, Wolber E. (1991). Labral lesions. In: McGinty JB (ed.), *Operative Arthroscopy.* New York: Raven Press.

Wroble RR. (1995). Sternoclavicular injuries—managing damage to an overlooked joint. *Phys Sportsmed.* 23:19–26.

第十二章
臂、腕和手部损伤

本章主旨

　　这一章我们先对上肢重点关节的解剖学知识做一个简单的回顾。然后将继续讨论上臂损伤，特别是挫伤和骨折。考虑到肱骨骨折的潜在危险后果，这一节会提供针对肱骨骨折的详细急救照护指南。接下来，这一节将回顾肘关节损伤，概述典型发生机制、症状和体征以及主要急救程序的最新信息。因肘关节损伤处理不当将导致灾难性的潜在后果，这一节也会提供详细的急救指南。这一节也会讨论到肘关节周围肌肉附着处的疾病，临床被称为上髁炎，特别讲到其可能的病因、症状和体征以及照护。

　　虽然很少见，但是前臂损伤也会偶尔发生。本章回顾了较常见的损伤类型的症状和体征以及急救照护。下一节会讨论到腕关节的损伤，着重讲手舟骨骨折和月骨脱臼这样的常见损伤。腕部神经损伤比较多见，腕管综合征可能最被人们熟悉。因此，本节简单叙述累及正中神经和尺神经的特定症状和体征。

　　最后，本章会讨论在运动中非常常见的手和手指的损伤。

第一节 解剖概述

手臂的骨性结构有肱骨（上臂）、尺骨和桡骨（前臂）。肱骨近端（肱骨头）和肩胛骨关节盂形成肩关节（肱盂关节）。肱骨远端与前臂的尺骨和桡骨连接组成的肘关节，它实际上包含了三个特定的关节：肱尺关节、肱桡关节和近端桡尺关节。

前臂远端和腕骨共同组成桡腕关节（腕关节）和远端桡尺关节。上肢关节有很广泛的运动形式，包括肘关节屈曲/伸展和内旋/外旋，以及腕关节屈曲/伸展和尺偏桡偏。联结肘关节（图12.1）和

腕关节的韧带，很可能在运动中发生外伤。当然，肘关节的环状韧带是人体中很具特色的一条韧带（图12.2）。这条韧带固定桡骨头在近端桡尺关节内，使得该关节在内旋/外旋的同时，桡骨头能和肱骨小头连接一起。

在图12.3我们可以看到，上臂的肌肉组织是丰富的。它受到肘关节屈曲伸展所用到的肱二头肌、肱肌、肱三头肌和肘肌的支配。上臂多块肌肉的共同作用使肘关节有多个方向的运动，即屈曲、伸展和旋后。上臂肌肉以及其所支配的特定运动和神经支配详见拓展知识12.1。

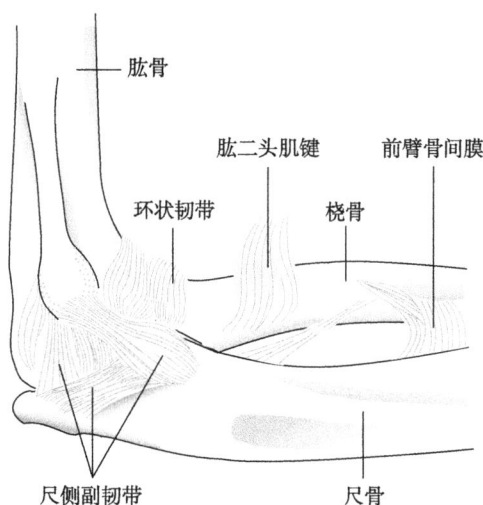

图12.1 肘关节（内侧观）

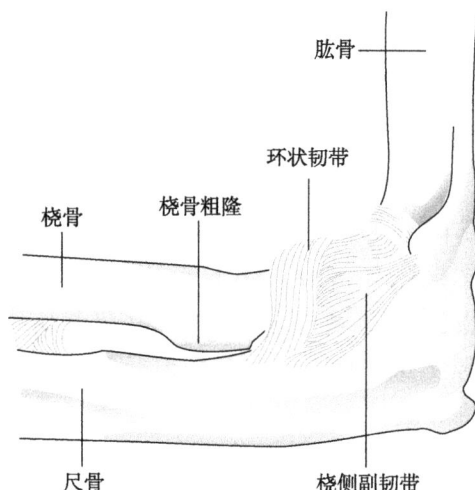

图12.2 肘关节（外侧观）

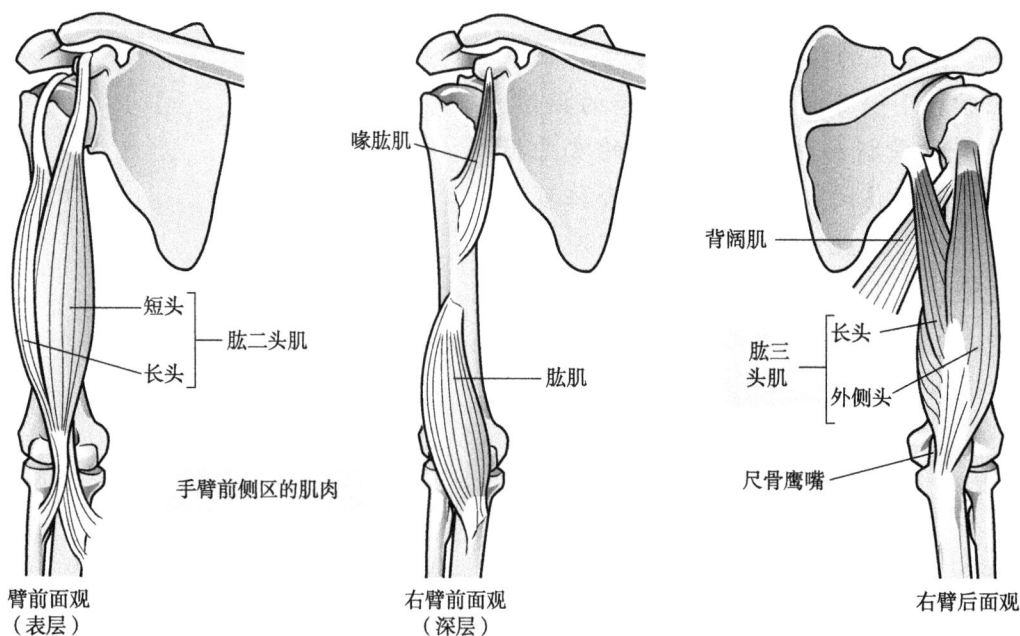

图12.3 手臂肌肉的前面观和后面观

拓展知识 12.1 上臂肌肉、运动和神经支配

肌肉	所支配的运动	神经支配
肱二头肌	肘关节屈曲	肌皮神经
	前臂外旋	
肱肌	肘关节屈曲	肌皮神经
肱三头肌	肘关节伸展	桡神经
肘肌	肘关节伸展	桡神经

前臂包含大量的肌肉,它们支配前臂、腕部、手掌和手指的运动。前臂的主要肌肉起始于肱骨外上髁或者内上髁,它们直接附着在肘关节近端。前臂的肌肉可分为伸肌/旋后肌群和屈肌/旋前肌群(图 12.4 和图 12.5)。这些肌肉共同负责肘关节旋前和旋后,腕关节和手指的伸展和屈曲,拇指的伸展和屈曲,以及手腕尺偏和桡偏。前臂肌肉所支配的运动和神经支配详见拓展知识 12.2。

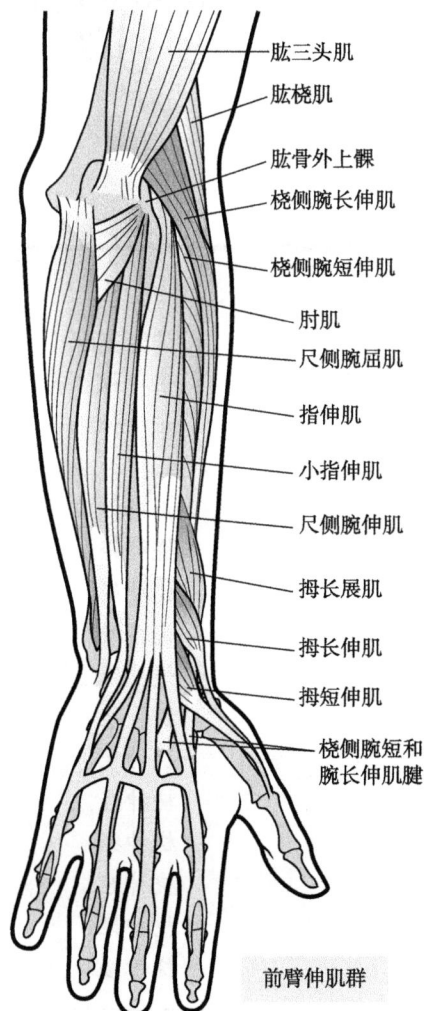

图 12.4 前臂伸肌肌肉

标注(自上而下):
肱三头肌
肱桡肌
肱骨外上髁
桡侧腕长伸肌
桡侧腕短伸肌
肘肌
尺侧腕屈肌
指伸肌
小指伸肌
尺侧腕伸肌
拇长展肌
拇长伸肌
拇短伸肌
桡侧腕短和腕长伸肌腱
前臂伸肌群

关键词

肱尺关节(humeroulnar joint):由尺骨近端滑车切迹与肱骨远端肱骨滑车构成。

肱桡关节(humeroradial joint):由桡骨近端和肱骨远端的肱骨小头构成。

桡尺关节(radioulnar joints):由桡骨近端和远端与尺骨形成的两个关节,通常称为桡尺近端关节和桡尺远端关节。

桡腕关节(radiocarpal joint):由桡骨远端和腕关节的舟骨、月骨和三角骨等三块骨头组成椭圆关节。

肌炎(myositis):肌肉的炎症。

tackler's 外生骨疣(tackler's exostosis):由于对上臂区域的反复击打造成从肱骨突出的良性生长物,常见于擒抱橄榄球运动。

外生骨疣(exostosis):没有典型骨生长的骨表面突出骨外的生长物。

第二节 上臂软组织损伤

上臂主要损伤不是挫伤就是骨折。虽然在上臂也会发生拉伤,但是概率非常小。根据接触性运动的本质,手臂的撞击非常常见。典型的情景:一个橄榄球前锋在肘关节屈曲位下阻挡时受到来自上臂外侧的撞击。肌肉组织被夹在皮肤和肱骨之间而受到挤压。由于撞击力巨大,肌肉组织的损伤可能很明显。如果这种情况不断重复,运动员可能会得被称为外伤性骨化性肌炎的疾病。

一、外伤性骨化性肌炎

外伤性骨化性肌炎涉及肌肉慢性炎症,肌肉慢

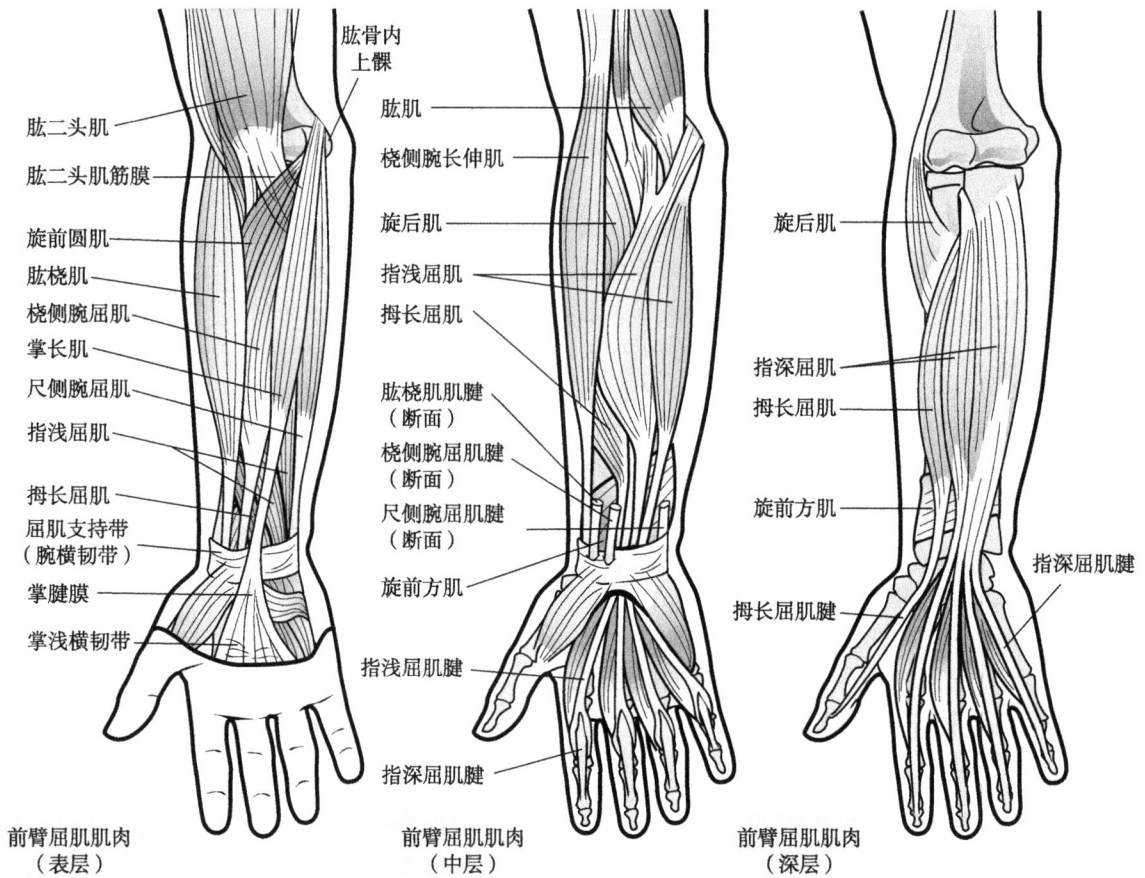

图 12.5　前臂屈肌肌肉的三个层面

拓展知识 12.2　前臂肌肉、运动和神经支配

肌肉	所支配的运动	神经支配
指深屈肌	屈远端指间关节、近端指间关节和掌指关节	正中神经和尺神经
指浅屈肌	屈近端指间关节和掌指关节	正中神经
拇长屈肌	拇指屈曲	正中神经
旋前方肌	前臂旋前	正中神经
肱桡肌	肘关节屈曲,前臂旋后	桡神经
桡侧腕长伸肌	伸腕,腕关节桡偏	桡神经
桡侧腕短伸肌	伸腕,腕关节桡偏	桡神经
指伸肌	伸指,伸腕	桡神经
小指伸肌	小指伸展	桡神经
食指伸肌	示指伸展	桡神经
尺侧腕伸肌	伸腕,腕关节尺偏	桡神经
旋后肌	前臂旋后	桡神经
拇长展肌	拇指外展	桡神经
拇长伸肌	拇指伸展	桡神经
拇短伸肌	拇指伸展	桡神经

性炎症会发展成肌肉骨化。这种情况在足球运动中很常见，以至于这种情况被称为防守员外生骨疣（tackler's exostosis）（美国矫形外科学校［AAOS］，1991）。外生骨疣定义：一种从骨头表面伸出被特有软骨覆盖的良性增生（Friel, 1977）。外伤性骨化性肌炎需要数周乃至数月发展，所以早期一般被诊断为简单的挫伤而被忽视。对于教练来说，意识到这种损伤会发展成为一种更严重的疾病并能对应地进行评估是很重要的。

上肢挫伤的症状和体征如下：

● 该部位近期有挫伤史

● 相关部位疼痛、皮肤色泽改变和肿胀

● 肌痉挛，后期受损肌肉肌力下降

● 潜在神经损伤症状，包括受损部位远端感觉或肌肉运动功能丧失

上肢挫伤的急救照护如下：

1. 马上冰敷和加压。最好的方法是用一条宽的弹性绷带固定一袋碎冰在手臂周围进行冰敷。

2. 通过悬吊手臂固定肢体24小时。

3. 如果出现严重急性疼痛或症状持续超过72小时，则应转介运动员以作完整的医学评估。

二、三头肌损伤

三头肌损伤是不常见的上臂损伤。损伤机制可能是在肘关节后侧受到直接撞击或者是跌倒时伸出手。无论哪个机制都可以导致肌肉或肌腱部分或完全性断裂。主要损伤涉及三头肌止于尺骨鹰嘴处的撕脱性骨折（Anderson, hall & martin, 2005）。这种损伤非常罕见，但它会导致严重功能障碍，并可能伴有桡骨头或鹰嘴骨折。Anderson和他的同事（2005）发现这种损伤广泛发生在一些包括竞技举重、健美、高山滑雪和排球运动员中。根据定义，所有这些损伤都被归类在肌肉拉伤和/或撕脱性骨折中。根据严重程度和明确的位置，可能立即需要医疗处理。如果伴随部分或完全断裂或者鹰嘴撕脱性骨折，外科介入是必要的（Anderson, hall & martin, 2005）。即使是只涉及部分撕裂的较轻损伤，也需要肘关节在30°屈曲姿势下夹板固定较长时间（1个月）（Holleb & Bach, 1990）。

三头肌损伤的症状和体征如下：

● 运动员称有过肘关节或肱骨后侧突然出现爆裂声的经历。

● 肘关节或仅三头肌肌腱近端疼痛明显。

● 鹰嘴附近肌腱或三头肌可见缺如。

● 皮肤色泽改变并可能出现肿胀，两者都可能在损伤后几小时才出现。

三头肌损伤的急救照护如下：

1. 马上冰敷和加压。最好的方法是用一条宽的弹性绷带固定一袋碎冰在手臂周围进行冰敷。

2. 如果疼痛能忍受，将肘关节屈曲接近90°悬吊固定。

3. 如果疼痛剧烈或者可见缺如出现在三头肌或三头肌腱处，必须马上转介到医院。

第三节　上臂骨折

很少资料讲到运动导致肱骨近端和中段骨折发生的频率。似乎涉及参与者碰撞的运动，如橄榄球、冰上曲棍球，或者有高速坠落潜在风险的运动，如自行车或直排轮滑等更容易导致此类损伤（图12.6）。虽然很少见，但是肱骨应力性骨折曾被报道与高强度举重训练有关（Bartsokas, Palin & Collier, 1992）。

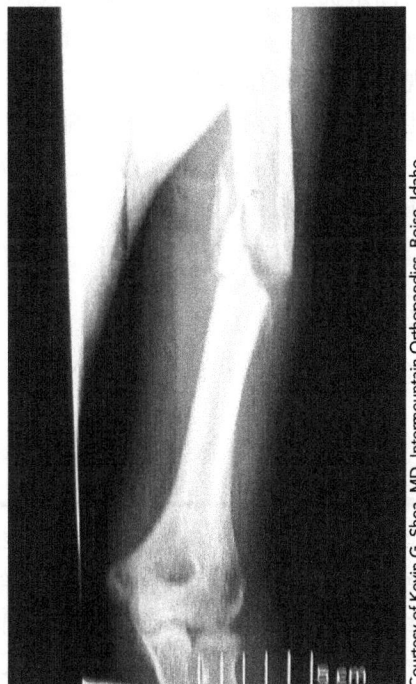

Courtesy of Kevin G. Shea, MD, Intermountain Orthopaedics, Boise, Idaho.

图 12.6　肱骨中段骨折（左臂）

肱骨骨折的症状和体征如下：

● 上臂剧烈疼痛而且该区域近期有外伤史。

● 可能马上出现可见的畸形，特别是与对侧肢体对比时。

● 功能障碍或不愿意使用该肢体。

● 肢体周围肌肉组织痉挛。

- 运动员汇报在损伤时听到砰的一声或出现折断感。
- 如果伴随桡神经损伤，可能出现前臂后侧和手腕感觉丧失。这还可能导致伸腕肌力消失（AAOS，1991）。
- 在应力性骨折的情况下，疼痛可能与特定的外伤事件无关。取而代之，运动员可能会说训练项目有所改变，例如，一个突然增加强度或量的力量训练。

肱骨骨折的急救照护如下：

1. 马上进行冰敷、加压，并用适当规格的夹板固来。很多市场上能买到的夹板都是可用，而且如果根据厂商的说明书使用效果良好。冰敷时最好用一袋碎冰广泛包裹手臂周围，并将冰袋用一条宽弹性绷带固定。如果观察到桡神经损伤或循环障碍，则停止冰敷。

2. 按照美国安全指南（National Safety Council，1991）的描述，进行绷带包扎和悬吊。

3. 和所有需要夹板固定的损伤一样，周期性地评估夹板固定远端的循环障碍情况是必不可少的，以确保血流未被影响。这可以通过简单地挤压手指甲床和观察指尖血液回流情况实现。

4. 肱骨骨折是严重损伤，通常伴随明显的软组织损伤。在这种情况下，运动员应接受休克处理，并立即送往医疗保健机构。

关键词

上髁炎（epicondylitis）：上髁的炎症反应。

怎么办？

你被要求检查一个年轻垒球投手的肘部。她一直感觉肘部疼痛，肘部偶尔会"卡住"。当这种情况发生时，她会感到剧痛和肿胀。问题的原因是什么？您建议采取什么措施？

第四节　肘关节损伤

肘关节损伤在运动中很常见，并且范围从简单的擦伤或挫伤到完全性脱位或骨折。在涉及重复投掷或摆动的运动中，肘关节可能发生一种与肱骨上髁处肌肉附着点相关的劳损，有时会导致一种被称为上髁炎的情况。少年运动员的肱骨上髁结构还不成熟，它们因为在肌肉附着点而被分类为骨垢。所以，当这些结构因为炎症而被破坏（通常因为劳损），这类损伤在学术上被称为骨垢炎。肘关节也会遭受扭伤。当关节被迫超过正常活动度的超伸时最常受累。对于这个复杂的关节，脱位和骨折很可能是最严重的损伤类型，如果治疗不当，两者都会导致永久性并发症。

一、肘关节扭伤和脱位

肘关节三根骨头（肱骨、尺骨和桡骨）被几条韧带固定在一起，这些韧带共同支持肘关节广泛的运动。肘关节关节囊延展性很大，由尺侧副韧带和桡侧副韧带分别从内侧和旁侧进行加强。这两条韧带起着保护肘关节免受外翻和内翻力的作用。此外，桡骨头被之前描述过的环形韧带固定在相应位置上。

肘关节扭伤可能由于多种原因导致，包括跌倒，特别是运动员在向后倒时肘关节锁定在伸展状态。这个原因会导致关节囊前侧以及关节前面的其他软组织拉伤和/或撕裂。其他两个肘关节扭伤的原因是当肘关节被固定在薄弱的位置，受到突发的内翻和外翻的力，这些情况会发生在橄榄球或摔跤中。

肘关节脱位是一种扭伤的极端情况，涉及关节周围软组织的明显损伤。损伤原因通常在肘关节屈曲或伸展时跌倒。撞击力会导致前臂骨头向后移位，同时尺骨鹰嘴跑到肱骨远端的后侧。畸形明显使得初期评估相对明确。这种脱位可以和尺骨或/和桡骨骨折联合发生。

肘关节扭伤和脱位的症状和体征如下：
- 轻微扭伤会出现轻微肿胀和局部疼痛。
- 抓物困难或握拳困难。
- 如果是肘关节脱位，肘关节处会出现前臂骨头在肱骨远端后方的明显畸形（图 12.7）。
- 疼痛剧烈，肘关节功能全部丧失。
- 肘关节远端的神经症状以沿着主要神经分布区的麻木为主要特点。对于这种损伤，尺神经最容易受累（AAOS，1991）。

肘关节扭伤和脱位的急救照护如下：

1. 轻微肘关节扭伤应立即进行冰敷和加压。有效的方法是用弹性绷带固定一袋碎冰在相应位置。

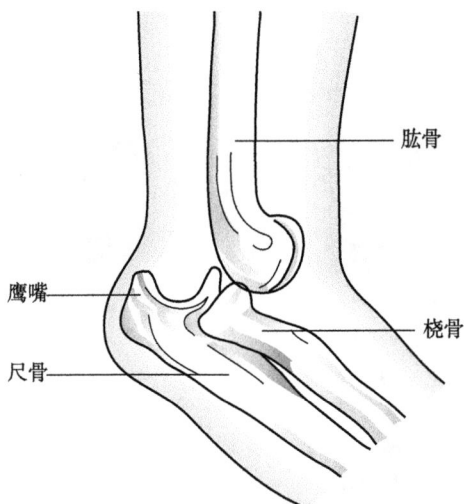

图 12.7 肘关节后脱位

2. 一旦已经正确冰敷和加压，上肢应该按照美国安全指南（National Safety Council，1991）的建议进行绷带包扎和悬吊。

3. 如果发生了明显的脱位，第一要务是防止并发症，因为并发症是很严重的，包括肘关节神经血管组织受压。应立即冰敷并使用适当的夹板进行加压固定。

怎么办

你被要求检查一个年轻垒球投手的肘部。她一直患有肘部疼痛，并报告说她的手肘偶尔卡住。

当这种情况发生时，她会感到剧烈的疼痛并肿胀。这问题可能是什么原因引起的？你建议采取什么处理步骤？

4. 进行夹板固定时，需要特别留意避免移动前臂已经移位的骨头。美国安全指南（National Safety Council，1991）推荐按照图12.8在肘关节两侧或一侧进行夹板固定。

5. 肘关节脱位是严重损伤。运动员应接受休克处理，并必须安排送往医疗保健机构。

二、骨折

肘关节骨折通常涉及肱骨上髁上方的肱骨远端骨折，这也被称为髁上骨折，或者尺骨或桡骨近端骨折。报道称髁上骨折广泛出现在年轻运动员中（青少年）（Pfeiffer，Shea，& Apel，2006）。由于关节的复杂性，任何骨折都意味着运动员存在潜在问题。当骨折导致骨头移位，和脱位的情况一样，神经血管组

织有损伤的危险。尤其是如果断骨被运动员或其他试图执行急救的人员不经意地移动了。在这种情况下，一个单纯的肘关节骨折就很容易转变成不可逆的损伤。如果桡动脉被断骨端压迫，前臂的循环会显著减少或停止，导致福尔克曼挛缩（Volkmann's contracture，图12.9）。这种情况与前臂肌肉组织使血供阻断的作用有关。如果不正确处理，将会导致永久性畸形。因此，在执行急救程序时，必须非常小心地处理肘关节骨折。除此之外，直至将运动员转送到医疗机构之前，对肘关节远端的血流监控也是很重要的。

骨折的损伤机制与扭伤和脱位的损伤机制相似。尺骨鹰嘴骨折通常与坠落时肘关节屈曲且撞击了关节尖端有关。当青少年发生肘关节骨折时，需要特别注意以确保骨折不会对相关骨骼的生长中心产生不利影响。

肘关节骨折的症状和体征如下：

● 肘关节近期有明显外伤史并伴有显著疼痛和功能障碍。

● 在损伤部位立即出现肿胀。

● 如果涉及移位性骨折，可看到明显的畸形。

● 如果血供有问题，可以看到前臂和手的血流不足，这些部位的皮肤变得冰冷和湿冷。此外，伤者会说感到手痛或手麻。

关键词

外翻（valgus）：身体一部分向外弯曲的姿势。
内翻（varus）：身体一部分向内弯曲的姿势。
福尔克曼挛缩（Volkmann's contracture）：前臂肌肉挛缩，与前臂或肱骨骨折和／或脱位引起的血供丧失有关。

肘关节骨折的急救照护如下：

1. 立即进行冰敷。然而，避免对关节周围进行加压是很重要的，因为对于这个特定的损伤而言，加压会使血管损害的风险增加。

2. 冰敷时用一袋碎冰包裹损伤部位，并将冰袋用比如三角巾这样的非弹性布带固定。

3. 美国安全指南（National Safety Council，1991）推荐按照图12.8实施夹板固定以使肘关节附近骨骼不被移动。

4. 运动员应接受休克处理，并安排送往医疗保健机构。

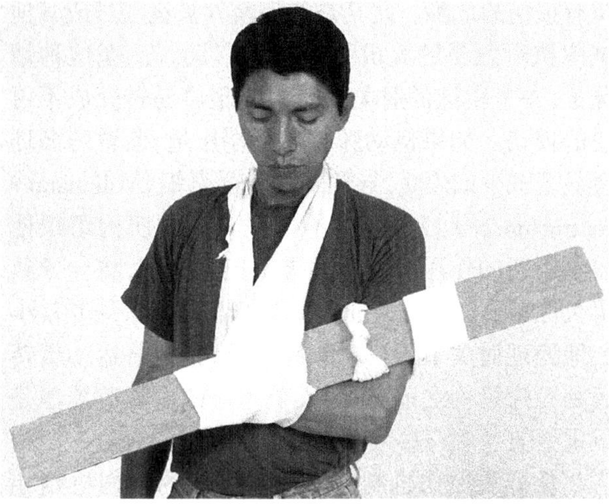

图 12.8 肘关节损伤的夹板固定

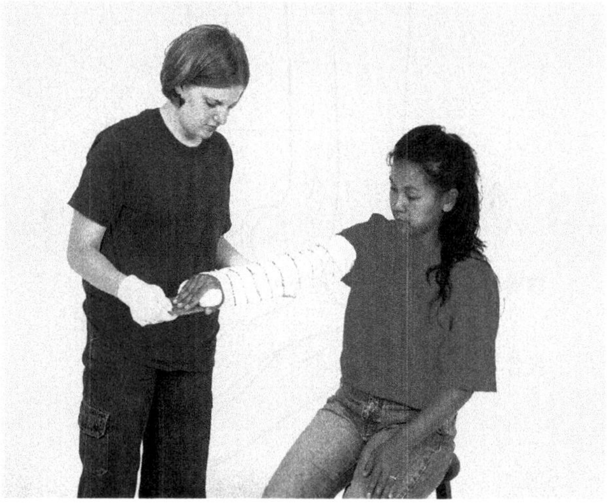

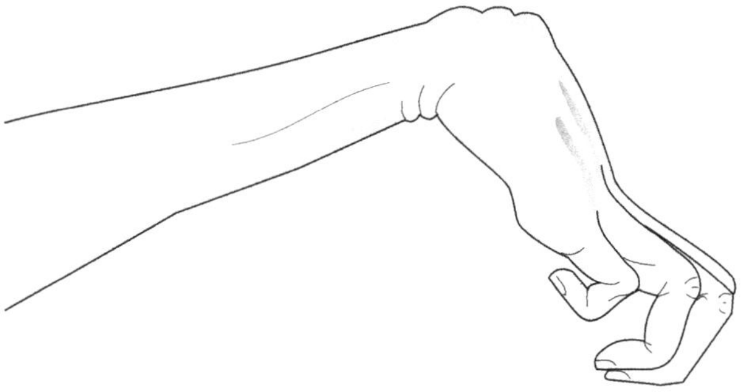

图 12.9 福克曼缺血性挛缩

三、肘关节上髁炎（肱骨上髁炎）

肱骨上髁正是位于肱骨小头和肱骨滑车这个远端关节面的近端。肱骨内上髁更加突出，是前臂屈肌以及尺侧副韧带通常的附着点。肱骨外上髁较小，是前臂伸肌以及桡侧副韧带通常的附着点。正如这一章前面提到的，少年运动员的上髁结构还不成熟，被视作骨垢。因此，当这些组织有炎症，这种情况会被视为骨垢炎。不管什么年龄，肘关节附近都有很多骨性突起（图 12.10）。

需要持续捉物同时活动手腕的运动会对上髁处的软组织施加相当大应力，常见于握拍类和投掷运动。棒球（高于头顶的）投球，施加到肘部的应力是很大的。生物力学分析表明，肘关节在加速阶段的伸展速度达到 3 000 帧 / 秒。此外，在肘关节外侧，肱骨小头和桡骨头之间有一个挤压力（Cain & Jugas，2004）。当"棒球肘（Little League Elbow）"在 1960 年首次创立时（Brogden & crow，1960），第一个围绕这个主题的主要研究没有被发表，而是在 10 年后才发表。在 20 世纪 70 年代，两篇该主题的论文才发表，这两篇论文导致了该主题被全国性地讨论，

讨论的群体包括医疗界、赞助商、教练、家长和运动员（Gugenheim 等，1976）。在这期间，人们对找出损伤的因素非常地关注，包括投掷的类型，（是否运用）正确的技巧，和在单次比赛过程中、一周、一个赛季中投掷的总球数。大家主要关注的问题在于，青少年运动员做投掷动作可能导致肘关节内上髁退行性变以及随后发生的炎症，最终导致肱骨内上髁骨骺炎。这会导致内上髁附近的明显疼痛并会严重限制运动员手腕和手指的屈曲和旋前。在青少年的极端案例中，还出现了肱骨上髁脱离肱骨的急性骨

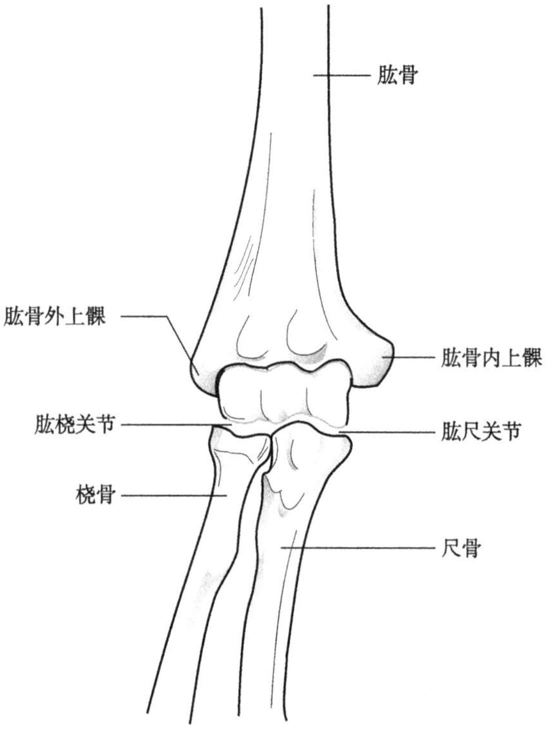

图 12.10 肘关节上髁

折,即肱骨撕脱性骨折。随后的研究为儿童肘关节附近的骨突和投掷运动的关系提供了有说服力的证据(Micheli & Fehlandt,1992)。结果就是,制定了相关规定来限制年轻投手每个赛季能参加的最多回合数。虽然这一问题在青少年棒球界的意识有所增强,但据估计,棒球肘还继续影响 10%~25% 年轻投手(Olsen 等,2006)。

另一个被认为造成运动员内上髁炎的运动是高尔夫球。被称为"高尔夫球肘",与挥杆有问题的球员有关(Hutson,1990)。研究数据提示:外上髁炎的发生多于内上髁炎的发生。网球也被认为是上髁炎的原因。网球肘累及肱骨外上髁和桡侧腕短伸肌腱(Hannafin & Schelkun,1996)。有报道称,10%~50% 网球运动员在他们的运动生涯中曾出现这一情况(Jobe & Ciccotti,1994)。Hutson(1990)报道称网球肘与多种运动因素有关,如下:

- 与击拍绝对频率有关的超负荷。
- 错误的动作技术,尤其是反手。
- 球拍把手太细。
- 近期换过球拍,从木质球拍换到石墨球拍。
- 两次击球之间,握拍太紧。
- 肌肉失衡或 / 和灵活性降低。

不管是哪种上髁炎,治疗第一步都是要找出原因,在技巧和 / 或装备中找出问题。如果运动员只治疗症状而不认清问题的根本,那么上髁炎很可能会再发生。在找出原因后,对症状进行积极治疗,(在训练前和后)进行冰敷,加上抗轻微阻力的伴旋前旋后的屈腕和伸腕力量训练是有帮助的。在治疗早期阶段,不建议进行力量训练,可以采用握紧网球(手指屈曲)和手指伸展对抗对侧手的阻力等。所有康复计划都需要有能力的运动医疗从业人员进行制定和监督实施,如运动防护师或运动物理治疗师。

上髁炎 / 骨骺炎的症状和体征如下:

- 内上髁或外上髁疼痛。在运动中或运动后症状马上加重。
- 依据是内上髁或外上髁受累,疼痛分别向屈曲 / 旋前或伸展 / 旋后肌群远端放射。
- 依据是内上髁或外上髁受累,在抵抗手腕屈曲或伸展时,可以引出相应上髁部疼痛。
- 上髁疼痛部位肿胀。
- 在严重的慢性病例中,在受累上髁表面出现捻发感(通过皮肤摸到发硬碎片的感觉)。

上髁炎 / 骨骺炎的急救照护如下:

1. 劳损导致的内上髁炎和外上髁炎都会发展

成慢性炎症。因此,急救不是一个实用的解决方案。然而,当症状恶化,冰敷和加压是有帮助的。最好以弹性绷带固定一包碎冰在损伤部位进行冰敷。

2. 如果症状持续,医疗转介是必要的。

3. 长期治疗包括休息、减少参与运动的次数和偶尔服用抗炎药。

4. 确定受伤原因是很重要的,这可能包括技术错误,因过度参与缺乏足够休息导致的劳损,或与设备相关的问题(网球和高尔夫球)。

四、肱骨小头剥脱性骨软骨炎

投掷也可以导致肘关节发生一种撞击综合征,它发生在桡骨头和肱骨小头之间。这种损伤与年轻投手过迟击球和高举过头加速投掷有关。肘关节高速伸展会导致外翻过度,从而导致肘关节外侧异常受压(Hutson,1990;Klingele 等,2002)。随着时间推移和投掷动作的持续发生,桡骨近端的软骨会出现炎症甚至开始骨折,这将导致一种被称为剥脱性骨软骨炎(ODC)的疾病。有报道称 ODC 累及的是肱骨小头,而不是桡骨头,在青少年运动员中,是导致肘关节失能的头号原因。这类肘关节损伤的另一个可能原因在于前臂轴向负荷。这个损伤机制在摔倒或者前臂处于承重姿势(常见于体操)的运动中很常见。不论是哪一种情况,撞击力都会被上传到前臂,导致桡骨头与肱骨对挤。随着时间的推移,连续不断地侵犯关节将导致剥脱性骨软骨炎。

剥脱性骨软骨炎的症状和体征如下:

- 在初期阶段,运动员在训练中会感到疼痛。
- 很可能会出现关节发炎和僵硬,特别是训练后 12~24 小时内。
- 在典型案例中,软骨碎片(游离体)很可能在关节中形成,这些碎片俗称为关节鼠。
- 当游离体被卡在关节之间时,运动员可能会经历肘部被卡住的情况。
- 在晚期病例中,肘关节可能出现骨关节炎。

剥脱性骨软骨炎的急救照护如下:

1. 一个有肘关节外伤史并伴有上述症状的运动员,应该被转介到合适的医生处作一个全面的诊断评估。

2. 最好用一条弹性绷带固定一袋碎冰在相应位置来做急性症状处理。

3. 如果确定关节内有碎片,医生可能会建议做关节镜手术摘除游离体。

4. 保守(非手术)治疗包括休息,然后进行长期康复训练以强化肘关节附近肌肉和韧带。

关键词

高尔夫球肘（golfer's elbow）：与不正确的高尔夫技术相关的肱骨内上髁炎。

五、肘关节挫伤

在体育运动中，外力撞击肘关节的情况很常见。肘关节很少有保护装备，同时它活动范围大和形状不规则使得包扎很困难。幸运的是，大多数肘关节挫伤只会导致暂时的不适，并通常能在几天内好转。然而，广泛存在于皮肤和尺骨鹰嘴间的鹰嘴滑囊是一个例外。屈肘坠落或者持续重复地撞击鹰嘴部位会刺激到鹰嘴滑囊，并导致急性滑囊炎。虽然滑囊炎并不会直接影响到肘关节的完整性，但它所引起的持续肿胀、僵硬和疼痛会降低运动员的表现质量。

鹰嘴滑囊炎的症状和体征如下：

● 尺骨鹰嘴附近的肿胀是最明显的体征。

● 疼痛和僵硬，特别是肘关节屈曲时。

● 尺骨鹰嘴上的皮肤温度升高。

● 尺骨鹰嘴上的皮肤可能出现绷紧，关节可能出现内出血体征。

鹰嘴滑囊炎的急救照护如下：

1. 肘关节挫伤的急性处理包括用一条弹性绷带固定一袋碎冰在相应位置。

2. 如果出现鹰嘴滑囊炎的症状和体征，转介运

动员给合适的医生。

第五节　手腕和前臂的损伤

人类手腕的解剖结构是很复杂的。这个紧凑的关节内存在大量的肌腱（支配手腕、手指和大拇指的），在深层被带状结缔组织（又被称为支持带（腕横韧带））紧紧地绑在一起。而且，这个地方还有手和手指主要的神经和血管经过（图 12.11）。

除了简单的挫伤，前臂的运动损伤相对少见。通常，挫伤能够通过简单的冰敷、加压、抬高患肢的方法来处理。之后，还可以应用保护垫。最严重的前臂损伤可能是靠近腕关节的前臂远端骨折。最被大家所熟知的就是科利斯骨折（Colles' 骨折），它涉及桡骨远端的横行骨折（图 12.12）。这种骨折的变种包括桡骨和尺骨同时骨折以及尺骨或桡骨混合骨折。这些损伤都很严重，一定要正确治疗以预防并发症。导致该损伤的原因多种多样。无论什么原因，骨折都需要有一个暴力，并会伴随许多软组织结构的破坏。

前臂远端骨折的症状和体征如下：

● 运动员腕周近期有明确的外伤史并听到砰地一声或 / 和感到骨头折断。

● 在前臂和腕部之间出现典型的畸形，即餐叉样畸形。在科利斯骨折的病例中，手被推向后侧和外侧（桡偏）（图 12.13）。

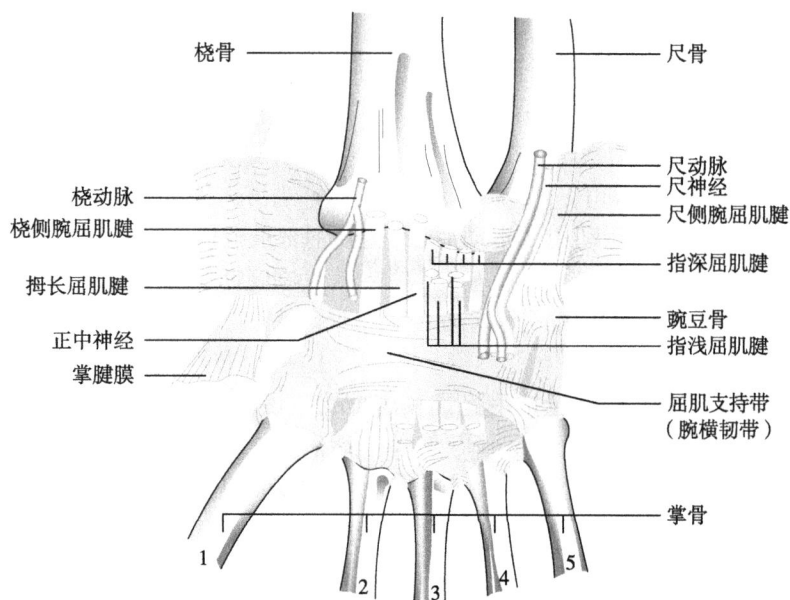

图 12.11　右腕（掌面）

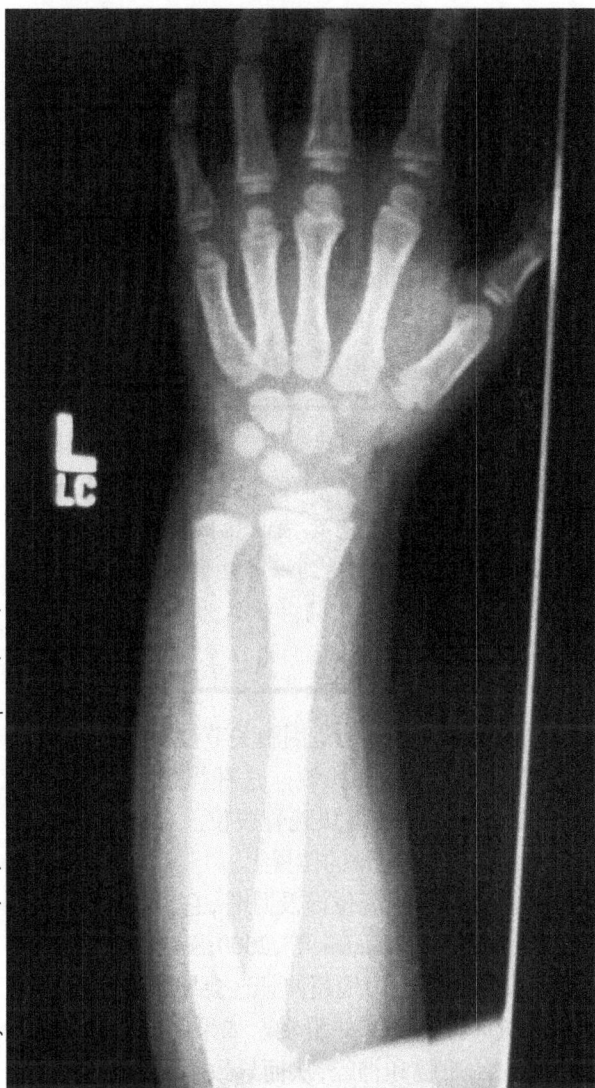

图 12.12 前臂远端骨折（科利斯骨折，Colles' 骨折）

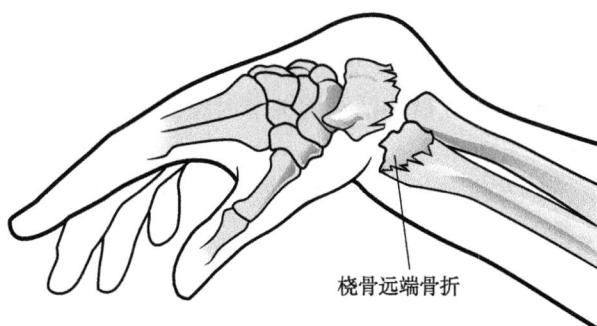

桡骨远端骨折

图 12.13 科利斯骨折（Colles' 骨折）呈现的餐叉样畸形

● 肿胀通常很严重，发展迅速并影响手和手指。

● 疼痛通常很剧烈，手腕、手和手指的运动显著消失。

● 如果断骨压迫到神经，将会出现手或 / 和手指感觉丧失。

📖 **关键词**

剥脱性骨软骨炎（osteochondritis dissecans）： 软骨和软骨下的骨碎片从关节表面脱落的状态。

囊（bursa）： 小的滑膜囊通常位于骨的突起上，它有助于缓冲和减少摩擦。

科利斯骨折（Colles' fracture）： 桡骨远端横向骨折。

ICE（Ice, compression, and elevation）： 冰敷、加压、抬高。

前臂远端骨折的急救照护包括如下内容：

1. 马上实施冰敷、加压和抬高患肢 - 简写为 ICE。最好用一条弹性绷带固定一袋碎冰在相应位置。如果怀疑合并有神经或血管受压，则不要冰敷。此外，在受损部位应予以夹板固定以避免二次损伤（请看图 12.23）。

2. 确保指尖暴露以监测手部血供。这可以简单地通过挤压手指甲并观察有没有正常血色重现在该组织上来实现。

3. 一旦实施了 ICE，必须按照美国安全指南（National Safety Council, 1991）的推荐，对前臂小心谨慎地进行标准的包扎和悬吊抬高。

4. 由于损伤引起的疼痛和伤害，运动员接受休克处理并立即送往医疗保健机构是很有必要的。

一、手腕骨折

腕骨的骨折在运动中是会发生的。根据多个作者的报道（Booher 等，2000；Saliba 等，2006），最常见的是手舟骨骨折（图 12.14）。在橄榄球（防守）和体操（跳马和落地训练）等运动中，手舟骨在伸腕时受到相当大的力。简单的跌倒也会使腕部这个关键骨头骨折。手舟骨骨折通常发生在该骨头最窄的特殊部位，也就是手舟骨的腰部。

其他腕骨也会发生骨折：钩骨、月骨和豌豆骨骨折也被报道过。不管哪一块腕骨骨折，症状和体征都会很相似。因为腕骨都很小，一般都不存在大的畸形，诊断起来很困难。当对损伤的程度或性质有怀疑时，最好的策略是转介运动员给医生作一个更全面的诊断评估。

手腕骨折的症状和体征如下：

● 运动员腕关节近期有外伤史，特别是被迫伸腕时感到骨头折断或听见砰的一声。

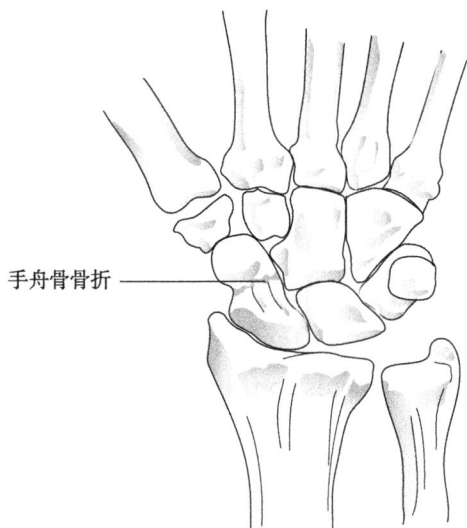

手舟骨骨折

图 12.14　手舟骨骨折在运动中很常见

● 手腕疼痛,活动时加重。一个简易检查手舟骨完整性的测试:轻轻按压拇指基底部(解剖上又被称鼻烟窝)(图 12.15),它被附着在拇指的几条肌腱所环绕。手舟骨的桡侧面就在鼻烟窝内。所以,从外侧向这个部位施加压力能引出运动员的疼痛反应,这是手舟骨骨折的一个阳性体征。

● 运动员可能不能或不愿意活动手腕,活动手腕可能会导致剧痛。

● 运动员可能会说,手腕处在某个位置时有卡住的感觉。这可能是移位骨折的征象。

手腕骨折的急救照护包括如下内容:

1. 马上实施 ICE(冰敷、加压和抬高患肢),同时予以夹板固定手腕(请看图 12.23)。

2. 一旦实施了 ICE,必须按照美国安全指南(National Safety Council,1991)的推荐,对手腕小心谨慎地进行标准的包扎和悬吊抬高。

3. 暴露指尖,有助于监测夹板外手部的血供情况。

二、手腕扭伤和脱位

导致手腕骨折的损伤原因在严重程度较低时也可能导致该区域扭伤或脱位。基本上,腕关节(桡腕关节)被网络状的、强壮粗大的桡腕掌侧和背侧韧带(图 12.16 和图 12.17)固定,再加上几条稍小的韧带将剩下的腕骨固定到一起,就形成了一系列有良好支撑性的关节,统称为腕骨间关节。

怎么办?

一名年轻的体操运动员完成跳马后立即抓住她的左手腕。在你检查她的手腕时,你注意到活动时有疼痛。她报告说,她的手一碰到跳马,就感到一阵痉挛,而且在手部鼻烟壶位一触即痛。你认为发生了什么,你会怎么处理?

最常见的手腕扭伤是因腕关节被迫超伸导致的桡腕掌侧韧带拉伤和撕裂。这种损伤如果足够严重,可以引起一块或多块腕骨脱位。在简单扭伤的案例中,腕骨会在正常的位置上。

最常见的手腕脱位涉及月骨,它位于桡骨远端和头状骨之间(Booher 等,2000;Saliba 等,2006)。损伤机制在于强有力地超伸。这会导致月骨离开正常的位置并向手腕掌侧滑动。如果严重,月骨会压迫腕管内的肌腱和神经,从而导致手和手指的明显症状。

手腕扭伤和脱位的症状和体征如下:

● 运动员汇报说曾有过腕关节用力地超伸,与此同时感到手腕骨头折断或听见砰的一声。

● 活动或试图活动腕关节时感到疼痛且不能活动。

● 发生脱位的话,运动员手腕会被卡住,不能随意活动手腕。

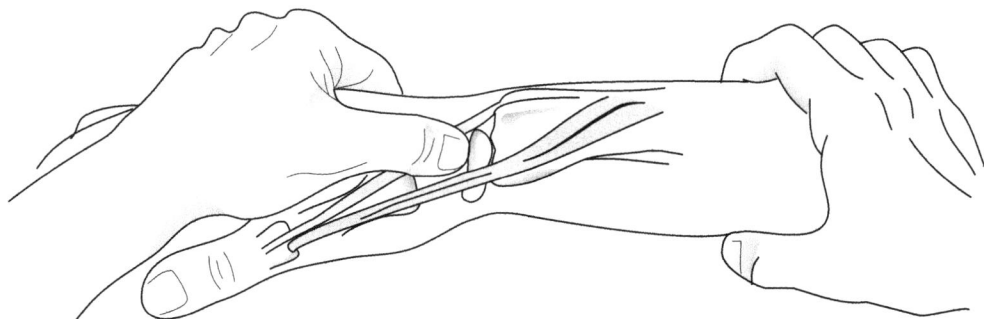

图 12.15　在鼻烟窝中触诊

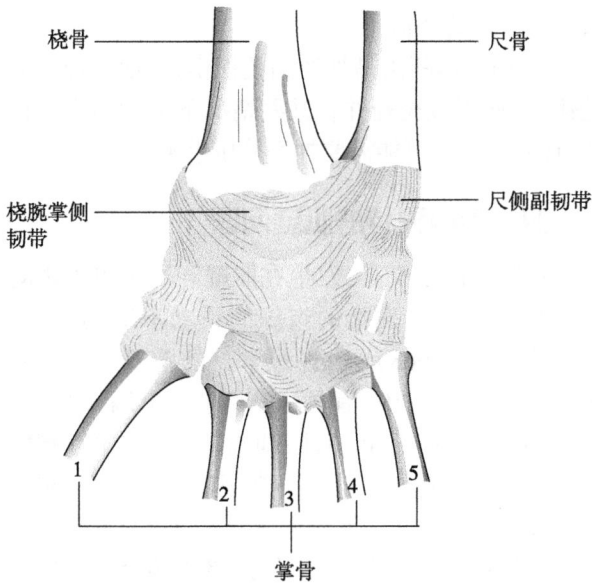

图 12.16　桡腕掌侧韧带

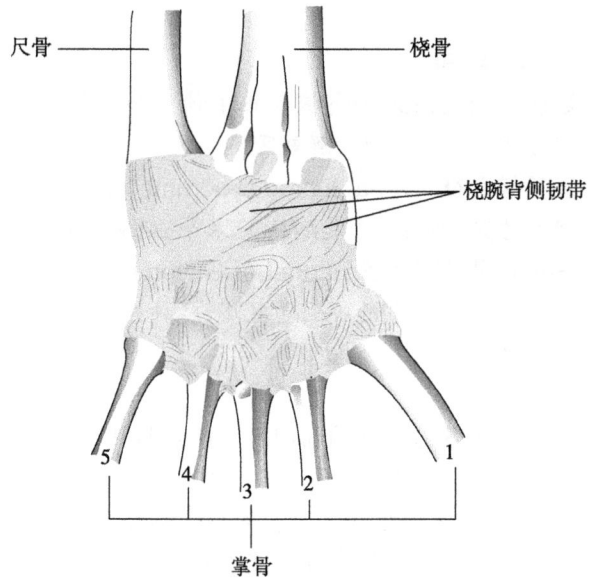

图 12.17　桡腕背侧韧带

● 麻木或 / 和疼痛从腕部辐射到手和手指。如果是月骨脱位,腕管综合征的症状会在正中神经支配区出现。

● 由于这个区域韧带的性质,腕部肿胀可能会被局限。

手腕扭伤和脱位的急救照护如下:

1. 马上实施 ICE(冰敷、加压和抬高患肢)并装上固定腕关节的夹板。用一条弹性绷带固定一袋碎冰在相应位置,在大部分的案例中都是有效的。如果怀疑有神经或血管受累,则不要冰敷。夹板也要用布带包裹固定。

2. 最好用标准的包扎和悬吊方法来抬高患肢。

3. 疼痛明显或有脱位可能的情况下,将运动员送往医疗保健机构做进一步的评估和治疗是很重要的。

三、腕部神经损伤

有三条主要的神经从前臂跨过手腕到手部,以支配手部和手指的感觉和运动功能。这三条神经是桡神经、正中神经和尺神经。虽然任何一条神经都可能在运动相关伤害中受伤,但最常损伤的是正中神经。这条神经经过腕管(图 12.18),腕管中也容纳着一直连接贯穿到手部的八条屈肌的韧带。腕管被又密又强壮的韧带和骨头所包围。

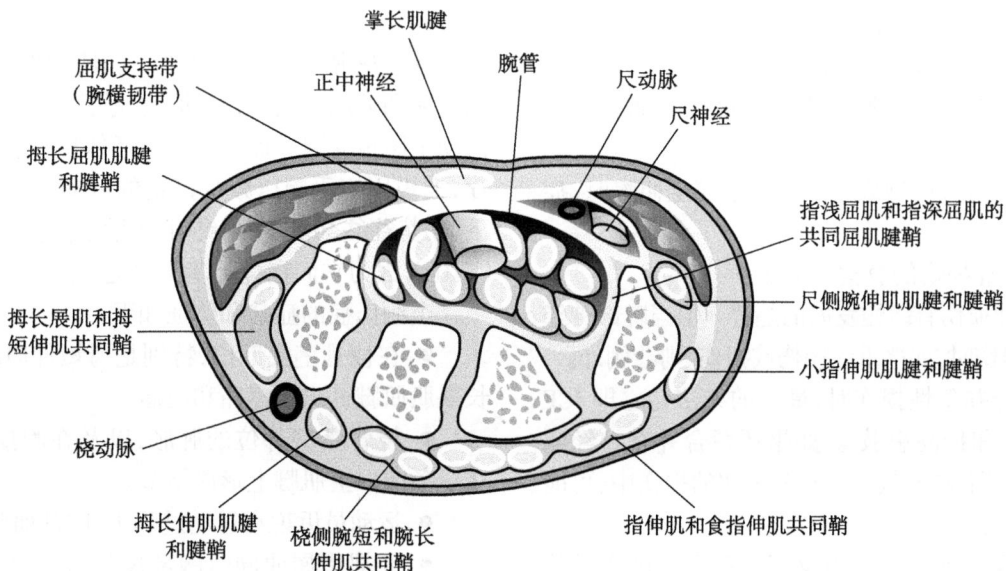

图 12.18　以腕关节横截面图显示腕管。注意正中神经的位置

导致腕管综合征的确切原因还未明，但这很可能和手腕扭伤或肌腱炎引起的腕管内肿胀有关。在任何情况下，肿胀的压力都会对正中神经有着不良影响。虽然单一外伤事件可能引起腕管综合征，如月骨脱位，但涉及运动员的话，大多数往往是慢性劳损的结果。高发生率的运动包括球拍类运动以及那些需要参与者长时间紧紧抓物的运动。除非治疗得当，腕管综合征可以导致完全失能并通常使运动员不能再重返运动场。

另一种腕部神经损伤是尺神经损伤，尺神经从前臂尺侧穿过腕关节。具体来说，尺神经位于豌豆骨和钩骨钩之间形成的腕尺管（tunnel of Guyon）内（Hoppenfield，1976）。撞击腕关节或者尺侧腕屈肌腱炎会刺激神经并产生多种症状。这包括部分手和手指感觉丧失以及尺神经支配的手指肌力丧失。接收尺神经发出的感觉冲动的手部区域包括手掌内侧——包括小鱼际，以及无名指尺侧和整个小指。

腕部神经损伤的症状和体征如下：

● 在神经分布的手或 / 和手指相应区域出现感觉丧失。在某些情况下，疼痛也可能被放射到手部。

● 手腕掌侧出现疼痛和压痛。

● 腕部有相关肌腱发炎或该部位近期有外伤史，如挫伤或扭伤。

● 当手用力握物或完全屈腕或完全伸腕时，症状加重。

腕部神经损伤的急救照护如下：

1. 这种损伤有缓慢发展的趋势。但当腕部神经受到急性损伤时，如严重的挫伤或扭伤，则会例外。

2. 当合并急性损伤时，最好的办法是立即 ICE（冰敷、加压和抬高患肢）。如果怀疑合并有神经或血管损伤，则不要冰敷。在某些确切的损伤中，可能需要夹板固定。

3. 如果运动员有手腕反复疼痛和僵硬史并伴有上述神经症状，需要转介到医疗保健机构由医生做一个详尽的评估。

4. 如果诊断出是神经相关损伤，早期处理一般是休息，使用抗炎药并在某些情况下夹板固定。在严重的案例中，可能需要神经减压手术。

四、手腕独特的肌腱问题

腱鞘炎的定义是，发生在肌腱和周围组织之间的炎症以及随之发生的组织间滑动不顺畅（美国医学会 AMA，1968）。也许最常见的腕部腱鞘炎和拇指肌腱（图 12.19）有关，也被称为奎缅氏症（de Quervains disease）（译者注：即桡骨茎突狭窄性腱鞘炎）。在现实中，这不是一种常规的疾病，而是腕部的一种特殊劳损。奎缅氏症最常累及拇短伸肌肌腱和拇长展肌肌腱，因为它们经过桡骨茎突。在这个区域还有第三条肌腱，是拇长伸肌腱。然而，这条肌腱很少发生腱鞘炎。

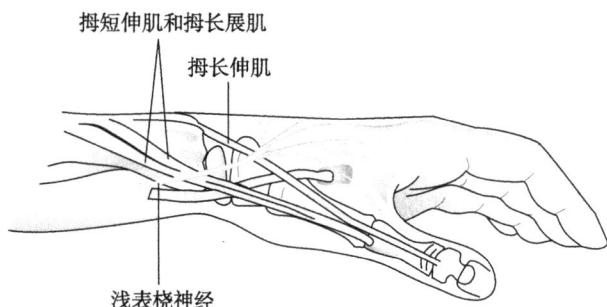

拇短伸肌和拇长展肌

拇长伸肌

浅表桡神经

图 12.19　拇指肌腱

奎缅氏症的损伤机制还未明确，但它可能涉及手腕和 / 或拇指的过度使用。早期，肌腱和肌腱周围的滑膜发炎，导致疼痛、肿胀和僵硬。随着伤势的发展，肌腱开始在解剖管道内粘连，有时这样的力会使运动员感觉肌腱好像断裂了。使用拇指，特别是在屈曲和伸展拇指时，运动员会感到特别疼痛，甚至活动手腕也受限。保守治疗包括休息，热敷，药物治疗，夹板固定手腕以减少拇指的运动。在多数情况下，伤势往往会复发，最终可能需要手术将肌腱释放（减压），因为它们在桡骨茎突附近经过。

奎缅氏症的症状和体征如下：

● 在桡骨茎突部位，特别是拇短伸肌肌腱和拇长展肌肌腱处出现疼痛和压痛。

● 桡骨茎突部位的肿胀，以及在晚期病例中，在一条或以上肌腱上形成结节。

● 运动员诉说在运动过程中，腕部肌腱粘连。

● 在拇指屈曲同时腕部尺偏时会导致疼痛和相关症状显著加重。

奎缅氏症的急救照护如下：

1. 如果诊断得早，则休息、夹板固定和药物治疗。

2. 对于晚期或者复发的病例，手术治疗疗效良好。手术治疗的根本目的是为肌腱在管道内创造更多的空间。

另一个手腕独特的肌腱相关问题就是腱鞘囊肿。准确来说，腱鞘囊肿是指肌腱周围滑囊的肿块，通常发生于腕部。当这种情况发生时，因滑液不断填充，肿物会逐渐变大，通常会在手腕表面形成一个可见的肿块（图12.20）。腕部腱鞘囊肿最常见的部位是在腕关节伸肌腱面（背面），虽然腕关节屈肌腱面也曾被报道过。看上去它们与腕部肌腱的慢性扭伤有关，但也可自发形成（Anderson 等，2005；O'Donoghue，1976）。腱鞘囊肿的外观多种多样。有的看上去柔软，像是在皮肤下充满液体的包块。其他的则是在肌腱上形成又硬又痛的肿块。根据腱鞘囊肿的确切位置，可能会影响运动员的表现，但在大多数情况下，这个问题首先被看作美观问题。

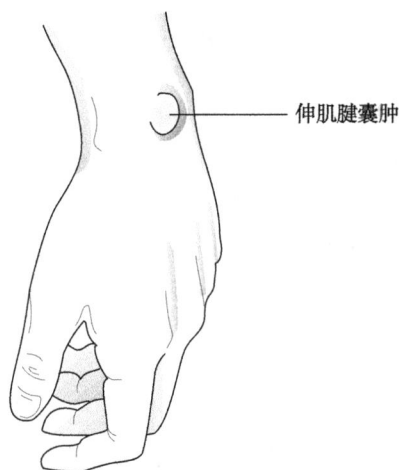

图12.20　腕关节肌腱囊肿

腱鞘囊肿的症状和体征如下：

● 最明显的症状是一个可见的肿物，通常在手腕背面或掌面皮肤下。

● 在晚期病例中，肌腱上会直接出现一个疼痛的硬结节。

腱鞘囊肿的急救照护如下：

1. 在一些案例中，腱鞘囊肿会自行消退。

2. 在腱鞘囊肿不妨碍运动表现时，大多数医生建议不用处理。

3. 当腱鞘囊肿妨碍运动表现或影响美观时，滑膜疝切除和修补手术是一种选择。然而，应当指出，腱鞘囊肿仍可能在术后复发。

第六节　手的损伤

手、四指和拇指在运动中经常受伤，发生率最高的体育项目如棒球、垒球、篮球和足球。损伤的类型几乎是无限的，但是这个部分描述的损伤代表了最常见的损伤。

手包含有19块骨头：5块掌骨和14块独立的指骨（图12.21）。手部的关节包括手根部的腕掌关节，掌指关节（指关节）和四指及拇指的手指间关节。所有这些关节都是自由活动的，被很多韧带和关节囊支撑。每一个关节的运动都被很多肌肉控制，这些肌肉起源于前臂，肌腱进入到四指和拇指。手部也有小的内在肌肉（起源于手部），可以精确地移动

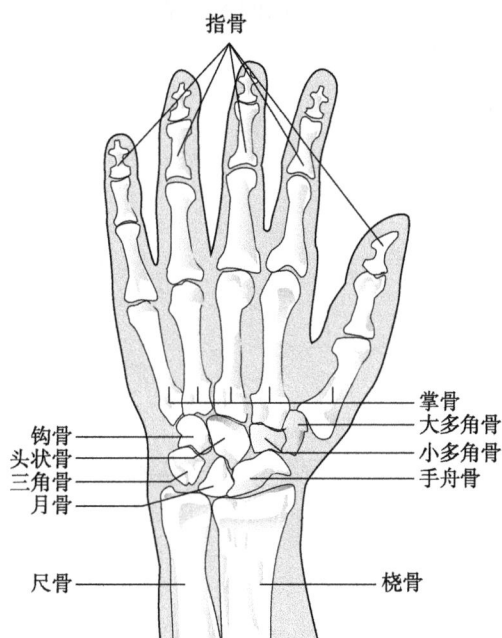

图12.21　手部和腕部的骨头

关键词

腱鞘炎（tenosynovitis）：腱鞘的炎症。

de Quervain's病 / 奎缅氏症（de Quervain's disease）：拇指伸肌腱周围腱鞘的炎症。

腱鞘囊肿（ganglion）：肌腱周围的滑膜突出，随后滑膜液充满该区域，导致皮肤可见肿块。

指（趾）骨（phalanges）：手指和 / 或脚趾骨骼的解剖学名称。

贝内特骨折（Bennett's fracture）：第1掌骨远离腕部大多角骨脱位合并第1掌骨骨折。

骨折脱位（fracture-dislocation）：导致骨头骨折合并关节脱位的损伤。

拇指和手指。手的神经和血管是经过腕关节的那些主要结构的延续：桡神经、正中神经和尺神经，以及桡动脉和尺动脉。

一、手骨折

骨折可以发生在 19 块手骨的任何一块。但是，在运动中某些类型的骨折更加常见。唯独发生在拇指的骨折称为贝内特骨折（Bennett's 骨折）（图 12.22）。贝内特骨折通常是由于手处于握紧拳头的姿势时，手部受到暴力所引起的。这个力导致第 1 掌骨近端被推向腕部。结果就是第 1 掌骨远离腕部大多角骨的脱位合并第 1 掌骨骨折。这个损伤会出现明显的畸形，与对侧相比，受伤的拇指在外形上变短了。腕掌关节上面的拇指基底部附近也会出现明显的肿胀。

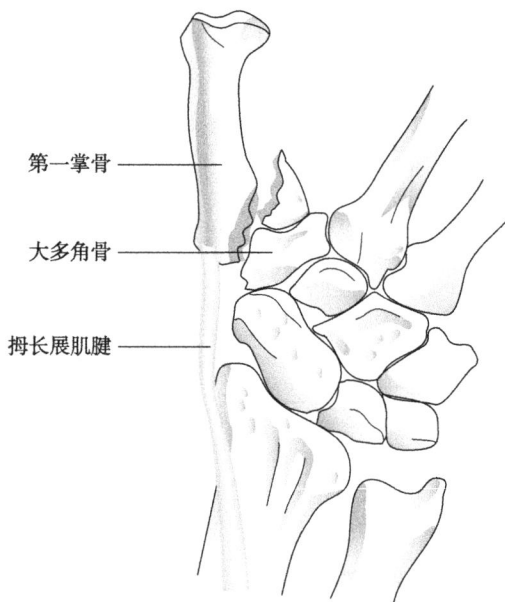

标注：第一掌骨、大多角骨、拇长展肌腱

图 12.22　贝内特骨折（Bennett's fracture）

贝内特骨折的损伤机制同样可以导致其他掌骨的骨折，那就是暴力作用于握紧的拳头。最常见的损伤累及第四和 / 或第五掌骨近端（基底部）附近，被称为拳击手骨折（boxer's 骨折）。因为这个部位的韧带结构，移位骨折很罕见，使得此类损伤通常不会出现畸形。掌骨骨折的另一个损伤机制是碾压力，例如手被另一个运动员踩踏，这在橄榄球运动中很常见。

在运动中，指骨骨折也偶有发生，尤其是近节指骨骨折（O'Donoghue，1976）。这种骨折大多数不会移位（稳定），可以相对容易地用夹板治疗，需要 2~8 周恢复才能重返运动场。很少发生长期的并发症

（Retting，2004）。在指骨骨折不能固定或仍不稳定的情况下，手术植入内固定是有效的。这是很关键的，因为当断骨端不能回到正确的位置时，手指骨折一个严重的并发症就是旋转畸形。

手骨折的症状和体征如下：

● 近期手部有明显的外伤史，并立即出现显著的疼痛以及手和 / 或手指的功能障碍。

● 在移位骨折的情况下，可能观察到手部有一个突出物或者形状奇怪的手指这样的畸形。

● 在开放性骨折中，骨折的区域皮肤出现破损。

● 手或手指的任何骨折，都会有明显的炎症反应。

手骨折的急救照护包括如下内容：

● 马上实施 ICE（冰敷、加压和抬高患肢）和应用某种夹板固定装置。最好用窄的弹性布条固定一小袋碎冰在相应位置。注意暴露指甲。

● 按照上肢标准的绷带包扎和悬吊，抬高患肢很容易实现。

● 根据骨折的具体位置不同，可以用很多不同的固定方法。例如，一个单一指骨骨折，可以用一种称为 "buddy taping" 的步骤，简单地将骨折的手指绑到邻近的手指以固定。掌骨骨折最好固定整只手（图 12.23）。

● 运动员应被送往合适的医疗保健机构作进一步医学诊断和治疗。很有必要把手骨折当作严重的疾病治疗。

二、手扭伤和脱位

任何手关节都可以成为严重外伤的目标，导致支撑韧带的扭伤。如果这个外力足够大，也可能使这个关节脱位。虽然几乎任何一个手关节都可能会受伤，但运动损伤相关的资料提示，某些特定类型的损伤是很普遍的。这些类型包括牧场看守人拇（拇指掌指关节尺侧副韧带损伤，gamekeeper's thumb），槌状指（棒球指）（mallet finger）和纽孔畸形指（boutonniere deformity）。

怎么办？

你正在指导一场中学篮球比赛。在下半场，你的控球后卫在接到传球时伤了手指。在检查时，你发现末节指骨出现明显的向上畸形导致远端手指间关节脱位。这是什么损伤？早期你会怎么处理？

裂。（在滑雪中，一些特定的握杆方式会在拇指掌指关节施加相当大的应力。）

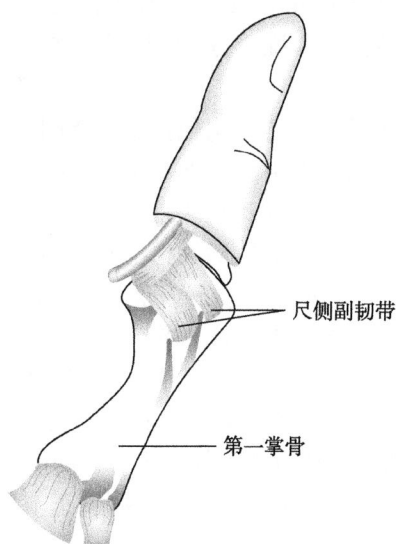

图 12.24　掌指关节尺侧副韧带损伤可以导致猎人拇指

尺侧副韧带损伤可以导致严重不稳定的拇指，特别是运动员尝试去抓或拿着物体时。有证据表明，30% 韧带损伤病例会合并近节指骨基底部撕脱性骨折（Isani，1990）。不论什么类型的损伤，在拇指掌指关节出现尺侧副韧带任何明显扭伤，都必须请医生仔细检查评估关节松弛程度和骨的完整性。知道这个很关键，如果这个损伤处理不当可以导致该关节长期不稳定，从而对手的使用产生不利影响。

猎人拇指的症状和体征如下：
● 在拇指尺侧副韧带处有明显的压痛点。
● 运动员称在受伤早期感到过折断感。
● 拇指掌指关节上有明显的肿胀。
● 运动员不能和 / 或不愿意活动拇指。

猎人拇指的急救照护包括如下内容：
（1）马上实施 ICE（冰敷、加压和抬高患肢）。最好用弹性布条固定一小袋碎冰在受伤关节周围。
（2）最简单抬高患肢的方法就是悬吊上肢。
（3）将运动员送往医疗保健机构对损伤作进一步诊断和治疗。

关键词

拳击手骨折（boxer's fracture）：第四和 / 或第五掌骨近端骨折。
猎人拇指（gamekeeper's thumb）：拇指掌指关节尺侧副韧带损伤，又称为守门员指、滑雪指。

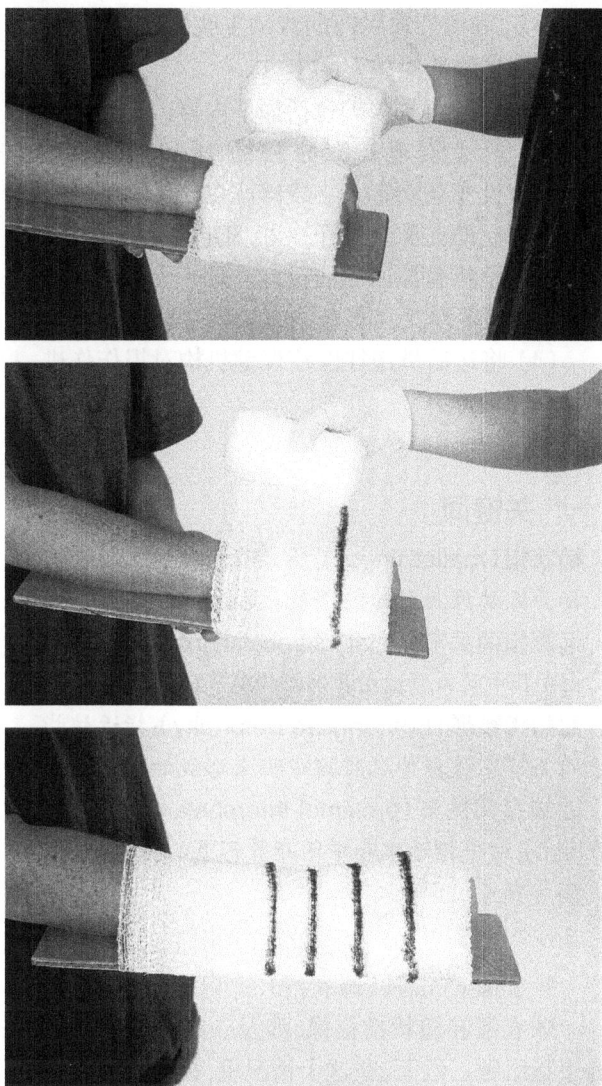

图 12.23　前臂、手腕和手骨折的夹板固定

1. Gamekeeper's Thumb（猎人拇指，指掌指关节尺侧副韧带损伤）

拇指掌指关节是一个大的髁状关节，关乎拇指相当大幅度的屈曲、伸展和少量外展、内收运动。这个关节同时被关节囊和副韧带固定。后者根据它们相对于桡骨和尺骨的位置来命名。关节外侧的副韧带是桡侧副韧带，内侧的是尺侧副韧带（图 12.24）。

猎人拇指的说法起源于 20 世纪 50 年代，它用来描述专门扭断兔子脖子的猎人的一种特定损伤。很显然，这个过程会对拇指尺侧副韧带造成相当大的伤害，导致掌指关节长期不稳定（Hutson，1990）。虽然现在没有猎人了，但是在如高山滑雪等运动中，这种损伤的发生频率令人惊讶。损伤机制涉及一个外翻力（外力作用在关节内侧）作用在拇指掌指关节；这会导致尺侧副韧带拉伤，部分撕裂甚至完全断

2. Mallet（Baseball）Finger（槌状指或棒球指）

槌状指累及远节指骨,通常涉及食指或中指。这样命名是因为损伤导致的畸形使手指远节看起来成槌状。棒球指这个说法的出现是因为这个损伤在棒球运动中非常常见——被球击中手指尖经常发生。

手指远节的解剖结构包括远节指间关节,它有转折点的作用。作用在这个关节的肌肉有指深屈肌和指伸肌。这两块肌肉位于前臂。然而,它们的肌腱穿过手,伸入到四指(除大拇指)远节指骨的基底部(图 12.25)。槌状指的损伤机制是很明确的:手指尖必须受到一个暴力同时手指正从屈曲变成伸直状态。结果就是远节指骨突然有力地被迫弯曲,对抗指伸肌的运动。这会导致远节指骨基底部止点处指伸肌腱撕裂,可伴有或不伴有少许骨的碎片。损伤发生后,运动员不能伸直受累的手指;远节指间关节保持在屈曲状态(图 12.26)。

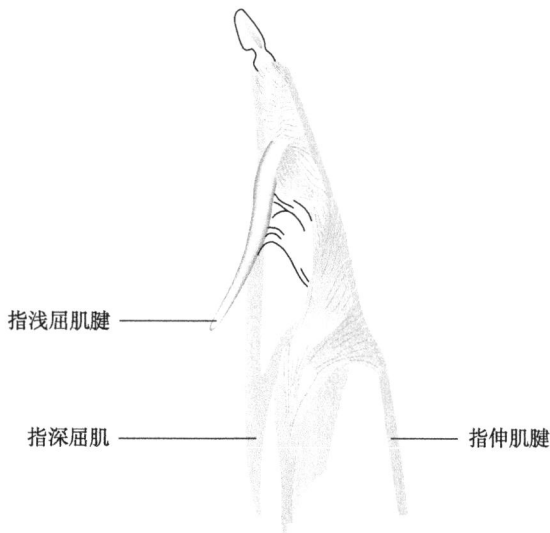

指浅屈肌腱

指深屈肌　　　　　　　　　　指伸肌腱

图 12.25　手指的肌腱

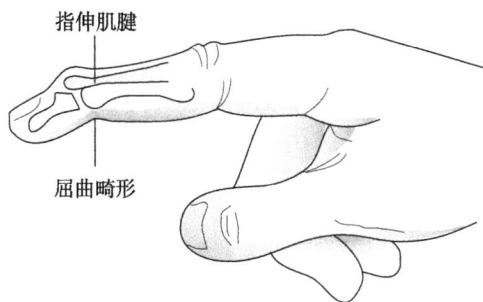

指伸肌腱

屈曲畸形

图 12.26　槌状指

槌状指的症状和体征如下:

● 最重要的单一体征就是畸形,与指尖近期外伤史相关。

● 远节指骨基底部的背侧皮肤表面有压痛,就在指伸肌肌腱止点位置的上方。

槌状指的急救照护包括如下内容:

(1)马上实施 ICE(冰敷、加压和抬高患肢)。最好用弹性布条固定一小袋碎冰在受伤的手指处。

(2)立即在伸直位下夹板固定远节指间关节。不要让远节指骨掉回屈曲位。

(3)最简单抬高患肢的方法就是悬吊上肢。

(4)将运动员送往医疗保健机构对损伤作进一步诊断和治疗。

关键词

槌状指（mallet finger）:指末节指端伸肌肌腱从指骨远端撕脱引起的手指远端指间关节畸形。
远端指间关节（distal interphalangeal（DIP）joint）:由手指中间和远端指骨形成的关节（铰链型关节）。
纽扣指畸形（boutonnière deformity）:指近端指间关节穿过指伸肌肌腱中央束形成的畸形。
近端指间关节（proximal interphalangeal（PIP）joint）:由手指近端和中间指骨形成的关节（铰链型关节）。

3. Jersey Finger（球衣指）

球衣指和槌状指很像,涉及一条从附着处断裂的手指肌腱。然而,在这个情况里,损伤机制与手指被绊在对手衣服里有关,例如足球球衣。在抓住衣服的进攻中,对手会推开,指深屈肌腱从远节指骨的附着点处被撕开(图 12.27)。因为在远节指间关节里,指深屈肌是唯一能使远节指骨屈曲的肌肉,这个损伤会导致远节指间关节不能屈曲。

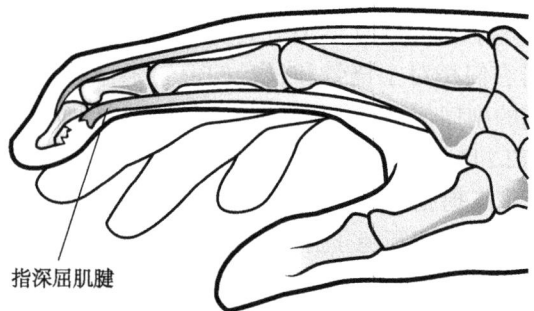

指深屈肌腱

图 12.27　球衣指

球衣指的症状和体征如下:

● 受累手指的远节指间关节不能屈曲。

● 运动员称感觉在指尖部位有东西断了,或者撕断了。

● 远节指骨掌侧皮肤表面有压痛。

球衣指的急救照护包括如下内容：

● 马上实施 ICE（冰敷、加压和抬高患肢）。最好用一条小的弹性布条固定一小袋碎冰在受伤的手指处。

（1）在远节指间关节和近节指间关节伸直位下，夹板固定手指。

（2）最简单抬高患肢的方法就是悬吊上肢。

（3）将运动员送往医疗保健机构对损伤作进一步诊断和治疗。

4. Boutonnière Deformity（纽扣指畸形）

纽扣指畸形累及手指的近节指间关节（Hutson，1990）。指伸肌腱的结构独特，因为它穿过近节指间关节的背面。这个肌腱分成不同的三束：中间束和两侧束（图 12.28）。这种结构使得近节指间关节可以完全屈曲而不受指伸肌肌肉的干涉。

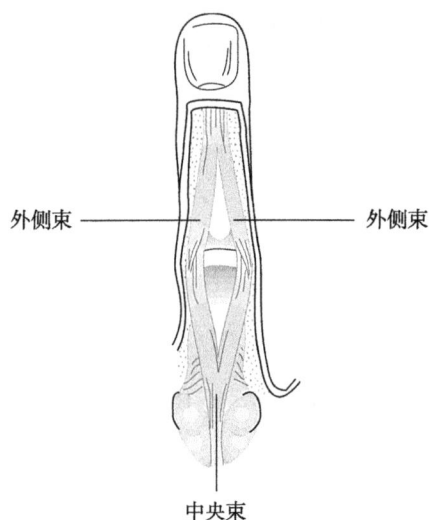

图 12.28　指伸肌腱的中间束和两侧束

这种损伤机制的特征是暴力引起手指屈曲，例如运动员手指在屈曲位摔倒，并在接触到场地地面时试图伸直手指。结果就是指伸肌腱中间束的撕裂。早期症状很有限。运动员可以伸直受伤的近节指间关节，只是力量受限。如果处理不当，近节指间关节最终会从肌腱中间的开口中爆出来，就像纽扣向上伸出纽扣孔。这会导致出现这样的畸形：手指近节指间关节屈曲同时远节指间关节和掌指关节过伸（图 12.29）。治疗包括夹板固定手指在近节指间关节伸展位，使得指伸肌腱的中间部位能疗愈。不建议外科手术纠正（Hutson，1990）。

纽扣指畸形的症状和体征如下：

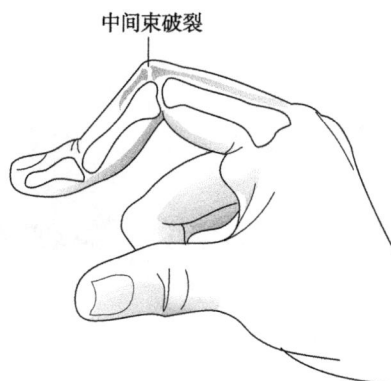

图 12.29　纽扣指畸形

● 运动员会说手指被暴力屈曲，或伴随近节指间关节撕裂感或突出感。

● 损伤后，受伤手指近节指间关节马上出现明显的无力伸直的情况。

● 近节指间关节会逐渐变得疼痛和肿胀，然后僵硬。

● 如果损伤未被注意，可能会发展成典型的畸形，其特征是近节指间关节屈曲，远节指间关节和掌指关节过伸。

纽扣指畸形的急救照护包括如下内容：

（1）急性期，这个损伤应以软组织损伤和／或手部手指骨骼损伤处理：实施 ICE（冰敷、加压和抬高患肢）。最好用一条小的弹性布条固定一小袋碎冰在相应位置。

（2）抬高患肢的方法就是用简单的悬吊法。

（3）如果出现任何前面所描述的体征和/或症状，运动员应该马上被送往医疗保健机构作医学诊断。

（4）急性损伤如果没有被处理并真的发展成畸形，则需强制性地送医院。

三、腕关节和拇指的包扎

有助于预防运动员在接触和碰撞运动中受伤的包扎程序之一就是腕关节和拇指的包扎。在运动前进行腕关节和拇指的包扎能帮助减少因接触而导致的过度运动，因此可减少该区域的扭伤次数。应该认识到，包扎是需要学习和练习的一门科学和艺术。一旦教练或认证运动防护师学习包扎程序的基本概念，他／她需要练习应用这些步骤。展示不同关节的不同包扎程序的书是有售的。这些书描述怎样实施包扎，但是真正明白这些步骤背后的原因以及成为熟练的包扎运用者，教育背景是最有帮助的。腕关节和拇指包扎的图片展示在图 12.30~ 图 12.39，图片概述了可实施的预防性包扎程序。

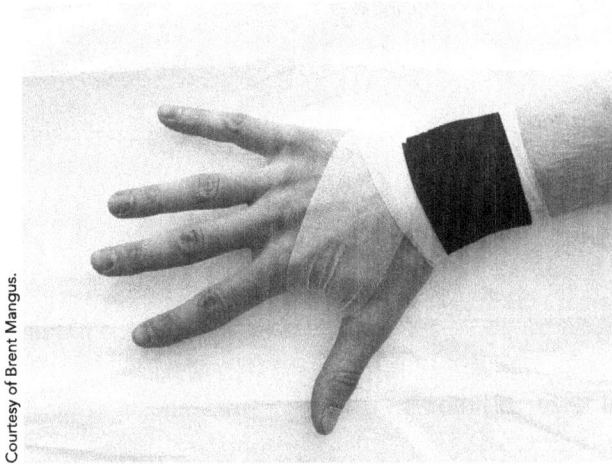

图 12.30　从图示的预包扎开始,然后在手腕周围缠上固定带

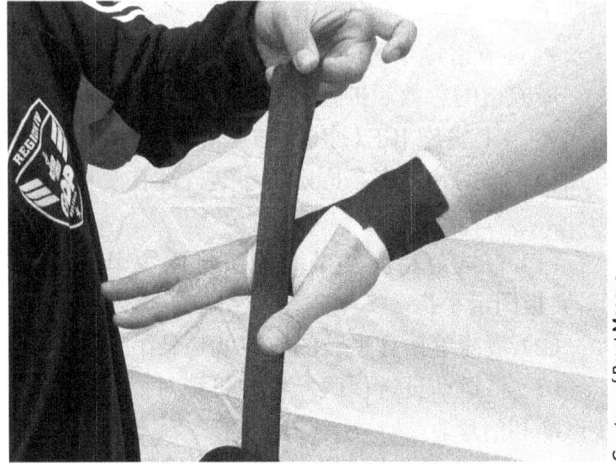

图 12.31　使用 8 字包扎法稳定手腕的屈伸度。在这一步中,一个有用的窍门是"捏住"(运动员)拇指和食指之间的绷带,使绷带更窄,更容易遵循手的轮廓

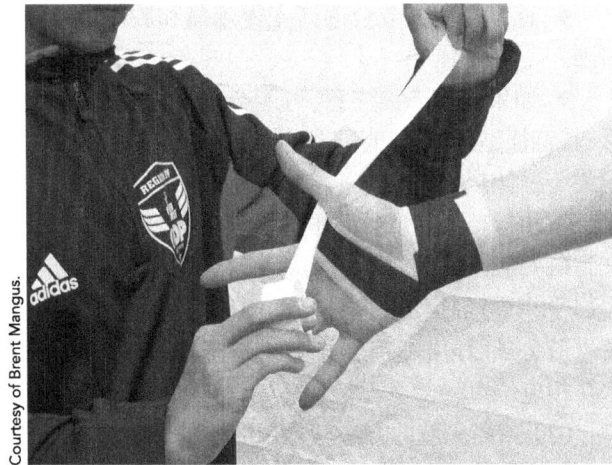

图 12.32　用人字包扎法包扎拇指,从拇指基底部到指甲,形成交替的图案

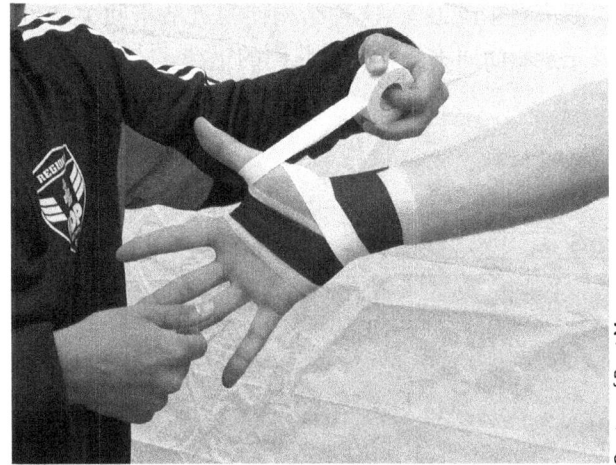

图 12.33　使用所示的技术,减少血流量

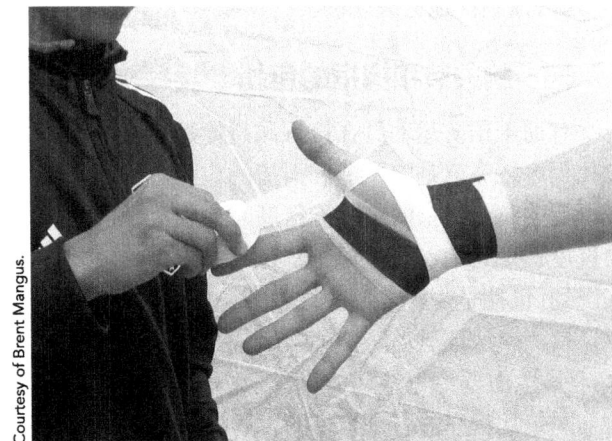

图 12.34　因拇指人形包扎要反折,所以要反方向进行

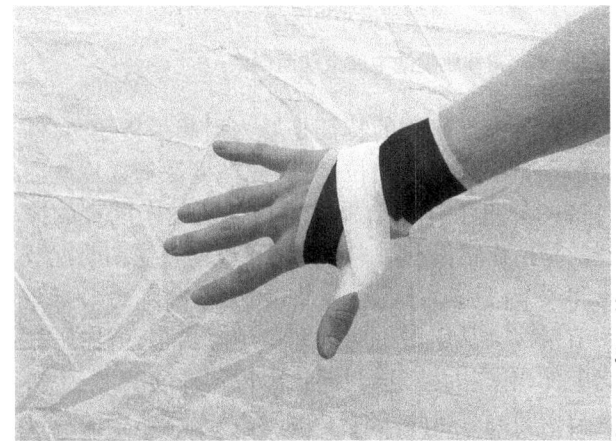

图 12.35　用拇指人字包扎固定手腕

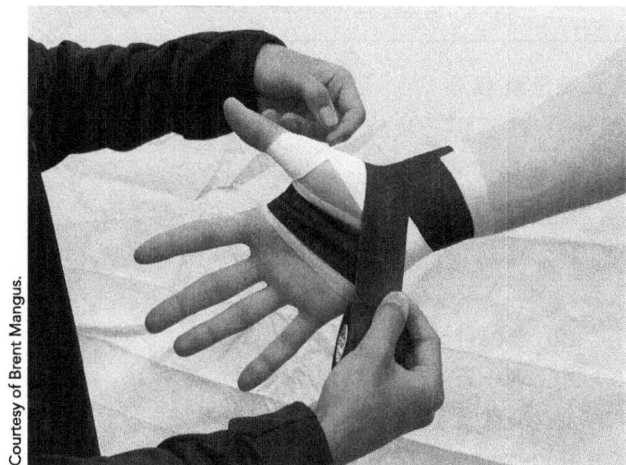

图 12.36　使用固定带减少拇指运动（伸展）

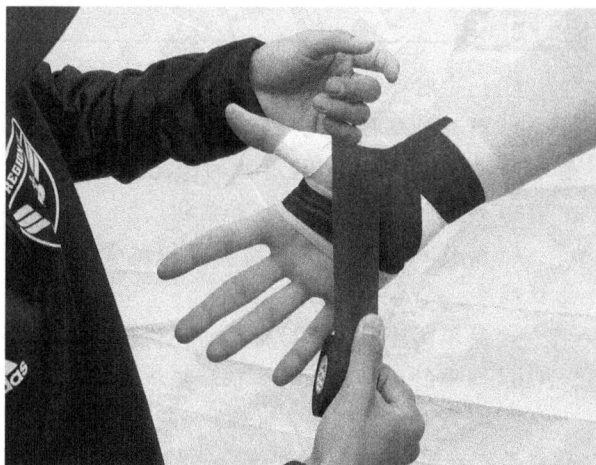

图 12.37　固定带从拇指基底部向指甲人字包扎

图 12.38　最后在拇指固定带上使用 8 字包扎法

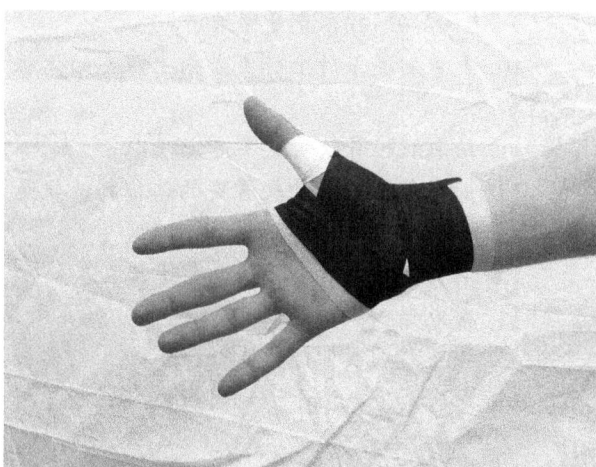

图 12.39　完成腕关节和拇指包扎程序。检查拇指指甲的血流量。拇指指甲变蓝了，则提示包扎得太紧

运动防护师开讲

Courtesy of Ariko Iso, Oregon State.

　　作为一个学生运动员的运动防护师，很少人有一个具体的目标或者设定我们想要什么工作的愿景。取得广泛的经验将真的会对你的职业成长很有帮助，如和高中运动员、世界级运动员、男女运动员、不同种族的人群、不同年龄段的群体一起工作，或者在不同的地方工作。

　　符合职业道德以及专业地工作在我们的成功中扮演重要角色。一些人常常忘记保持以专业的态度去对待我们的工作和我们每天遇到的人。所有的细节都能显示我们的专业性，如尊重我们的患者和同事，保持工作地点的清洁，使用敬语，着装整齐，持续自学，更新知识和技能等。成功的真正途径就是享受我们所做的并对你的专业保持热情。

　　　　　　　　　　　　　—Ariko Iso，文学硕士，运动防护师

Ariko Iso 是俄勒冈州的助理运动防护师。

复习题

1. 列出肘部的三个关节。

2. 解释外伤性骨化性肌炎的概念,它涉及上臂一种被称为球员的外生骨疣的情况。

3. 列出肱骨骨折的体征和症状。

4. 解释和／或演示运动员疑似肱骨骨折的急救程序。

5. 简单阐述肘关节后脱位的损伤机制。

6. 列出肘关节脱位的体征和症状。

7. 对或错:在肘关节脱位中,最常见损伤的神经是尺神经。

8. 解释和／或演示运动员疑似肘关节脱位的正确急救程序。

9. 名词解释:福尔克曼挛缩。

10. 复习肘关节外上髁炎或内上髁炎的体征和症状。

11. 给剥脱性骨软骨炎下定义。

12. 肘关节剥脱性骨软骨炎的体征和症状是什么?

13. 肘关节鹰嘴滑囊的位置在什么地方?

14. 对或错:科利斯骨折涉及腕骨。

15. 描述科利斯骨折的体征和症状。

16. 解释和／或演示运动员疑似科利斯骨折的正确急救程序。

17. 以下哪一块腕骨位于拇指基底部,解剖上又被称鼻烟窝?

a. 月骨 b. 钩骨 c. 头状骨 d. 豌豆骨 e. 手舟骨

18. 对或错:被迫过伸是手腕扭伤最常见的原因。

19. 手腕什么解剖结构形成了腕管?

20. 哪一条主要神经经过腕管?

21. 桡骨茎突狭窄性腱鞘炎（奎缅氏症）最常累及什么肌腱?

22. 给肌腱囊肿下定义。

23. 解释和／或演示运动员疑似手部指骨骨折的正确急救程序。

24. 牧场看守人拇是哪一条韧带损伤了?

25. 描述牧场看守人拇的体征和症状;解释和／或演示对疑似患上这个损伤运动员的正确急救程序。

26. 解释槌状指的损伤机制和涉及的结构。

27. 解释纽扣指畸形的损伤机制和涉及的结构。

28. 解释球衣指的损伤机制和涉及的结构。

（广州体育职业技术学院　慕容嘉颖）

参考文献

American Academy of Orthopaedic Surgeons. (1991). *Athletic Training and Sports Medicine* (2nd ed.). Park Ridge, Ill: American Academy of Orthopaedic Surgeons.

American Medical Association. (1968). *Standard Nomenclature of Athletic Injuries* (1st ed.). Chicago, Ill: American Medical Association.

Anderson MK, Hall SJ, Martin M. (2005). *Foundations of Athletic Training: Prevention, Assessment, and Management* (3rd ed.). Philadelphia, Pa. Lippincott Williams & Wilkins.

Bartsokas TW, Palin DW, Collier DB. (1992). An unusual stress fracture site: midhumerus. *Phys Sportsmed.* 20:119–122.

Booher JM, Thibodeau GA. (2000). *Athletic Injury Assessment.* Boston, Mass: McGraw-Hill.

Brogden BS, Crow MD. (1960). Little Leaguer's elbow. *Am J Roentgenol.* 83:671–675.

Cain EL, Dugas JR. (2004). History and examination of the thrower's elbow. *Clin Sports Med.* 23:553–566.

Friel JP (ed.). (1977). *Dorland's Pocket Medical Dictionary.* Philadelphia, Pa: W. B. Saunders.

Gugenheim JJ, Stanley RF, Woods GW, Tullos HS. (1976). *Am. J Sports Med.* 4(5):189–200.

Hannafin JA, Schelkun PH. (1996). How I manage tennis and golfer's elbow. *Phys Sportsmed.* 24:63–68.

Holleb PD, Bach BR. (1990). Triceps brachii injuries. *Sports Med.* 10:273–276.

Hoppenfield S. (1976). *Physical Examination of the Spine and Extremities.* New York, NY: Appleton-Century-Crofts.

Hutson MA. (1990). *Sports Injuries—Recognition and Management.* New York, NY: Oxford University Press.

Isani A. (1990). Prevention and treatment of ligamentous sports injuries to the hand. *Sports Med.* 9:48–61.

Jobe FW, Ciccotti MG. (1994). Lateral and medial epicondylitis of the elbow. *J Am Acad Orthoped Surg.* 2:1–8.

Klingele KE, Kocher MS (2002). Little League elbow—valgus overload injury in the pediatric athlete. *Sports Med.* 32(15):1005–1015.

Larson RL, Singer KM, Bergstrom R, Thomas S. (1976). Little League survey: the Eugene study. *Am J Sports Med.* 4(5):201–209.

Micheli LJ, Fehlandt AF. (1992). Overuse injuries to tendons and apophyses in children and adolescents. *Clin Sports Med.* 11:713–726.

National Safety Council. (1991). *First Aid and CPR.* Boston, Mass: Jones and Bartlett Publishers.

O'Donoghue DH. (1976). *Treatment of Injuries to Athletes.* Philadelphia, Pa: W. B. Saunders.

Olsen S, Fleisig G, Dun R. (2006). Risk factors for shoulder and elbow injuries in adolescent baseball pitchers. *Am J Sports Med.* 34(6):905–912.

Pfeiffer RP, Shea KG, Apel PJ. (2006). Pediatric and Adolescent Athletes. In: Starkey C, Johnson G (eds.), *Athletic Training and Sports Medicine.* Sudbury, Mass: Jones and Bartlett Publishers.

Rettig AC. (2004). Athletic injuries of the wrist and hand—part II: overuse injuries of the wrist and traumatic injuries to the hand. *Am J Sports Med.* 32(1):262–273.

Saliba S, McCue FC (2006). Wrist, Hand, and Finger Pathologies. In: Starkey C, Johnson G (eds.), *Athletic Training and Sports Medicine.* Sudbury, Mass: Jones and Bartlett Publishers.

第十三章
胸、腹部损伤

本章主旨

本章以胸、腹部的解剖学概述为开端，讨论了运动中可能伤及的与胸、腹部有关的内脏器官（包括心、肺、肝、肾、脾、胃和膈膜）的结构。

本章还介绍了外伤引起心、肺、肝、肾、脾和膀胱内部损伤的症状和体征，如肋骨骨折、各种关节的问题、乳房损伤和挫伤等。教练们有时会忽略严重的内脏损伤，若不采取适当的治疗，许多损伤可能会使身体衰弱甚至危及生命。

第一节　解剖概述

胸腹部结构

胸腔和腹腔包含人体大多数的重要器官,该区域由脊柱、肋骨和锁骨构成,并为这个区域提供骨的保护。该区域的椎骨包括 12 个胸椎和位于腹部后方的 5 个腰椎。男性和女性都有 12 对肋骨。第 1 肋骨至第 7 肋骨(有时第 8 肋骨)在脊柱后方与胸骨连接,因此它们被称为真肋。真肋前面的连接是通过每一肋骨的肋软骨(Moore,Daley 和 Aqur,2013 年)。余下的肋骨,即第 8~12 肋称为假肋,第 8~10 肋借肋软骨与上一肋的软骨相连,形成肋弓,第 11、12 肋前端游离,又称浮肋。肋骨和脊柱之间的所有关节都通过强韧的韧带支持加固。该区域也由前纵韧带进一步加固,前纵韧带是人体中最长的韧带,位于脊柱前面,上起头骨的枕骨,下至骶骨的骨盆的前表面。

胸(腹)部的主要关节包括椎间关节、肋椎关节、胸肋关节和胸锁关节。椎间关节是各椎体之间的关节,这些关节由韧带和位于每个椎体之间的椎间盘来加固。椎间盘大多是纤维软骨,并且在脊柱的承重能力中起重要作用。肋椎关节是肋骨后端与胸椎之间的两处关节。肋骨以一种独特的方式与椎骨相连结,每个肋骨与两个相邻的椎骨和椎间盘相连结,这些关节由韧带加固,使肋骨能在脊柱上进行滑动。在前面,第 1~7 肋直接通过它们的肋软骨与胸骨相连结。第 8~10 肋则通过一个公共的软骨与胸骨相连结,这些连结被称为胸肋关节,肋骨连接于肋软骨的点被称为肋软骨关节,通常这个关节没有运动

(Gray,1994 年)。

胸锁关节是胸部的主要关节之一,位于锁骨和胸骨之间。胸锁关节是胸部和手臂之间唯一的骨关节,由强韧的韧带支持。尽管这个关节不被视为运动的主要部位,但它也有运动,该区域的其他关节也是如此。一些肌肉包围在胸部和腹部。主要的胸部肌肉包括肋间内肌和肋间外肌,其主要功能是提升肋骨并协助呼吸。另外,位于上胸部区域的胸大肌和胸小肌,主要控制手臂运动。在胸后部,一些按脊柱走向分布的肌肉负责脊柱的各种运动和稳定性。走行在背部的大部分深层肌肉,包括棘肌、胸最长肌、髂肋肌和其他肌肉,都负责保持脊柱直立。浅层肌包括背阔肌、菱形肌、斜方肌和三角肌等肌肉,主要负责上肢的运动。查看拓展知识 13.1 了解肌肉活动和神经支配的具体情况。

在腹部也有一些重要的肌肉。腹部前面的主要肌肉是腹外斜肌、腹内斜肌和腹直肌。腹斜肌有助于身体弯曲和旋转躯干,也协助支撑腹部内脏。腹直肌是前腹壁的主要肌肉,用于支撑腹部内脏和弯曲躯干。腹直肌在运动期间还通过帮助固定骨盆来辅助下肢,让下肢的肌肉能够更有效地发挥功能。

第二节　内部器官

胸部的两个主要器官是肺和心(图 13.1)。每个肺被包裹在一个称为胸膜腔的单独的封闭空间中,胸膜腔能够协助肺部帮助人体顺利地进行呼吸。肺循环时会使血液充氧。健康人的肺通常较轻且柔

拓展知识 13.1　胸部和腹部的主要肌肉、动作和神经支配

肌肉	动作	神经支配
背阔肌	内收、内旋上肢	胸背部神经
菱形肌	内收肩胛骨	肩胛背神经
斜方肌	上抬,旋转、后缩肩胛骨	副神经和 C_3~C_4
胸大肌	内收、内旋上肢	胸外侧和胸内侧神经
胸小肌	拉肩胛骨向前下方	胸外侧和胸内侧神经
腹外斜肌	绷紧腹壁和屈曲、旋转脊柱	T_6~T_{12}
腹内斜肌	绷紧腹壁和旋转脊柱	T_6~T_{12} 和 T_1
腹直肌	绷紧腹壁和屈曲脊柱	T_7~T_{12}

软,呈海绵状,颜色为粉红色。右肺有三个叶,左肺有两个叶,这使右肺比左肺更大而且更重。心脏位于两肺间称为纵隔的区域内,其包含主动脉、部分呼吸和消化器官(气管和食管)、神经和淋巴组织。膈肌位于胸膜腔和纵隔膜之下,膈肌将胸腔和腹腔隔开,膈肌被认为是主要的呼吸肌。膈肌基本上是一个中间有肌腱的圆形肌肉,允许肌肉收缩并协助呼吸。膈肌有开口,可以容许血管、神经和消化结构通过。

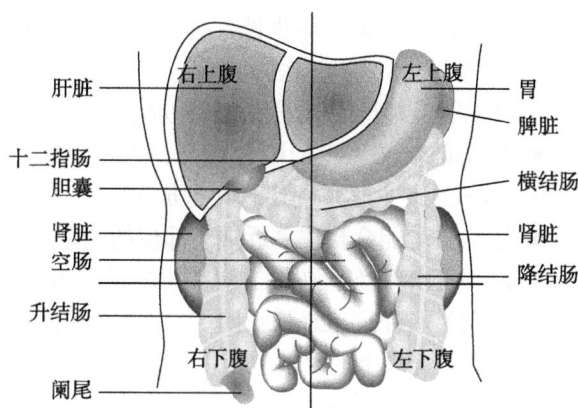

图 13.2　腹部的四个象限

第三节　常见的运动损伤

　　胸部和腹部的运动损伤在儿童和青少年中相对少见。然而,该区域的一些损伤需要得到及时的注意,以防止长期损伤导致残疾甚至致死的可能性。本节首先讨论该区域所包括的骨骼、肌肉和其他外部组件的外部损伤,然后讨论对胸部和腹部内部脏器的损伤。

一、外伤

(一) 骨折

　　由于受到直接创伤,所以存在骨折发生的可能性。运动员可能在肋骨、胸骨、锁骨或椎骨的某一部分发生骨折。任何这些结构的骨折应立即得到处理。如果没有得到适当的处理,可能会出现并发症,运动员可能会出现气胸或血胸,这两者都是危及生命的病症。气胸是胸膜腔内存在空气,血胸是胸膜腔中存在血液,关于它们的更多的病理学细节会在接下来的肺部损伤中进行讲解。

　　胸骨骨折的案例在运动损伤中并不常见,胸骨骨折的发生可能会出现两种并发症。第一,如果胸骨柄脱位并向后移动,则存在气道阻塞的可能性。第二,如果胸骨和肋骨完全分离,有可能发生连枷胸(胸廓失去稳定性),这种情况可能的并发症包括气胸或血胸。

　　胸部在运动损伤中另一种更常见的骨折是肋骨骨折。最常见的(案例)是,当两名球员碰撞并且胸腔被猛烈压缩时,肋骨在运动接触中骨折。第 5~9 对肋骨通常更容易骨折,然而几乎任何一根肋骨在特定情况下都可能会骨折。与身体中的其他骨骼一样,肋骨可以出现从青枝骨折到移位骨折等不同严

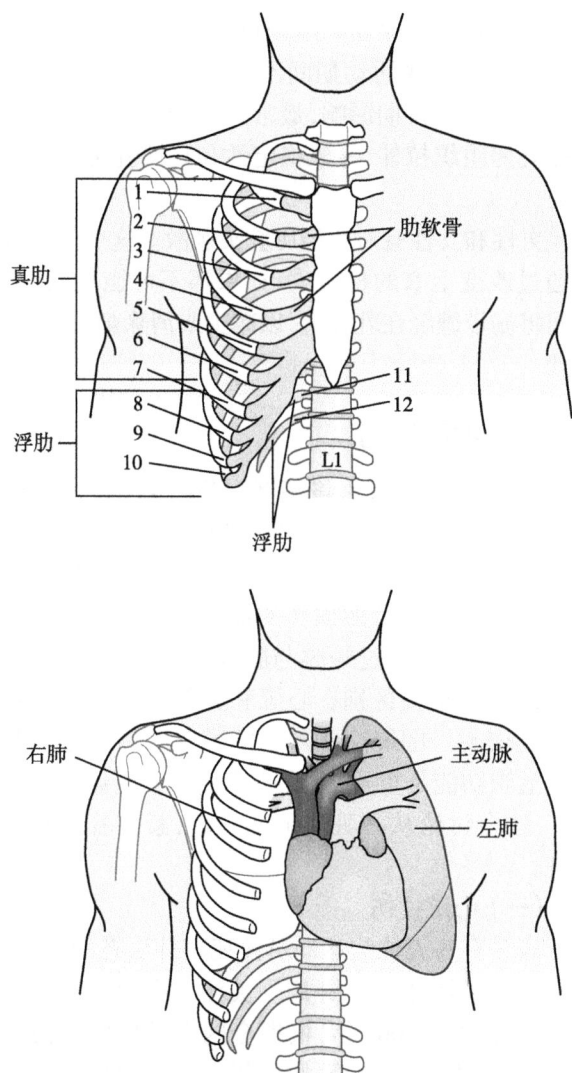

图 13.1　胸腔的内部器官

　　为了达到描述的目的,腹部区域(图 13.2)通常分为四个象限:以脐部为中心点,分右上、右下象限和左上、左下象限。位于右上象限的器官为肝、胆囊和右肾。右下象限的是升结肠和阑尾。左上象限是胃、脾、胰腺和左肾。左下象限是降结肠。

重程度的损伤。如果怀疑肋骨骨折,必须把受伤的运动员尽快转交给适当的医师。

胸骨或肋骨骨折的体征和症状包括:

● 损伤部位的极度局限性疼痛,常因喷嚏、咳嗽、用力吸气或一些运动而出现典型加重。

● 运动员可能会扶住靠近损伤部位的胸壁。

● 局部可出现轻微肿胀,并可能出现骨性畸形。

● 运动员可能会抱怨呼吸困难,呼吸急促、浅。

胸骨或肋骨骨折的急救包括以下内容:

1. 监测运动员的生命体征,注意呼吸窘迫。

2. 安排运送到医疗机构。

运动员也可能在胸部骨骼的不同关节处经历半脱位和脱位。这里讨论的重点是肋骨软骨的分离,包括胸骨和肋骨分离的一些类型。在肋骨软骨的分离中,胸肋联合的软骨部分可能从胸骨侧分离,或从肋骨侧分离。显然,这需要很大的力量,而且这种类型的损伤通常与接触或碰撞运动有关。通常出现肋骨软骨分离的运动员在损伤时会经历很大的痛苦,并且在许多情况下会在损伤后的数周内持续疼痛。

肋骨软骨分离的体征和症状包括:

● 运动员将报告曾经发生"砰"或咔嗒声。

● 损伤的区域可能出现肿胀,也可能不肿胀,所以畸形可能会感到明显的凹陷。

● 在最大或接近最大吸气时可能感到非常困难。

● 运动员在肋骨软骨连接处感到局部疼痛和压痛。

肋骨软骨分离的急救护理包括以下内容:

1. 立即冰敷和轻度加压包扎。

2. 如果有必要给予电击。

3. 安排运送到医疗机构。

(二) 肌肉拉伤

胸部和腹部区域的肌肉可能会被拉伤,肌肉拉伤可能导致疼痛和运动受限。当运动员在力量训练中心进行高负荷训练时,可能会发生胸肌的拉伤。拉伤也可能由于运动员在承担运动负荷时将肩膀放置在伸展位,或者当运动员处于该位置时,他人通过施加某种类型的机械外力进行高速牵拉。当肋间肌被拉伤时,通常由高速拉伸的机械力引起,运动员在运动过程中可能会感到局部疼痛和呼吸困难。因为运动员在练习或比赛期间的运动可能会刺激拉伤的腹部肌肉,造成所涉肌肉再损伤的慢性循环,因此,腹部肌肉拉伤可能成为运动员的重要伤病。尽管这个区域的肌肉并不是任何肢体的原动肌,但它们确

实支撑着身体核心,从而影响了运动员的整体运动能力。

(三) 乳房损伤

乳房受损伤的倾向取决于运动类型和运动员的性别。由于某些运动中的接触,在女性身上会引起乳房挫伤。运动文胸通常不提供直接接触的保护,但它们有助于在活动期间支持乳房。女士们会对运动文胸的类型和尺寸有不同的偏好,这将提供所需的支持。相反,有些女性在运动参与期间会选择不穿文胸。虽然这个应该由运动员根据舒适度和表现来作出决定。然而如果运动员选择不穿运动文胸,她应该意识到在活动期间不提供适当的乳房支持将可能导致的长期影响,最常见和最主要的长期影响是乳房组织拉伸,导致稳定性和自然乳房轮廓的丧失。

男性和女性有时会经历乳头刺激。这个问题可以通过改变上衣的材质或(如果那不可能)在比赛期间将绷带缠绕在乳头上,以减少或消除刺激,简单补救。

二、内部损伤

在接触运动期间,许多器官和结构可能受到碰撞的直接创伤而损伤。判断内部损伤是否发生并不总是容易的。因此,教练或运动员必须接受教育,并了解内部器官可能损伤的体征和症状。解剖学上,心脏和肺部通过膈膜与腹部脏器分离,这是理解时的一个重要区别。心脏和肺部在胸腔内由各自的膜密封。围绕这些器官的膜对于保持心脏和肺的适当功能是重要的(在本章的后面更详细地讨论)。这个讨论从心脏和肺部开始,紧接着是其他内脏。

(一) 心脏损伤

虽然有些人认为运动员猝死事件少有发生,但是近年来这类事件已经广受关注。有死亡分析报告显示,2004—2008 年,根据全国大学生体育协会(NCAA)的调查显示,平均每年运动员的死亡率大约是 1/43 770(Harmon 等,2011 年)。Maron,Doerer,Haas,Tierney 以及他们的同事(2009 年)报道指出,自 1993 年以来,运动员猝死事件呈稳步增长的趋势。很多时候,运动员猝死是由于心脏疾病导致的(Asif 等,2010 年)。美国国家青少年运动员猝死登记处(明尼阿波利斯心脏研究所基金会)的报告指出,1980—2006 年有 1 866 名运动员猝死(Maron,Doerer,Haas,Tierney 等,2009 年)。在那 27 年的记

录中,有 56%(1 049 名)的猝死事件"很可能或者一定是由于心脏病导致的"(Maron,Doerer,Haas,Tierney 等,2009 年)。虽然各种心脏病事件能导致运动员死亡,但是那些心脏病事件中的一部分能够通过快速且合适的临时操作来进行救助。心脏病事件中,心脏震荡伤可能是最敏感的早期反应。每当心脏受到诸如对方运动员的头盔的撞击、快速移动的棒球打击、曲棍球或者冰球打击、心脏挫伤或者其他造成胸部损伤的外界暴力时,心脏将会被压迫在胸骨和脊柱之间(Maron,Doerer,Haas,Estes 等,2009年)。当一名运动员胸部受到打击的同时,他的心脏正好处于收缩期的复极化相,这就可能导致这名运动员遭受心室颤动而死,这种损伤被称为心脏震荡伤,常见于青年男性所进行的曲棍球、冰球、足球、篮球以及其他运动项目(Maron,Doerer,Haas,Estes 等,2009 年)。通过专业训练,使用体外自动除颤仪(AED,图 13.3)似乎是最实用的早期干预方法,这种方法能避免心脏震荡伤所造成的生命威胁(Casa 等,2012 年;Marijion 等,2011)。有医疗机构持续强调,必须有好的著述和实践方案或操作来应对心搏骤停的发生,以避免运动员发生严重的并发症甚至死亡。全国田径运动(教练)运动防护师协会(NATA)出版了一份防止中学运动猝死的相关实践声明(Casa 等,2013)。这份声明主要概述了所有场馆需要一份明确的急救行动计划(Emergency Action Plan,EAP),还需要练习使用心肺复苏术(CPR)和体外自动除颤仪来应对所有可能发生的早期反应。除此之外,这个协会还发布了一份与运动猝死防护相关的声明,指出需要对进行运动员猝死防护的医疗团队中的所有成员进行持续的训练(Casa 等,2012年)。必要的时候,一个被良好执行的应急行动计划能拯救一位运动员的生命。

图 13.3 供受过训练的个人使用的体外自动除颤仪(AED)

要留意有呼吸问题、晕厥、心率降低、血压降低以及主诉有严重胸痛的胸部损伤运动员。年轻的运动员和年长的运动员可能会遭受很多其他的心脏疾病。被确诊有心脏疾病的运动员将由他们个人的心脏科医师来对其活动参加的相关事宜进行特殊管理。但是,类似于肥厚型性心肌病(hypertrophic cardiomyopathy,HCM)这种遗传性疾病一般在运动员死亡以后才能发现。肥厚型心肌病普遍被描述为左心室壁的极度增厚,导致心室减少了必要血量的有效输出(图 13.4)。DeWeber 和 Beutler(2009 年)提出了 9 个问题(表 13.1),这些问题需要在每个运动员赛前查体时对他们进行提问。运动员的回答将

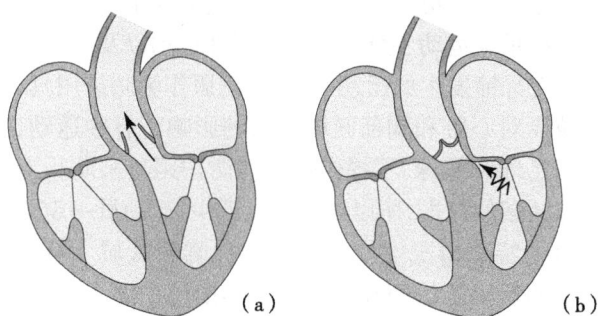

图 13.4 正常心脏功能与肥厚型心肌病所导致的心脏功能的对比

(a)如图所示,正常心脏在心室收缩期时,血液从左心室进入主动脉一路畅通无阻;(b)如图所示,肥厚型心肌病,增厚的室间膈撞击二尖瓣前叶,使血液从左心室进出受阻

表13.1

肥厚型心肌病的危险性筛查

九个询问运动员的问题,可能有助于确定是否需进一步进行肥厚型心肌病的检查:

1. 您曾经或者最近训练时有没有晕倒过?
2. 您曾经或者最近训练以后有没有晕倒过?
3. 您曾经在训练时,有没有胸口产生不适感、疼痛感,或者是压迫感?
4. 在训练期间,您是否出现心跳加速或者心跳逸搏的现象?
5. 曾经是否有医师说过,您的心脏听诊有心脏杂音?
6. 曾经是否有医师要求您做心脏的检查?
7. 您的家庭里是否有人死于原因不明?
8. 您的家庭成员里是否有人有心脏疾病?
9. 是否有家庭成员或者近亲在 50 岁以前死于心脏疾病或猝死?

会帮助医疗防护人员来判断这些运动员是否有患肥厚型心肌病的危险性,以及他们是否需要通过心脏病医师和其他专家来对其进行更多的检查。

多年来,心肺复苏术已成为应对心脏停搏者的一个标准方法。现在,许多心肺复苏课程包括练习胸外按压技术和对体外自动除颤仪的使用。此外,对运动员以及其他遭受特异性心脏疾病患者早期使用体外自动除颤仪是很重要的,因为这能提高挽救的成功率。

防护用具在运动或者活动中的一个主要功能是对心脏、肺和胸部损伤的防护。在棒球运动和垒球运动中,捕手会穿上护胸(图13.5)。长久以来,护胸的制作材料能更好地缓冲球在高速运动中带来的冲击。在足球运动、冰球运动、曲棍球运动以及一些其他带有冲撞发生的运动中,部分制服作为防护用具,以减少对心脏和胸部区域带来的影响。有些运动,例如足球和篮球,不提供任何的防护用具来防止对胸部区域的打击,所以在这些运动中,运动员一定要练习在特殊情况发生时如何保护胸部区域。符合标准的运动防护师和其他提供早期防护的人,一定要立即进行心肺复苏的训练,同时准备体外自动除颤仪或者一个临时防护紧急行动计划,为出现突发性心搏骤停症状和迹象的运动员提供临时的救助。*Heart Failure Clinics*(Ho,2010年)这篇综述是一个极好的信息来源,它里面有关于肥厚型心肌病所有方面的详细描述。

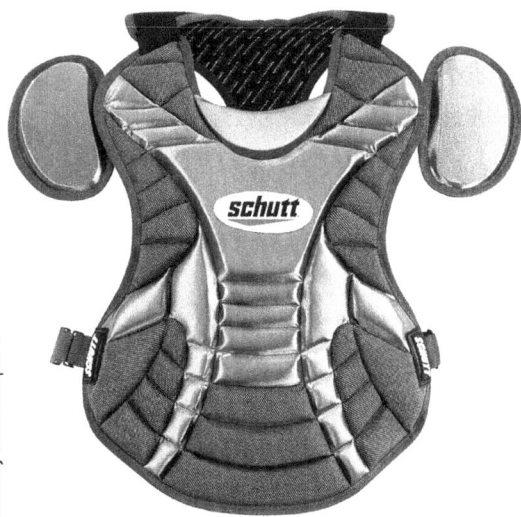

图 13.5　垒球护胸

(二)其他心脏缺陷

一些运动员可能存在先天性的心脏缺陷,所以在他们运动之前,队医或者他们的私人医师对其进行合适的筛查是很重要的。Nassar和她的同事们提出(2011年),运动员的心脏会随着他们的成长、发展、进行训练而发生改变。这个工作组跟随了参加世界杯的年轻运动员1年,同时证明了这些出色的运动员的心脏结构和功能都发生了改变。如前所述,除了肥厚型心肌病,一些运动员还会由于马方综合征、服用合成代谢-雄激素类固醇(anabolic androgenic steroids,AAS)、镰性细胞遗传性状以及其他不太常见的疾病而处于心脏猝死的高风险中(Casa等,2012年;Far,Agren和Thiblin,2012年;Harris等,2012年;Hoffman等,2012年)。马方综合征是一种结缔组织病,它一般与长得非常高的运动员有关,这些运动员会由于一些心脏的作用而增加了心脏猝死的风险(Hoffman等,2012年)。医师在做赛前体格检查时,一定要留意这些症状以及相关的前兆。在赛前体格检查期间,如果一个运动员表现出多种体征,医师要指示运动员在参加高水平运动训练或者比赛前,到心脏科医师处进行更多的检查(Myerson,Sanchez-Toss和Sherrid,2012年)。

滥用合成代谢-雄激素类固醇的运动员,在对这类药物进行非法使用或者滥用后,必须留意心脏改变所导致的心脏猝死的可能性。通过全心磁共振影像学检查(cardiac magnetic resonance,CMR),控制组与一组规律运动的合成代谢-雄激素类固醇使用者进行对比,证明了合成代谢-雄激素类固醇使用者的右心室、左心室和左心室壁由于心室流量的损害而造成了结构的畸形(Luijkx等,2012年)。甚至在对87名使用合成代谢-雄激素类固醇检测检测呈阳性反应的已故男性进行验尸后,发现他们与173名年龄配对的控制组相比(同样是已故男性;Far等,2012年),观察组的心脏异常肥大。在这项研究中,心脏肥大是直接嗜心性影响的一个导向性因素。

大部分有镰性细胞遗传性状的非裔美国人是心脏猝死易感人群。Harris和他的同事们(2012年)的报道指出,镰性细胞遗传性状发生在大约8%的非裔美国人身上,同时这一般都是良性的。但是,当运动员进行高水平体力活动时,如最常见的大学足球运动员,他们有着较高的心脏猝死的概率。该报道具体指出了这一特殊人群在整理活动过程中心脏猝死的发生。必要时,要为这种紧急且限制性活动水平做准备(近距离观察肌肉的痉挛、疲劳、过度的呼吸困难),同时确保适当的水分和休息。在训练和比赛的任何时候都需要准备一个体外自动除颤器仪。

（三）肺部损伤

除了心脏挫伤，一个运动员还可能会经历肺部挫伤。这种损伤可以是肋骨骨折、挫伤，或者一些其他类型的肺损伤所导致的并发症，而且不易被发现。肺部损伤也能发生于运动员遭受胸部的钝器伤。肋骨骨折可能会刺破包绕肺的胸膜。如果气体进入胸膜腔，可能会造成一侧的肺塌陷（图13.6）。当一侧发生肺塌陷时，这又称为气胸。关于气胸的普遍描述是胸膜腔（肺和胸壁之间的空间）存在空气或气体，这可能导致一个部分或者全肺的塌陷。正如我们所知的，肺内有空气，当外界空气进入肺与肋骨之间的胸腔区域时，将会导致内外之间失去正常的压力梯度，影响肺功能以及限制肺扩大进行正常呼吸的能力。

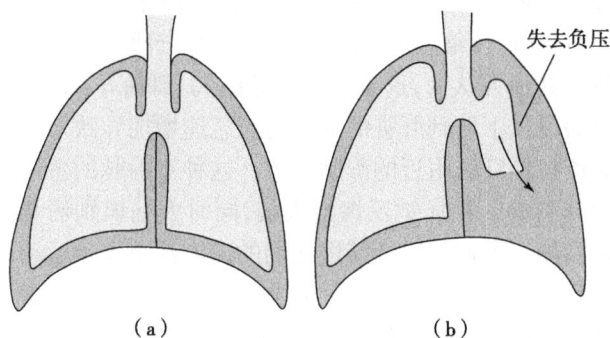

图13.6　气胸
（a）肺与胸壁之间的正常关系。胸膜腔是扩张的，其表面呈正常的接触状态。肺牵张以离开胸腔，这种是负压导致的；（b）肺的穿孔性损伤使空气在大气压之下进入胸膜腔，从而导致气胸

运动员中也有可能发生自发性的气胸，自发性气胸的发生是没有先前的创伤性事件发生的，这种损伤明显，而且一定要有医师照顾（图13.7）。

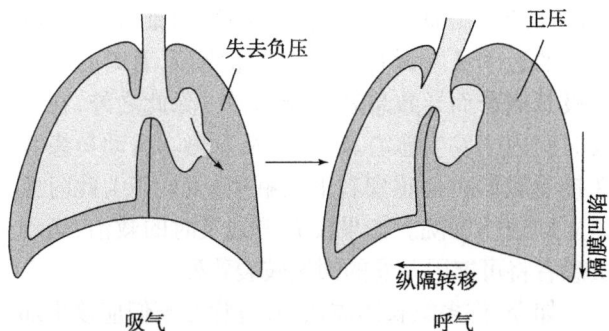

图13.7　继发性气胸
X图显示多种骨折造成的胸膜和肺下叶撕裂最终所导致的继发性气胸。箭头所指的肺表面将不再与胸壁接触

当血进入胸膜腔时，通常称为胸腔积血。此外，这种损伤能在没有先前的创伤性事件时发生。教练或者运动员防护师一定要留意心脏挫伤和肺挫伤，以及气胸的症状和体征。由于一些损伤随后有着产生并发症的趋向，所以运动员的在训练上的进阶，需要通过运动防护师一段时间的监督。

心脏或者肺部挫伤以及气胸的症状和体征包括以下方面：

● 运动员主诉胸部区域有严重的疼痛，有时放射到胸椎。

● 运动员一般会有呼吸问题——要么呼吸短促，要么在短而浅的呼吸时就感到痛苦。除此之外，可以观察到呼吸时胸壁移动的消失。

● 运动员可能出现干咳和心动过速的现象。

对于心脏或者肺部挫伤和/或气胸的急救护理涉及以下方面：

1. 对运动员进行处理以防休克。
2. 持续观察重要的体征。
3. 安排其运送到医疗机构。

运动员的呼吸问题能够成为胸痛的前兆。每当教练和运动防护师发现有运动员发生胸痛时，需要马上接受队医的检查。有胸痛和心脏问题的运动员必须要通过合适的医疗人员对其进行检查。

（四）肝脏损伤

肝脏具有辅助血浆蛋白的制造、酒精的解毒和其他功能，它也有着多种消化功能（Crowley, 2010年）。肝脏位于腹部的上四分之一，同时它对类似于足球的碰撞运动产生的钝伤比较敏感（Massie, Donnelly和Ricker, 2009年）。如果腹部上四分之一发生肋骨骨折则可能牵涉到肝脏。否则，肝脏在参与运动时是十分安全的。但是，肝脏对酗酒和药品（尤其是大量的类固醇），以及其他化学药品和疾病的刺激所导致的不同疾病比较敏感。

（五）肾脏损伤

肾脏用于维持血流中废物、气体、盐分、水和其他化学物质的平衡（Crowley, 2010年）。肾脏位于腹部两侧的后方稍向下，它们对钝伤和高温敏感（例如在炎热的一天进行剧烈运动）。身体遭受急性肾衰竭的同时，肾脏将会停止工作。一个运动员在受到对手对其后背下方的打击或者在高温下进行剧烈训练后出现血尿（尿中带血）时，他应该接受医师的身体检查。这些情况都暗示了肾脏的问题和损伤。医师将会对运动员的训练作出相应的更改，直到尿液再次清晰无血。

（六）脾脏损伤

脾脏的主要功能是为身体维持备用血细胞的储存（Crowley，2010年）。它位于腹部的左上方，同时部分受到左下方肋骨的保护。像大部分的其他内脏一样，脾脏对钝伤和内脏疾病敏感。一个运动员腹部脾脏上方受到十分用力的打击时，将会导致脾破裂。然而，由于脾脏储存了红细胞，所以它拥有在伤处进行固定并自我修复的功能。脾脏在进行完全的自我修复时，如果运动员被允许继续参加训练，那么在这个过程中，微小的创伤都可能会导致修复中断。这种二次损伤将导致内出血再次发生，并且在初次损伤后数天内导致死亡。如果一个运动员腹部左上方受到严重打击，且随后主诉腹部疼痛，以及/或者左肩和左边手臂上三分之一处（有时是右肩）有疼痛，这种情况被称为克尔征。此时应把运动员尽快送到医师手中。

除此之外，如果一个运动员患有单核细胞增多症，他的脾脏将可能变大，同时对运动中的钝伤和过度移动造成的损伤敏感。有单核细胞增多症的运动员，直到医师认为该患者脾脏回归到正常大小前，运动员的活动需要受到限制。

关键词

克尔征（Kehr's sign）：疼痛放射到左肩顶端，一般和脾脏的损伤有联系。

怎么办？

你正在指导高中橄榄球比赛。在最后一场比赛时，你的四分位被人实行了抢夺，在这个过程中，他的腹部受到严重的撞击。进一步检查，他主诉腹部极度疼痛，且僵硬，同时告诉你疼痛放射到他的左肩，请问，这位运动员是否会有严重的损伤？如果有，是何问题？

（七）膀胱损伤

膀胱是尿的储存容器，位于腹部正中线的下方，这是一个备受保护的区域，同时它是很少受到运动损伤影响的部位。如果运动员的膀胱区域受到直接的打击，并且发生了损伤，其体征是膀胱所在位置出现疼痛并且可能有血尿产生。避免膀胱损伤的最好方法是在训练或比赛前先排空尿液。

（八）腹部疼痛

不同类型的腹部疼痛会发生在运动员比赛的前、中、后阶段。其中一些更加普遍的腹痛主诉与腹部多个位置有关。如果一个运动员在同一位置经历慢性疼痛，应该尽快去看医师。腹痛的另一影响是牵涉痛，就像关于脾脏或膈的所述一样，其中之一受到损伤或刺激并导致肩部顶端的疼痛。食管问题一般被记录在运动员的上腹部疼痛。胃的问题，如十二指肠溃疡，一般集中于胃部区域，但会被认为是产生下背痛的主诉。

训练相关的短暂性腹部疼痛（exercise-related transient abdominal pain，ETAP）通常被运动员称为"侧痛"或者"肋部剧痛"，一般发生在一个健康运动员训练计划中的跑步早期。这种问题的原因往往诊断不了，但对于这种发生在运动员身上的不适，有人提出不同的假设。一些人认为，这是由于膈肌局部缺血，从而压缩内脏结缔组织，或者部分肌群痉挛所致。其他人认为，这揭示了起始时间（训练早期）以及假设从下肢到肝脏的静脉血流急速增加导致外周血流拉伸肝脏附近的静脉所致。这种对静脉的急速拉伸引起一种痛觉反馈给大脑，同时大脑识别痛觉在右侧。人们一般会减慢他们的速度甚至停止运动来止痛，随着训练的减少，静脉血流量得到调节，静脉拉伸减少，导致传递给大脑的疼痛信号减少。当运动员做了适当的热身时，会减少这种情况的发生。另一种关于运动员训练中的左侧疼痛的理论是，训练时，气体和粪便在肠道内移动，当移动受到限制或者停在肠道蜿蜒的角落处时，会产生疼痛。大部分的运动不会因为侧痛而停止，同时大部分运动员会学习如何处理这种少有的疼痛。

也有可能发生没有受伤史的右侧疼痛，但这可能是急性阑尾炎的早期体征。首先，运动员会随着广泛性的腹痛而没有食欲。当病情加重时，急性阑尾炎的运动员主诉右下腹有严重疼痛，有时这种疼痛极其痛苦而导致患者不能动弹。除此之外，在一段时间内会发生恶心、呕吐以及发热。运动员患者在接受触诊时会感到右下腹触痛（麦氏点），此时应该立即送往医院。如果没有得到及时的救治，运动员患者将可能因并发的阑尾破裂致死。

如今，许多家长团体认为，医疗专家们应该更加努力来寻求方法，以防止损伤或本来存在的心脏、肺部和腹部问题的发生。虽然有些运动员有着先前存在的心脏异常情况，但是如今大部分医学机构认为没必要在赛前动用超声心电图或者心脏彩超进行筛查。这个争论的两侧,有大量证据显示与检查的成本效益和可信性有关(Baggish 等,2010 年;Estes 和 Link,2012 年)。在意大利威尼托,赛前运动员会常规地接受 12 导联心电图的筛查,这成为了筛查的一部分。相反,在人口数相仿的明尼苏达州,心脏部分的检查只关注过病史和现病史。如此经过 26 年,这两个地方的运动员猝死的发生并没有显著差异(Maron 和 Haas 等,2009 年)。与此相反,Wheeler 和他的同事们(2010 年)认为运动员赛前用 12 导联进行筛查比仅仅查问过病史和现病史更符合成本效益。近年来,赛前使用心电图检查的提议已经得到支持,使增加的成本达到最小且更能判断运动员风险。但是,医师所提供的赛前体格检查和心电图阅读存在一些问题。如果这位医师没有经过很好的心电图查阅训练。这就可能产生不必要的成本消耗,或者会使运动员失去进一步检查的资格(Asif 和 Drezner,2012 年)。队医或者私人医师提出的关于需要执行的检查的最终诊断建议和方向,对于确保运动员的健康是十分关键的。查阅每位运动员的过往病史是非常重要的,因为这能非常接近地诊断出运动员在进行高水平训练时是否会加重其心脏或肺部疾病。如果一个运动员有着心脏或呼吸系统疾病的家族史或过往病史,那么医师在为这位运动员进行赛前检查时,一定要制订一个明确的方案,包括合适的其他医疗检查项目,以及允许参加的运动或活动项目。

先前存在的胸部疾病可能会使运动员丧失比赛资格,但是这些疾病不仅限于肥厚型心肌病(左心室异常性增大)、心脏杂音和心律失常,也包括疾病引起的明显的肺功能减弱,或者像囊性纤维化、慢性阻塞性肺疾病这类的疾病。基于这些疾病来取消运动员的参赛资格,是取决于对运动项目的考虑,取决于活动对结构或系统所施加的压力,以及在活动期间控制潜在问题的能力。那些被认为有严重心脏疾病或呼吸疾病的运动员也许可以参加特别的运动项目,这些运动通过控制他们的疾病,控制运动项目,以及通过医师的意愿,来帮助运动员患者进行调整,从而达到一定参赛水平。

运动防护师开讲

Courtesy of Larry J. Leverenz, Purdue University.

在星期四下午的常规高中校队足球练习中,当一名接球员接到球后摔倒,并撞到了他的腹部时,我们的球员正在奔跑着传球。最初,他表现为吹风头晕,但没有更多。我帮助他离开了球场,让他坐在凳子上恢复。恢复呼吸之后,他仍然主诉上腹部疼痛。它与挫伤可能导致的痛苦不同。虽然考虑到腹部损伤的可能性,但我觉得这个机械力似乎没有足够的暴力来造成严重的伤害。因为运动员症状没有改善,所以我决定将他送到训练室,并联系我们的团队医师。在这个时候,他主诉疼痛转移到其肩上。当医师看到运动员时,所有的体征和症状的存在都表明脾脏损伤。运动员在手术室里治疗了 1 小时。[(教练)运动防护师承认]鉴于训练的非暴力性质和缺乏即时迹象,他们可能会将运动员送回家休息,而这个行动必会延迟治疗,并且肯定会导致更严重的后果。

—Larry J.Leverenze,博士,运动防护师

Larry J.Leverenze 是普渡大学(Purdue University)运动防护专业主任和运动防护师。

复习题

1. 判断正误:男人和女人的肋骨数目相同。
2. 解释真肋和浮肋之间的不同。
3. 列出胸部的五个主要关节。
4. 胸部肋间肌能起到什么必要的辅助作用?
5. 判断正误:所有的肺都是同一结构和同一大小。
6. 每个肺所在的闭合的腔称为什么名字?
7. 判断正误:膈膜隔开心肺与腹部内脏。

　　8. 解释气胸与血胸的异同。

　　9. 列出肋软骨分离的症状和体征。

　　10. 肾脏损伤或功能紊乱的最佳先兆是什么?

　　11. 判断正误:脾脏在受到钝器伤时能固定自身。

　　12. 一种疾病,流行于大学生之间,能引起脾脏变大,需要运动员减少体力活动,直到脾脏再一次恢复正常,请问这个病的名称。

　　13. 列出肾脏的四个功能。

　　14. 腹痛发生时能牵涉到其他什么部位?

　　15. 解释运动员防止膀胱损伤的最好方法。

(上海体育学院　吴卫兵)

参考文献

Asif IM, Drezner JA. (2012). Sudden cardiac death and pre-participation screening: The debate continues—in support of electrocardiogram-inclusive preparticipation screening. *Prog Cardiovasc Dis*. 54:445–450.

Asif IM, Harmon KG, Drezner JA, Klossner D. (2010). Incidence and etiology of sudden death in National Collegiate Athletic Association (NCAA) athletes. *Clin J Sport Med*. 20(3):136.

Baggish AL, Hutter AM Jr, Wang F, Yared K, Weiner RB, Kupperman E, Picard MH, Wood MJ. (2010). Cardiovascular screening in collegiate athletes with and without electrocardiography: A cross sectional study. *Ann Int Med*. 152:269–275.

Casa DJ, Almquist J, Anderson SA, Baker L, Bergeron MF, Biagioli B, et al. (2013). The inter-association task force for preventing sudden death in secondary school athletics programs: Best-practices recommendations. *J Ath Train*, 48(4):548–553.

Casa DJ, Guskiewicz KM, Anderson SA, Courson RW, Heck JF, Jimenez CC, McDermott BP, Miller MG, Stearns RL, Swartz EE, Walsh KM. (2012). National Athletic Trainers' Association position statement: Preventing sudden death in sports. *J Ath Train*, 47(1):96–118.

Crowley LV. (2010). *An Introduction to Human Disease* (8th ed.). Sudbury, Mass: Jones & Bartlett Learning.

deWeber K, Beutler A. (2009). Hypertrophic cardiomyopathy: Ask athletes these 9 questions. *J Fam Practice*. 58(11): 576–584.

Estes NAM, Link MS. (2012). Preparticipation athletic screening including electrocardiogram: An unproven strategy for prevention of sudden cardiac death in the athlete. *Prog Cardiovasc Dis*. 54:451–454.

Far GRM, Agren G, Thiblin I. (2012). Cardiac hypertrophy in deceased users of anabolic androgenic steroids: An investigation of autopsy findings. *Cardiovascular Pathology*. 21:312–316.

Gray H. (1974). *Anatomy, Descriptive and Surgical*. Philadelphia, Pa: Running Press.

Harmon KG, Asif IM, Klossner D, Drezner JA. (2011). Incidence of sudden cardiac death in National Collegiate Athletic Association athletes. *Circulation*. 123:1594–1600.

Harris KM, Haas TS, Eichner ER, Maron BJ. (2012). Sickle cell trait associated with sudden death in competitive athletes. *Am J Cardiol*. 110:1185–1188.

Ho CY. (2010). Hypertrophic cardiomyopathy. *Heart Failure Clin*. 6:141–159.

Hoffman BA, Rybczynski M, Rostock T, Servatius H, Drewitz I, Steven D, Aydin A, Sheikhzadeh S, Darko V, von Kodolitsch Y, Willems S. (2012). Prospective risk stratification of sudden cardiac death in Marfan's syndrome. *Int J Cardiol*. 167(6):2539–2545.

Luijkx, T, Velthuis BK, Backx FJ, Buckens CF, Prakken NH, Rienks R, Mali WP, Cramer MJ. (2012). Anabolic androgenic steroid use is associated with ventricular dysfunction on cardiac MRI in strength trained athletes. *Int J Cardiol*. 167(3):664–668.

Marijon E, Tafflet M, Celermajer DS, Dumas F, Perier M-C, Mustafic H, Toussaint J-F, Desnos M, Rieu M, Benameur N, Le Heuzey J-Y, Empana J-P, Jouven X. (2011). Sports-related sudden death in the general population. *Circulation*, 124:672–681.

Maron BJ, Doerer JJ, Haas TS, Estes NA, Hodges JS, Link MS. (2009). Commotio cordis and the epidemiology of sudden death in competitive lacrosse. *Pediatrics*. 124(3):966–971.

Maron BJ, Doerer JJ, Haas TS, Tierney DM, Mueller FO. (2009). Sudden deaths in young competitive athletes. Analysis of 1866 deaths in the United States, 1980–2006. *Circulation*. 119:1085–1092.

Maron BJ, Haas TS, Doerer JJ, Thompson PD, Hodges JS. (2009). Comparison of U.S. and Italian experiences with sudden cardiac deaths in young competitive athletes and implications for preparticipation screening strategies. *Am J Cardiol*. 104:276–280.

Massie JB, Donnelly DV, Ricker KL. (2009). Liver laceration sustained by a college football player. *ATT*. 14(2):23–26.

Moore K, Dalley AF, Aqur AM. (2013). *Clinically Oriented Anatomy* (7th ed.). Philadelphia, Pa: Lippincott Williams & Wilkins.

Myerson M, Sanchez-Ross M, Sherrid MV. (2012). Preparticipation athletic screening for genetic heart disease. *Prog Cardiovasc Dis*. 54:543–552.

Nassar YS, Saber M, Farhan A, Moussa A, Elsherif A. (2011). One year cardiac follow up of young world cup football team compared to nonathletes. *Egypt Heart J*. 63:13–22.

Wheeler MT, Heidenreich PA, Froelicher VF, Hlatky MA, Ashley EA. (2010). Cost effectiveness of preparticipation screening for prevention of sudden cardiac death in young athletes. *Ann Int Med*. 152:276–286.

第十四章
髋部和骨盆损伤

本章主旨

    本章将简要介绍髋部和骨盆的解剖结构、关节的活动方向和肌肉的工作情况。同时,着重讨论运动中该部位较为常见的一些损伤和与之相对应的应急处理方案,介绍部分在运动员中较为少见的损伤。教练需要对这些类型的损伤引起足够的重视,避免因不恰当的处理方法对运动员造成长期的不利影响。另外,髋关节和骨盆的损伤可能还会影响男性的生殖器官,如对睾丸的撞击和扭转创伤,也可能导致疝气和神经损伤,这些情况在本章都会进行讨论,并提供合适的指南。

© Maxisport/ShutterStock, Inc.

第一节 解剖概述

髋关节和骨盆形成了一个近似正方形的结构，其侧面是两个大而不规则的髋骨，后方连接骶骨和尾骨，前方由两侧耻骨形成了耻骨联合关节。盆骨也被称为无名骨，它由髂骨、坐骨和耻骨三块不同的骨头组成。成年后，这三块骨头融合并在两侧面形成髋臼，与股骨头共同构成髋关节（图 14.1）。

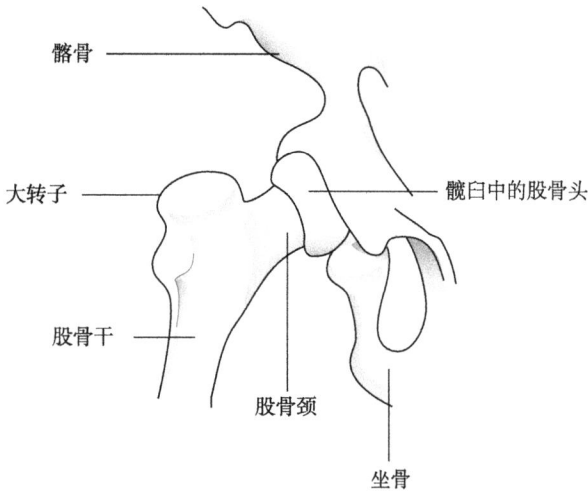

图 14.1 髋关节的球窝结构（前面观）

骨盆在人体中的作用：骨盆是双下肢的连接之处，拥有广泛的肌肉附着点，可以对整个骨盆区域提供持续性的保护。另外，骨盆在女性的分娩中也发挥着重要的作用（Moore，Dalley 和 Aqur，2013）。

骨盆的主要关节包括髋关节、骶髂关节和耻骨联合关节。髋关节是一个典型的球窝关节，由股骨的头部和髋骨的髋臼共同构成，周围有强健的韧带进行稳定性支撑；骶髂关节由骶骨和髋骨的髂骨部分构成；耻骨联合关节由两侧的耻骨在骨盆前方构成。所有的这些关节都有强健的韧带支持，共同维持着骨盆的稳定性。

一些神经和血管在骨盆中穿行（图 14.2 和图 14.3）。脊髓在腰 2 部位终止，并在此处发出下行的马尾神经，马尾神经的分支成为支配下肢的重要神经（Gray，1974 年）。腰 1 以下的脊神经均穿过骨盆，这些神经包括腰丛、骶丛、尾丛和其他的一些分支神经。其中最有名的是坐骨神经，它是人体最大的神经。坐骨神经由 L_4~S_3 的神经根汇合而成，它穿过骨盆后部并分布于大腿后方。骨盆区域的血管包括分布于骨盆和双下肢的动脉和静脉，其中髂动脉和髂静脉较多被提及。

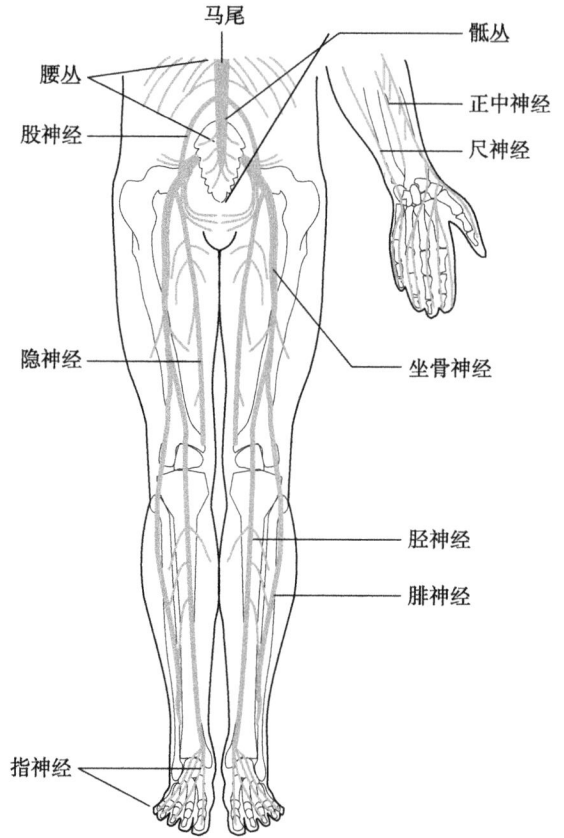

图 14.2 下肢的神经

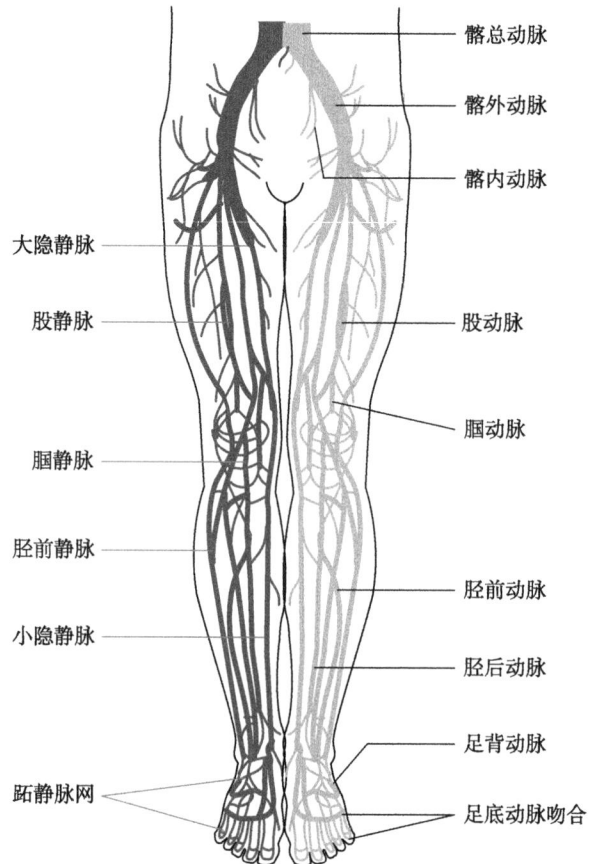

图 14.3 下肢的血管

附着于骨盆的大多数肌肉起着活动下肢的作用,一些较小的肌肉能控制股骨的内旋和外旋活动。髋关节的内旋结构包括阔筋膜张肌和臀小肌,这些肌肉在下肢的许多活动中都非常活跃。外旋结构是位于髋关节深部的一些小肌肉,它们在下肢的活动中也十分活跃。这些肌肉中最常损伤的是梨状肌,它起于骶骨的表面,止于股骨大转子。梨状肌是大腿的外旋肌。坐骨神经在梨状肌下方通过,过度使用梨状肌会造成坐骨神经的损伤。大腿其他的外旋肌包括孖肌(上孖肌和下孖肌),该肌肉起于坐骨,止于股骨大转子。所有的这些肌肉(图 14.4)与周围的肌肉相比都很小,但它们在臀部和大腿的功能活动中都发挥着至关重要的作用。

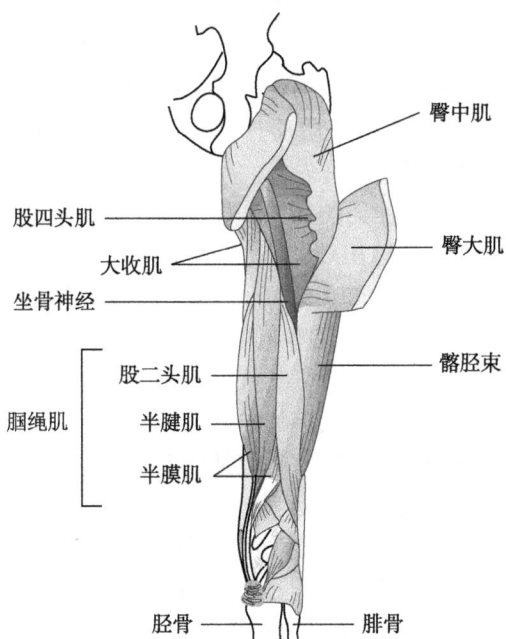

图 14.4 腘绳肌和臀肌(后面观)

许多附着在骨盆上的肌肉连接腿部、背部和腹部,使髋关节能够进行大范围的屈曲、伸展、内收、外展活动。髋关节主要的屈肌包括股直肌、髂腰肌、阔筋膜张肌和缝匠肌(图 14.5)。股直肌的起点附着于髂前上棘,在大腿前部和另外三块肌肉汇合形成股四头肌,后移行成髌韧带。髂腰肌包括髂肌和腰大肌,起于腰椎前方和髂骨翼,下行过程中汇合,止于股骨小转子。阔筋膜张肌和缝匠肌均起自于髂前上棘,前者止于胫骨结节,后者穿过大腿前部,止于胫骨前内侧。缝匠肌是鹅足(缝匠肌、股薄肌、半腱肌三块肌肉之腱性部分在胫骨近段内侧的附着点形似鹅足)肌肉中的其中一块。

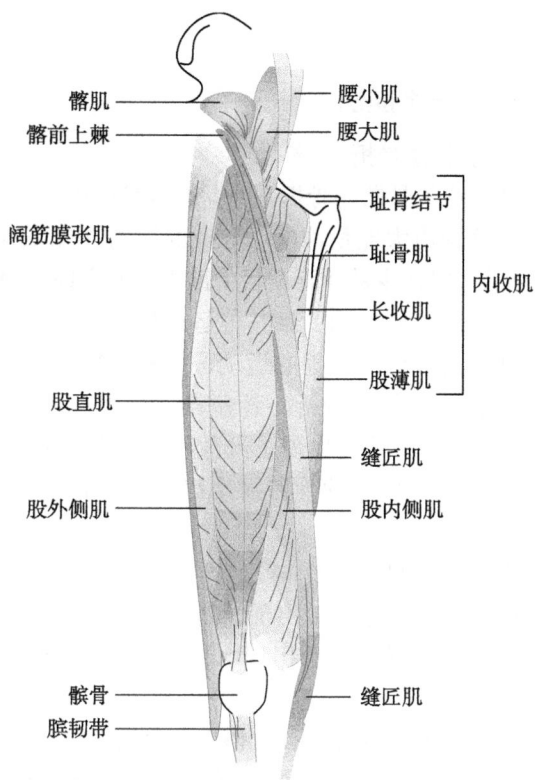

图 14.5 股四头肌(前面观)

髋关节主要的伸肌有臀肌和腘绳肌(图 14.4)。臀大肌是臀部肌群中主要的伸肌,起于髂骨后面,止于股骨。腘绳肌的起点主要附着在坐骨结节上,其中半腱肌和半膜肌这两块肌肉向大腿后内侧走行,止于胫骨内侧髁;股二头肌位于大腿后外侧,止于胫骨外侧面和腓骨小头。

髋关节的内收肌主要位于大腿内侧被称之为腹股沟的部位。这一区域主要有三块内收肌(短收肌、长收肌和大收肌)、耻骨肌和股薄肌(图 14.5)。三块内收肌均起于耻骨,止于股骨。耻骨肌的走行与三块内收肌一致。股薄肌起于耻骨下部,沿大腿内侧走行,止于胫骨的前内侧位置。股薄肌、缝匠肌和半腱肌共同构成了鹅足肌群。

第二节 常见的运动损伤

髋关节和骨盆区域有着良好的解剖结构:此处的骨骼结构不常发生运动性损伤,但软组织损伤较为常见。碰撞性运动和力量型运动对下肢的力量和速度要求较高,易造成髋关节和骨盆区域软组织的损伤,且会对运动员造成较为严重的影响。需要引起注意的是,过度使用也会造成髋关节和骨盆的损伤。

一、骨骼损伤

（一）骨盆骨折

骨盆相关骨骼的骨折是骨盆区域最严重的损伤之一。这种由大能量冲击所导致的损伤，在运动中并不常见，仅在少数体育项目中出现。曲棍球、撑杆跳高、足球运动中，因受到其他运动员的直接压力、从高处坠落或受到其他的运动员扭转和撞击，运动员可能会出现骨盆骨折。骨盆骨折在青年人群中极为严重，尤其是在出现了开放性骨折的情况下。这个部位任何可疑的骨骼损伤都需要及时地咨询医师。

骨盆骨折的症状和体征如下：

- 损伤后骨盆区域出现腹痛。
- 受伤区域可能会出现水肿，偶尔会有肉眼可见的明显畸形。
- 检查者挤压患者双侧髂骨翼会诱发疼痛。
- 医务人员需排除膀胱等相关的内脏器官损伤。尿道出血需要及时报告。

骨盆骨折的急救包括以下几个方面：

1. 治疗可能出现的休克和内部出血。
2. 定期监控运动员的生命体征。
3. 用长背板将运动员转移至医院，抬高长背板靠脚的一侧以消除下肢积血。

骨盆骨折是一种严重的损伤，外科医师需要尽快对病情进行评估。治疗方法视损伤的严重程度而定，在运动员重返赛场或训练之前必须完善治疗。疑似有骨盆骨折的运动员在未接受外科医师诊治的情况下绝不允许返回赛场。

（二）其他的青少年骨折

1. 股骨颈应力性骨折

此类损伤更易发生在从事跑步或耐力运动的瘦弱的绝经期女性运动员身上。一般而言，股骨颈应力性骨折是由于髋关节周围肌肉疲劳，减震能力丧失所造成的。不合脚或磨损的鞋袜、坚硬的运动场地、髋关节畸形，或其他动力链的病损都会给运动员的大腿带来额外的负荷，从而出现股骨颈应力性骨折。运动员主诉大腿前部或者腹股沟部位有严重的疼痛，由此判断可能出现了股骨颈应力性骨折（Breugem，Hulschler 和 Steller，2009 年）。运动员可以步行，但在走动期间会出现明显的疼痛。及时就医并拍摄 X 线片有利于鉴别诊断，与其他的应力性骨折一样，股骨颈应力性骨折早期的 X 线检查可能

显示正常，若运动员感觉到症状在此后一段时间内持续存在，则需要再次寻求医师的帮助（MeSweeney 等，2012 年）。

2. 股骨头脱位

10~15 岁的男生最常发生此类疾病。典型的发病人群是近期经历了快速生长期并且较高的男生，和第二性征出现较晚并且超重的男生。股骨头脱位的运动员表现为髋关节屈曲、活动缺乏，腹股沟前部、髋关节、大腿或膝盖疼痛。在中国，超过 12 岁的青少年若出现典型的慢性膝痛，就需要就医以排除可能存在的病理学改变。

（三）髋骨隆突挫伤

髂嵴上部或前部的挫伤是该区域最常见的损伤，常被称为髋骨隆突挫伤。运动员受到对手头盔的直接撞击或自身用力摔落地面，是出现髋骨隆突挫伤的主要原因。该损伤是伴随着剧烈疼痛的慢性损伤，如果需要继续活动，可以不必进行紧急处理，也不会造成严重的并发症。

髋骨隆突挫伤的症状和体征如下：

- 受损部位出现肿胀。
- 受损部位颜色改变。
- 受损部位出现疼痛和畸形。
- 步行时，运动员受损一侧轻微跛行，受损部位在咳嗽、打喷嚏、大笑的时候会产生疼痛。

髋骨隆突挫伤的急救包括以下几个方面：

1. 受伤部位及时冰敷。
2. 运动员休息，避免活动下肢。
3. 若损伤严重，短期可以拄拐步行。

此种损伤的长期护理更为简单。大多数情况下，这种挫伤只会对有几块肌肉直接附着的骨组织造成最微小的损伤。腹部区域肌肉附着点的损伤会使运动员在咳嗽、打喷嚏或大笑时产生疼痛。根据损伤的严重程度，运动员常常在限制活动 1~2 周后可以重新参与活动。需要引起重视的是，处于恢复期的运动员若想重返赛场，受伤部位必须要恰当地填补，避免在未完全康复之前，相似的意外造成该部位的再次损伤。可以在该部位放一个环形泡沫垫以保证安全（图 14.6）。另外，在圆环状填充物外面增加一层硬质塑料，可以加强对受损部位的保护。

📖 关键词

髋骨隆突挫伤（hip pointer）：髋关节前部或上部的挫伤和与之相关的血肿。

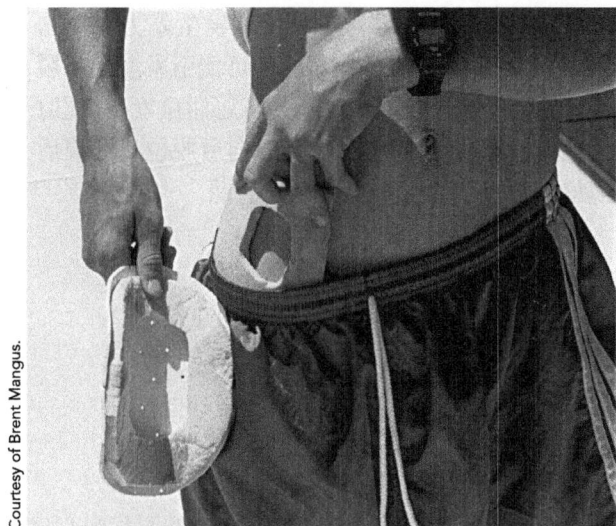

图 14.6　运动员正在插入一个髋部垫

Courtesy of Brent Mangus.

（四）其他的髋关节疾病

髋关节的损伤正在从事不同运动、处于不同年龄阶段的运动员中变得越来越普遍。一项对优秀足球运动员的研究显示，72% 的男性足球运动员和50% 的女性足球运动员在影像学检查中都存在髋关节的异常（Gerhardt 等，2012 年）。现在我们已经意识到顶尖运动员中潜在的髋关节损伤，这些信息可以提升医疗机构对各种患有此类疾病人群的预防和治疗技术。在运动人群和普通人群中都会出现髋关节盂唇撕裂，这一疾病正在被越来越多的人所熟知。运动人群中出现盂唇撕裂主要是由于创伤、髋关节持续过度活动（足球，曲棍球，舞蹈）和 / 或髋臼撞击（Femoroacetabular impingement，FAI；Hosalkar 等，2012 年）。出现这类损伤的运动员一般主诉为大腿前部和腹股沟疼痛，部分患者可能会有臀部和大腿疼痛（Groh 和 Herrera，2009 年）。Hosalkar 及其同事（2012 年）认为股直肌的拉伤可能会伴随着髋臼盂唇的撕裂（尤其是高度活跃的儿科患者）。如果出现了盂唇的撕裂，医师需要密切关注运动员的病程进展，确保其能够安全地回归运动场地。

髋臼撞击症（FAI）源自股骨头与髋臼的不适应，是造成运动员髋部疼痛的主要原因（McSweeney 等，2012 年）。运动中大量使用髋关节造成的创伤使得关节窝和关节头形态不适应，从而出现髋关节疼痛和活动受限的症状，在芭蕾舞者、冰球守门员等特定的人群中还会出现骨关节炎（Charbonnier 等，2011 年；McSweeney 等，2012 年）。FAI 的症状和体征包括单侧或双侧的髋关节前侧面疼痛（视活动而定）、旋转时刺痛（尤其是转向患侧）、长期坐位或从

坐到站诱发疼痛、进入或走出汽车时疼痛。运动员需要找队医或私人医师进行身体检查、射线拍片和其他的诊断性测试（Kuhlman 和 Domb，2009 年）。

运动员若从事需要大量跑步的运动项目，可能会患一种称为"弹响髋综合征"的疾病。弹响髋是运动员髋关节移动至特殊位置时，在髋关节外侧所出现的一种正常感觉，通常情况下是无痛或轻微疼痛的。弹响髋是由走行于股骨侧面，行经股骨大转子顶端的某一块肌肉引发的，涉及的结构包括髂胫束、阔筋膜张肌和臀中肌。弹响髋可能伴随着髋关节半脱位或盂唇撕裂，从而导致股骨在运动中出现过度活动。关节内的疾病也会造成髋弹响的感觉。例如：盂唇撕裂、关节软骨损伤、关节腔内结构异常或其他相类似的损伤，都可以通过射线检查来明确诊断（McSweeney 等，2012 年）。典型的治疗方法是牵伸紧张的肌肉以改善弹响感和纠正该部位的生物力学偏差。医师可能会建议运动员采用抗炎药物治疗。

一些研究者建议对行经股骨大转子的纤维带进行手术松解，来缓解运动员的症状。研究显示，手术介入有较低的复发率和较高的患者满意度（Yoon 等，2009 年）。然而，也有一些医师认为手术介入并不能作为治疗弹响髋的首选方案。

转子滑囊炎是运动员中较为少见的一种疾病，主要见于中年人群和从事跑步项目的运动员。滑囊炎多由特定部位的急性损伤或肌腱附着点反复多次的微小创伤造成。髂胫束过紧的运动员持续性跑步将会出现转子滑囊炎的症状和体征，早期主诉为股骨大转子疼痛并放射到大腿的前面和侧面、臀部区域。在骶髂关节附近牵拉髂胫束和下背部，服用非甾体抗炎药对缓解运动员的症状都有效。对高坠伤或髋部被撞伤的运动员而言，填充外伤部位是十分必要的。少数情况下，运动员对传统治疗没有反应，选择手术治疗更为有效（Rowand，Chambliss 和 Mackler，2009 年）。极少数早期进行合适治疗的运动员在受伤周期中仍然需要手术治疗。

（五）耻骨炎

骨盆区域另一种类型的损伤是耻骨炎，是由于耻骨联合关节过度使用和慢性拉伤使得该部位长期受压，关节退行性病变而引起的。该疾病多见于频繁进行脚踢，上半身旋转或横向运动的运动员。报道显示，患有耻骨炎的最大群体是足球运动员、橄榄球运动员和冰球运动员（Choi，McCartney 和 Best，2011 年）。由于骨盆区域有许多的肌肉和结构，耻

骨炎的诊断有一定的困难,常常会出现延迟诊断和无法确诊的情况(Beatty,2012 年;Hill 等,2011 年)。

　　患有耻骨炎的运动员主诉骨盆内部疼痛并进行性加重,疼痛位于腹股沟部位(单侧或双侧)、耻骨前面阴囊和睾丸、耻骨弓,或髋关节(Beatty,2012 年;Hill 等,2011 年)。一旦出现这些症状,患者需要找合适的医师进行进一步的评估。耻骨炎是一种慢性疾病,急救并不需要,但是休息、冰敷、阿司匹林和布洛芬等抗炎药物治疗对运动员是有益的。其治疗效果好,极少出现长期的副作用。运动员恢复到运动前的功能水平一般需要 3 个月到 1 年的时间,早诊断早治疗可以缩短病程。对传统治疗方法没有反应的运动员可以考虑手术治疗。

📖 关键词

耻骨炎(osteitis pubis):耻骨联合区域骨骼的感染。

(六)骶髂关节的损伤

　　骶髂关节位于骶骨和髂骨之间(图 14.7),是骨盆后部疼痛的常见部位。由于关节紧密嵌合,韧带数量很多,这个关节的活动十分有限。骶髂关节的损伤会使其活动完全受限或发生感染。若骶髂关节变成不动关节,需要受过培训的专家利用特殊的移动技术来恢复其正常的活动性。若骶髂关节出现感染问题,可由合格运动防护师或物理治疗师在医师的指导下进行治疗。

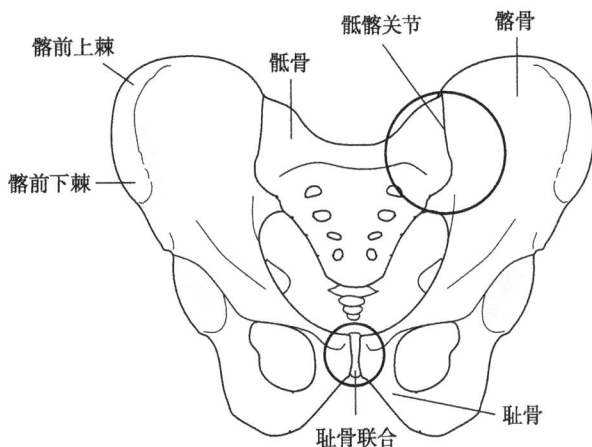

图 14.7　髋关节损伤的常见部位

(七)髋关节脱位

　　髋关节最为严重的损伤是髋关节脱位,在运动中极为少见,可能会出现在接触性的运动中。如果两个运动员或一个运动员和物体发生暴力性撞击(例如,曲棍球场周围的挡板),则可能引发髋关节脱位。典型的髋关节脱位在髋关节屈曲位发生,此时外力穿过股骨,出现最为常见的向后脱位。受损后运动员感到剧痛,受损下肢无法活动。

　　髋关节的症状和体征如下:
- 损伤部位异常疼痛。
- 损伤部位肿胀,伴随可触及的凹陷。
- 受损下肢膝盖向对侧成角。
- 损伤肉眼可见。

髋关节脱位的急救包括以下几个方面:
1. 治疗可能存在的休克。
2. 固定运动员并转运至距离最近的医疗中心。
3. 持续监控下肢的血液供应情况。

二、软组织损伤

　　髋关节和骨盆区域肌肉的数量和功能特征,使得软组织运动中的损伤并不常见。韧带对髋关节、骶骨和该区域其他结构的支撑作用十分强大,因此这些部位很少发生扭伤。但是一些附着于骨盆的肌肉易于出现撕脱性损伤,常见于大腿前部和大腿后部的肌肉系统。

(一)撕脱性骨折

　　暴力性运动中常常会发生肌肉撕脱性损伤。骨骼系统不成熟的运动员更易于在臀部发生撕脱性骨折,因为他们的肌腱力量较软骨生长中心要强。撕脱性骨折的损伤机制是一次突发的邻近最大力量的肌肉收缩,造成撕脱下肌腱附着点的骨组织。对于骨骼系统成熟的成年人而言,这种情况会导致肌肉或肌腱的撕裂,因为他们的骨骼比肌腱强健。而青少年的肌腱比骨骼强壮,故会发生撕脱性骨折。足球、网球、冲刺、跳跃运动中,肌肉在极短的时间内以最大力量收缩,参与这些运动的青年运动员更易出现撕脱性骨折。受伤的运动员主诉损伤部位局部疼痛和瘀斑。青少年常见的疼痛部位为股直肌附着的髂前下棘,腘绳肌附着的坐骨结节。

　　骨盆区域撕脱性骨折的症状和体征如下:
- 受损部位疼痛和肿胀。
- 无法进行受伤之前可轻易完成的转移活动。
- 受伤部位有压痛点。
- 肌肉收缩时,未受损的附着点产生运动。许多撕脱性骨折中不易发现。
- 运动员可能在受伤时感觉到或听到弹响声或爆裂声。

骨盆区域撕脱性骨折的急救包括以下几个方面：

1. 对运动员进行及时的冰敷，并要求运动员休息。

2. 尽量限制运动员活动，可以拄拐步行。

3. 对怀疑有撕脱性骨折的运动员，医师需要尽快对其进行评估以明确具体的损伤。射线检查可以帮助医师明确诊断。

撕脱性骨折是一种令人衰弱的疾病，需要进行保守治疗以减少瘢痕组织的增生。在外科医师的指导下，教练和运动防护师对运动员进行康复治疗是十分有意义的。若不进行康复治疗，该损伤将会成为运动员未来职业生涯的一大阻碍。

（二）男性生殖器官的损伤

男性运动员典型的短暂性损伤是睾丸挫伤，接触性运动中发生睾丸创伤的概率较高。虽然男性运动员可穿戴皮碗防护垫进行防护，但是这些装置无法时时刻刻给运动员提供保护。同时，运动员也不会总是穿戴这些装置。当睾丸区域发生撕裂伤的时候，运动员会感到剧烈的疼痛，并且经常会在短时间内完全丧失活动能力。一般情况下，这些疼痛和损伤所致的部分活动能力丧失是暂时的。若睾丸部位出现严重的外伤，则会导致睾丸破裂。

睾丸或阴囊撕裂的症状和体征如下：
- 剧烈疼痛和压痛点。
- 运动员可能会保持胎儿姿势，并抓挠睾丸。
- 运动员的睾丸受到过直接的撞击。

睾丸或阴囊撕裂的急救包括以下几个方面：

1. 在重返活动前，运动员需保持侧卧休息位。

2. 对严重损伤者进行冰敷，在条件允许的情况下，让患者平躺在更衣室或训练场地。

3. 如果出现肿胀和持续性疼痛，尽快将运动员送至医师处就诊。

睾丸损伤所致的疼痛和乏力是暂时的，需要在相对短的时间内（一般几分钟）进行处理，不宜使用过多的介入治疗。如果疼痛和乏力的时间较长，超过了几分钟，运动员必须去看医师，检查损伤的严重程度是否在睾丸的承受范围内。

一旦发生睾丸扭转要迅速识别，立刻就医。任何原因导致的睾丸和阴囊扭转，都会影响进出该区域的血流，从而导致阴囊肿胀，引起强烈的不适感。运动员需要尽快转移至医疗机构进行治疗。阴囊肿胀若得不到及时的治疗，可能会出现严重的副作用。

（三）疝气

疝气是腹部脏器在腹壁的突出，一般发生在腹股沟部位。男性运动员中腹股沟疝较为常见，女性运动员中股疝较为多见（Crowley，2010年）。大多数的疝气都是在运动参与前身体检查中发现的。患有疝气的运动员很有可能会有腹腔脏器突出至腹股沟，感到腹股沟和／或睾丸部位疼痛。运动员应立即寻求适当的医疗建议以辨别疝气多久能恢复。

运动员可能会出现"运动疝气"，此时腹股沟后壁较为薄弱，没有腹腔脏器从腹膜突出，常规体能检查中并不会发现明显的疝气，运动员主诉腹股沟部位和下腹部有持续性的疼痛。运动疝气经常会出现误诊，运动员腹股沟深部的疼痛起病隐匿，并逐渐加重（图14.8）。受伤运动员常主诉疼痛沿腹股沟韧带下行至股直肌。

研究表明，运动疝气可能是运动员发生腹股沟疼痛的普遍原因，然而，关于运动员腹股沟持续性疼痛的确切原因还有一些其他的证据（Campanelli，2010年；Morales-Conde，Socas和Barrnaco，2010年）。Jansen和他的同事们（2008年）回顾了45篇已发表关于腹股沟持续性疼痛的研究，发现了诸多导致腹股沟疼痛的原因，如肌腱病、耻骨炎、神经卡压、运动疝气和无法确诊的慢性腹股沟疼痛（也有人指出，运动疝气是一种较为复杂的综合征）。一些研究者认为，运动疝气只是引起腹股沟损伤的众多原因中较轻的一个（Garvey，Read和Turner，2010年）。保

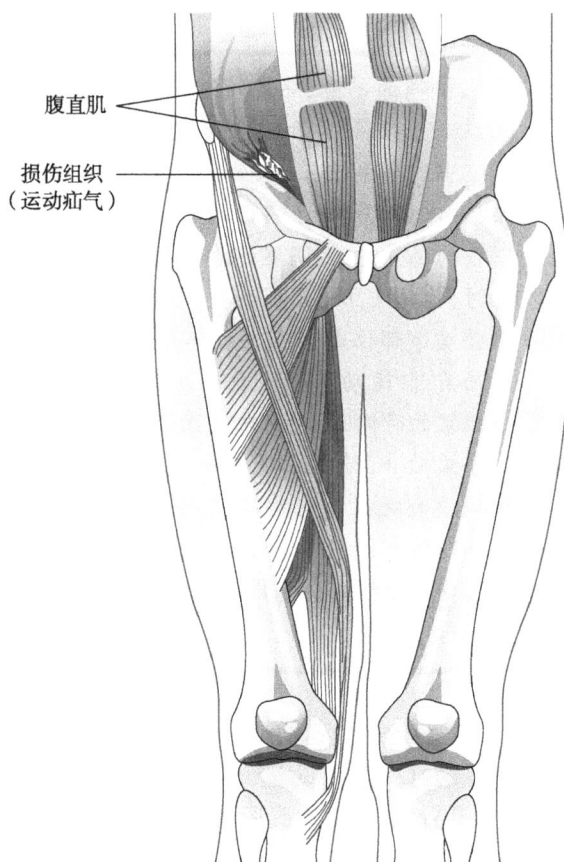

腹直肌

损伤
组织
(运动疝气)

图 14.8　运动疝气经常累及腹直肌深部的肌肉组织

守治疗适当的时间后,如果腹股沟疼痛没有缓解,则建议进行药物治疗。检索最近的文献发现,没有手术介入,运动疝气极少能够痊愈(Gaudill等,2008年)。

任何情况下,腹股沟疼痛都应该引起重视,并按照预定的时间安排采取合适的治疗。休息、冰敷、牵伸、生物力学矫正等传统的治疗方法在缓解足球运动员腹股沟疼痛中都是必不可少的。如果2周时间内症状都没有得到改善,运动员就需要接受队医专门的诊治。腹股沟疼痛的手术治疗技术和理论每年都在研究和发展,运动员应当理解并配合治疗。

📖　**关键词**

疝气(hernia): 器官或组织的一部分在腹部开口处突出。

(四) 神经疾病

许多运动员主诉有放射性的灼烧感和麻痛感沿着髋关节和臀部蔓延至大腿后部,这些症状都是坐骨神经受到刺激所产生的。坐骨神经感染和疼痛的原因很多,典型的原因是持续性的运动导致坐骨神经激惹,疼痛放射性地走行至大腿远端到达足部,运动员逐渐出现乏力的症状。受伤后的运动员需要听取医师的建议,根据病因进行休息、牵伸训练和力量训练。

第三节　预防措施

本章提及的许多髋关节和骨盆的损伤都可以通过牵伸训练和调整相关肌肉系统来进行预防。运动员进行足够和适当的调整可以减轻特定肌群的负荷,从而减少软组织的损伤。腹股沟拉伤、耻骨炎、一些应力性骨折,都可以在适当的休息之后,通过放松技术和牵伸技术来加以预防。休息可以恢复因压力或训练所造成的微小损伤,对人体十分重要。

预防髋骨隆突挫伤的防护装备的功能通常是运动服的一部分。具体而言,橄榄球裤包括髋部护垫,但是其他运动服通常不会为前髋区域提供预防挫伤的保护。如果运动员的髋部有遭受持续性外力创伤的风险,他们可以请受认证的运动防护师定制保护装置,以降低损伤的发生率,避免对自身的长期不良影响。

在运动中穿着合适的鞋子有助于预防因运动员滑倒所导致的肌肉过度牵拉和撕裂。足球运动员或相似运动的运动员在湿滑的场地上摔倒,可能会导致严重的腹股沟损伤。棒球运动员常常会穿戴护裆来减少棒球撞击睾丸所造成的损伤,现在棒球捕手的面具包括一个护喉,避免擦棒球直接击中喉咙。其他的运动也有其针对性的保护装置,用以预防可能出现的损伤。

即使髋关节和骨盆的损伤在运动人群中并不普遍,但是知道这些损伤的存在和对运动员的影响是十分有必要的。检查运动员的髋关节和骨盆区域时,要考虑可能存在的严重损伤。急救在处理这些损伤中十分重要。对需要重新从事某一项运动的运动员而言,康复治疗至关重要。

运动防护师开讲

Courtesy of Shawna Baker, MS, ATC.

准确地评估运动疝气或运动性腹股沟损伤十分棘手。进行大量踢、扭转和方向转变运动的运动员较易发生此类损伤。运动员将会出现慢性的、不明确的、受运动影响的腹股沟或下腹痛，保守治疗没有明显反应。这些症状常常被误诊为其他的髋部疾病，如拉伤、扭伤、滑囊炎、滑膜炎、骨劳损。影像学检查（X 线，MRI，CT 扫描）在鉴别诊断中有所帮助。放松、冰敷、温和牵拉和力量训练等保守疗法不会减轻患者的症状，必要时可采用手术介入来帮助运动员重返运动场地。

——Shawna Baker，理学硕士，运动防护师

Shawna Baker 是波因特洛马拿撒勒大学（Point Loma Nazarene University）的首席运动防护师。

复习题

1. 髋关节是什么关节？
2. 说出构成髋关节的骨头。
3. 简要介绍臀肌的活动。
4. 阐明髋关节伸肌、屈肌、内收肌、外展肌的位置。
5. 列举髋部易于骨折的骨头。

6. 运动员臀肌粗隆挫伤时会损伤什么结构？
7. 列举耻骨炎的症状。
8. 阐述睾丸撕裂和睾丸扭伤的不同点。
9. 定义疝气，说说对怀疑有疝气的运动员，教练 / 运动防护师应该怎么处理。
10. 大腿后部疼痛的运动员应该怎么处理？

（温州医科大学附属第二医院　王雪强）

参考文献

Beatty T. (2012). Osteitis pubis in athletes. *Curr Sports Med Rep.* 11(2):96–98.

Breugem SJM, Hulscher JBF, Steller P. (2009). Stress fracture of the femoral neck in a young female athlete. *European J Trauma Emerg Surg.* 2:192–195.

Campanelli G. (2010). Pubic inguinal pain syndrome: The so called sports hernia. *Hernia.* 14:1–4.

Caudill P, Nyland J, Smith C, Yerasimides J, Lach J. (2008). Sports hernias: A systematic literature review. *Br J Sports Med.* 42(12):954–964.

Charbonnier C, Kolo FC, Duthon VB, Magnenat-Thalmann N, Becker CD, Hoffmeyer P, Menetrey J. (2011). Assessment of congruence and impingement of the hip joint in professional ballet dancers. *The Am J Spts Med.* 39(3): 557–566.

Choi H, McCartney M, Best TM. (2011). Treatment of osteitis pubis and osteomyelitis of the pubic symphysis in athletes: A systematic review. *Br J Sports Med.* 45:57–64.

Crowley LV. (2010). *An Introduction to Human Disease* (8th ed.). Sudbury, Mass: Jones & Bartlett Learning.

Garvey JFW, Read JW, Turner A. (2010). Sportsman hernia: What can we do? *Hernia.* 14:17–25.

Gerhardt MB, Romero AA, Silvers HJ, Harris DJ, Watanabe D, Mandelbaum BR. (2012). The prevalence of radio-graphic hip abnormalities in elite soccer players. *Am J Sports Med,* 40(3):584–588.

Gray H. (1974). *Anatomy, Descriptive and Surgical.* Philadelphia, Pa: Running Press.

Groh MM, Herrera J. (2009). A comprehensive review of hip labral tears. *Curr Rev Musculoskelet Med.* 2:105–117.

Hill CJ, Stevens KJ, Jamati MK, Garza D, Matheson GO. (2011). Athletic osteitis pubis. *Sports Med.* 41(5):361–376.

Hosalkar HS, Pennock AT, Zaps D, Schmitz MR, Bomar JD, Bittersohl B. (2012). The hip antero-superior labral tear with avulsion of rectus femoris (HALTAR) lesion: Does the SLAP equivalent in the hip exist? *Hip Int.* 22(4):391–398.

Jansen JACG, Mens JM, Backx FJ, Kolfschoten N, Stam HJ. (2008). Treatment of longstanding groin pain in athletes: A systematic review. *Scand J Med Sci Sports.* 18:263–274.

Kuhlman GS, Domb BG. (2009). Hip impingement: Identifying and treating a common cause of hip pain. *Am Fam Physician.* 80(12):1429–1434, 1439–1440.

McSweeney SE, Naraghi A, Salonen D, Theodoropoulos J, White LM. (2012). Hip and groin pain in the professional athlete. *Can Assoc Radiol J,* 63:87–99.

Moore K, Dalley AF, Aqur AM. (2013). *Clinically Oriented Anatomy* (7th ed.). Philadelphia, Pa: Lippincott Williams & Wilkins.

Morales-Conde S, Socas M, Barrnaco A. (2010). Sportsmen hernia: What do we know? *Hernia*. 14:5–15.

Muschaweck U, Berger L. (2010). Minimal repair technique of sportsmen's groin: An innovative open-suture repair to treat chronic inguinal pain. *Hernia*. 14:27–33.

Rowand M, Chambliss ML, Mackler L. (2009). How should you treat trochanteric bursitis? *J Fam Practice*. 58(9): 494, 500.

Yoon TR, Park KS, Diwanji SR, Seo CY, Seon JK. (2009). Clinical results of multiple fibrous band release for the external snapping hip. *J Orthopaed Sci*. 14:405–409.

第十五章
大腿、小腿和膝部损伤

本章主旨

在各种各样的运动中,男女性都较容易发生大腿、膝关节损伤。由于大腿、膝关节不容易受到保护,且是在体育运动中较容易产生身体接触的部位,因此,在身体接触和对抗运动中膝关节会遭受反复的创伤,使早期的运动伤害变得更为复杂。对于服务于运动员的年轻运动防护师而言,掌握一定的有关大腿、膝关节损伤的知识是很有必要的。对于大腿、膝关节损伤发生后处理不及时或者未治疗的情况,与其他损伤一样,会长期影响运动员身体健康。

本章节内容从详细的解剖知识开始介绍,包括:骨骼、韧带、肌腱、肌肉、神经、血液循环。以及从运动学的角度,阐述肌肉和主要关节的动作模式。

本章先介绍大腿软组织损伤,如果不恰当的处理就会使情况变得糟糕,包括软组织挫伤、拉伤以及其他与关节相关的损伤。膝关节与足部踝关节类似,为身体提供最大程度的稳定性和灵活性。因此,也增加了损伤的发生率。本章节涉及的伤病有:剥脱性骨软骨炎、滑囊炎、髌骨脱位以及长期运动造成的损伤。膝关节的解剖结构非常复杂,组成膝关节的骨骼、韧带、肌肉,任何一个部位都有可能在运动中发生损伤。在本章内容中也会涵盖膝关节的主要四条韧带及其损伤、运动中膝关节半月板的损伤。本章总结了膝关节损伤的预防以及膝关节功能性支具的应用。

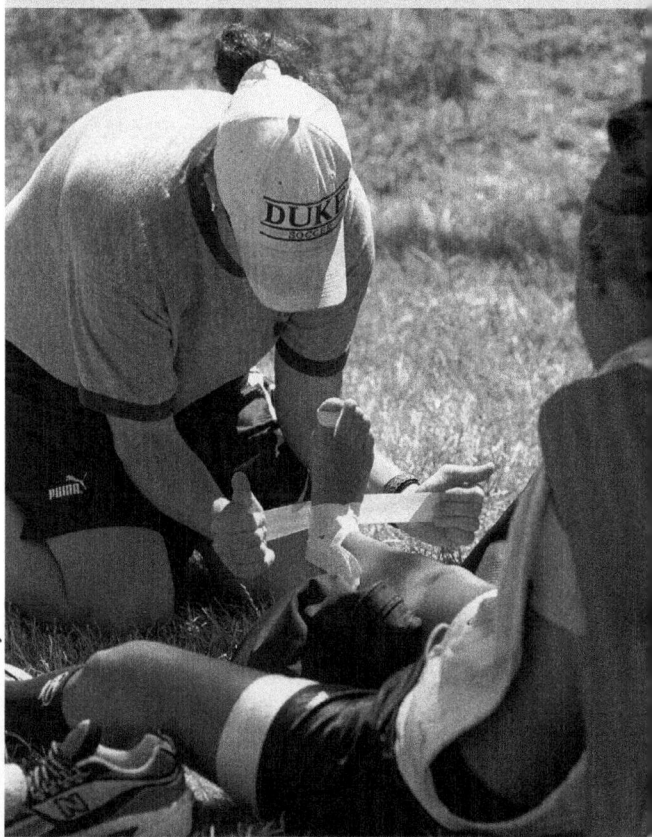

第一节　解剖概述

下肢损伤在运动员的运动生涯中十分常见,损伤可能发生在大腿、膝关节、小腿、踝关节、足部。下肢骨主要包括:股骨、胫骨、腓骨、髌骨以及足骨(Gray,1974)。股骨是人体中最长、最坚固、最重的骨骼。股骨有一个球形的股骨头通过非常坚韧的韧带与髋关节相连接,股骨头与股骨干之间通过股骨颈相连,股骨颈极易发生骨折。股骨由此向靠近膝关节处生长,越靠近膝关节的部分越平坦、越宽,与髌骨、胫骨构成膝关节。

大腿前后有大量的血管和神经组织,大腿前侧分布有静脉血管和股神经,大腿后侧分布有股动脉以及腿部主要的神经-坐骨神经。大腿部位多数血管、神经组织都由肌肉组织包裹保护。大腿肌肉可以分为三部分。第一部分,大腿前侧肌肉-股四头肌(图 15.1),有两个功能。股四头肌包括:股外侧肌、股中间肌、股内侧肌和股直肌,完成伸膝动作。这四块肌肉中的三块(股内侧肌、股中间肌、股外侧肌)附着在股骨上,由此向下到股四头肌肌腱。

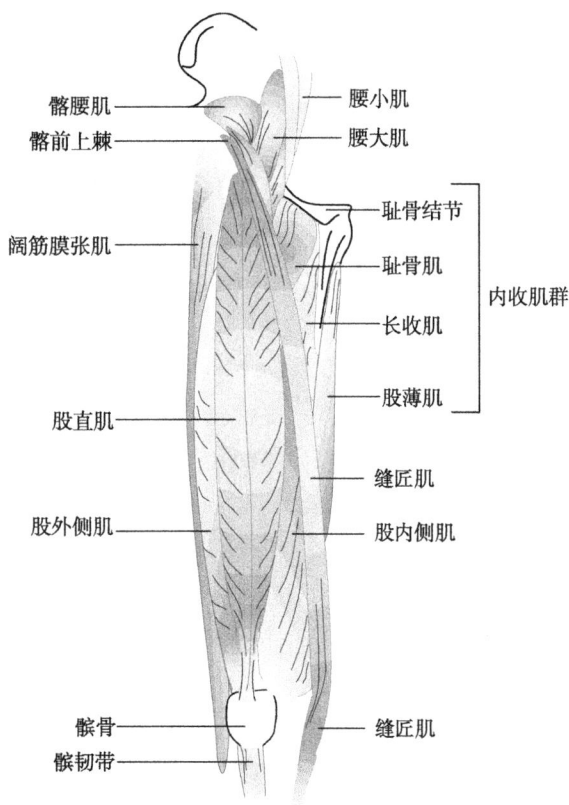

图 15.1　大腿前侧肌肉的两个功能

股直肌是股四头肌中主要工作的肌肉,其主要作用是帮助屈髋肌完成屈髋,并协助屈髋位稳定髋

关节。另一块在大腿前侧的肌肉是缝匠肌,它附着在髋部,并沿着大腿斜向下,一直到胫骨髁前内侧部。它的作用是屈曲、外展、外旋髋关节。

第二部分是大腿内侧群肌肉,包括:长收肌、短收肌、大收肌、股薄肌(Moore,Dalley,& Aqur,2013)。这些肌肉连接骨盆前侧与股骨,功能是内收髋关节并协助屈曲髋关节。大腿肌群第三部分是位于大腿后侧的腘绳肌。腘绳肌包括:半腱肌、半膜肌、股二头肌(Moore 等,2013)。这些肌肉连接骨盆后侧向下,直到胫骨,腘绳肌的主要作用是屈膝。拓展知识 15.1 列出了大腿肌群、功能和神经支配。

膝关节是一个结构非常复杂的关节,在运动中造成膝关节损伤的方式也多种多样。股骨和胫骨相互连结构成了股胫关节,髌骨和股骨构成了髌股关节。髌骨是一块籽骨,它被股四头肌腱完全封闭在组织内。髌骨和胫骨没有相连。膝关节有许多韧带,由 4 条最基本的韧带维持膝关节基本的稳定性,分别是:内侧(胫侧)副韧带、外侧(腓侧)副韧带、前交叉韧带、后交叉韧带(图 15.2)。

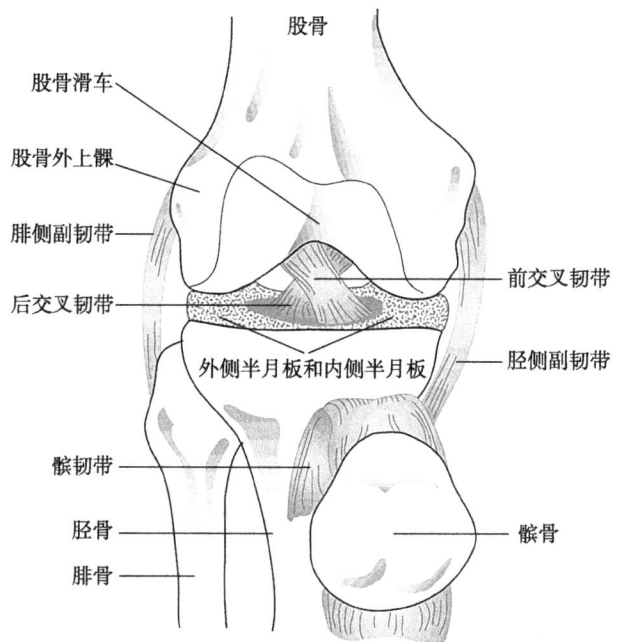

图 15.2　膝关节的主要韧带

内侧副韧带起自股骨内上髁,止于胫骨内侧髁。外侧副韧带起于股骨外上髁,止于腓骨头。外侧副韧带强于内侧副韧带。膝关节侧方运动时,内、外侧副韧带限制膝关节的活动,防止膝关节过度内翻、外翻。

交叉韧带与内外侧副韧带不同(侧副韧带位于膝关节内外侧方),位于关节囊内。前交叉韧带起自

拓展知识 15.1 大腿主要肌群、功能、神经支配

肌群	功能	神经支配
股四头肌		
股直肌	膝关节伸展	股神经
	髋屈曲	
股内侧肌	膝关节伸展	股神经
股外侧肌	膝关节伸展	股神经
腘绳肌	膝屈曲	
半腱肌	膝屈曲	胫神经
股二头肌	膝屈曲	长头 - 胫神经
		短头 - 腓总神经
内收肌	大腿内收	
长收肌	内收	闭孔神经
大收肌	内收	闭孔神经
短内收肌	内收	闭孔神经
外展肌	大腿外展	
臀中肌	外展	臀上神经
臀小肌	外展	臀上神经
其他		
缝匠肌	膝屈曲	股神经
	髋关节外展、外旋、屈曲	臀上神经
阔筋膜张肌	髋屈曲	股薄神经
	膝关节伸展	

胫骨髁间嵴前面,止于股骨外侧髁内侧面的上部。后交叉韧带起自胫骨髁间嵴后面,向前内方斜行止于股骨内侧髁的外侧面。前、后交叉韧带的主要作用是防止胫骨向前、后的移位。

关键词

股四头肌（quadriceps）:位于大腿前侧四块肌肉的总称:股直肌、股中间肌、股内侧肌、股外侧肌。

腘绳肌（hamstrings）:位于大腿后侧三块肌肉的总称:股二头肌、半腱肌、半膜肌。

胫股关节（tibiofemoral joint）:股骨髁内外侧和胫骨髁内外侧组成的关节。

髌股关节（patellofemoral joint）:髌骨后侧面与股骨前侧面组成的关节。

半月板（menisci）:位于一些滑膜关节透明软骨表面的纤维软骨结构（如,膝关节）。

两个半月形的纤维软骨盘通常被称为软骨,专业术语称为半月板,半月板是膝关节间的半月形纤维软骨盘,位于胫骨和股骨之间。半月板的主要功能是:有助于膝关节的润滑和营养,承受载荷、吸收震荡、保护骨关节面,维持关节稳定。

严重的半月板损伤往往发生在半月板内侧和外侧,这类损伤的发生终结了很多运动员的职业生涯。骨科医师可以对一些撕裂的半月板进行修复,而对一些撕裂进行切除,以最大可能地保留更多的健康半月板组织。因此,运动员半月板损伤后经过外科手术、康复可以重返运动。

在前面的内容中,我们提到过,大腿肌肉的肌腱会跨越膝关节。在骨骼和肌腱之间有滑囊,滑囊的作用是减缓肌腱和骨骼的摩擦,相当于在骨骼表面添加了一层衬垫,从而为暴露在外的骨区增加一些填充物。

第二节　常见运动损伤

在任何体育运动中都有可能发生大腿、膝关节的损伤,这些部位损伤发生的原因很多,包括:过度使用、由对手造成的损伤、由运动中外力造成的损伤。由于膝关节解剖结构的特殊性,导致膝关节较易产生损伤,如果对此类损伤处理不当,很容易导致运动员职业生涯的缩短。

下肢的组成是复杂的,包括:足、踝关节、小腿、膝关节、髋关节,这其中任何一个部位受到损伤,都会导致膝关节受伤的概率增加。基于这个认识,当膝关节发生疼痛或者损伤时,要及时遵从医嘱。

一、骨骼损伤

(一)股骨骨折

由于股骨是人体中长度最长的骨骼,因此,股骨骨折的发生率也较高。然而,股骨骨折的发生一般是由于受到强大的外力冲击,这种情况在运动中发生率并不高。如果真的在运动中发生了股骨骨折,那么损伤的发生应该是非常明显的,运动员感受到的疼痛也是非常剧烈的,受伤侧的腿也会较难行走(图15.3)。并且,运动员此时不应该尝试用患侧腿行走。在这种情况下,应该将运动员尽快转移到最近的医疗机构,对大腿进行夹板固定并保证患侧不承重。针对股骨骨折,一定要第一时间进行急救,因

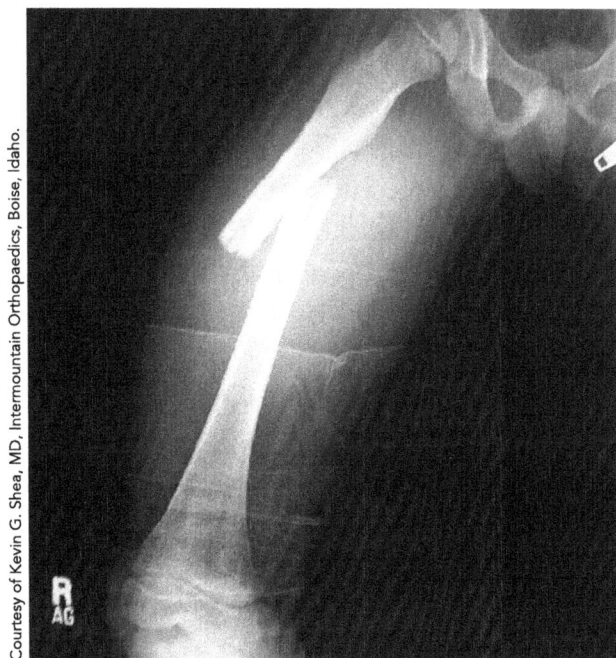

Courtesy of Kevin G. Shea, MD, Intermountain Orthopaedics, Boise, Idaho.

图15.3　右腿股骨骨折

为在创伤发生初期可能伴随多个问题,如:血液循环不足、神经支配受阻、潜在性的发生休克等。

股骨颈也有可能发生骨折。在体育运动中,虽然对于健康的运动员而言,其发生率并不高,但是相较于股骨骨折的发生,股骨颈骨折的发生率更高。由于受到生长周期的影响,大龄儿童以及青少年发生股骨颈骨折的风险更大。

对于运动员而言,外力和过度使用是导致股骨颈骨折的重要因素。如果是外力导致股骨颈骨折,那么在创伤发生时,运动员一定是单腿支撑并且在臀部或者大腿后侧受到了强大的外力冲击。当此类情况发生时,应尽快求助于医师。在股骨颈骨折发生时,常常伴有的并发症是股骨头缺血性坏死(组织死亡),这是由于股骨头血供减少而导致的。(在1991年职业橄榄球比赛中,Bo Jackson由于股骨头骨折,进行了髋关节置换手术才重返运动场,成为一名职业棒球手。)

股骨骨折的症状和体征有以下几点:

- 损伤处疼痛;
- 患侧腿很难行走;
- 肿胀或者畸形体征;
- 有创伤史;
- 在损伤发生时,运动员自身听到了明显的断裂声。

股骨骨折的急救包括以下几点:

1. 在必要时对运动员进行休克后的急救;
2. 对患侧腿进行夹板固定,最好是采取牵引夹板;
3. 对开放性创伤进行消毒外敷;
4. 监测运动员的生命体征和小腿血液循环情况;
5. 安排将运动员转诊到最近的医疗机构。

(二)髌骨骨折

另一个在膝关节较易发生的骨骼损伤是髌骨骨折、髌骨脱位。但在体育运动中,髌骨骨折发生率并不高。在多数情况下,髌骨由于受到强烈外力发生骨折,运动员因此在短时间内丧失患侧腿的活动能力。髌骨骨折产生的痛感非常强烈,运动员需马上就医。髌骨是籽骨,其血供有限,导致髌骨骨折后其痊愈时间也较长。

(三)胫股关节脱位

胫股关节脱位也是膝关节常见损伤的一种,并且胫股关节脱位会严重影响血液运输到小腿。当胫股关节脱位发生时,其外观较明显,伤者自身痛感强

烈。当损伤发生时,应尽快采取夹板固定并将伤者尽快送往附近的医疗机构。要避免膝关节和小腿循环、神经支配受到影响,否则会导致更严重的损伤。

二、大腿软组织损伤

大多数软组织损伤是由于运动员与对手发生身体接触或者是在爆发性运动中的肌肉拉伤。像橄榄球、曲棍球等运动中,运动员会佩戴护具避免与对手接触造成大腿软组织损伤。然而,这样的防护并不是万无一失的,有的损伤依然会发生。

(一)骨化性肌炎

当运动员的股四头肌群受到对手的膝关节、髋关节或者身体其他部位的强大外力,或者是其他原因导致的肌肉挫伤,肌纤维会发生损伤以及出血。由于受到的外力大小、受伤的肌肉不同,其挫伤的程度也不同。在任何情况下,都必须告知运动员,对于肌肉挫伤的处理以及后期恢复中的不当情况(如果进一步损害),会导致骨化性肌炎的发生。在肌肉挫伤发生的初期,会导致肌肉的内出血,如果处理不当或者这种损伤长期发生,会导致局部血液大量流失的情况。身体内原本正常循环的血液被肌肉出血破坏,在该区域内的长期出血、损伤可导致肌肉钙化和骨组织的异常生长,甚至导致伤残。

骨化性肌炎发生的症状和体征有以下几点:

- 运动员反映身体某个部位受到强大的外力;
- 可能发生肌肉紧张和肌肉肿胀;
- 运动员肌肉收缩的能力下降;
- 运动员患侧腿行走困难。

骨化性肌炎的急救包括以下几点:

1. 立即进行冰敷和加压包扎;
2. 如果损伤较严重,指导运动员使用拐杖;
3. 让运动员休息并且避免患处受到其他接触。

关键词

缺血性坏死(avascular necrosis):组织由于缺血而导致的坏死。

当此类损伤发生时,运动员需要足够的时间休息,让身体自行恢复,保证患处的出血自行消散,才能痊愈。当运动员准备重返赛场时,对于腓肠肌的早期控制运动有助于肌纤维的再生。损伤早期应控制受伤部位肌肉的激活,在痊愈前应避免全接触性的训练或者比赛。因为对于损伤部位的频繁刺激会

导致患骨化性肌炎的风险增加,在运动员后期的训练中也应对患处佩戴护具进行保护。运动员自身在这种情况下应该意识到,对该部位长期损伤发生的后果,并在损伤发生后及时就医。

(二)大腿肌肉拉伤

基本上大腿部位的每块肌肉都会发生拉伤,大腿肌肉拉伤在运动员中的发生率较高,并且多数发生在腘绳肌和大腿内收肌。大腿内收肌拉伤的原因多数是由于腹股沟牵拉。大腿拉伤的发生是由于肌肉自身的原因,而不是外力。此类拉伤发生在大腿内收肌时,通常是由于肌肉被过度拉长。拉伤也可能由于主动肌和拮抗肌产生的对抗发生,这一点是导致腘绳肌拉伤的重要因素。

如果肌肉被过度拉长,肌纤维就会发生损伤和出血,因此导致肌肉收缩能力下降、肌肉力量减小,正常活动受限。在我们前面提到的主动肌和拮抗肌的对抗中,在腘绳肌收缩时股四头肌也发生了收缩,导致较弱的肌肉发生撕裂和损伤。通常情况下,腘绳肌较股四头肌力量更弱,因此,也较容易被拉伤,发生出血及血肿。

怎么办?

假设你是一名中学篮球比赛的教练。在第一节进行到一半的过程中,你的首发后卫带球上篮,并与对方球员发生了身体碰撞。发生碰撞的部位是她的左侧大腿,受到了对方球员膝关节的较重碰撞。在进一步的检查中,你发现,她的股四头肌肌肉紧张并且肿胀,并且,她不敢左侧大腿受力承重。根据这些情况,你对她的情况得出的诊断是什么?在这种情况下,应该采取怎样的急救措施?

很多运动员都会有大腿内收肌长期紧张以及习惯性拉伤的情况,特别是短收肌、长收肌、大收肌在运动员进行较多变速、变向的情况下。对于橄榄球、足球、排球运动员而言,这几块肌肉紧张的情况频发,而这些肌肉是决定变向、变速运动的关键肌肉,因此,在比赛前它们更需要通过热身运动而做好充足的准备。对于运动员而言,在赛前针对性的对这些肌肉进行热身活动,是非常有必要的。

如果对于这些起于腹股沟的肌肉损伤关注度不够,将会使损伤变得更加严重(见拓展知识15.2)。通常情况下,当此类肌肉中的一块或几块发生拉伤

拓展知识 15.2　股直肌断裂的病例探讨

在有些时候，肌肉的损伤往往比我们预期的更严重，在此病例中，我们将针对一个足球运动员的情况进行探讨。该足球运动员认为，自己在比赛中由于大腿受到外力冲击，导致了股四头肌的挫伤和拉伤。然而，受伤处却出现了异常的肿胀和疼痛。在进行急救的冰敷、加压包扎、休息后，该运动员尝试再次上场，但是当他用患侧腿支撑并进行奔跑时，他感到了患处有明显的撕裂感。此时，他决定继续休息，等待伤病痊愈。数月后，他的情况并未得到缓解，依然感到患处疼痛、收缩能力下降，并且意识到他的股四头肌受伤的程度比之前更加严重。

在这个病例中，股直肌在其髌韧带附着处撕裂，并且没有得到及时的正确处理。正如图 15.4 所示，当他用力伸展小腿时，股四头肌的肌腹在腿部隆起。当他每次收缩患侧的股四头肌时，他都必须面对股四头肌异常工作带来的奇怪感觉。这个损伤终结了他参加接下来的足球比赛的念头。

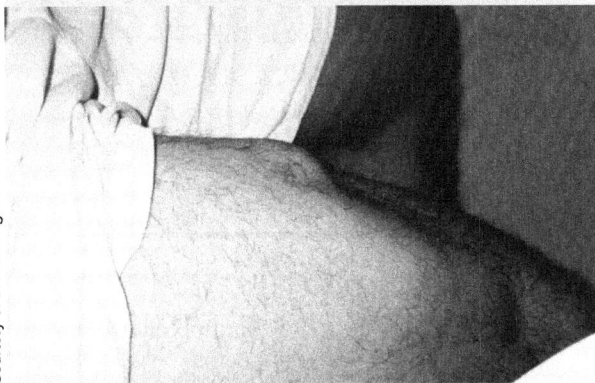

图 15.4　一个患有股直肌断裂的足球运动员

时，运动员会感受到来自大腿中部的一阵剧痛，甚至有"撕裂"感。损伤发生后，运动员会感受到受伤处的疼痛、肌肉紧张、活动受限。同时，即使在充分保护的情况下继续活动，该处的损伤也会花费较长的时间才能痊愈。这是由于，受伤肌肉在无意识的日

常活动中也会产生小的创伤，影响肌肉原本损伤的痊愈。由此，在完全康复前，要严格遵守治疗方案。

在康复过程中，运动员需要适度针对性地拉伸目标内收肌，防止在愈合过程中的瘢痕粘连。适当的拉伸，是肌肉拉伤后的康复过程中必不可少的一点。

大腿肌肉拉伤的症状和体征包括以下几点：
- 受伤肌肉剧痛；
- 受伤区域红肿并伴有炎性反应；
- 用力收缩时肌肉感觉无力或不能完成；
- 几天后，损伤区域出现变色；
- 严重的情况下，损伤肌肉有肉眼可见的凹陷。

大腿肌肉拉伤的急救办法如下：
1. 立即进行冰敷和加压包扎；
2. 让运动员立即休息，必要时使用拐杖；
3. 让专业医疗团队对运动员的损伤进行评估。

对于大腿损伤的正确治疗是很重要的，虽然腘绳肌起于腹股沟处的这些肌肉的拉伤看起来并不是那么严重，但有时因后期恢复过程中的疏忽，会成为长期损伤，影响运动员的生活。

关键词

主动肌（agonistic muscles）：与对侧肌肉对抗处于收缩状态的肌肉。
拮抗肌（antagonistic muscles）：抵抗主动肌的肌肉。

三、髌股关节损伤

对于髌股关节的损伤，不论是慢性还是急性损伤，在早期治疗不当的情况下，都会变得更加严重。如果运动员想在职业巅峰依然活跃在赛场上，那么对于损伤则要及早介入和干预。在一些情况下，造成髌股关节损伤的原因是由于处于生长期的青少年动作力学上的错误所导致的，这有时不是我们可以规避的。但大多数情况下，对于髌骨关节的损伤，只要治疗师、教练员正确介入，是完全可以重返赛场的。

（一）剥脱性骨软骨炎

剥脱性骨软骨炎也被称作"关节鼠"，因为一些关节产生的小块骨头在关节囊内处于任意游离的状态。对于青少年而言，剥脱性骨软骨炎通常是由于关节空间的结构松散造成的。这些由于骨软骨引起

的关节面的损伤可能会成为严重的问题。当关节面受损,与其他组织的接触就不再是光滑的,长期的疼痛以及关节的进一步损伤都是无法预料的。骨头并不总是在关节囊内自由浮动,它可能只是部分脱落,但仍然附着在原骨骼上进行一些产生疼痛的运动。如果这块骨头完全游离在关节囊内,那么在膝关节的运动中将会有绞锁感,使膝关节的活动受限。造成剥脱性骨软骨炎的原因尚未完全明确,一部分专家认为,外力冲撞是导致该疾病的直接原因。当剥脱性骨软骨炎发生在青少年运动员身上时,应及时就医、诊断、治疗。多数青少年运动员会选择保守治疗,有些也会选择手术。

剥脱性骨软骨炎发生的症状和体征如下:

● 长期膝关节疼痛,且疼痛部位不确切;

● 可能有长期肿胀;

● 关节内有游离体时,膝关节活动受限,运动员不能完成全范围的关节活动;

● 股四头肌可能发生萎缩;

● 当膝关节屈曲时,可能会触及到一侧或双侧股骨髁疼痛。

剥脱性骨软骨炎急救措施包括以下几点:

1. 进行冰敷和加压包扎;

2. 如果运动员步行困难或者膝关节活动受限,指导运动员使用拐杖;

3. 及时就医。

(二)滑囊炎

滑囊是身体中一个充满液体的囊,它的存在有助于防止骨骼表面、肌腱、肌肉、皮肤之间的摩擦。在膝关节处有很多个滑囊,但只有少数几个容易发生损伤(图 15.5)。由于外力或者感染,滑囊可能会发炎。同样,长期过度使用以及对滑囊的刺激也会引起滑囊发炎。髌前滑囊位于皮肤下、髌骨上,较易受到直接损伤。一个橄榄球运动员也许在膝关节受到对方坚硬的护具撞击后,髌前滑囊会肿大(图 15.6)。

膝关节的其他滑囊在受到长期刺激后也容易损伤。在一些运动及训练中,不断使用腿部、膝关节,会在该区域产生过度摩擦,滑囊就会发生炎性反应。当然,这些滑囊也会由于外力而发炎,只不过发生率并不高。

滑囊炎临床表现和体征如下:

● 局部有肿胀和触痛;

● 外部压力增加导致疼痛;

● 运动员主诉受到直接外力创伤或者局部长期肿胀。

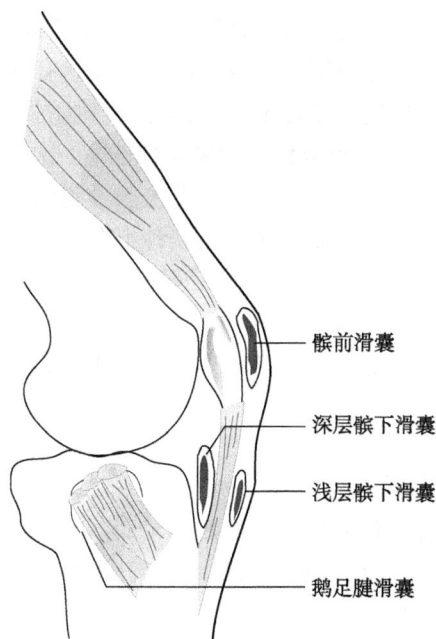

图 15.5 膝关节通常容易损伤的滑囊

（标注：髌前滑囊、深层髌下滑囊、浅层髌下滑囊、鹅足腱滑囊）

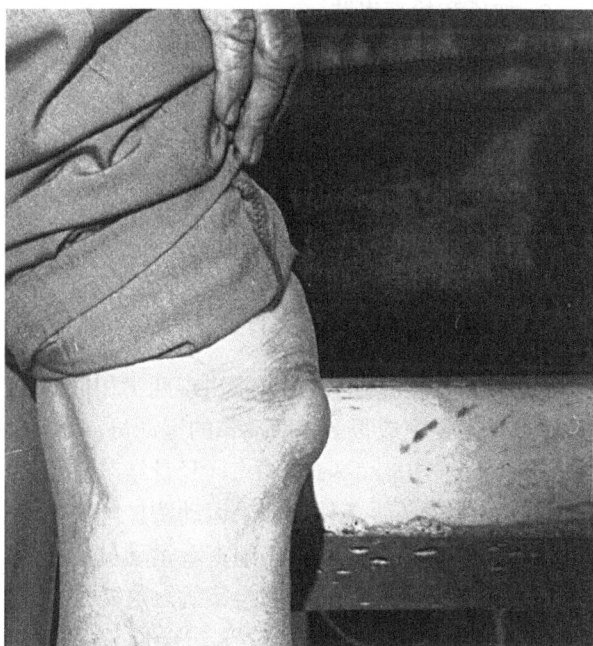

图 15.6 髌前滑囊炎

Courtesy of Brent Mangus.

滑囊炎的急救措施如下:

1. 冰敷和加压包扎;

2. 短期内减少活动;

3. 对于长期处理,可口服抗炎药物。

(三)髌骨脱位／半脱位

当运动员从一侧到另一侧快速横向移动时,会造成膝关节承受巨大的冲击力。如果暴力突然且超乎寻常,髌骨会向外侧移动到股骨滑车沟的外侧,从而形成髌骨脱位或半脱位。髌骨是继续停留在脱位位置还是自动复位,这与髌骨移动到正常位置的距离以及过去此种情况的发生次数相关。有些时候,如果运动员是习惯性半脱位,不需要对髌骨进行干预,髌骨就能自行复位。如果髌骨是第一次脱位,那么髌骨可能不会自动复位。发生髌骨脱位时,大多数情况下运动员能够察觉到髌骨不在正常位置,膝关节会处于屈膝位置,并且运动员会感觉疼痛与焦虑,不想活动大腿或小腿。

髌骨脱位/半脱位的临床表现和体征包括以下:

● 当运动员发生此类损伤时,会主诉髌骨活动异常,并伴随剧烈疼痛;

● 会伴有水肿;

● 膝关节和髌骨的触痛,可肉眼观察到髌骨偏向正常位置的外侧。

髌骨脱位/半脱位的急救措施如下:

1. 即刻冰敷
2. 加压和抬高患肢
3. 夹板固定整个下肢
4. 转诊至最近的医疗机构

当运动员发生髌骨脱位时,大多数情况下髌骨都会向外侧脱出。另外,髌骨脱位的同时,膝内侧软组织很可能同时也会受到损伤。如果不能得到正确的治疗,此类损伤将会转为慢性损伤。

(四)Osgood-Schlatter 病和跳跃膝(胫骨结节骨软骨炎和跳跃膝)

髌腱与胫骨粗隆的连接处常出现两类相似的问题,好发于需要完成很多跳跃动作的运动员,尽管跳跃并不是患上 Osgood-Schlatter 病(胫骨结节骨软骨炎)或跳跃膝的必要条件。如果运动防护师没有关注患病运动员的年龄,以及仔细查看运动员的症状和体征,将会很容易混淆这两类疾病。这两类疾病的主要差别在于损伤的准确位置。Osgood-Schlatter 病(胫骨结节骨软骨炎)一般好发于青少年运动员髌腱和胫骨粗隆连接处。而跳跃膝可以发生在多个位置,整个髌腱下沿至胫骨粗隆附着点处都可能发生。

Osgood-Schlatter 病(胫骨结节骨软骨炎)学术上称为胫骨结节骨软骨炎。一般发生此种疾病,胫骨粗隆处一定会存在生长板,因而,这种疾病好发于儿童和青少年。持续跳跃会牵拉髌腱和它在胫骨粗隆处的附着点。在生长阶段,骨骺端生长板也会同时被附着在胫骨粗隆处的髌腱牵拉,这种形式的刺激会造成髌骨下方发炎和水肿。

Osgood-Schlatter 病的临床症状和体征:

● 髌腱复合体处会感觉疼痛和触痛

● 局部肿胀,肿胀部位局限在胫骨粗隆处

● 股四头肌收缩进行跑跳动作能力下降

● 如果炎症持续,触诊胫骨粗隆上方会感觉坚硬

● 活动时症状会加剧

Osgood-Schlatter 病的急救措施如下:

1. 局部冰敷和加压包扎
2. 让受伤运动员尽快就医
3. 在炎症消退前注意休息很重要

关键词

Osgood-Schlatter 病 (Osgood-Schlatter disease):
胫骨结节的骨骺发炎。

跳跃膝也是髌腱复合体(位于髌腱在胫骨和髌骨两端附着点间)受刺激后的表现。这种损伤好发于由于所参与的运动项目的需要而必须经常进行跳跃动作的运动员。一般来说,运动员的疼痛部位主要集中在髌腱复合体的三个部位,包括髌骨的上部和下部以及胫骨粗隆,常常是这三个部位中某一个部位感觉疼痛。不管具体的疼痛部位在哪,运动员都会主诉在进行跳跃动作时感觉剧烈疼痛。

跳跃膝的临床症状和体征:

● 髌腱复合体处会感觉疼痛和触痛

● 局部肿胀,肿胀从髌骨延伸到胫骨粗隆

● 股四头肌收缩进行跑跳动作能力下降

● 如果炎症持续,触诊胫骨粗隆上方会感觉坚硬

● 活动时症状会加剧

跳跃膝的急救措施如下:

1. 局部冰敷和加压

怎么办?

你正在教授初中生举重训练课,其中一个学生主诉自己膝关节前方、髌骨下方、髌腱附着点位置持续多天感觉慢性疼痛。学生说今天早上感觉疼痛加剧,尤其是在上下楼梯过程中。基于这些病史,你觉得是什么原因导致疼痛?你会建议这个学生接下来采取哪些措施?

2. 尽快就医,医师可能会建议运动员服用抗炎药物

3. 休息有助于缓解疼痛

四、髌股关节病

有时候,运动员会主诉髌骨下方出现非特异性疼痛。这可能是由于股四头肌角度(即 Q 角)增加所致,或者是由于其他问题所致。

如图 15.7 所示,Q 角是髂前上棘与髌骨中心连线和胫骨中心与髌骨中心连线的夹角。这个角度代表股四头肌和髌腱的动作方向。Q 角越大,在伸膝时髌骨就更有可能会被拉向外侧。最终造成髌骨与股骨髁摩擦而引发疼痛和激惹症状。一般认为女性的 Q 角会大于男性,这是由女性的骨盆宽度造成的(Cooney 等,2012)。多数研究报道,Q 角的范围在 15°~20° 是正常的。但是这却是因人而异的,因为髌骨运动轨迹经常会出现问题,例如,肌组织力量减退或者是异常的髌股关节结构,都可能会引起 Q 角发生改变。

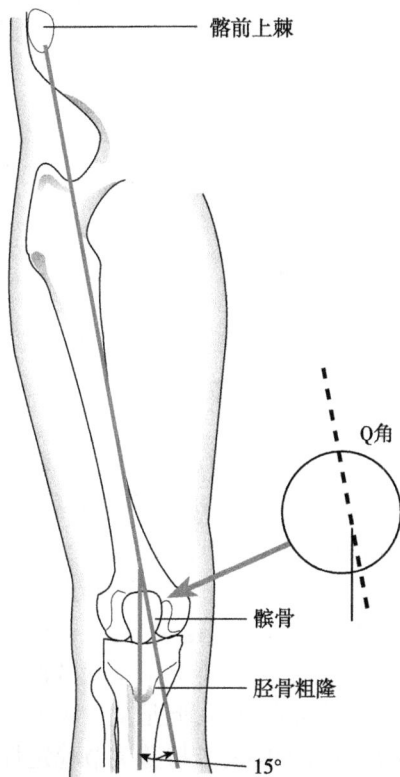

图 15.7 膝关节 Q 角的测量

如果存在由于骨骼、肌肉或者是生物力学紊乱而造成的异常髌股关节结构,这将会引发髌骨后自发性疼痛。异常的生物力学可能会导致髌骨和股骨间摩擦加剧,这一般见于跑步或体操运动员,因为他

们所参与的运动项目中包含很多需要重复进行的动作。如果这种问题不能加以控制而继续发展,将可能会导致软骨软化的发生。软骨软化是髌骨后方软骨表面发生软化或磨损。这决定了运动员将来的运动能力,因为这种疾病会造成疼痛和局部触痛,进而限制活动。当发生髌骨后疼痛或不适时,运动员会主诉慢性疼痛和功能障碍。面对这种情况,并没有有效的紧急干预措施,但是,运动员在进行休息、冰敷、加压,抬高患肢和使用抗炎药物后可能会舒服一些。如果运动员 Q 角异常增加、肌肉失衡或者是其他问题,他应该寻求医师帮助以处理髌骨疼痛问题。

关键词

Q 角(Q angle): 由股直肌和髌腱与胫骨粗隆附着点所形成的角度。

病因(idiopathic): 发病机制不明。

软骨软化(chondromalacia): 异常的软骨软化,常发生在髌骨和股骨之间。

五、半月板损伤

半月板损伤在积极参与运动的人群中较为常见,并且随着年龄的增长更加常见。1998—2006 年间,一项由美国军队针对积极服役人员进行的大样本研究(Jones 等,2012)发现,积极参与军事活动的军人在结束服役后发生 100 201 例急性半月板损伤。男性士兵的发病率接近 20%,服役时间超过 40 年的军人发生半月板损伤的概率是其他人的 4 倍。如前所述,半月板有一部分是附着在膝关节的其他结构上,例如,交叉韧带、胫骨粗隆等。因而,其他结构的损伤也有可能造成半月板损伤。如果内侧副韧带发生暴力性损伤,而内侧副韧带与内侧半月板相互附着,就有可能造成内侧半月板结构被破坏。

更为常见的损伤情况是在完成快速、剧烈、急停转身动作时,足部固定不动而未随着身体转向,导致半月板受到破坏。运动或者其他方式造成半月板在异常平面上受到过度压力,可以使半月板不同位置发生撕裂,而撕裂后的半月板会对运动员造成各种各样的不良影响。一些运动员膝关节功能正常,但是也有一些运动员不能完全伸膝,这是由于半月板撕裂造成伸膝阻滞或者是膝关节绞锁。

疑是半月板撕裂的临床症状和体征

● 运动员主诉在膝关节扭转时听到"啪啪"

"咯吱"声。

● 运动员可能会出现肿胀,这取决于损伤受累部位。

● 运动员主诉可能并不伴随疼痛。

● 取决于损伤的严重程度,运动员可能会出现活动度受限或者是活动阻滞或绞锁。

● 运动员可能可以继续带伤训练。

● 运动员可能会主诉膝关节经常感到"打软腿"感觉。

疑似半月板撕裂的急救措施如下:

1. 冰敷和加压。

2. 如果运动员膝关节活动时阻滞或交锁,则应该在步行时使用腋杖辅助行走。

3. 鼓励运动员尽快就医。

半月板损伤并不需要终止运动员的赛季。新的手术方法可以帮助运动员相对较快地重返赛场。然而,当运动员疑似半月板损伤而没有寻求医师的建议,此时并不建议运动员坚持完成该赛季的比赛。

六、膝韧带损伤

膝关节许多韧带都可能由于外伤而受到破坏,本章只讨论其中主要的 4 条韧带损伤。这 4 条最容易发生损伤的韧带分别是内侧副韧带(MCL)、外侧副韧带(LCL)、前交叉韧带(ACL)和后交叉韧带(PCL)。这些韧带有助于维持膝关节稳定,并承受许多压力,包括内部和外部的压力。与身体其他部位的韧带相似,会受到外伤,并且可分为 1~3 级扭伤。

这些韧带的损伤机制不尽相同,包括各种损伤方式,从运动员进行快速剧烈交替动作和过度扭转膝关节到对方运动员从一侧撞击运动员膝关节,或者是运动员在试图抵抗对方运动员时由于受到反冲力导致胫骨前移或者后移,这些原因都可能会造成一处或多处主要的膝关节韧带受到破坏。需要注意的是膝关节会由于受到各类力的作用而造成损伤,不论是内力还是外力,即使是在看起来并不存在危险的活动中,例如跑步,运动员都可能会发生损伤。

(一)侧副韧带损伤

运动员常见的膝关节韧带损伤包括内侧副韧带损伤(图 15.8)。这发生于对手从外侧阻碍或撞击运动员的大腿或膝关节处,导致膝关节被推向内侧(外翻应力),此时的应力会超过内侧副韧带所能承受的最大应力(图 15.9)。

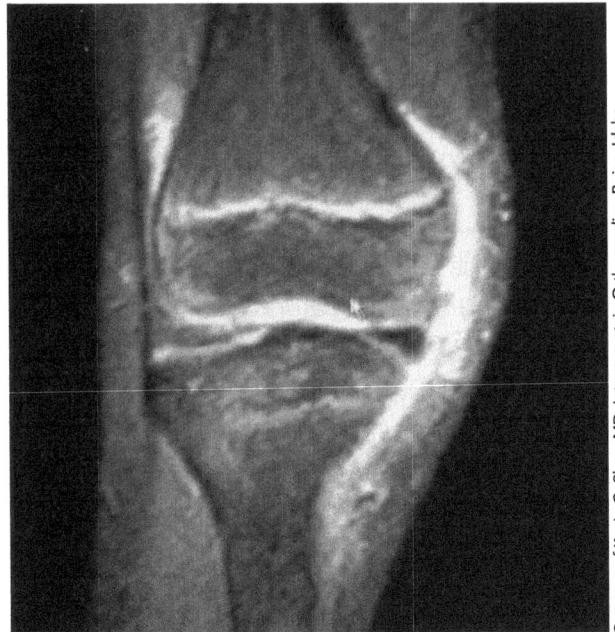

图 15.8　内侧副韧带撕裂的冠状面 MRI
注意靠近膝关节内侧透亮的区域表明内侧副韧带受损

图 15.9　内侧副韧带受到过度外力冲击

如果出现的是和之前相反的机制,对手撞击运动员膝关节内侧,将膝关节推向外侧(内翻应力),此时的应力会超过外侧副韧带所能承受的最大应力。这两种韧带损伤都会导致膝关节进行侧向活动时关节不稳。因为膝关节是铰链关节,只会出现少许侧向活动,所以这看起来并不会给运动员造成多大问题。虽然这似乎符合逻辑,但是从生物力学机制来看,两侧副韧带对于协助维持膝关节稳定性十分重要,因而,无论哪一侧副韧带损伤,都会造成膝关节严重不稳(Levangie & Norkin,2011)。韧带损伤程度越重,活动中膝关节就会越不稳定。

(二)交叉韧带损伤

胫骨由于外力作用相对股骨发生前移可以导致前交叉韧带损伤(图 15.10)。当运动员在坚硬的表面上进行非常快速的切入运动时，或者是运动员小腿受到后方撞击，抑或是胫骨维持在平面上而股骨被外力推向后方，这些情况在接触性运动中都可能造成前交叉韧带损伤。如果是由于对手的外力造成胫骨后移，就会造成后交叉韧带损伤。这两条韧带的主要功能是稳定膝关节，限制前后方向上的移动。另外，快速的旋转外力也会造成前交叉韧带损伤。旋转型损伤是由于非接触性损伤机制所致。例如，足球运动员可能会在足完全固定在地面上的同时进行快速变向，如果上半身失去平衡，上身扭转形成的异常应力就会作用于膝关节。如果膝关节周围软组织不能承受额外的应力，这些结构就可能被破坏。

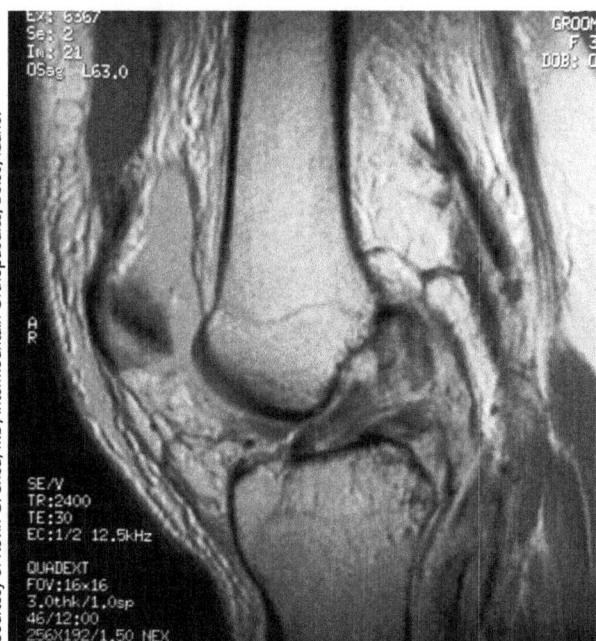

图 15.10　右膝矢状面 ACL 撕裂的 MRI
注意在关节内部的韧带中的透亮区域（缺口）即是断裂部位

交叉韧带和副韧带一起稳定膝关节，其中任何一条韧带损伤都会造成膝关节不稳。大多数前交叉韧带损伤是属于非接触性损伤。现在普遍认为前交叉韧带的损伤机制是多方面的。包括神经肌肉机制、生物力学机制、遗传、激素、环境以及其他因素都可以造成前交叉韧带损伤。近些年来，有大量研究都关注非接触性前交叉韧带的损伤机制。其中许多研究针对足球运动，尤其是女性足球运动员。数据显示，女性运动员发生非接触性前交叉韧带损伤的风险远高于男性。然而，研究报道高中生足球运动员发生接触性前交叉韧带损伤的风险也很大，并且也更容易发生膝关节损伤（Dragoo 等，2012；

Elliott，Goldberg，&Kuehl，2012；Kobayashi 等，2010；Shea 等，2011）。从许多组织公布的数据来看，每年运动损伤发生的事件越来越多。高中生运动损伤的数据由国际高中生运动相关损伤监控研究小组收集（Comstock 等，2012），大学生运动损伤的信息可以从国家大学生运动协会（NCAA）获得，并且每一个专项运动组织会留存该项目相关的运动损伤数据。NCAA 在其官方网页上有专门的损伤数据库帮助了解 NCAA 运动员运动损伤的流行病学。2008—2009 年期间前交叉韧带损伤大部分发生在男子足球项目中，紧接着是体操项目和女子足球项目（Dragoo 等，2012）。从 NCAA 和国际足协（NFL）公布的数据来看，当运动员在人工草坪上比赛时 ACL 损伤的风险会增加（Dragoo，Braun&Harris，2012；Hershman 等，2012）。值得注意的是，几乎在每一项发表的研究中，作者都会呼吁对 ACL 损伤进行更多的研究，这是因为他们觉得目前还没有大样本研究能够完全确定 ACL 损伤的结局。

即便看起来女性更容易发生非接触性 ACL 损伤，但当时研究者还不能解释发生这一现象的确切原因。一项由 Alentorn-Geli 及其同事所编写的文章，对 ACL 损伤机制这一问题进行了非常全面的文献回顾。在其研究结果中，作者清晰地罗列出了大多数发生非接触性 ACL 损伤的主要原因，并概述了每一常见情况的相关研究结果。发生非接触性 ACL 损伤的主要原因之一是运动员在进行变向或切入动作同时减速。其他重要的机制关注点都在前移旋转应力、完全（或接近完全）伸膝位落地、完全伸膝位绕轴旋转以及膝关节过度屈曲和伸展。研究发现，女性发生非接触性 ACL 损伤的风险是男性的 6 倍。Alentorn-Geli 及其同事（2009a）基于详细的、有研究基础的证据提出造成非接触性 ACL 损伤的五种不同可能原因。其中环境因素又包括地面、天气、穿鞋以及鞋与地面间隙。解剖学因素目前研究的方向有体重、关节松弛度、骨盆和躯干动作、Q 角、胫骨平台后倾角、股骨髁间窝宽度以及足外翻角度与非接触性 ACL 损伤的相关性。在女性生理周期期间性激素的影响研究中已经进行了概述和详细的讨论。在活动中持续发生的神经肌肉活动，研究对包括肌力和肌纤维的募集、关节僵硬、肌肉疲劳在内的因素进行了概述。最后，非接触性 ACL 损伤的生物力学机制中对运动平面进行了分析，也对相关文献进行了评价。纵观 ACL 损伤的研究结果，许多研究者和学者定期聚集在一起对现有的研究结果进行回顾，并提出下一步研究方向。在 2012 年 ACL 研究修订大会上,对已有的研究成果进行了更新,并基于最新研究结果提出了一系列预防 ACL 损伤的方法(Shultz等,2012)。参会人员分为感兴趣的学者团体和对最新研究结果进行更新的研究者。该会议提出的相关发现如下:

● 解剖学和结构学危险因素一般无法改变,这类人群应格外重视预防 ACL 损伤的训练计划。

● 一般而言 ACL 损伤存在遗传风险,然而,研究者大范围寻找这类遗传因素和环境因素,仍然没能找到准确的基因链。

● 女性运动员 ACL 组织特性受性激素影响,生理周期需要格外重视,但是其中原因还未能彻底了解。女性运动员在排卵前期相对排卵期后期更容易发生 ACL 损伤。

● ACL 损伤和快速内旋运动、胫骨外翻应力下活动相关。运动员身体越笔直,其在快速内旋、胫骨外翻应力下活动造成 ACL 损伤的风险越高。另外,下肢疲劳也是 ACL 损伤相关的因素。

● 提高髋部、核心以及上肢生物力学可以对下肢生物力学机制产生积极影响。多动态方式热身预防 ACL 损伤计划可以有效的降低 ACL 损伤发生率,要求每周进行 2~3 次,每次 10~15 分钟的热身训练。这些训练计划的依从性与其减少 ACL 损伤风险有关(Sugimoto 等,2012)。

运动防护师和教练对预防非接触性 ACL 损伤很感兴趣,自 2000 年以来,这个领域发展十分迅速。许多研究者提议,运动员、家属、教练、管理者和其他人员有责任了解运动项目的各种因素,并熟练掌握各类 ACL 损伤预防性训练计划(Finoff,2012;Shultz等,2012;Sugimoto 等,2012)。Yoo 和 同 事(2010),Alentorn-Geli 和合作者(2009b)发布了一篇针对预防非接触性 ACL 损伤的优秀文献回顾。大多数预防性训练计划是针对女子足球运动员,但是也有一些是鼓励所有的选手,不论男女,都进行预防性训练。有证据表明,强化神经肌肉功能的预防性训练可以减少女性足球运动员发生非接触性 ACL 损伤的数量(Yoo 等,2010),Alentorn-Geli 等的研究显示对男性和女性足球运动员都有帮助(2009b)。另外,进行赛季前和赛季内预防性训练甚至可以避免一些非接触性 ACL 的发生(Finoff,2012;Shultz 等,2012;Sugimoto 等,2012)。

怎么办?

你是一名高中篮球赛的教练,邻近比赛尾声,你的队伍正在防守,而对方后卫正在带球,突然你的中锋在试图阻止对方后卫跳投时摔倒在地面,同时手抓住她的左侧膝关节。进一步检查发现她主诉当她跳起试图阻止对手跳投落地时,她的膝关节扭伤,并感觉膝关节内部有异物摩擦感。你注意到她还主诉觉得自己的膝关节非常不稳。依据这些信息,你可以得出什么结论? 对于这种损伤你觉得最合适的急救措施是什么?

膝关节韧带损伤的临床症状和体征如下:

● 运动员会主诉膝关节在外力作用下活动超出正常范围。

● 运动员主诉损伤部位出现疼痛。

● 膝关节周围可能会出现肿胀。

● 运动员可能会主诉膝关节不稳。

● 运动员可能会主诉在膝关节活动时出现断裂或撕扯感,或者是听到喀嚓声。

膝关节韧带损伤的急救措施如下:

● 立即进行冰敷和加压。

● 如果膝关节不稳,指导运动员使用腋拐辅助行走。

● 尽快就医。

很多时候运动员膝关节一侧受到撞击发生内侧副韧带和外侧副韧带损伤的同时还会伴随内侧半月板损伤,有时候也被称为三联征,显然会造成膝关节严重不稳定。任何时候,只要怀疑运动员的膝关节韧带发生损伤,就一定要高度注意,并且接受医师正确的指导意见是非常重要的。

有很多不同类型的膝关节损伤,并且每一种损伤的严重程度差异很大。配合队医的工作,并鼓励运动员及其家属以适当的方法进行照护,并保持一定水平的活动,这些都是至关重要的。表 15.1 简单介绍了膝关节损伤运动员接受护理的类型和可以进行的体力活动水平。该表可以辅助运动防护师和教练与医师讨论膝关节损伤运动员的治疗计划,这样就更方便确定运动员未来参与活动的水平。

表15.1

运动员膝关节损伤参与运动的建议

常见部位		严重程度	参与运动的适应证
韧带	MCL	1度	使用铰链支具限制膝关节屈伸活动（避免外翻应力）； 避免过度的屈伸活动
		2度	可能需要使用腋拐——医师将决定挂拐的时间长短
		3度	医师将决定运动场活动水平
	LCL	1度	使用铰链支具保护膝关节，避免过度屈伸活动
		2度	支具固定——医师将确定下一步治疗措施
		3度	支具固定——进行手术修复韧带
	ACL	1度	在损伤发生后立即进行固定和佩戴支具——医师将确定活动水平
		2度	固定后佩戴铰链支具以限制活动——必要时进行手术
		3度	固定后佩戴铰链支具以限制活动——需要进行手术修复韧带
	PCL	1度	限制膝关节屈伸活动
		2度	限制膝关节进行任何活动
		3度	需要进行手术修复韧带
软骨	半月板		推荐进行早期手术干预——医师应该向运动员解释早期或延迟治疗半月板损伤的 依据；参与活动将取决于活动类型和自身疼痛耐受力； 推荐进行无负重活动
	透明软骨		推荐进行早期手术干预；是否参与活动取决于活动类型和自身疼痛耐受力； 推荐进行无负重活动
	骨软骨炎		限制参与活动以减少对膝关节不良影响
肌腱	跳跃膝		基于自身疼痛耐受力和医师的建议参与活动
	胫骨结节骨软骨炎		基于自身疼痛耐受力和医师的建议参与活动
	肌腱病		限制参与活动以减少对膝关节不良影响
髌骨滑囊	脱位		直到医师同意运动员参与活动，否则禁止进行任何活动
	分离		直到医师基于运动员的疼痛、炎症症状以及治疗效果同意运动员参与活动
	软骨软化		限制参与需要重复性活动—— 其他活动应基于自身疼痛耐受力——限制举重类活动
骨折	胫骨		禁止参与
	股骨		禁止参与
	髌骨		禁止参与

参与活动适应证主要取决于医师的诊断和护理的标准

第三节　预防

　　运动员、教练和认证的运动防护师仍在继续寻求防止腿部和膝盖受伤的方法。如前所述，女性运动员 ACL 损伤比例增加引发很多研究团队去探寻这一现象的答案以及预防损伤的方法。未来研究者会继续努力完善预防各类大腿、小腿和膝关节损伤的措施。

　　预防大腿和小腿肌肉拉伤的方法和用于包含丰厚肌组织的身体其他部位的方法相似。对于很多运动员而言，在参加活动前对肌肉进行正确的热身和牵伸方法是十分重要的。虽然不是所有的运动员参与某项运动前都要求进行牵伸训练,但是一些研究发现牵伸训练对于整个运动参与都是有益的。预防膝关节损伤现在受到越来越多的医师和健康专家的共同关注。从过去许多年到如今,已经有很多可供选择的支具可以从外部为膝关节韧带提供支持,在膝关节外部施加外力从而保护膝关节。现在,很多足球教练要求前锋和中后卫球员在比赛期间佩戴双侧膝关节护具。和牵伸训练很相似,膝关节护具也应该是运动员个性化的选择。如果运动员认为预防性膝关节护具可以提供帮助,就应该为他们提供相应的护具。膝关节护具不断地更新,并且很多都经过模型测试可以对外销售。起初,护具只是用来减轻膝关节内侧和外侧受到的外力,直到出现比金属铰链更加轻便和坚固的材质可用于固定膝关节,才有更多保护膝关节的护具可供选择。

预防 ACL 损伤的最新趋势是使用特定的跳跃和落地训练技巧。一些学者认为特定的本体感觉训练方案可以降低 ACL 损伤的发病率(Yoo 等,2012)。有资质的运动防护师、体能教练、物理治疗师以及其他健康专家不断地对各种跳跃和落地训练计划进行改进。这些计划用于加强下肢肌肉的动态活动功能。这类训练的基本方法是对腿部肌肉进行正确的适宜时间的收缩和放松训练,值得注意的是肌肉在活动过程中可以辅助 ACL 的功能。许多参与改进这些训练方案的学者认为,这类训练可以降低运动员运动过程中发生 ACL 撕裂的概率。因而,深入研究本体感觉训练对不同性别或者是不同运动项目运动员的影响是十分有价值的。这是由于这个领域对于降低 ACL 损伤风险前景广阔。

📖 关键词

环境因素(environmental): 周围事物、情形和影响的共同作用。

解剖学因素(anatomic): 解剖结构相关的因素。

激素(hormones): 各种内分泌腺体分泌的内部激素(可以影响特异性受体器官和组织的功能)。

神经肌肉因素(neuromuscular): 与神经支配肌肉相关的因素。

生物力学因素(biomechanical): 对解剖学组织和身体活动能造成影响的内力和外力因素。

膝关节护具

在运动医学文献和许多国家的运动员机构中,一个极具争论性的问题就是运动员是否应该使用预防膝关节损伤的护具。预防性膝关节护具有两端,一端附着点高于膝关节,一端低于膝关节,并且护具一侧或双侧贴合膝关节内侧和外侧。这些护具一般都是使用轻便的材料制成,用于增强膝关节侧方的稳定性(图 15.11)。

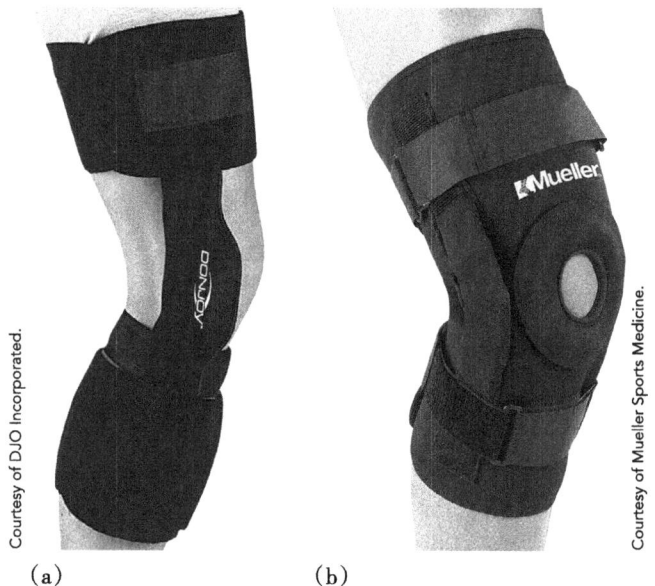

(a)　　　　　　　　(b)

图 15.11 (a)预防性膝关节护具的例子。(b)橡胶膝关节套(含内外侧膝关节护具)
橡胶有利于保持运动时膝关节的温度

与膝关节护具相关的流行病学和生物力学研究报道最早出现于 1970 年以后。Pietrosimone 和同事(2008)对发表于 1970—2006 年期间的相关文献进行系统综述发现,在这 36 年里,最终符合科学严谨性纳入标准、公开发表的文献只有 7 篇。科学严谨的纳入标准的一部分是对使用护具和未使用护具的大学生运动员进行直接比较,作者得出结论认为并没有充分的证据可以说明大学生足球运动员使用预防性膝关节护具有益或者无用。一些流行病学研究被排除是由于研究设计没有采用正确的方法。生物力学研究被排除是由于没能将机械原理和力学整合用于研究预防性护具的影响。

另外,Rishiraj 和同事(2009)对膝关节护具也进行了文献回顾,其研究重点在于预防性和功能性护具对预防损伤的影响。研究中回顾了超过 200 篇公开发表的研究,并最终得出和之前类似的结论,认为不论是功能性还是预防性膝关节护具,都由于研究缺乏一致性而无法确定其确切疗效。但是作者认为功能性膝关节护具可以对 ACL 损伤后膝关节提供稳定性支持(Rishiraj 等,2009)。一直以来在预防性膝关节护具的研究中,护具在运动员参与运动时在腿部的活动备受关注。在早期研究中,认为预防性膝关节护具可以和腿一起上下活动,但也有研究认为,这种活动会对肌肉活动、生物力学机制、速度和整体灵活性等方面造成负面影响(Green 等,2000;Osternig & Robertson,1993)。这导致运动员佩戴护具的依从性差,也造成研究方案不能很好地实施,并对研究有效性造成影响。最近的研究认为一些预防性膝关节护具和膝关节套可以更好地适应膝关节活动,并不会对运动员的运动表现造成不良影响(Baltaci 等,2011;Mortaza 等,2012)。功能性膝关节护具需要运动员在平时训练期间佩戴进行适应,这样对运动表现的影响会少很多(Rishiraj 等,2011)。

目前一致的观点认为预防性膝关节护具并不能完全防止膝关节韧带损伤(Rishiraj 等,2009)。在对于是否应该使用预防性膝关节护具这一问题得出明确的结论之前,应该对由于接触和 / 或外伤导致 ACL 损伤的预防效果进行更多的研究。

功能性护具(即专门用于辅助膝关节损伤后运动员重返赛场)在手术重建后的运动员使用后记录的效果会更好。功能性护具(图 15.12)可能开始会改变运动员跑步时、跳跃时或者落地时的生物力学机制,但是使用护具可以给膝关节提供保护,降低以后发生损伤的风险。在佩戴功能性护具进行日常训练一周或更长时间后,运动员将会适应佩戴护具的感觉,并逐渐恢复到之前的正常运动水平(Rishiraj

等,2011)。起初,运动员在接受 ACL 重建后可能会需要医师辅助佩戴功能性膝关节护具,因而,教练和运动防护师没有责任去决定运动员什么时候应该佩戴膝关节护具。当运动员需要佩戴护具参与训练时,教练和运动防护师的角色是监督运动员的依从性,确保运动员佩戴护具直到医师同意运动员可以不再需要护具保护。

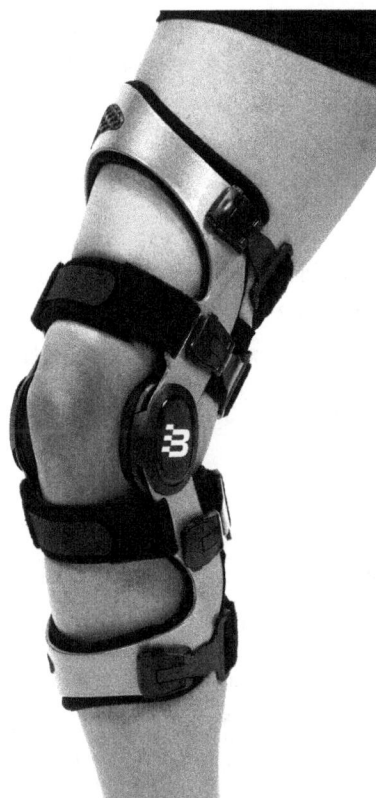

Courtesy of Bledsoe Brace Systems.

图 15.12　功能性膝关节护具的例子,用于韧带手术后或者是愈合 / 康复期

运动防护师开讲

Courtesy of Rene Revis Shingles, Central Michigan University.

当评估损伤时,一定要注意生物学变化。例如,从皮肤色素沉着的角度看,与皮肤色素沉着较浅的运动员相比,皮肤色素沉着深的运动员,在大腿受到外力伤害后,皮肤颜色变化不明显。曾经有一名运动员,有严重的腘绳肌损伤,皮肤颜色都变成了紫色,由于该运动员本身皮肤较黑,我通过非常详细的检查才发现她的皮肤变了颜色。如果我检查得不仔细,我应该根本意识不到她损伤的严重程度。因此,进行详细的检查也是急救的重要环节。

——Rene Revis Shingles,博士,运动防护师

Rene Revis Shingles 是美国中央密歇根大学(Central Michigan University)运动防护专业的助理教授。

复习题

1. 请列出组成膝关节的骨骼。

2. 请说出位于大腿前方的肌肉名称。

3. 请说出位于大腿后方的肌肉名称。

4. 请说出位于大腿内侧的肌肉名称。

5. 股四头肌的起止点在哪里？

6. 请以髌骨为例对籽骨下定义。

7. 请说明膝关节构成，包括髌骨。

8. 请列举并说明四条主要附着在膝关节上的韧带。

9. 请判断对错：有两块半月板位于膝关节内。

10. 请问大腿严重挫伤的急救措施包括哪些？

11. 请问大腿哪块肌肉在运动员参与运动时可能发生拉伤？

12. 请判断对错：如果髌骨脱位，在不对其进行手术干预的情况下，髌骨将不会返回正常位置。

13. 请对"关节鼠"下定义。

14. 请问哪个年龄段的人群最容易发生 Osgood-Schlatter 病？

15. 请描述患有跳跃膝的运动员的护理方法。

16. 请问哪类人群的 Q 角最容易出问题？

17. 请判断对错：伴有半月板撕裂的运动员损伤后在膝关节周围将一直伴有严重肿胀。

18. 请解释内侧副韧带和外侧副韧带损伤的力学机制。

19. 请解释和列出运动员发生三联征后膝关节周围哪些结构会受到破坏？

20. 请解释为什么运动员应该或者不应该选择使用预防性膝关节支具？

（武汉体育学院　陈建）

参考文献

Alentorn-Geli E, Myer GD, Silvers HJ, Samitier G, Romero D, Lázaro-Haro C, Cugat R. (2009a). Prevention of non-contact anterior cruciate ligament injuries in soccer players. Part I: Mechanisms of injury and underlying risk factors. *Knee Surg Sports Traumatol Arthrosc.* 17:705–729.

Alentorn-Geli E, Myer GD, Silvers HJ, Samitier G, Romero D, Lázaro-Haro C, Cugat R. (2009b). Prevention of non-contact anterior cruciate ligament injuries in soccer players. Part 2: A review of prevention programs aimed to modify risk factors and reduce injury rates. *Knee Surg Sports Traumatol Arthrosc.* 17:859–879.

Baltaci G, Aktas G, Camci E, Oksuz S, Yildiz S, Kalaycioglu T. (2011). The effect of prophylactic knee bracing on performance: Balance, proprioception, coordination, and muscular power. *Knee Surg Sports Traum Arthrosc.* 19:1722–1728.

Comstock RD, Collins CL, Corlette JD, Fletcher EN. (2012). National high school sports-related injury surveillance study, 2011–2012 school year. Available: http://www.nationwidechildrens.org/cirp-high-school-rio.

Cooney A, Kazi Z, Caplan N, Newby M, St Clair Gibson A, Kader DF. (2012). The relationship between quadriceps angle and tibial tuberosity-trochlear groove distance in patients with patellar instability. *Knee Surg Sports Traum Arthrosc.* 20(12):2399–2405.

Dragoo JL, Braun HJ, Durham JL, Chen MR, Harris AH. (2012). Incidence and risk factors for injuries to the anterior cruciate ligament in national collegiate athletic association football: Data from the 2004–2005 through 2008–2009 national collegiate athletic association injury surveillance system. *Am J Sports Med.* 40(5):990–995.

Dragoo JL, Braun HJ, Harris AH. (2012). The effect of play-ing surface on the incidence of ACL injuries in National Collegiate Athletic Association American football. *Knee.* 20(3):191–195.

Elliott DL, Goldberg L, Kuehl KS. (2012). Young women's anterior cruciate ligament injuries. *Sports Med.* 40(5):367–376.

Finoff JT. (2012). Preventive exercise in sports. *Physical Med & Rehab.* 4(Nov):862–866.

Gray H. (1974). *Anatomy, Descriptive and Surgical.* Philadelphia, Pa: Running Press.

Hershman EB, Anderson R, Bergfeld JA, Bradley JP, Coughlin MJ, Johnson RJ, Spindler KP, Wojtys E, Powell JW. (2012). An analysis of specific lower extremity injury rates on grass and FieldTurf playing surfaces in national football league games. *Am J Sports Med.* 40(10):2200–2205.

Hubscher M, Zech A, Pfeifer K, Hänsel F, Vogt L, Banzer W. (2010). Neuromuscular training for sports injury prevention: A systematic review. *MSSE.* 42(3):413–421.

Jones JC, Burks R, Owens BD, Sturdivant RX, Svoboda SJ, Cameron KL. (2012). Incidence and risk factors associated with meniscal injuries among active-duty US military service members. *J Athl Training.* 47(1):67–73.

Kobayashi H, Kanamura T, Koshida S, Miyashita K, Okado T, Shimizu T, Yokoe K. (2010). Mechanisms of the anterior cruciate ligament injury in sports activities: A twenty-year clinical research of 1,700 athletes. *J Sports Sci Med.* 9:669–675.

Levangie PK, Norkin CC. (2011). *Joint Structure and Function: A Comprehensive Analysis* (5th ed.). Philadelphia, Pa: F. A. Davis.

Moore K, Dalley AF, Aqur AM. (2013). *Clinically Oriented Anatomy* (7th ed.). Philadelphia, Pa: Lippincott, Williams and Wilkins.

Mortaza N, Ebrahimi I, Jamshidi AA, Abdollah V, Kamali M, Abas WA, Osman NA. (2012). The effects of a prophylactic knee brace and two neoprene knee sleeves on the performance of healthy athletes: A crossover randomized controlled trial. *Plos One*. 11(7):1–6.

Osternig LR, Robertson RN. (1993). Effects of prophylactic knee bracing on lower extremity joint position and muscle activation during running. *Am J Sports Med*. 21(5):733–738.

Pietrosimone BG, et al. (2008). A systematic review of prophylactic braces in the prevention of knee ligament injuries in collegiate football players. *J Athl Training*. 43(4):409–415.

Rishiraj N, Grindstaff TL, Linens SW, Uczekaj E, Hertel J. (2009). The potential role of prophylactic/functional knee bracing in preventing knee ligament injury. *Sports Med*. 39(11):937–960.

Rishiraj N, Taunton JE, Lloyd-Smith R, Regan W, Niven B, Woollard R. (2011). Effect of functional knee brace use on acceleration, agility, leg power and speed performance in healthy athletes. *Br J Sports Med*. 45:1230–1237.

Shea KG, Grimm NL, Ewing CK, Aoki SK. (2011). Youth sports anterior cruciate ligament and knee injury epidemiology: Who is getting injured? In what sports? When? *Clin Spts Med*. 30:691–706.

Shultz SJ, et al. (2012). ACL research retreat VI: An update on ACL injury risk and prevention. *J Athl Training*. 47(5):591–603.

Sugimoto D, Myer GD, Bush HM, Klugman MF, Medina McKeon JM, Hewett TE. (2012). Compliance with neuromuscular training and anterior cruciate ligament injury risk reduction in female athletes: A meta-analysis. *J Athl Training*. 47(6):714–723.

Yoo JH, Lim BO, Ha M, Lee SW, Oh SJ, Lee YS, Kim JG. (2010). A meta-analysis of the effect of neuromuscular training on the prevention of the anterior cruciate ligament injury in female athletes. *Knee Surg Sports Traumatol Arthrosc*. 18:824–830.

第十六章

小腿、踝和足部损伤

本章主旨

　　一个运动员要想更好地移动,需要更好的小腿、踝和足部损伤功能。足部需要为运动提供一个基本的支撑,同时还需要足够的稳定性和灵活性。本章将讨论足部和小腿的骨骼肌肉工作特性,包括踝部的韧带;踝部是小腿与足部的分隔点,也是肌肉肌腱的分割点。当参与运动时,小腿和足部的一些结构可能会产生急性的损伤或者炎症。本章还将就踝部韧带扭伤进行讨论,并且踝关节急性扭伤后的应对以及管理、踝关节的控制、潜在的扭伤风险等也应当学习、思考。最后讨论受伤后的运动员何时可以重返赛场。

　　大部分运动员都有过踝关节肌腱受伤的经历。本章将介绍如何辨别、照护、治疗肌腱损伤,并考虑肌腱损伤带来的短期内和长期的影响。我们的关注点为患外胫夹的运动员的治疗和管理,探讨如何帮助这些运动员参与更多的运动。最后,本章还将讨论足部疾病比如足底筋膜炎、足跟骨刺、莫氏神经瘤、足弓问题、足趾囊肿、水疱等,为辨别、急救、长期照护提供指导。最关键的是记住一个运动员的小腿、脚踝、足部是如何相互配合使运动达到顶峰,其中的任何一部分存在问题都将大大影响运动员的表现。

小腿、踝部和足部共同为身体的稳定提供了一个很好的稳定和良好的动态系统。小腿的骨骼包括胫骨和腓骨。胫骨是两根骨里相对较粗、较大的骨，它支撑着人体大约 98% 的体重。相对较细的腓骨承担了剩余 2% 的体重；除此之外，胫骨和腓骨为许多肌肉提供了附着点，共同维持着身体的稳定。

第一节　解剖概述

正常人类的脚由 26 块骨构成（图 16.1 和图 16.2），通过韧带相互连接和支持。足部有许多小关节（图 16.1 和图 16.2），它们构成了足部灵活运动的

基础。踝关节或称为距小腿关节由胫骨、腓骨和距骨组成，主要功能是使足背屈和跖屈。距下关节是连接距骨和跟骨的关节，最主要的功能是维持足部内外翻。足部所有的关节都是滑膜关节，即被滑囊和周围的韧带紧紧包围。

内踝由三角韧带支持（图 16.3）。外踝由距腓前韧带、距腓后韧带、跟腓韧带支持（图 16.4）。外侧韧带不像内侧韧带一样长或一样强韧，踝关节额外的横向稳定性由踝关节外侧腓骨的长度维持。当踝关节处于背屈位的时候是最稳定的，是因为距骨在背屈位置与胫骨和腓骨契合更紧密。相反的，踝关节在跖屈位置是最薄弱的。

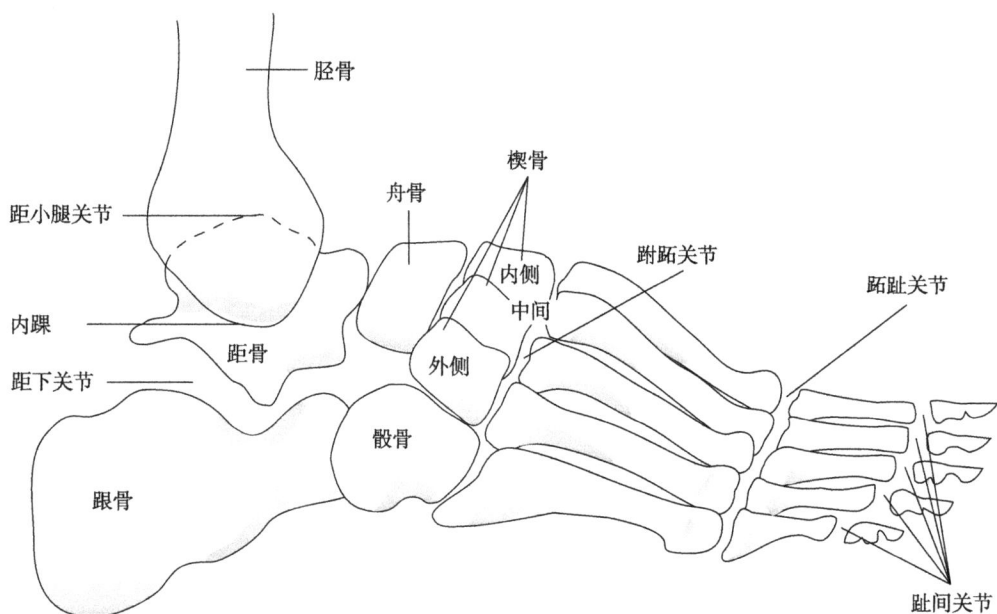

图 16.1　主要骨骼、关节和足弓（外侧观）

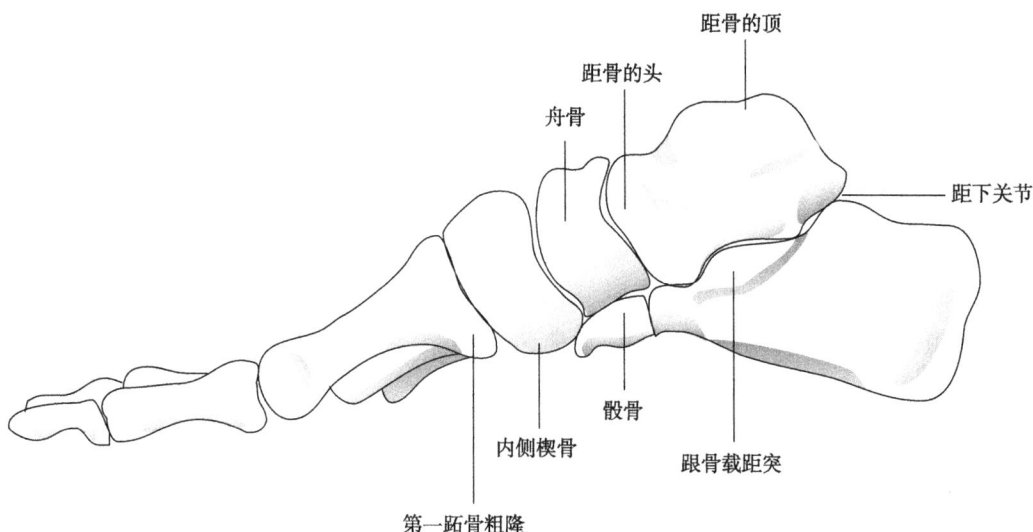

图 16.2　主要骨骼、关节和足弓（内侧观）

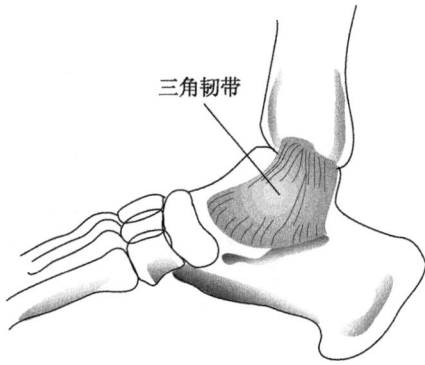

图16.3 踝关节的主要韧带（内侧观）

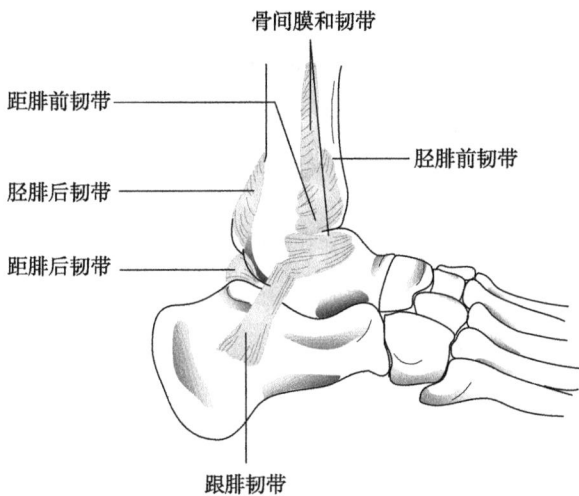

图16.4 踝关节的主要韧带（外侧观）

关节、韧带、肌肉共同支持着两个足弓（Gray，1974；Moore，Dalley& Aqur，2013）。足弓分为外侧纵弓、内侧纵弓及横弓。足弓的主要功能就是将力均匀地分散到跗骨，缓冲足部震荡以及运动时提供协助推动力。

> **关键词**
>
> **距骨关节（talocrural joint）:** 胫骨和腓骨远端与距骨上面（穹窿部）形成的关节。
>
> **背屈（dorsiflexion）:** 向背部或后方弯曲，与向足底弯曲相反。
>
> **距下关节（subtalar joint）:** 距骨下面和跟骨上面形成的关节。
>
> **内翻（inversion of the foot）:** 足部向内侧翻转，足内缘抬起。
>
> **外翻（eversion of the foot）:** 足部向外侧翻转。

如拓展知识16.1所示，小腿上的肌肉分为前部、后部和外侧。前部的肌肉主要功能是控制脚趾的伸展和背屈，这一部分的肌肉包括胫骨前肌、趾长伸肌、拇长伸肌和第三腓骨肌。小腿前侧肌群是非常紧凑的，只有很少的空间容纳肌腱及其他组织。

小腿后侧肌群主要功能是使足跖屈，小腿后侧肌通常被称为腓肠肌群。许多解剖书籍还将这部分的肌肉分为浅层和深层的。其中浅层的肌肉包括腓肠肌、比目鱼肌、跖肌。腓肠肌和比目鱼肌通过跟腱与足部相连。跖肌是一个外形很难察觉的小肌肉，并且运动的作用并不大。深层的肌肉包括胫骨后肌、趾长屈肌、拇长屈肌和腘肌，这些肌肉沿着胫骨直达足底。他们控制着足的另一些运动。腘肌对于膝关节来说十分关键，可以有效地防止胫骨前伸。外侧的肌群包括腓骨长肌和腓骨短肌。这些肌肉主要控制足的外旋，也协助维持足外侧的稳定。位于外踝的腓骨，为肌肉提供了一个很好的力学环境。

拓展知识16.1 足踝的主要肌群、动作和神经支配

肌群

后群	动作	神经支配
趾长屈肌	屈2~5趾近侧趾间关节和远侧趾间关节	胫神经
	屈2~5跖趾关节	
	协助踝关节跖屈动作	
	协助踝关节内翻动作	
拇长屈肌	屈第一指间关节	胫神经
	协助屈曲第一跖趾关节	
	协助踝关节内翻动作	
	协助踝关节跖屈动作	

（续）

腓肠肌	踝关节跖屈	胫神经
	协助膝关节屈曲	
比目鱼肌	踝关节跖屈	胫神经
跖肌	协助膝关节屈曲	胫神经
腘肌	胫骨旋转	胫神经
	协助膝关节屈曲	

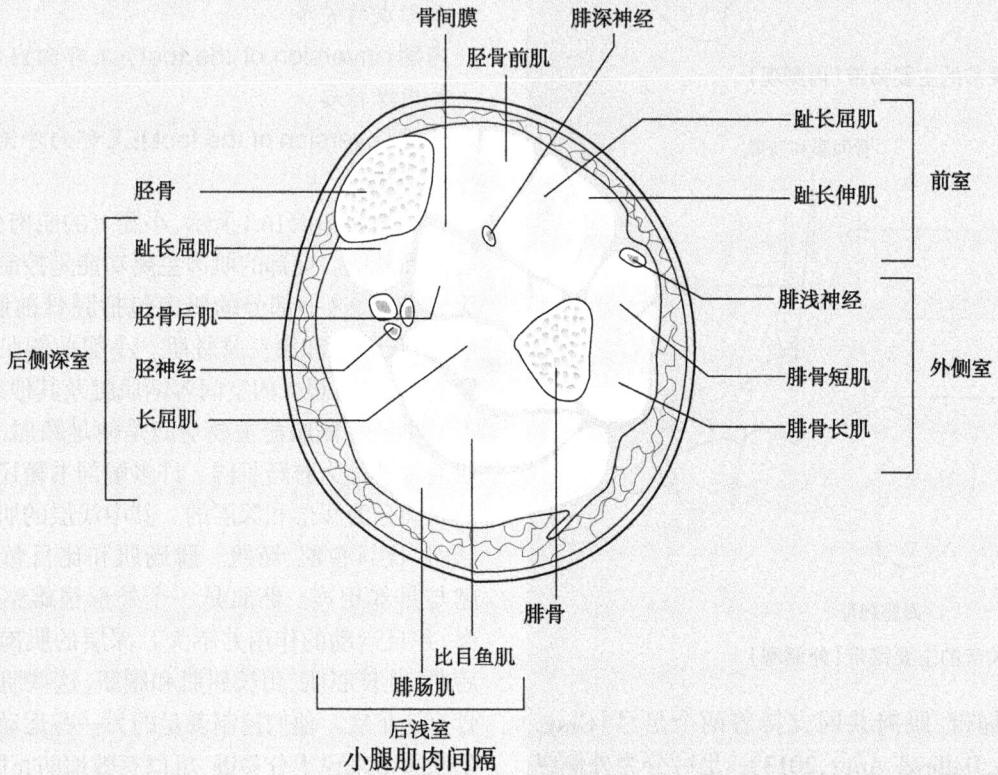

小腿肌肉间隔

前群	动作	神经支配
趾长伸肌	伸 2~5 趾跖趾关节	腓深神经
	协助伸 2~5 趾近侧趾间关节和远侧趾间关节	
	协助踝关节外翻	
	协助踝关节背屈	
拇长伸肌	伸第一跖趾关节	腓深神经
第三腓骨肌	伸	腓深神经
	协助踝关节外翻	
	背屈踝关节	
胫骨前肌	背屈踝关节	腓深神经
	内翻	
外侧群		
腓骨短肌	外翻	腓浅神经
	协助踝关节跖屈	
腓骨长肌	外翻	腓浅神经
	协助踝关节跖屈	

腓骨长肌从外侧绕过踝关节直达足底的第一跖骨和楔骨。腓骨短肌则连接的是第五跖骨,并且很容易撕裂。包括腓总神经,很容易受牵连而损伤。胫后动脉为腓骨肌供应血液。小腿的血管很容易因为膝下的创伤而受到牵连,因此检查足部的脉搏显得十分重要(在本篇后文中讨论)。

第二节 常见运动损伤

小腿、踝部和足部与很多类型的运动损伤都有关,有些可以归因于创伤损伤,而一些则是由于内在炎症。创伤性的损伤大部分会伤及骨性结构,而炎症大多会影响到局部的软组织。然而,有时过度使用造成的创伤性损伤,也会造成局部软组织的损伤,因此学会辨别很关键。

一、骨骼损伤

骨折

直接的作用在小腿上的力可能会导致小腿骨折。造成胫骨或腓骨骨折的原因是不同的(见图 16.5)。骨折可能是来源于足球比赛中对手的一脚或是被重达 300 磅的运动员踩了一脚。创伤性的损伤导致的骨折同样可以发生在足部,例如,对手跳

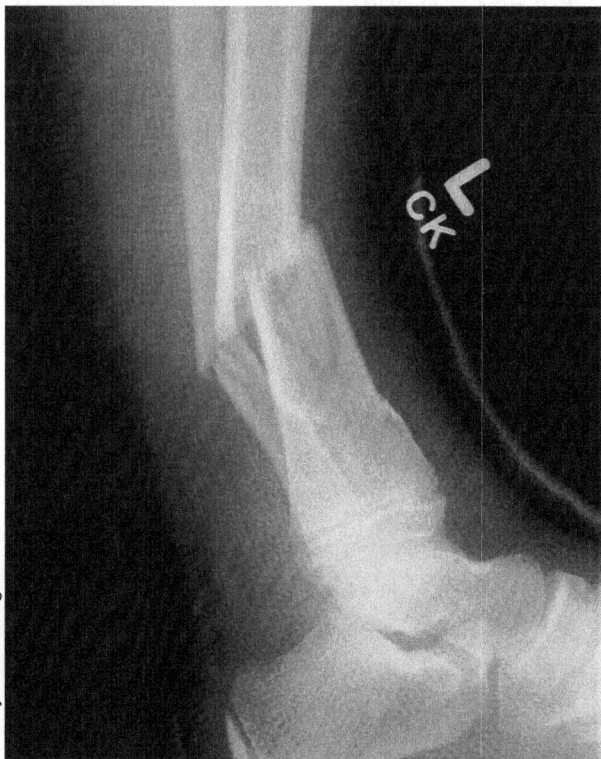

Courtesy of Brent Mangus.

图 16.5 左腿胫腓骨骨折

起后直接踩在脚上。然而暴力性的损伤并不是总会造成骨折。应力性骨折通常会发生在过度使用或微损伤中。比如在长跑项目中,每次脚着地时都会对下肢的骨造成一次微小的创伤。这个创伤会杀死很多骨细胞,但骨可以进行自我修复。当身体不能再维持这种平衡时,就会产生累积的损伤。除此之外,第五跖骨的撕裂性骨折可以发生在外踝扭伤中;然而运动员通常不会意识到第五跖骨的损伤,在外踝扭伤中,第五跖骨通常都由于血运不足面临很高的骨折风险。如果想了解更多有关运动员损伤后的问题,请咨询医师。

📖 **关键词**

撕脱伤(avulsion):强行撕裂开或者分离。
微损伤(microtrauma):细微的损害或损伤。

下面是一些小腿骨折后的症状和标志:
- 损伤部位肿胀或畸形。
- 损伤部位变色。
- 骨折断端可能刺出皮肤。
- 运动员感到十分尖锐或难以忍受的疼痛。
- 运动员可能不能负重或负重时剧烈疼痛。
- 不是由于创伤而导致的应力性骨折或生长板骨折时,运动员会在受伤部位出现极端疼痛。

下肢骨折发生后的急救处理:
1. 如果需要的话应当先处理休克。
2. 保持伤口清洁。
3. 仔细给患肢制动。
4. 搬运伤者到医疗场所。

如果骨折,医生会在足和踝上打石膏,或者让运动员用步行靴固定一段时间。当骨折完全愈合后,医师会依序让运动员进行康复、训练和比赛。也有运动员小腿或足部骨折下参加体育比赛的极端个案。这种情况可能发生在职业体育运动中,运动员参加赛事可获得报酬。不建议在骨折愈合时参与运动,因为这可能会减缓愈合过程。如前所述,同样重要的是要注意到,由于血液供应减少,骨折有可能不愈合,尤其是在足部第五跖骨。任何骨折的愈合过程都必须认真对待。

二、软组织损伤

(一)踝关节损伤

最常见的一种下肢及足踝部损伤属于踝扭伤

（图 16.6）。扭伤通常是由于不正常的应力作用在韧带结构上，造成的不同程度的损伤。根据运动时足所处的不同位置和方向，来自不同方向的力可能造成踝外侧或内侧扭伤。

（a）

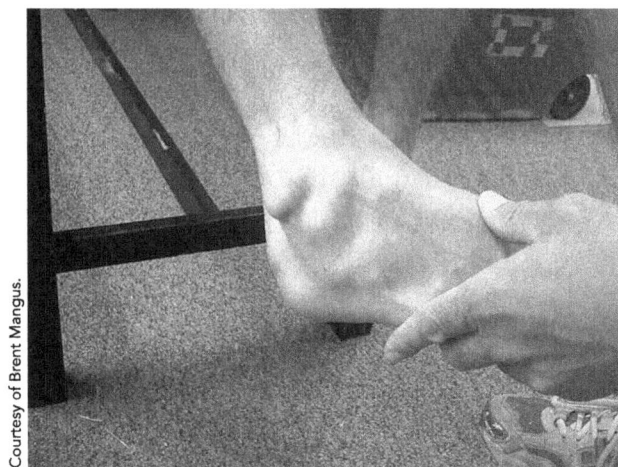

（b）

图 16.6 （a）踝关节二度扭伤后的急性肿胀。（b）踝关节扭伤后外侧副韧带的损伤

　　根据踝关节的解剖结构分析，可以看到由于踝关节横向的运动能力较差，因此更容易发生内外翻扭伤。踝关节骨的结构可以帮助稳定，腓骨隆起的一部分构成了外踝的一部分。同时，踝关节内侧三角韧带较外侧韧带——距腓前韧带、距腓后韧带和跟腓韧带强大。足部的距骨上表面，与胫腓骨下表面之间形成一个叉状的关节，相互之前契合紧密，踝关节背屈的状态下比跖屈时更稳定。通过解剖结构上来对比踝关节的活动模式，过度外翻时，外侧的韧带较内侧的三角韧带更易损伤。有大约 85% 的踝关节扭伤都发生在外侧（Ferrin & Maffulli, 2010）。一项 2002—2004 年的大型研究显示，有 300 万例踝关

节扭伤被报道（Waterman 等, 2010）。这项实验中显示大约 49.3% 的踝关节扭伤都发生在运动中。其中 15 万例运动导致的踝关节扭伤中，最多是由于篮球（41%），其次是橄榄球（9%），最后是足球（7.9%）。男性在 15~24 岁之间有最高的踝扭伤风险，女性则在 30 岁左右时多发（Waterman 等, 2010）。

怎么办？

你的一个高中足球运动员刚刚伤了脚踝，很明显是在把球向下移动的时候。他抱着剧烈疼痛的右脚踝摔倒在地上。在检查中，你注意到外踝部位肿胀和皮肤颜色改变，以及踝关节外侧韧带部位的疼痛点。根据病史和体征，可能是哪种损伤？对于这种损伤，有哪些合适的急救措施？

　　踝关节扭伤可以发生在各种运动情境下，并且可以限制运动员的活动直至完全恢复。踝关节扭伤越严重，关节越容易不稳定。因此在发生扭伤后，应当进行适当的恢复和管理。就像之前提到的，大约有 85% 的踝关节扭伤发生在外侧，损伤后的康复十分重要。最好是在未发生损伤前，就对运动员的踝关节进行改善，并且提前预见损伤的发生。踝关节扭伤时不仅仅是韧带的损伤，还极有可能伴有骨折或第五跖骨骨折的情况，有事还可能伤及肌腱。因此向一个踝扭伤运动员提供医学帮助可以尽快地帮助他们重返赛场。

　　下面是外踝关节扭伤的症状和标志：

● 一度扭伤：疼痛，轻度制动，点状压痛，轻微不稳，轻微肿胀。

● 二度扭伤：疼痛，轻度或中度制动，点状压痛，功能丧失，异常运动，肿胀。

● 三度扭伤：疼痛，完全不能活动，功能丧失，畸形，肿胀。

　　外踝关节扭伤后首先应当做：

1. 立刻冰敷，抬高患肢，固定患肢（图 16.7）。

2. 让运动员休息，当扭伤达到二度或三度时，让患者用拐杖辅助进行三点或四点步。

3. 如果有任何疑问应立即将患者送往医疗机构。

　　在踝关节扭伤中最重要的是辨别下胫腓联合扭伤与外踝扭伤。有时，下胫腓联合扭伤被当作外踝扭伤处理，这可能会延缓运动员恢复的速度。要想辨别这两种扭伤，最重要的一点是受伤部位与症状

的不同。外踝扭伤时，会产生足的内翻，伴有足的旋后；而下胫腓联合扭伤中，踝过度背伸，小腿内旋、足外旋（Mangus，Hoffman&Parry，1999）。很明显，足在外旋时，为了保持稳定，小腿会内旋，导致距骨陷入踝关节更深。轴向压力会使胫腓骨慢慢分离，导致胫腓联合的扭伤。胫腓联合扭伤会影响到腓骨和胫骨的末端骨间膜（图16.8）。这一部分与关节直接相连，又叫"高位踝关节扭伤"。外踝扭伤的部位通常会伴有压痛以及肿胀。

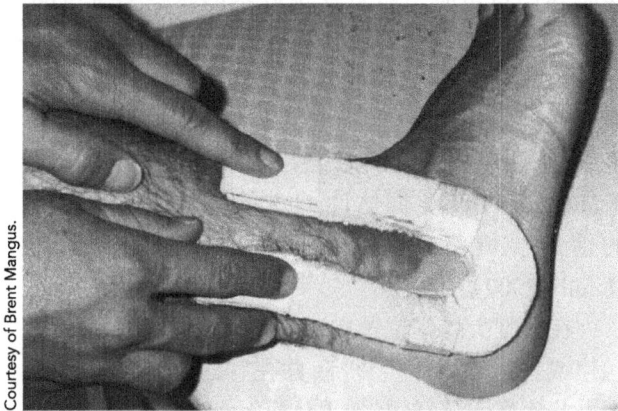

图 16.7 用马蹄形的衬垫来缓解踝关节扭伤后的炎症

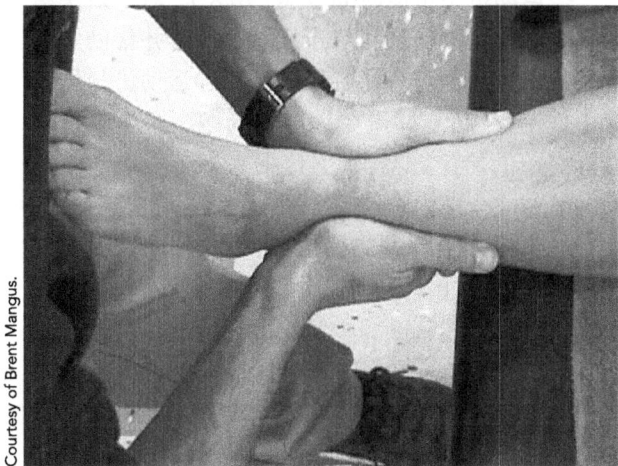

图 16.8 用挤压试验来判断胫腓骨韧带联合有无损伤

下胫腓联合扭伤的症状和标志：
● 扭伤的力学机制不同于外踝扭伤，下肢内旋的同时还伴有踝关节背屈以及足外旋。
● 典型的扭伤征可能会呈阳性，但运动员主诉下胫腓联合处疼痛。
● "挤压"征（将胫骨和腓骨向内挤压出现症状；图16.8）。

下胫腓联合扭伤的急救措施：
1. 立刻冰敷，加压，抬高患肢。用一个弹性绷带固定马蹄形或圆环形的衬垫，来加压和减轻局部的积液（见图16.7）。
2. 确诊胫腓联合损伤后，运动员应休息，72小时内用拐杖行走，接下来的3~7天用步行靴（Mangus等，1999）。
3. 如果有任何疑问应立即将患者送往医疗机构。

关于踝关节损伤后的处理一直以来有许多研究在讨论，普遍认为贴扎和支架有利于降低踝扭伤的发生率（Verhagen & Bay，2010）。一些人选择对无损伤病史的人进行标准踝关节贴扎步骤，进行预防。而另一些人认为对有损伤史的人应当加强贴扎来预防再次损伤。在一项发表过的研究中指出，踝关节贴扎可以改变神经肌肉控制（Lohrer，Alt，& Gollhofer，1999），使踝关节更加稳定（Alt，Lohrer，& Gollhofer，1999）。但不论哪种方法，都有利于降低踝关节扭伤的风险。

大多数的研究者都知道保护踝关节的方法。而一些人认为，应当只在刚开始训练的一小段时间之内对踝关节进行贴扎（Lohkamp等，2009），因为他们认为过长时间的保护会使踝关节更加的不稳定（Ricard，Schulthies，& Saret，2000b）。

而目前一些研究者认为支架是比贴扎更有利于降低踝关节扭伤的辅助用具（Babins，2012；Kaplan，2011；McGuire，Brooks，& Hetzel，2011；McGuire 等，2012）。并且市场上的支架（图16.9~ 图16.11）成本更低。还有一些研究表明，高帮运动鞋能减少外踝扭伤的次数（Ricard等，2000a）。高帮鞋和贴扎、支架联合使用具有同样的功效。

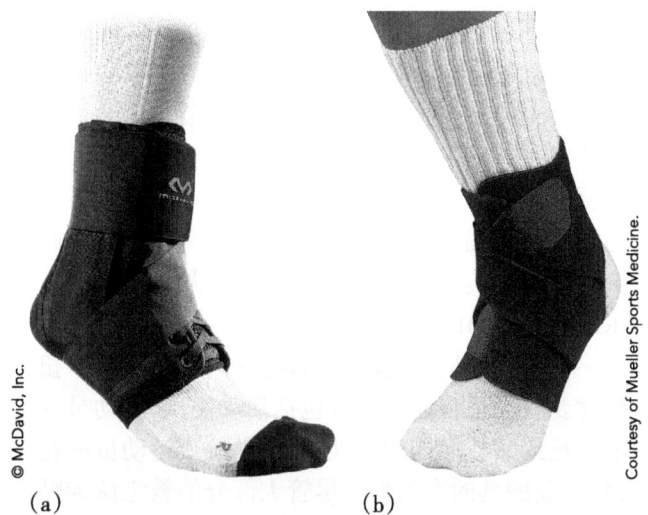

(a)   (b)

图 16.9 公司研制出各种不同的踝关节支架

(a)预防踝关节扭伤的绑带型支架。(b)这种支架是氯丁橡胶材质（保持温热），并且有绑带支撑

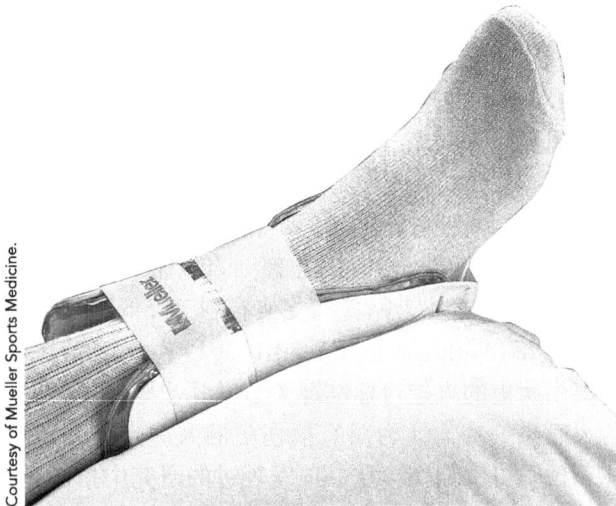

图 16.10　踝关节扭伤后，用刚性踝关节支架进行保护

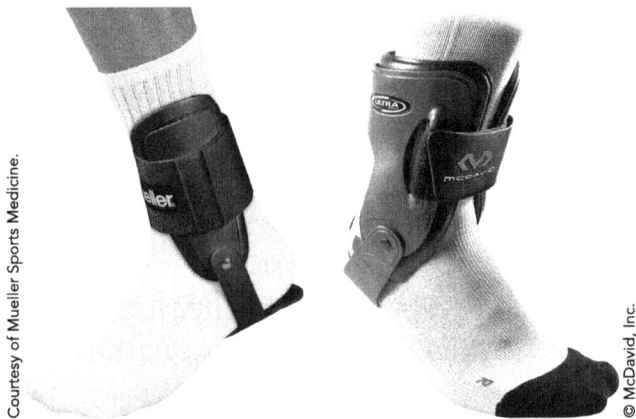

图 16.11　这种刚性踝关节支架也能预防踝关节扭伤

目前的研究已经证明，训练前充分的热身，是降低运动损伤发生率的关键。篮球大联盟（2012）在长达 9 个月的赛季中进行了热身的研究。其他一些地区则进行了本体感觉训练的研究。本体感觉训练可以很有效地增加踝关节的稳定性（Verhagen & Bay，2010），同时也是踝关节损伤康复的重要训练方法之一（Hubscher 等，2010）。美国军队伞兵中的一项统计数据显示，有 43% 的人都曾有过踝关节损伤病史。使用了支架后损伤的人数大大减少。而价格在 7~9 美元的支架也为美军大大节省了开支（Knapik 等，2010）。

不管教练员或运动员怎样选择，保护踝关节扭伤时要考虑很多因素。这包括活动类型，运动员穿上护具或贴扎后的顺应性，对于学校或运动员的花销，以及护具的有效性。尽管大部分的教练认为贴扎对于减轻踝关节相关的损伤是有效的，但是如果不合理利用或产生严重后果，包括水疱、贴布断裂、循环减少。如果要给运动员的踝关节进行贴扎，那么就要合理而正确地进行贴扎（详见"踝关节贴扎"部分）。

（二）肌腱相关损伤

跟腱损伤是长跑运动员、篮球运动员和网球运动员常见的损伤。跑步运动员的跟腱炎的初期病理过程很缓慢，但是篮球运动员和网球运动员却很快，因为对于后两项运动需要更多短程爆发性运动如从一侧到另一侧的跳跃和快速移动。

人们对于跟腱炎的形成机制存在争议。将腓肠肌和比目鱼肌与跟骨连接起来的跟腱本身可能会出现炎症。然而，腱鞘和跟腱背侧的皮下滑囊也会有炎症，这两者都会形成跟腱炎。大部分人都认为突然增加跑步距离和锻炼次数，或者在硬、不平整或者上坡的平面上跑步会出现跟腱炎倾向（Omey & Micheli，1999）。据估计 11% 的跑者和高达 52% 的前跑步健将经历过跟腱病（Zafer，Mahmood & Mafulli，2009）。

在跟腱炎受累位置皮温升高；更重要的是，如果触摸或者运动会产生疼痛，并在触碰时感觉跟腱变粗。此疼痛十分局限，如果休息后运动会加剧疼痛。这些症状和体征会持续一段时间（从几天到几周），在一些运动员中可能时间较短（几天）。对于该疾病的早期检查通常能增强对于症状的改善并帮助更快地恢复训练和比赛。让有跟腱问题的运动员尽早接受正规治疗、康复并避免远期的问题。医生将规划一个简单的治疗方案，本书接下来章节中包含其中的一部分或全部内容。

对于慢性跟腱炎应该休息，直到肿胀消退。通常使用冰敷，非甾体抗炎药（如阿司匹林或布洛芬），和小的足跟垫能帮助减少肿胀并让运动员重新回归训练和比赛。对于有跟腱炎的运动员，拉伸也是有益的。在倾斜板上进行有防护的拉伸或者每日抵墙练习会对回归赛场有帮助。除此之外，如果一个运动员一定要训练或者跑步，最好建议在有防护的环境进行，如游泳池里。有防护的、渐进性拉伸练习，使跟腱进行离心收缩，能帮助运动员回归赛场。运动员的活动水平和练习方式在损伤的愈合时期一定要密切监视。跑步运动员或者其他的运动员通常都不会接受完全休息这个常规养伤的建议。如果是这种情况的话，减少运动量就是有利于损伤愈合的唯一方式，尽管愈合的不是那么好。如果没有适当量的休息，身体对损伤的修复就很困难，因此就会增加运动员伤痛的时间。在水中跑步不失为那些需要维持体适能或者即使出现损伤仍然需要进行训练的运动员们的一个好的选择。低速率或者在有防护的环境下进行训练也是可行的，因为这样能限制对跟腱的压力。

爆发性跳跃或者撞击造成的直接创伤能对跟腱造成撕裂性创伤。不同专项的运动员都可能出现这类创伤。

跟腱撕裂的症状和体征如下：
- 受伤部位肿胀和畸形。
- 运动员称有损伤相关的爆裂和断裂声。
- 从轻度到极重度的小腿疼痛。
- 功能丧失，尤其是跖屈功能。

跟腱撕裂的急救如下：
1. 冰敷并加压包扎。
2. 通过充气跟腱靴或夹板制动患肢。
3. 安排转移到最近的医疗机构。

在愈合的急性期，尽量将主动背屈减到最少，并避免被动背屈，因为这些运动能在该部位产生损伤和炎症。

跟腱撕裂的远期影响由撕裂的严重程度决定。如果必须手术，那么运动员就必须在该赛季剩下的时间里休息。在任何情况下，运动员在未来的运动中都需要仔细进行拉伸和热身活动。

其他肌腱的问题通常发生在踝关节的外侧，包括腓骨长肌和腓骨短肌的肌腱。这些肌肉源自胫骨和腓骨的外侧；肌腱在踝外侧的腓骨沟深部循行并连接在足部的侧后方。在腓骨上有一个小的支持带并向后连接跟骨，它能帮助韧带处于正常位置。由于这些肌腱在踝侧方循行，那么受到创伤或者强大外力就有错位和／或脱位的可能，甚至踝关节侧方的实质性断裂。这种不常见的运动型损伤会出现剧痛。

有肌腱问题的运动员应该由医疗组的人进行就诊，并应简单进行运动教育。有时，这些问题能通过贴扎、戴护具和加强该区力量来解决。问题的复发提示医生应进行长远的调查研究；对于控制复发性错位，选择其他防护方式也是可行的。

（三）筋膜室综合征

由慢性或急性损伤造成的另外一个问题就是筋膜室综合征。该综合征与小腿相关，由小腿四个不同的筋膜室组成（见拓展知识16.1）。筋膜室综合征主要出现在前筋膜室，如果出现肿胀和渗出将没有空间容纳。

一些运动员可能长期过度使用前筋膜室的肌肉，这就引起肌肉组织的炎症并使整个筋膜室的压

力增高。接下来就会对筋膜室的血管和神经产生强大的压力，从而影响功能。对于腿的前部（比如被踢或者被球撞击）会造成筋膜室内出血并行成肿胀。相似的情况能造成小腿其他筋膜室相同的结果，这些筋膜室都是布满肌肉、神经和血管的致密区域，无法容纳多余的液体的渗出。任何引起筋膜室压力升高的情况都需要注意。筋膜室损伤需要对足背动脉和胫后动脉血流减少进行早期干预和检查。对有小腿损伤的运动员进行双侧动脉脉搏的检查是十分重要的（图16.12）。如果单侧或双侧脉搏减轻或者完全消失，那么该运动员一定要由临床医生进行检查。

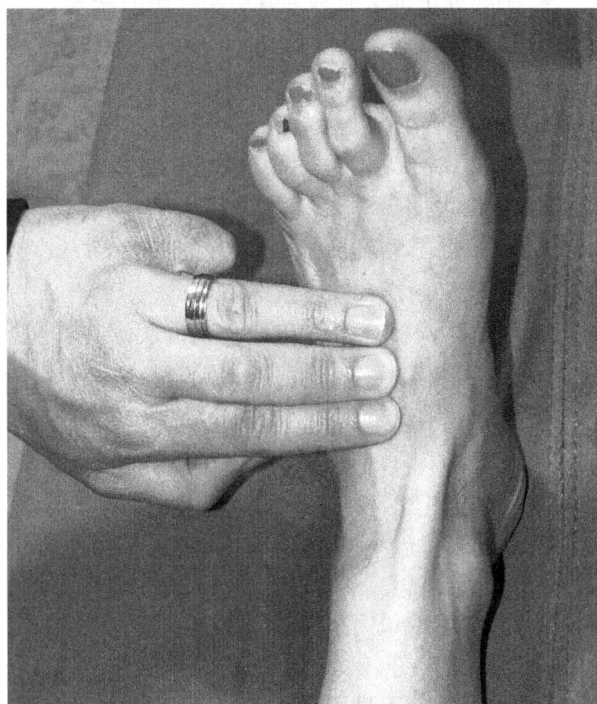
(a)

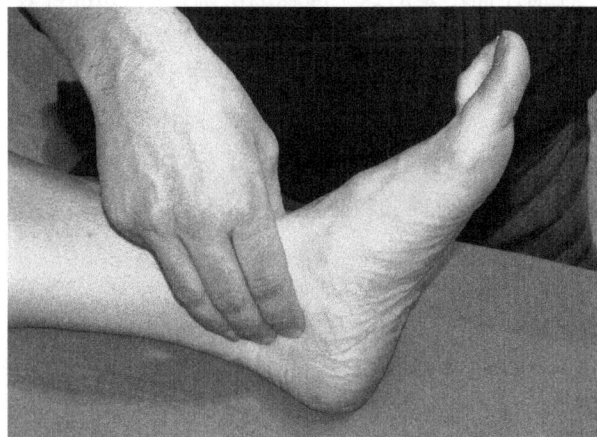
(b)

图16.12　检查足背动脉（a）和胫后动脉（b）的脉搏

许多足球运动员倾向于穿小一点的护具（图 16.13）。运动员认为大一点的护具影响他们的活动，所以他们不喜欢穿大一点的。当运动员穿的护具太小时，如果小腿被踢了一脚，就没有合适的衬垫保护了（图 16.14）。图 16.14 中的运动员比较幸运，被踢到的部位是小腿中间部，短时间内就控制了皮下血肿。如果被踢到的位置是小腿外侧，那么就会导致小腿前筋膜室的压力，使血流减慢，功能障碍，就需要立刻就医。

筋膜室综合征的症状和体征如下：

- 下肢肿胀疼痛。
- 运动员会有慢性或者急性损伤。
- 小腿或足部会有感觉或运动控制的缺失。
- 足部会触及不到脉搏。
- 脚趾不能上抬或踝关节不能背屈。

筋膜室综合征的急救措施如下：

1. 冰敷并抬高患肢，因为这个区域已经压力过高了，就不用再加压了。

2. 如果足部感到麻木，说明缺少了运动，或者说足部脉搏缺失，需要紧急就医。

3. 尽早尽快就医，因为这个问题很快就会加重。

（四）外胫夹

小腿另一常见的疾病就是"外胫夹"，是描述因为运动导致的小腿疼痛。外胫夹也称胫骨内侧应力综合征（MTSS）、胫骨应力损伤（TSI）或者慢性过度施力性腔室综合征（CECS），这些都可以用来描述运动导致的小腿疾病。这些都是没有明确诊断导致小腿疼痛原因的疾病。随着时间的推移，医疗人员尝试用描述性的术语（例如，MTTS，TSI，CECS）来重新命名这种症状，而不是用胫前疼痛，但是它们仅仅是一种描述而不是对这个问题的明确诊断（Brewer & Gregor, 2012；Hubbard, Carpenter, & Cordova, 2009；Moen 等，2012）。运动员受伤的运动类型以及表现因人而异。然而到目前为止，没发现任何一个明确的原因与小腿疼痛之间有什么联系。此外，公认的是，休息之后疼痛会缓解，运动员又可以重新参与运动。

外胫夹的症状和体征如下：

- 小腿内侧或者是后内侧的疼痛。
- 运动员会出现慢性问题，并且状况越来越糟。
- 疼痛和不舒适感可能是双侧或者是单侧。

外胫夹的急救措施如下：

1. 休息并且冰敷。

2. 服用非甾体抗炎药物会有帮助。

图 16.13　足球运动员穿着过小的护具

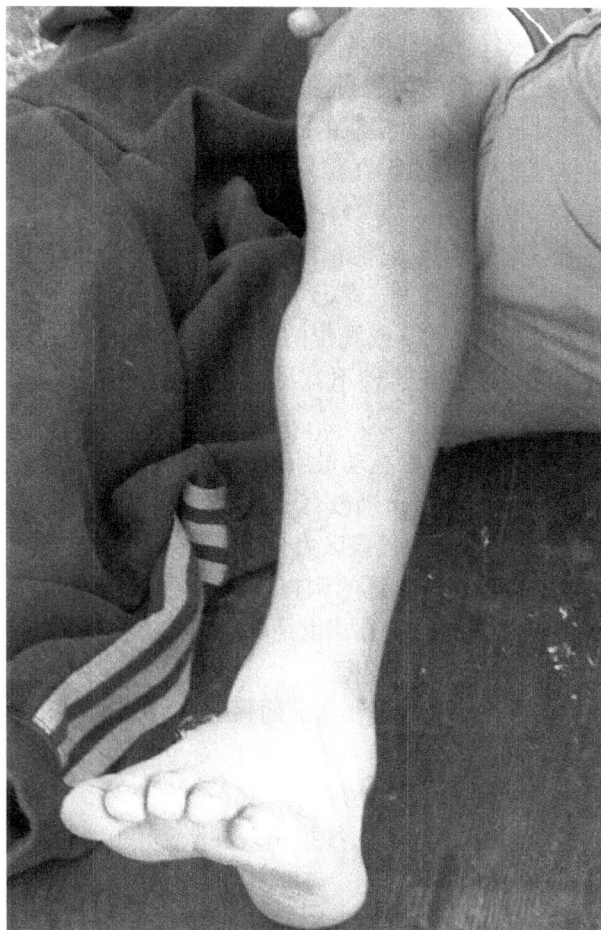

图 16.14　小腿内侧严重的撞击导致的皮下血肿

运动防护师开讲

小腿最常见的损伤是外伤导致的挫伤,这可能会发展成骨筋膜室综合征,运动员和教练通常会尽量减少这种损伤。这种损伤通常是因为踢到了小腿的前外侧而造成的。由于小腿肌肉筋膜室的解剖结构,出血后扩张空间很小。而对挫伤的认识或治疗不当会导致神经和血管的压力增加。尤其是在小腿前部肌肉筋膜室的损伤时特别明显。这些损伤如果得不到正确的认识和治疗,可能会导致终身残疾。由于积液增加压力,这个部位可能需要进行手术来减压。在治疗小腿外伤时,所有的运动防护师都需要意识到并关注骨筋膜室综合征的可能性。这是身体上一个不能用弹力绷带进行加压包扎来控制肿胀的部位。包扎可能只会增加内部压力,并进一步加重骨筋膜室综合征的症状。

—Dale Mildenberger,理学硕士,执业运动防护师

Dale Mildenberger是犹他州立大学(Utah State University)的首席运动防护师。

为了帮助运动员重返运动,建议改变日常训练内容。建议运动员进行水中运动,减少跑动,消除激惹因素,直到症状有所改善前都用另一种类型的运动。运动员希望对她/他进行步态分析,看看生物力学方面的不足,例如有无内旋过度。许多的相关问题都会使疼痛和不适感加重。如果问题进一步严重,运动员必须就医,以避免长期的并发症。教练可通过贴贴布和一些理疗手段来帮助胫前疼痛的运动员。然而,并不建议长期使用粘性贴布治疗:小腿的皮肤会敏感,而且这样并不能解决导致疼痛和不适的最主要问题。每一位运动员对贴布和理疗的反应不同;因此,我们需要根据每位运动员的反应来制订康复的方法和程序。

怎么办?

一名高中体操运动员在高低杠的低杠上撞到了左腿的前部。她立刻抓住她的腿,大声叫喊疼得要命。在进一步的检查中,你注意到她在小腿前部肌肉上有肿胀和颜色改变。另外,她表示无法伸展大脚趾。这些症状和体征的可能原因是什么?对于这种损伤,哪种急救方法会是最恰当的?

三、足部疾病

足部包括许多骨、关节、韧带、肌肉和其他组织。需要明确的是,运动员参加不同种类的运动会导致足部出现不同类型的损伤。特定的运动会出现一些常见的损伤。

(一)足底筋膜炎

足底筋膜是一段从第一趾直至足跟隆起的增厚的软组织,由肌肉和肌腱构成。一旦这些软组织因为损伤等原因挛缩或肿胀,就可能产生疼痛或活动障碍,这就是所谓的足底筋膜炎。运动鞋的改变、训练方法、活动或其他的一些因素都可能会造成这种损伤。上班的人群大部分时间伏案工作,只在周末从事一些体育活动,比那些职业运动员更容易发生足底筋膜炎。发生在青年运动员身上的足底筋膜炎还容易伴随足跟骨突炎(Omey & Micheli,1999)。需要注意的一点是青少年运动员可能会出现足弓或是足跟痛(Omey & Micheli,1999)。要判断症状是否属于足底筋膜炎,需要检查既往的病史。治疗师应当询问运动员早晨起床后迈出第一步的时候是否有足底疼痛,然后逐渐缓解,又或是足跟结节处是否有压痛。如果有以上两种症状,那么足底筋膜炎的风险很高。

足底筋膜炎通常选择保守治疗的方法,最常用的是休息、消炎以及冷热循环疗法。牵拉足底和跟腱也有利于恢复;还可以使用半刚性矫形器进行恢复,然而许多运动员发现使用这种矫形器会妨碍运动。运动员们往往带伤坚持训练,尽管已经使用各种方法来治疗,但是对炎性部位刺激的越多,就越不容易痊愈。

(二)足跟骨刺

足跟骨刺可以由足底筋膜炎引起;有时一些足跟部跟腱附着点的慢性炎症同样会导致骨刺的生

长。骨刺在运动时会产生剧烈疼痛,因此这可能会导致运动员长期的活动受限。除此之外,跟腱附着部位的下面还可能产生一些微小的骨化。这对于运动员来说是很痛苦的。治疗师应当及时给予相应的治疗,使用一些圆环形衬垫可能会相应地减少疼痛,但几乎无法缓解病情。

(三)跖骨痛(莫顿足)

跖骨痛最常见于第一跖骨缩短或第二跖骨增长。这样的改变会造成原本分布均匀的力现在分配在了第二跖骨上,进而导致了跖骨的疼痛以及步行困难。使用衬垫会缓解疼痛,但是运动员还是应该寻求治疗师的进一步治疗。

好发在这个部位的疾病还有一种叫作莫氏神经瘤。这是一种常发生在第三、第四跖骨之间的神经疾病。由于是神经的问题,经常会牵连到第三、第四脚趾。神经瘤是神经异常生长之后的结果,过紧的鞋子可能会导致莫氏神经瘤的形成。因此,光脚有利于缓解神经引起的疼痛。如果发生神经瘤,还是应当尽早寻求医学治疗。

(四)足弓问题

运动员可能体会过各种各样的足弓问题(图 16.1 和图 16.2)。足弓问题通常会表现为两种形式:扁平足和高足弓。这两种问题都深深地困扰着运动员。其他原因不明的足部问题,可能就与足弓无关。

扁平足的运动员通常会有过度的内旋,因为这些人的舟骨活动十分受限。这会导致踝关节活动时有不适的感觉。判断扁平足患者是否适合佩戴矫形器的低成本替代方法就是使用足弓贴扎(图 16.15)。有一些实验已经证明,贴扎可以改善扁平足的症状,但是需要多长时间的贴扎才能较好地改善扁平足的症状,还有待进一步的研究。对于至少需要连续步行 10 分钟的人来说,粘合贴扎技术的有效性似乎有限(Lohkamp 等,2009)。然而要评判贴扎对运动员足弓的价值,还需要在训练和比赛的收效中来看(图 16.16~图 16.18)。长期佩戴矫形器或者穿合适的鞋子也能改善扁平足。值得注意的是,并没有数据显示扁平足运动员相比足弓正常的运动员,跑得慢或是表现能力不好。

运动员有时会因疲劳而出现酸痛或无力的症状。就像前面说的那样,长期佩戴矫形器可能会有改善,但是对于短期的改善来说,贴扎就能够帮助他们完成一场比赛。有些运动员反馈,贴扎的方法可以帮助延缓比赛中酸痛症状的出现。

在许多情况下,高足弓的运动员可能同样会面

临比较严重的足部问题。有许多研究表明,高足弓的不正常力线,面临很多潜在的损伤风险(Carson 等,2012),比如足底筋膜炎或是爪形足。同样有些运动员会因为过高的足弓产生踝关节或足部的其他问题。矫形器或是合适的鞋子可以很好地帮助这些人。但不论扁平足还是高足弓,和运动表现之间都没有必然联系。

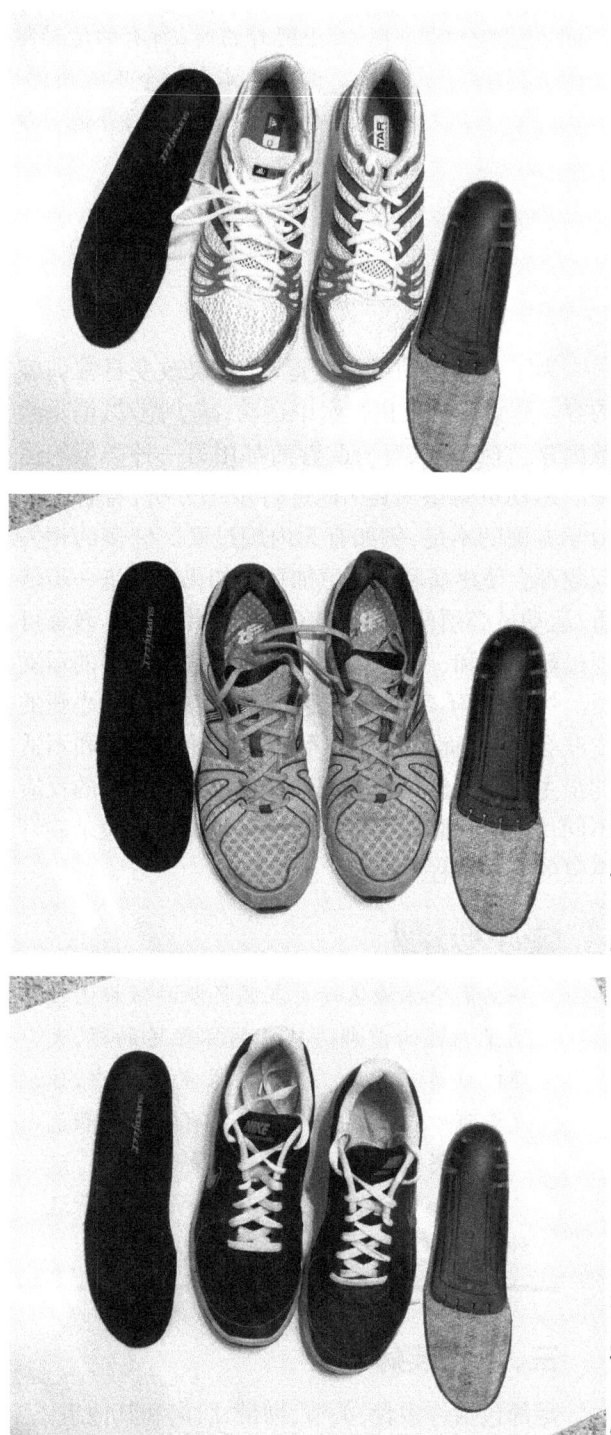

图 16.15　可以在运动员的鞋里放置柔软的矫形器来缓解足部问题

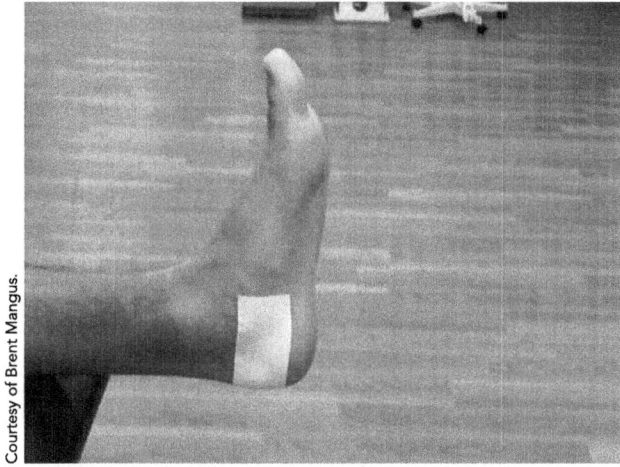

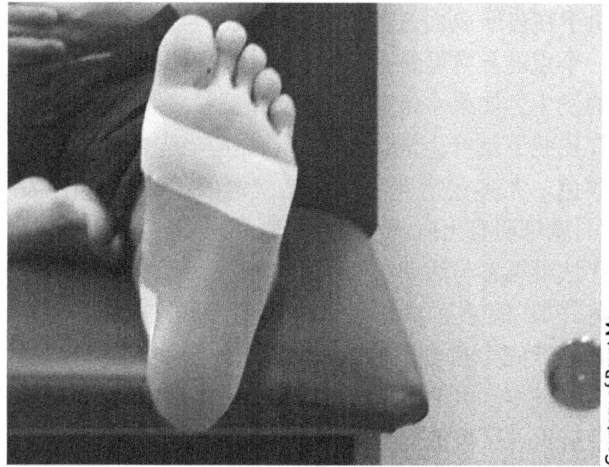

图 16.16　涂抹助黏剂后,在足跟和脚趾底部贴贴布

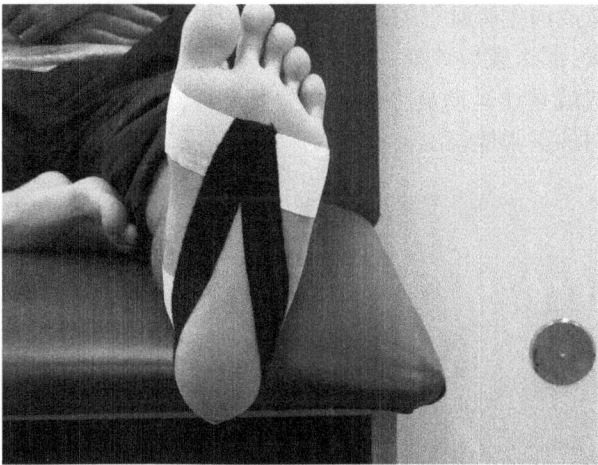

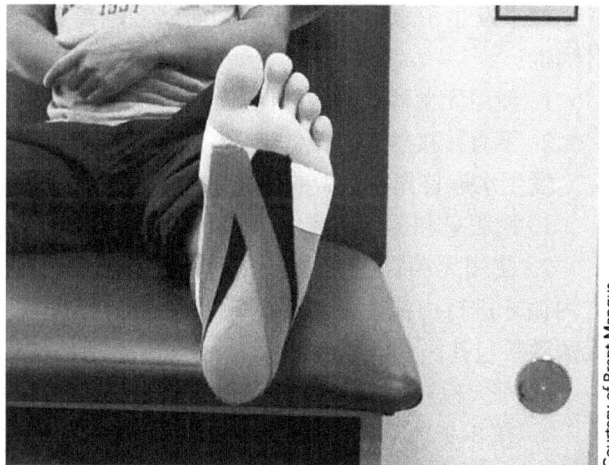

图 16.17　如图所示,从内侧向外侧贴起支撑作用的贴布

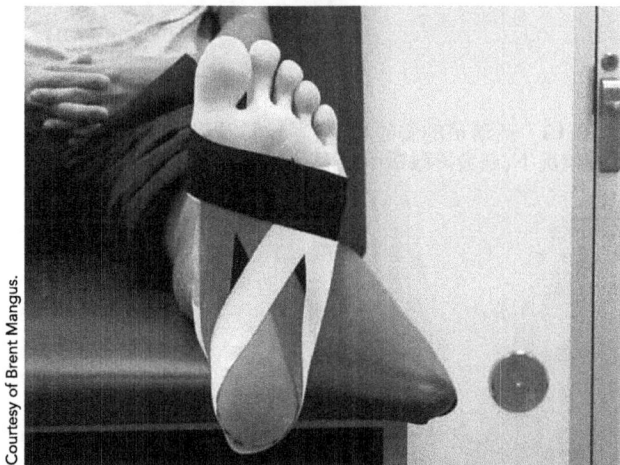

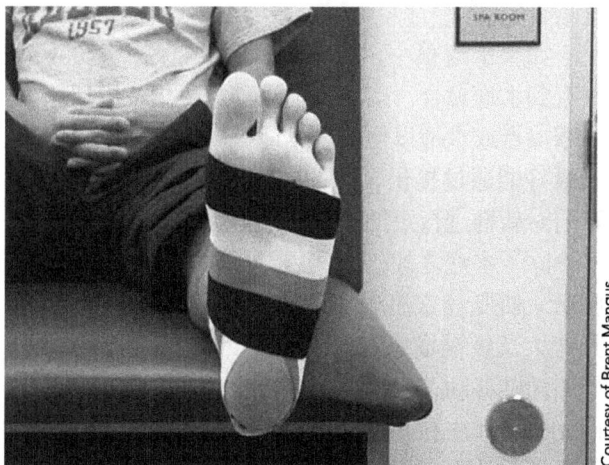

图 16.18　最后,围绕着足部交替贴贴布来维持和稳定足弓

（五）踇指囊肿

踇指囊肿在青少年组运动员中并不是十分常见。囊肿可以发生在单个指节上,也可以跨过多个关节或骨。大部分的囊肿都是由于运动鞋不合适导致。因此选择合适的运动鞋十分重要。如果运动员发生了持续增大的囊肿,需要及时去医院检查。

（六）水疱和胼胝

水疱和胼胝在运动员中十分普遍。大多数都是由于在皮肤表面过度摩擦而导致。当运动员感觉到一个点的异常摩擦后，应当及时进行处理，避免水疱的发生。如果水疱已经产生，外部的皮肤已经损伤，在皮肤下就产生液体积存。首先应当先观察水疱的颜色。大多数情况液体应是澄清的，但有时颜色发黑，就证明有出血。水疱的肿胀和疼痛往往让运动员无法继续参与活动。如果水疱很大，需要进行液体引流并加以包扎。液体引流完毕后，最好进行包扎直至新皮肤完全愈合。可以用圆环形的衬垫或者是薄薄的黏性纱布覆盖，以减少摩擦。如果水疱已经破裂，应确保此区域的卫生问题，以免感染。如果水疱表面的皮肤裂开，应尽可能保留这一层皮肤，这样还能起到保护作用。如果必要，给予一定的抗菌药物。

如果发生了水疱，应当小心预防艾滋病毒或乙肝病毒：

1. 使用无菌器具接触并保证伤口清洁。

2. 不直接接触伤口或体液。

发生水疱首先应当做的事：

1. 用肥皂和温水清洁伤口，并用酒精消毒。

2. 使用无菌针，对水疱仔细引流。在 24 小时之内循环进行引流。且不要移除水疱的痂皮，使用无菌敷料包扎。

3. 每天检查伤口红肿情况，并检查是否有脓。

4. 在 3~7 天后再移除水疱痂皮，并给予抗菌药物。

5. 在愈合过程中随时检查伤口红肿情况，并检查是否有脓。

如果水疱很小，将该区域用敷料保护来防止摩擦直到水疱愈合。应该鼓励运动员尽早说出任何新的摩擦点或水疱以便能尽早地提供保护和敷料。当然最好能通过提供合适的鞋子，或者在训练或者比赛前对新鞋进行短期的磨合来避免水疱的发生。

除了水疱之外，足底可能有组织增生，又被成为胼胝。胼胝经常出现在足部的骨性区域，并应防止其变大及极端增厚。如果增大变厚之后，胼胝就开始跟随鞋移动，这就会造成胼胝和皮肤层的摩擦，从而在胼胝和皮肤间形成水疱。由于在此区域的水疱不易消散从而会让运动员感到疼痛。为了防止该情况发生，我们要经常修剪胼胝的大小，让其成为足底的保护。如果胼胝过大，运动员就会感到疼和不适。

（七）脚趾损伤

在进行体育运动时，脚趾也会受到损伤。在某些运动中，脚趾可能会被踩到，从而造成脚趾甲脱落或脚趾甲下的血肿（图 16.19）。脚趾甲下的血液聚集应该被清除。有很多的方法都可以进行血液的清除。商用的指甲钻可以在指甲上钻出小孔，并能让困在指甲下的血液得到清除。这就能让运动员疼痛得到缓解，因为该损伤能产生剧烈的疼痛。如果运动员穿过紧过小的鞋会让脚趾甲碎裂并在脚趾甲下产生血液积聚。鞋过紧或者过小会造成脚趾长在甲沟里（图 16.20）。嵌甲需要进行早期处理，否则就会引起炎症和其他严重的问题。内生的脚趾甲会产生脚趾开放性疮口，当穿运动鞋时，细菌就会进入疮口并引发其他的问题。嵌甲应该浸没于温的液体中。脚趾甲应该被抬高从而让其沿着正常的方向生长。我们可以将小的卫生棉条放置于受影响区域，并在指甲生长时继续留在该区域。并且我们还要消除会造成内生脚趾甲的条件。如果运动员穿的鞋过小过紧，那么就应该换一双舒适的鞋。另外一种防护方式就是让运动员将指甲修剪得笔直，这就能让指甲向外正常地长出去。

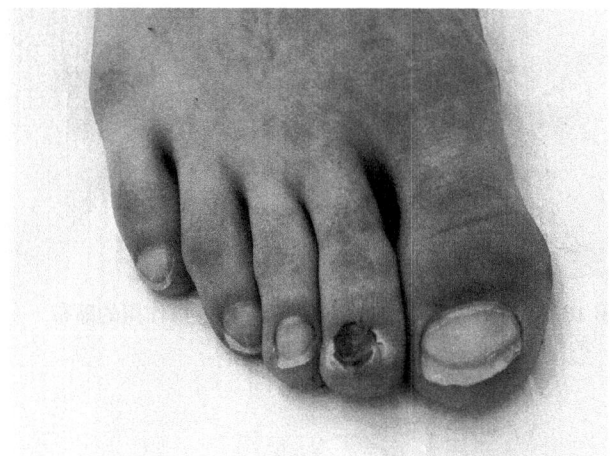

图 16.19　运动员的脚趾被踩，导致脚趾甲下形成血肿；在某种情况下，还会导致指甲脱落

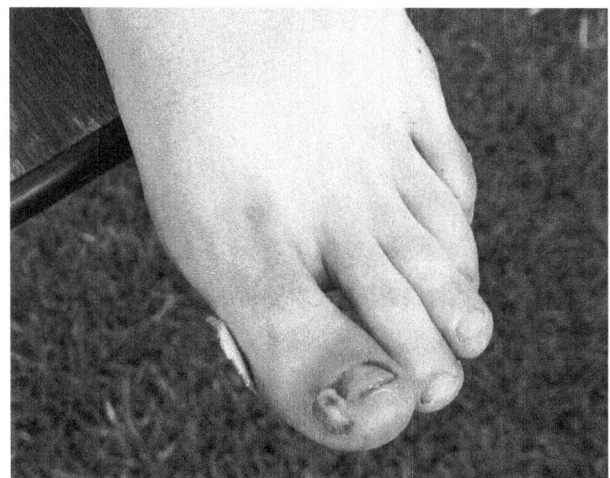

图 16.20　运动员穿过紧的鞋会让脚趾甲长进甲沟里（嵌甲）

随着人工场地的广泛应用,脚趾受伤的数量就一直在升高,因此该损伤在运动员群体中又被称为"草皮脚趾伤"。草皮脚趾伤基本上是伸展过度造成的大脚趾的韧带扭伤并可能伴有第一掌指关节下的籽骨的炎症反应。要造成这种情况,运动员可能是被猛推或者是绊倒,但是由于某种原因大脚趾还在场地上。在急性损伤中,运动员会报告听到了断裂声或者感到大脚趾的剧烈疼痛。在慢性损伤案例中,大脚趾的疼痛和炎症是随着时间渐进性发展的。这种损伤通常发生在人工场地上,但是也会发生在其他场地上。对于草皮脚趾伤的处理和其他扭伤是类似的:冰敷,加压包扎,抬高患肢。经常运动们不想因为养伤而停止训练,贴扎有助于运动员在恢复期进行训练(图 16.21 到图 16.24)。

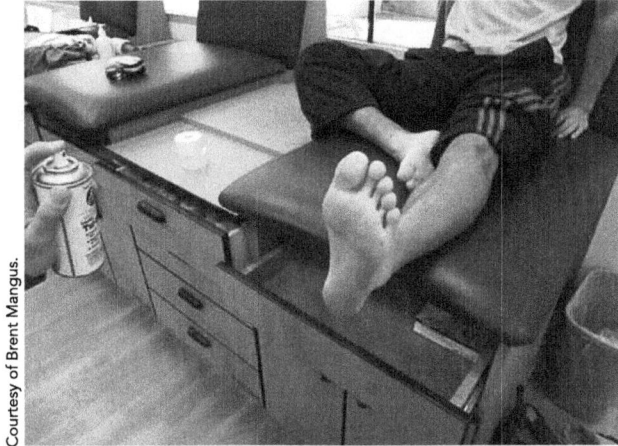

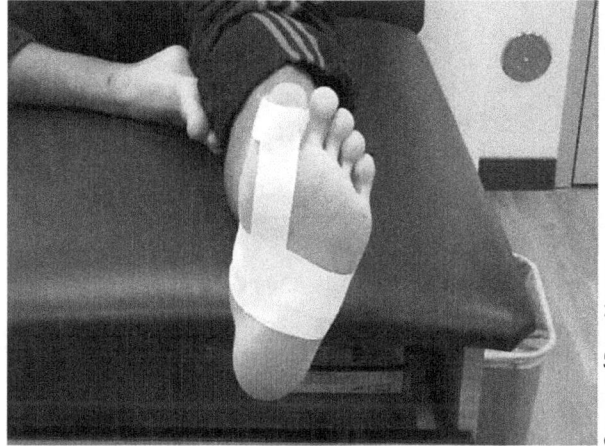

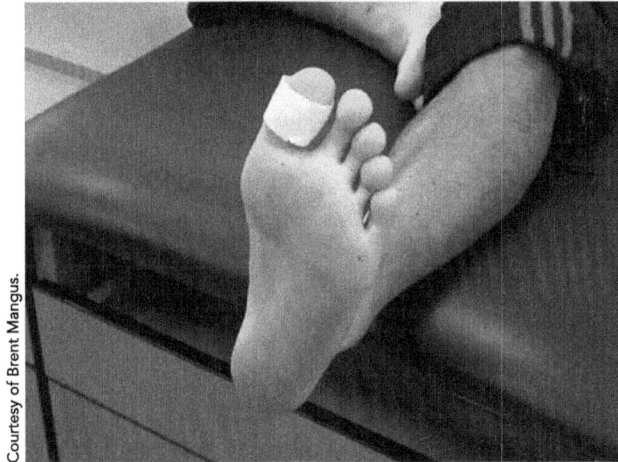

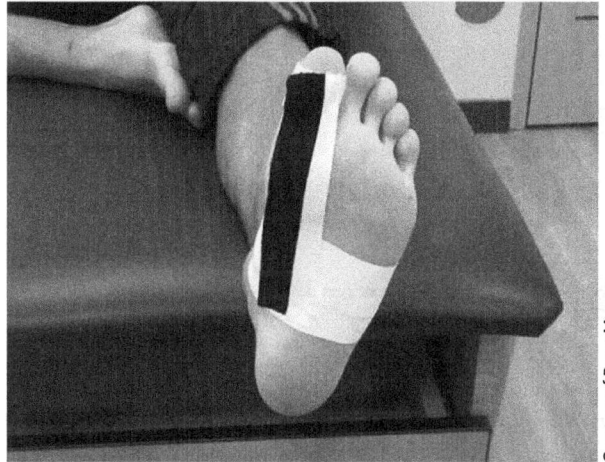

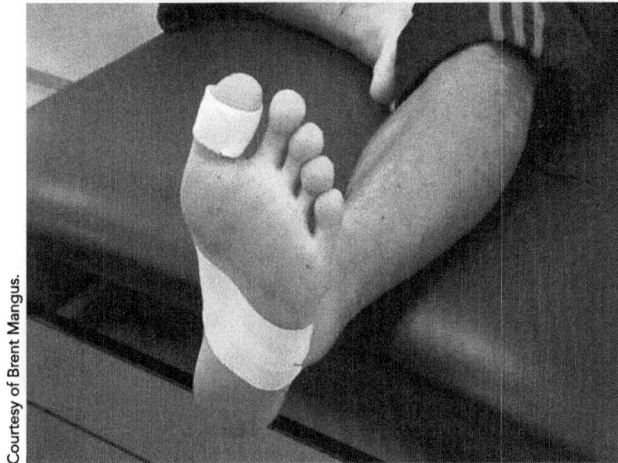

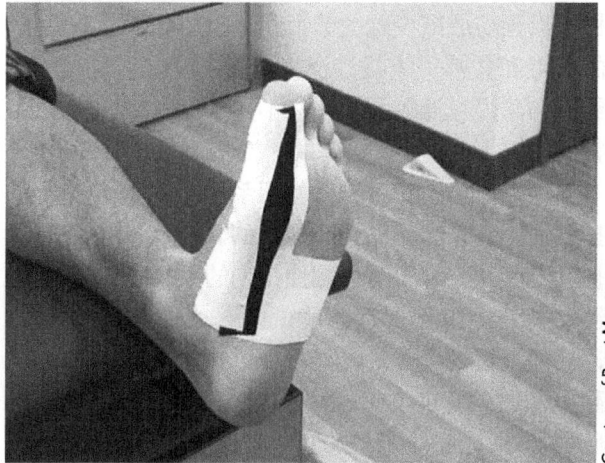

图 16.21 当使用助黏剂后,开始对脚趾和足部进行锚固定贴扎

图 16.22 如图所示采用固定贴扎

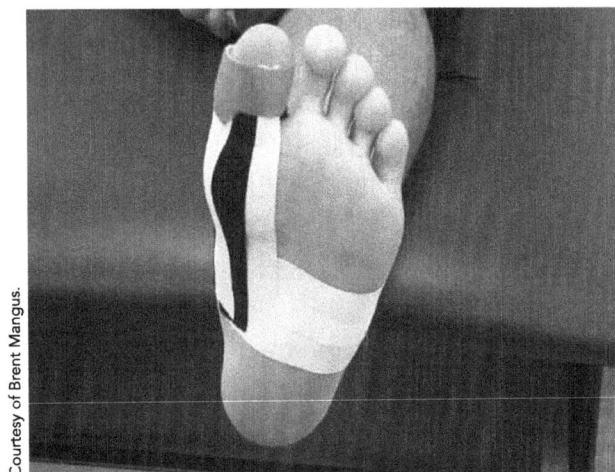

Courtesy of Brent Mangus.

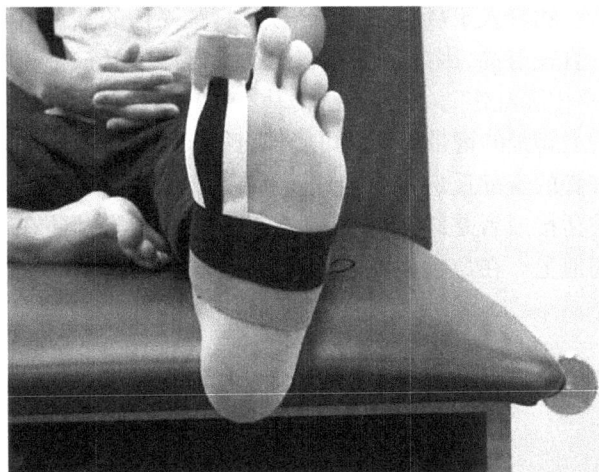

Courtesy of Brent Mangus.

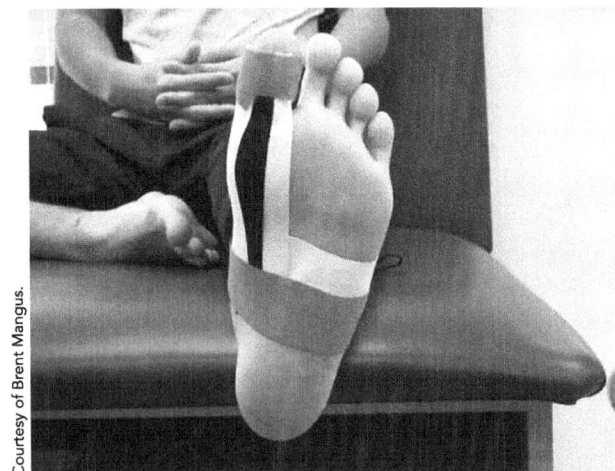

Courtesy of Brent Mangus.

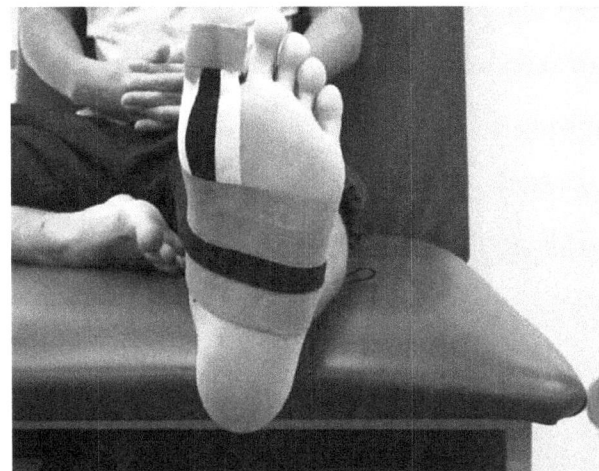

Courtesy of Brent Mangus.

图 16.23　锁住脚趾和足部的固定贴布

第三节　预防性踝关节贴扎

对于运动员进行预防性踝关节贴扎在很多高中、大学和职业的运动防护师中很流行。运动员在训练或比赛之前对踝关节进行常规贴扎很常见,这样可以预防或减少踝关节损伤。预防性踝关节贴扎的优点和劣势一直被广泛讨论,不同的运动防护师给出的建议也涵盖了从完全不用到一直坚持使用的整个区间。

一些运动防护师推荐使用系鞋带式和其他踝部护具而不是预防性贴扎。近期的研究表明踝关节的护具对于减少踝关节内翻性扭伤的效果不差于预防性贴扎(McGuire 等,2011;McGuire 等,2012)。该理论已经被对踝关节护具能减少排球运动员踝关节内翻扭伤的研究证实(Pedowitz 等,2008),并有助于下肢稳定性(Zinder 等,2009)。据研究,踝关节护具并不影响运动员跑步、跳跃或者完成竞赛需要的其他技能的能力。

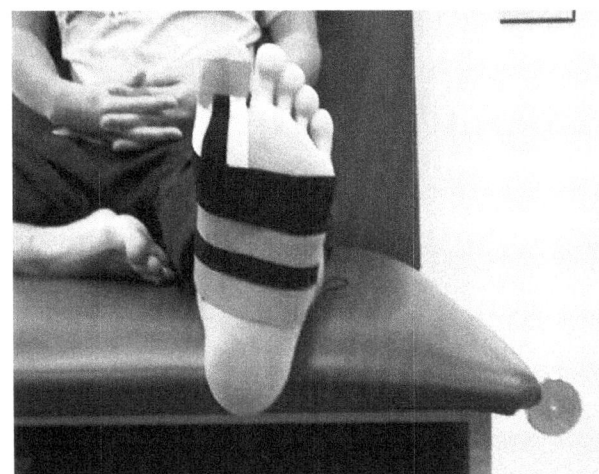

Courtesy of Brent Mangus.

图 16.24　使用补强贴布完成贴扎

当决定给运动员使用哪种方法来避免内翻型踝关节扭伤时,教练和运动防护师们就遇到了一个有意思的抉择。随着时间的推移,预防性踝关节扭伤的贴扎效果会降低(Fleet,Galen,& Moore,2009),运动防护师和教练需要选择最有效的预防踝关节扭伤的办法。对于决策者应该将时间 - 花费 - 收益的分析考虑在内。一些教练认为,采用半常规基础上对踝关节进行贴扎更有效，比如一星期一到两次。从花销方面进行考虑，如果一个运动员每天或者每个星期都要进行多次贴扎，那么每次练习或比赛让他们自己带上护具会更经济一些。

还有一些其他的因素，比如运动员的舒适度，当选择用贴扎还是护具时也要将此考虑在内。有些运动员认为护具体积太大并且影响正常活动。一些运动员认为他们穿合适的鞋子进行训练和比赛的能力受到了护具尺寸的影响。一些运动需要很紧的鞋子，这就不适合带上护具。护具有一定的硬度，随着穿的时间增多有效性逐渐下降。护具是预先支付型的花销，所以有时对于运动员或者学校都是很昂贵的。这就是决定采取什么措施预防运动员踝关节内翻扭伤时，需要考虑的几个事项。

预防性踝关节贴布是一项重要的技能，必须勤加练习直到熟能生巧，并将此技能应用于团队治疗中。贴扎是一门艺术也是一门学问，每一条贴布都有它的功能。下列的预防性贴扎纲要就是为初学者提供为什么要贴扎的理论基础。如果学生有兴趣提高贴扎的技能，那么我们推荐他们多在有 BOC 认证的运动防护师的指导下进行学习和练习贴扎。

正如图 16.25 显示的，应用皮肤膜和锚贴布对于正确贴扎都是十分重要的。助粘剂是用来帮助皮肤膜固定位置的。如果不使用助粘剂那么大部分情况下皮肤膜都会松动脱落并逐渐失效。马镫（图 16.25~ 图 16.28）是用来保持足部处于正常或稍微外翻的位置的。马镫由几个马蹄形的贴布构成，这就能使马镫固定在一个位置上并减少贴布与足后部的间隙。图 16.29~ 图 16.33 显示了锁跟，锁跟能帮助稳定距下关节。锁跟通常还要有 8 字形固定

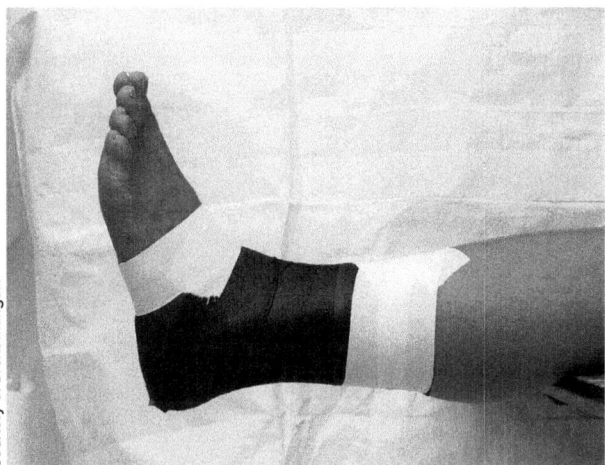
图 16.25 一开始用皮肤膜和锚贴布缠绕脚踝

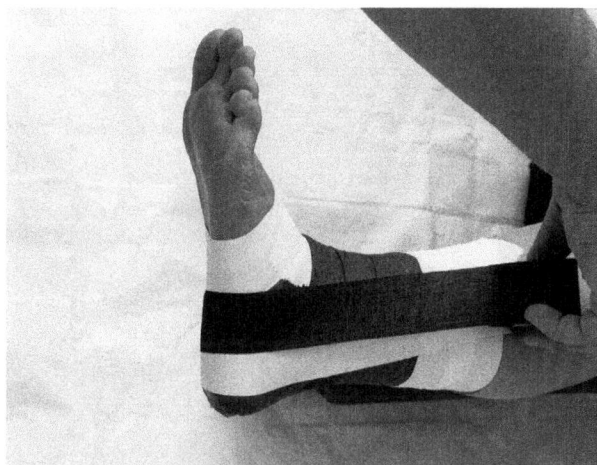
图 16.26 利用马镫形贴扎来维持正常或者稍微外翻的足部位置

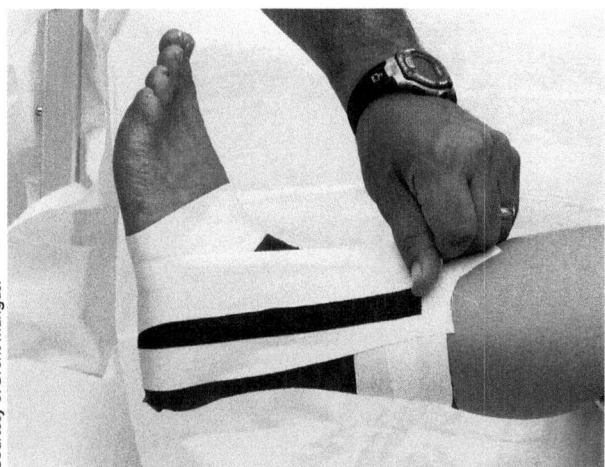
图 16.27 将马镫形贴布重叠，由后向前移动

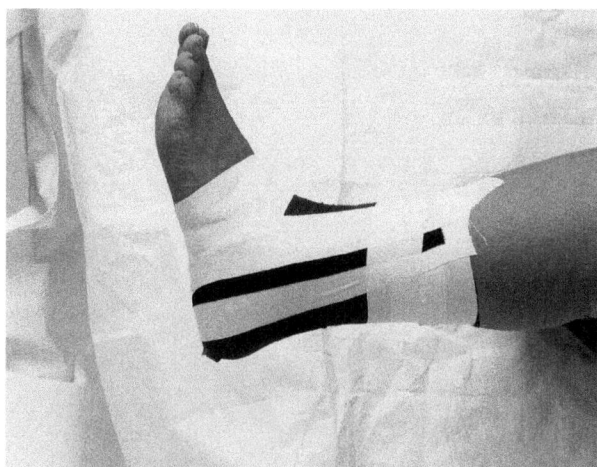
图 16.28 马镫形贴布已完成并锚固

（图 16.34~ 图 16.36），这样来帮助固定距小腿关节和跗横关节。从这一点来看，整个过程包含了使用补强贴布来保证贴布中间没有间隙或漏洞，保护底部贴布，并用补强贴布来保证当运动员穿袜子或鞋的时候贴布的末端不会卷曲或者起皱（图 16.37 和图 16.38）。

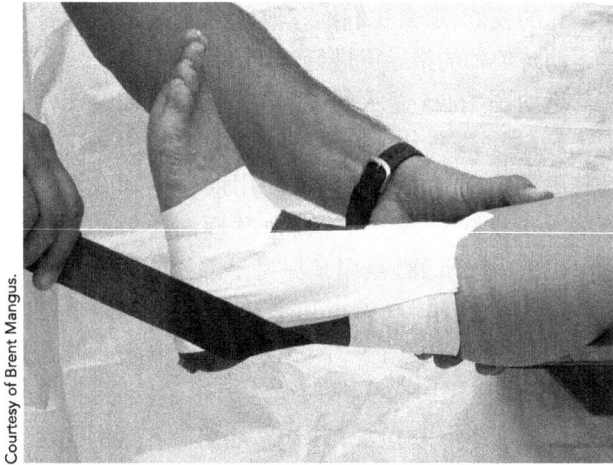

图 16.29　使用锁跟需要练习才能正确操作

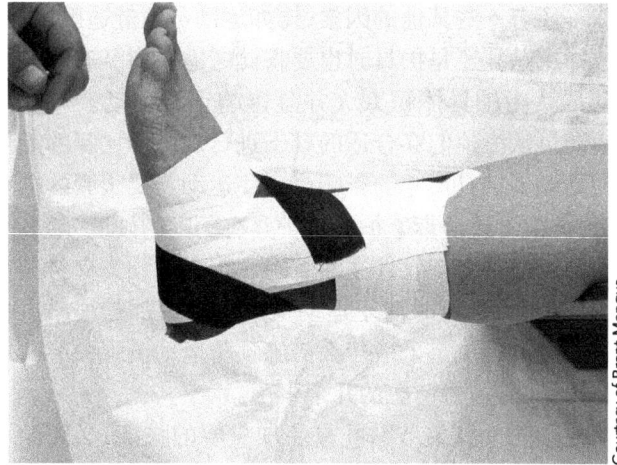

图 16.30　一侧的锁跟完成（侧面观）

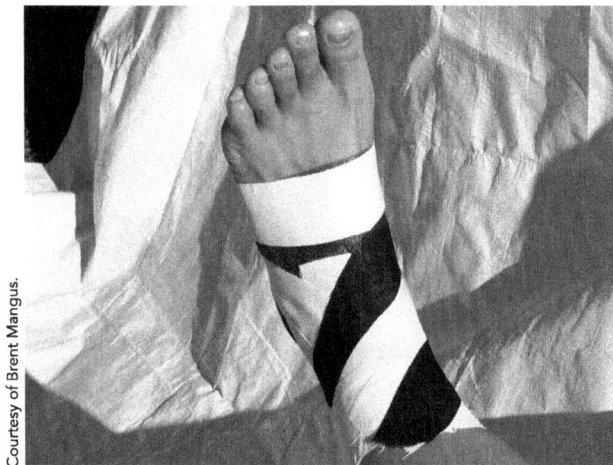

图 16.31　一侧的锁跟完成（俯视图）

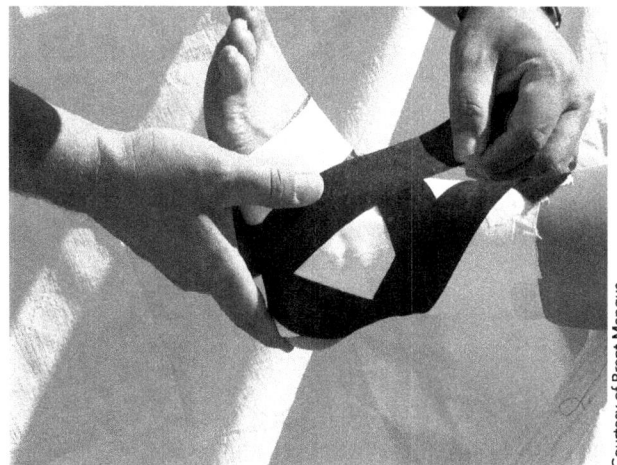

图 16.32　贴上第二层锁跟

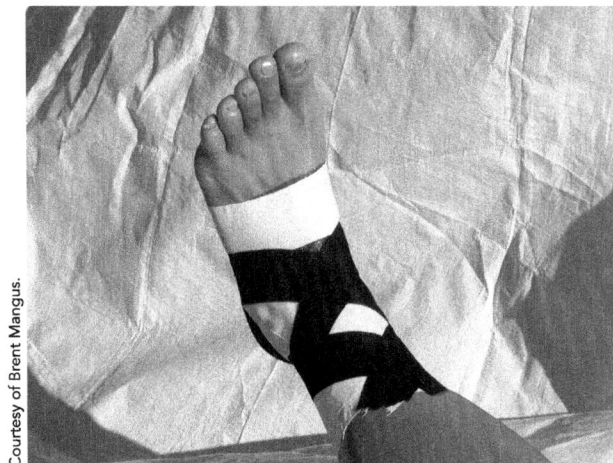

图 16.33　完成了贴扎锁跟步骤

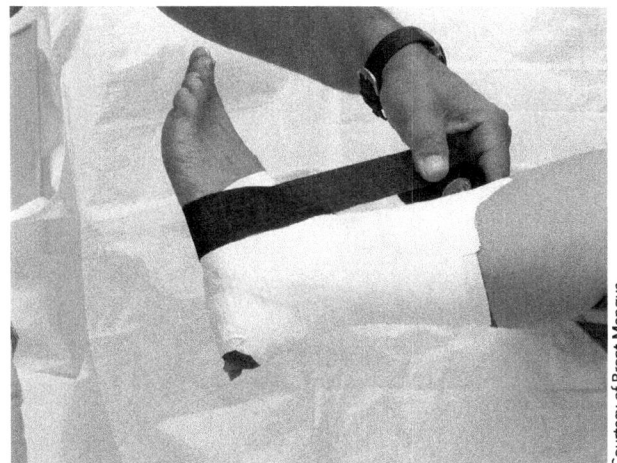

图 16.34　8 字形缠绕也需要练习、知道正确的拉力方向，才能正确操作

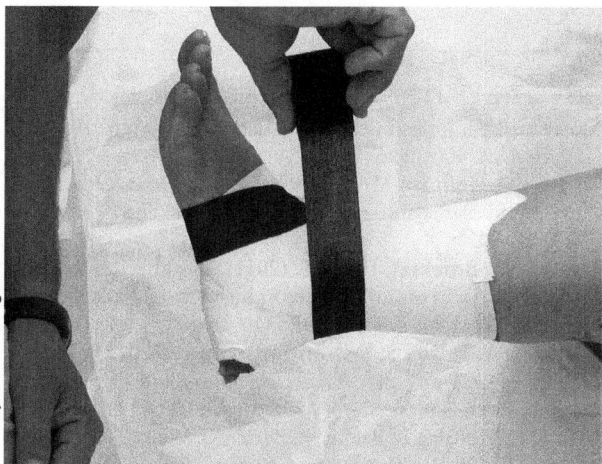

图 16.35 正在进行 8 字形缠绕

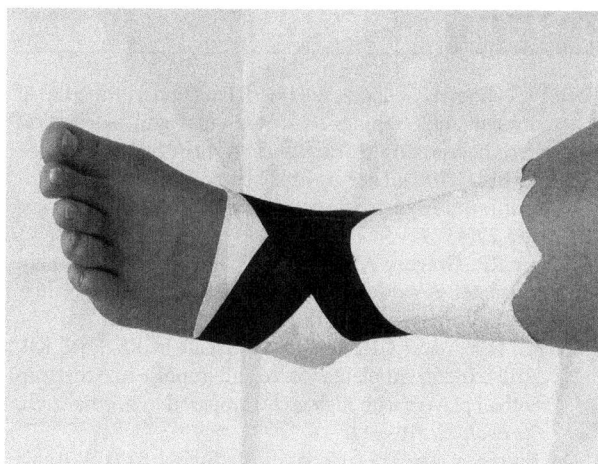

图 16.36 完成 8 字形缠绕

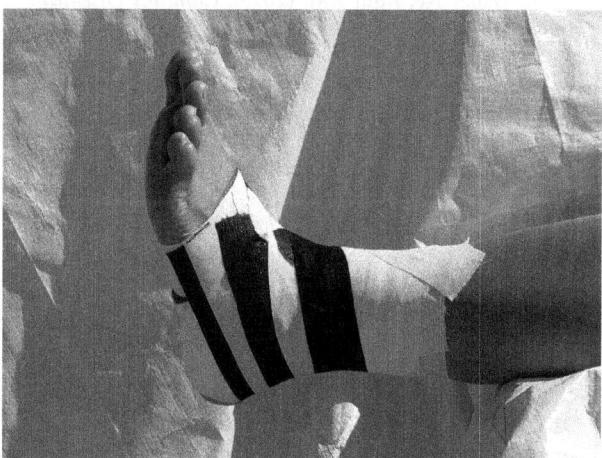

图 16.37 贴上马蹄形贴布，从远端到近端交替完成

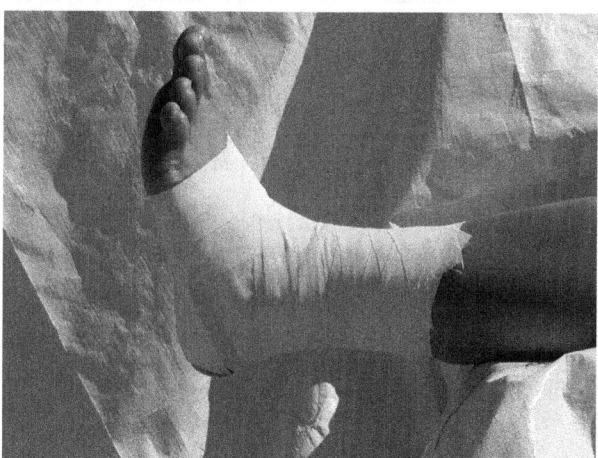

图 16.38 完成了踝部所有的贴扎程序

复习题

1. 下肢小腿两块骨的命名。
2. 解释腓骨的定位和此骨可支撑多少的体重。
3. 踝关节的学名叫什么？
4. 最强壮和最长的踝关节韧带名称。
5. 划线或标记出下肢的部分和描述出在脚上的每一个部分的肌肉的动作。
6. 小腿哪一间隔内的积液问题最严重？
7. 概述小腿骨折的体征和症状。
8. 对与错：踝关节内翻扭伤比外翻扭伤更常见。
9. 解释哪一类型的踝关节扭伤最严重。
10. 描述跟腱的附着点，并描述跟腱炎的症状体征以及如何治疗。
11. 解释未经治疗的前筋膜室综合征的长期

并发症。
12. 解释运动员需要做出哪些方面的改变（例如，生物力学，训练），来缓解或者是避免胫前疼痛的发生。
13. 概述足底筋膜炎的症状和体征，并解释足跟骨刺和这一症状的关系。
14. "莫顿足"这一症状涉及足部哪些结构？
15. 解释扁平足和高弓足的不同。
16. 解释水疱和胼胝的不同。
17. 概述水疱破裂后如何照护。
18. 解释如何避免水疱的形成。
19. 对与错：不可能从胼胝转变成水疱。
20. 对与错：应该定期修剪足底的胼胝来减少摩擦。

（北京体育大学 黄鹏）

参考文献

Alt W, Lohrer H, Gollhofer A. (1999). Functional properties of adhesive ankle taping: Neuromuscular and mechanical effects before and after exercise. *Foot Ankle Int.* 20:238–245.

Babins EM. (2012). Lace-up ankle braces reduced acute ankle injuries in high school basketball players. *Clin J Spts Med.* 22(4):377–380.

Brewer RB, Gregory AJM. (2012). Chronic lower leg pain in athletes: A guide for the differential diagnosis, evaluation, and treatment. *Sports Health.* 4(2):121–127.

Carson DW, Myer GD, Hewett TE, Heidt Jr. RS, Ford KR. (2012). Increased plantar force and impulse in American football players with high arch compared to normal arch. *The Foot.* 22:310–314.

Del Buono A, Aweid O, Coco M, Maffulli N. (2012). Ankle instability: What do we know and what is the future? *FuB & Sprunggelenk.* 11(1):3–8.

Ferrin NA, Maffulli N. (2010). Epidemiology of sprains of the lateral ankle ligament complex. *Foot Ankle Clin.* 11:659–662.

Fleet K, Galen S, Moore C. (2009). Duration of strength retention of ankle taping during activities of daily living. *Injury, Int J Care Injured.* 40:333–336.

Gray H. (1974). *Anatomy, Descriptive and Surgical.* Philadelphia, Pa: Running Press.

Hall S, Lundeen G, Shahin A. (2012). Not just a sprain: 4 foot and ankle injuries you may be missing. *J Fam Pract.* 61(4):198–204.

Hubbard TJ, Carpenter EM, Cordova ML. (2009). Contributing factors to medial tibial stress syndrome: A perspective investigation. *Med Sci Sports Exerc.* 41(3):490–496.

Hubscher M, et al. (2010). Neuromuscular training for sports injury prevention: A systematic review. *Med Sci Sports Exerc.* 42(3):413–421.

Kaplan Y. (2011). Prevention of ankle sprains in sport: A systematic literature review. *Br J Sports Med.* 4:355.

Knapik JJ, Spiess A, Swedler DI, Grier TL, Darakjy SS, Jones BH. (2010). Systematic review of the parachute ankle brace. Injury risk reduction and cost effectiveness. *Am J Prev Med.* 38(1S):S182–188.

Lohkamp M, Craven S, Walker-Johnson C, Greig M. (2009). The influence of ankle taping on changes in postural stability during soccer specific activity. *J Sport Rehabil.* 18(2):482–492.

Lohrer H, Alt W, Gollhofer A. (1999). Neuromuscular properties and functional aspects of taped ankles. *Am J Sports Med.* 27:69–75.

Longo UG, Loppini M, Berton A, Marinozzi A, Maffulli N, Denaro V. (2012). The FIFA 11+ program is effective in preventing injuries in elite male basketball players. *Am J Sports Med.* 40(6):996–1005.

Mangus BC, Hoffman MA, Parry SA. (1999). Management of tibiofibular syndesmosis injuries. *Athl Ther Today.* 4(5):47–50.

McGuire TA, Brooks A, Hetzel S. (2011). The effect of lace-up ankle braces on injury rates in high school basketball players. *Am J Spts Med.* 39(9):1840–1848.

McGuire TA, Hetzel S, Wilson J, Brooks A. (2012). The effect of lace-up ankle braces on injury rates in high school football players. *Am J Spts Med.* 40(1):49–57.

Moen MH, Holtslag L, Bakker E, Barten C, Weir A, Tol JL, Backx F. (2012). The treatment of medial tibial stress syndrome in athletes; a randomized clinical trial. *Sports Med Arthrosc Rehab Ther Technol.* 4(12):1–8.

Moore K, Dalley AF, Aqur AM. (2013). *Clinically Oriented Anatomy* (7th ed.). Philadelphia, Pa: Lippincott, Williams and Wilkins.

Omey ML, Micheli LJ. (1999). Foot and ankle problems in the young athlete. *Med Sci Sport Ex Suppl.* S470–486.

Pedowitz D, et al. (2008). Prophylactic bracing decreases ankle injuries in collegiate female volleyball players. *Am J Sports Med.* 36(2):324–327.

Ricard MD, Schulties SS, Saret JJ. (2000a). Effects of high-top and low-top shoes on ankle inversion. *J Athl Train.* 35(1):38–43.

Ricard MD, Schulties SS, Saret JJ. (2000b). Effects of tape and exercise on dynamic ankle inversion. *J Athl Train.* 35(1):31–37.

Shindle MK, Yoshimi Endo E, Warren RF, Lane JM, Helfet DL, Schwartz EN, Ellis SJ. (2012). Stress fractures about the tibia, foot, and ankle. *J Am Acad Ortho Surg.* 20(3):167–176.

Verhagen EALM, Bay K. (2010). Optimizing ankle sprain prevention: A critical review and practical appraisal of the literature. *Br J Sports Med.* 44:1082–1088.

Waterman BR, Owens BD, Davey S, Zacchilli MA, Belmont PJ Jr. (2010). The epidemiology of ankle sprains in the United States. *J Bone Joint Surg Am.* 92(13):2279–2284.

Zafer MS, Mahmood A, Mafulli N. (2009). Basic science and clinical aspects of Achilles tendinopathy. *Sports Med Arthrosc Rev.* 17:190–197.

Zinder SM, Granata KP, Shultz SJ, Gansneder BM. (2009). Ankle bracing and the neuromuscular factors influencing joint stiffness. *J Athl Train.* 44(4):363–369.

第十七章

运动中的皮肤问题

本章主旨

　　皮肤作为人体最大的器官,常常在运动中发生不同程度的损伤,从简单的伤口到各种细菌、真菌和病毒感染。本章讨论皮肤的基本解剖特点,并描述伤口的类型。显然,当存在潜在的血液接触时都必须考虑到人体感染艾滋病毒(HIV)和乙肝病毒(HBV)的风险。本章介绍了预防意外接触人类血液的最新指南。

　　接下来,本章将介绍与过度暴露于紫外线相关的皮肤状况,并重点强调了预防和安全预防措施。任何数量的微生物,从微小的病毒和细菌到相对较大的真菌都能引起皮肤感染。本章为读者介绍运动中常见的皮肤感染类型和症状以及推荐的治疗和预防方案。包括国家大学体育协会(NCAA)关于摔跤和皮肤感染的指南,以及待考虑的条件清单。这一部分还涵盖了由植物毒素和其他材料导致的过敏反应引起的一系列相关皮肤病症。

皮肤或体被是人体最大的器官。如图17.1所示由表皮和真皮两层组织结合形成这种复杂的器官,成年人体被面积平均为3 000平方英寸(美国矫形外科学会(AAOS),1991年)。位于皮肤正下方的是一层皮下脂肪,有助于使身体与外部环境绝缘。皮肤厚度在身体不同部位有区别变化:较厚的皮肤主要覆盖在受压的区域,例如脚掌和手掌;较薄的皮肤覆盖在必不可少的关节活动区域。

皮肤有各种不同的作用,它不仅仅有保护身体免受环境侵害的作用,它也是控制体内的液体平衡,保护身体免受微生物疾病侵害以及调节体温的必需品。而且它还含有感知触觉、温度和压力的感觉神经。此外,皮肤内的特殊细胞(可)产生维生素D(AAOS,1991)。

在参加运动期间,皮肤可能会以各种形式受损。皮肤可能会因为外部创伤导致伤口,并且可能会由于暴露在紫外线(阳光)和高温或寒冷温度下而造成伤害。皮肤感染可来自各种微生物,包括病毒、细菌和真菌。另外,过敏也会影响皮肤,这些过敏反应可能与接触植物或衣物以及含有运动员敏感的化学物质的装备有关。

第一节　伤口

运动伤害会导致许多类型的伤口,从擦伤(刮伤、烧伤)到撕裂伤(割伤和划伤),所有这些都可能导致感染和皮肤表面的并发症(美国医学协会[AMA],1968年)。初期伤口处理的主要目标是控制出血,然后通过清洁和包扎预防感染。对任何伤口进行急救处理要注意的主要问题是避免接触可能传播感染性微生物(例如人体免疫缺陷病毒(HIV)或乙型肝炎病毒(HBV))的血液。运动中看到的大多数伤口是磨擦、刮擦和灼伤造成的磨损;由钝性物体撕裂皮肤产生的撕裂和尖锐物体引起的割口。一种特殊类型的磨损称为草坪烧伤,与体育场表面的人造草坪有关。草坪烧伤是皮肤与人造草坪进行摩擦生热所造成的结果。

一、治疗

体育运动中的开放性伤口的治疗过程可以视为两个阶段。初步急救处理旨在控制出血,防止额外的失血,防止其他人接触,并保护该区域免受进一步的伤害。随后,继续保护该区域,以便在恢复治疗的同时返回参与。如前所述,伤口处理的一个重要方面是保护运动员、教练和其他人员不接触血液,以避免可能导致艾滋病毒和乙型肝炎病毒的传播。暴露的风险不仅涉及伤口本身,还包括浸染鲜血的衣服和任何可能出现在比赛场地上的血液。

开放性伤口初步治疗指南如下(Anderson,Hall和Martin,2005;National Safety Council,1993):

1. 在进行急救前,应采取预防措施,防止艾滋

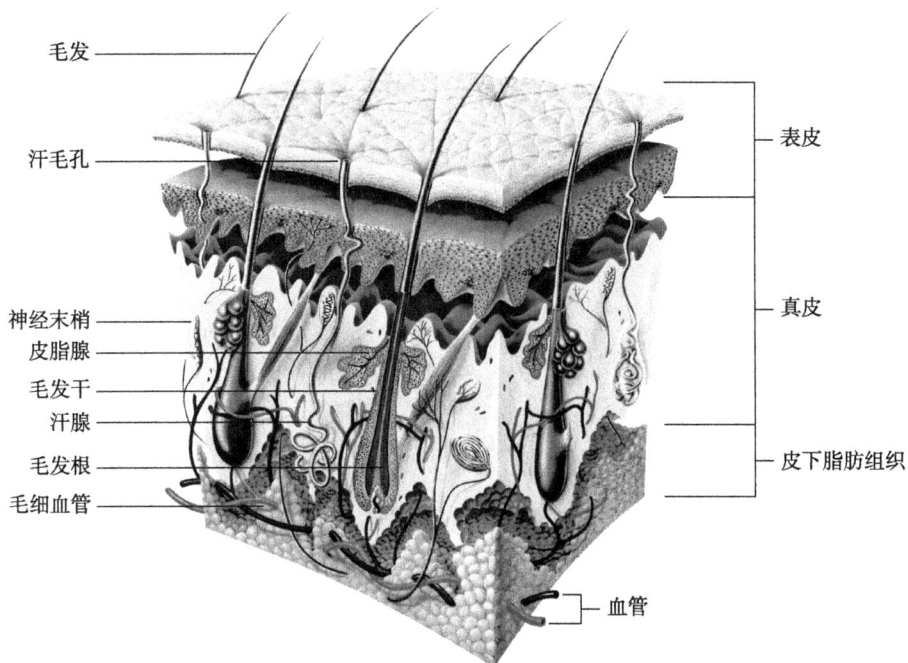

图17.1　人体皮肤的横截面

病毒和乙型肝炎病毒的传播。戴上乳胶手套，并将所有废物放入存放生物危险品的容器中。如果大量出血或出血涉及气道（鼻、口等），建议使用护目镜。

2. 脱掉覆盖伤口的衣物和／或设备。用消毒液清洗伤口及周围。

3. 通过使用某种类型的无菌敷料直接按压伤口部位来控制出血。不同尺寸的商业无菌纱布垫在这种情况下可以起到良好的作用。

4. 如果敷料被血浸透，在上面再加些敷料。不要去除沾有血迹的敷料。

5. 虽然在运动中很少见，但严重的出血可能对直接的压力没有反应。在这种情况下，可以将直接压力与抬高结合起来。

6. 根据伤口的位置，可以通过将压力绷带施加到肱动脉或股动脉上的点来实现增加的出血控制。一旦在这些点上施加压力，在运动员得到医生治疗之前都不应释放压力。

7. 止血带只作为最后的使用手段；在运动相关伤口的急救中很少需要应用止血带。

8. 如果运动员最后一次注射破伤风疫苗超过 5 年，就应该让运动员去看医生。

9. 所有治疗伤口的材料，包括纱布垫、毛巾和纸巾，都应该储存在一个明确标识含有生物危险材料的容器中，以便以后处理或清洁。

在开始急救时，必须决定是否允许运动员重返赛场。显然，保证运动员的健康和安全是首要任务；然而，绝大多数与运动有关的伤口并不危及生命。另一个需要考虑到的因素是保护其他参与者，教练和工作人员免受伤口的血液暴露伤害。在诸如摔跤、美式橄榄球和篮球等运动中，伤口必须以这样的方式进行处理，以保护其他运动员和教练等工作人员免受暴露感染。虽然研究表明艾滋病病毒和 HBV 病毒在这种情况下传播的风险微乎其微，但确实存在这种可能性（Calabrese，Haupt，&Hartman，1993）。

一旦最初的出血停止，应在伤口上覆盖一层敷料，并用粘性绷带固定。小伤口通常只需应用绷带即可治疗；较大的伤口，例如大腿或手臂上的撕裂伤，可能需要一个大的无菌纱布垫，用胶带固定。这些绷带应在参与期间定期检查，以确保其保持在适当的位置，并且不会再出血。

裂伤和割伤，特别是在头皮或脸部的伤口，由于其潜在的美观效果，需要特别注意。这样的伤口应该被转交给医生进行评估，并且可能需要进行缝合。一般来说，任何长度超过 1cm 的真皮层以下的伤口，尤其是在脸上的伤口，都应该由医生检查评估。

📖 关键词

细菌（bacteria）：细菌是一种裂殖菌，一种单细胞微生物，既可以寄生也可以单独存活，具有广泛的生化特性，通常具有致病性。

国家安全委员会（1993）为清洁伤口提供了以下准则：

1. 急救人员应通过佩戴乳胶手套来保护自己免受直接接触全血的危害。

2. 用浸有肥皂水的无菌纱布清洗伤口。过氧化氢（3% 溶液）可用于清除血块和相关碎屑。这在处理含有大量污垢和其他异物的磨损时尤其有用。

3. 用大量水冲洗伤口；然后用无菌纱布擦干伤口。

4. 用异丙醇擦洗伤口附近的皮肤，但不要将酒精直接涂抹在伤口上。

5. 不要对伤口使用化学物质，如汞溴氰菊酯（Mercurochrome）、硫柳汞（Merthiolate）或碘；它们的效果很小，并且可能引起过敏反应。

6. 使用无菌的干燥敷料，并用某种类型的绷带将其维持在适当位置。对于较小的伤口，Band-Aid 绷带是有效的；对于较大的伤口，推荐使用弹性胶带将无菌纱布垫固定在适当位置。根据定义，敷料是一种无菌材料，通常是纱布，用于覆盖伤口以控制出血和防止污染。绷带用于将敷料保持在适当位置。绷带只需要一个折叠的领巾，一条布或者一条可以直接贴在皮肤上甚至在活动关节附近也能保持良好的弹性胶带。

7. 严重伤口应治疗控制出血，并立即转诊进行医学评估。

二、艾滋病毒（HIV）/ 乙型肝炎病毒（HBV）和运动员

尽管大多数关于这两种病毒感染的焦点主要集中在 HIV 上，但是 HBV 感染者也在增加。据估计每年约新增 30 万 HBV 感染。1981 年，出现了首例诊断为获得性免疫缺陷综合征（AIDS）的病例报道。1986 年，美国约有 2 000 人感染艾滋病毒；来自疾

病预防控制中心(CDC,2012)的最新数据显示,截至2009年底,美国约有1 148 800例艾滋病病毒感染者。

几乎任何性活跃人群,包括运动员,都有感染艾滋病毒的风险。注射合成代谢类固醇的运动员也可能有感染的危险,特别是在共用针头时(Calabrese,1989)。病毒主要通过亲密的性接触或血液接触传播,而这在静脉注射药物共用针头时非常容易发生。乙型肝炎病毒是一种血源性病原体,最容易通过与感染者的血液接触传播。HIV 和 HBV 都携带在感染者的血液中;因此,只要这些人发生出血性伤口,传播的可能性就存在。尤其是当另一名运动员也有开放性伤口接触到感染者的血液时。

虽然发生这种情况的机会可能性很小,但仍旧需要采取一些预防措施,特别是在可能出现外部出血的运动中。职业安全与健康管理局(OSHA)为医护人员制定了一套关于预防接触 HIV 和 HBV 的综合指南(美国劳工部和美国卫生与公众服务部,1991年)。这些指南随后进行了更新,并可在线获取(美国劳工部,n.d.)。尽管教练人员通常不被认为是医疗保健提供者,但事实上,所有教练都会定期处理一些运动员的开放性伤口。教练和运动员经常接触被血液污染的毛巾、水瓶、比赛场地和浸满血的绷带材料。因此,谨慎的教练应该尽一切努力遵循职业安全与健康管理局(OSHA)概述的关于 HIV 和 HBV 传播的基本预防指南。

参加摔跤、美式橄榄球和拳击的运动员经常受伤流血。建议教练和官方人员在明显出血的情况下取消球员的参赛资格。此外,那些为这种损伤提供急救处理的人在治疗出血伤口时,应戴上乳胶手套,甚至可能戴上护目镜以保护自己。此外,运动员应注意与其他运动员共用水瓶或沾有血迹的毛巾(Calabrese,1989)。运动员、教练和医疗保健提供者在接触到受伤运动员的血液后应尽快洗手和皮肤。相反,有开放性伤口的教练和医护人员应戴上乳胶手套或绷带,并保持良好的个人卫生,以保护运动员免受可能的感染。

对运动员、教练员和家长进行有关艾滋病毒和乙型肝炎病毒传播和预防的教育是至关重要的。虽然参加有组织的运动会感染病毒的风险很低,但也要谨慎行事,必须采取预防措施,因为参加体育运动确实会对涉及各方的运动员、教练员和运动医学人员带来一些风险。

关键词

敷料(dressing):用于伤口的保护性或支撑性的覆盖物。

绷带(bandage):用来覆盖伤口的材料。

OSHA(Occupational Safety and Health Administration):职业安全卫生管理局。

PABA(Para-aminobenzoic acid):对氨基苯甲酸;防晒产品中常见的活性成分。

怎么办?

你是约翰逊高中的摔跤教练。你的几个运动员报告说他们的脸和手臂上有类似的皮肤损伤。损伤表现为浅表、棕红色、圆形病变。是什么导致了这些损伤?如果有的话,你会采取什么措施?

第二节 其他皮肤问题

一、紫外光相关皮肤问题

夏季户外运动会导致大面积的身体暴露在有害的太阳光线下。夏季运动服通常不覆盖胳膊和腿部;在一些运动中,例如游泳和潜水,大部分皮肤不受保护。医学证据表明,即使是轻微的晒伤也可能对皮肤有害;它可能导致严重的甚至致命的并发症,如皮肤相关的癌症和黑素瘤(Reichel&Laub,1992)。晒伤过程涉及两种不同波长的紫外线:紫外线 A(UVA)和紫外线 B(UVB)。UVB 的波长比 UVA 短,似乎与皮肤问题的发展关系更大(Rustad,1992)。

有些人更容易遭受阳光照射损害风险,特别是那些皮肤较浅、头发发红、有雀斑的人(Reichel & Laub,1992)。一天中任何时间暴露于阳光下都可能导致晒伤;危险性最高的时间是上午10点至下午2点。

晒伤分为两个临床阶段。第一个阶段被称为急性红斑期,它涉及皮肤变红,这是在暴露于阳光下发生的。第二阶段称为迟发性红斑期,通常在暴露后数小时内形成,并在24小时达到峰值(Reichel & Laub,1992)。虽然大多数晒伤的病例都会导致轻微的不适,症状在一两天内就会减轻,但更严重的病例可能会出现水疱,并伴有发冷和胃肠道不适。

当运动员参加户外运动时,首要的问题应该是保护暴露在外的皮肤。某些身体部位可能需要使用防晒霜进行特殊保护,尤其是外耳、鼻子、嘴唇、后颈、前额以及前臂和双手(如果没有被衣服覆盖)。尽管许多防晒产品都可以使用,但运动员应该只使用那些防晒系数(SPF)至少为 15 的防晒霜。SPF 等级是通过确定防晒霜吸收有害紫外线的能力而得出的。因此,使用 SPF 等级为 15 的产品的运动员,在户外 15 小时内所受紫外线照射量与在无保护条件下暴露 1 小时相同。紫外线防护霜(物理防晒霜)也可以使用;它们含有阻止所有光线到达皮肤的化学物质。这些产品含有氧化锌或二氧化钛。防晒产品可能含有吸收或反射 UVA 和 UVB 的各种化学物质;这些化学物质包括对氨基苯甲酸(PABA)、肉桂酸酯、水杨酸酯、二苯甲酮 -3、3% 阿伏苯宗和二苯甲酰甲烷(Rustad,1992)。为了达到最佳效果,防晒霜应该在暴露在阳光下之前涂抹。虽然许多产品宣传有很长的防水效果,但是大量出汗或参与水上运动的运动员应定期(每 60 分钟)重新使用产品以维持足够的保护。

治疗晒伤可以应用商用局部麻醉剂和皮肤洗剂来帮助缓解灼伤和干燥。在严重的情况下,可能需要医疗处理,治疗可能包括使用抗炎药物。

二、皮肤感染

多种微生物可引起皮肤感染,包括真菌、细菌和病毒。虽然运动皮肤病学的详细讨论超出了本文的范围,但介绍了一些更常见的疾病及其症状体征和治疗方法。还应记住,许多明显的皮肤感染可能是更严重的感染性和 / 或过敏性疾病的症状,包括莱姆病、疱疹或接触性皮炎,应咨询医生进行评估。运动员皮肤感染是运动医学界长期关注的一个主要问题。所有相关者都需要共同努力来预防和控制这些感染。考虑到运动参与的性质,将皮肤感染传染给其他运动员的可能性很高。最近一项关于运动员传染病的研究报告表明,56% 的感染涉及皮肤(Tuberville,Cowan,& Greenfield,2006)。近年来,随着金黄色葡萄球菌等常见细菌耐药菌株的到来,这一课题又有了新的紧迫性。这种特殊的微生物已经成为一个主要的健康问题,因为它现在对包括甲氧西林在内的抗生素具有耐药性,因此它的标签是耐甲氧西林金黄色葡萄球菌(MRSA)。因此,每一个人,包括运动员、家长、教练员和监护人等辅助人员,都必须保持警惕。国家运动训练者协会(NATA,2010)发表了一份关于皮肤病的广泛立场声明,这可以作为一个额外的资源。

三、癣

癣是由一组真菌引起的皮肤感染(图 17.2)。在运动员身上,常见的癣部位包括腹股沟区(股癣,俗称骑师痒)和脚及脚趾(足癣)。癣感染在这些身体部位很常见,因为潮湿和温暖使它们成为真菌生长的理想场所。癣也可以影响身体的其他部位,包括头皮(头癣)和四肢。虽然癣的发作并不严重,但如果不治疗,可能会持续存在并导致继发性细菌感染,(这)可能会让人不适。

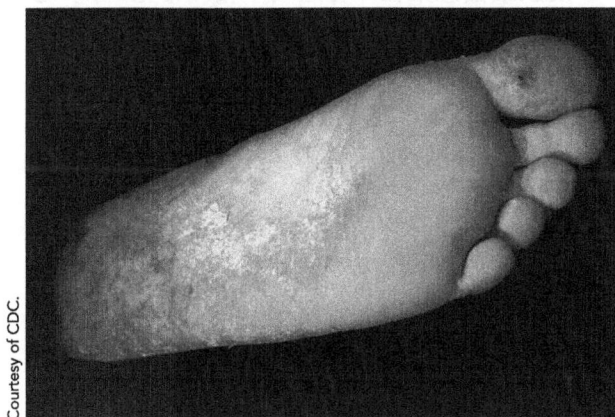

Courtesy of CDC.

图 17.2　足癣感染

癣感染的症状和体征包括:

● 小,浅表,棕红色,隆起的病变,呈圆形。

● 当感染累及脚趾时,损伤可能包括脚趾间的开裂,并伴有渗出和结痂。

● 瘙痒和疼痛与足癣和股癣有关。

● 也可以发现皮损上的皮肤鳞屑。

根据 Rustad(1992)对癣感染的治疗包括以下内容:

1. 小心清洁相关区域,然后干燥。

2. 使用非处方的局部治疗,如甲苯磺酸酯(托萘酯)。

3. 将吸湿粉应用在该区域。

4. 穿由天然纤维如棉花制成的衣服。

四、花斑癣

这种特殊的真菌感染是青少年和年轻人中最常见的与温暖天气有关的皮肤问题(Rustad,1992)。花斑癣(Tinea Versicolor,TV)的名字来源于它在患者皮肤上产生的症状。这种感染的特点是出现与邻近正常皮肤颜色不同的病变。它通常局限于上部躯干、颈部和上腹部（AMA，1968）。

花斑癣的体征和症状包括：

● 圆形病变比邻近皮肤亮或暗。

● 暴露于阳光后，皮肤可能会出现白色，与相邻的未受影响的皮肤相反。

● 病变通常见于躯干。

处理花斑癣涉及如下：

● 处方药，口服或局部用药。

治疗可能需要几周甚至几个月才能有效。

五、细菌感染

皮肤细菌感染在体育运动中相当常见，与参与者之间的密切身体接触有关。这些感染通常由两种常见的细菌引起，即金黄色葡萄球菌和链球菌，统称为脓皮病（皮肤脓性感染）。前者与疖、痈、毛囊炎有关；后者会导致脓疱病（图 17.3）和蜂窝组织炎。

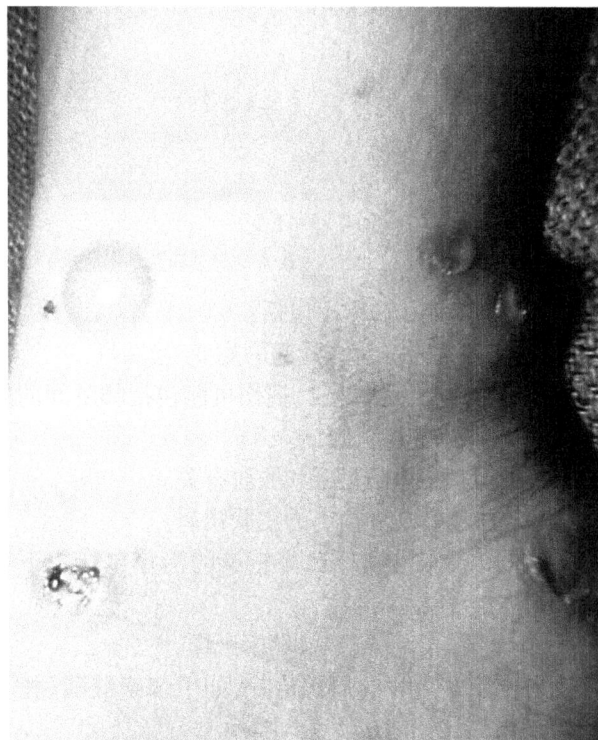

Courtesy of CDC.

图 17.3　脚踝脓疱

所有这些病症的特征在于皮肤上的感染，化脓（脓）皮损。例如，毛囊炎的病变位于毛囊底部。疖在外观上相似；然而，它们在毛囊周围形成大的结节，并且随着感染的发展可能会破裂。脓疱病的外观相似，但可能发生在有少量或没有毛发的地方。

疖、痈和毛囊炎的症状和体征包括：

● 所有形式的脓皮病的潜在症状是无论位置如何，都会产生脓液。

● 毛囊炎包括位于毛囊基部的病变。

● 疖疮，通常称为"疖子"，是在毛囊底部周围形成大结节的病变，随着感染的发展，可能会破裂。

● 疖子可以出现在任何地方，但更常见于手臂、腋下、颈部和胸部、臀部和腹股沟（Booher&Thibodeau，2000）。

● 痈本质上是疖子的集合，它们共同形成了一个渗出的脓性病变，典型地出现在颈部后部和躯干上部。

关键词

癣（tinea）： 一组与真菌有关的皮肤感染，通常称为癣，可影响身体的各个部位——腹股沟（股癣）、脚和脚趾（足癣）和头皮（头癣）。

花斑癣（tinea versicolor）： 真菌感染导致形成圆形皮肤病变，其比相邻皮肤亮或暗。

脓皮病（pyoderma）： 脓性皮肤感染。

脓性（purulent）： 由脓液组成或形成脓液。

复制国家运动防护师协会关于社区获得性 MRSA 感染的正式声明。转载许可。

脓疱病和蜂窝组织炎的症状和体征包括：

● 无论在哪个部位，所有形式的脓皮病的基本症状都会产生脓液。

● 脓疱病经常出现在脸上，表现为蜂蜜色和硬壳状隆起的皮损。

● 蜂窝织炎也是一种皮肤感染；然而，它会影响皮肤的深层，即真皮（图 17.1）。皮肤会显得比相邻的皮肤更红、更热，而且摸起来会很痛。

无论具体情况如何，所有脓皮病感染都有一个共同的特点，即存在明显感染的病变，并伴有引流道和脓液形成。任何表现出上述症状和/或体征的运动员应退出比赛，并转诊进行医学评估。如果诊断为脓皮病，应立即采取知识拓展 17.1 中列出的预防措施。

六、病毒感染

运动中两个更常见的与病毒有关的皮肤问题是足底疣和外伤性疱疹。作为一种皮肤问题，疣在普通人群中相当普遍，它是由一组被称为人类乳头瘤

拓展知识 17.1 国家运动防护师协会关于社区获得性耐甲氧西林金黄色葡萄球菌感染的官方声明

为了教育公众了解社区获得性耐甲氧西林金黄色葡萄球菌（CA-MRSA）感染的潜在风险，国家运动防护师协会（NATA）建议医护人员和体力活动参与者对可疑病变采取适当的预防措施，并与医生沟通。

根据疾病预防控制中心的资料，25%~30%的人群被金黄色葡萄球菌（通常被称为"葡萄球菌"）定植在鼻子中，大约1%的人被 MRSA 定植。*

病例从人与人之间的接触、共用毛巾、肥皂、处理不当的漩涡和设备（垫子、垫子、表面等）发展而来。葡萄球菌或 CA-MRSA 感染通常表现为皮肤感染，如丘疹、脓疱和水疱，表现为红肿、疼痛、脓液或其他引流。如果没有适当的转诊和处理，更严重的感染可能导致肺炎、血行感染或手术伤口感染。

下述内容是适当的预防和管理建议，但不仅限于此：

1. 用肥皂和温水彻底清洗双手或定期使用含酒精的洗手液保持双手清洁。

2. 鼓励在活动后立即进行淋浴。

3. 避免有开放伤口、刮伤或划痕时使用旋涡或普通浴缸。

4. 避免共用毛巾、剃须刀和日常运动用品。

5. 每次使用后，正确洗涤运动装备和毛巾。

6. 保持设施设备清洁。

7. 对于所有活动性皮肤损伤和初始治疗无效的病变，通知或咨询适当的保健人员。

8. 实施或寻求适当的急救。

9. 鼓励医护人员进行细菌培养，以确定诊断。

10. 参与前适当处理和覆盖皮肤损伤。

———————

* 向公众提供 CA-MRSA 信息。疾病控制和预防中心。在线获取：http://www.cdc.gov/ncidod/hip/aresist/ca_mrsa_public.htm。

病毒（HPV）的特定病毒感染的结果，其中已经鉴定出 55 种以上的特定类型。大多数足底疣是由两种类型引起的：HPV-1 和 HPV-4。这种感染具有传染性；而且，有些人似乎更容易感染，潜伏期为 1~20 个月（Ramsey，1992）。疣最显著的特征是在实际感染区域周围表皮的异常堆积；疣的大小从直径 1mm 到 1cm 或更大不等。

（一）足底疣

足底疣是发生在足底表面的疣。尽管其他地方的疣通常会从皮肤上长出来，但承受身体重量的压力会使足底疣向内移动到脚底部，如果不疼痛的话，通常会导致恼人的症状。

足底疣的症状和体征包括：

● 因为疣位于负重面上，运动员通常在行走或跑步时疼痛而首先注意到的。

● 小而厚的皮肤区域可能可以注意到，在该区域内出现微小的黑色或深红点（Ramsey，1992）。

● 与流行的说法相反，这些小黑点不是种子，而是疣体内被破坏的小毛细血管。

● 有时会发展成一群疣，牵涉到相对较大的面积。这被称为马赛克疣。

足底疣的治疗从使用化学药品来溶解疣到手术切除，尽管后者不被医学界推荐。可以使用各种处方产品，其中大部分含有水杨酸、丙酮酸和乳酸。这些化合物软化和腐蚀疣（该方法在技术上称为角质溶解）；最终目标是彻底消除增长。也存在其他治疗方案，包括使用旨在阻止疣生长的化学物质。有时应用液氮冷冻受影响的组织；其次是手术切除。还开发了一种用于足底疣的激光手术（Ramsey，1992）。

有趣的是，许多运动员的足底疣会自行消失，没有长期症状。运动员如果发现足底疣不利于参加体育运动，应咨询医生以确定最佳治疗方案。教练和运动员不应尝试自行治疗，因为这可能导致病情恶化，感染，甚至形成永久性瘢痕。

（二）外伤性疱疹

外伤性疱疹是运动员，比如摔跤运动员，感染疱疹的总称。这种病毒为单纯疱疹病毒 1 型（HSV-1），是众所周知的常见唇疱疹或热病性疱疹的病原体，通常发生在外唇区域。损伤通常与身体创伤、晒伤、情绪障碍、疲劳或感染有关（AMA，1968）。疱疹感染的一个独特的方面是它能够在病变重新出现的活跃期之间长时间休眠，有时几个月甚至几年。当出现开放性病变时，感染最具传染性。一旦接触病毒，潜伏期可能长达 2 周。

外伤性疱疹的症状和体征包括：

- 通常在脸部出现病变，其特征是与红色感染皮肤区域相关的疱。
- 开放性、引流性病变可能会持续几天，之后就会结痂并开始愈合。
- 全身疲劳、身体疼痛和与压痛相关的淋巴腺炎症（White，1992）。

疱疹的暴发必须得到控制，否则在摔跤这样的运动中感染可能是毁灭性的，在这种运动中，许多运动员都可能会感染疱疹。教练员和运动员必须接受有关 HSV-1 感染的早期症状和体征的教育。此外，任何类型的开放性病变都必须进行评估，以排除感染的可能性。患有活动性感染的运动员必须退出比赛，直到损伤愈合，这一过程可能需要 5 天。据观察，一旦病变的外壳脱落，就可以安全地恢复活动（Olerud，1989）。药物可以用来控制感染；但是在没有医生的监督下，不能使用。除了药物治疗外，已知患有 HSV-1 感染的运动员在暴露于阳光下时应涂上防晒霜，在饮食中加入高赖氨酸的食物，并在首次出现病变时对其进行冰敷（Olerud，1989）。

关键词

HPV：人乳头瘤病毒（Human papillomavirus）；已经鉴定了大约 55 种特定类型的这些病毒，其中至少 2 种与足底疣相关。

潜伏期（incubation period）：暴露于感染因子与感染症状出现之间的时间。

激光（laser）：将高能量集中到可见单色光的窄光束中的装置。

HSV-1：单纯疱疹病毒 1 型（Herpes simplex virus type 1）；涉及通常被称为外伤性疱疹的运动员的感染。

七、摔跤和皮肤感染

由于摔跤运动的性质，在参加摔跤比赛时皮肤感染会对运动员造成特殊的危害。在大学级别，17% 的造成训练时间损失的伤害与皮肤感染有关

（NCAA，2012 年）。这种常识应该被广泛普及，任何不能完全覆盖的疮口与皮肤病损都应该被禁止参与加比赛或训练，直到感染消退。NCAA 公布了因摔跤运动员皮肤感染而取消比赛资格的具体标准（NCAA，2012 年）。NCAA 建议，任何无法得到充分保护的感染区域都应被视为取消执业资格和 / 或比赛资格的原因。NCAA（2012 年）将以下所有感染列为值得考虑的感染：

- 细菌性皮肤感染
  - 脓疱病
  - 丹毒
  - 痈
  - 葡萄球菌病
  - 毛囊炎（全身性）
  - 化脓性汗腺炎
- 皮肤寄生虫感染
  - 足癣
  - 疥疮
- 病毒性皮肤感染
  - 单纯疱疹
  - 带状疱疹（水痘）
  - 传染性软疣
- 真菌性皮肤感染
- 体癣（癣）

八、过敏反应

皮肤过敏反应可由接触各种来源的化学制剂引起。对那些易感的人来说，接触有害化学物质会导致接触性皮炎。有毒常春藤、毒橡树和毒漆树等植物含有能引起易感人群反应的强效化学物质。某些类型的运动器材和相关服装也可能含有引起过敏反应的化合物。

根据国家安全委员会（1993 年）报告，对毒常春藤、毒橡树和毒漆树过敏会导致 90% 的成年人出现皮肤反应。植物的汁液含有有害的化学物质，因此，任何与植物直接的接触都会导致树液沉积在皮肤上。

接触受污染的衣服或其他材料也会引起反应。从暴露到出现症状的平均时间为 24~48 小时；最早的症状包括受影响区域的瘙痒和发红。这些症状之后会出现水疱，水疱通常会破裂并随后结痂。从最初的反应时间到愈合发生在 1~2 周内。

知道自己对毒常春藤、毒橡树或毒漆树过敏的运动员应该学会识别这些植物，以避免在参加户外

活动时与它们接触。赛事的组织者把运动员安置在生长有这些植物的区域时应该提醒参加者注意潜在的问题。一个很好的例子就是越野跑，这是全国高中的一项传统的秋季运动。在训练跑步和比赛中，带着跑步者穿过像毒藤这样植物繁茂的地区是很常见的。显然，这些运动员需要能够识别这些植被。教练和组织者也应该尽一切努力使场地远离这些植物可能生长的地方。

与运动器材或服装中所含化学物质有关的过敏在运动医学文献中得到了越来越多的关注。据报道，含有橡胶、局部镇痛剂（止痛药）、运动胶带中的树脂和面部装备中使用的环氧树脂的产品与敏感运动员的过敏反应有关。引起过敏反应的化学物质称为敏化剂。它们可以产生典型的接触性皮炎症状，皮肤肿胀和发红（红斑），然后出现丘疹或水疱样病变。症状通常在初次接触后 7 天左右出现。在有过敏反应史的运动员中，反复接触可能会在 24 小时内产生症状（Fisher，1993）。

主要致敏剂包括合成橡胶添加剂，常见于某些品牌的网球鞋、泳帽、泳镜、鼻夹和耳塞，以及含有水杨酸盐或薄荷醇的局部镇痛剂。用甲醛树脂制成的

胶粘运动带和用环氧树脂制成的面罩和头盔也会引发过敏反应（Fisher，1993）。对于已知对这些产品过敏的运动员来说，如果可能的话，确定替代装备是至关重要的。

怀疑有过敏性接触性皮炎的运动员应转介皮肤科医生进行具体诊断和治疗，包括确定致敏剂并用抗炎药治疗症状。

关键词

接触性皮炎（contact dermatitis）：非过敏性皮肤炎症。

怎么办？

一名越野队的队员让你检查一下他腿上长了一个奇怪的皮疹。他报告说，在他使用带有冬青气味的局部止痛药后，大约 12~24 小时出现这种症状。造成这种情况的可能原因是什么？你会向这位运动员推荐什么？

运动防护师开讲

摔跤运动员的皮肤问题，如真菌感染，似乎是一个随赛季循环的过程。没有人有抵抗力，疫情往往发生在最糟糕的时候，也就是在比赛之前。皮肤问题往往得不到诊断和无人监管，直到皮损开始扩散或看起来很糟糕，需要寻求咨询。这是一个困扰教练员和运动员的问题。建立共同的预防措施和早期检测是最好的预防方法。这些职责该由谁来负责？每个与团队相关的人都应该意识到皮肤损伤是摔跤生活中的一个事实。他们应该共同促进个人卫生，并开发现成的资源来帮助早期识别。

Danny T. Foster，博士，运动防护师，执业运动防护师

Danny T. Foster 博士是爱荷华大学（University of Iowa）运动防护专业副主任。

复习题

1. 回顾伤口处理的初期主要目标。

2. 列出治疗运动员开放性伤口时应采取的预防措施以避免 HIV 和 HBV 的传播。

3. 描述并区分伤口敷料和绷带。

4. 是非题：关于导致晒伤的阳光类型，有证据表明，UVB 与皮肤相关问题的发展有更大的

联系。

5. 讨论本章所述的晒伤的两个临床阶段。

6. 定义首字母缩略词 PABA。

7. 是非题：脓皮病这个术语意味着皮肤上产生脓疱的感染。

8. 描述足底疣的推荐治疗方法。

9. 是非题：没有证据表明合成材料如网球鞋、泳帽和泳镜会引起皮肤过敏反应。

10. 是非题：1981 年美国报告了第一例艾滋病病例。

（武汉体育学院　秦智，吉林体育学院　顾大伟）

参考文献

Anderson MK, Hall SJ, Martin M. (2005). *Foundations of Athletic Training: Prevention, Assessment, and Management.* Philadelphia, Pa: Lippincott Williams & Wilkins.

American Academy of Orthopaedic Surgeons (AAOS). (1991). *Athletic Training and Sports Medicine.* Park Ridge, Ill: American Academy of Orthopaedic Surgeons.

American Medical Association (AMA). (1968). *Standard Nomenclature of Athletic Injuries.* Chicago, Ill: American Medical Association.

Booher JM, Thibodeau GA. (2000). *Athletic Injury Assessment* (2nd ed.). Boston, Mass: McGraw-Hill.

Calabrese LH. (1989). AIDS and athletes. *Phys Sportsmed.* 17(1):127–132.

Calabrese LH, Haupt HA, Hartman L. (1993). HIV in sports: What is the risk? *Phys Sportsmed.* 21:172–180.

Centers for Disease Control and Prevention (CDC). (2012). Monitoring selected national HIV prevention and care objectives by using HIV surveillance data—United States and 6 U.S. dependent areas—2010. *HIV Surveillance Supplemental Report.* 17(No. 3, part A). Available: http://www.cdc.gov/hiv/statistics/basics/.

Fisher AA. (1993). Allergic contact dermatitis: Practical solutions for sports-related rashes. *Phys Sportsmed.* 21(3):65–72.

National Athletic Trainers' Association. (2010). National Athletic Trainers' Association position statement: Skin diseases. *J Athl Train.* 45(4):411–428. Available: http://www.nata.org/sites/default/files/position-statement-skin-disease.pdf.

National Collegiate Athletic Association (NCAA). (2012). *2012–13 Sports Medicine Handbook* (23rd ed.). Indianapolis, Ind: NCAA. Available: http:// NCAA.org/health-safety.

National Safety Council. (1993). *First Aid and CPR* (2nd ed.). Boston, Mass: Jones and Bartlett.

Olerud, J. (1989). Common skin problems. In: Smith N (ed.), *Common Problems in Pediatric Sports Medicine.* Chicago, Ill: Year Book Medicine Publishers.

Ramsey ML. (1992). Plantar warts: Choosing treatment for active patients. *Phys Sportsmed.* 20(11):69–88.

Reichel M, Laub DA. (1992). From acne to black heel: Common skin injuries in sports. *Phys Sportsmed.* 20(2):111–118.

Rustad OJ. (1992). Outdoors and active: Relieving summer's siege on skin. *Phys Sportsmed.* 20(5):163–176.

Tuberville SD, Cowan LD, Greenfield RA. (2006). Infectious disease outbreaks in competitive sports: A review of the literature. *Am J Sports Med.* 34(11):1860–1865.

U.S. Department of Labor. (n.d.). Bloodborne Pathogens. Available: http://www.osha.gov/pls/oshaweb/owasrch .search_form?p_doc_type=PREAMBLES&p_toc_level= 1&p_keyvalue=Bloodborne~Pathogens.

U.S. Department of Labor, U.S. Department of Health and Human Services. (1991). Joint Advisory Notice Protection Against Occupational Exposure to Hepatitis B (HBV) and Human Immunodeficiency Virus (HIV). *Federal Register.* 56:235.

White J. (1992). Vigilance vanquishes herpes gladiatorum. *Phys Sportsmed.* 20(1):56.

18

第十八章

温度伤害

本章主旨

　　举办运动和体育赛事的环境条件范围十分广泛，包括室内和接近无穷多种的室外环境。本章探讨极端热或冷的情况下的身体反应，尤其是有威胁生命倾向的情况。需要注意的是，目前由运动直接引起的死亡中，有很大的比例是因为热相关的问题。同时，本章还探讨了冷相关的问题，包括低体温、亚冻伤和冻疮以及寒冷性荨麻疹，对后者的了解相对少。

© Ron Chapple/Thinkstock/Alamy Images

由于进行运动的环境情况范围广泛,每年都会出现多种多样的温度相关的卫生突发事件,其中有些会导致死亡。强调一点,在1995—2010年间,美国有35位足球运动员死于热相关(劳累性的)疾病(Mueller和Colgate,2010年)。这些死亡中的大多数,甚至可以说全部,如果运动防护师、运动员、管理人员在确认进行赛事之前愿意花点时间考虑环境情况,都是可以避免的。

正常的新陈代谢需要身体体核温度维持在98.0~98.6℉(口腔温度36.7~37℃)这个狭窄的范围之内(Guyton,1986年)。热量是代谢的自然产物;在训练时,代谢率会迅速增加,导致身体温度飙升至104℉(40℃)。过度的热量必须在训练中从体内清除,否则短时间内身体温度将达到十分危险的水平。通过一种复杂的所谓的温度调节过程,身体可以利用基础物理学机制去除多余的热量。温度调节主要由下丘脑的温度调节中枢控制(Binkley等,2002年;Wilmore和Costill,1988年)。在深部组织和皮肤的多种身体神经感受器,将体温信息传递给下丘脑(Guyton,1986年;McArdle,Katch和Katch,2010年)。

过多的热量可以通过辐射(通过红外线)、热传导(被周围物体吸收)、对流(空气流动)和蒸发(出汗)散失。每种散热方式都有效,然而在大多数训练中气候干燥,所以蒸发是最有效的散热方式。在极端的相对湿度条件下,蒸发散热这种温度调节形式的效果将被严重抑制。相对湿度代表空气中的水蒸气含量,它决定着训练时从皮肤有效蒸发的水量。相对湿度越大,空气须从皮肤表面吸收的液体(或汗液)量越少。结果,相对湿度越大,发生热相关问题的可能性越大。如果户外活动时环境温度极高,同时湿度很大,运动防护师需要对训练课程进行修改或者考虑延迟训练直到环境情况改善。

应该给予运动员足够的时间让其身体对温度的变化进行调节。这个过程称为"适应"(拓展知识18.1),当人们暴露在持续的、显著的气候变化时会自然发生,可能需要1~6周,或更长时间。通常情况下,身体健康水平高的人适应也越快;青少年、肥胖者以及患有某种代谢障碍的人群需要更长的时间来让身体系统重新适应。

拓展知识18.1 热适应后与未适应状态下的身体指标比较

身体指标	适应后(1~14天)
● 心率	下降
● 每搏输出量	增加
● 身体体核温度	下降
● 皮温	下降
● 出汗量/率	增加
● 开始出汗的时间	更早出现在训练中
● 汗液蒸发	增加
● 汗液含盐量	下降
● 工作产量	增加
● 主观不适[自觉用力程度(RPE)]	减少
● 疲劳	减少
● 工作能力	增加
● 精神障碍	减少
● 晕厥反应	减少
● 细胞外液体积	增加
● 血浆容量	增加

转载自Binkley HM,et al.(2002).National Athletic Trainers' Association position statement:Exertional Heat Illnesses.J Athl Train.37(3):337.已授权。

怎么办？

在八月下旬的一次足球训练中，你们的一名进攻前锋突然摇摇摆摆地离开挡人机（blocking sled），倒在地上，无法站立。你进行初步评估，发现他处于半清醒意识状态、皮肤干燥泛红、摸起来发烫。他告诉你他口渴，已经1个多小时没喝一点水了。此时室外温度是95华氏度（℉），即35摄氏度（℃），湿度约78%，无风。在这种情形下，最可能的问题是什么？如果你判断正确，适合该运动员的急救措施是什么？

适应后，通过排汗机制可以排出汗液1.5~3.0升/小时，最高量可达12升/天（Binkley等，2002年；Guyton，1986年；McArdle等，2010年）。在周围环境温度高时，运动员需要消耗液体（或补充水分）4~10升/天，以避免脱水（Montain，Maughan和Sawka，1996年）（图18.1）。运动员还可以通过在运动前后分别称重来估计补充水分的效果，要保证运动后体重下降不超过体重的2%（Binkley等，2002年）。

图18.1　在炎热季节运动必须充分补充水分

如果不考虑地理区域，运动员将容易出现温度相关的失调症。比如，北方气候的气温在不同的时节常常是两个极端。相反的，在南方大陆，特别是美国东南部的人们，生活环境常常是高气温和高湿度。一位高中生足球运动员可能发生这种典型的情境：他在整个夏季都感觉身体不适，但在气温96℉（35.6℃）、相对湿度90%的八月，却开始每天训练2次。在这种情况下，运动员发生热量失调症的风险显著增加，如热痉挛、热衰竭，或者，最坏的情况，出现劳累性的热休克。已经制定了关于青少年运动人员的热适应的专业指南，可以避免热量失调症（此内容在本章的后面讲述）。需要重点注意的是，热适应的过程并不会降低身体的液体需求量；事实上，在身体健康改善时，随着出汗率增加，液体需求量将增多（Montain等，1996年）。

第一节　劳累性热疾病

劳累性热疾病（exertional heat illnesses，EHI）可能包括以下多种形式：脱水、热痉挛、热衰竭及劳累性的热休克（Hubbard和Armstrong，1989年；McArdle等，2010年）。最近一项关于高中生运动的研究发现：男生足球运动员在所有运动员中发生EHI的比例最高，占所有报道病例的74.4%。紧接的是女生游泳和跳水运动员，然后是女生英式足球运动员，比例分别占第二位和第三位（Kerr等，2013年）。这里按着从轻到重的顺序罗列所有形式的EHI，从脱水开始讲。

一、脱水

考虑到生理活动及肌肉收缩相关的代谢过程的本质，一定量的脱水量是不可避免的。但是，只要脱水量很少（如丢失量少于2%体重），并不会影响运动表现或身体健康。但是，如果持续脱水至超过2%体重，运动表现和体温调节可能受到不良影响。

脱水的体征和症状包括（国家运动防护师协会，National Athletic Trainers' Association，NATA，2003a）：
- 口干
- 口渴
- 易怒或暴躁
- 头痛
- 表情厌烦或冷漠
- 头昏
- 痉挛
- 过度疲劳
- 运动表现下降

脱水的处理包括以下内容：

1. 将运动员从比赛或训练场地转运至阴凉地。

2. 用水或运动饮料给运动员补充水分，最好是50~59℉（10~15℃）的饮品（Casa等，2000年）。

3. 如果是轻度脱水（少于2%体重），症状缓解后,运动员可重返比赛(NATA,2003a)。

4. 如果症状未缓解,应寻求医疗救助。

二、热痉挛

热痉挛常出现在正在锻炼的肌肉(比如跑步者的腿部肌肉或者游泳者的肩部肌肉)。热痉挛的生理机制并不明确;但出汗引起的水和矿物质丢失可能是原因之一。之前已经阐述,气温和相对湿度共同增加运动员发生热相关疾病的风险。身体主要通过皮肤表面的汗液蒸发散去过多的热量。但是,当相对湿度大时,蒸发过程不能有效进行,导致体温升高。如表 18.1 所示,不同相对湿度时气温可显著不同。

热痉挛的体征和症状包括:

- 严重的胳膊或腿部肌肉痉挛,无肌肉拉伤。
- 腹肌可能出现痉挛。
- 大量出汗。

热痉挛的处理包括以下内容:

1. 立即停止运动。

2. 给运动员补充液体,使用水或者运动饮料。

3. 对相关肌肉进行静态拉伸。

三、热衰竭

从字面可见,当训练中出汗导致体液过度丢失,同时没有充分补充水分时身体出现的全身性的疲劳即为热衰竭。尽管热衰竭本身并不致命,但其可能是引起热休克的前兆,后者是典型的急症。当运动员不得不在高热和/或高湿度的极端的气候条件下训练和比赛时,运动防护师应该谨慎地持续监测运动员是否出现热衰竭的体征和症状。

热衰竭的体征和症状可能包括以下的任何一项(Binkley 等,2002 年):

- 皮肤湿冷
- 大量出汗
- 持续的肌肉痉挛
- 恶心
- 头晕目眩
- 极度口渴

表 18.1

体温指数

体温 /℉

相对湿度(%)	80	82	84	86	88	90	92	94	96	98	100	102	104	106	108	110
40	80	81	83	85	88	91	94	97	101	105	109	114	119	124	130	136
45	80	82	84	87	89	93	96	100	104	109	114	119	124	130	137	
50	81	83	85	88	91	95	99	103	108	113	118	124	131	137		
55	81	84	86	89	93	97	101	106	112	117	124	130	137			
60	82	84	88	91	95	100	105	110	116	123	129	137				
65	82	85	89	93	98	103	108	114	121	128	136					
70	83	86	90	95	100	105	112	119	126	134						
75	84	88	92	97	103	109	116	124	132							
80	84	89	94	100	106	113	121	129								
85	85	90	96	102	110	117	126	135								
90	86	91	98	105	113	122	131									
95	86	93	100	108	117	127										
100	87	95	103	112	121	132										

持续的暴晒或重体力活动下发生热量失调症的可能性

□警告 ▨严重警告 ▨危险 ▨极度危险

转载自国家气象服务(National Weather Service)。

- 头痛
- 呼吸频率加快,脉搏加速
- 体温 97~104℉(36.1~40℃)
- 发冷

如果需要更完整的热衰竭的体征和症状的列表,可参考 Binkley 等(2002 年)的文章。

热衰竭的处理包括以下:

1. 运动员应立即停止运动。

2. 如果运动员没有恶心的症状,应立即补充液体,最好是冷水或者运动饮料。

3. 转移至阴凉处。

4. 使运动员仰卧,双腿抬高 8~12 英寸(约20.32~30.48cm)。

5. 解开衣物,用湿毛巾或冰袋降温。

6. 如果运动员 30 分钟内不能完全缓解,请寻求医疗救助。

7. 不要再让该运动员参加当天剩余的训练。

四、劳累性热休克

劳累性热休克指身体不能自我降温,随后体温急剧上升,有时甚至超过 106.7℉(41.5℃)(McArdle 等,2010 年)。劳累性热休克是威胁生命的疾病,常与闷热和/或潮湿环境下的高强度训练相关。劳累性热休克还与大量出汗引起体液过度丢失有关,同时也与不能充分蒸发降温有关。实质上,劳累性热休克是训练时代谢产热增加和机体不能有效散热共同引起的,后者发生在周围环境高温和/或相对湿度大的情况下。这一系列的环境状况使通过出汗从皮肤表面散热的有效率降低。如果不进行检查,环境状况恶化导致体温调节失控,后者,如前所述,最终可能致命(McArdle 等,2010 年)。再次重点强调,劳累性热休克是典型的急症,必须根据情况进行治疗。

劳累性热休克的体征和症状可能包括以下任何一项(Binkley 等,2002 年):

- 可能出汗,也可能不出汗(Hubbard 和 Armstrong,1989 年)。
- 发热,皮肤潮湿或干燥。
- 意识混乱。
- 意识丧失。
- 呕吐。
- 虚弱。
- 心动过速(心跳 100~120 次/分)。
- 身体体核温度高于 104℉(40℃);运动医疗

队应接受直肠法测定核心体温的培训。

如果需要更完整的劳累性热休克的体征和症状的列表,可参考 Binkley 等(2002 年)的文章。

必须要强调的是,劳累性热休克可导致中枢神经系统和其他身体系统的永久性的损伤。如果没有马上控制体温,可导致死亡;因此,对热休克进行正确的初步处理非常关键。

劳累性热休克的处理如下:

1. 如果有一名急救医疗服务人员(emergency medical services,EMS)或运动防护师或物理治疗师在场,可立即运用冷水浸入法为运动员降温,建议将身体体核温度降至 101~102℉(直肠温度 38.3~38.9℃)。最好能将运动员的衣物和装备脱掉后,再将他/她浸入一桶冷水[水温 35~59℉(1.6~15℃)];(Binkley 等,2002 年;NATA,2003b)。

2. 如果人员还未到位,根据应急计划立刻召集EMS 人员。

3. 如果没有实施冷水浸入的条件,迅速将运动员转移至凉快、可控制湿度的环境。

4. 用湿床单或毛巾包裹运动员,或者将冰袋放置在其血供丰富的部位(如颈部、腋窝、头部、腹股沟)。

5. 治疗休克和监测体温,体温不要低于 102℉(38.9℃)。当直肠温度达到 102℉(38.9℃)时将运动员移出水桶(Binkley 等,2002 年)。

6. 取半坐位。

五、预防劳累性热疾病

热相关疾病引起运动员死亡是完全可以预防的。应用一些简单的指导性原则和一些常识就足以避免可能发生的悲剧。NATA 发布了一个题为"运动员的补液"的公告,旨在"为优化运动员的补液提供建议"(Casa 等,2000 年)。最近,又补充发布了促进中学运动员热适应的详细建议(Casa 和 Csillan,2009 年)。所有涉及的监管青少年运动员的人都应该学习 NATA 的整个文件,尽力采纳其建议。

为了预防热失调症,运动员、运动防护师、父母应该遵守以下指导原则:

1. 利用体重表。为了了解一个运动员在训练中是否补充了足够的液体量,在整个赛季的训练或比赛前后要每天记录体重。训练前的体重是反映运动员 24 小时补水量的良好指标,同时,训练后的体重能反映运动员在锻炼期间充足地饮用液体的能力,以及训练后充分补水所需的液体量。在电脑上可以很方便地制作体重表,由运动防护师或队长记录体重。所有的称重使用同一个磅秤很重要。运动防护师和运动辅导员可以运用 Microsoft Excel 计算训练后的体重下降比例,以及运动员充分补水所需的液体量。

为了确定运动员训练或比赛后的液体需求量,计算每磅(lb)的体重丢失所需的 24 盎司(oz)液体量(Gatorade Sports Science Institute,1997 年)。例如,1 位足球运动员训练前是 165 磅(lb),训练后是 160 磅(lb),体重丢失了 5 磅(lb),即近 3% 的液体体重。这意味着需要补充约 120 盎司(oz)的液体来达到正常含水量。应该在训练或比赛后 4~6 小时内补充水分(Casa 等,2000 年)。这个体重变化也提示了这位运动员在训练中并未摄入足够的水分。运动防护师必须监测整个赛季的体重,留意任何显著的改变。磅秤应该放在显眼的地方,运动防护师必须要求运动员遵守每日体重监测计划。

2. 在活动前 2~3 小时补水 17~20 盎司(oz),在活动前 10~20 分钟另外补水 7~10 盎司(oz)(Casa 等,2000 年)。

3. 在炎热潮湿的环境下参加运动时要补水,避免脱水。专家建议在运动中每 10~20 分钟需补充液体 7~10 盎司(oz)(Casa 等,2000 年)。

4. 避免在极端天气下进行重体力活动,特别是气温高于 95℉(35℃)和湿度大的时候。

5. 注意,紧身衣物不利于空气流通,从而减少汗液蒸发。也要警惕深色的制服和头盔可能更容易引起热量积累。

6. 注意,健身对极端条件下的功能有积极的作用。对极端气候产生耐受的过程,或者说适应,通常需要几周的时间。

在前面已经提到,已经制订出推荐给中学运动员的适应方案的具体指导方针(Casa & Csillan,2009 年)。这些指导方针以 14 天的时间为标准,可以应用到典型的季前赛在夏末的运动,如橄榄球、陆上曲棍球等。所有的建议列在表 18.2。

很明显,所有有组织的体育运动必须要首先关注预防热休克的问题。如果运动防护师被发现在谨慎地履行热休克预防程序中玩忽职守,法律对这种失职是零容忍的。所有人都应该熟知热休克的主要风险因子;这些风险因子列在表 18.3。

表 18.2

14 天热适应期的建议

1. 热适应期的第 1~5 天指正式训练的前 5 天。在此期间,运动员每天训练不要超过 1 次

2. 如果由于天气恶劣或者高热的限制而中断了某一项训练,一旦气候条件安全,该训练可再重新开始

3. 在热适应期的第 1~5 天可进行最多 1 小时的演习,但在实践和演习之间应该休息 3 小时(反之亦然)

4. 热适应期的第 1~2 天,在需要头盔和护肩的运动中,一顶头盔应该是唯一被允许佩戴的保护装备(在陆上曲棍球和其他相关运动中的守门员不要穿戴全套护具或者不要参加需要保护装备的运动项目)。在热适应期的第 3~5 天,只允许穿戴头盔和护肩。从第 6 天开始,可以穿戴所有的护具,并可以进行全接触运动

- 足球:在第 3~5 天,可以开始接触挡人的机器和处理假人
- 全接触运动:所有实战性的接触性的操练都应该在第 6 天以后进行

5. 在第 6 天以后,每天训练 1 次可改为每天训练 2 次,并持续至第 14 天。如果每天只训练 1 次,也可以再进行 1 次演习,但与真正的训练至少要有连续 3 个小时的休息间隔。每天训练 2 次后休息 1 天,然后可再每天训练 2 次

6. 在每天训练 2 次时,任何一个训练都不要超过 3 小时,学生运动员的总的运动时间不能超过 5 小时。热身运动、牵伸、冷静、演练、调节、负重训练都包含在训练时间里。两次训练之间应该在凉爽的环境下至少持续间隔 3 小时

7. 由于在赛前季的热适应阶段发生劳力性热疾病的风险很高,强烈建议在所有训练之前、训练中、训练后都要有一名运动防护师在现场指导

表 18.3	
热休克的风险因子	
药物	可卡因或 speed 等药物会增加身体活动,减少疲劳感
酒精	心输出量下降和引起体温过高,引起骨骼肌电解质紊乱,引起脱水
疾病	当发热时尤其危险。运动员们往往不愿意报告自己生病,因为害怕在队里失去位置或者被认为偷懒
处方药	有些感冒药会导致与苯丙胺一样的表现,会增加产热。抗组胺药会减少排汗而干扰体温降低。很多抑制恶心或腹泻的药物也会减少排汗。同样的,很多镇静药、利尿药与钠、钾、水的丢失相关
衣服不合适	穿得过多会抑制皮肤表面汗液蒸发
环境因素	气温高、湿度大、无风。在烈日当空、天气正热时进行体力活动
遗传	糖尿病、身材大而重、男性、镰刀状细胞性贫血

转载自 Knochel JP.(1996).Management of heat conditions.Athl Ther Today.1(4):30-35. 已获 Human Kinetics(Champaign,Ⅲ.)授权。

第二节 冷相关的健康问题

就如温度过高及湿度过大一样,当温度显著低于身体的体核温度时,一样会导致运动员出现问题。暴露在寒冷之中可能导致几种情况,包括低体温症,后者可能威胁生命。

一、低体温症

低体温症是温度损伤的另一个方面,与身体热量丢失过快有关,导致全身冷却。临床上,低体温症包括身体体核温度下降后显著低于正常的 98.6℉(37℃)。当体核温度降至 95℉(35℃)时开始出现轻度的低体温症。曾经,低体温症的研究仅限于北海的军人,以及那些在极度寒冷的环境下参加探险的人员(Thornton,1990 年)。然而,最近可查到参加户外需氧项目(如长跑)运动员发生低体温症的临床病例。风险最大的是特别瘦的运动员,他们身体内隔热的脂肪很少,不能帮助储存热量。令人惊奇的是,在远高于冰冻点的温度也可能发生低体温症。风和湿气可能共同导致体温快速下降和低体温症的发生。在此期间,下丘脑诱导骨骼肌战栗来增加产热。如果这种方法不能使体温升高,当体温继续降到 87~90℉(30.6~32.2℃)时骨骼肌战栗将停止;然后,身体将发生不可控制的冷却。

根据 National Safety Council(1997 年)和 Thornton(1990 年),低体温症的体征和症状包括:

● 轻度患者,运动员出现寒战,失去运动控制,语句含糊,出现意识混乱和记忆力下降的精神障碍。

● 严重的患者,寒战停止,肌肉开始僵硬,如僵尸一般。皮肤将开始变成蓝色,呼吸频率和脉搏将下降。运动将出现半清醒状态或无意识状态。

轻度低体温症的处理方法:

1. 将运动员移到有热源处,远离冷的环境。

2. 脱掉潮湿的衣物。

3. 给运动员包裹暖和的、干燥的衣物或毯子。

4. 使用电热毯或热敷包放置在头部、颈部、腋窝、腹股沟和胸部。不要在肢体末端复温,因为肢体末端的血管舒张后会使已经冷却的血液重新回到身体中央,进一步降低身体体核温度,即所谓的"回落"(Cappaert 等,2008 年)。

严重低体温症[体温低于 90℉(32.2℃)]的处理方法:

1. 立即将运动员送往医院。

2. 将运动员移至温暖的地方,轻轻脱掉湿冷的衣物,预防进一步的热量丢失。

3. 处理运动员时动作轻柔,因为低体温时容易发生心脏相关疾病。

4. 监测重要生命体征,准备使用人工呼吸或心肺复苏(CPR)。

与热相关疾病一样,低体温症的最佳治疗措施在于预防。通过几条简单的原则,可以预防多数低体温症的发生。

为了预防低体温症,运动员应该遵守以下指导原则:

1. 学习运用风寒指数图表(wind chill chart)来评估风险(表 18.4)。如图所示,即便气温适中,风寒指数因子也能显著增加发生低体温症的风险。

表18.4

风寒表

11/01/01 有效

无风	40	35	30	25	20	15	10	5	0	−5	−10	−15	−20	−25	−30	−35	−40	−45
5	36	31	25	19	13	7	1	−5	−11	−16	−22	−28	−34	−40	−46	−52	−57	−63
10	34	27	21	15	9	3	−4	−10	−16	−22	−28	−35	−41	−47	−53	−59	−66	−72
15	32	25	19	13	6	0	−7	−13	−19	−26	−32	−39	−45	−51	−58	−64	−71	−77
20	30	24	17	11	4	−2	−9	−15	−22	−29	−35	−42	−48	−55	−61	−68	−74	−81
25	29	23	16	9	3	−4	−11	−17	−24	−31	−37	−44	−51	−58	−64	−71	−78	−84
30	28	22	15	8	1	−5	−12	−19	−26	−33	−39	−46	−53	−60	−67	−73	−80	−87
35	28	21	14	7	0	−7	−14	−21	−27	−34	−41	−48	−55	−62	−69	−76	−82	−89
40	27	20	13	6	−1	−8	−15	−22	−29	−36	−43	−50	−57	−64	−71	−78	−84	−91
45	26	19	12	5	−2	−9	−16	−23	−30	−37	−44	−51	−58	−65	−72	−79	−86	−93
50	26	19	12	4	−3	−10	−17	−24	−31	−38	−45	−52	−60	−67	−74	−81	−88	−95
55	25	18	11	4	−3	−11	−18	−25	−32	−39	−46	−54	−61	−68	−75	−82	−89	−97
60	25	17	10	3	−4	−11	−19	−26	−33	−40	−48	−55	−62	−69	−76	−84	−91	−98

风速（英里/小时）

冻伤时间 ■ 30分钟 ■ 10分钟 ■ 5分钟

风寒温度（℉）=35.74+0.621 5T−35.75（V$^{0.16}$）+0.427 5T（V$^{0.16}$）

T 华氏温度，V 风速（英里/小时）

转载自国家气象服务（National Weather Service）

2. 不要独自一人长时间从事户外运动，如跑步或骑自行车。和朋友一起训练或者至少告诉某个人你准备去哪以及计划什么时间返回。

3. 学会识别低体温症的早期警告信号。如果你出现不自主寒战，并且运动不受控制，必须立即去到一个温暖的地方。

4. 穿合适的防寒衣物。现在有合成材料可以在吸走皮肤表面水分的同时保持体温。有可能的话，也建议随时携带备用的、干燥的衣物。在运动中尤其要给手、脚和头保温。

5. 确保体内水分充足并有足够的卡路里来产热。长时间暴露户外时，最好有规律地进食水和食物。同时，避免服用酒精等药物，饮酒会使人产生温暖的幻觉，但实际上饮酒会引起热量丢失。

第一位给低体温患者提供帮助的人应该掌握如何通过直肠法测量身体体核温度。在处理此类急诊事件时，口腔测温法临床意义不大。

二、冻伤和亚冻伤

暴露在极冷的环境中会导致皮肤相关的问题，常见的是冻伤和和亚冻伤。美国整形外科医师学会（American Academy of Orthopaedic Surgeons，1991年）将冻伤定义为：过度暴露在寒冷环境后导致的组织冷冻。冻伤的症状包括：最初是火烧感和疼痛，接着逐渐丧失感觉。冻伤后的损害源于组织冷冻后血液凝结，使组织的供血供氧缺乏。亚冻伤通常没有冻伤严重，主要是皮肤表层的冷冻，没有皮下组织的损害。当暴露在32℉（0℃）以下足够长的时间后，鼻子、耳朵、手指、脚部位会因冷冻而出现冻伤和/或亚冻伤。只有在皮肤温度降为21~28℉（−6.1~−2.2℃）时才会发生组织冷冻。当温度为20℉（−6.7℃）时，暴露环境下的所有物体都会结冻（Deivert，1996年）。医学证据表明，当冷冻的组织解冻，并在医学处理前又再次结冻时，将发生冻伤中最严重的损害。

幸运的是，在团体运动等大多数有组织的户外活动中发生冻伤的比例很小。往往是因为这些活动常在学校或社区设施附近举办，因此参与者可在发生显著冻伤前回到温暖的环境。但是，即便是在学校或社区内，发生亚冻伤的可能性也是非常高的，因为参与者们可能并未意识到发生组织温度下降后的严重后果。当在气温低于零点这样的极端环境中举行活动时，运动防护师应密切监督运动员的风寒指数指标，以便发现冻伤和亚冻伤的早期警告体征。强调一点，冻伤和亚冻伤的早期警告体征往往不是被患者本人发现的，而是被其他人发现的。

国家安全委员会（National Safety Council,1997年）已经发布冻伤和亚冻伤的治疗标准；其指导原则见拓展知识18.2。根据暴露的时间和程度，冷冻的组织可以分类为表面或深层。

第三节　寒冷性荨麻疹

另外一种暴露在寒冷环境后导致的皮肤相关问题为寒冷性荨麻疹，表现为局部皮肤反应性水肿（液体积聚）并严重瘙痒。发病的部位往往是直接暴露在寒冷中或者未被衣物很好保护的部位。寒冷性荨麻疹的具体发病机制并不明确，但可能是对寒冷的一种过敏反应。有些人更易患寒冷性荨麻疹，包括单核细胞增多症、梅毒、水痘和肝炎的患者。另外，服用某些药物，如青霉素和口服避孕药时，其发病率也更高（Escher 和 Tucker,1993 年）。

幸运的是，寒冷性荨麻疹的症状有自愈倾向，当受影响的部位复温后，寒冷性荨麻疹的急性症状可在数小时内消失。对那些反复发生症状的运动员，可能需要转到医院治疗。治疗方案可能包括服用抗组胺药等来减轻水肿和瘙痒。为了有效地保护皮肤，运动员也可能需要寻找更合适的户外服装。

拓展知识18.2　亚冻伤和冻伤的护理

亚冻伤患者的护理

1. 轻柔地温暖冻疮部位：可将其放置在身体温暖的部位（如将裸露的双手放在腋下或者放到胃的位置），或者对着冻疮部位吹暖气。回暖以后，冻疮部位会发红和出现麻刺感。

2. 不要摩擦冻疮部位。

冻伤患者的护理

所有冻伤的急诊护理方法相同。立即送医诊治。在医疗机构之外尝试给冻伤复温应该很少。

1. 将患者移出寒冷的环境，移入温暖的环境。

2. 脱掉所有湿的衣物或者如戒指类的限制性的物件，避免影响血液循环。

3. 立即就医。

4. 如果冻伤的区域已经开始部分解冻或者患者在偏远的地方或荒山野岭（离医院超过 1 小时的路程），而你身边有热水时，你可以运用以下湿法 - 快速复温方法：将冻伤区域放入 102~105 ℉（38.9~40.6℃）的温水。如果你没有体温计，可将一些水放到手臂内侧或将肘部放入水中测试水温。要不时地加入热水维持恒定的水温。复温通常需要 20~40 分钟或者等到组织变软即可。为了减少复温过程中剧烈的疼痛，可给患者服用阿司匹林（仅用于成人）或布洛芬。可用温暖的湿衣物处理耳朵或者是面部的损伤，但必须频繁更换。

5. 解冻后

● 如果脚被冻伤，要像对待重伤员一样——在复温后不能再让患者双脚下地行走。

● 用衣服或寝具保护冻伤区域，避免接触。

● 在脚趾和手指间放置无菌纱布吸收水分并防止它们粘连在一起。

● 轻微地抬高患肢来减轻疼痛和肿胀。

● 使用芦荟凝胶促进皮肤愈合。

● 可使用阿司匹林（仅用于成人）、布洛芬或对乙酰氨基酚来消炎镇痛。

表面组织冷冻的体征和症状包括：

● 皮肤发白或淡灰黄色。

● 早期可能出现疼痛，但随后减弱。

● 受损区域可能感觉冰冷发麻。可能有麻刺感、刺痛或疼痛的感觉。

● 皮肤表面可能发硬或者有硬结，但轻轻按压皮下组织时是软的。

深层组织结冻的体征和症状包括：

● 受损区域感觉发硬、凝固，无法按压。

● 在 12~36 小时之内出现水疱。

● 受损区域的皮肤冰冷，苍白如蜡。

● 冰冷而痛苦的部位突然不疼了。

关键词

体核温度（core temperature）：与外壳或外围温度不同的身体内部的温度。

辐射（radiation）：热射线的发射和扩散。

热传导（conduction）：通过与热介质直接接触进行加热。

对流（convection）：通过另一种介质如空气或液体间接加热。

适应（acclimatization）：身体在不同的环境下做出调节。

热休克（heatstroke）：人体内部热量过多，导致人体无法冷却，核心温度超过106℉。

热痉挛（heat cramps）：体内温度太高致肌肉痉挛。

热衰竭（heat exhaustion）：与体内过多热量积聚有关的全身性疲劳；可能是中暑的先兆。

低体温症（hypothermia）：体温低于33.3℃（95℉）。

亚冻伤（frostnip）：不太严重的冻伤。

寒冷性荨麻疹（cold urticaria）：暴露在寒冷环境中时皮肤的反应，出现局部水肿相关的严重瘙痒。

水肿（edema）：组织间液的聚集引起的肿胀。

运动防护师开讲

Courtesy of Christine Stopka, University of Florida.

　　热疾病是十分常见的一种损伤。必须在早期及时发现热疾病，这样才能很好地处理。对早期体征和症状不予理睬将很快导致热休克，后者作为一种急症，是高校运动员的最常见死因。我作为一名学生运动防护师，曾经亲自经历过教练人员出于好心但因为无知而拒绝积极治疗热疾病的案例。除非运动员们倒下或丧失意识，我们常常不被允许给他们提供帮助。当我们伸手防止他们晕厥后坠落时还受到责骂。幸运的是，这些运动员都恢复过来了，但是却不得不住院治疗3~7天。教练员也因此在学期结束之前被替换。其实通过适当的预防措施，以及积极处理热应激的早期体征和症状的疑似表现，这个问题完全可以避免。

　　　　　　——Christine Stopka，博士，运动防护师，执业运动防护师，体能训练师

Christine Stopka 博士是佛罗里达大学（University of Florida.）健康教育和行为学系教授。

复习题

1. 描述身体体核温度的正常范围。

2. 解释身体自身的散热机制。

3. 相对湿度与蒸发过程的关系。

4. 是非题：热衰竭比劳累性热休克潜在危险性更大。

5. 是非题：热痉挛的处理包括休息、补充液体和静态牵伸受累的肌肉。

6. 体力运动时推荐饮用什么液体？

7. 4L液体对应多少盎司（oz）？

8. 2%~6%的液体丢失量对身体功能的损害程度？

9. 开始出现低体温症时的体核温度？

10. 寒战反应停止时的体温？

11. 低体温症和心脏功能的关系？

12. 描述寒冷性荨麻疹的体征和症状。

13. 一位运动员在训练前后体重下降了5.5磅（lb），请计算其液体亏损。

（华中科技大学同济医学院附属同济医院　郑彩霞）

参考文献

American Academy of Orthopaedic Surgeons. (1991). *Athletic Training and Sports Medicine*. Park Ridge, Ill: American Academy of Orthopaedic Surgeons.

Binkley HM, Beckett J, Casa DJ, Kleiner DM, Plummer PE. (2002). National Athletic Trainers' Association position statement: Exertional heat illnesses. *J Athl Train*. 37(3):329–343.

Cappaert TA, Stone JA, Castellani JW, Krause BA, Smith D, Stephens BA. (2008). National Athletic Trainers' Association position statement: Environmental cold injuries. *J Athl Train*. 43(6):640–658.

Casa DJ, Armstrong LE, Hillman SK, Montain SJ, Reiff RV, Rich BSE, Roberts WO, Stone JA. (2000). National Athletic Trainers' Association position statement: Fluid replacement for athletes. *J Athl Train*. 35(2):212–224.

Casa DJ, Csillan D. (2009). Preseason heat-acclimatization guidelines for secondary school athletics. *J Athl Train*. 44(3):332–333.

Deivert RG. (1996). Adverse environmental conditions and athletes. *Athl Ther Today*. 1(4):5–10.

Escher S, Tucker A. (1993). Preventing, diagnosing, and treating cold urticaria. *Phys Sportsmed*. 21:125–133.

Gatorade Sports Science Institute. (1997). Dehydration and heat injuries: Identification, treatment, and prevention. Gatorade Sports Science Institute.

Guyton AC. (1986). *Textbook of Medical Physiology*. Philadelphia, Pa: W. B. Saunders.

Hubbard RW, Armstrong LE. (1989). Hyperthermia: New thoughts on an old problem. *Phys Sportsmed*. 16(6): 97–113.

Kerr ZY, Casa DJ, Marshall SW, Comstock RD. (2013). Epidemiology of exertional heat illness among U.S. high school athletes. *Am J Prev Med*. 44(1):8–14.

Knochel JP. (1996). Management of heat conditions. *Athl Ther Today*. 1(4):30–35.

McArdle WD, Katch FL, Katch VL. (2010). *Exercise Physiology: Nutrition, Energy, and Human Performance*. Philadelphia, Pa: Lippincott Williams & Wilkins.

Montain SJ, Maughan RJ, Sawka MN. (1996). Fluid replacement strategies for exercise in hot weather. *Athl Ther Today*. 1(4):24–27.

Mueller F, Colgate B. (2011). Annual survey of football injury research, 1931–2010. National Center for Catastrophic Sports Injury Research: University of North Carolina at Chapel Hill. Available: http://www.unc.edu/depts/nccsi/.

National Athletic Trainers' Association. (2003a). How to recognize, prevent and treat exertional heat illnesses. *NATA news release*. Available: http://nata.org/NR07242003b.

National Athletic Trainers' Association. (2003b). Inter-Association Task Force on Exertional Heat Illnesses consensus statement. *NATA News*, 24–29.

National Safety Council. (1997). *First Aid and CPR* (3rd ed.). Sudbury, Mass: Jones and Bartlett Publishers.

Thornton JS. (1990). Hypothermia shouldn't freeze out cold-weather athletes. *Phys Sportsmed*. 18(1):109–113.

Wilmore JH, Costill DL. (1988). *Training for Sport and Activity: The Physiological Basis of the Conditioning Process*. Dubuque, Ia: Wm. C. Brown.

第十九章
其他医疗问题

本章主旨

　　像其他人一样,运动员偶尔也会罹患呼吸道和/或胃肠道感染性疾病。本章提供常见感染类型病例的典型症状和体征,以供参考。在过去的几年里,对运动员群体中增加的莱姆病和耐甲氧西林金黄色葡萄球菌感染已给予高度关注。这些细菌性感染可引发运动员严重的短期和长期的影响。本章列出莱姆病和金黄色葡萄球菌感染的早期与晚期的症状和体征,以及如何避免暴露于该类疾病的小技巧。

　　接下来,本章检查病毒引起的几种疾病,包括单核细胞增多症、甲肝和乙肝。这些将造成运动员严重的健康风险;这些疾病的症状和体征可帮助教练进行识别。

　　本章最后对运动员当下所经受的运动性哮喘、镰状细胞贫血、糖尿病、癫痫进行讨论。要强调的是,每种疾病的主要症状和体征,以及对相关运动参与者的特殊防护与管理。

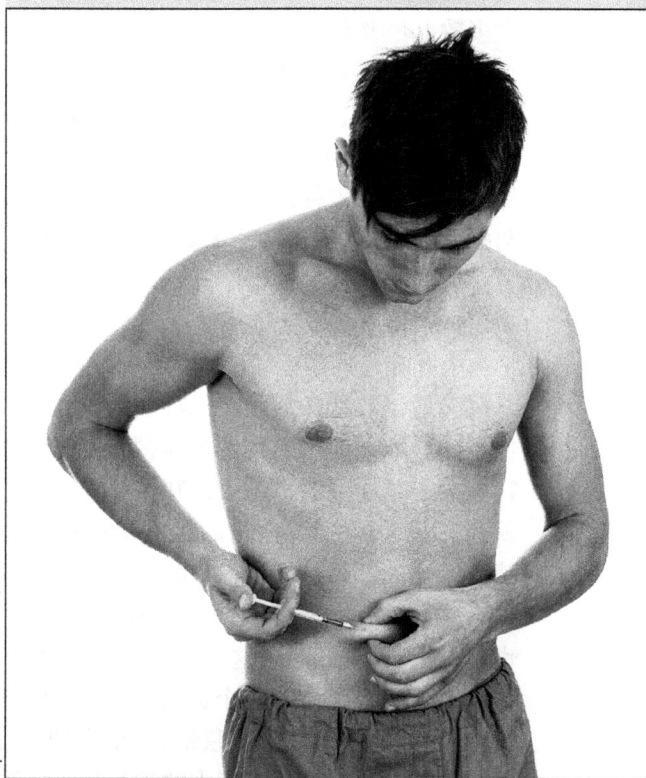

第一节　运动与感染性疾病

感染性疾病由某些微生物引起：病毒、细菌、真菌或原虫。虽然通常认为体育运动有助于改善机体对一般感染的抵抗力，但运动员像普通人一样对同样的疾病易感。运动可调节应激激素、免疫稳态，甚至可能影响免疫功能（Karacabey 等，2005 年；Pedersen 和 Hoffman-Goetz，2000 年）。然而，相互间的作用非常复杂，可能包含细胞募集和细胞分裂改变的系列机制。正进行的关于更好确定运动对免疫系统效果的研究（Karacabey 等，2005 年；Pedersen 和 Hoffman-Goetz，2000 年），主要集中在几类涉及运动员呼吸、胃肠道、皮肤和肝脏感染的情况。

一、呼吸道感染

根据 Afrasiabi 和 Spector 的分类（1991 年），呼吸道感染分上呼吸道感染（upper respiratory infections，URI）和下呼吸道感染（lower respiratory infections，LRI）。URI 涉及鼻、喉、耳和鼻窦、扁桃体及相关淋巴腺的感染；LRI 涉及肺、气管及其各级分支的感染。大多数上呼吸道和下呼吸道的感染由病毒引起。

（一）上呼吸道感染

上呼吸道感染产生普通感冒或鼻 - 咽喉痛、鼻塞、轻度咳嗽、轻度疲劳以及发热等典型症状。这些感染通常是自限性的，仅持续数天。因为这种感染与病毒相关，抗生素治疗无效。应告诫感冒的运动员不要向朋友或家长借用药物，因为这可以导致相关药物中毒或过敏反应。

上呼吸道感染运动员的症状轻微或没有处于明显风险地位的特殊症状时，他们可以正常参加竞技性运动。如运动员存在发热、眩晕、肌肉痛症状，需特殊关心并要限制训练或比赛。如果运动员发热，就会降低对热的耐受（增加热疾病的风险），并增加液体的流失，因此，增加了心肺费力程度，降低了最大运动能力（Purcell，2007 年；Rice，2008 年）。发热也可是心肌炎的表征，这使常规运动变得非常危险（Rice，2008 年）。如果一个运动员有耳部的感染，前庭系统常受到影响，导致眩晕（平衡失调）；因此，允许其参加需要高度平衡能力的项目如花样滑冰、体操、跳水等是不明智的（Nelson，1989 年）。科学证据表明病毒感染对耐力和肌肉力量的影响具有不确定性。Eichner（1993 年）发现运动员感染病毒后其耐力和肌肉力量下降，Weidner 及其同事发现上呼吸道感染对运动成绩没有负面影响（Weidner 等，1997

年）。涉及全国或国际性的比赛时，运动员必须被告知不能使用减充血剂、镇痛剂这样的非处方药物，以及很多被体育管理组织禁用的药物。

上呼吸道感染超过 1 周就可能与细菌感染如链球菌感染有关。没有关键症状能确定病毒与细菌感染的区别，但病毒感染的症状通常更显著，喉后部（链球菌性咽喉炎）可见损伤、严重喉痛、长时间的寒战与发热、全身不适与乏力、颈部和下颌淋巴结肿大。医学评估必不可少，包括体格评估、喉部细菌培养（确定病原体）以及为某些病例开具抗生素处方药。治疗前必须进行恰当的诊断。没有确定细菌感染而服用抗生素很危险，可能降低患者未来对感染的抵抗力。上呼吸道感染很常见，需要花时间去解决。因为这种感染通常会传染，如运动员显示出任何症状时应不允许其参加运动，特别是需与其他运动员密切接触的团体项目。应建议运动员休息，饮用大量不含酒精的液体直到主要症状开始消退。几天后，如症状和体征减退，无发热或明显的疲劳时，运动员可以回场运动。

（二）下呼吸道感染

下呼吸道感染损害表现可从数天到数周。通常支气管的病毒性感染，症状包括咳嗽、发热、全身不适。显然，下呼吸道感染将会直接对从事有氧运动——跑步、游泳、自行车或越野滑雪的运动员产生不利影响。就像上呼吸道感染一样，下呼吸道感染的运动员应该与他们的队友隔离，并送交医师做全身检查和治疗。对这类患者常通过休息和控制咳嗽、减轻疼痛和痛苦的药物来治疗。较为严重的下呼吸道感染包括支气管和肺部的感染（肺炎），后者有时危及生命。支气管感染包括发热、咳嗽和全身的不适感。另外，咳嗽可咳出青黄色痰（Leaver-Dunn，Robinson 和 Laubenthal，2000 年）。肺炎的症状更严重，也包括咳变色的痰（美国骨外科医学会 AAOS，1991 年）。医师必须作出支气管炎或肺炎的诊断，但不是通过痰的颜色来判断。治疗包括休息、药物（抗生素），严重者需住院治疗。返场运动的决定需听从主治医师和运动员（或年幼者的父母）的建议，显然不应有残留的症状和体征，特别是肌肉疼痛和不适，因为运动应激可能会导致不必要的骨骼肌肉损伤。

二、胃肠道感染

胃肠道疾病（gastrointestinal，GI）是典型的与病毒、细菌、原虫感染相关的疾病。众所周知的胃肠炎

（胃与肠道的炎症），这些感染产生相似的症状，包括腹痛、恶心（常伴呕吐）、发热、寒战及腹泻。当这些症状发生时，最好的方法是将运动员移出场地，监控症状24小时，然后再做有关医疗转诊的决定。任何运动员抱怨严重腹泻或便血，应立即转送医院做完整的医疗评估。胃肠炎常为1~3天的自限性疾病，是由一系列原因包括病毒、细菌、原虫等病原体导致的一般性问题。另外，这类症状可由食物过敏、食物中毒甚至心理应激引起。因为呕吐和/或腹泻可引发脱水，应鼓励运动员饮用足够的不含酒精的液体。如果症状持续超过数天，运动员应该咨询医师。由细菌（如伤寒）和原虫（如梨形鞭毛虫病）引起的相关的疾病可能更为严重。按照常规，有胃肠道症状——包括严重腹泻（暴发性或出血性）、发热、极度脱水以及寒战——运动员应转送给医师做全身性检查评估与诊断。

📖 关键词

上呼吸道感染（upper respiratory infection，URI）：上呼吸道的感染。

下呼吸道感染（lower respiratory infection，LRI）：下呼吸道的感染。

鼻炎（rhinitis）：普通感冒（引起的鼻部炎症）。

眩晕（vertigo）：引起运动感觉和平衡失调的眩晕。

肌痛（myalgia）：一般肌肉疼痛。

心肌炎（myocarditis）：伴有心肌损伤的心脏炎症。

耐力（endurance）：从事长时间体力活动的能力。

肌肉力量（muscular strength）：肌肉单次最大收缩所能施加的最大力量。

心神不安（malaise）：由疾病引起的不适和不安。

GI（gastrointestinal，GI）：胃肠道。

胃肠炎（gastroenteritis）：胃和肠道的炎症。

胃炎（gastritis）：胃黏膜的炎症。

结肠炎（colitis）：结肠的炎症。

腹绞痛（colic）：腹内的疼痛。

胃肠系统的许多问题可产生胃肠炎的症状。证据显示，一些运动员身体活动的应激可能是其发病机制（Anderson，1992年）。其他研究证明，有氧运动的运动员胃肠疾病的症状减少（Halvorsen等，1990年）。常见的胃肠相关问题包括胃炎（胃黏膜的炎

症）、结肠炎（结肠炎症）、绞痛（腹内痛）。如果伴有任何临床症状的反复与持续，转诊给医师是一个明智的选择。

三、其他感染性疾病

几种其他类型的感染可影响运动员，在确诊、管理和预防上要考虑所有呈现出的特殊问题。两种感染性疾病在运动员中发病率增加，即莱姆病和耐甲氧西林金黄色葡萄球菌（MRSA）。莱姆病是一种罕见的威胁生命的疾病，而MRSA的并发症可导致死亡。两种疾病由于症状（莱姆病）或其他感染的风险（MRSA）而严重限制了人的运动能力。其他感染性疾病包括传染性单核细胞增多症和甲肝（HAV）及乙肝（HBV），后者是极其危险的情况。

（一）莱姆病

莱姆病是一种由普通鹿蜱传播（在美国西部通常称鹿蜱）的细菌（伯氏疏螺旋体）感染，在全美传播。莱姆病的命名源于1975年确诊的第一例莱姆病是在美国康涅狄克州老莱姆东部莱姆镇（Pinger，Hahn和Sharp，1991年）。从那时起莱姆病已超越落基山斑疹热而成为美国最流行的蜱传播的传染病。

莱姆病通过蜱叮咬传播。一旦一个人被感染，最初的症状可在叮咬后的3天出现，然而，也可在叮咬后长达1个月无症状。不考虑时间的话，早起症状是在叮咬部位出现环形红斑。这就是所谓的慢性游走性红斑（erythema chronicum migrans，ECM），表示感染的第一阶段。在数天内ECM将继续发展，其形状大小不等，可从几厘米到30厘米或更大。另外，症状还包括寒战、发热、全身疼痛（心神不安）和疲劳。大多数病例早期发现后经过几周抗生素治疗可治愈，然而时间拖延较长的病例药物治疗无效（疾病控制与预防中心，Centers for Disease Control and Prevention，CDC，2013b）。如果不治疗，这种疾病可成为系统性疾病，从而影响关节、心脏、中枢神经系统（Pinger，Hahn和Sharp，1991年）。在大多数未治疗的病例，将出现关节炎，最常受累的是膝关节。症状同时或分开出现，并可伴随反复出现的ECM。要十分重视未经治疗的莱姆病，因其可持续数年，并产生系列功能失调的症状，导致识别和诊断困难（CDC，2013b）。

最好的方法是避免感染蜱的叮咬而预防感染该疾病。在夏季树木繁茂的地区推广户外活动的体育组织应与当地医疗部门就蜱活动的报告进行检查。应尽一切努力保持在最小可能接触蜱的区域举行活

动。在树木繁茂的地区参与户外活动的运动员有暴露蜱虫感染的风险,他们应该学会如何在暴露于蜱虫的环境中对全身进行彻底检查。运动员需要互相协助对难以看见的部位进行检查,如颈后的发际、耳后、躯干后侧。可穿经过至少含有 20% 的避蚊胺或氯菊酯处理的衣服进行预防。

蜱虫很小——在若虫期约针头大小,此时是传播疾病的最佳时期。一旦发现蜱虫,应立即移除,因为已经发现其吸附时间在感染疾病中可能起作用。拓展知识 19.1 列出了移除蜱虫的建议程序。

拓展知识 19.1　蜱虫移除指南

不要使用下列方法移除蜱虫:
- 涂凡士林油
- 涂指甲油
- 外用酒精
- 火烧

使用下列方法拔出蜱虫:
- 使用镊子或如果你必须使用你的手指,使用纸巾或一次性纸巾保护皮肤。虽然很少有人曾经遇到过感染疾病的蜱虫,但移除蜱虫的人可能会因为细菌进入破损的皮肤而导致感染。
- 尽可能接近皮肤表面抓住蜱虫,使用稳定的压力将其向外拉出皮肤,或轻轻将蜱虫向上,然后平行于皮肤向外拉,直到蜱虫与皮肤分离。不要转动或猛拉,因这可能会导致去除不完整。
- 用肥皂和水清洗叮咬部位和双手,用酒精进一步消毒叮咬区域,然后,使用冰袋减轻疼痛。炉甘石洗剂可以帮助缓解任何瘙痒。保持叮咬区域清洁。

(二)耐甲氧西林金黄色葡萄球菌

耐甲氧西林金黄色葡萄球菌(MRSA)是一种对很多抗生素耐药的细菌。大多数 MRSA 感染是皮肤感染,发生在皮肤创伤部位,如割伤和擦伤。它们也常见于腹股沟、腋窝或颈后。因为身体的这些区域被毛发覆盖,使它们成为毛囊发炎的常见部位。被感染部位常常看上去只是一个有红、肿、痛的肿块;然而,它进一步发展为含有脓液或其他分泌物的脓疱或脓肿。如果没有正确的诊断和治疗,MRSA 可引发危及生命的血循感染、心肌病和肺炎(CDC,2013a)。

MRSA 病例在体育人口中发展,是由于共用毛巾、肥皂、服装、人与人接触以及不干净的浴缸(whirlpools)或设备(如垫子、器械表面、保护垫)。清洗或消毒设备至关重要,但灭菌是阻止像 MRSA 细菌活动的唯一途径。虽然使用典型的清洁剂对设备进行适当清洁和消毒能成功将污垢和细菌从表面除去,但为了真正减少 MRSA 疫情风险,设备必须灭菌。有效的抗金黄色葡萄球菌杀菌剂常用于对抗 MRSA,这些产品很容易从零售店获得。使用前,检查商品标签,确定杀菌剂能破坏的细菌种类,并确认产品已在环境保护署(Environmental Protection Agency,EPA)注册过。EPA 注册过的商品都有一个注册号码(CDC,2013a)。

阻止 MRSA 传播的第一步是预防。最好的预防方法是教导和保持良好的卫生习惯,避免接触任何来自皮肤损伤的分泌物。拓展知识 19.2 列出了在运动环境中预防 MRSA 的推荐行为清单(National Athletic Trainers' Association[NATA],2005 年)。下一步是适当的转诊和治疗。作为一名教练或体育老师,你必须把可能感染的运动员转移给队医、运动防护师、学校护士或初级保健医师,如果运动员年龄小于 18 岁,一定要通知父母或监护人(CDC,2013a)。典型的治疗步骤包括切口、引流、清洗,有时需对伤口进行包扎,而且要对脓液或分泌物进行培养以确认感染细菌的种类。由于 MRSA 对用于其他葡萄球菌感染的典型抗生素产生抵抗,因此抗生素治疗应由脓液培养结果和患者对紧急治疗的反应来指导。医务人员应讨论后续治疗计划,因为 MRSA 皮肤感染可以发展成严重的感染;因此,任何全身症状(发热或不适)或局部皮肤症状恶化(红、脓、肿)都应立即上报(CDC,2013a)。最后一步是恢复适宜的体育锻炼和社区生活。有活动感染或开放性伤口的运动员不应使用游泳池或其他共用的水设施,也不应使用供每个运动员共用的没有清洁过的治疗池(缸)(CDC,2013a;NATA,2005 年)。目前,如果感染区域可以被妥善覆盖,并且没有传播到其他人或设备的风险,返场运动的建议是"合格"(Rice,2008 年)。然而,出于所有相关安全的考虑,如果活动对受感染区有造成伤害的风险,那么即使损伤区域可以被适当覆盖,运动员也不应参与该活动(CDC,2013a)。

拓展知识 19.2　抗药性细菌（MRSA）预防和处置建议

开放性伤口的个人卫生和护理：

1. 使用肥皂和温水，或常规使用含酒精的洗手液，彻底清洗以保持双手清洁。

2. 活动后立即沐浴。

3. 每次运动后，采用适当的方法，包括用温／热水和清洁剂，清洗运动装备和毛巾。

4. 对任何活动性皮肤损伤都要寻求或实施适当的急救处理。

5. 对典型治疗没有反应的病变，要提醒相关工作人员（教练或医护人员）。

预防社区暴露：

1. 不要共用毛巾、剃须刀和日常的运动装备。

2. 有开放性的伤口、擦伤或抓伤时，不要使用公用的浴缸或浴盆。

3. 使用 EPA 认可的产品来进行消毒，以保持运动设备和器材的清洁。

4. 在参与运动之前，要注意并包扎所有皮肤损伤的地方。

Date from：Official Statement from the National Athletic Trainers' Association on Community-Acquired MRSA Infections（CA-MRSA）.NATA.March 1,2005；Centers for Disease Control（2013）infections.Available at：http://www.cdc.gov/mesa/.

关键词

莱姆病（Lyme disease）： 由黑腿蜱（鹿蜱）传播的细菌感染。

氯菊酯（permethrin）： 可喷洒在衣物上的广谱杀虫剂，可预防蚊虫叮咬。

传染性单核细胞增多症（infectious mononucleosis）： 病毒性感染，主要表现为全身疲劳，脾脏等器官肿大。

（三）传染性单核细胞增多

由 EB（Epstein-Barr）病毒引起的传染性单核细胞增多症（infectious mononucleosis，IM）在美国年轻人中非常常见，该病毒是导致疱疹感染的病毒家族的一种。据报道，普通人群的发病率非常高，每年有 3% 的大学生感染单核细胞增多症（Eichner，1996 年；McKeag 和 Kinderknecht，1989 年）。感染的初期症状类似于普通感冒——喉咙痛、发热、寒战，以及颈颌区域的淋巴结肿大。受感染的人也常抱怨极度疲劳，可能首先注意到的问题是他们很难参与体育运动。随着病情发展，其他器官可被感染，包括肝脏和脾脏。

疾病的传播通常是接触到患者的口腔（气管）分泌物。一旦感染，潜伏期时间变化不定；不过，通常是 2~6 周（AAOS，1991 年）。一旦病情发展，发病时间持续 5~15 天不等，此后开始恢复。一旦确诊，医师能做的治疗基本上是控制症状；强调的是休息和服用止痛药控制疼痛。幸运的是，传染性单核细胞增多症是一种自限性疾病，对人并没有长期影响。

然而，传染性单核细胞增多症的一个主要问题是它对脾脏的影响。有充分的证据表明急性病例会导致脾肿大（巨脾）——占所有病例的 40%~60%（McKeag 和 Kinderknecht，1989 年）。在许多接触性运动中常见脾脏遭受钝性创伤，脾大易导致破裂。关于脾脏破裂的相关数据很少；然而，现有资料表明，感染人群中脾破裂发生率约为 1/1 000（Eichner，1996 年）。因此，主治医师面临着一个两难选择，即确定一个运动员从传染性单核细胞增多症中康复后返场运动是否安全。已证明大多数脾破裂发生在疾病的第 4 天和第 21 天之间；因此，运动员不应该被允许在这一时间段内参加运动（McKeag 和 Kinderknecht，1989 年）。教练、运动员和家长必须根据主治医师的建议来确定最佳返场运动时间。

对涉及每天都需要与他人进行密切接触的团体项目运动员，传染性单核细胞增多症的预防是很困难的。运动员应该知道这种疾病的主要传播方式是接触感染者的唾液。预防措施包括建议运动员不要共用水瓶或其他饮料容器，不要与潜在感染的人接吻。日常的预防措施包括运动员不应该共用毛巾和运动衫，因为这些物品可能受到含有病毒的呼吸道分泌物的污染。此外，运动员应该被告知要主动向教练报告任何疾病症状的重要性，这样，教练就可以确定一个运动员的身体状况是否可以参与运动。

（四）肝炎

肝炎，无论是甲肝（HAV）还是乙肝（HBV），都很严重，尽管乙肝或血清性肝炎被认为更严重甚至可能危及生命。甲肝通过人的粪便传播,这在那些去洗手间后不洗手的食物处理人员中是一个严重问题。血清型肝炎通过感染者的血液和体液传播;它通常在静脉注射吸毒者中传播,或通过医护人员使用受污染的针头意外感染。乙肝病毒的传播也可发生在输血过程中,如果血液来自被感染者的话。

一旦人感染肝炎病毒,甲肝潜伏期为 15~50 天;乙肝潜伏期为 45~160 天(Benenson,1975 年)。HAV 和 HBV 感染的症状各不相同,但都包括恶心、腹痛、呕吐、发热和精神不振。如果不治疗,两种病毒都将影响肝脏,导致黄疸(皮肤变黄),这表明肝脏受到损害;严重病例,这一重要器官可严重受损,有些甚至导致死亡。任何肝炎的治疗方法都是有限的,因此预防是首要的。对于预防乙肝,所有运动员在参与运动前都应接种乙型肝炎疫苗,任何皮肤损伤都应正确包扎,体育人员在处理血液或体液时应采取全面预防措施(Rice,2008 年)。对于甲肝的预防,疫苗是有用的,如果团队要前往可能有低食品质量标准的国家,则应该使用疫苗。在治疗 HAV 时,立即接种免疫血清球蛋白(immune serum globulin,ISG)可能会产生被动免疫。有证据表明,这也可以有效治疗乙肝病毒感染。显然,一个有甲肝或乙肝感染的运动员应该被换下,并给予及时的治疗。当采用卫生程序和综合预防措施时,感染其他人的风险明显很低;因此,在健康状态允许的情况下,运动员可参加所有运动,但由于肝脏在肝炎感染期间的脆弱性,所有关于康复期运动员返场训练的决定都应由主治医师作出(Rice,2008 年)。

第二节 运动性哮喘

运动性哮喘(exercise-induced asthma,EIA)是指在参与剧烈运动时,由于呼吸道收缩导致的一系列与哮喘类似的典型症状(如气喘、胸闷、呼吸困难)(Miller 等,2005 年)。运动性支气管痉挛(exercise-induced bronchospasm,EIB)也与运动诱导的气道限制相关,但不太严重,也不会导致哮喘症状(Weiler,1996 年)。在慢性哮喘患者中,EIA 的发病率最高,这不足为奇:大约 90% 的人会在运动期间发作(Lacroix,1999 年)。然而,EIA 的发病率在普通人群中也高达 15%~25%(Miller 等,2005 年)。

EIA 的症状和典型发作情况,一般是在足够大的运动强度下开始出现,典型发作强度是 70%~85%

的最大心率(Mayers 和 Rundell,n.d)。像篮球、自行车、足球、长跑等项目是引发病情的明显的高强度运动。发生在寒冷空气下(曲棍球、速滑、滑冰)或高污染水平下的户外竞技场均能诱发病情,而在室内潮湿环境下进行的运动则较少引发病情。运动期间呼吸道通常会扩张;然而,运动停止时,呼吸受限或支气管痉挛将会在数分钟内发生。已经发现 EIA 在从事至少 6~8 分钟的持续运动的运动员中更常见,而从事典型团体项目如足球或棒球一类间歇性运动形式的运动员中较少发作(Lemanske 和 Henke,1989 年)。虽然运动诱发哮喘的确切原因未知,但两个最受认可的理论是:①水分损失理论:快速呼吸导致气道黏液的干燥,并且因为更多的通过口而不是鼻子吸入空气,导致干燥空气刺激下呼吸道而发生支气管收缩。②热交换理论:运动后到达下呼吸道的空气较冷,因此血管扩张以试图将温血运送到该区域。由于血管扩张,呼吸道的气体流动空间减少,从而导致呼吸困难(Lacroix,1999 年)。

怎么办?

你是美国中西部一所小学校的田径教练。你最好的运动员已经上呼吸道感染好几天了,更糟糕的是区域排位赛在 3 天内就会开始。你对这位年轻运动员有什么建议,并且,对于非处方药物你会关注些什么?

运动性哮喘的体征和症状包括以下几点:

- 咳嗽和胸闷。
- 呼吸短促和呼吸困难。
- 疲劳和胃痛(儿童)。
- 使用辅助肌肉呼吸(腹部肌肉)。
- 有些运动员可能会感到恐慌和焦虑。
- 皮肤或黏膜发青。

运动性哮喘的治疗通常包括使用任何一种预防呼吸道阻塞或支气管痉挛的药物。然后,急救处理包括鼓励打开胸廓从而开放呼吸道,提供吸入温暖、潮湿的空气(可以通过围巾、面纱或手来帮助)。可通过吸入或口服给予有效药物治疗。用于治疗运动性哮喘的药物有两种基本类型:急救吸入器和长期消炎药(吸入剂或口服药)。对于教练员或体育工作者来说,急救吸入器是运动性哮喘治疗和管理中最重要的工具。最常用的药物是吸入性 β_2 受体激动剂,包括沙丁胺醇、硫酸特布他林和沙美特罗。药物吸入选择一种称为计量吸入器(metered-dose inhaler,MDI)的救援吸入器的方式来实现。这是一种要与口腔保持约 1.5 英寸（约 3.8cm）距离，并向口腔释放出一种缓慢吸入的药物气雾剂的装置。教练们应该知道在他们花名册上的任何一位患有运动性哮喘和使用药物来控制症状的运动员。为这些运动员制订哮喘行动计划，并能够帮助运动员取得和使用包括救援吸入器在内的药物，这些都属于教练职责范围（Lacroix,1999 年）。运动员每周有 2 次以上的运动性哮喘，并且需要立即使用救援吸入器来解决症状的，则说明病情没有得到很好的控制，应向医疗保健专业人员求助。如果运动员年龄在 18 岁以下，则应该通知家长或监护人（Miller 等，2005 年）。

需要注意的是，某些药物被一些主要的体育监管机构禁用，包括全国大学生体育协会（National Collegiate Athletic Association,NCAA）和国际奥委会（International Olympic Committee,IOC）。NCAA 依旧允许被诊断患有 EIA 的运动员使用计量吸入器服用 β$_2$ 受体激动剂来自我治疗。国际奥委会则已经禁止使用 β$_2$ 受体激动剂，但沙丁胺醇、沙丁胺醇 / 异丙托铵、沙美特罗和特布他林例外，这些药物只能通过吸入器给药。此外，运动员必须向 IOC 提交其个人医师的书面证明（Lacriox,1999 年）。

高度敏感的个体可能需要避免某些活动，如高强度和休息时间短的活动，或至少认识到运动时的环境条件，并避免在寒冷、干燥或污染水平高的日子进行活动。像短时间极限强度紧接着周期性休息的运动，是这些高风险运动员极好的选择。对于在寒冷、干燥的日子里进行的户外活动，则最好戴着口罩或围巾（Lacriox,1999 年）。研究发现热身运动有助于降低病情发作的可能性（Lemanske 和 Henke,1989 年）。国家体育教练协会（Miller 等,2005 年）已经发表了关于运动员哮喘管理救助的综合立场声明（具体可见:http://www.nata.org/sites/default/files/MgmtOfAsthmaInAthletes.pdf）。

对急性发作 EIA 运动员进行急救的适当步骤如图 19.1 所示。

第三节 具有镰状细胞特性的运动员

镰状细胞特性（sickle cell trait,SCT）不是一种疾病,也不会转变成镰状细胞贫血。它具有基因遗传特性,是个体遗传了一个正常血红蛋白和一个镰

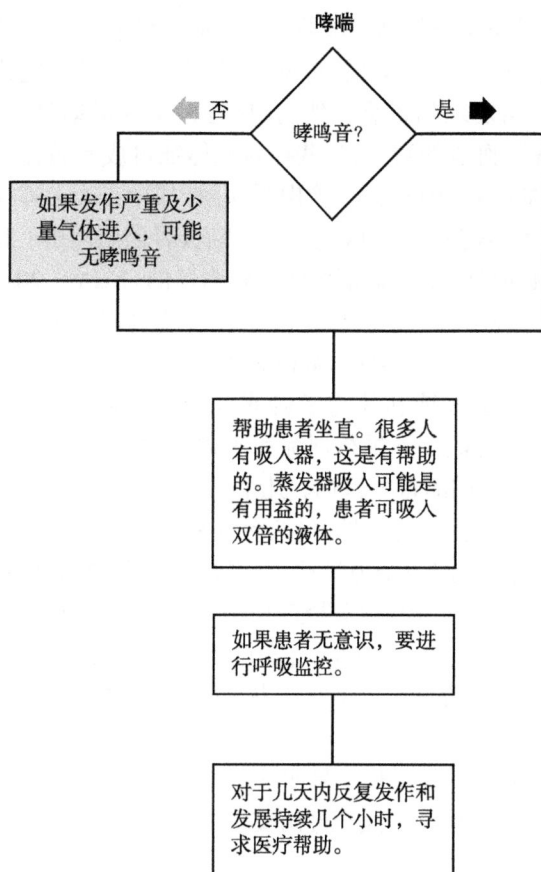

哮喘

否 ← 哮鸣音？ → 是

如果发作严重及少量气体进入，可能无哮鸣音

帮助患者坐直。很多人有吸入器，这是有帮助的。蒸发器吸入可能是有用益的，患者可吸入双倍的液体。

如果患者无意识，要进行呼吸监控。

对于几天内反复发作和发展持续几个小时，寻求医疗帮助。

图 19.1 哮喘患者的急救程序

状血红蛋白的基因（Martin,2011 年;NCAA,2012 年）。SCT 的发生率在非裔美国人中大约占 8%,但在白人中罕见。在非洲、南美洲或中美洲、加勒比地区、地中海国家、印度和沙特阿拉伯的祖先中,这种情况也很常见（Martin,2011 年;NCAA,2012 年）。目前,NCAA（2012 年）授权对所有的 1 级和 2 级运动员进行 SCT 测试,并正在考虑对其他级别的运动员也进行测试。SCT 并不妨碍运动员参加运动或获得出色成绩,许多运动员在高中、大学和专业级别的比赛上都没有出现任何并发症。然而,需确定个体是否具有 SCT,是因为进行剧烈运动,特别是在炎热和潮湿的条件下和 / 或在高海拔地区,镰状细胞可崩解而导致运动员死亡。镰状细胞崩解虽然和热疾病、哮喘或整体衰竭的症状类似,但治疗方法不同,包括紧急救助;如果现场有医疗人员,应立即输氧。

镰变危机发生在激烈的运动中,因为输送氧气的红细胞会从其典型的甜甜圈形状变为"镰刀状"或玄月状（Martin,2011 年）。形状的改变会导致氧气输送效率降低,镰状细胞也会粘在一起,阻碍器官和组织的血流。因为在细胞镰变期间,血液流动和氧气的输送量较少,所以运动员可能会感到腿部和

下背部的剧烈疼痛、虚弱、气短、肢体肿胀。不幸的是,这些症状和体征也可见于其他情况,因此可能错过早期发现的机会。然而,具有 SCT 的运动员,因为脾肾血流的缺少,这些症状和体征可成为致命性的(Martin,2011 年)。像肉眼血尿(尿中带血)、脾梗阻(脾损伤)、运动性横纹肌溶解症(骨骼肌溶解)、脾梗阻和横纹肌溶解都可能是致命性的(NCAA,2011年)。脱水、海拔高度、未控制的哮喘也都可将 SCT 运动员置于危险之中(Martin,2011 年)。

对于教练和体育教师来说,如果 SCT 运动员在他们的监控下进行训练和比赛,那么预防和识别 SCT 是他们的首要目标。几个训练技巧可以用来减少镰变危机的可能性,包括允许 SCT 运动员设置自己的节奏,避免全力运动,有更长的休息时间,保持充足的水合,控制哮喘症状,并在出现体征和症状时停止任何活动(Martin,2011 年;NCAA,2012 年)。镰变细胞危机的常见症状和体征包括(Martin,2011 年):

- 运动员出现头晕或神志不清。
- 运动员可能会经历突然的虚脱,但仍然保持清醒。
- 运动员表现得虚弱、疲劳,无法跟上其他队员。
- 运动员呼吸短促。
- 运动员经历严重的肌肉疼痛和不易缓解的肌肉痉挛。

镰状危机是一个紧急医疗情况,必须立即启动紧急医疗(EMS)系统进行治疗。理想情况下,有医疗照护人员且可提供氧气输入。然而,当运动员有意识时,冷却和补液至关重要。在等待 EMS 的同时,基本急救技术(监测生命体征和预防休克)是可接受的。

第四节　糖尿病运动员

美国糖尿病协会(ADA;n.d.)将糖尿病定义为由身体产生和/或使用胰岛素的能力缺陷导致的高血糖为特征的一组疾病。糖尿病最常见的两个类型是:①青少年糖尿病(1 型),需要外源性胰岛素来控制血糖水平;②成人糖尿病(2 型),其涉及机体的胰岛素抵抗。糖尿病运动员的血糖水平可能大幅波动,从过高的血糖水平(高血糖症)到过低的血糖水平。虽然对控制血糖水平具体机制的详细解释超出

了本文的范围,产生胰岛素或利用天然胰岛素的能力对任一种类型的糖尿病运动员是不可能的。管理血糖对运动员具有独特的挑战性,因为饮食和运动强度都会对血糖产生深刻的影响。

现在人们普遍认为运动对儿童及成人糖尿病患者都是有益的,因此,教练和体育教师很可能会接触到糖尿病患者。然而,如果不能仔细监控运动强度、饮食和胰岛素问题,则会出现某些问题。在赛季开始前,通过与医师合作来完成对血糖的适当调节是最好的。由于糖尿病患者的健康状况可能迅速变化,体育工作人员必须意识到糖尿病运动员在运动训练开始后可能发生的三种全身反应(Robbins 和 Carleton,1989 年):

1. 正确预期运动员胰岛素的需要量,以保持血糖水平在 100~200mg/dl。这种情况下,肌肉中葡萄糖的利用率等于肝脏葡萄糖的产生率。

2. 如果运动员没有考虑到运动的影响,并且在低胰岛素水平和高血糖的情况下来锻炼,那么肝葡萄糖的生成可能会增加。这可能导致血糖升高到危险水平,这种情况被称为高血糖症。

3. 在某些病例,运动员在高胰岛素水平或正常胰岛素水平下来锻炼,可能会产生与上述情况相反的影响,即肝葡萄糖生成量可能会降低,而肌肉葡萄糖的需求量增加,从而导致危险的低水平的血糖,这种情况被称为低血糖症。

怎么办?

你正在教高中垒球。有一天下午,你的右外野手说她极度饥饿,举止怪异。你在谈话中注意到她大汗淋漓,虽然这是一个凉爽、多云的下午。从她的赛季前身体评估来看她得了糖尿病。这些症状和症状表明了什么情况?对这位年轻的运动员来说,最合适的急救措施是什么?

研究表明,运动强度、注射胰岛素后的运动时间及环境也可决定胰岛素和血糖反应发生的类型(Horton,1989 年;Jimenez 等,2007 年)。已经证明中等强度的持续运动可保持或降低血糖水平。因此,建议糖尿病运动员参与长时间、中等强度的运动,如铁人三项或马拉松,在比赛或训练前要降低胰岛素水平并增加热量摄入。有趣的是,短时间高强度运动(80% 或更高的最大摄氧量)会导致血糖水平升高。因此,必须对参加高强度运动如橄榄球、足球、

篮球等运动的运动员进行监控,以确保他们不会出现高血糖症及其并发症。一般来说,运动应延迟至胰岛素注射后至少 1 小时,有时需要到 4 小时之后,这取决于注射的胰岛素的类型(速效或长效)及其注射的区域。环境温度也可影响胰岛素的吸收。低于 36℉(2℃)或超过 86℉(30℃)的极端温度将降低胰岛素的作用(Jimenez 等,2007 年)。除了环境温度外,运动员也应谨慎地在注射部位使用热疗或冷疗,因为热会增加吸收速率,寒冷会减缓吸收速率(Jimenez 等,2007 年)。

为了正确监控,糖尿病运动员必须学会如何监测血糖水平,通过针刺手指技术的测试是最容易完成的监控。定期监测血糖水平,允许运动员在运动前、运动中和运动后调整热量摄入和胰岛素的使用量。运动员应学会评估食物的卡路里含量和既定训练课的热量需求。有了这些信息,运动员可以在运动开始前调整饮食结构,以补偿糖尿病患者典型的异常代谢反应。

教练、体育教师、家长和队友需要精通低血糖症和高血糖症的早期识别和急救。虽然这两种情况都有独特的症状和体征,但任何一种情况都可危及生命。高血糖症(高血糖)可导致糖尿病昏迷或酮症酸中毒。这种情况发生在脂肪酸代谢供能并生成酮类物质时,后者使血液酸性增加。当糖获得太少或进入体内的胰岛素过多时会导致低血糖症,但不论哪种情况,体内葡萄糖含量过低,就会发生胰岛素休克。

高血糖症的症状和体征包括以下:
- 症状发展缓慢。
- 有水果味的呼吸气息(表明酮症酸中毒)。
- 运动员会抱怨极度口渴,并有尿频。
- 恶心和 / 或呕吐。
- 意识丧失。

高血糖的管理涉及以下几点:
1. 呼叫紧急医疗救护。
2. 治疗休克与监测生命体征。

低血糖症的体征和症状包括以下几点:
- 症状发展迅速。
- 运动员可能出现异常行为,如出现攻击行为或意识错乱,然后意识丧失。
- 大量出汗。
- 运动协调丧失。
- 极度饥饿。

低血糖管理包括以下几点:

1. 如果运动员神志清醒,立即给予含糖食物或饮料——例如苏打水或果汁。

2. 如果运动员在几分钟内没有好转,就呼叫紧急医疗救护,治疗休克,并监测生命体征。

关键词

青少年型糖尿病(1 型)[juvenile-onset diabetes (type 1)]:胰岛素依赖型糖尿病,通常发生于儿童和青少年。身体不能产生胰岛素。

成人型糖尿病(2 型)[adult-onset diabetes (type 2)]:非胰岛素依赖型糖尿病。身体不能产生足够的胰岛素或身体不能正常使用胰岛素。

高血糖症(hyperglycemia):血糖水平过高。

低血糖症(hypoglycemia):血糖水平过低。

糖尿病休克(diabetic shock):由于血液中不正常的高糖含量和低胰岛素水平而引起的休克。

酮症酸中毒(ketoacidosis):胰岛素缺乏时的代谢过程。脂肪酸被用来提供能量,代谢过程中产生酮体。结果是出现定向障碍和呼气带有烂苹果味。

胰岛素休克(insulin shock):血液中不正常的低糖含量和较高的胰岛素水平引起的休克。

癫痫(epilepsy):一种慢性疾病,其特点是突然发作的脑功能障碍,包括意识改变、运动异常、感觉异常和 / 或不适行为。

癫痫发作(seizure):突然出现的不协调的肌肉活动和意识变化,持续时间不可预测。

涵盖糖尿病相关紧急情况主要治疗方法的管理流程如图 19.2 所示。

第五节 癫痫与运动参与

癫痫是一种与系列症状相关的大脑紊乱。最广为人知的症状是癫痫发作与大脑突然阵发性放电相关的行为或内心状态的突然变化(Gates,1991年)。癫痫发作有多种形式,涉及运动系统、知觉,甚至运动员的情绪。癫痫并不像大家所认为的那样普遍,一般人口中每 1 000 人中只有 5 人受影响(van Linschoten 等,1990 年)。

教练或体育老师在运动员中可能遇到三种癫痫发作形式(Gates,1991 年)。第一,广义的强直阵挛

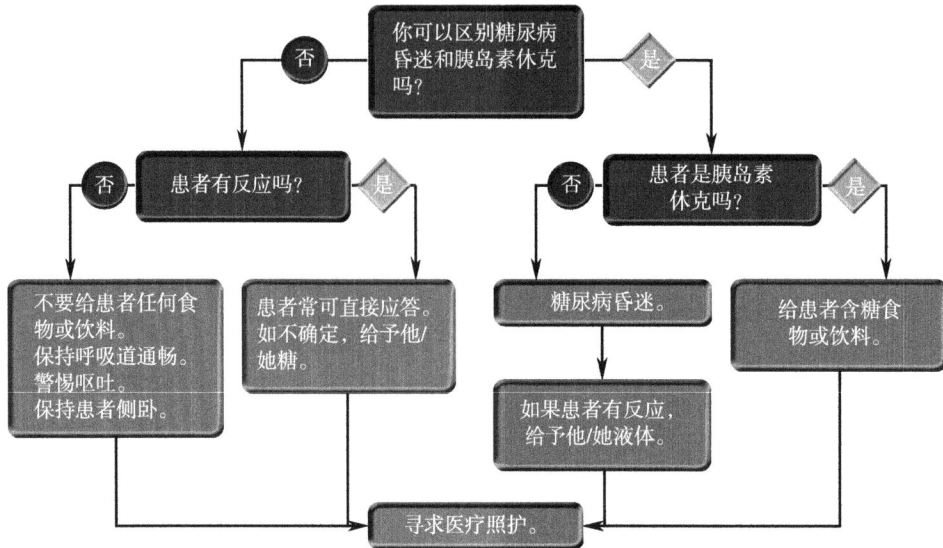

图 19.2　糖尿病紧急情况的急救程序

性发作即所谓的癫痫大发作，可能涉及癫痫最典型的症状（Dubow 和 Kelly，2003 年）。癫痫发作的特点是全身抽搐，包括摔倒在地，手臂和腿部不受控制地抖动，以及身体抽搐。癫痫发作期间，患者意识丧失，但可以睁眼，从而造成患者是清醒着的错觉。典型的广义强直阵挛性（癫痫大发作）发作持续 2~5 分钟。第二种类型叫作失神发作，以前称为癫痫小发作（Dubow 和 Kelly，2003 年）。典型的症状是突然丧失对周围环境的感知，并持续几秒钟的茫然凝视。在癫痫发作后，患者会立即恢复，但对刚发生的事可能一无所知。第三种形式称为复杂部分性发作（Dubow 和 Kelly，2003 年）。患有这种疾病的运动员会突然失去与周围环境的接触，并表现出各种异常行为，包括喃喃自语、穿脱衣服，或者明显随机地四处走动。这种类型的癫痫发作可能持续 5 分钟，随后运动员恢复，但会意识不清，迷失方向，可能持续很长一段时间。癫痫发作期间，运动员对活动没有任何记忆。

从教练的角度来看，对患有癫痫病的运动员，必须考虑两个主要问题——所选活动的安全性，以及癫痫发作时适当的急救措施。关于哪些活动可能对患有癫痫症的运动员构成风险，社会与医学界提出了许多疑问。随着抗癫痫药物的出现，绝大多数的运动员可以控制癫痫发作。据报道，超过一半的患者服用抗癫痫药物可以免受癫痫发作；另外 30% 的癫痫患者将不会再经常发作（Gates，1991 年）。普遍的医学证据表明：患有癫痫的运动员的高风险活动包括水上运动、会跌倒以及有接触和碰撞可能性的运动（Gates，1991 年；van Linschoten 等，1990 年）。

显然，当运动员在水中癫痫发作时会有溺水的危险；因此，可能遭受癫痫发作的运动员应该与同伴一起游泳，并提醒泳池的工作人员。然而，人们普遍认为，患有癫痫的年轻运动员，如果对水上运动感兴趣，比如竞技性的游泳，其运动的好处远远大于任何风险。

运动员如果对可能会导致危险的、可能会摔倒的运动感兴趣，比如骑自行车、滑冰或者速度滑冰、跳伞、骑马，应当劝阻其参与（Dubow 和 Kelly，2003 年）。在这样的活动中，与癫痫相关的伤害风险超过了运动参与可能带来的任何好处。一个长期的误区是，人们认为患有癫痫的运动员不应该参与接触和碰撞运动，因为大脑的潜在震动可能会增加癫痫发作的可能性。然而，科学研究并不支持这个假设；事实上，癫痫患者参加此类运动的风险并不比其他任何人高（Dubow 和 Kelly，2003 年；Gates，1991 年）。所以，私人医师、家长和运动员应该共同协作，作出合理的运动参与决定。当然，患有癫痫的运动员参与接触性运动时应采取与其他运动员一样的安全防护措施，包括戴头盔、面罩和牙套。

任何患有癫痫的青少年都不应该被排除在大多数学校或社区体育项目之外。事实上，这样的孩子可以从参与的运动中受益很大，特别是关系到他们的自尊和身体素质（Dubow 和 Kelly，2003 年）。在运动员癫痫发作的情况中，指导人员对所有运动参与者进行癫痫教育是很重要的。这样，队友的恐惧和焦虑就可以最小化了。

对癫痫发作时的急救照护是由癫痫发作的类型和当前的情况决定的。显然，发生在水中的全身强直阵挛性癫痫的急救措施与发生在摔跤台上的复杂部分癫痫发作的急救措施完全不同。大多数情况下,任何类型癫痫发作的急救都包括保护运动员免受自我伤害,然后是精神上的支持。拓展知识19.3中提供了对癫痫发作运动员的适当急救措施。

拓展知识19.3　运动员癫痫发作急救措施(全身强直阵挛癫痫发作)

教练组成员应该知道他们的团队中有谁患有癫痫、癫痫发作的类型,以及运动员服用的任何相关药物。

请记下癫痫发作的开始时间,最好一分不差,因为这是非常重要的信息,用来传递给患者和任何更好的医疗服务提供者。

如果癫痫发作在水中环境,首要任务是必须立即将受害者从水中移出并保持呼吸道通畅。

要求其他运动员离开受害者,恢复他们的训练和/或与项目相关的活动。

在癫痫发作期间不要试图去控制运动员。

不要把任何东西放在患者的嘴中,压住舌头的力量反而会伤害牙齿或下巴。癫痫发作的患者并不会咽下自己的舌头。

去除脖子周围任何可能限制呼吸的衣物。

将潜在有害的物体移离运动员所在区域。

如果运动员没有戴头盔(足球、曲棍球、冰球等),在运动员的头部下方放置一些柔软的东西。

当癫痫发作时,将运动员侧躺,有时称之为"恢复姿势"。

当运动员恢复意识时,一定要提供精神上的支持,并治疗任何发作引起的伤害或休克的症状与体征。

出现以下情况,则启动紧急救援计划,包括联系紧急医疗服务:

- 癫痫发作时间超过5分钟。
- 患者呼吸困难。
- 再次出现癫痫发作。
- 受伤并需进一步治疗。
- 患者在癫痫发作结束后仍然昏迷。

运动防护师开讲

Courtesy of Ronnie P. Barnes, New York Giants.

最近,一位19岁女大学生因不明心脏状况而死于大学足球训练,我与她母亲进行了谈话。尽管在25岁以下的运动员中,体育运动和剧烈训练的非创伤性死亡是罕见的,但偶尔也会出现在12岁的年轻人身上。

每年对参加任何体育项目的人进行体格检查,包括对个人史、家族史及马方综合征的筛查,是非常重要的。家长、教练和青少年体育管理者应该意识到运动中存在固有的风险。巴里·马隆博士所做的一项研究显示,在3~19岁的青少年中,有25人死于心搏骤停,其中包括24名男性和1名女性。这些死亡都发生在运动员剧烈运动时,胸部受到了意外撞击之后发生的。也有报道运动员在没有外伤的剧烈运动后死亡。我们谁也不能忘记弗罗·海曼在一场国际排球赛中死亡、Hank Gathers在一场篮球比赛中死亡,以及Reggie Lewis、Pete Maravich在即选篮球比赛(Pickup Basketball Games)中死亡。

这些死亡是罕见的,不应因此贬低体育锻炼的积极意义,但应加强我们对季前体检重要性的认识。

—Ronnie P.Barnes

Ronnie P.Barnes 是纽约巨人队(New York Giants)首席运动防护师。

复习题

1. 缩略词 URI 和 LRI 的定义。
2. 什么类型的微生物与呼吸道感染有关？
3. 定义肠胃炎。
4. 简要描述美国莱姆病的历史。
5. 莱姆病的传播方式是什么？
6. 描述莱姆病的主要症状和体征。
7. 是非题：莱姆病是由病毒引起的。
8. 描述 MRSA 的主要症状和体征。
9. 是非题：MRSA 不会在人与人之间进行传染。
10. 是非题：当试图防止 MRSA 传播时，所有清洁剂都可以被用来清洁运动员身体表面和运动器材。
11. 传染性单核细胞增多症的病原体是什么？
12. 碰撞运动和单核细胞增多症有哪些相关风险？
13. 描述 EIA 的常见体征和症状。
14. 教练如何帮助遭受 EIA 的运动员？
15. 哪些种族可能携带镰状细胞特性（SCT）？
16. 什么条件可能导致镰刀细胞危象？
17. 描述几种可以防止 SCT 运动员发生镰刀危象的方法。
18. 糖尿病运动员血糖值的建议水平是多少？
19. 列出高血糖体征和症状。
20. 列出低血糖体征和症状。
21. 以上两种病症的现场治疗方法有何区别？
22. 定义癫痫。
23. 癫痫发作的运动员的处置指南是什么？

（广东体育职业技术学院　付德荣）

参考文献

Afrasiabi R, Spector SL. (1991). Exercise-induced asthma. *Phys Sportsmed.* 19(5):49–60.

American Academy of Orthopaedic Surgeons (AAOS). (1991). *Athletic Training and Sports Medicine.* Park Ridge, Ill: American Academy of Orthopaedic Surgeons.

American Diabetes Association. (n.d.). Diabetes basics. Available: http://www.diabetes.org/diabetes-basics/?loc=GlobalNavDB.

Anderson CR. (1992). A runner's recurrent abdominal pain. *Phys Sportsmed.* 20:81–83.

Benenson AS (ed.). (1975). *Control of Communicable Diseases in Man.* Washington, DC: American Public Health Association.

Centers for Disease Control and Prevention. (2011). First aid for seizures. Available: http://www.cdc.gov/epilepsy/basics/first_aid.htm.

Centers for Disease Control and Prevention. (2013a). Methicillin-resistant *Staphylococcus aureus* (MRSA) infections. Available: http://www.cdc.gov/mrsa/.

Centers for Disease Control and Prevention. (2013b). Tickborne diseases of the United States: A reference manual for health care providers. Available: http://www.cdc.gov/lyme/resources/TickborneDiseases.pdf.

Dubow J, Kelly J. (2003). Epilepsy in sports and recreation. *Sports Med.* 33(7):499–516.

Eichner ER. (1993). Infection, immunity, and exercise: What to tell patients? *Phys Sportsmed.* 21:125–133.

Eichner ER. (1996). Infectious mononucleosis—recognizing the condition, reactivating the patient. *Phys Sportsmed.* 24:49–54.

Gates JR. (1991). Epilepsy and sports participation. *Phys Sportsmed.* 19:98–104.

Halvorsen FA, Lyng J, Glomsaker T, Ritland S. (1990). Gastrointestinal disturbances in marathon runners. *Br J Sports Med.* 24:266–268.

Horton ES. (1989). Exercise and diabetes in youth. In: Gisolfi CV, Lamb DR (eds.), *Perspectives in Exercise Science and Sports Medicine, Vol. 2: Youth Exercise and Sport* (pp. 97–113). Indianapolis, Ind: Benchmark Press.

Jimenez C, Corcoran M, Crawley J, Hornsby, Jr WG, Peer K, Philbin R, Riddell M. (2007). National Athletic Trainers' Association Position Statement: Management of the athlete with type 1 diabetes mellitus. *J Athl Train.* 42(4):536–545.

Karacbey K, Saygin O, Ozmerdivenli R, Zorba E, Godekmerdan A, Bulut V. (2005). The effects of exercise on the immune system and stress hormones in sportswomen. *Neuro Endocrinol Lett.* 26(4):361–366.

Lacroix VJ. (1999). Exercise-induced asthma. *Phys Sportsmed.* 27(12):75.

Leaver-Dunn D, Robinson JB, Laubenthal J. (2000). Assessment of respiratory conditions in athletes. *Athletic Therapy Today.* 5(6):14–19.

Lemanske RF, Henke KG. (1989). Exercise-induced asthma. In: Gisolfi CV, Lamb DR (eds.), *Perspectives in Exercise Science and Sports Medicine, Vol. 2: Youth Exercise and Sport* (pp. 465–596). Indianapolis, Ind: Benchmark Press.

Martin D. (2011). Sickle cell trait. In: *National Federation of State High School Associations Sports Medicine Handbook* (4th ed., pp. 113–115). Indianapolis, Ind: National Federation of State High School Associations.

Mayers LB, Rundell KW. (n.d.) Exercise induced asthma. *ACSM Current Comment.* Available: http://www.acsm.org.

McKeag DB, Kinderknecht J. (1989). A basketball player with infectious mononucleosis. In: Smith NJ (ed.), *Common Problems in Pediatric Sports Medicine* (pp. 191–203).

Chicago, Ill: Year Book Medical Publishers.

Miller M, Weiler J, Baker R, Collins J. (2005). National Athletic Trainers' Association Position Statement: Management of asthma in athletes. *J Athl Train.* 40(3):224–245.

National Athletic Trainers' Association. (2005). Official Statement from the National Athletic Trainers' Association on Community-Acquired MRSA Infections (CA-MRSA). Available: http://www.nata.org/sites/default/files/MRSA.pdf.

National Collegiate Athletic Association. (2012). *Sports Medicine Handbook* (2012–2013). Indianapolis, Ind: National Collegiate Athletic Association.

Nelson MA. (1989). A young gymnast with an acute upper respiratory infection. In: Smith NJ (ed.), *Common Problems in Pediatric Sports Medicine* (pp. 204–209). Chicago, Ill: Year Book Medical Publishers.

Pedersen B, Hoffman-Goetz L. (2000). Exercise and the immune system: Regulation, integration, and adaptation. *Physiol Rev.* 80(3):1055–1081.

Pinger RR, Hahn DB, Sharp RL. (1991). The role of the athletic trainer in the detection and prevention of Lyme disease in athletes. *Athletic Training.* 26:324–331.

Purcell L. (2007). Exercise and febrile illnesses. *Paediatr Child Health.* 12(10):885–887.

Rice S. (2008) Medical conditions affecting sports participation. *Pediatrics.* 121(4):841–848.

Robbins DC, Carleton S. (1989). Managing the diabetic athlete. *Phys Sportsmed.* 17(12):45–54.

van Linschoten R, et al. (1990). Epilepsy in sports. *Sports Med.* 10:10–19.

Weidner TG, Anderson BN, Kaminsky LA, Dick EC, Schurr T. (1997). Effect of rhinovirus caused upper respiratory illness on pulmonary function test and exercise response. *Med Sci Sports Exerc.* 29(5):604–609.

Weiler JM. (1996). Exercise-induced asthma: A practical guide to definitions, diagnosis, prevalence and treatment. *Allergy Asthma Proc.* 17(6):315–325.

第二十章

青少年运动员的特殊医疗问题

本章主旨

　　大约 3 500 万年龄在 5~18 岁之间的年轻人参加国家范围内有组织的各种各样的体育运动（Statistic Brain，2013 年）。6 岁的孩子里有 60% 的男孩和 47% 的女孩在运动队伍里。外加 760 万的孩子参加中学资助的活动。这么大的参与人数导致相当惊人的受伤数据。据估计每年儿童和青少年中大约有 350 万个损伤案例。青春期前女孩和男孩面临同样的运动损伤风险。青春期中，男孩比女孩更多地出现损伤而且更严重。最近的损伤数据显示，20 岁以下的孩子中有 270 万的孩子因为运动和娱乐受伤而接受治疗，所有脑外伤中有 21% 与此有关。

　　尽管年轻运动员在所有体育参与者中遭受的伤害最多，但他们得到的医疗照护往往有限。运动医学提供者的可用性和专业知识，包括医师、认证委员会（BOC）认证的运动防护和理疗师，随着运动员达到更精英的比赛水平而增加。因此，相对较少的参加奥运会和专业级别比赛的运动员可以无限量地获得专业医疗照护。大学生运动员通常有一名全职运动运动防护师和一名或几名繁忙的队医提供服务。高中阶段的情况发生了巨大变化，因为少数学校雇佣运动防护师来照顾数百万体育参与者。在青年体育方面，很少有受过训练的医务人员参与。因此，教练和家长经常被留下来为受伤的运动员提供基础照护。

第一节　美国的青少年体育

一个世纪以来有组织的青少年体育已经成为美国文化的一部分。因为 19 世纪美国变得更加工业化和城市化，当地学校和教堂形成青少年体育组织，以通过体育活动来帮助青少年"培养人格"。在 19 世纪 90 年代，基督教青年会（Young Men's Christian Association，YMCA）首先为青年男性提供了彼此竞技的机会。1903 年纽约城市公立学校运动联盟的成立迎来了 20 世纪前半叶有组织参与运动的大爆发，并以 1939 年棒球小联盟的成立达到高潮。由于法律和社会的障碍得到克服，人们发现在 20 世纪 70 年代，女孩和年轻女性涌入以男性为主导的青年体育文化中去（Title IX Info，2013）。但是多年以来一直存在着对青少年运动的抵制，很多教育领袖反对比赛并声称它有潜在的有害的生理影响。教育家也观察到沉浸在有组织的体育运动中，孩子们相应的自由活动时间在减少。他们害怕"青春期前特殊性"在特定的运动中会导致损伤并妨碍儿童正常的身心发展。正式的预算被削减，导致体育课从课程表中被剔除。基于这些案例，很多正式的小学运动项目被解散，开始一个哲学的转变，而这个转变在很多年后都对青少年体育有着影响。在学校为年轻参与者而资助的运动项目中，体育教师和其他教师开始扮演日渐减少的教练角色，从而让成千上万的父母和其他志愿者代替了他们的位置。不幸的是，这些满怀好意的志愿者大多数在教练或儿童成长阶段方面并没有接受过正规的训练。结果就是，对于年轻运动员竞争中出现的身心损伤的关注在不断增加。对应这样的关注，如很多年轻棒球和橄榄球联盟停止记分或记录胜负。棒球小联盟建立投球数，鼓励更多运动员不要过早地进行专项化训练。尽管这些反对存在，但是青少年运动却更流行了。在近期的调查显示，34% 的女孩和 61% 的男孩说运动是他们生活中的一大部分（2013 年）。

第二节　青少年体育参与的影响因素

为什么儿童和青少年参与有组织的体育活动？有很多种答案。不足为奇，很多年轻运动员参与运动的动机是得到快乐。经常被提到的理由是通过参与团队活动可以交到朋友，发展技能和提高体能

（Pommenng.n.d）。密西根州立大学的研究者发现在城市环境中青春期前的男孩可以从体育运动中受益，因为更多角色的运动参与可以减少帮派的参与（ISYS，2013 年）。

最终，几乎一半的青少年在运动中没能继续他们一开始参加的运动直到赛季结束。不幸的是，这么做的理由相对少，害怕损伤是高中生退出体育活动最常见的因素。缺少活动时间、过度强调竞争、不喜欢教练员也是高中生常提到的原因。可悲的是，男孩女孩中人数自然流失的原因是"没意思"（Kelley 和 Carchia，2013 年）。

第三节　青年运动损伤的流行病学

在练习或比赛过程中损伤范围的跨度可以非常大，从灾难性的损伤到短时间的损伤。灾难性的损伤典型分类包括死亡、非致命（影响生活的并发症）和严重的损伤（有明显的时间损失）（MUELLER，2012 年）。MUELLER 指出 2010 年高中橄榄球比赛中有 22 起严重损伤，其中 2 起致命，10 起非致命，还有 10 起严重损伤并康复。相比较而言，在 2010—2011 年间女性高中生啦啦队长们发生了 1 起非致命损伤；但是，在 2005—2006 年有 1 起致命和 10 起啦啦队员损伤的事件发生。在 1982—2011 年整段时间内，高中女生有 128 起直接灾难性损伤（致命、非致命和严重），女大学生仅有 51 起严重损伤。与大学设置相比，高中环境中这些损伤多数与缺乏监管，运动员、教练员没有经验和缺乏正确的获得健康照护的管道有关。

在高中非灾难性损伤也非常普遍，似乎时间安排（训练和比赛）、队伍和性别特殊因素与不同的受伤率有关。在 1 年当中，9 个男孩与女孩的运动项目中，每 1 000 运动暴露的受伤率，在比赛中（4.63）高于训练中（1.69）（Rechel，Yard 和 Comstock，2008 年）。在 2008—2011 年的 3 年中，大约 10% 高中的运动损伤是骨折，是男孩参与的体育项目（美式橄榄球和冰球）中最高，也比女孩的体育项目伴随的受伤概率高，在比赛中的受伤概率高于训练中（Swenson 等，2012 年）。在 1 年的跨度中，高中运动员中大概 53% 的损伤是急性的下肢损伤。参加橄榄球运动的男孩有着最高受伤率，而踢足球的女孩有着最高受伤率。在季末下肢损伤率上，女孩比男孩高出 1.5 倍（Fernandez，Yard 和 Comstock，2007 年）。急性损

伤不是典型的损伤,过度训练和重复性的疲劳损伤涵盖了 50% 的儿科运动相关损伤(Valovich Mcleod 等,2011 年)。健康照护提供者、教练、体育老师和父母都可以用这些数据在运动参与过程中保护青年运动员。

旨在教育大众青少年体育运动中损伤的发生率及类型,最近成立了两个联合会。联合会的总体目的是增加关于运动损伤预防、辨识和治疗的知识,以便运动生涯甚至生命就能得到挽救。青少年体育安全联盟(The Youth Sports Safety Alliance。官网为 http://www.youthsportssafetyalihance.org)和停止运动损伤(STOP Sports Injuries,STOP 是运动创伤"Sports Trauma"、劳损"Overuse"和预防"Prevention"的英文字首。官网为 http://www.stipsportsinjuries.org。)都是提供了有价值信息的网站,信息关乎不同项目和在保障运动员安全参与体育活动时教练、家长和运动员能扮演的角色。青少年体育安全联盟由美国国家运动防护师协会(National Athletic Trainers' Association,NATA)发起,并带来了超过 100 个关心青少年运动员的组织。在拓展知识 20.1 中列出了几种活动声明。STOP 运动损伤由美国运动医学骨科协会(the American Orthopaedic Society for Sports Medicine,AOSSM)于 2007 年发起,并由几家其他医学和竞技体育组织加入。

第四节 发育中的运动员

一、青春期

在进行常见损伤模式的讨论之前,理解成长中的运动员的独特性是必需的。人们常说孩子不是"小成人",这句话用在哪儿都适用,但用在运动员身上更合适。感情上和生理上,与成年人相比,孩子和青少年对激烈体育活动的反应有着天壤之别。

在达到生理成熟之前,青少年运动员的身体处于变化中。成长和发展发生的变化是持续的。青春期的定义是,孩子第二性征发育的一个时期,并伴随着身高的增长,肌肉量增加而增长。青春期通常开始的平均年龄,女孩是 10 岁,以胸部的发育为特征。男孩的青春期开始于 12 岁左右,以睾丸增大为第一体征。青春期的生长为最后成人身高贡献了 20%。普通的男孩在 10~17 岁之间总肌肉量增加了 1 倍。青春期可以持续 3~6 年。

在青春期的早期身高发育加速,女孩 12 岁和男孩 14 岁是他们身高高速增长的平均年龄。年轻女性,这个时间于月经初潮前出现。通常月经在胸部发育后的 2 年开始。很多女孩在月经初潮后身高的增长不会超过 5cm。男孩在青春期达到峰值身高速度的时间比女孩晚,对应谭纳标准(Tanner stage)阶段 3 或阶段 4 的性成熟(接近成年的阴毛分布和生殖器发育)(Morris & Udry,1980 年)。在身高增长峰值(Peak height velocity,PHV)阶段,身高可达每年 10cm 线性增长率。

拓展知识 20.1　青少年体育安全联盟声明

● 确保青少年运动员得到有资质的健康专家的照护。

● 教育大众关于运动损伤的症状、表现和条件。

● 保证对所有的运动员执行青春期前测试和合理的基础测试。

● 确保运动器材、装备、场地表现和环境条件得到检查并处于最佳状态。

● 强调关于青少年运动损伤的研究得到支持和发表。

● 支持运动相关的灾难和死亡案例在国家范围建档。

● 请求在每一项运动赛事和场馆中都有合适的应急方案、安全协议和应急步骤。

● 淘汰没有进行评估的"在疼痛中玩耍"的文化理念。

● 确保关于一般的和专项的运动安全教育,每一个管理者、教练、家长、运动员都有优先权。

● 由青少年体育安全联盟运动声明调整。https://www.youthsportssafetyalliance.org/call-to-action.

_____
已评估:2013 年 9 月 28 日。允许使用。

二、生长

骨长度的增加来源于长骨终端(生长板)。尽管有着相当复杂的结构,但是生长板基本上是一个排列着软骨基质的原子框架,它的层层铺设让骨可以纵向生长。每一层都经历了一系列软骨转换,以完整的骨化告终(新骨的形成)。所有的骨持续增长开始于胚胎的发育,但青春期标志着骨成长的快速阶段。一旦生长关闭,骨的生长也结束了,这也标志着骨骼成熟的实现。全骨骼发育的平均年龄女孩大约在 14 岁,男孩在 16 岁,但也可能存在变异性(Micheli,1991 年)。

骨骺、隆起、长骨表面的关节面是三种关键的解剖结构,在青少年运动员极易损伤(图 20.1)。这三者组成了软骨。粗隆代表这个点有大的肌肉韧带黏附在骨上。在结构上与软骨相似,这些肌腱附着点已经成熟,并完全在软骨闭合前骨化。关节软骨在青少年运动员可能对于应力损伤更为敏感,因为表面和下面的基质还没有成熟。因此,它可能不能像成年人的组织那样减少压力。

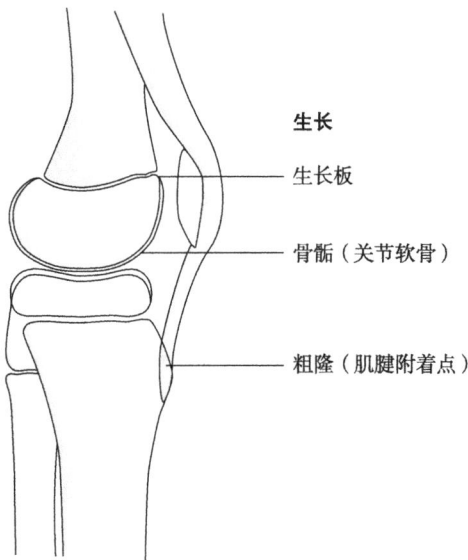

生长
生长板
骨骺(关节软骨)
粗隆(肌腱附着点)

图 20.1 长骨,显示骺板、关节软骨和粗隆

不像长骨,骨骼肌没有相应的"成长中心"。事实上,肌肉的增长与肌肉外形的增长是以相同的模式——它们都对增加的外力作出反应。骨渐渐地增长也刺激肌肉相应地增长。因此在长度上,肌肉滞后于骨骼的生长,这导致了潜在的损伤,特点是在快速生长时期(Micheli,1991 年)。

第五节 损伤机制

宏观损伤和微观损伤是运动中常见的两种基本损伤类型。宏观损伤来自单次、大力的外伤事件。如包括混合性和伴随性骨折、关节脱位、肌腱或韧带撕裂。尽管青少年运动员可能受到这些损伤,但是比起韧带撕裂或长骨骨干骨折,生长板更容易出现创伤。不管什么结构,当被施与外力时,最薄弱的点就是最有可能受到损伤的点。生长板内软骨的生长比强壮的骨骼和关节能承受的阻力更小(Micheli,1991 年)。研究没有显示有组织的体育活动比自由活动或其他娱乐活动导致更多的损伤。微观损伤或劳损来自局部组织慢性的、重复的压力。劳损在儿童青少年中逐渐普遍起来并成为青少年运动员的主要损伤。这些损伤是重复活动或组织慢性次最大负荷的结果,像投球、游泳、长跑。多种因素,包括训练错误、不正确的技术、过量的训练、休息不足、过早专项化,肌肉力量弱或不平衡都能导致这些损伤(Valovich McLeod 等,2011 年)。本章还将更多地讨论这些因素。

一、韧带损伤

严重的韧带损伤在青少年运动员并不多见,但还是会有。在骨骼成熟和长骨比较有弹性之前韧带松弛性的增加,与韧带损伤有关。正如前面讨论过的,比起韧带,长骨生长板能对抗的阻力更小,在很多情况下都成为损伤点。生长板可能扮演的是一个吸收力的角色。例如,如果一个青少年运动员膝受到外力冲击,外翻力将极有可能导致股骨远端或邻近的胫骨平台骨折,而不是内侧副韧带扭伤,这在骨骼已经成熟的运动员比较多见(图 20.2)。

但是,大量增加的证据支持这样一个事实:青春期前韧带损伤的发生可能比之前想得更普遍。青春期生长发育期之前,骺板和它在骨上的附着点可能比韧带更强壮(Adirim 和 Cheng,2003 年)。在评估青少年潜在的韧带损伤时,基本原则是永远不要忘了比较损伤的关节和对侧关节。由于不成熟关节增加的松弛,检查者可能一开始怀疑韧带断裂。在对侧关节也会发现同样的松弛。

二、肌腱损伤

人们已经意识到对于不成熟的骨粗隆处来说,慢性的、微小的损伤最终会导致发炎。在 1903 年,Osgood 和 Schlatter 描述了胫骨结节的牵拉损伤并把这种状况命名为 Osgood-Schlatter 病（Osgood，1903 年）。其他常见受牵连的点包括跟骨（病）和肱骨内侧（小联盟肘）（表 20.1）。骨突损伤为成长期的运动员损伤的多种原因提供了非常好的例子。正如讨论的那样，肌肉长度对骨的生长产生回应。因此，肌肉比必要的长度要短，使得一个敏感期存在。隆起处重复的活动导致持续的张力。在这种持续的牵引下，生长软骨基质薄弱点就会出现，并以炎症、疼痛和功能丧失为终结（Adirim 和 Cheng，2003 年）。

表 20.1	
常见的骨突炎位置	
解剖位置	问题
胫骨结节	Osgood-Schlatter 病
髌骨	Sinding-Larsen-Johansson 病（SLJ）
跟骨	跟骨点顶点炎
肱骨内侧远端	小联盟肘
第五跖骨基底	Iselin 病（第 5 中足骨基部骨端症）
髂脊	髂骨骨突炎
坐骨结节	坐骨骨突炎

青少年运动员对于隆起处快速的骨生长的过度训练、糟糕的技术和长期错误使用给关节造成破坏性的力，最后形成损伤（Valovich McLeod 等，2011 年）。宏观损伤也可能发生在隆起处，但不常见。高张力导致的损伤也可能导致骨突的生长软骨完全分裂，相当的张力在青春期可导致肌腱完全撕裂。隆起损伤的治疗初期与其他肌骨损伤的治疗相似。牵拉涉及的肌肉，改变活动水平，服用消炎药物都对此有帮助。跟骨骨突炎可以在受牵连的脚脱鞋时来进行检验。足跟抬起功能性地缩短，腓肠肌和比目鱼肌的牵拉，减少了跟骨骨突的张力。

三、生长板损伤

生长板的损伤可能是宏观的也可能是微观的。20 世纪 60 年代 Salter 和 Harris（1963 年）把生长板损伤后的损伤模型分为五种。Ⅰ 型骨折是最常见的生长板损伤，它以软骨区从骨上分离为代表、表现（图 20.2）。诊断一般是基于物理检查的发现，因为射线照片是典型的检查手段。当一个运动员有了关节损伤，但主要伴随骨远端和近端的柔软，而且关节检查正常时就应该怀疑这种损伤的存在。远端的尺

骨和桡骨损伤就比较多见。治疗包括固定 4~6 周，而且很少有并发症。

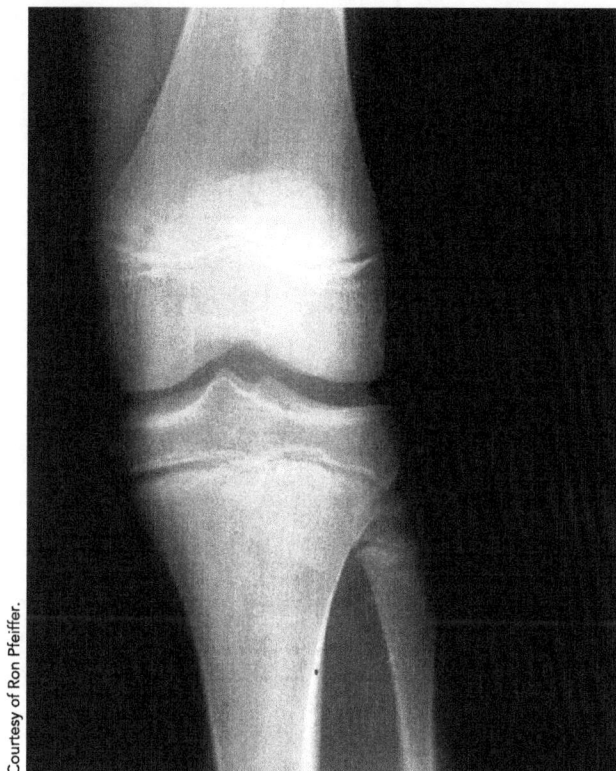

Courtesy of Ron Pfeiffer.

图 20.2　一位骨骺发育不全的运动员胫骨生长板骨折的应力 X 线检查没有由放射技师对胫骨内侧施加的应力，很难看到骨折

在 Salter-Harris 骨骺骨折分型中，损伤类型的数值越高证明越严重。Ⅲ 型和Ⅳ 型涉及骨的关节面，通常需要手术修复。Ⅴ 型损伤是生长板压缩，对青春期结束和生长停滞有影响。很多年来另一种生长板损伤才被人们认识到。慢性的、重复的生长板轴向负载导致了微观损伤并导致生长停滞。这种损伤在体操运动员中比较常见，与缩短的桡骨相比，他们手桡侧倾仅次于尺骨的过度生长。

在过去的几十年间，出现了大量的生长损伤分类系统。Salter-Harris 分型经受住了时间的考验并成为最常用的系统，但它仍不能充分地解释所有可能的骨折分类。因此，两个增加的生长损伤分类受到特别关注。Rang 和 Ogden（1981 年）描述了一种发生在生长板的软骨膜区域的损伤（图 20.3）。在 20 世纪 90 年代早期，彼得森（1994 年）提出了一个分类系统，与索特系统有很多相似之处。他主要增加的内容是彼得森 Ⅰ 型骨折——骨骺的贯穿骨折伴随生长板内的纵向伸缩，常见于尺骨的远端（图 20.4）。

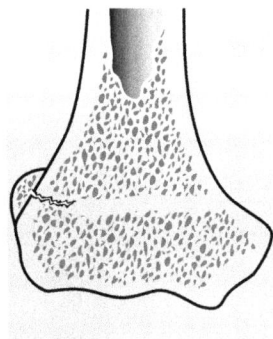

图 20.3 Rang-Ogden Ⅳ型损伤

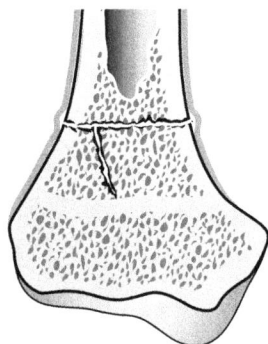

图 20.4 彼德森 Ⅰ型损伤

关键词

骨突炎(apophysitis):骨突的炎症。

怎么办?

一名 15 岁的擒抱橄榄球运动员,一名线卫,在混战中被卷入到擒抱之后,严重地一瘸一拐地走向场边。他报告说膝盖严重扭曲。并且他经历了一次伤害事件。他注意到膝关节沿着胫骨顶部的压痛。他仅仅用伤腿站立时,疼痛都很剧烈。根据本章所提供的信息,鉴于这位运动员的伤病史、症状和体征,你会得出什么结论?

四、生长软骨

骨关节面上覆盖有软骨。不成熟的生长板与成年人的生长板在生物力学和生物学上有着巨大的区别。增加以提供低摩擦的关节面,在承重时软骨扮演着吸收和分散外力的作用。生长软骨比它成年后要软并易使下面的组织损伤。尽管没有前面提到的两种损伤那么常见,但是这种损伤还是会发生。典型例子是在棒球小联盟球员肘部发现的桡骨头小头软骨炎。这样的损伤可能对关节面长期损伤带来影响。

第六节 损伤的原因

全国范围内的运动医学专家已达成共识:自 1990 年起儿童青少年的运动相关损伤大幅度地增加。这是多种原因导致的。而且可以将这些原因简单地分为两类:内在因素和外在因素。内在因素是个体生物的心理特点,与内部因素相关,如年龄、能力、力量或是灵活性。而外在因素与外部因素有关,例如场地或环境(Caine 等,2008 年)。虽然存在很多因素,这里讲的是,最重要的和最有义务去改变的因素。值得一提的是,很多损伤是多种原因的结果而不是单一的结果。

一、内在因素

青少年运动损伤最重要的内在因素是成长中的身体本身。生长软骨、骨骼和肌腱单元对损伤的耐受性代表了仅受有限控制的因素。在青春期生长的高峰期,身高速度达到峰值,骨骼暂时多孔,更容易发生骨骺骨折等损伤(Caine 等,2008 年)。但是其他几个内在因素被确定为诱发儿童运动员过度训练。尤其是在前期损伤时扮演着重要角色。前期损伤可以导致包括纤维化在内的组织改变,而这又导致了活动度和功能受阻(Caine 等,2008 年)。例如一个高中越野跑选手有 1/5 的概率在同一个部位再次受伤(Rauh 等,2005 年)。另外,拥有瘦高个子的身体结构、力量小、肌肉灵活度下降、韧带松弛度高的年轻男子,特别容易出现过度使用损伤(劳损)。伴随相对弱的关节和肌肉反复的撕拉,高而瘦的年轻女子同样易于发生过度使用损伤。她们下降的肌肉灵活性经常导致 X 型腿或脚过度内旋(Valovich McLeod 等,2011 年)。例如,膝和脚的生物力学可以影响胫骨内侧应力综合征和应力骨折(Valovich McLeod 等,2011 年)。

二、外在因素

(一)文化去适应作用(cultural deconditioning)

尽管参与有组织的体育活动的年轻人数在增加,但年轻人中肥胖的人数仍保持上升趋势。6~11 岁 20% 的女孩和 17% 的男孩属于肥胖范围(Kelley

和 Carchia,2013 年)。在儿童青少年中,肥胖程度直接与过去看电视的量相关;电子游戏和计算机只是恶化了这一趋势。与此同时,自由玩耍、自发的体力活动正逐渐减少。伴随自由活动的减少,像从一个地点走路和骑车到另一地点这样的简单活动也在减少。超过 31% 的儿童每周 7 天有 30 分钟或更多的身体活动(Valovich McLeod 等,2013 年)。在设定之初,有组织的年轻人活动应该是自由玩耍的附加。不幸的是,有组织的活动成了大多数孩子最多的身体活动。因此,我们明白年轻运动员加入体育运动、基础身体体能或运动技巧的支撑缺乏导致他们易于发生急性和慢性损伤。

(二)训练错误或不正确的技术动作

在年轻运动员的生涯中一个重要的因素就是他 / 她的教练。不幸的是,这是一个全国范围内的有资质个体的短缺,对于承担这一重要角色的教练员需求自 19 世纪 90 年代就翻了 4 倍。3/4 的有氧运动的教练没有接受正式的训练。结果是,很多年轻运动员从没学习过对于他们的项目来说正确的测试方法,也没有学到基础的关键点。另外,运动员和教练们很有可能成为"越多越好"训练哲学的牺牲品。在尝试提高时,完成得更多、更快,但却反过来为损伤提供了温床。

正确地受训与否,很多教练完全没有必备的知识基础,去指导年轻运动员按项目技术或体能训练。没有系统训练的志愿者,他们的训练风格和教练原理经常是基于个体经验,甚至有教练也可能是从观察其他教练来获得的工作技术。伴随保持多年的不正确的理论,这些获取知识的方式都会导致信息错误。力量训练(前面讨论的细节在后面的章节详述)是特别重要的领域,因为不正确的训练会导致严重的损伤。

(三)运动过度训练,休息不足和过早地开始专项

最近美国国家运动防护师协会(Valovich McLeod 等,2011 年)关于儿童运动员的立场声明提出了关于过度训练、休息不足与过早专项化训练的鉴别。这些仅仅是建议,作者注明还需要更多的研究来证实有效性;但是在预防年轻的运动员损伤方面,是他们可以最先着手的地方。(2011 年)建议:

● 儿童运动员应在每周的竞技练习、比赛和运动专项训练中至少有 1~2 天的休息。

● 训练强度、负荷、时间和距离的进展每周只应增加 10%,以达到充分的适应。

● 儿童运动员在每个赛季只能参加一个项目、一支队伍,每周训练、比赛不超过 5 天。

● 儿科运动员应在运动季之间休息,并离开一项特定运动达 2 至 3 个月。

● 如果儿童运动员确实参加了同时或连续的赛季,那么遵循特定活动的累积量指南(例如,投球次数、跑步里程、游泳距离)是很重要的。

停止运动损伤(Oates 等,2011 年)网站就为过度训练和非必要的专项训练的预防损伤提供了有价值的信息。这些信息可以免费下载(http://www.stopsportsinjuried.org/resouces/coaches-curriculum-toolkit/overuse-injuries.aspx)。

(四)装备

尽管没有前面讲述的因素重要,但是运动装备也可以在损伤中扮演角色。橄榄球头盔必须达标并配戴正确。护肩垫必须是正确的型号并且合适。合适的鞋类在年轻长跑运动员下肢损伤中扮演着关键的角色。检查鞋类应检查吸震材料的质量,是否适合脚,代偿韧带改变的能力,特别是在脚跟着地时。

(五)地面

在高中的青年运动水平、运动场地的条件从接近专业到糟糕透顶不等。所有的场地表面在比赛开始之前都应进行检查,以便发现潜在的危险,例如洒水装置的喷嘴、洞和其他物品。

怎么办?

一个 14 岁的女性越野跑选手向你抱怨在过去的 1 周髋部疼痛。她说每次队伍开始强调尽可能抬高膝关节的爆发冲刺时这些症状马上就会出现。当要求她指出疼痛最严重的点,她指的区域是她的右侧髂前上棘。另外,她说简单地抬起右腿,像是把她的膝抬到脸上,都会引起同样位置的疼痛。基于这些信息,给出的这名运动员的受伤史、迹象和症状,你得出可能损伤的结论是什么?

第七节　损伤限制因素

讨论青少年肌骨损伤的时候必须回顾病程条件,它可能最开始表现出与常见损伤相似的身体症状。一条古老的医学格言是这么说的——"普通的

疾病发生得也比较普通。但是我们必须总是考虑不普通条件下普通的表现。"这部分将简单回顾一些病理情况,最开始与肌骨肿瘤相矛盾。还将回顾一些严重的身体状况,可能一开始就会与肌骨肿瘤相混淆。在评估损伤的青少年时,最应考虑的三个原则如下:

1. 与损伤史相关的阳性体征。通常来说,阳性体征应与运动员描述损伤的严重性来比较。发现距腓韧带的完成断裂就会紧跟一个踝内翻,这是一致的。一个相似的损伤后 2~3 天,出现任何全脚严重的敏感、水肿和红疹并不合情理。另外,伴随与损伤一致的阳性检查而没有任何损伤史的话,就应特别关注一个更严重的正在发生的病理变化。

2. 不寻常的局部症状。异常的敏感、红疹或与损伤不成比例的疼痛,这些症状都应引起其他病理学的怀疑。严重的夜间疼痛和晨间疼痛也是典型肌骨损伤不寻常的表现。

3. 系统症状。一个年轻运动员有肌骨疼痛,伴随发热、体重减轻、盗汗、恶心或呕吐的症状,就需要紧急医疗护理和全面的检查。

一、肿瘤学

青少年时期是长骨肿瘤的高发期。这样的肿瘤很少,但病程的早期是典型隐性的,并且症状易被误诊为外伤性病因。骨瘤常常是局部疼痛的结果,软、水肿和夜间疼痛,其他主诉包括发热和体重下降。骨肉瘤通常长在股骨、胫骨、肱骨的骨骺端。尤因肉瘤(恶性毒瘤)在肱骨上发现比较典型。发生在长骨的中段比较典型,但也可能长在骨盆上。诊断要借助 X 线平片并进行活组织检查来确诊。治疗方法是肿瘤切除和密集化疗。5 年存活率是 80%。

二、风湿性疾病

当一个运动员常叙述不止一个关节疼痛或肿胀,特别是不存在肿瘤时,就必须考虑青少年类风湿关节炎(juvenile rheumatoid arthritis,JRA)的诊断,典型的青少年类风湿关节炎涉及少数的关节,特别是下肢骨。受感染的个体最初反映的是早晨醒来关节疼痛、僵硬,随活动增加症状加重,这些症状是渐渐形成的。骶髂关节也可能发炎。尽管对 JRA 的完整回顾超出了我们的讨论范围,但它可能会导致严重的腰痛和下肢疼痛、残疾和其他全身症状(发烧、皮疹)。可通过临床病史和血液测试进行诊断。

三、传染性

血液对骨和生长板供应的变异性,使得年轻运动员比成年运动员更易患骨和关节感染。骨感染(骨髓炎)可能会表现出与骨肿瘤相似的症状,感染伴随发热比较常见。病程早期放射性疼痛比较常见,通过典型的骨科检查或 MRI 作出诊断。治疗一般是进行 4~6 周的抗生素静脉注射。青少年也有局部肌肉感染的风险。化脓性肌炎是由细菌侵入肌肉组织引起的。症状包括发烧、疼痛和局部压痛。可以通过 MRI 进行诊断。治疗通常需要手术引流和 4~6 周的静脉注射抗生素。莱姆病是一种细菌感染,也可表现为牵连关节的和其他系统症状,耐甲氧西林葡萄球菌感染也可以表现出系统症状,但皮肤病变是它的主要特点。

四、神经血管

反射神经性营养不良(reflex neuropathic dystrophy,RND)值得讨论,因为早期的干预和治疗大大促进了症状的解决。尽管确切的发病机制还不清楚,但是通常包括一定程度的心理因素。最常见于年龄 9~16 岁的女孩。RND 之前通常涉及下肢的损伤。剧烈的疼痛和功能失调是主诉。生理发现包括显著的酸软、感觉减退、局部自主功能失调,包括发绀、冷、弥散性水肿或出汗增加在内的系列症状。一旦作出诊断,患者将进入渐进性的物理治疗程序以重获受影响的肢体的功能。治疗也可以包括个人或家庭的咨询。

五、心理

运动医学团队要熟悉运动员的病症或从损伤中获得的收获。但是教练或运动防护师必须观察微妙的变化。有持续的看似小但很麻烦的损伤的运动员,应进一步询问他们的睡眠习惯、活动度和情绪。早醒、较差的睡眠质量(快感缺失)、感觉没有价值,表示存在压抑心理。

第八节　力量训练

近年来,青少年力量训练越来越受欢迎。长期以来,人们一直认为对青少年和青春期前的人来说,重量训练是不必要的,甚至是有害的,现在人们开始关注它的益处、安全性和开始参与的适当年龄

（Faigenbaum，2013 年；Lavallee，2002 年）。研究力量训练后测试损伤发生的偶然性和类型，显示出不同的结果。高的受伤率大多与不正确的监督以及举重技巧和特性、进行奥林匹克举或是最大重量的单次举有关。

在青少年举重中应关注的一点就是因为骨骼未成熟，生长板损伤。尽管力量训练会导致生长板损伤，但是很多损伤仍旧是由于无监督的训练或运动员举最大重量造成的。因为存在潜在的风险，美国儿科学会（American Academy of Pediatrics，AAP）为儿童、青少年力量训练提出限制指南（Sallis 和 Patrick，1994 年）。但是他们也建议在参加激烈的力量训练前应达到 Tanner 5 级成熟标准。除了过于谨慎之外，AAP 的指导方针还存在一个潜在的障碍。对于许多教练和体能专家来说，试图确定运动员是否达到了 Tanner 5 级可能会令人困惑，并可能引发法律问题。有大量文献支持在年轻得多的发育阶段开始阻力训练，很少或没有受伤的风险（Faigenbaum，2013）。因此，应该采用一种更简单的方法。如果孩子们有意愿，能够接受指导，并且能够遵循指导，那么他们应该开始力量训练计划。如果孩子无法接受指导或对力量训练失去兴趣，则应停止该项目。

对一些运动项目来说，潜在的风险是存在的，但力量训练对儿童和青少年都有益。在成熟前，很多收获来自力量训练，并且力量训练对神经适应也有帮助。这些适应可以让年轻运动员成熟后获得更大和更快的肌肥大，因为在成熟前已经进行了学习。

力量训练能预防损伤吗？就像前面提到的那样，力量训练增加神经肌肉的协调、肌肉量和力量。假设其他因素一样，这些神经肌肉适应可以让年轻运动员在他们选择的运动项目中表现得更好。同时，这些适应也可以让他们更少地成为轻外伤或劳损的受害者。力量训练不可能防止所有的严重的发生在项目中的急性伤，但它可以减少运动员受伤的风险。

一、安全

应关注青少年力量训练的安全。一个主要的避免受伤的方法是提供给青年运动员正确的监督和指导。其他的策略可以包括但不局限于此，单次最大力量举的取消、奥林匹克举和爆发举技术的运用限制，并提供安全可替代的举的动作。

就青少年人群的力量训练而言，大家关注的一个方面是关于力量测量的困扰。测量力量主要的方式是通过一次重复最大力量举（1RM）。这种技术常用于深蹲、卧推和其他奥运会或举重。1RM 包括用于移动重物的一次性最大用力。这种一次性的努力需要近乎完美的执行形式，并给身体带来过多的压力。在成年人群中，这可能是一种有效和准确的评估力量的方法，但对青少年来说不是（Faigenbaum，2013）。他们在保持适当技术方面的训练量有限，再加上骨骼发育不成熟，使他们在进行 1RM 时容易受伤。

有评估青少年更好和更安全的方法。这样的技术是 1RM 的替代方法。允许运动员估计最大力量而不增加损伤的概率。可以这样计算：

（举起的重量 × 重复数量 × 0.03）+ 举起的重量 =1RM

尽管这个技术没有奥林匹克或爆发举标准那么准确，但它确实提供了一个更安全的选择来评估青少年人群的力量。

另外一个限制损伤的办法是避免让身体处于一个对关节和肢体不利的位置，这样会增加损伤的风险。下面列举了 4 个错误的例子，以及如何避免错误，正确安全举的技术描述。

关键词

骨髓炎（osteomyelitis）：骨骼发炎或有相关的炎症的骨髓。

脓性肌炎（pyomyositis）：肌肉细菌感染导致 PUS-FILLED 脓肿。

感觉过敏（hyperesthesia）：无痛的刺激变成疼痛。

快感缺乏（anhedonia）：以前感到快乐的活动不再能感到快乐。

二、高位下拉

（一）问题

当重量放置颈后，颈椎是在过度弯曲位。肩关节处于外旋的终末位。所以，手拉杆形成的拉力线与杠铃杆和背阔肌形成的位置关系不能支持背阔肌，也就不能提供有效的阻力。

（二）解决办法

安全地完成此动作的方法是坐下让杠铃杆在头的正上方。肩关节充分打开抓住杆，运动员应该身体微微向后倾以便杆在头的前方经过,把杆直接拉到下巴的水平。这样是背阔肌的最佳力线,并能减少对肩关节的压力。在完成这个练习时,躯干不要前后摇晃,以避免下背疼。

三、卧推

(一)问题

肩关节的过伸(把杆拉至胸的位置或肘超过身体平面)让胸大肌处于机械劣势,导致肩部不稳,并对肩锁关节造成过多压力。

(二)解决办法

完成这个练习安全的方法是保持肘与身体的平面平行(不要让肘部掉下离开胸腔)。这样将减少肩关节的压力,形成好的机械优势,从而给肌肉提供更好的阻力。为确保肘关节的正确位置,让搭档帮看肘的位置是否正确。一旦达到合适的位置,可在胸部放一个毛巾作为提醒。当杆到了胸部就开始推的动作。在完成卧推时(或任何练习),重量的控制必须保持。永远不要让杆在胸上弹起来。

四、硬推

(一)问题

颈后推的过程中,过度的肩关节外旋和内收对肩部滑囊造成压力,与肩关节不稳有关。

(二)解决办法

完成这个动作的安全方法是在头前做硬推以减少压力。还有让肩关节内收小于 60°,这样三角肌可以完成对负荷的做功而不对肩袖肌造成过多压力。

五、深蹲

(一)问题

完成这个动作大腿平行或低于地面,会对膝关节软骨比较薄的地方造成剪切力。

(二)解决办法

当进行力量训练时,个人应避免深蹲并保持腰椎稳定。替代深蹲的可选择的姿势包括腿部推举和箱式深蹲。完成箱式深蹲时,箱子只能是用来引导运动正确的幅度。箱子不应被用来坐或在上面休息或从箱上弹起以获得动力。当进行腿部推举时,最深的动作幅度不应让膝屈曲超过 90°。

青少年力量训练就像其他活动一样,都有可能导致肌骨损伤。但是在日常生活中损伤率并不比其他青少年参加的活动高。通过正确的教育、紧密的监督、对建议指导的遵从,避免一次最大力量的尝试,低损伤率还可以更低。

第九节 预防损伤

尽管每种运动项目都有固有的损伤风险,但是还是可以应用几个原则来减少持续的损伤数量。包含力量和体能技术在内,已有很多研究显示这样的训练对于各年龄的益处。其他重要的干预领域如下:

一、参与前期体检

在参加有组织的体育活动之前,对所有的运动员应有一个完整的评估。参与前体检(PPE)不应该是一个综合医学检查,而应该关注体育部分。应该特别关注以前的肌骨损伤,因为如果没有很好的康复就会有高的复发率。理想的状态下,经过训练和具备特殊知识的医师应该做这样的检测。尽管很多注意力集中在可以导致猝死的心血管能力的检查,但是美国心脏协会并不支持将超声心动图或超声心动描述作为监测工具,除非医院或体检标明要这么做。

二、损伤的治疗与康复

对于青少年运动员相对少的医疗照护导致了损伤的漏诊或诊断出的损伤没有得到很好的康复。在 2009 年,只有 42% 的中学聘用了运动防护师(NATA,2009 年)。可喜的是,与 2013 年(与之)相比,这一比率达到 60%。但是对于保护年轻运动人群来说,这个比率还是太低。首先,那些漏诊的损伤可能导致严重的健康隐患。其次,当一个运动员受伤后,在接下来的几年内他/她可能在同样的肢体或关节再次受伤。最后,损伤或再损伤第一时间错误的处理可能最终对他余生中参与体育活动都产生限制,这又将导致其他健康隐患(Valovich McLeod 等,2011 年)。新的证据表明,在运动员初次受伤后几年不正确地康复膝和手腕的损伤可能增加骨关节炎的风险(Maffulli 等,2010 年)。很多这类"陈旧伤"可能在青春期增加,但教练和运动防护师必须确保所有的损伤都在第一时间并且在后续得到正确的关照。

三、拉伸

正如前面讨论的那样,肌肉长度回应长骨的生

为什么在高中设置运动防护师如此重要?

随着参加接触和碰撞类运动人数的上升,脑震荡也开始流行,中学环境拥有运动防护师不再是奢侈而是必须。作为一名行业专家,我不仅评估脑震荡,还为教室里的学生运动员强烈提倡:为全面恢复教给老师一些脑震荡信号和症状并做需要的调整。作为一名中学的运动防护师,我能为不同的运动损伤提供日常的评估、治疗和康复;我跟家长交流,教育他们关于损伤的知识,如有必要,我还提供家庭照护指导或医生转介。通过提供预防和日常照护,我让保险索赔申请、物理治疗探视和医生转介的数量减少,从而节省了学区和家庭的支出。由于很多我们的运动员学生健康照护的费用在增加和他们较低的社会经济地位,我被视为健康照护的提供者经常成为第一个或仅有的一个选择。作为学校的员工,我也做运动医疗指导师的工作,在学校我可以把学生推介给运动防护师和运动医学专家。这些班级成为很多我们的运动防护学生进入大学的途径,并使他们将运动防护作为一项事业去追求。这也让他们接触到了其他可能未曾思考过可以从事的医疗保健职业。

人们经常问我有这么多年的经验并为奥运会服务过,为什么我会在中学工作。这是因为我觉得这里是我能对他们的生活产生最大影响的地方,在这里我可能通过教育和监督青少年运动员使他们注意运动损伤的预防与照护。这是发展的阶段,也是他们形成习惯和做决定关照他们健康的时候。通常第一次受伤时,他们会找健康照护或是次级环境的运动防护师;我试图通过提供一个教育和全面的健康照护方法让它成为一个积极的有影响的经验。

——Elicia Leal,教育硕士,运动防护师,执业运动防护师

Elicia Leal 是德州北麦金尼高中(McKinney North High School)女子首席运动防护师。

长。因此,为增加全范围的灵活性,在运动季开始之前或期间,拉伸和柔韧性练习应该是体能训练常规的一部分。大肌肉群包括股四头肌、下背部肌肉应是典型目标肌群。但是,所有的项目都涉及特殊肌肉、动作,因此灵活性练习应该适合这些肌肉和经常要完成的动作。拉伸方案在练习后马上增加活动范围(ROM)可能是罕见的,但是仅有有限的证据表明,从长远角度看,活动前简单的拉伸确实可增加ROM。但是,与那些没有把拉伸当成他们活动计划一部分的练习者相比,拉伸活动被认定为可减少令人讨厌的酸痛。因此,在参与运动前和运动后的拉伸活动应继续,但是也应理解它们对预防运动损伤的局限性。

四、教练技巧

教练员可以在预防年轻运动员急性和慢性损伤

中扮演重要角色。但是,他们必须具备本项目的基本技术,并知道正确的力量与体能训练原则。对于年轻运动员解剖学变化的了解也是很有帮助的。

伴随其他前面讨论过的因素,在发展成劳损的过程中,运动季的早期过度训练负荷和向更高强度训练的进阶是主要决定因素。在给肌肉和关节增加压力的过程中,身体很容易疲劳,这就牺牲了动作形式和技术,增加了更多的损伤风险。正如前面讨论的那样,建议每周增加不超过10%的训练量或强度。比如,一个年轻的长跑选手开始每周每天跑4km,在下一周增加后的跑量应该不超过4.4km。考虑到他们训练季的总时长,同样原则也适用于棒球投手、游泳选手或体操运动员。

五、女子运动员

在青春期,对于女性运动员的一个特殊损伤或

主诉,应掌握所有女性运动员的月经史。所有的闭经(月经在 16 岁出现)或第二次月经(停经或正常月经周期已经形成后有持续 3 个月经周期停经)都应及早发现。很多女性运动员相信,在她们的比赛季出现月经不调是正常的,不应将其视为一个问题,除非被专门问到。月经的不规律是营养摄入差的典型提示,原因是燃烧的卡路里大于摄入的卡路里。这种能量赤字可能是非故意的(不好的饮食习惯)或者故意的(不规律饮食)。

有闭经或第二次月经史的女性运动员应该由医生来评价。营养教育或推荐给营养师也是正确的做法。任何早期的应力骨折史也应该提示周密的训练史(过度负荷、技术差,"太多太早")和月经史的回顾、营养的摄入,因为这样的损伤会增加女性运动员的三联症(膳食紊乱、闭经、骨质疏松)。

六、处方兴奋剂药物

越来越多地使用兴奋剂药物治疗注意力缺陷多动障碍(attention deficit hyperactivity disorder, ADHD),这是运动医学中一个新兴的不确定领域。大多数 ADHD 药物(哌甲酯[利他林 Ritalin]、右旋安非他命[右旋安非他命 Dexedrine]、安非他命加外安非他命[阿得拉 Adderall])都是安非他命衍生物,因此被美国大学体育协会和国际奥委会禁止。除了在课堂上看到的好处之外,当给予患有多动症的运动员适当的药物治疗时,他们在运动练习中也表现出更强的专注力,平衡和协调能力也有所提高(可能继发于提升提升注意力)。(Hickeynb 和 Fricker,1999年)。这些药物对这一人群的增强剂效果尚不清楚。目前,患有多动症的运动员应该继续按规定服药,无论他们参加什么运动。不幸的是,随着时间的推移,这些提高运动表现的可能性可能导致药物滥用。未来的研究应该进一步确定这些药物在多动症人群中的人体功效。

复习题

1. 女性和男性下肢损伤的比例是多少?

2. 研究表明儿童从事有组织的运动的主要动机是什么?

3. 高中学生退出体育运动的最常见原因是什么?

4. 平均来说,男孩 10~17 岁之间肌肉质量的增加有多大?

5. 在长骨上,大肌肉肌腱的附着点的解剖术语是什么?

6. 是非题:骨长度的变化比肌肉肌腱结构的长度变化更慢。

7. 生长板的术语是什么?

8. 在哪里可以找到关于青少年和伤害的可靠且有效的信息?

9. 是非题:严重的韧带损伤在儿童中比成人更常见。

10. "salter-harris 骨折"一词指的是哪一特定解剖结构的骨折分类。

11. 根据课文,什么是青少年运动损伤最重要的内在因素?

12. 定义"文化去适应作用(cultural decondi-tioning)"一词,并将其定义为运动损伤的原因。

13. 建议采取哪些步骤来减少过度训练、休息不足和过早开始专项?

14. 是非题:大多数青少年体育教练都没有受过正规训练。

15. 定义骨髓炎和化脓性肌炎。

16. 依据 Faigenbaum 的研究,简要说明美国运动医学会提出的关于青少年力量训练的指导方针。

17. 使用教科书中提供的 1-RM 等效方程,计算在仰卧推举重复 10 次举起 55kg 的 1-RM 当量。

推荐阅读

1. Abbassi V.Growth and normal puberty. Pediatrics,1998,102:507-511.

2. Faigenbaum AD,Micheli LL.Preseason conditioning for the preadolescent athlete.Pediatr

Annals,2000,29:156-161.

3. Koester MC.Youth sports:A pediatrician's perspec-tive on coaching and injury prevention.J Ath Training,2000,35:466-470.

4. Micheli U.The child and adolescent// Harries M,Williams C,Stanish WD,et al.Oxford Textbook of Sports Medicine（pp.646-652）.New York,NY:Oxford University Press,1994.

5. Risser WL,Risser JM,Preston D.Weight-training injuries in adolescents.Am I Dis Child,1990,144:1015-1017.

6. Szer IS.Musculoskeletal pain syndromes that affect adolescents.Arch Pediatr Adolesc Med,1996,150:740-747.

7. Webb D.Strength training in children and adoles-cents.Pediatr Clin North Am,1990,37:1187-1207.

（广东体育职业技术学院　胡晓燕）

参考文献

Adirim T, Cheng T. (2003). Overview of injuries in the young athlete. *Sports Med.* 33(1):7–581.

Caine D, Maffulli N, Caine C. (2008) Epidemiology of injury in child and adolescent sports: Injury rates, risk factors, and prevention. *Clin Sports Med.* 27:19–50.

Faigenbaum AD. (2013). Youth Strength Training: Facts and Fallacies. American College of Sports Medicine. Available: http://www.acsm.org/access-public-information/articles/2012/01/13/youth-strength-training-facts-and-fallacies.

Fernandez W, Yard E, Comstock R. (2007). Epidemiology of lower extremity injuries among U.S. high school athletes. *Acad Emerg Med.* 14(7):641–645.

Hickey G, Fricker P. (1999). Attention deficit hyperactivity disorder, CNS stimulants and sport. *Sports Med.* 27(1):11–21.

Institute for the Study of Youth Sports (ISYS). (2013). Reducing youth gang involvement through sport. Available: http://edwp.educ.msu.edu/isys/2013/wingate-university-lecture-isys-and-detroit-pal-partnership-and-reducing-youth-gang-involvement/.

Jamtvedt G, Herbert RD, Flottorp S, Odgaard-Jensen J, Håvelsrud K, Barratt A, Mathieu E, Burls A, Oxman D. (2010). A pragmatic randomised trial of stretching before and after physical activity to prevent injury and soreness. *Br J Sports Med.* 44:1002–1009.

Kelley B, Carchia C. (2013). "Hey, data data…swing!" The hidden demographics of youth sports. *ESPN The Magazine.* Available: http://espn.go.com/espn/story/_/id/9469252/hidden-demographics-youth-sports-espn-magazine.

Lavallee M. (2002). Strength training in children and adolescents. *ACSM Current Comment.* Available: http://www.acsmlearning.org/acsmweb/pdf_library/view/currentcomments/stretrai122602.pdf.

Maffulli N, Longo UG, Gougoulias N, Loppini M, Denaro V. (2010). Long-term health outcomes of youth sports injuries. *Br J Sports Med.* 44:21–25.

Maron BJ, Thompson PD, Puffer JC, McGrew CA, Strong WB, Douglas PS, Clark LT, Mitten MJ, Crawford MH, Atkins DL, Driscoll DJ, Epstein AE. (1996). Cardiovascular preparticipation screening of competitive athletes. *Circulation.* 94(4):850–856.

Micheli L. (1991). The child athlete. In: R Cantu, L Micheli (eds.), *ACSM's Guidelines for the Team Physician* (pp. 228–241). Philadelphia: Lea & Febiger.

Morris N, Udry J. (1980). Validation of a self-administered instrument to assess stage of adolescent development. *J Youth Adolescence.* 9(3):271–280.

Mueller F, Cantu R. (2012). Catastrophic sports injury research. Twenty-ninth annual report (Fall 1982-Spring 2011). Available: http://www.unc.edu/depts/nccsi/2011Allsport.pdf.

National Athletic Trainers' Association. (2009). Athletic trainers fill a necessary niche in secondary schools. Available: http://www.nata.org/NR031209.

Oates W, Barlow C, McGrattan C, Batista V. (2011). *An Injury Prevention Curriculum for Coaches.* Available: http://www.stopsportsinjuries.org/files/coaches_curriculum_toolkit/AOS-103%20Coaches%20Curriculum%20Toolkit%20%28nm%29%202.8%5B1%5D.pdf.

Osgood RB. (1903). Lesions of the tibial tubercle occurring during adolescence. *Boston Med Surg J.* 148:114–117.

Peterson HA. (1994). Physeal fractures. Part 3. Classification. *J Pediatr Orthop.* 14:439.

Pommering TL. (n.d.). Allowing youth sports to be child's play. Available: http://www.nationwidechildrens.org/allowing-youth-sports-to-be-childs-play.

Rang M, Ogden JA. (1981). Injury to the growth mechanism of the immature skeleton. *Skeletal Radiol.* 6:237.

Rauh MJ, Koepsell TD, Rivera FP, et al. (2005). Epidemiology of musculoskeletal injuries among high school cross-country runners. *Am J Epidemiol.* 163:151–159.

Rechel J, Yard E, Comstock R. (2008). An epidemiologic comparison of high school sports injuries sustained in practice and competition. *J Athl Train.* 43(2): 197–204.

Sallis JF and Patrick K. (1994). Physical activity guidelines for adolescents: Consensus statement. *Pediatric Exercise Science.* 6:302–314.

Salter RB, Harris WR. (1963). Injuries involving the epiphyseal plate. *J Bone Joint Surg.* 45A:587–622.

Statistic Brain. (2013). Youth Sports Statistics. Available: http://www.statisticbrain.com/youth-sports-statistics/.

Swenson D, Henke N, Collins C, Fields S, Comstock R. (2012). Epidemiology of United States high school sports-related fractures, 2008-09 to 2010-11. *Am J Sports Med.* 40(9):2078–2084.

Title IX Info. (2013). The living law. Available: http://www.titleix.info/History/The-Living-Law.aspx.

Valovich McLeod T, Decoster L, Loud K, Micheli L, Parker J, Sandrey M, White C. (2011). National Athletic Trainers' Association position statement: Prevention of pediatric overuse injuries. *J Athl Train.* 46(2):206–220.

词汇表

A

英文单词	中文单词	中文解释	英文解释
abrasion	擦伤	皮肤被擦去或刮去	Rubbing or scraping off of skin.
acclimatization	环境适应	身体在不同的环境下做出调节	The adaptation of the body to a different environment.
acromioclavicular（AC）joint	肩锁关节	由锁骨远端和肩峰形成的关节	Articulation（arthrodial）formed by the distal end of the clavicle and the acromion process.
acute injury	急性损伤	由于创伤事件而引起的以迅速发作为特点的	Characterized by rapid onset, resulting from a traumatic event.
adjustment disorders	适应障碍	对特定事件产生的中度抑郁或焦虑症状的失调反应	A disorder in which mild depressive or anxiety symptoms occur in response to specific events.
adult-onset diabetes（type 2）	成人糖尿病（2型）	非胰岛素依赖型糖尿病。体内不能产生足够的胰岛素或机体不能适当地利用胰岛素	Non-insulindependent type of diabetes. The body does not produce enough insulin or the body does not use insulin properly.
agonistic muscles	主动肌	完成动作中起主要作用的肌肉	Muscles in a state of contraction as related to opposing muscles.
amenorrhea	月经不调	不来月经或推迟月经	Absence or suppression of menstruation.
analgesic	止痛药	缓解疼痛而不引起完全丧失知觉的药剂	Agent that relieves pain without causing a complete loss of sensation.
anatomic	解剖的	关于解剖	Pertaining to anatomy.
angiogenesis	血管再生术	毛细血管相互连接导致新血管的形成	Formation of capillaries, which interconnect, resulting in the formation of new vessels.
Anhedonia	兴趣缺失	患者丧失既往对生活的热忱和乐趣,并对工作、对个人爱好的事物感到兴趣索然,不愿意参加正常活动的病理性精神状态	No longer experiencing pleasure from activities that once were enjoyable.
anisocoria	瞳孔不等	较为罕见,但自然状态的情况下,瞳孔大小不等,没有头部受伤等任何急性情况	Rare but naturally occurring condition where the pupils are of unequal size, not related to any acute condition such as head injury.
anorexia nervosa	神经性厌食症	一种以自我饥饿为特征的疾病,伴随着对瘦的迷恋和对胖的极度恐惧	A disorder characterized by a pattern of self-starvation with a concomitant obsession with being thin and an overwhelming fear of being fat.
antagonistic muscles	拮抗肌	与主动肌作用相反的肌肉	Muscles that counteract the action of agonistic muscles.
anterior	前部的	在前面的	Before or in front of.
anterograde amnesia	顺行性遗忘	无法回忆受伤后发生的事情	Inability to recall events that have occurred since the injury.
anti-inflammatories	抗炎药	防止肿胀的药物。目前有两个基本类别用途:类固醇和非甾体	Drugs designed to prevent swelling. Two basic categories are currently in use: steroidal and nonsteroidal.

英文单词	中文单词	中文解释	英文解释
antipyretic	退烧药	缓解和减轻发热的药物	Agent that relieves or reduces fever.
Apophysis	隆起	肌肉附着的骨质生长物	Bony outgrowth to which muscles attach.
apophysitis	骨突炎	肌肉止点部位受到长期反复的过度牵拉、挤压、摩擦,就有可能引起此处的无菌性的炎症,进而导致周围疼痛	Inflammation of an apophysis.
Apoptosis	细胞凋亡	细胞程序性死亡的过程。生化事件可以导致细胞特性的改变,从而导致细胞死亡	Process of programmed cell death. Biochemical events can lead to changes in cell characteristics thereby causing cell death.
arachidonic acid	花生四烯酸	当细胞受损时释放的一种化学物质,是其他炎症化学物质(包括白三烯和前列腺素)形成的前体	Chemical released when cells are damaged that serves as a precursor to the formation of other inflammatory chemicals including leukotrienes and prostaglandins.
athletic energy deficit	运动能量不足	当持续的活动与营养的比例增加不平衡时,那么消耗的热量与摄入的热量出现逆差	When sustained activity is not balanced with a proportional increase in nutrition, so the calories out balances with the calories in.
avascular necrosis	缺血性坏死	组织由于缺血导致坏死	Death of tissue caused by the lack of blood supply.
avulsion	撕脱	强行撕掉或分离	Forcible tearing away or separation.
avulsion	撕脱性骨折	撕脱性骨折是肌肉或韧带突然猛烈收缩,使肌肉、肌腱韧带附着处的骨质拉断、撕脱	Forcible tearing away or separation.

B

英文单词	中文单词	中文解释	英文解释
bacteria	细菌	一种裂殖菌,一种单细胞微生物,既可以寄生也可以自由生活,具有广泛的生化特性,通常是致病性的	Plural of bacterium. A *Schizomycetes*, unicellular microorganism that can either be parasitic or free-living and has a wide range of biochemical, often pathogenic, properties.
ballistic stretching	弹震伸展	使用重复弹跳动作的伸展技术	Stretching technique that uses repetitive bouncing motions.
bandage	绷带	用来覆盖伤口的材料	Material used to cover a wound.
basal metabolic rate（BMR）	基础代谢率	在静止状态下维持功能所需的能量	The amount of energy needed at to sustain functioning at rest.
Bennett's fracture	本奈特骨折	第一掌骨远离腕大多角骨骨折和 / 或脱位	Fracture and/or dislocation of the first metacarpal bone away from the greater multangular bone of the wrist.
biomechanical	生物力学	内外力作用于解剖组织和身体运动的效果	The effect of external and internal forces on the anatomic tissues and the movements of the body.
biomechanics	生物力学	从内部或外部研究生物体力学规律的分支学科	Branch of study that applies the laws of mechanics, internal or external, to the living body.
bipolar disorder	狂躁抑郁	狂躁抑郁症表现为个体从重度抑郁到充满能量的狂躁的循环性情绪	A manic-depressive illness that involves cycling mood swings from major depression to mania where individuals feel full of energy.
boutonnière deformity	纽扣指畸形	指近端指间关节通过指伸肌肌腱中央带的扣孔畸形	Buttonhole deformity whereby the proximal interphalangeal joint of the finger is forced through the central band of the tendon of the extensor digitorum muscle.
boxer's fracture	拳击手骨折	第四和 / 或第五掌骨颈骨折	Fracture of the proximal fourth and/or fifth metacarpal bones.

英文单词	中文单词	中文解释	英文解释
bradykinin	缓激肽	织受损时释放的炎症性化学物质；会导致该区域疼痛加剧，并可能在其他炎症化学物质（如前列腺素）的产生中发挥作用	Inflammatory chemical released when tissues are damaged; it results in increased pain in the area and may play a role in the production of other inflammatory chemicals such as prostaglandins.
bulimia nervosa	神经性贪食症	一种以重复性暴饮暴食及随后的清除，如催吐、使用泻药、禁食、剧烈运动、过度运动为特征的一种障碍	A disorder characterized by repeated bouts of binge eating followed by some form of purging, such as vomiting, use of laxatives, fasting, and vigorous and excessive exercise.
bursa	囊	小的滑膜囊通常位于骨突起上，有助于缓冲和减少摩擦	Small synovial sac typically located over bony prominences that assists in cushioning and reducing friction.
bursitis	滑囊炎	滑囊的炎症	Inflammation of a bursa.

C

英文单词	中文单词	中文解释	英文解释
carpal tunnel	腕管	腕部正中神经和前臂大部分肌腱进入手部的解剖区域	Anatomic region of the wrist where the median nerve and the majority of the tendons of the forearm pass into the hand.
carpal tunnel syndrome	腕管综合征	正中神经通过腕管时受压迫而引起的疼痛和麻木等一系列的症状	A complex of symptoms resulting from pressure on the median nerve as it passes through the carpal tunnel of the wrist, causing soreness and numbness.
catastrophic injury	灾难性伤害	可能危及生命或永久残疾的脑损伤和／或脊髓损伤	Injury involving damage to the brain and/or spinal cord that presents a potentially life-threatening situation or the possibility of permanent disability.
cerebral contusion	脑挫伤	单纯脑实质损伤而软脑膜仍保持完整者称为脑挫伤	Bruising of the brain tissue.
chondromalacia	软骨软化	软骨异常软化，特别注意髌股关节	Abnormal softening of cartilage, typically noted between the patella and femur.
chronic injury	慢性损伤	以缓慢、隐匿的开始并逐渐发展的结构损伤为特点	Characterized by a slow, insidious onset, implying a gradual development of structural damage.
chronic traumatic encephalopathy	慢性创伤性脑病变	这种病只有在死后才能通过解剖大脑来确诊。这是一种退行性疾病，其特征是在大脑的几个区域有不同的 tau 蛋白集合从而影响功能	A condition that can only be identified after death with a brain autopsy. It is a degenerative disease characterized by a distinct collection of tau proteins in several areas of the brain that affect function.
CNS	中枢神经系统	由脑和脊髓组成（脑和脊髓是各种反射弧的中枢部分），是人体神经系统的最主体部分	Central nervous system.
cold urticaria	寒冷性荨麻疹	暴露在寒冷环境中时皮肤的反应，出现局部水肿相关的严重瘙痒	A condition in which the skin reacts to exposure to cold with localized edema associated with severe itching.
colic	肠绞痛	腹腔内的疼痛	Intra-abdominal pain.
colitis	结肠炎	结肠的炎症	Inflammation of the colon.
collagen	胶原蛋白	结缔组织的主要蛋白质	The major protein of connective tissue.
Colles' fracture	克雷氏骨折	桡骨远端横向骨折	Transverse fracture of the distal radius.
commission	越权过失	一个人在法律赋予其权利范围之外进行的行为	A legal liability arising when a person commits an act that is not legally his or hers to perform.

续表

英文单词	中文单词	中文解释	英文解释
complement system	补体系统	免疫系统的一部分。它是与生俱来的，与抗体和清洁细胞互补，以清除受损组织中的病原体	Part of the immune system. It is innate and complements the antibodies and cleaning cells to clear pathogens from damaged tissue.
concentric contraction	向心收缩	肌肉变短，收缩抵抗阻力关节处发生移动	Occurs when a muscle shortens and there is movement at the joint accompanied by contraction against resistance.
conduction	热传导	通过与热介质直接接触进行加热	Heating through direct contact with a hot medium.
connective tissue	结缔组织	人体最常见的组织；包括韧带、骨骼、支持带、关节囊、软骨、筋膜和肌腱	The most common tissue in the body；includes ligaments，bones，retinaculum，joint capsules，cartilage，fascia，and tendons.
contact dermatitis	接触性皮炎	非过敏性皮肤炎症	Inflammation of the skin that is nonallergenic.
contusion	挫伤	软组织的瘀伤或损伤，不会使皮肤破裂	Bruise or injury to soft tissue that does not break the skin.
convection	对流	通过另一种介质如空气或液体间接加热	Heating indirectly through another medium such as air or liquid.
core temperature	核心温度	相对于外壳或外周温度的内部体温	Internal body temperature as opposed to shell or peripheral temperature.
crepitation	捻发音	骨折断端移动时听到的摩擦音	Crackling sound heard during the movement of a broken bone.
critical force	临界力	引起解剖结构被破坏的单一力的大小	Magnitude of a single force by which an anatomic structure is damaged.
cryotherapy	冷冻疗法	用冷冻进行治疗	Therapeutic use of cold.
CSF	脑脊液	存在于脑室及蛛网膜下腔的一种无色透明的液体	Cerebrospinal fluid.

D

英文单词	中文单词	中文解释	英文解释
de Quervain's disease	狄魁文氏症（妈妈手）	拇指伸肌腱周围鞘的炎症	Inflammation of sheaths surrounding the extensor tendons of the thumb.
diabetic shock	糖尿病休克	由异常高的血糖浓度和低的胰岛素水平引起的休克	Shock resulting from abnormally high sugar content in the blood and low insulin levels.
diplopia	复视	指两眼看一物体时感觉为两个物像的异常现象	Double vision.
dislocation	错位	构成关节的相邻骨表面的移位	The displacement of contiguous surfaces of bones comprising a joint.
distal interphalangeal（DIP）joint	远端指间关节	由手指中间和远端指骨之间形成的关节（铰链型关节）	The joint formed by the articulation between the intermediate and distal phalanges of the digits（hinge type of joint）.
dorsiflexion	背屈	足尖上抬，足背向小腿前面靠拢为背屈，与跖屈相反	Bending toward the dorsum or rear；the opposite of plantar flexion.
dressing	敷料	保护性的或支持性的，用于损伤处或伤口的覆盖物	Covering，either protective or supportive，that is applied to an injury or wound.
dynamic stretching	动态拉伸	一种主动的伸展技术，使用全方位的运动的动作来热身	A voluntary stretching technique that uses full-range，sport-like motions to warm up.
dysesthesia	感觉障碍	触觉受损	Impairment of the sense of touch.
dysthymia	精神抑郁	以慢性但不引起正常功能改变为特点的非致残性抑郁症状	Characterized by nondisabling depressive symptoms that are chronic but do not cause changes in usual functioning.

E

英文单词	中文单词	中文解释	英文解释
eccentric contraction	离心收缩	通过外力同时收缩和拉伸肌肉 - 肌腱单元的过程	The simultaneous processes of muscle contraction and stretching of the muscle - tendon unit by an extrinsic force.
ecchymosis	瘀斑	出血引起的皮肤的黑蓝色变色	Black-and-blue discoloration of the skin caused by hemorrhage.
edema	水肿	组织间液的聚集引起的肿胀	Abnormal accumulation of fluid in the interstitial tissue between the skin and body cavities. Homeostasis of fluid mechanics is disturbed.
edema	水肿	组织间液的聚集引起的肿胀	Swelling caused by the collection of fluid in connective tissue.
endurance	耐力	长时间从事体力活动的能力	The ability of the body to engage in prolonged physical activity.
environmental	环境的	周围环境、条件作用或影响	The aggregate of surrounding things, conditions, or influences.
epicondylitis	上髁炎	上髁的炎症反应	Inflammatory response at the epicondyle.
epidemiology	流行病学	研究疾病或伤害在人口及其环境中分布的研究	The study of the distribution of disease or injury within a population and its environment.
epidural hematoma	硬脑膜外血肿	颅骨内板与硬脑膜之间的血肿，好发于小脑幕上半球凸面	Bleeding between the dura and the cranial bones.
epilepsy	癫痫	以突然发作的大脑功能障碍为特征的慢性疾病，包括意识改变、运动异常、感觉异常和 / 或不适当的行为	A chronic disorder characterized by sudden attacks of brain dysfunction, including altered consciousness, abnormal motor activity, sensory phenomena, and/or inappropriate behavior.
epiphysis	骨骺	骨的软骨生长区	Cartilaginous growth region of a bone.
epistaxis	鼻衄	流鼻血	Nosebleed.
ergogenic aids	增能补剂	有可能增加使用者的运动量的食物或饮料	Foods or beverages that have the potential to increase the work output of the person using them.
erythema	红斑	皮肤变红	Red discoloration of the skin.
eversion of the foot	足外翻	足的外侧缘提起，足底转向外侧	To turn the foot outward.
exercise-induced asthma（EIA）	运动诱发性哮喘	运动期间或运动后发生的急性、可逆、自限性支气管痉挛	Acute, reversible, self-limiting bronchospasm occurring during or after exercise.
exostosis	外生骨疣	从没有典型骨质形成的骨头表面突出的骨外生长物	Bony outgrowths that protrude from the surface of a bone where there is not a typical bony formation.

F

英文单词	中文单词	中文解释	英文解释
fascia	筋膜	覆盖、支撑和分隔肌肉的纤维膜	Fibrous membrane that covers, supports, and separates muscles.
fibroblast	成纤维细胞	结缔组织中的未成熟的纤维产生细胞，可以成熟为几种不同的细胞类型之一	Immature, fiber-producing cells of connective tissue that can mature into one of several different cell types.
flexibility	柔韧性	给定关节或关节组合的运动范围	The range of motion（ROM）in a given joint or combination of joints.
fracture	骨折	骨的破坏或断裂	A break or crack in a bone.

续表

英文单词	中文单词	中文解释	英文解释
fracture-dislocation	骨折脱位	导致骨头骨折和关节脱位的损伤	An injury resulting in both the fracture of a bone and dislocation at the joint.
friction	摩擦	产生热量	Heat producing.
frostnip	冻疮	冻伤的较轻度的形式	Less severe form of frostbite.

G

英文单词	中文单词	中文解释	英文解释
gamekeeper's thumb	猎人拇指	拇指掌指关节尺侧副韧带扭伤	Sprain of the ulnar collateral ligament of the metacarpophalangeal joint of the thumb.
ganglion	腱鞘囊肿	肌腱周围的滑膜突出,随后滑膜液充满该区域,导致皮肤可见肿块	Herniation of the synovium surrounding a tendon and subsequent filling of the area with synovial fluid, resulting in a visible bump seen through the skin.
gastritis	胃炎	胃黏膜的炎症	Inflammation of the stomach lining.
gastroenteritis	胃肠炎	胃和肠的炎症	Inflammation of the stomach and intestines.
GI	胃肠道	胃肠道的	Gastrointestinal.
glenohumeral (GH) joint	盂肱关节	由肱骨头和肩关节盂形成的球窝关节	Articulation (spheroid) formed by the head of the humerus and the glenoid fossa of the scapula.
golfer's elbow	高尔夫球肘	肱骨内上髁炎,与错误高尔夫球动作有关	Medial humeral epicondylitis related to incorrect golf technique.

H

英文单词	中文单词	中文解释	英文解释
hamstrings	腘绳肌	由大腿后群三块肌肉组成:股二头肌、半腱肌、半膜肌	The three muscles that make up the posterior thigh: biceps femoris, semimembranosus, and semitendinosus.
heat cramps	中暑性痉挛	由于身体过热引起的肌肉痉挛	Muscle spasms related to excessive heat buildup within the body.
heat exhaustion	中暑衰竭	由于身体过热引起的全身性的疲劳,可能是发生热射病的前兆	Generalized fatigue related to excessive heat buildup within the body; may be a precursor to heatstroke.
heatstroke	热射病	身体过热导致身体无法自身冷却,核心温度超过 41.1℃（106℉）	Excessive heat buildup within the body resulting in the body's inability to cool itself, with core temperatures exceeding 106℉.
hematoma	血肿	局部渗出的血液,血块,局限在器官,组织或空间内	A localized collection of extravasated blood, usually clotted, that is confined within an organ, tissue, or space.
hemorrhage	出血	肌肉和肌腱或肌肉与肌腱连接处损伤后出血	Injury involving muscles and tendons or the junction between the two, commonly known as the musculotendinous junction.
hernia	疝气	部分组织或器官在异常的缺损处突出	Protrusion of a part of an organ or tissue through an abnormal opening.
hip pointer	髋骨隆凸挫伤	髂嵴上 / 前部挫伤及相关血肿	Contusion and associated hematoma to the superior/anterior portion of the iliac crest.

续表

英文单词	中文单词	中文解释	英文解释
histamine	组胺	导致血管通透性增加和血管舒张增加的强力炎性化学物质	Powerful inflammatory chemical that causes an increase in vascular permeability and vasodilation.
hormones	激素	各种内分泌腺体分泌,影响接受器或组织功能	Various internally secreted compounds formed in endocrine glands that affect the functions of specifically receptive organs or tissues.
HPV	人乳头状瘤病毒	人乳头状瘤病毒;已经鉴定出大约55种特定类型的病毒,其中至少有两种与足底疣有关	Human papillomavirus; approximately 55 specific types of these viruses have been identified, at least two of which are related to plantar warts.
HSV-1	单纯疱疹病毒1型	单纯疱疹病毒1型;与运动员感染有关,通常称为角斗士疱疹	Herpes simplex virus type 1; related to infections in athletes commonly known as herpes gladiatorum.
humeroradial joint	肱桡关节	关节(关节)由桡骨近端和肱骨远端,特别是肱骨小头形成的关节	Articulation (arthrodial) formed by the proximal end of the radius and the distal end of the humerus, specifically the capitellum.
humeroulnar joint	肱尺关节	由尺骨近端,特别是滑车切口,与肱骨远端,特别是滑车形成的关节(牙龈)	Articulation (ginglymus) formed by the proximal end of the ulna, specifically the trochlear notch, with the distal end of the humerus, specifically the trochlea.
hyperesthesia	感觉过敏	感觉阈值降低或强烈的情绪因素造成。临床表现为患者对一般强度的刺激反应特别强烈和敏感,显得难以忍受	Nonpainful touch stimuli becomes painful.
hyperglycemia	高血糖症	血糖过高	Excessively high level of blood sugar.
hypertrophy	肥大	因细胞的增大而引起的局部增大	Enlargement of a part caused by an increase in the size of its cells.
hypoglycemia	低血糖症	血糖水平低	Low level of blood sugar.
hypothermia	低体温症	体温低于33.3℃(95℉)	A body temperature below 33.3℃ (95℉).
hypovolemic shock	低血容量性休克	心血管系统不能维持身体各部位的充分血液循环	Inability of the cardiovascular system to maintain adequate circulation to all parts of the body.

I

英文单词	中文单词	中文解释	英文解释
ICE	ICE	冰敷、加压、抬高	Ice, compression, and elevation.
idiopathic	特发的	原因不明	Cause of a condition is unknown.
incubation period	潜伏期	接触传染源和出现感染症状之间的时间	The time between an exposure to an infectious agent and the appearance of symptoms of that infection.
infectious mononucleosis	传染性单核细胞增多症	以全身疲劳和脾脏等器官肿大为特征的病毒感染	Viral infection characterized by general fatigue and enlargement of organs such as the spleen.
injury	损伤	损害或伤害的行为	Act that damages or hurts.
insidious	徐发	发病或出现体征和症状缓慢,无明显机制	Slow onset or signs and symptoms occur with no obvious mechanism.
insulin shock	胰岛素休克	血糖含量异常低和胰岛素水平升高引起的休克	Shock resulting from an abnormally low sugar content in the blood and higher insulin levels.
intracerebral hematoma	颅内血肿	由于创伤等原因,当脑内的或者脑组织和颅骨之间的血管破裂之后,血液集聚于脑内或者脑与颅骨之间,并对脑组织产生压迫	Bleeding within the brain tissues.

英文单词	中文单词	中文解释	英文解释
intracranial injury	颅内损伤	以血管破裂或动脉破裂为特征的头部损伤,导致颅内血肿或肿胀	Head injury characterized by disruption of blood vessels, either veins or arteries, resulting in the development of a hematoma or swelling within the confines of the cranium.
inversion of the foot	足内翻	足的内侧缘提起,足底转向内侧	To turn the foot inward; inner border of the foot lifts.
iontophoresis	离子导入	用电流把化学物质直接通过皮肤	Using an electrical current to drive a chemical directly through the skin.

J

英文单词	中文单词	中文解释	英文解释
joint capsule	关节囊	在双关节中包住骨头末端的囊状结构	Saclike structure that encloses the ends of bones in a diarthrodial joint.
juvenile-onset diabetes (type 1)	青少年糖尿病(1型)	胰岛素依赖型糖尿病通常发生于儿童和青少年。身体不能产生胰岛素	Insulin-dependent type of diabetes mellitus usually occurring in children and adolescents. The body does not produce insulin.

K

英文单词	中文单词	中文解释	英文解释
Kehr's sign	克尔症	疼痛放射到左肩顶端,一般和脾脏的损伤有联系	Pain radiating into the left shoulder that is normally associated with an injury to the spleen.
Ketoacidosis	酮症酸中毒	在缺乏胰岛素的情况下发生的代谢过程。脂肪酸被用来提供能量,代谢产生酮体,导致定向障碍和呼吸气体有烂苹果味	Metabolic processes that occur in the absence of insulin. Fatty acids are used to provide energy and metabolism creates ketones. Result is disorientation and fruity breath smell.

L

英文单词	中文单词	中文解释	英文解释
Laser	激光器	将高能量集中到可见单色光的窄光束中的装置	A device that concentrates high energies into a narrow beam of visible monochromatic light.
leukocytes	白细胞	无色、球形、有核的血细胞	White blood cells.
Little League elbow	棒球肘	与过度投掷有关的情况导致肘部内侧上髁肿胀,即肱骨内侧上髁炎	Condition related to excessive throwing that results in swelling of the medial epicondyle of the elbow, that is, medial humeral epicondylitis.
locus of control	控制点	人们对发生在生活中的事件感到能够控制或缺乏控制的信念	People's belief, or lack thereof, of being in control of events occurring in their lives.
LRI	下呼吸道感染	下呼吸道的感染	Lower respiratory infection.
Luxation	脱臼	关节完全脱位	Complete dislocation of a joint.
Lyme disease	莱姆病	由黑脚蜱(鹿蜱)传播的细菌感染	Bacterial infection transmitted by the black-legged tick (deer tick).
lysosomes	溶酶体	含有分解废物和细胞碎片的酶的细胞器	Cellular organelles that contain enzymes that break down waste materials and cellular debris.

M

英文单词	中文单词	中文解释	英文解释
major depression	重度抑郁	具备5种或5种以上的症状,且在睡眠、饮食、工作和学习上等日常功能上发生显著改变	Characterized by a combination of five or more symptoms and noticeable changes in usual functioning like sleep, eating, work, or school.
malaise	萎靡	由疾病引起的不适和不安	Discomfort and uneasiness caused by an illness.
malfeasance	不法行为	行为完全不合法的犯罪行为	An act of commission where conduct is performed that is wholly unlawful.
mallet finger	锤状指	指趾伸肌肌腱从远端指骨撕脱引起的手指远端指间关节畸形	Deformity of the distal interphalangeal joint of the finger caused by an avulsion of the tendon of the extensor digitorum muscle from the distal phalanx.
menisci	半月板	位于滑膜关节透明软骨表面之间的纤维软骨结构,如膝关节	Fibrocartilaginous structures that are between the hyaline cartilage surfaces in some synovial joints (e.g., the knee).
metaphysis	干骺端	位于轴和骨骺之间生长骨的那部分	That portion of growing bone located between the shaft and the epiphysis.
misfeasance	不当行为	行为合法但不适当	An act of commission where lawful conduct is performed but done improperly.
modalities	理疗	帮助损伤最大程度恢复的物理因子疗法	Physical agents that help create an optimal healing environment.
muscular strength	肌肉力量	肌肉单次最大收缩时所能施加的最大力量	The maximal force that can be applied by a muscle during a single maximal contraction.
myalgia	肌痛症	全身肌肉疼痛	General muscle pain.
myelin	髓磷脂	对神经的轴突起绝缘作用。由脂肪和蛋白质组成	Performs an insulating function to the axon of a nerve. Composed of fats and proteins.
myocarditis	心肌炎	心脏炎症感染和心肌损伤	Infection of the heart with inflammation and damage to the heart muscle.
myositis	肌炎	肌肉发炎	Inflammation of muscle.
myositis ossificans	骨化性肌炎	以肌肉内骨化为特征的肌炎	Myositis marked by ossification within a muscle.

N

英文单词	中文单词	中文解释	英文解释
negligence	过失伤害	是指没有尽到合理谨慎和小心的注意义务采取某种行为而导致他人伤害,或者过于谨慎和小心没有采取某种行为而导致他人伤害的行为	The failure to do what a reasonably careful and prudent person would have done under the same or like circumstances, or doing something that a reasonably careful and prudent person would not have done under the same or like circumstances.
neuromuscular	神经肌肉	介于神经肌肉之间	Pertaining to the nervous intervention of the muscles.
NSAID	Nonsteroidal anti-inflammatory drug 的缩写	非甾体类抗炎药	Nonsteroidal anti-inflammatory drug.

O

英文单词	中文单词	中文解释	英文解释
omission	不作为	个人不执行应该采取的行动时产生的法律责任	A legal liability arising when a person does not perform an action that ought to be taken.
orthopedic surgeon	骨外科医生	纠正肌肉骨骼系统畸形的医生	Physician who corrects deformities of the musculoskeletal system.

英文单词	中文单词	中文解释	英文解释
Osgood-Schlatter disease	胫骨结节骨软骨炎	胫骨结节骨软骨炎症	Epiphyseal inflammation of the tibial tubercle.
OSHA	Occupational Safety and Health Administration 的缩写	美国职业安全与健康管理局	Occupational Safety and Health Administration.
osteitis pubis	耻骨炎	耻骨联合区域骨骼的炎症	Inflammation of the bones in the region of the symphysis pubis.
osteoblasts	成骨细胞	合成骨骼的细胞。在连接单元组中起作用	Cells that synthesize bone. Function in groups of connected cells.
osteochondritis dissecans	剥脱性骨软骨炎	软骨和下面的骨碎片从关节表面脱离的情况	Condition in which a fragment of cartilage and underlying bone are detached from the articular surface.
osteoclasts	破骨细胞	通过分解有机骨去除骨组织的骨细胞	Bone cells that remove bone tissue by breaking up the organic bone.
osteomyelitis	骨髓炎	一种骨的感染和破坏,可由需氧或厌氧菌,分枝杆菌及真菌引起	Infection of bone or bone marrow with associated inflammation.

P

英文单词	中文单词	中文解释	英文解释
PABA	对氨基苯甲酸	防晒产品中常见的活性成分	Para-aminobenzoic acid;the common active ingredient in sunscreen products.
palpation	触诊	用手感觉以确定手下部位的一致性	The act of feeling with the hands for the purpose of determining the consistency of the part beneath.
passive stretching	被动拉伸	由运动员以外的人通过其 ROM 移动关节	Movement of a joint through its ROM by someone other than the athlete.
patellofemoral joint	髌股关节	由髌骨后面和股骨髁前面形成的鞍状关节	Articulation(saddle)formed by the posterior surface of the patella and the anterior surface of the femoral condyles.
pathogenic	致病的	导致疾病	Causing disease.
periodization	训练周期	将训练组织成周期性结构,以实现运动员表现能力的最佳发展	The organization of training into a cyclical structure to attain the optimal development of an athlete's performance capacities.
permethrin	氯菊酯	可以浸泡衣服以防止昆虫叮咬的广谱杀虫剂	Broad-spectrum insecticide that can be infused in clothes to prevent insect bites.
phagocytosis	吞噬作用	吞噬细胞(白细胞)破坏有害细胞或颗粒	Destruction of injurious cells or particles by phagocytes(white blood cells).
phalanges	指骨	手指和 / 或脚趾骨骼的解剖学名称	Anatomic name for the bones of both the fingers and/or toes.
phonophoresis	超声透入	通过超声波将可溶性盐离子导入体内	Introduction of ions of soluble salt into the body through ultrasound.
physical exam	体格检查	检查急诊患者是否有与受伤和 / 或疾病相关的症状和体征	Checking a victim of an emergency for signs and symptoms associated with injury and/or illness.
plaintiff	原告	受伤并提起诉讼的个人	The individual who was injured and brings the lawsuit.

续表

英文单词	中文单词	中文解释	英文解释
PNS	周围神经系统	由核周体和神经纤维构成的神经干、神经丛、神经节及神经终末装置等组成	Peripheral nervous system.
point tenderness	压痛点	触碰受伤部位时产生的疼痛	Pain produced when an injury site is palpated.
proprioceptive neuromuscular facilitation（PNF）	本体感觉神经肌肉促进疗法	包括交替收缩和拉伸相结合的拉伸技术	Stretching techniques that involve combinations of alternating contractions and stretches.
prostaglandins	前列腺素	人体内产生的一些最强大的化学物质；与炎症过程有关，它们会引起多种效应，包括血管扩张、血管通透性增加、疼痛、发热和凝血	Perhaps some of the most powerful chemicals produced in the body；related to the inflammatory process，they cause a variety of effects including vasodilation，increased vascular permeability，pain，fever，and clotting.
proximal interphalangeal（PIP）joint	近端指间关节	由手指近端和中间指骨形成的关节（铰链型关节）	The joint formed by the articulation between the proximal and intermediate phalanges of the digits（hinge type of joint）.
purulent	化脓的	由脓组成或形成脓的	Consisting of, or forming, pus.
pyoderma	脓皮病	脓性皮肤感染	Pus-producing infection of the skin.
pyomyositis	化脓性肌炎	骨骼肌的一种化脓性感染	Bacterial infection of muscles resulting in pus-filled abscesses.

Q

英文单词	中文单词	中文解释	英文解释
Q angle	Q角	股直肌和髌腱形成的夹角	Angle made by the rectus femoris and the patellar tendon as they attach to the tibial tubercle.
quadriceps	股四头肌	由大腿前面四块肌肉组成：股直肌，股内侧肌，股中间肌和股外侧肌	Four muscles of the anterior thigh：rectus femoris, vastus medialis，vastus intermedius，and vastus lateralis.

R

英文单词	中文单词	中文解释	英文解释
radiation	辐射	热射线的发射和扩散	Emission and diffusion of rays of heat.
radiocarpal joint	桡腕关节	由桡骨远端和腕关节的三块骨头（舟骨、月骨和三角骨）组成的关节	Articulation（ellipsoidal）formed by the distal end of the radius and three bones of the wrist：navicular, lunate，and triquetral.
radioulnar joints	尺桡关节	桡骨近端和远端和尺骨形成的两个关节（枢轴），通常称为桡尺近端和远端关节	Two articulations（pivot）formed by the proximal and distal radius and ulna，known commonly as the proximal and distal radioulnar joints.
regeneration	再生	受损的组织会被一些同类型的细胞和疤痕组织所取代，并且保留了大部分原有的结构	Damaged tissue is replaced by some cells of the same type along with scar tissue，and it retains most of its original structure.
repair	修复	原组织被瘢痕组织替代，结构和功能丧失	Original tissue is replaced by scar tissue and the structure and function are lost.
resolution	消除	完全愈合，其中死亡细胞和细胞碎片被清除，组织功能保持不变	Complete healing where dead cells and cellular debris are removed and the tissue is left functionally the same.

英文单词	中文单词	中文解释	英文解释
retrograde amnesia	逆行性遗忘	指回忆不起在疾病发生之前某一阶段的事件,过去的信息与时间梯度相关的丢失	Inability to recall events that occurred just prior to an injury.
rhinitis	鼻炎	鼻腔的炎性疾病	The common cold.
risk factor	风险因素	运动损伤的致因	Causative agent in a sports injury.
rotator cuff	肩袖	盂肱关节四块肌肉组:肩胛下肌、冈上肌、冈下肌和小圆肌	Group of four muscles of the glenohumeral joint: subscapularis, supraspinatus, infraspinatus, and teres minor.

S

英文单词	中文单词	中文解释	英文解释
Salter-Harris fracture	索尔特 - 哈里斯骨折	一类涉及生长板的骨折	A category of fractures that involves the growth plate.
secondary enzymatic injury	继发性酶损伤	组织损伤的间接结果。原发性损伤周围的健康组织由于原发性损伤区域内的健康组织被侵蚀而死亡。废物还会破坏健康细胞的细胞膜,导致细胞死亡	Indirect result of tissue trauma. Healthy tissues surrounding primary injury die due to aggressive eating of healthy tissue within area of original injury. Waste products also damage cell membranes of healthy cells causing cell death.
secondary metabolic injury	继发性代谢损伤	组织损伤的间接结果。原发性损伤周围的健康组织由于缺乏血液流动和代谢供应而死亡。所需能量超过可用能量	Indirect result of tissue trauma. Healthy tissues surrounding primary injury die due to lack of blood flow and lack of metabolic supplies. The energy needed exceeds that of the energy available.
seizure	发作	不协调的肌肉活动的突然发作和意识的变化持续了一段不可预知的时间	Sudden onset of uncoordinated muscular activity and changes in consciousness lasting an unpredictable time.
self-concept	自我认知	是由一个人对自己的信念所建构的自我的形象	The image of the self that is constructed from the beliefs one holds about oneself.
shoulder pointer	肩挫伤	肩锁关节挫伤及随后的血肿	Contusion and subsequent hematoma in the region of the acromioclavicular joint.
sign	体征	体内异常情况的客观证据	Objective evidence of an abnormal situation within the body.
soft tissue	软组织	包括肌肉、筋膜、肌腱、关节囊、韧带、血管和神经	Includes muscles, fascia, tendons, joint capsules, ligaments, blood vessels, and nerves.
spearing	用头盔撞人	擒抱橄榄球中的一种做法,球员以头部作为初始接触点进行擒抱或阻挡	A practice in tackle football whereby a player performs either a tackle or a block using the head as the initial point of contact.
sports medicine	运动医学	有关体育参与的医学方面的医学分支	Branch of medicine concerned with the medical aspects of sports participation.
sprain	扭伤	损伤关节和周围结构,主要是韧带和 / 或关节囊	Injury to a joint and the surrounding structures, primarily ligaments and/or joint capsules.
static stretching	静态拉伸	被动地拉伸拮抗肌,使其处于最大拉伸状态并保持在那里	Passively stretching an antagonistic muscle by placing it in a maximal stretch and holding it there.
sternoclavicular (SC) joint	胸锁关节	由锁骨近端和胸骨柄结合形成的关节	Articulation (arthrodial) formed by the union of the proximal clavicle and the manubrium of the sternum.
stress fracture	应力性骨折	由于过度的、重复的过载而导致的骨头上出现小裂缝或破裂;也被称为过度使用骨折或三月骨折	Small crack or break in a bone related to excessive, repeated overloads; also known as overuse fracture or march fracture.

续表

英文单词	中文单词	中文解释	英文解释
stressor	压力源	影响个体生理或心理状态并破坏原有平衡的任何事件	Anything that affects the body's physiological or psychological condition and upsets the homeostatic balance.
subdural hematoma	硬脑膜下血肿	指位于硬脑膜与蛛网膜之间,具有包膜的血肿	Bleeding below the dura mater.
subluxation	半脱位	关节部分或不完全脱位	Partial or incomplete dislocation of an articulation.
subtalar joint	距下关节	距下关节由距骨的后跟关节面和跟骨的后距关节面构成,属微动关节	Articulation (arthrodial) formed by the inferior surface of the talus and the superior surface of the calcaneus.
symptom	症状	身体内异常情况的主观证据	Subjective evidence of an abnormal situation within the body.
syndrome	综合征	一种缺陷或疾病的一组典型的症状或状况	Group of typical symptoms or conditions that characterize a deficiency or disease.

T

英文单词	中文单词	中文解释	英文解释
tackler's exostosis	外生骨疣	由于对上臂区域的反复击打造成从肱骨突出的良性生长物,常见于擒抱橄榄球运动	Formation of a benign growth projecting from the humerus that is caused by repeated blows to the upper arm region; common in tackle football.
talocrural joint	距小腿关节	俗称"踝关节",由胫、腓骨下端的关节面与距骨滑车构成,近似单轴的屈戌关节	Articulation (ginglymus) formed by the distal tibia and fibula with the superior surface (dome) of the talus.
team physician	队医	同意为某一特定体育项目或机构提供有限的医疗保险的医生	A medical doctor who agrees to provide at least limited medical coverage to a particular sports program or institution.
tendinitis	肌腱炎	肌腱发炎	Inflammation of a tendon.
tenosynovitis	腱鞘炎	腱鞘发炎	Inflammation of the sheath of a tendon.
thermotherapy	热疗	热的治疗用途	Therapeutic use of heat.
tibiofemoral joint	胫股关节	由股骨内外侧髁和胫骨内外侧髁形成的双髁状关节	Articulation (bicondylar) formed by the medial and lateral femoral condyles and the medial and lateral tibial condyles.
tinea	癣	一组与真菌有关的皮肤感染,通常称为癣,可影响身体的各个部位腹股沟(股癣)、脚和脚趾(足癣)和头皮(头癣)	Group of fungi-related skin infections, commonly called ringworm, which can affect various parts of the body—groin (tinea cruris), feet and toes (tinea pedis), and scalp (tinea capitis).
tinea versicolor	花斑癣	真菌感染导致圆形皮肤病变的形成,比邻近皮肤亮或暗	Fungus infection resulting in the formation of circular skin lesions that appear either lighter or darker than adjacent skin.
TMJ	颞下颌关节	下颌头与颞骨下颌窝和关节结节组成,左右合成一联合关节,主理张口闭口和咀嚼运动	Temporomandibular joint.
tort	侵权行为	是指因他人行为致使某人遭受的私法上的伤害或不利行为	A private wrong or injury, suffered by an individual as a result of another person's conduct.
trait anxiety	特质焦虑	把某些情境知觉为威胁并产生焦虑反应的性格或倾向	A general disposition or tendency to perceive certain situations as threatening and to react with an anxiety response.

续表

英文单词	中文单词	中文解释	英文解释
trauma	损伤	受伤	Wound or injury.
tunnel of Guyon	Guyon 管 / 腕尺管	由钩骨钩和豌豆骨形成的解剖学区域,尺神经由此进入手部	Anatomic region formed by the hook of the hamate bone and the pisiform bone, whereby the ulnar nerve passes into the hand.

U

英文单词	中文单词	中文解释	英文解释
URI	上呼吸道感染	上呼吸道的感染	Upper respiratory infection.

V

英文单词	中文单词	中文解释	英文解释
Valgus	外翻	身体一部分向外弯曲的姿势	Position of a body part that is bent outward.
varus	内翻	身体一部分向内弯曲的姿势	Position of a body part that is bend inward.
vasoconstriction	血管收缩	血管直径的减小导致血流减少	Decrease in the diameter of a blood vessel resulting in a decreased blood flow.
vasodilation	血管舒张	血管直径的增加导致血液流动增加	Increase in the diameter of a blood vessel resulting in an increased blood flow.
vertigo	眩晕	一种引起动觉的头晕,包括失去平衡	Type of dizziness that causes a perception of motion and includes a loss of balance.
Volkmann's contracture	福克曼缺血性肌挛缩	前臂肌肉挛缩,与前臂或肱骨骨折和 / 或脱位引起的血供丧失有关	Contracture of muscles of the forearm related to a loss of blood supply caused by a fracture and/or dislocation of either of the bones in the forearm or the humerus.

PPT 课件资源

01 第一章
运动损伤的概念

02 第二章
运动健康照护团队

03 第三章
运动伤害法律问题

04 第四章
运动损伤的预防

05 第五章
运动员和运动损伤心理

06 第六章
营养方面的问题

07 第七章
应急预案和初步伤害评估

08 第八章
损伤过程

09 第九章
头、颈和面部损伤

10 第十章
胸椎至尾椎损伤

11 第十一章
肩部损伤

12 第十二章
臂、腕和手部损伤

13 第十三章
胸、腹部损伤

14 第十四章
髋部和骨盆损伤

15 第十五章
大腿、小腿和膝部损伤

16 第十六章
小腿、踝和足部损伤

17 第十七章
运动中的皮肤问题

18 第十八章
温度伤害

19 第十九章
其他医疗问题

20 第二十章
青少年运动员的特殊医疗问题

68